2026

브랜드 만족 1위

7·9급 공무원 시험대비

박문각 공무원

기본서

합격까지 함께

실무사례가 반영된 생생한 수험서 / 수험생을 이해하는 친절한 수험서

방대한 행정학을 체계적으로 정리 / 기출문제를 활용한 내용 구성

이론과 기출문제를 동시에 학습 / 최신 출제 경향 및 법령 반영

김재준 편저

김재준
단권화 행정학

동영상 강의 www.pmg.co.kr

PREFACE
이 책의 머리말

수험생분들에게 보내는 편지

안녕하세요. 김재준 강사입니다.
단권화 행정학은 단순한 요약집이 아닌 2025년까지 출제된 국가직·지방직 9급·7급, 국회, 군무원 등 행정학 주요 기출문제와 행정학 관련 최근 법령 위주로 정리하여 기본서 내용을 줄이면서도 학습 과정에서 자연스럽게 기출문제 문장과 최근 법령에 익숙해지도록 구성하였습니다.

2020년 지방직 7급 기출문제
02 다음 상황을 설명하는 데 가장 적합한 용어는?

> 정부는 특정 지역의 주택가격이 과도하게 상승하자 이를 해결하기 위해 투기과열지구로 지정하였다. 그러나 투기과열지구로 지정된 이후 주택가격은 오히려 급등하였다. 이는 주택 수요자들이 정부의 의도와 달리 투기과열지구의 지정으로 인해 그 지역의 주택가격이 더 오를 것이라고 예상하였기 때문이었다.

① X-비효율성
② 공공조직의 내부성
③ 비경합성
④ 파생적 외부효과

2016년 국가직 9급 기출문제
14 시장실패 및 정부실패에 대한 설명으로 옳지 않은 것은?

① 시장실패를 초래하는 요인은 공공재의 존재, 외부효과의 발생, 불완전한 경쟁, 정보의 비대칭성 등이다.
② 시장실패를 교정하기 위한 정부 역할은 공적 공급, 공적 유도, 정부 규제 등이다.
③ 정부개입에 의해 초래된 의도하지 않은 결과 때문에 자원배분 상태가 정부개입이 있기 전보다 오히려 더 악화될 수 있다.
④ 정부실패는 관료나 정치인들의 개인적 요인 때문에 발생하며, 정부라는 공공조직에 내재하는 구조적 요인 때문에 발생하는 것은 아니다.

파생적 외부효과
시장실패를 교정하기 위한 정부의 개입으로 발생하는 의도하지 않은 효과나 부작용을 의미한다.

> **사례**
> 정부는 특정 지역의 주택가격이 과도하게 상승하자 이를 해결하기 위해 투기과열지구로 지정하였다. 그러나 투기과열지구로 지정된 이후 주택가격은 오히려 급등하였다. 이는 주택 수요자들이 정부의 의도와 달리 투기과열지구의 지정으로 인해 그 지역의 주택가격이 더 오를 것이라고 예상하였기 때문이었다.

또한 각 테마의 이론을 학습하신 후 기출문제가 어떻게 출제되는지 충분히 학습하실 수 있도록 기출 요약 문제를 1000문항 이상 담았습니다.

> 2016년 국가직 7급
> **14 행정학의 발달과정에 대한 설명으로 옳지 않은 것은?**
> ① 1960년대 신행정학은 행정학의 실천적 성격과 적실성을 회복하기 위해 정책지향적인 행정학을 강조했다.
> ② 사이먼(Simon)은 인간행태에 연구의 초점을 두었고 행정이론의 과학화에 기여하였다.
> ③ 애플비(Appleby)는 정치는 국가의 의지를 표명하고 정책을 구현하는 것이며 행정은 이를 실천하는 것으로 정치와 행정의 차이를 명확히 구별했다.
> ④ 미국행정학은 테일러(Taylor)의 과학적 관리법에 근거를 둔 조직이론으로부터 영향을 받았다.

> 1. (ㄱ. 굿노 / ㄴ. 애플비)는 정치는 국가의 의지를 표명하고 정책을 구현하는 것이며 행정은 이를 실천하는 것으로 정치와 행정의 차이를 명확히 구별했다. 16 국가 7

여러분의 꿈을 항상 응원합니다.

김재준 드림

이 책의 차례

Part 1 총론

Theme 01 행정의 의미	8
Theme 02 재화와 서비스	10
Theme 03 규제	16
Theme 04 행정지도	25
Theme 05 민원행정(민원 처리에 관한 법률)	26
Theme 06 공공기관의 정보공개에 관한 법률	28
Theme 07 시장실패	30
Theme 08 정부실패	35
Theme 09 정부의 규모	38
Theme 10-1 민영화(민간화)	41
Theme 10-2 민영화(민간화) 방식	43
Theme 10-3 민간투자 유치	47
Theme 11 행정서비스 관련 기타 논의	49
Theme 12 정부와 시민사회	52
Theme 13 행정의 가치	57
Theme 13-1 행정의 본질적 가치	58
Theme 13-2 행정의 수단적 가치	62
Theme 14 행정의 관점	68
Theme 15-1 행정학의 발달(~1970년대)	74
Theme 15-2 행정학의 발달(1980년대~)	82
Theme 16-1 행정학의 접근방법	96
Theme 16-2 합리적 선택 제도주의	103
Theme 16-3 기타 행정학 접근방법	113
Theme 17-1 정보화 사회	116
Theme 17-2 지식관리	119
Theme 17-3 전자정부	121
Theme 17-4 정보화 관련 기타 주제	129
Theme 18-1 행정책임	134
Theme 18-2 행정통제	136
Theme 18-3 옴부즈만(ombudsman) 제도	139
▸ PART 1 총론 연습문제	142

Part 2 정책

Theme 01 정책 개요	148
Theme 02 정책유형의 분류	158
Theme 03 정책참여자들 간의 관계	165
Theme 04 정책의제설정	173
Theme 05 정책분석	180
Theme 06 정책결정: 개인적 차원의 정책결정모형	200
Theme 07 정책결정: 집단적 차원의 정책결정모형	206
Theme 08 정책집행	212
Theme 09 정책평가	223
Theme 10 정책평가의 방법	234
Theme 11 정부업무평가 기본법	241
Theme 12 정책변동	245
Theme 13 기타 주제	250
▸ PART 2 정책 연습문제	253

Part 3 조직

Theme 01 조직이론의 발달과 인간관	260
Theme 02 동기부여이론: 내용이론	269
Theme 03 동기부여이론: 과정이론	280
Theme 04 조직문화	286
Theme 05 조직 내 의사전달	289
Theme 06 갈등	292
Theme 07 권력	296
Theme 08 리더십	297
Theme 09 조직구조	307
Theme 10 고전적 조직구성 원리	311
Theme 11 데프트가 제시한 조직구조 유형	315
Theme 12 기술	319
Theme 13 관료제	323
Theme 14 탈관료제	327
Theme 15 조직유형론	331
Theme 16 우리나라 정부조직	336
Theme 17 공기업	348
Theme 18 조직의 목표	355
Theme 19 관리과정	359
Theme 20 조직개혁 또는 행정개혁	365
▸ PART 3 조직 연습문제	369

Part 4 인사행정

Theme 01 인사행정의 발달	376
Theme 02 고위공무원단	384
Theme 03 중앙인사기관	387
Theme 04 우리나라 공무원의 종류	390
Theme 05 계급제와 직위분류제	393
Theme 06 공무원의 임용과 시험	400
Theme 07 공무원 교육훈련	409
Theme 08 근무성적평정	413
Theme 09 공무원 보수	422
Theme 10 공무원 연금	425
Theme 11 공무원 단체활동	427
Theme 12 공무원 행동규범	430
Theme 13 공무원 부패	439
Theme 14 공무원 징계	443
Theme 15 소청제도	447
Theme 16 기타 사항	450
• PART 4 인사행정 연습문제	454

Part 5 재무

Theme 01 재무행정 개요	460
Theme 02 국가재정법 총칙	472
Theme 03 국가재정법 예산총칙	476
Theme 04 우리나라 예산안의 편성	481
Theme 05 예산(안)의 심의	485
Theme 06 우리나라 예산의 집행	488
Theme 07 우리나라 예산의 결산	494
Theme 08 기금	497
Theme 09 성과관리	503
Theme 10 재정건전화	507
Theme 11 보칙	511
Theme 12 예산	513
Theme 13 예산의 원칙	518
Theme 14 우리나라 예산의 신축성	523
Theme 15 예산결정이론	526
Theme 16 재정정책을 위한 예산	531
Theme 17 예산의 분류	534
Theme 18 예산제도	537
Theme 19 재정개혁	543
Theme 20 지출충당	548
Theme 21 정부회계	551
• PART 5 재무 연습문제	554

Part 6 지방자치

Theme 01 지방자치의 의의	560
Theme 02 우리나라의 지방선거	567
Theme 03 중앙과 지방의 관계	572
Theme 04 지역사회의 권력구조	577
Theme 05 지방자치단체의 구조	580
Theme 06 우리나라의 지방자치단체	584
Theme 07 우리나라 지방자치단체의 기능과 사무	589
Theme 08 주민의 참여	597
Theme 08-1 조례의 제정과 개정·폐지 청구	600
Theme 08-2 주민의 감사청구	602
Theme 08-3 주민투표제	604
Theme 08-4 주민소송제	607
Theme 08-5 주민소환제	609
Theme 08-6 주민참여예산제도	612
Theme 08-7 규칙의 제정과 개정·폐지 의견 제출	614
Theme 09 자치입법권	615
Theme 10-1 우리나라의 지방의회 1	618
Theme 10-2 우리나라의 지방의회 2	626
Theme 11 지방자치단체의 장	633
Theme 12 보조기관 등	638
Theme 13 인사위원회와 소청심사위원회	642
Theme 14 분쟁조정과 권한쟁의심판	645
Theme 15 광역행정	648
Theme 16 국가와 지방자치단체 간의 관계	657
Theme 17-1 재무(지방자치법 재무)	663
Theme 17-2 재무(지방재정법 총칙)	667
Theme 17-3 재무(지방재정법 경비의 부담)	670
Theme 17-4 재무(지방재정법 예산)	673
Theme 17-5 재무(지방재정법 재정분석 및 공개)	679
Theme 18 지방재정 수입	685
Theme 18-1 지방재정 수입(자주재원)	686
Theme 18-2 지방재정 수입(의존재원)	691
Theme 19 지방채	699
Theme 20 지방재정력 평가	702
Theme 21 지방공기업(지방공기업법)	704
Theme 22 특별지방행정기관	707
Theme 23 자치경찰	709
Theme 24 지방교육자치	712
Theme 25 행정특례	714
Theme 26 기타 주제	715
• PART 6 지방자치 연습문제	716

 김재준 단권화 행정학

Theme 01 행정의 의미
Theme 02 재화와 서비스
Theme 03 규제
Theme 04 행정지도
Theme 05 민원행정(민원 처리에 관한 법률)
Theme 06 공공기관의 정보공개에 관한 법률
Theme 07 시장실패
Theme 08 정부실패
Theme 09 정부의 규모
Theme 10-1 민영화(민간화)
Theme 10-2 민영화(민간화) 방식
Theme 10-3 민간투자 유치
Theme 11 행정서비스 관련 기타 논의
Theme 12 정부와 시민사회
Theme 13 행정의 가치
Theme 13-1 행정의 본질적 가치

Theme 13-2 행정의 수단적 가치
Theme 14 행정의 관점
Theme 15-1 행정학의 발달(~1970년대)
Theme 15-2 행정학의 발달(1980년대~)
Theme 16-1 행정학의 접근방법
Theme 16-2 합리적 선택 제도주의
Theme 16-3 기타 행정학 접근방법
Theme 17-1 정보화 사회
Theme 17-2 지식관리
Theme 17-3 전자정부
Theme 17-4 정보화 관련 기타 주제
Theme 18-1 행정책임
Theme 18-2 행정통제
Theme 18-3 옴부즈만 제도
• PART 1 총론 연습문제

01

총론

PART 01 총론

제1편 총론

Theme 01 행정의 의미

01 행정이란?

행정이라는 용어는 다른 사회과학에서 사용되는 용어와 같이 다양한 의미로 사용된다. 따라서 한 문장으로 정의하기 어렵고, 학자들에 따라 다양하게 정의를 하고 있다. 수험생 입장에서 직관적으로 설명을 하자면 '사회문제 해결을 위한 정부의 활동' 정도로 이해할 수 있다. 예컨대 2020년에 발생한 코로나(COVID-19)로 인하여 국민의 건강에 위협이 발생하였고, 국내외 경제활동도 크게 위축되었다. 정부는 식당 등 다중이용시설의 영업시간 제한, 공공장소에서 마스크 착용, 코로나 백신 접종 등 코로나 확산을 방지하기 위해 노력하였다. 또한 위축된 경제를 되살리기 위하여 소상공인을 위한 재정지원, 전국민 재난지원금 등의 다양한 정책을 시행하였다.

02 행정(Administration)과 공공행정(Public Administration)

'Administration'과 'Public Administration'이라는 단어를 국내 학자들은 대체로 둘 다 '행정'이라는 단어로 사용하고 있다. 엄밀하게 구분하면 'Administration'이 '행정'으로 민간과 공공영역 모두에 사용할 수 있고, 'Public Administration'은 '공공행정'으로 공공영역에 한정한 개념이다. 'Administration'과 'Public Administration'에 대해서 학자들의 설명은 다음과 같다.

1. **행정(Administration)**
   (1) 왈도(D. Waldo)는 넓은 의미로 '고도의 합리성을 지닌 협동적 인간 노력의 한 형태이다.'(Administration is a type of cooperative human effort that has a high degree of rationality)라고 하였다.
   (2) 사이먼(H. A. Simon)은 '가장 넓은(광의적) 의미에서 행정은 공동의 목적을 달성하기 위하여 두 사람 이상이 모여 협동하는 행위로 정의될 수 있다.'(In its broadest sense, administration can be defined as the activities of groups cooperating to accomplish common goals.)라고 하였다.

2. **공공행정(Public Administration)**
   (1) 화이트(L. D. White)는 '공공행정은 국가의 목적들을 달성하기 위한 인적·물적자원의 관리이다.'(Public administration is the management of men and materials in the accomplishment of the purposes of the state.)라고 하였다.

(2) 사이먼(H. A. Simon)은 '공공행정이란 일반적으로 국가나 주 및 지방 정부의 행정부 활동을 의미한다.'(By public administration is meant in common usage, the activities of the executive branch of the national, state and local government.)라고 하였다.

03 관리현상으로서 행정

행정에 대한 화이트의 설명에 따르면 인적·물적 자원의 관리 활동이 행정의 현상으로 볼 수 있다. 그렇다면 무엇을 관리해야 할까? 만약 내가 대통령이 되었다고 생각해 보자. 세계적 흐름에 따라 AI 산업도 육성해야 하고, 저출산·고령화에 대한 정책도 마련해야 하고, 국제정치·경제적 변화에 적절한 대응도 중요하다. 이러한 것을 잘 수행하기 위해서는 첫째로 조직 개편이 필요할 것이다. 예컨대 우주항공산업을 진흥하기 위해서 '우주항공청'이라는 부처를 신설하였다. 물론 불필요한 조직은 축소하거나 폐지할 수도 있다. 즉 조직을 관리하여야 한다(조직관리에 관한 내용은 본 교재 Part 3에서 다루고 있다). 둘째로 인적자원을 관리하여야 한다. 유능한 인물을 각 부처의 장·차관 등으로 임명하고, 실무를 담당할 공무원을 충원하는 활동 등이 포함된다(인적자원의 관리는 본 교재 Part 4에서 다루고 있다). 셋째로 물적자원의 관리이다. 물적자원은 주로 정부의 재정과 관련되어 있는데 정부의 수입인 세금 등을 징수하고, 모은 수입을 복지, 국방, 외교 등 다양한 분야로 적절하게 지출해야 한다(재정관리는 본 교재 Part 5에서 다루고 있다). 요약하면 조직 및 인적·물적 자원을 잘 관리하는 것이 행정이고, 이를 연구하는 것이 행정학이라고 할 수 있다. 다만, 이러한 관리 활동들은 정부뿐만 아니라 민간기업에서도 중요한 활동이라고 볼 수 있다. 대통령이 아니라 민간기업의 대표라고 하더라도 조직 및 인적·물적 자원의 관리는 매우 중요하기 때문이다.

04 합리적인 정책

관리 활동뿐만 아니라 정부의 정책도 매우 중요하다. 예컨대 우리나라는 실업자의 구직활동을 지원하기 위하여 실업급여제도를 시행하고 있다. 구직활동을 하는 동안의 생계를 지원하기 위한 정책인데, 지원금의 규모나 지원 기간 등이 과도하게 설정되다면 구직활동을 오히려 약화시킬 수 있다. 실업급여에 의지하여 구직활동을 소극적으로 할 수 있기 때문이다. 따라서 실업자의 생계를 적절히 지원하면서도 도덕적 해이에 빠지지 않을 수 있는 적절한 수준의 실업급여정책이 필요하다(정책은 본 교재 Part 2에서 다루고 있다).

05 지방자치

대한민국 국민이라면 누구나 정부로부터 행정서비스를 받을 수 있는 권리가 있다. 모든 국민이 공통으로 원하는 행정서비스라면 중앙정부 차원에서 전 국민을 대상으로 서비스를 생산·공급하면 될 것이다. 예컨대 주민등록표등본 발급 등을 온라인으로 편리하게 제공하기 위하여 중앙정부에서 '정부24'를 운영하고 있다. 하지만 일부 서비스의 경우 지역마다 다른 수요가 있을 수 있다. 예컨대 주민들이 주로 어업활동에 종사하는 지역과 제조업에 종사하는 지역은 행정수요가 다를 수밖에 없다. 지역 주민들의 요구에 맞는 행정서비스를 제공하기 위해서는 각 지방정부에서 스스로 결정할 수 있는 권한을 지니고 있어야 한다(그 권한의 범위와 내용 등과 관련하여 본 교재 Part 6에서 다루고 있다).

06 우리나라 정부

우리나라 헌법 제4장은 '정부'를 대통령과 행정부(행정각부 및 감사원)로 규정하고 있고, 제2장은 국회·제5장은 법원·제6장은 헌법재판소·제7장은 선거관리로 각각 구분하고 있다. 특히 입법 기능을 담당하는 국회, 집행기능을 담당하는 행정부, 사법 기능을 담당하는 법원이 서로 견제와 균형을 이루고 있는 것을 3권 분립이라고 한다.

'정부'의 개념을 헌법에서 규정하는 것처럼 행정부의 수반인 대통령과 행정각부 및 감사원으로 본다면 좁게 해석한 것이고, 국회·법원·공공기관 등을 포함하는 넓은 의미로 해석되기도 한다.

Theme 02 재화와 서비스

01 사바스(E. S. Savas)의 구분

사람들이 원하는 재화(Goods)와 서비스(Services)는 정부와 민간이 공급할 수 있다. 예컨대 국방서비스는 정부에서 자동차와 같은 재화는 민간기업에서 공급한다. 재화와 서비스는 성격에 따라 정부와 민간의 적절한 역할이 결정되기 때문에 특정한 기준에 따라 구분하는 것이 필요하다. 사바스(E. S. Savas)는 그의 저서 '민영화'(Privatization, The Key to Better Government)에서 재화와 서비스를 경합성과 배제성에 따라서 시장재, 요금재, 공유재, 공공재로 구분하였다.

1. 경합성(Contestability)

경합성은 한 사람의 소비가 다른 사람의 소비를 감소시키는 특성을 말한다. 예컨대 사람들이 붐비는 미용실을 가정해 보자. 한 사람의 이용행위는 다른 사람의 이용행위에 영향을 줄 수밖에 없다. 반면에 동일한 유튜브 영상을 많은 사람들이 동시에 신청한다고 하더라도 다른 사람의 시청에 영향을 주지 않는다.

> 행정학 기출문제에서는 경합성(Contestability) 여부로 출제를 하고 있지만, 사바스의 저서에서는 개별적 소비(Individual Consumption)과 집합적 소비(Joint Consumption)으로 설명하고 있다. 즉 경합적인 재화나 서비스를 개별적 소비로 표현하고 있다. 예컨대 미용사로부터 서비스는 개별적으로 받을 수밖에 없다. 반면에 유튜브 영상은 한 번 제작해 두면 여러 사람이 함께(집합적으로) 이용할 수 있다. 또한 한 사람이 더 시청한다고 하더라도 추가적인 비용이 발생하지 않는다.

2. 배제성(Exclusiveness)

배제성은 비용을 부담하지 않는 사람의 재화 이용을 배제시키는 특성을 말한다. 예컨대 유료 놀이공원의 경우 입장료를 내는 사람만 이용할 수 있으므로, 입장료를 내지 않은 사람은 이용을 배제할 수 있다. 반면에 누구나 무료로 이용 가능한 한강공원은 배제성을 가지지 않는다.

🔍 행정학 기출문제에서는 배제성(Exclusiveness) 여부로 출제를 하고 있지만, 사바스의 저서에서는 접근을 거부하는 정도로 표현하고 있다. 배제가 가능한 것을 '접근을 거부하기 쉬운(Easy to deny access)'으로 배제가 어려운 것을 '접근을 거부하기 어려운(Difficult to deny access)'으로 표현하고 있다.

경합성 배제성	경합	비경합
배제	시장재	요금재
비배제	공유재	집합재

🔍 현실적으로 경합성 여부, 배제성 여부로 명확하게 구분되지는 않는다. 예컨대 유튜브 영상도 수많은 사람이 동시에 시청하게 된다면 시청에 문제가 발생할 수 있다.

02 시장재(사적재)

1. 시장재(Private Goods)는 배제성과 경합성을 동시에 가지고 있으므로, 비용을 낸 사람만 이용할 수 있고 다른 사람의 소비에 영향을 주는 재화이다. 시장재는 원칙적으로 시장에 맡겨두고 정부가 간섭하지 않아야 하지만, 소비자 보호와 서비스 안전을 위해 행정의 개입도 가능하다. 예컨대 유통기한이 지난 식품을 판매하는 업자에 대해서 정부가 규제할 수 있다. 또한 기초적인 소비도 하기 어려운 가난한 사람에 대해서는 정부의 지원이 필요하다.

2. 구두, 라면, 자동차, 냉장고 등이 대표적인 예이다.

03 요금재(유료재)

1. 요금재(Toll Goods)는 요금부과를 통해 배제가 가능하지만, 시장에 맡길 경우 대규모 투자가 필요한 시설 등에 대해서는 자연독점(Natural Monopoly)으로 인한 시장실패 가능성이 있다. 자연독점은 이용자가 많으면 많을수록 이용자당 서비스 제공 비용이 낮아지는 분야에서 발생한다. 예컨대 넷플릭스, 디즈니플러스 등 OTT(Over-the-top media service) 사업자들은 콘텐츠 제작과 홍보 등 초기에 막대한 투자를 하지만, 일단 이용자가 늘어남에 따라 이용자당 서비스 제공 비용은 낮아지게 된다. 수천만 명의 이용자를 확보한 기존 사업자들은 매우 낮은 가격에 서비스를 제공할 수 있게 되어, 신규 사업자의 진입은 어려워지게 된다. 즉 기존 사업자들에게 독점력이 발생하는 것이다.

2. 고속도로, 상하수도, 케이블TV 등이 대표적인 예이다.

3. 수익자 부담의 원칙

(1) 요금재는 공공서비스 사용자에게 비용을 부담시키는 방식이므로 수익자 부담의 원칙이 적용된다. 예컨대 상하수도 요금은 사용한 만큼 부과하는데, 수익자에게 지용을 부담시키므로 공공서비스의 불필요한 수요를 감소시키고 일반 세금에 비해 조세저항이 적다. 예컨대 일반 세금 중 하나인 소득세는 공공서비스 이용 정도와 무관하게 소득이 많은 사람에게 많이 부과한다. 즉 혜택을 받는 것과 관계없이 세금을 납부할 경제적 능력에 따라 부과되므로 요금재에 비해 반발이 클 수밖에 없다.

(2) 요금재는 공공서비스를 공급하는 비용과 편익을 분석하여 경제적 효율성을 향상시킬 수 있다. 예컨대 상하수도 서비스의 경우 상하수도 시설 확충 및 운영에 소요되는 비용이 계산되고, 납부받는 상하수도 요금이 편익으로 계산되므로 비용과 편익을 계량적으로 계산하기 용이하다. 반면에 무료로 이용가능한 공원의 경우 공원을 만들고 운영하는 비용은 계산하기 쉽지만, 이로부터 발생하는 편익은 '주민들의 만족도' 정도가 되는데 이는 계량적으로 계산하기 어려울 수 있다. 반면에 형평성 측면에서는 상하수도는 필수적인 공공서비스임에도 불구하고 경제적 약자는 이용에 어려움이 있을 수 있다. 따라서 우리나라 지방정부에서도 경제적 약자에게 상하수도 요금 감면 정책을 시행하고 있다.

04 공유재

1. 공유재(Common-pool Goods)는 비배제성과 경합성이 특징이다. 예컨대 마을 사람들이 공동으로 이용하는 목초지가 있고, 목초지에서 소를 키우면 소득을 얻을 수 있다고 가정하자. 마을 사람 누구나 공짜로 목초지를 이용할 수 있다면 비배제적이며, 한 사람이 목초지를 이용하는 만큼 다른 사람은 그만큼 사용하지 못하게 되므로 경합성이 발생하는 상황이다.

2. 목초지, 국립도서관, 올림픽 주경기장, 해저광물, 출근길 시내도로, 공공낚시터 등이 대표적인 예이다.

3. 공유지의 비극

앞선 목초지 예시에서 마을 사람 개인이 자신의 경제적 이득을 극대화 위해서 이기적으로 행동한다면, 소를 되도록 많이 키우는 선택을 할 것이다. 마을의 모든 사람이 같은 행위를 한다면 어느덧 목초지에는 너무 많이 소가 방목되게 되고, 결국 목초지를 지속적으로 사용할 수 없을 정도로 황폐화되고 말 것이다. 이러한 현상을 공유지의 비극(The Tragedy of the Commons)이라고 부르는데, 미국의 환경학자인 하딘(Garrett Hardin)이 1968년 발표한 논문의 제목이다. 그의 논문에서는 늘어나는 인구문제나 환경오염문제 등을 설명하기 위하여 황폐화된 목초지 사례를 들었다. 방목된 과도한 소는 늘어나는 인구에 해당하고, 황폐화된 목초지는 오염된 환경에 해당하는 것이다.

(1) **사적 이익의 극대화와 공공이익의 손실**

목초지가 황폐화된 것은 개인이 자신의 이익을 극대화한다고 가정한 것이고, 그로 인해서 공공이익의 손실을 발생하였다. 즉 이익은 소를 과도하게 방목한 사람에게 집중되고, 손실은 공동체 전체로 분산되는 것이다. 공동체를 위해서 양심적으로 적당한 수의 소만 방목했다면 이러한 비극은 발생하지 않을 것이다.

(2) 불분명한 소유권

목초지는 마을 사람들이 공동으로 사용하고 있다. 목초지가 개인의 소유였다면 자신의 목초지를 황폐화 되도록 과도하게 사용하지는 않을 것이다.

(3) 부정적 외부효과

외부효과(External Effect)란 어떤 경제주체의 행위가 다른 경제 주체들에게 기대되지 않은 혜택(긍정적 외부효과)이나 손해(부정적 외부효과)를 발생시키는 현상을 말한다. 목초지를 과도하게 사용하여 다른 사람에게 손해를 발생시키고 있기 때문에 부정적 외부효과가 발생하고 있다.

4. 공유지의 비극 해결책

(1) 소유권 부여

소유권이 불분명하면 과다 사용이 우려될 수 있으므로, 공유재를 사유화해서 해결할 수 있다. 예컨대 목초지 마을사람들에게 나누어 준다거나, 불하(拂下)할 수 있는데, 개인별 소유권이 명확하게 확립이 되면 외부효과가 내부화되기 때문이다. 즉 자신의 목초지를 과도하게 사용하면 스스로에게 손해가 된다.

(2) 비용 부담 및 정부규제

공유재 보존을 위해서 사용자에게 비용을 부담시키거나 무분별한 사용에 대해 정부가 규제할 수도 있다. 예컨대 정부가 한 사람당 방목할 수 있는 소를 10마리로 제한하는 것이다.

(3) 공동체의 규칙

오스트롬 등의 학자들은 공동체 스스로 규칙을 준수하여, 효율적으로 관리해야 한다고 보았다. 마을 사람의 수가 적을 때는 목초지 사용에 대한 합의와 통제가 용이하겠지만, 사람이 많아질수록 비양심적인 행위를 통제하기가 점점 어려워질 수 있다.

05 공공재 또는 집합재

Ⓠ 사바스의 저서에서는 집합재(Collective Goods)로 표현하고 있지만, 공공재(Public Goods)를 좀 더 보편적으로 사용하고 있다. 행정학 기출문제는 공공재 또는 집합재를 혼용하여 출제하고 있다.

1. 공공재는 비배제성과 비경합성이 특징이다. 예컨대 우리나라 국민이라면 모두 국방서비스를 받고 있다. 우리나라에 안전하게 거주하는 그 자체로 국방서비스를 받고 있기 때문에, 특정인을 배제하기 어렵다. 또한 국민의 수가 늘어나더라도 개개인의 국방서비스 혜택이 줄어들지 않는다.

2. 일기예보, 국방, 외교, 무료TV방송, 등대 등이 대표적인 예이다.

3. 무임승차

공공재는 비용 부담에 따라 서비스 혜택을 차별화하거나 배제할 수 없기 때문에 무임승차(Free Riding) 문제가 발생하기 쉽다. 예컨대 마을에 모기가 많아서 마을 사람들이 고통을 받고 있다고 가정해 보자. 민간 방역업체에서 연기 형태의 외부 방역소독 서비스를 판매하기 위해서 방문하였다. 첫 번째 집을 방문하여 방역소독 서비스를 설명한 다음 구매 의향을 물어보지만, 거주자는 구매하지 않을 것이라고 할 것이다. 왜냐하면 다른 집에서 해당 서비스를 구매한다면 마을의 모기가 사라질 테니 혜택을 공짜로 누릴 수 있기 때문이다. 하지만 다른 집에서도 동일한 생각을 가지고 있다면 아무도 해당 서비스를 구매하지 않을 것이다. 즉 공공재는 무임승차 문제로 시장에서는 충분히 공급되기가 어렵지만, 공동체에 반드시 필요한 서비스이다. 결국 공공재는 정부가 세금을 걷어서 공급하게 되는데, 사바스는 함께 부담(집합적 기여)하고 함께 소비(집합적 소비)한다는 의미에서 집합재(Collective Goods)라고 표현한 것이다. 반면에 공유재는 소비 행위를 통해 누가, 얼마나 사용하고 혜택을 보는지 알 수 있기 때문에 무임승차 문제가 발생하기 어렵다.

• 기출문제 학습 •

01 ① 경합적 배제 가능한 재화는? 국가·지방·서울
  (㉠ 시장재 / ㉡ 요금재 / ㉢ 공공재 / ㉣ 공유재)
  ② 경합적 배제 불가능한 재화는?
  (㉠ 시장재 / ㉡ 요금재 / ㉢ 공공재 / ㉣ 공유재)
  ③ 비경합적 배제 가능한 재화는?
  (㉠ 시장재 / ㉡ 요금재 / ㉢ 공공재 / ㉣ 공유재)
  ④ 비경합적 배제 불가능한 재화는?
  (㉠ 시장재 / ㉡ 요금재 / ㉢ 공공재 / ㉣ 공유재)

02 다음 재화를 ① 시장재, ② 요금재, ③ 공유재, ④ 공공재로 분류하면? 국가·지방·서울

  ㉠ (국립도서관 / 올림픽 주경기장 / 해저광물 / 출근길 시내도로 / 공공낚시터 / 목초지 / 지하수 / 강 / 호수)
  ㉡ (고속도로 / 케이블 TV / 상하수도 / 전기 / 통신)
  ㉢ (등대 / 일기예보 / 국방 / 무료TV방송 / 외교 / 소방 / 치안 / 공기)
  ㉣ (구두 / 라면 / 자동차 / 냉장고 / 음식점 / 호텔 / 의료 / 택시)

03 (㉠ 집합재 / ㉡ 공유재)는 비경합성과 비배제성을 특징으로 하며 국방, 외교 등이 여기에 속한다. 24. 지방 7

04 (㉠ 공유재 / ㉡ 요금재)의 경우 대가를 지불하지 않는 소비자를 배제할 수 없다. 15. 국가 7

05 공유재의 비극을 해결하기 위해 고전적 공유재 모형(하딘, Hardin)이 제시한 대안은 (㉠ 공유재의 사유화 / ㉡ 국가규제의 강화) 방식이다. 12. 국가 7

06 공유지의 비극과 관련하여, 한 사람의 선택 행위는 다른 사람에게 (㉠ 긍정적인 / ㉡ 부정적인) 외부효과를 초래한다. 12. 지방 9

07 수익자 부담의 원칙을 적용하면 (㉠ 불필요한 수요 감소를 유도 / ㉡ 누진세에 비해 사회적 형평성을 제고)할 수 있다. 13. 국가 9

정답 1. ①-㉠ ②-㉣ ③-㉡ ④-㉢ 2. ①-㉣ ②-㉡ ③-㉠ ④-㉢ 3. ㉠ 4. ㉠ 5. ㉠ 6. ㉡ 7. ㉠

Theme 03 · 규제

01 규제란?

우리나라 「행정규제기본법」은 규제를 '국가나 지방자치단체가 특정한 행정 목적을 실현하기 위하여 국민(국내법을 적용받는 외국인을 포함한다)의 권리를 제한하거나 의무를 부과하는 것으로서 법령 등이나 조례·규칙에 규정되는 사항을 말한다.'로 정의하고 있다. 예컨대 「식품위생법」에 따라 식품 또는 식품첨가물의 제조·가공 등의 영업을 하려는 사람은 식품제조·가공 시설기준에 맞는 시설을 갖추어야 한다. 정부의 규제정책은 누군가 비용을 부담하는 대신에 누군가는 혜택을 보게 된다. 앞선 예시에서처럼 식품위생법에 따라 시설을 갖추기 위해서는 해당 영업을 하려는 사람들이 비용을 부담하고, 일반 국민들은 보다 안전한 식품을 소비한다는 혜택을 보게 된다.

규제샌드박스

> 우리나라는 신기술과 신사업을 육성하기 위하여 기업이 신제품이나 신서비스를 출시할 때 일정 기간 기존 규제를 면제하거나 유예해 주는 규제샌드박스 제도를 도입하였다. 예컨대 약사법에 따라 '약국 이외의 장소에서 의약품 판매를 금지'하고 있지만, 화상투약기(밤늦게 기계를 통해서 약사와 화상통화 후 약 구매) 개발에 대해서 특례를 적용하였다.

> 우리나라 행정규제기본법 제19조의3(신기술 서비스·제품 관련 규제의 정비 및 특례) ③ 중앙행정기관의 장은 제2항에 따라 규제를 정비하여야 하는 경우로서 필요한 경우에는 해당 규제가 정비되기 전이라도 신기술 서비스·제품과 관련된 규제 특례를 부여하는 관계 법률로서 대통령령으로 정하는 법률(이하 "규제 특례 관계법률"이라 한다)로 정하는 바에 따라 해당 규제의 적용을 면제하거나 완화할 수 있다.

02 윌슨의 규제정치

윌슨(J. Q. Willson)은 그의 저서 '규제정치(The politics of regulation)'에서 규제로부터 편익을 얻게 되는 집단과 비용을 부담하는 집단의 분포에 따라 각기 다른 정치·경제적 상황이 발생한다고 보았다. 비용과 편익이 분산되는 경우보다 비용과 편익이 집중되는 경우에 정치활동이 활발해지고 이해관계자 집단이 잘 조직된다. 즉 비용이든 편익이든 커질수록 이해관계 집단이 행동에 나설 가능성이 커지게된다. 예컨대 정부 규제정책으로 인하여 1만 원 정도의 피해가 발생한다면 불만이 조금 생기는 정도에 그치겠지만, 쓰레기 소각장 등 혐오시설 설치로 인하여 아파트 가격이 수천만 원 하락할 우려가 있다면 지역주민들은 강력하게 반발할 가능성이 크다. 아래 표는 규제와 관련된 윌슨이 제시한 4가지 상황이다.

구분		편익	
		분산	집중
비용	분산	대중정치	고객정치
	집중	기업가정치	이익집단정치

1. 대중정치(Majoritarian Politics)

(1) 비용과 편익이 분산되어 있어, 피해 또는 수혜 집단의 조직화가 어렵다. 규제로부터 발생하는 비용 부담과 편익이 크지 않으므로, 이해관계자들은 크게 관심을 가지지 않기 때문이다.

(2) 음란물 규제, 차량 10부제, 낙태 규제, 신문·방송·출판물의 윤리규제 등이 대표적인 예이다.

2. 고객정치(Client Politics)

(1) 편익을 집중적으로 누리는 수혜자는 규제의 도입을 강력하게 요구하는 반면, 피해 또는 비용을 부담하는 다수의 개별적 피해 또는 비용은 크지 않아서 반대는 상대적으로 약한 상황이다. 예컨대 정부에서 수입 쌀에 대하여 관세를 높이거나 수입을 금지시키는 규제를 검토한다고 하자. 규제 도입 시 국내의 쌀가격이 상승하여 쌀 생산 농가의 연평균 수익은 많이 늘어나겠지만, 쌀을 소비하는 일반시민들의 개별적 부담액은 몇만 원 정도 오르는 데 그칠 것이다. 또한 규제가 도입되면 해당 사업의 기존 사업자는 혜택을 누리게 되므로 이들은 신규 사업자의 진입을 제한하려고 할 것이다.

(2) **포획현상**

응집력이 강한 소수의 수혜집단이 규제기관인 정부에 적극적인 로비 활동을 펼치게 되어, 그들에게 유리한 논리가 규제정책에 투입될 수 있다. 로비활동으로 규제기관이 피규제기관의 입장에 동조하는 것을 포획(Capture)현상이라고 한다.

(3) 농산물에 대한 최저가격제, 수입 규제 등이 대표적인 예이다.

3. 기업가정치(Entrepreneurial Politics)

(1) 기업가정치는 운동가의 정치로도 불리며, 편익은 다수에 분산되고 비용은 기업에 집중되어 있어 정책형성과 집행에 어려움이 발생할 수 있다. 왜냐하면 규제의 도입으로부터 혜택을 누리는 다수의 개별 혜택은 크지 않기 때문에 적극적으로 요구하지 않고, 비용을 지불하는 소수는 부담이 크기 때문에 규제정책 도입을 강력하게 반대하기 때문이다. 예컨대 정유업체들을 대상으로 강화된 환경규제를 도입하면, 해당 업체들은 규제를 준수하기 위해 정화시설을 추가에 많이 비용을 발생할 수 있다. 반대로 일반시민들은 환경규제 강화로 조금 더 나은 공기나 물을 이용할 수 있다. 규제를 준수해야 하는 소수의 정유업체들은 막대한 비용을 부담해야 하고, 다수의 일반시민들은 체감하기 어려운 혜택을 누리게 될 것이다. 정유업체는 막대한 비용이 들기 때문에 강력하게 반대할 것이고, 일반시민들은 작은 혜택을 보기 위해서 강하게 요구하지 않을 것이다. 결국 찬성은 약하고 반대는 강하므로 규제정책 도입이 어렵게 된다. 앞서 살펴본 고객정치와 대비되는 상황이다.

(2) 환경오염규제, 자동차안전규제, 식품위생규제, 위해물품규제 등이 대표적인 예이다.

4. 이익집단정치(Interest Group Politics)

(1) 편익과 비용이 집중되어 있어서 양 이해관계자 집단 간 첨예한 대립이 발생하는 상황이다. 예컨대 의사회와 약사회 간에 다툼이 발생했었는데, 전문의약품의 경우 의사의 처방이 필요하고 일반의약품은 의사의 처방 없이도 약국에서 판매가 가능하다. 따라서 특정 의약품이 전문의약품과 일반의약품 중 어디로 분류되는지에 따라 서로의 이해관계가 크게 갈릴 수 있다. 일반의약품으로 분류되면 의사의 이익은 줄어들고 약사의 이익이 늘어나기 때문이다.

(2) 의사와 약사, 의사와 한의사 간 갈등이 대표적인 예이다.

03 수단규제(투입규제) · 관리규제(과정규제) · 성과규제(산출규제)

규제는 시점에 따라서 수단규제 · 관리규제 · 성과규제로 구분할 수 있다.

1. 수단규제

(1) 정부의 목표를 달성하기 위해 필요한 기술이나 행위에 대한 사전적인 규제로, 정부의 규제 정도와 피규제자의 순응 정도를 파악하는 데 용이하다. 예컨대 「대기환경보전법」에 따라 배출시설을 설치하려는 사람은 그 배출시설로부터 나오는 오염물질이 배출허용기준 이하가 되도록 대기오염방지시설을 설치하여야 한다. 정부는 대기오염방지시설 설치 여부를 점검하여 피규제자의 순응 정도를 파악할 수 있다.

(2) 환경오염을 방지하기 위해 기업에 특정한 유형의 환경 통제 기술을 사용할 것을 요구, 작업장 안전확보를 위한 안전장비 착용을 요구하는 것 등이 대표적인 예이다.

2. 관리규제

(1) 과정에 대한 규제로, 성과규제가 어려울 때 적합하고, 수단규제에 비해 유연한 규제설계가 가능하다.

(2) 「식품 및 축산물 안전관리인증기준」에 따라 식품안전을 위해 그 효용이 부각되는 <u>안전관리인증기준</u>*(위해요소중점관리기준, Hazard Analysis Critical Control Point)을 지킬 것을 요구하는 것이
식품에 위해요소가 혼입 또는 잔류하거나 식품이 오염되는 것을 방지하기 위하여 위해가 발생할 수 있는 생산과정 등을 중점적으로 관리하는 것을 말한다. 안전관리인증기준 적용업소는 해당 공정에 대하여 적절한 안전관리인증기준 관리계획을 수립 · 운영하여야 한다.

대표적인 예이다.

3. 성과규제

(1) 정부가 목표달성 수준을 정하고 피규제자에게 이를 달성할 것을 요구하는 것으로, 다른 방식에 비해 규제대상의 자율성을 높일 수 있다.

(2) 인체건강을 위해 개발된 신약의 부작용에 대한 허용 가능한 발생 수준을 규제하는 것이 대표적인 예이다. 신약개발을 위한 필수적인 설비 또는 개발절차 등은 규제하지 않고 최종적으로 개발된 신약의 부작용 수준만 규제하므로 규제대상의 자율성이 높은 것이다. 다만 최적의 성과수준을 도출해 내는 것이 어려울 수 있다.

04 직접규제 · 공동규제 · 자율규제

규제는 집행주체가 누구인지에 따라서 직접규제 · 공동규제 · 자율규제로 구분할 수 있다.

1. 직접규제

정부가 직접 규제하는 것을 의미한다. 예컨대 경찰청 소속의 경찰관이 과속차량을 단속하는 것 등이 해당한다.

2. 공동규제

정부로부터 위임을 받은 민간업체에 의해 이루어지는 규제로, 직접규제와 자율규제의 중간 성격을 가진다. 예컨대 불법 노점상 단속을 구청 공무원이 하지 않고, 민간업체에 위임하여 단속하게 하는 것 등이 해당한다.

3. 자율규제

(1) 피규제자가 스스로 합의된 규정을 만들고 이를 구성원들에게 적용하는 규제로, 행정력이 부족하거나 규제기관의 기술적 전문성이 피규제집단에 비해 현저하게 낮은 경우에 적용된다. 예컨대 가상화폐가 거래되기 시작한 초기에는 가상화폐와 관련된 전문성이 부족한 정부가 규제하기 어려웠다. 따라서 피규제자인 가상화폐거래소가 새롭게 상장하려는 가상화폐를 심사하기도 하였다.

(2) 여론 등이 피규제집단에게 불리하게 형성될 경우 자발적으로 시도하기도 하고, 기준을 정하는 과정에서 큰 기업들이 자신들에게 유리한 기준을 설정하기도 한다. 예컨대 식품의 제조 과정에서 문제가 발생하여 소비자 건강상 피해가 발생하여 언론을 통해 해당 이슈가 확산한다고 하자. 해당 식품을 제조하는 업체는 매출액 감소와 이미지 하락 등 손해가 발생하여, 재발 방지를 위해 스스로 생산 절차를 개선할 수 있다.

05 규제 관련 기타 사항

1. 포지티브 규제 VS 네거티브 규제

(1) **포지티브 규제**

예외적으로 허용하는 활동만 열거하는 방식으로 원칙 금지・예외 허용 방식이다. 예컨대 A, B, C 활동만 허용하고 그 외 활동은 금지하는 것이다.

(2) **네거티브 규제**

예외적으로 금지하는 활동만 열거하는 방식으로 원칙 허용・예외 금지 방식이다. 예컨대 A, B, C 활동만 제외하고 그 외 활동은 허용하는 것이다.

> 네거티브 규제가 '네거티브'라는 부정적 단어로 인해 오해를 불러일으킬 수 있지만, 포지티브 규제보다 자율성을 더 보장한다.

2. 경제적 규제와 사회적 규제

(1) **경제적 규제**

시장의 가격 기능에 개입하고 기업의 시장 진입을 배제하거나 억압하는 방식으로, 인・허가 등록과 같은 진입규제・퇴거규제 등이 대표적인 예이다. 독・과점 기업에 대하여 제재를 가하고, 특정 업종에 대하여 대기업의 시장 진입을 제한 하기도 한다. 예컨대 중고차 매매업은 2013년 중소기업・생계형 적합업종으로 지정되었지만, 2022년 해제되었다.

(2) 사회적 규제

사회적 영향을 야기하는 기업행동에 대한 규제를 말하며 작업장 안전 규제, 소비자 보호 규제 등이 있다. 예컨대 「산업안전보건법」에 따라 사업주는 기계·기구, 그 밖의 설비에 의한 위험으로 인한 산업재해를 예방하기 위하여 필요한 조치를 하여야 한다.

3. 포획현상

피규제기관의 로비활동 또는 규제기관과 피규제기관 간의 인사교류 등으로 인해 규제기관이 피규제기관의 입장에 동조하는 현상으로, 사회적 규제보다 경제적 규제에 잘 나타난다. 규제기관에 대한 관심이 낮아지면 포획현상이 촉발되기 쉽고, 규제행정의 공평성을 저해할 수 있다.

> 스티글러(G. Stigler)는 공익을 위해 존재하는 규제기관이 로비활동 등으로 피규제기관에 포획되어 이들에게 유리한 정책을 추진한다는, 규제포획이론(Regulatory Capture Theory)을 발표하였다.

4. 지대추구이론

정부규제가 지대를 만들어내고 이해관계자집단으로 하여금 그 지대를 추구하게 한다. 지대(rent)는 원래 토지사용의 댓가로 지주에게 지불되는 소득을 의미하는데, 여기서는 '특혜' 정도로 설명할 수 있다. 예컨대 자동차 기업들간에 경쟁이 치열한 상황에서, 특정 기업이 다른 기업들에게 불리한 규제가 도입되도록 정부에 로비를 한다고 생각해 보자. 실제로 해당 규제가 도입되었다면 로비를 한 기업 입장에서는 특혜가 될 것이다. 하지만 기업들이 연구개발을 통해 경쟁력을 확보하는 것이 아니라 정부에 로비하는 것에만 집중한다면 사회적으로 손실일 수 밖에 없다.

5. 규제의 역설

(1) 공익달성을 위해 규제를 도입하였지만, 결과적으로 규제로 인해 공익을 저해하는 현상을 말한다.

(2) 규제의 역설과 관련된 사례

① 기업의 상품정보공개가 의무화될수록 소비자의 실질적 정보량은 하락할 수 있다. 예컨대 특정 식품에 대한 소비자가 실질적으로 원하는 정보는 내용물의 사진이나 조리 방법 등이 될 수도 있는데, 정부가 식품의 원재료와 관련된 정보를 의무적으로 상세히 포함하도록 한다면 소비자가 원하는 실질적 정보는 줄어들 수 있다.

② 소득재분배를 위한 규제가 오히려 사회적으로 가장 어려운 사람들에게 손해를 발생시킬 수 있다. 예컨대 최저임금이 상승하면, 고용주가 인건비 부담을 견디지 못하고 직원을 해고할 수 있다.

③ 최고의 기술만을 요구하는 규제는 기술 개발을 지연시킬 수 있다. 예컨대 에너지 효율이 가장 높은 전기자동차만 판매하도록 한다면, 해당 기술을 가진 기업만 판매할 수 있을 것이다. 이러한 기술을 가지지 못한 기업은 일종의 진입장벽이 생기는 것이고, 해당 기술을 가진 기업은 독점력을 가지게 된 만큼 더 이상의 기술 개발을 할 유인은 떨어진다.

6. 타르 베이비 효과(규제의 피라미드)

어떤 하나의 규제가 시행된 결과, 원래 규제설계 당시에는 미리 예견하지 못한 또 다른 문제점이 나타나게 되면 규제기관은 그 문제의 해결을 위해 또 다른 규제를 하게 됨으로써 결국 규제가 규제를 낳는 결과를 초래하는 현상을 말한다.

🔍 타르는 끈적한 검은색 액체를 의미한다. 타르 베이비(Tar-Baby)는 우화에서 기원한 단어로 해당 우화의 영상은 쉽게 찾아볼 수 있다.

7. 명령지시적 규제와 시장유인적 규제

(1) **명령지시적 규제**: 대상자들이 준수해야 할 사항을 명확하게 정하고 이를 위반한 행위에 대해서는 처벌한다. 시장유인적 규제에 비해 일반 국민이 이해하기 쉽고 직관적 설득력이 높다는 장점이 있다. 예컨대「식품위생법」에 따라 위해식품 판매를 금지하고 있고, 이를 위반할 경우 영업허가 취소, 과징금 부과 등의 처벌을 한다.

(2) **시장유인적 규제**: 규제 목적달성을 대상자들의 자율적 판단에 맡기는 방법으로, 명령지시적 규제에 비해 통제가 낮고 유연한 수단이다. 예컨대 쓰레기 종량제 봉투를 유료로 판매하는 것은 쓰레기 발생량을 줄이기 위한 것이다. 오염배출부과금제도, 이산화탄소 배출권거래제도 등이 시장유인적 규제유형에 속한다.

06 행정규제기본법

🔍 「행정규제기본법」은 행정규제에 관한 기본적인 사항을 규정하고 있는 법령이다.

1. 일반사항

(1) **규제 법정주의**: 규제는 법률에 근거하여야 하며, 그 내용은 알기 쉬운 용어로 구체적이고 명확하게 규정되어야 한다.

(2) 규제를 정하는 경우에도 그 본질적 내용을 침해하지 않도록 하여야 한다.

(3) 국회, 법원, 헌법재판소, 선거관리위원회 및 감사원이 하는 사무에 대해서는 적용되지 않는다.

(4) 규제는 필요한 최소기간 내에서 설정하되, 원칙적으로 5년을 초과할 수 없다.

2. 규제개혁위원회

(1) 정부 규제정책을 심의·조정하고 규제의 심사·정비 등에 관한 사항을 종합적으로 추진해야 한다.

(2) 대통령 소속으로 위원장 2명을 포함한 20명 이상 25명 이하의 위원으로 구성된다.

3. 규제영향분석

(1) 규제를 강화하거나 신설하고자 할 때 사용하는 체계적인 의사결정도구로서, 규제의 경제·사회적 영향을 과학적으로 분석하여 그 타당성에 대하여 평가하는 것이다.

(2) 정치적 이해관계의 조정과 수렴의 기회를 제공해야 하고, 규제 외의 대체수단 존재여부, 비용-편익분석, 경쟁 제한적 요소의 포함 여부도 고려한다.

> 규제영향분석은 1970년대 이후 세계 여러 국가에서 도입해 왔고, OECD에서도 도입을 권고하고 있다. 앞서 살펴본것처럼 규제로부터 이득 및 손해를 보는 이해관계자가 있으므로, 관료에게 규제로부터 이득뿐만 아니라 비용에 대한 관심과 책임성을 갖도록 유도할 수 있다.

07 규제개혁 순서

규제개혁은 일반적으로 규제완화(절차와 구비서류의 간소화 등 규제총량 감소) → 규제품질관리(규제영향 분석 등을 통한 개별 규제의 질적 관리) → 규제관리(국가 차원의 전체 규제의 정합성 관리) 순으로 진행된다. 우선 규제를 완화하고 질적인 측면을 고려하고, 마지막에 국가 전체의 규제를 관리한다. 정합성 관리라는 것은 규제들 간의 충돌하는 부분을 조정하는 것을 의미한다. 예컨대 A 규제에서 허용하는 행위를 B 규제에서 제한하고 있다면 해당 내용을 충돌하지 않도록 수정해야 한다는 것이다.

• 기출문제 학습 •

01 윌슨의 정부규제 구분에 따른 유형을 연결하면? 24. 국가 7, 21. 국가 9, 15. 서울 9

〈구분〉

구 분		편 익	
		넓게 분산	좁게 집중
감지된 비용	넓게 분산	①	②
	좁게 집중	③	④

〈유형〉
(㉠ 고객정치 / ㉡ 이익집단정치 / ㉢ 대중정치 / ㉣ 기업가정치)

02 윌슨의 정부규제 유형을 사례와 연결하면? 14. 지방 9

〈유형〉
(㉠ 고객정치 / ㉡ 이익집단정치 / ㉢ 대중정치 / ㉣ 기업가정치)
〈사례〉
(① 음란물, 낙태 규제 / ② 한약규제 / ③ 원자력발전규제, 각종 위생 및 안전 규제 / ④ 농산물에 대한 최저가격제)

03 정부 규제기관의 포획현상은 (㉠ 경제규제 / ㉡ 사회규제)보다 (㉠ 경제규제 / ㉡ 사회규제)에서 잘 나타난다. 04. 서울 9

04 정부규제를 사회적 규제와 경제적 규제로 나눌 경우 경제적 규제의 성격이 가장 강한 것은 (㉠ 소비자 안전규제 / ㉡ 산업재해규제 / ㉢ 환경규제 / ㉣ 진입규제)이다. 17. 지방 9

05 ① 정부규제를 수단규제와 성과규제로 구분할 경우, 수단규제는 성과규제에 비해 규제대상의 자율성이 (㉠ 크다. / ㉡ 작다.)
② 정부규제를 포지티브 규제와 네거티브 규제로 구분할 경우, 포지티브 규제는 네거티브 규제에 비해 규제대상기관의 자율성이 (㉠ 크다. / ㉡ 작다.)
③ 규제개혁은 (㉠ 규제관리 ▶ 규제품질관리 ▶ 규제완화 / ㉡ 규제완화 ▶ 규제품질관리 ▶ 규제관리) 등의 단계로 진행되는 것이 일반적이다. 24. 국가 9, 15. 서울 7

06 [(㉠ 투입규제(수단규제)는 관리규제에 / ㉡ 관리규제는 투입규제(수단규제)에] 비해 피규제자에게 더욱 많은 자율성을 부여한다. 24. 국가 7

07 ① 식품안전을 위해 그 효용이 부각되는 위해요소중점관리기준을 지킬 것을 요구하는 것은 (㉠ 수단규제 / ㉡ 관리규제 / ㉢ 성과규제)에 해당한다.
② 인체건강을 위해 개발된 신약에 대해 부작용의 허용 가능한 발생 수준을 요구하는 것은 (㉠ 수단규제 / ㉡ 관리규제 / ㉢ 성과규제)에 해당한다.
③ 환경오염을 방지하기 위해 기업에 특정한 유형의 환경 통제 기술을 사용할 것을 요구하는 것은 (㉠ 수단규제 / ㉡ 관리규제 / ㉢ 성과규제)에 해당한다. 16. 국가 7

08 ① 작업장 안전확보를 위한 안전장비 착용 규제는 (㉠ 수단규제 / ㉡ 관리규제 / ㉢ 성과규제)에 해당한다.
② 수단규제의 특징에는 (㉠ 과정규제 / ㉡ 투입규제 / ㉢ 산출규제)가 있다. 18. 서울 7

09 (㉠ 네거티브 규제 / ㉡ 포지티브 규제)는 '원칙 허용・예외 금지'의 형태를 취하는 것으로서, 명시적으로 금지하는 것 이외의 모든 것을 허용한다. 15. 지방 7

10 다음 기사 내용을 윌슨의 규제정치 이론에 적용하면? 19. 서울추가 7

> 소비자들 사이에서 캡슐커피 사용을 제한하자는 목소리가 나오고 있다. (중략) 정부 역시 환경에 미치는 영향을 고려해 관련 규제 검토에 나설 것이라고 밝혔다.

(㉠ 고객정치 / ㉡ 이익집단정치 / ㉢ 대중정치 / ㉣ 기업가정치)

11 다음 사례에 가장 부합하는 윌슨의 규제정치 유형은? 17. 국가 7

> A시와 검찰은 지난해부터 올 2월까지 B상수원 보호구역 내 불법 음식점 70곳을 단속해 (중략) 이에 해당 유역 8개 시·군이 참여하는 '특별대책지역 수질보전정책협의회' 상인대표단은 11일 "B상수원 환경정비구역 내 휴게·일반 음식점 규제단속은 형평성이 결여됐다."며 중앙정부 차원의 해결책을 요구했다.

(㉠ 고객정치 / ㉡ 이익집단정치 / ㉢ 대중정치 / ㉣ 기업가정치)

12 (㉠ 타르 베이비 효과 / ㉡ 집단행동의 딜레마 / ㉢ 규제의 역설 / ㉣ 지대추구행위)는 규제가 규제를 낳는 결과를 의미한다. 16. 지방 9

13 정부의 규제정책을 심의·조정하고 규제의 심사·정비 등에 관한 사항을 종합적으로 추진하기 위하여 (㉠ 국무총리 소속 / ㉡ 대통령 소속)으로 규제개혁위원회를 두고 있다. 16. 지방 7

14 규제영향분석은 정부규제를 (㉠ 완화 / ㉡ 신설 또는 강화)하고자 할 때 현존하는 규제의 사회적 편익과 비용을 점검하고 측정하는 체계적인 의사결정도구이다. 14. 서울 7

Theme 04 행정지도

01 행정지도란?

행정지도란 법적 구속력을 수반하지 않는 정부의 활동으로 권고, 협조요청 등을 말한다. 예컨대 2020년 코로나가 발생하자 정부는 국민에게 외출이나 모임을 자제할 것을 '권고'하였다. 코로나의 확산을 막는 것이 시급하지만, 법률의 명확한 근거가 없어 강제하기 어려웠기 때문이다. 우리나라는 비교적 덜하였지만, 외출이나 모임을 제한하는 정책에 대해 유럽의 일부 국가에서는 국민의 반대 시위가 강력하게 일어나기도 했었다.

02 특징

1. 행정지도는 민간부문의 정부 의존도가 높을수록 유용성이 커진다. 특히 우리나라는 과거 개발연대에 행정이 민간부분의 발전을 선도·관리하면서 행정지도의 영역이 매우 확대되었다.

2. 행정지도는 행정수요의 변화에 비해 입법조치가 탄력적이지 못하거나, 행정수요가 임시적·잠정적이어서 법적 대응이 곤란할 때 활용할 수 있다. 코로나 사례에서 보듯이 전염병이 빠르게 확산하고 있는데, 관련 법률의 개정을 기다릴 시간은 부족하기 때문이다. 그래서 법률 개정이 진행되는 동안 행정지도를 통해 새로운 또는 긴급한 행정수요에 응급적 또는 보완적으로 대응할 수 있다.

• 기출문제 학습 •

01 행정지도는 법적 구속력을 (㉠ 수반하는 / ㉡ 수반하지 않는) 권고, 협조요청, 알선행위 등을 말한다.
12. 서울 9

정답 1. ㉡

Theme 05 민원행정(민원 처리에 관한 법률)

01 민원행정이란?

민원이란 민원인이 행정기관에 대하여 처분 등 특정한 행위 등을 요구하는 것을 말한다. 예컨대 「건축법」에 따라 건축물을 건축하거나 대수선하려는 사람은 특별자치시장·특별자치도지사 또는 시장·군수·구청장의 허가를 받아야 하는데, 민원인이 건축허가를 신청하면 행정기관에서 허가 요건을 검토하여 허가 여부를 결정하게 된다. 민원 처리에 관하여 기본적인 사항은 「민원 처리에 관한 법률」에서 정하고 있다.

02 민원의 종류

1. 일반민원

(1) **법정민원**: 관계법령에 따라 인가·허가·승인 등을 신청(예컨대 건축허가 신청)하거나 장부·대장 등에 등록·등재를 신청(예컨대 의약품 특허목록 등재신청) 또는 신고하거나 특정한 사실 또는 법률관계에 관한 확인 또는 증명을 신청(예컨대 인감증명서 발급 신청)하는 민원

(2) **질의민원**: 법령·제도·절차 등 행정업무에 관하여 행정기관의 설명이나 해석을 요구하는 민원

(3) **건의민원**: 행정제도 및 운영의 개선을 요구하는 민원

(4) **기타민원**: 행정기관에 단순한 행정절차 등에 대한 상담·설명 등

2. 고충민원

행정기관 등의 위법·부당하거나 소극적인 처분 및 불합리한 행정제도로 인하여 국민의 권리를 침해하거나 국민에게 불편 또는 부담을 주는 사항에 관한 민원으로 「부패방지 및 국민권익위원회의 설치와 운영에 관한 법률」 제2조 제5호에 규정되어 있다.

3. 복합민원

하나의 민원 목적을 실현하기 위하여 관계법령 등에 따라 여러 관계 기관 또는 관계 부서의 인가·허가·승인·추천·협의 또는 확인 등을 거쳐 처리되는 법정민원으로, 예컨대 예컨대 건축허가를 받기 위해서는 「국토의 계획 및 이용에 관한 법률」에 따른 개발행위허가, 「도로법」에 따른 도로의 점용 허가 등을 받아야 한다.

4. 다수인관련민원

5세대 이상의 공동이해와 관련되어 5명 이상이 연명으로 제출하는 민원으로, 예컨대 공사장 소음에 대하여 5명 이상의 마을 주민들이 공동으로 민원을 제기할 수 있다.

03 민원인

민원인이란 행정기관에 민원을 제기하는 개인·법인 또는 단체를 말한다. 다만, 행정기관(사경제의 주체로서 제기하는 경우는 제외한다), 행정기관과 사법상 계약관계에 있는 자 등은 제외한다. 행정기관은 민원의 요구주체가 아니라 민원의 상대방인 민원의 처리주체이므로 민원인에서 제외된다. 사경제(私經濟)의 주체는 행정기관이 일반 국민과 대등한 지위에서 행정기관에 특정한 행위를 요구하는 경우를 말하는데, 이런 경우에는 그 주체가 행정기관이라 하더라도 민원인으로 볼 수 있다. 예컨대 하급기관 공무원이 개인적으로 상급기관에 질의를 한 경우 일반인의 지위로서 공무원도 민원인이 될 수 있지만, 하급기관이 '기관명의'로 상급기관에 제출하는 질의는 민원에 해당하지 않는다.

04 민원의 신청

민원의 신청은 문서(전자문서를 포함)로 하여야 하며, 다만 기타민원은 구술 또는 전화로 할 수 있다.

05 민원 처리의 예외

1. 고도의 정치적 판단을 요하거나 국가기밀 또는 공무상 비밀에 관한 사항
2. 수사, 재판 및 형집행에 관한 사항 또는 감사원의 감사가 착수된 사항
3. 판결·결정·재결·화해·조정·중재 등에 따라 확정된 권리관계에 관한 사항
4. 사인 간의 권리관계 또는 개인의 사생활에 관한 사항

   ⊕ 민원 처리의 예외사항에 해당하는 경우 민원을 처리하지 아니할 수 있고, 이 경우 그 사유를 해당 민원인에게 통지하여야 한다.

• 기출문제 학습 •

01 민원행정은 규정에 따라 서비스를 제공하는 전달적 행정으로 행정구제수단으로 볼 수 (㉠ 있으며 / ㉡ 없으며), 행정기관도 민원을 제기하는 주체가 될 수 (㉠ 있다. / ㉡ 없다.) 20. 지방 9

정답 1. ㉠, ㉠

Theme 06 공공기관의 정보공개에 관한 법률

01 목적

「공공기관의 정보공개에 관한 법률」은 헌법상의 '알권리'를 구체화하기 위하여 1996년 제정된 법률로서, 국민의 알권리를 보장하고 국정에 대한 국민의 참여와 국정 운영의 투명성을 확보를 목적으로 한다. 행정정보공개가 확대될수록 공무원이 적극적으로 업무를 수행하기 어려울 수 있다.

02 대상 공공기관

중앙행정기관 및 그 소속기관, 국회, 법원, 헌법재판소, 중앙선거관리위원회, 지방자치단체, '공공기관 운영에 관한 법률'에 따른 공공기관 등

03 청구권자

모든 국민, 일정한 요건을 갖춘 외국인 등*

  국내에 일정한 주소를 두고 거주하거나 학술·연구를 위하여 일시적으로 체류하는 사람 및 국내에 사무소를 두고 있는 법인 또는 단체

04 비공개 대상 정보 및 제외

1. 비공개 대상 정보

(1) 다른 법률 또는 법률에서 위임한 명령에 따라 비밀이나 비공개 사항으로 규정된 정보
(2) 국가안전보장·국민의 생명·신체 및 재산의 보호에 현저한 지장을 초래하는 정보
(3) 진행 중인 재판에 관련된 정보 및 범죄의 예방, 감사에 관한 사항 및 의사결정 과정 또는 내부검토 과정에 있는 사항
(4) 사생활의 비밀 또는 자유를 침해할 우려가 있다고 인정되는 정보 등

2. 비공개 대상 정보 제외

(1) 법령에서 정하는 바에 따라 열람할 수 있는 정보
(2) 사생활의 비밀 또는 자유를 부당하게 침해하지 아니하는 정보
(3) 공익이나 개인의 권리 구제를 위하여 필요하다고 인정되는 정보
(4) 직무를 수행한 공무원의 성명·직위, 국가 또는 지방자치단체가 업무의 일부를 위탁 또는 위촉한 개인의 성명·직업 등

05 청구방법

정보공개 청구서를 제출하거나 말로써 공개를 청구할 수 있다.

06 정보공개 여부 결정

정보공개의 청구를 받으면 그 청구를 받은 날부터 10일 이내에(부득이한 경우 10일의 범위에서 공개 여부 결정기간 연장 가능) 공개여부를 결정해야 한다.

07 정보공개위원회

1. 정보공개에 관한 정책 수립 및 제도 개선에 관한 사항 등을 심의·조정하기 위하여 행정안전부장관 소속으로 정보공개위원회를 둔다.

2. 위원회는 위원장과 부위원장 각 1명을 포함한 11명의 위원으로 구성하되, 위원장을 포함한 7명은 공무원이 아닌 사람으로 위촉하여야 한다.

3. 위원장·부위원장 및 위원(위원 중 대통령령으로 정하는 관계 중앙행정기관의 차관급 공무원이나 고위공무원단에 속하는 일반직공무원은 제외)의 임기는 2년으로 하며, 연임할 수 있다.

• 기출문제 학습 •

01 ① 공공기관의 정보공개에 관한 법률은 (㉠ 1996년 / ㉡ 2006년 / ㉢ 2016년) 제정되었고, 공공기관이 보유한 정보의 (㉠ 자발적, 능동적 제공을 / ㉡ 국민의 공개 청구 및 공공기관의 공개 의무를) 목적으로 한다.
② 외국인은 행정정보 공개청구를 할 수 (㉠ 있다. / ㉡ 없다.)
③ 직무를 수행한 공무원의 성명·직위는 공개할 수 (㉠ 있다. / ㉡ 없다.)
④ 공공기관은 부득이한 사유가 없는 한 정보공개청구를 받은 날부터 (㉠ 5일 / ㉡ 10일 / ㉢ 20일) 이내에 공개여부를 결정해야 한다.
⑤ 정보공개청구는 말로써도 (㉠ 할 수 있다. / ㉡ 할 수 없다.) 10. 지방 9, 14. 국가 9

02 행정정보공개의 확대는 공무원의 (㉠ 도전적이고 적극적인 / ㉡ 소극적인) 행태를 조장한다. 12. 지방 7

정답 1. ①-㉠,㉡ ②-㉠ ③-㉠ ④-㉡ ⑤-㉠ 2. ㉡

Theme 07 · 시장실패

01 시장실패란?

자본주의 경제는 시장에서 자발적 교환행위가 '보이지 않는 손'에 의해서 효율적인 자원 배분이 일어나기 때문에, 정부의 역할은 구성원의 소유권 확립과 보호 등으로 한정된다. 하지만 시장에서 효율적인 자원 배분이 일어나지 못하는 상황이 발생할 수 있는데 이를 시장실패(Market Failure)라고 하고, 시장실패는 시장에 대한 정부의 적극적인 개입근거가 된다.

02 시장실패의 원인

1. 공공재의 존재

앞서 살펴본 것처럼 공공재(Public Goods)는 시장에 의해 충분히 공급되기 어렵기 때문에, 정부에 의한 공적 공급이 필요하다. 즉 공공재를 시장에 맡기면 무임승차 행위가 발생하기 때문에, 정부가 세금을 징수하여 직접 공급한다.

2. 외부효과

(1) 외부효과(External Effects)는 제3자에게 의도하지 않은 이득(외부경제)이나 손해(외부불경제)를 주는 현상으로 정원 꾸미기(외부경제), 공장에서 오염물질 배출(외부불경제) 등이 대표적인 예이다. 피해를 주더라도 비용을 지불하지 않고, 혜택을 보더라도 대가를 지불하지 않는다. 즉 시장기구 밖에 있기 때문에 외부효과라고 부른다.

(2) 외부효과의 교정

① 외부경제

외부경제는 제3자에게 이득을 주기 때문에 제3자는 '무임승차'를 하려는 유인이 생긴다. 예컨대 건물주가 옥상에 정원을 조성하였고, 해당 옥상이 무료로 공개된 공간이라면 이용하는 일반 시민들도 혜택을 얻게 된다. 사회적으로 많이 공급되는 것이 이득이 되는 상황으로, 정부에서는 더 많이 옥상정원이 조성되도록 보조금을 지급한다. 실제로 우리나라 정부에서도 옥상정원 조성비용을 일부 지원하고 있다.

② 외부불경제

외부불경제는 제3자에게 피해를 주는 대신 비용은 지불하지 않기 때문에 과도하게 발생할 가능성이 높다. 예컨대 제품을 생산하는 기업은 생산과정에서 발생하는 오염물질을 정화하지 않고 배출할 가능성이 높다. 오염물질을 정화하기 위해서는 정화장치를 설치·운영해야 하고, 이에 따른 비용이 발생하기 때문이다. 해당 기업 차원에서 이득이 될지라도 환경오염으로 인한 사회적 비용은 증가하게 된다. 정부는 정화시설 설치를 의무화 하는 등 규제를 통해서 외부불경제를 교정하기도 하고, 다음과 같은 방법으로 해결할 수도 있다.

㉠ 피구의 주장

피구(Arthur Cecil Pigou)는 외부효과에 해당하는 만큼의 조세를 부과하자는 피구세(Pigouvian tax)를 제안하였다. 즉 특정 행위자가 사회적으로 피해를 주는 정도를 계산하고 그만큼을 비용으로 부담시키자는 것이다.

㉡ 코오즈의 주장

코오즈(R. Coase)는 소유권을 명확하게 확립하여 부정적 외부효과를 줄일 수 있다. 예컨대 공장에서 하천으로 오염물질을 방류하고 있고, 인근에서 어업활동을 하는 사람들이 피해를 보고 있다. 하천에 대한 소유권이 어업활동을 하는 사람들에게 있다면, 해당 공장과 협상을 통해 보상을 받거나 정화 장치 설치 등을 요구할 수 있을 것이다. 코오즈는 소유권만 확립된다면 정부의 개입 없이도 민간 주체들의 자발적 협상에 의해서 해결될 수 있다고 보았다. 협상 대상자를 찾거나 협상 및 협상 내용의 준수 여부를 감시하는 등에 발생하는 거래비용은 거의 없다고 가정하고 있다.

㉢ 오염허가서

오염허가서(Pollution Permits)는 간접적 규제 활용 사례로 일정한 양의 오염허가서 또는 배출권을 보유하고 있는 경제주체만 오염물질을 배출하게 한다. 예컨대 하루에 100톤 정도의 오염물질은 자연이 스스로 정화(자정능력)하는 능력이 있다고 하자. 정부는 총 100톤의 배출권을 기업들에게 적절히 나누어 주고, 기업들은 배정받은 만큼 배출하고 부족한 부분은 스스로 정화하면 된다. 또한 배정받은 배출권을 기업들 간에 거래가 가능하게 한다면, 정화 비용이 많이 드는 기업은 배출권만으로 충분하지 않다면 다른 기업으로부터 배출권을 구매할 수도 있다.

3. 자연독점

자연독점(Natural Monopoly)은 고속도로 건설 등 대규모 투자가 필요한 분야에 규모의 경제(Economics of Scale)가 발생하고 이로 인한 독점 현상을 말한다. 규모의 경제가 발생한다는 것은 생산을 하면 할수록 평균생산 비용이 감소하는 현상이다. 이 경우 신규업체의 평균생산비용이 높기 때문에 해당 시장에 진입 자체가 어렵게 된다. 예컨대 전력공급시장에 전국적으로 막대한 투자를 한 기존의 기업이 kw 당 200원의 요금으로 판매하고 있다고 하자. 그보다 작은 규모로 시작하려는 신규업체는 평균생산 비용이 높을 수밖에 없기 때문에 결국 시장 진입 자체를 포기하게 되고, 이를 알고 있는 기존의 독점기업은 가격을 올리게 된다. 특히 고속도로, 전력공급 등은 국가에 막대한 영향을 주기 때문에, 정부는 기존기업의 가격인상을 규제하거나 정부가 공기업 등을 통해서 직접 공급하기도 한다.

4. 불완전경쟁

불완전경쟁(Imperfect Competition)은 시장 참여자들 사이에 완전한 경쟁이 이루어지지 않아 자원배분이 효율적으로 이루어지지 않은 상태로 독과점 시장이 나타난다. 예컨대 우리나라는 기업들 간의 가격단합행위를 금지하고, 위반한 기업에 대하여 과징금을 부과하고 있다.

5. 정보의 비대칭

정보의 비대칭(Information Asymmetry)은 경제적 거래에 있어 한쪽 당사자가 거래 상대방에 비해서 더 많은 정보를 가진 상황을 의미한다. 예컨대 중고차 시장에서 중고차 구매자 보다 판매자가 해당 중고차에 대한 정보를 더 많이 알고 있다. 중고차 판매자가 성능에 문제가 있는 중고차를 정상인 것처럼 속여서 판매할 경우 정보가 부족한 구매자는 시장가격 보다 비싼 가격에 구매하게 된다. 즉 공정한 거래가 이루어지지 않기 때문에 정보의 비대칭에 대해서 정부가 개입하게 된다. 정부는 법령으로 중고차에 대한 상세 정보를 공개하도록 규제할 수도 있고, 상세 정보를 공개하는 업체에 대한 정부 인증 마크 부여 등 상세 정보공개를 유도할 수도 있다.

03 시장실패 원인별 대응

원인 \ 정부대응	공적공급(행정조직)	공적유도(보조금)	정부규제(권위)
공공재의 존재	○		
외부효과의 발생		○	○
자연독점	○		○
불완전경쟁			○
정보의 비대칭		○	○

04 넛지이론

1. 등장배경

불확실한 상황에서 휴리스틱스(Heuristics ; 직관, 상식 등)가 유발하는 비합리적 의사결정을 행동경제학에서는 행동적 시장실패라고 한다. 예컨대 의료보험에 가입하는 것이 개인의 효용을 극대화하는 선택임에도 불구하고 가입하지 않는다고 가정하자. 자신의 건강을 지나치게 확신 하거나 미래에 위험에 대비하지 않는 성향 등이 이유가 될 수 있다. 즉 개인의 의사결정이 자신의 후생손실을 스스로 초래하는 내부효과가 발생한다.

2. 전통적인 방법과 넛지

(1) 국민 건강을 책임져야 하는 정부는 의료보험 가입을 높여야 하는데, 전통적인 방법으로는 의료보험 가입을 강제하거나 의료보험 가입시 보조금 지급을 통해서 유인할 수 있다.

(2) 넛지와 관련하여 우리가 월회비를 납부해야 하는 서비스에 가입할 때 '매월 자동납부' 동의 선택란에 미리 체크되어 있는 것을 보았을 것이다. 자세히 살펴보지 않고 가입하면 의도치 않게 '매월 자동납부'를 하게 된다. 마찬가지로 의료보험을 가입하는 기본 선택지(이를 디폴트 옵션이라 한다.)에 체크해 두면, 의료보험에 가입하는 사람이 많아진다. 즉 사람들의 인지적 편향을 전략적으로 활용한 것이다.

🔍 넛지(Nudge)를 번역하면 '팔꿈치 등으로 살짝 찌르다.' 정도로 번역되는데, 자연스럽게 개입하는 것을 의미한다. 이는 리처드 탈러(Richard H. Thaler)와 캐스 선스타인(Cass R. Sunstein)의 저서 제목이기도 하다.

3. 특징

(1) 정부는 정책설계자로서 규제, 경제적 유인 등과 구별되는 새로운 정책수단인 넛지를 활용해야 한다는 점을 강조한다. 넛지 방식으로 정책을 설계하는 것을 '선택설계'라고 하는데, 개인에게 선택권을 주기 때문이다.

(2) 넛지이론에서는 정책대상집단의 행동에 개입하지만 개인의 자유로운 선택을 허용하는 '자유주의적 개입주의'를 지향한다. 개입은 하되 선택도 가능하므로 개입 수준 측면에서 '부드러운 개입주의'로 볼 수 있다.

(3) 엄격하게 검증된 증거에 기반하여 정책을 선택하거나 결정하는 것을 강조한다. 행동경제학은 각종 실험을 통한 귀납적 분석에 기초하고 있는데, 정책실험 등의 테스트를 통해 개입 수단의 효과성을 평가한다.

4. 넛지를 활용한 정책 설계 예시

(1) **디폴트(Default) 옵션 설정**
- 옵트인(Opt-in): 사전에 일괄적으로 적용하지 않은 후 선택하는 사람만 적용한다.
- 옵트아웃(Opt-out): 사전에 일괄적으로 적용한 후 선택하지 않은 사람만 배제한다.

(2) **정보공개 및 시각정보를 활용한 경고**
우리나라의 경우 담배의 구매는 허용하되, 담배 겉표지에 흡연과 관련된 질병의 사진과 경고 문구 표기를 한다. 담배구매에 대한 자유는 부여하되 선택에 개입하는 것이다.

• 기출문제 학습 •

01 시장실패의 원인이 아닌 것은 (㉠ 규모의 경제 / ㉡ 정보의 비대칭성 / ㉢ X-비효율성 / ㉣ 외부효과 발생 / ㉤ 시장의 독점 상태 / ㉥ 시장이 담당하기 어려운 공공재의 존재)이다. 21. 국가 9, 13. 국가 7

02 시장실패의 원인에 대응하는 정부의 방식 중 불완전경쟁에 대해서는 (㉠ 보조금 혹은 공적공급으로 / ㉡ 정부규제로) 대응할 수 있다. 16. 서울 9

03 자연독점에 의해서 발생하는 시장실패는 (㉠ 공적 유도(보조금) / ㉡ 정부규제)의 방식으로 해결하는 것이 적합하다. 10. 국가 7

04 외부효과를 교정하기 위한 (㉠ 직접적 규제 / ㉡ 간접적 규제)의 활용 사례로는 일정한 양의 오염허가서 혹은 배출권을 보유하고 있는 경제주체만 오염물질을 배출할 수 있게 허용하는 방식이 있다. 15. 국가 9

05 넛지 방식으로 정책을 설계하는 것에는 (㉠ 규제, 경제적 유인 / ㉡ 디폴트 옵션 설정) 등이 해당한다. 22. 지방 7

06 넛지이론의 학문적 토대는 (㉠ 공공선택론 / ㉡ 행동경제학)이다. 23. 국가 7

07 넛지(Nudge) 이론은 (㉠ 실험을 통한 귀납적 분석을 지향한다. / ㉡ 가정에 기초한 연역적 분석을 지향한다.) 24. 지방 7

정답 1.㉢ 2.㉡ 3.㉡ 4.㉡ 5.㉡ 6.㉡ 7.㉠

Theme 08 · 정부실패

01 정부실패란?

정부실패(Government Failure)는 시장실패에 대응하는 개념으로 정부의 개입이 오히려 시장을 악화시키는 현상을 말한다.

02 정부실패의 원인

1. 사적 목표의 설정(내부성)

국민이 정보가 부족하여 공공조직을 완벽히 감시할 수 없는 상황에서, 공공조직이 공익적 목표보다는 관료 개인이나 소속기관의 이익을 우선적인 목표로 둘 수 있다. 이를 내부성(Internalities)이라고도 하는데, 미국의 경제학자 울프(C. wolf. Jr)는 내부적 목표로 최신기술에 집착, 정보와 지식의 독점, 더 많은 예산의 확보라는 행태를 보인다고 하였다.

2. X-비효율성

X-비효율성은 정부가 재화나 서비스를 독점적으로 제공하기 때문에 발생하는 비효율을 말한다. 완전경쟁시장에 놓은 기업과 달리 품질을 개선하거나 생산비용을 줄일만한 유인이 없기 때문이다.

3. 파생적 외부효과

파생적 외부효과는 시장실패를 해결하기 위해 정부가 개입하지만 의도하지 않은 부작용을 초래하는 것이다.

> **사례**
>
> 정부는 특정 지역의 주택가격이 과도하게 상승하자 이를 해결하기 위해 투기과열지구로 지정하였다. 그러나 투기과열지구로 지정된 이후 주택가격은 오히려 급등하였다. 이는 주택 수요자들이 정부의 의도와 달리 투기과열지구의 지정으로 인해 그 지역의 주택가격이 더 오를 것이라고 예상하였기 때문이다.

4. 권력의 편재

정부는 강제력을 가지고 있으므로, 권력으로 인한 분배적 불공평성이 발생할 수 있다. 예컨대 정부에 호의적이지 않은 기업을 억압한다면 정부에 호의적인 기업만 경쟁에서 살아남게 될 것이다.

5. 비용과 편익의 괴리(절연)

(1) 정부가 제공하는 서비스는 민간기업과 달리, 비용(조세 등)과 편익(행정서비스)이 이어져 있지 않다. 자발적 교환이 이루어지는 시장에서는 비용을 지불한 만큼 편익을 얻게 된다. 이와 달리 정부는 정치적 결정에 따른 조세를 강제적으로 징수하고, 조세를 많이 부담한 사람에게 특별한 혜택을 주지도 않는다. 관료는 제공하는 행정서비스의 품질과 관계없이 조세 수입은 들어오기 때문에 세금을 효율적으로 활용하지 못하게 된다.

(2) 다수의 비용과 소수의 편익이 발생하는 미시적 절연과 소수의 비용과 다수의 편익이 발생하는 거시적 절연으로 구분된다. 예컨대 누진세* 하에서 소수의 부자가 많은 세금을 납부하면, 이를 통해 다수가 누리는 행정서비스를 제공할 수 있다.

> 누진세(Progressive Tax)는 과세표준이 증가함에 따라 평균세율이 증가하는 조세로, 우리나라의 국세 중 소득세가 대표적이다.

6. 지대추구행위

지대추구행위(Rent-Seeking Behavior)는 정부개입에 따라 발생하는 인위적 지대를 획득하기 위해 자원을 낭비하는 활동이다. 규제나 개발계획과 같은 정부의 시장개입이 큰 부분에 대해서 지대추구 행태가 증가하는데, 여기서 지대는 특권이나 특혜로 인한 이득을 의미한다. 기업이 기술이나 서비스 향상을 통해서 경쟁력을 확보하지 않고 정부로부터 특혜를 얻기 위해 로비활동에만 전념한다면 사회적 손실이 증가할 수밖에 없다.

03 정부실패 원인별 대응

원인 \ 대응	민영화	정부보조 삭감	규제완화
사적목표의 설정(내부성)	○		
X-비효율성	○	○	○
파생적 외부효과		○	○
권력의 편재	○		○

• 기출문제 학습 •

01 (㉠ X-비효율성 / ㉡ 내부성)은 관료 자신이 개인적 이익이나 소속기관의 이익을 사회적 목표보다 우선 고려함으로써 사회 전체의 목표와 조직 내부 목표 간 괴리가 발생하는 것이다. 25. 국가 9

02 X-비효율성으로 인해 (㉠ 시장실패 / ㉡ 정부실패)가 야기되어 정부의 시장개입 정당성이 약화된다. 16. 지방 9

03 X-비효율성은 (㉠ 과열된 경쟁에서 / ㉡ 정부의 독점적 지위로 인해) 나타나는 정부의 과다한 비용발생을 의미한다. 17. 국가 9

04 (㉠ 권력의 편재는 / ㉡ X-비효율성은) 정부가 가진 권력을 통해 불평등한 분배가 이루어지는 현상이다. 22. 국가 7

05 정부실패의 요인에 해당하지 않는 것은 (㉠ 공공서비스에서의 비용과 편익의 분리 / ㉡ 경제 활동에 영향을 주는 외부불경제)이다. 17. 지방 7

06 정부실패는 정부라는 공공조직에 내재하는 구조적 요인 때문에 (㉠ 발생하는 것은 아니다. / ㉡ 발생한다.) 16. 국가 9

07 (㉠ 작은 정부론자 / ㉡ 큰 정부론자)는 "비용과 편익이 괴리되어 (㉠ 시장실패 / ㉡ 정부실패)가 발생하는 경우, 정부가 시장에 (㉠ 개입해야 한다. / ㉡ 개입을 축소해야 한다.)"라고 주장한다. 14. 지방 9

08 민영화로 해결하기 어려운 정부실패유형은 (㉠ 사적 목표의 설정 / ㉡ X-비효율 / ㉢ 파생적 외부효과 / ㉣ 권력의 편재 / ㉤ 지대추구행위)이다. 11. 서울 9

09 민영화를 강조하는 작은 정부론은 (㉠ 정부실패 / ㉡ 시장실패)에 대한 대응으로 제기되었다. 24. 국가 9

정답 1. ㉡ 2. ㉡ 3. ㉡ 4. ㉠ 5. ㉡ 6. ㉡ 7. ㉠,㉡,㉡ 8. ㉣ 9. ㉠

Theme 09 정부의 규모

🔍 정부의 규모는 공무원의 수, 재정규모 등으로 평가할 수 있다.

01 정부규모 팽창 관련 이론

1. 파킨슨의 법칙

(1) 파킨슨(Parkinson. C. N.)의 법칙은 공무원의 수가 해야 할 업무의 경중이나 그 유무에 관계없이 일정비율로 증가하는 현상으로, 상승하는 피라미드의 법칙이라고도 한다. 파킨슨은 영국 해군성과 식민지청의 인력을 분석하여 업무량과 관계없이 공무원 수가 증가한다고 주장하였다.

(2) 파킨슨의 법칙은 부하배증의 법칙과 업무배증의 법칙으로 구분된다.
  ① **부하배증의 법칙**: 공무원은 승진을 하기 위하여 비슷한 직급의 동료보다 부하 직원을 충원하려는 경향이 강하다.
  ② **업무배증의 법칙**: 혼자 일하던 때와는 달리 지시, 보고, 승인, 감독 등 파생적 업무가 창조되어 본질적 업무의 증가 없이 업무량이 늘어난다.

(3) 국가위기 상황 등에서 공무원이 증가하는 현상을 설명하지 못한다는 한계가 있다.

2. 피콕과 와이즈만의 설명

피콕과 와이즈만(Alan T. Peacock & Jack Wiseman)은 전쟁 등 사회변동기에 공공지출이 상향되면 상황이 끝난 후에도 공공지출이 그 이전 수준으로 되돌아가지 않는 데에서 예산팽창의 원인을 찾고 있다. 사회변동기에는 공공지출이 늘어나면서 민간지출을 대체하게 된다. 이를 전위효과(Displacement Effect)라고 한다. 사회변동기가 지나면 다시 공공지출이 원래 상태로 되돌아 가야 하지만 늘어난 상태로 머물게 된다. 이를 래칫효과(Ratchet Effect*)라고도 하는데, 공공지출의 비가역성(Irreversible)을 표현한 것이다.

_{Ratchet Effect를 검색하여 관련 영상을 확인해 보길 권한다.}

3. 와그너의 법칙

와그너(Adolph Wagner)는 1인당 국민소득이 증가할 때 국민경제에서 차지하는 공공부문의 상대적 크기가 증가한다고 주장하는데, 경제 발전에 따라 국민의 욕구 부응을 위한 공공재 증가로 인해 정부 예산이 증가하기 때문이다.

4. 니스카넨의 예산극대화 모형

관료들이 자신들의 권력의 극대화를 위해 자기부서의 예산극대화를 추구하는 현상으로, 니스카넨(William Niskanen)은 미국 국방성의 예산을 분석한 결과 자기 부처의 예산을 극대화하여 권한을 확대하고자 하는 이기적 행위가 있음을 입증하였다.

5. 브레넌과 뷰캐넌의 리바이던* 가설

리바이던(Leviathan)은 성경에 나오는 바다 괴물로 영국의 철학자 홉스는 군주의 절대권력을 리바이던으로 표현하였다.

브레넌과 뷰캐넌(H. G. Brennan & J. M. Buchanan)은 재정권을 독점한 정부에서 정치가나 관료들이 독점적 권력을 국민에게 남용하여 재정규모를 과도하게 팽창시킨다고 보았다. 대의민주주의 체제(다수결 투표)에서 대중은 정부의 재정규모 팽창에 적극적으로 반대하지 않는데, 재정적자를 미래세대로 전가하면 현세대의 부담이 크지 않기 때문이다.

6. 보몰효과

보몰(William J. Baumol)은 공공부문 서비스의 노동집약적 성격으로 인해 민간부문에 비해 생산성 증가가 느리고, 생산성이 낮은 공공부문의 팽창이 사회전체 경쟁력을 저하시킨다고 보았다. 사회의 경쟁력이 약화된다는 의미로 보몰병(Baumol's Disease)이라고 불리기도 한다.

7. 로머와 로젠탈의 회복수준 이론

로머와 로젠탈(Tomas Romer & Howard Rosenthal)은 관료들이 회복수준*을 낮게 잡아서, 자신

회복수준은 관료가 제안한 예산안이 기각되었을 때 복귀해야 하는 지출 수준으로 전년도 예산 등을 말한다.

들이 제출한 예산안이 통과되도록 한다. 본 교재 part 5. 재무에서 학습하게 되겠지만, 정부에서 제출한 예산안은 국회에서 심의·의결한다. 예컨대 정부가 A 사업의 예산을 전년도 100억 원에 추가로 50억 원을 편성하여 국회에 요구했는데, 국회에서 심의해 보니 추가로 20억 원 정도가 적절하여 30억 원을 삭감한다고 하자. 국회에서 삭감한다고 하자 정부에서는 삭감하려면 추가적인 50억 원을 전액 삭감해야 한다고 한다. 즉 일부 삭감은 어렵다고 주장하는 것이다. 결국 국회에서도 A 사업에 대한 예산 증액이 필요해 보이는 만큼 정부가 요구한 대로 예산을 늘려준다는 것이다.

02 정부규모 축소 관련 이론

1. 갈브레이드의 의존효과

갈브레이드(John K. Galbraith)는 공공재는 사적재와 달리 광고 등을 통한 욕망 창출을 하지 못하여 과소공급되는 경향이 있다고 주장하였다.

2. 머스그레이브의 조세저항

머스그레이브(R. A. Musgrave)는 사람들이 공공재로부터 받는 효용에 비해 조세 부담에 대한 비용이 많다고 인지하기 때문에, 조세저항이 발생하여 공공재의 과소공급으로 이어진다고 주장하였다.

03 재정착각

정부서비스의 혜택과 부담에 대한 오해를 재정착각(Fiscal Illusion)이라 부르는데, 이는 정부활동에 대한 정보가 부족*하기 때문에 발생한다. 재정착각은 정부지출을 증가시킨다는 주장과 감소시킨다는 주장으로 나눌 수 있다.

국민들이 정부활동에 대한 정보를 알아보면 될텐데, 정보획득에 드는 비용이 이득보다 크다면 정부활동에 대한 정보를 모르는게 오히려 이득일 수 있다. 다운스(Anthony Downs)는 이러한 현상을 '합리적 무지'라고 하는데 말 그대로 모르는게 더 합리적이라는 것이다.

1. 정부지출 증가
세금구조가 복잡하기 때문에 조세부담은 과소평가하고, 정부서비스는 명확하기 때문에 정부지출 증가를 선호한다.

2. 정부지출 감소
조세부담은 명확하고, 정부서비스 혜택은 불분명하여 과소평가 하므로 정부지출 감소를 선호한다.

• 기출문제 학습 •

01 정부규모팽창에 대한 이론의 설명 : 09. 국가 7
① 전위효과 : 사회혼란기에 공공지출이 상향조정되면 (㉠ 민간지출 / ㉡ 공공지출)이 (㉠ 민간지출 / ㉡ 공공지출)을 대체하는 현상
② 보몰효과 : (㉠ 정부가 생산 공급하는 서비스의 생산비용이 상대적으로 빨리 하락하여 정부 지출이 감소하는 현상 / ㉡ 생산성이 낮은 공공부문의 팽창으로 인해 사회전체의 경쟁력이 저하되는 현상)

02 파킨슨의 법칙에 의하면, (㉠ 관료는 본질적인 업무가 증가하지 않으면 파생적인 업무도 줄이려는 무사안일의 경향을 가진다. / ㉡ 본질적 업무의 증가와 관계없이 파생적인 업무는 증가한다.) 19. 지방 7

03 (㉠ 파킨슨 / ㉡ 니스카넨)은 관료들이 자신들의 권력 극대화를 위해 필요 이상으로 자기 부서의 예산을 추구함에 따라 정부 예산이 지속적으로 증가한다고 주장한다. 23. 지방 9

정답 1. ①-㉡, ㉠ ②-㉡ 2. ㉡ 3. ㉡

Theme 10-1 민영화(민간화)

01 민영화의 장·단점

1. 민영화란?

정부에서 제공하던 서비스를 민간기업 등에게 이전하는 것을 말한다.

2. 장점

(1) 서비스 공급의 융통성과 시장경쟁 체제의 도입으로 효율성을 향상시킬 수 있다.

(2) 고객의 요구에 대한 대응성을 제고하고 정치적 부담을 감소시킨다.

3. 단점

(1) 민영화 과정에서 특혜, 정경유착 등의 부패가 발생할 수 있다.

(2) 서비스 배분의 형평성 문제 및 행정의 책임성 문제가 발생할 수 있다.

(3) 정부지분이 다수 국민에게 넘어갈 경우 효과적인 감시가 어렵다.

(4) 민간위탁 역시 독과점의 폐해 등으로 인하여 시장실패가 발생할 수 있다.

02 대리인 이론 관점에서의 민영화 논의

1. 복대리인 이론(민영화 찬성)

시민 → 정부 → 공기업 간 복대리인 관계이므로, 복대리 관계로 인한 비효율을 감소시키기 위해서 공기업의 민영화 찬성 논리로 이어진다.

2. 역대리인 이론(민영화 반대)

민영화 후에 민간기업도 도덕적 해이로 인해 공공서비스를 제대로 공급하지 못하는 현상이 발생한다.

03 크림 스키밍

크림 스키밍(Cream Skimming) 현상은 원유에서 크림을 분리, 채집하는 과정에서 '달콤한 크림만 먹으려는' 것을 의미하는데, 민영화 추진 시 사업이 잘 될 것 같은 분야로만 몰리게 된다.

• 기출문제 학습 •

01 시장성이 큰 서비스를 다루는 공기업을 민영화하게 되면 (㉠ 지나친 경쟁체제에 노출되기 때문에 민영화의 실익이 없다. / ㉡ 경쟁체제에 노출되기 때문에 서비스 품질 향상을 기대할 수 있다.) 15. 국가 7

02 최근 쓰레기 수거와 같이 전통적으로 정부의 고유영역으로 간주되어온 서비스를 민간에 위탁하는 경우가 있는데 그 목적이라고 보기 힘든 것은 (㉠ 행정의 효율성 향상 / ㉡ 행정의 책임성 확보 / ㉢ 경쟁의 촉진 / ㉣ 작은 정부의 실현)이다. 15. 국가 9

03 공기업 민영화와 관련한 문제점을 설명하는 이론과 설명을 연결하면? 12. 국가 7

〈이론〉
(㉠ 역대리인 이론 / ㉡ 복대리인 이론 / ㉢ 크림탈취 현상)

〈설명〉
① '주인-대리인' 문제가 반복됨으로써 대리인 문제나 비효율의 문제가 반복
② 민간이 흑자 공기업만 인수하려고 하기 때문에 적자 공기업은 매각되지 않고, 흑자 공기업만 매각되는 현상
③ 민영화 이후에 공공서비스가 제대로 공급되지 못하는 경우가 발생

정답 ▸ 1. ㉡ 2. ㉡ 3. ①-㉡ ②-㉢ ③-㉠

Theme 10-2 민영화(민간화) 방식

01 민간위탁*의 기준

민영화가 민간위탁보다 넓은 의미이지만, 동일하게 사용하기도 한다.

「행정권한의 위임 및 위탁에 관한 규정」에 따르면 민간위탁의 기준은 국민의 권리·의무와 직접 관계되지 아니한 사항 중 다음 내용이 포함된다.

1. 단순 사실행위인 행정작용

2. 공익보다 능률성이 현저히 요청되는 사무

3. 특수한 전문지식 및 기술이 필요한 사무

4. 그 밖에 국민 생활과 직결된 단순 행정사무

02 민영화 방식*

사바스의 공공서비스 제공방식 중 민간이 생산하는 서비스에 해당한다.

1. 민영화 계약방식(Contracting-out)

(1) 정부가 민간에게 비용을 지불하고 서비스를 제공하도록 하는 방식으로 비영리 단체에 의한 보건복지 서비스 및 민간업체에 의한 쓰레기수거업무, 도로건설업무 등을 예로 들 수 있다.

(2) 정부의 직접공급에 비해 고용과 인건비의 유연성 확보가 용이하고, 일반적으로 경쟁입찰을 통해 서비스의 생산주체가 결정되므로 정부의 재정 부담을 경감시킬 수 있다.

2. 면허(프렌차이즈) 방식

민간조직에게 일정한 구역 내에서 공공서비스를 제공하는 권리를 인정하는 방식으로, 전기·통신·난방연료 분야 등에 활용되고 서비스 이용자가 제공자에게 서비스 비용을 지불한다. 시장 경쟁에 의해서도 제공될 수 있지만 서비스의 안정적인 공급이 필요한 경우 활용된다.

3. 보조금(Grant) 방식

(1) 민간조직 또는 개인이 제공하는 서비스 활동에 대해 정부가 재정 또는 현물을 지원하는 방식이다.

(2) 공공서비스가 기술적으로 복잡하여 예측이 어렵고 서비스 목표달성의 방법을 정확히 알 수 없는 경우에 활용된다.

(3) 미국의 경우 주택, 교육, 헬스케어 분야에 활용되고 있는데, 임대형 주택을 제공하는 비영리 단체에 정부가 보조금을 지급하고 거주자는 임대료를 지불하는 방식으로 거주자와 정부가 공동 배열자(co-arrangers)인 경우도 있다.

4. 바우처(Voucher)

(1) 공공서비스의 생산을 민간부분에 위탁하면서 시민들의 구입부담을 완화시키기 위해 금전적 가치가 있는 쿠폰(coupon)을 제공하는 방식으로, 미국의 식품구매권(food stamp) 등을 예로 들 수 있다.

(2) 전자 바우처 방식은 사용행태를 분석하여 실제 사용자의 실시간 모니터링이 가능하다.

(3) 우리나라는 2007년 보건복지부에서 전자바우처 시스템이 도입되어 행정비용을 절감하고 있다.

(4) 저소득층 및 특수계층을 대상으로 하는 복지 분야에 많이 활용된다.

(5) 전통적 행정서비스 공급은 '수요자-공급자'의 수직적 이용구조이고, 바우처 제도는 '수요자-제공기관'의 수평적 이용구조이다.

5. 시장(Market)

소비자가 배열하고 비용을 지불하는 영역으로, 정부는 규제 외에는 관여하지 않는다.

6. 자원봉사자(Volunteer) 방식

서비스의 생산과 관련된 현금 지출에 대해서만 보상받고, 직접적인 보수는 받지 않으면서 공익을 위해 봉사하는 사람을 활용하는 방식이다.

7. 셀프서비스(Self-service)

공공서비스의 수혜자와 제공자가 같은 집단에 소속되어서 서로 돕는 방식으로, 주민순찰 등을 예로 들 수 있다. 주민순찰이 해당 지역 경찰과 협력관계가 있다면, 서비스 공동생산 형태로 볼 수도 있다.

03 사바스(E. S. Savas)의 공공서비스 제공방식

구분		배열자(arrangers)	
		정부(government)	민간(private sector)
생산자 (producers)	정부 (government)	• 정부서비스 (Government service) • 정부 간 협약 (Intergovernmental agreement)	정부 응찰 (Government vending)
	민간 (private sector)	• 계약(Contract-out) • 프랜차이즈(Franchise) • 보조금(Grant)	• 바우처(Voucher) • 시장(Market) • 자원봉사(Voluntary) • 셀프서비스(Self-service)

🔍 배열자(arrangers)란 말이 와닿지 않을 수 있다. 사바스의 저서에 따르면 '서비스 공급자로도 불리는 서비스 배열자는 생산자를 소비자에게 할당하거나 소비자에게 서비스를 제공하는 생산자를 선택하는 기구이다.[The service arranger(sometimes called the service provider) is the agent who assings the producer to the consumer, or vice versa, or selects the producer who will serve the consumer]'

1. **정부서비스**(Government service)

    정부가 세금이나 수수료를 받아서 공무원이 행정서비스를 직접 제공하는 방식이다. 예컨대 행정복지센터(과거 동사무소) 공무원이 주민등록등본 발급 등의 행정서비스를 제공한다.

2. **정부 간 협약**(Intergovernmental agreement)

    정부 간에 서비스 제공에 대한 계약을 맺는 것으로, 미국의 경우 작은 커뮤니티 간의 학교, 도로유지, 도서관 등에서 활용된다. 예컨대 미국의 지역 학교구(local school district)는 해당 지역 고등학교가 부족한 경우, 다른 지역의 고등학교에 해당 지역 학생들을 보내는 대신 비용을 지불한다.

3. **정부 응찰 또는 판매**(Government vending)

    민간이 정부기관으로부터 물건이나 서비스를 구매하는 것으로 물, 광물, 벌목권, 민간행사에 경찰서비스 구매 등을 예로 들 수 있다. 민간행사에 관중들의 통제가 필요한 경우 민간 경비업체를 고용할 수도 있지만, 지역 경찰의 도움을 받을 수도 있다.

• 기출문제 학습 •

01 민간부문의 자율성을 높이고 그 역할을 확대하는 민간화 방법과 거리가 먼 것은 (㉠ 진입규제 강화 / ㉡ 바우처 제공 / ㉢ 정부계약 활용 / ㉣ 공동생산)이다. 16. 지방 7

02 (㉠ 자조활동 방식 / ㉡ 자원봉사자 방식)은 서비스의 생산과 관련된 현금 지출에 대해서만 보상받고 직접적인 보수는 받지 않으면서 공익을 위해 봉사하는 사람들을 활용하는 것이다. 12. 지방 9

03 민간위탁 방식에 해당하지 않는 것은 (㉠ 면허방식 / ㉡ 이용권(바우처) 방식 / ㉢ 보조금 방식 / ㉣ 책임경영 방식 / ㉤ 자조활동 방식)이다. 14. 서울 9

04 비영리단체는 민간위탁(contracting out)의 대상이 (㉠ 될 수 있다. / ㉡ 되지 않는다.) 22. 지방 7

05 민영화의 프랜차이즈 방식은 (㉠ 정부가 서비스 제공자에게 서비스 비용을 직접 지불하여 이용자의 비용 부담을 경감시키는 장점이 있다. / ㉡ 이용자의 비용 부담이 발생한다.) 15. 서울 7

06 Savas의 공공서비스 제공방식에 따라 (㉠ 민간부문이 생산자인 동시에 배열자 / ㉡ 민간부문이 생산자이고 공공부문이 배열자)인 경우의 예로 임대형 민자사업(BTL), 보조금에 의한 서비스 제공 등을 들 수 있다. 17. 서울 7

07 Savas가 제시한 공공서비스 공급유형론에 따르면, 자원봉사 방식은 민간이 결정하고 (㉠ 민간이 / ㉡ 정부가) 생산하는 유형에 속한다. 18. 국가 9

정답 1.㉠ 2.㉡ 3.㉣ 4.㉠ 5.㉡ 6.㉡ 7.㉠

Theme 10-3 민간투자 유치

01 민간투자 유치 필요성

대규모 예산이 수반되는 사회기반시설(도로, 철도, 다리 등)을 적기에 제공하고, 민간의 효율성을 활용하기 위하여 민간투자 유치가 활용된다. 서울시 9호선, 인천대교 등이 BTO 방식으로 건설되었다.

02 민간투자 방식

민간투자 방식의 의미를 쉽게 이해하려면 각 단어는 시간이 진행되는 순서대로 쓰이고, 주어는 민간이라고 생각하면 된다. 예컨대 BTO는 다음과 같다.

민간이 Build ⇨ 민간이 소유권을 정부에 Transfer ⇨ 민간이 Operate

1. BTO(Build-Transfer-Operate)

(1) 민간사업자의 투자금으로 사회간접자본을 건설하고, 소유권을 정부에 이전 후 민간이 운영수익을 통해 투자금을 회수하는 방식이다. 운영시 수요가 부족하여 손해가 발생할 수 있는 리스크는 민간사업자가 떠안게 된다.

(2) 민간사업자가 투자하기 위해서 최종수요자에게 사용료를 부과하여 투자비 회수가 용이한 시설에 적용이 가능하다.

(3) 예상수입 일부를 보장해 주는 최소수입보장제도가 적용되기도 하나, 우리나라의 경우 부작용으로 인해 폐지되었다. 최소수입보장은 민간사업자의 리스크를 줄여준 반면, 사업성이 없는 경우에도 무분별하게 진행되어 최소수입보장에 막대한 정부부담이 늘어났기 때문이다.

2. BTL(Build-Transfer-Lease)

(1) 민간사업자가 사회기반시설 준공과 동시에 해당 시설 소유권을 정부로 이전하고, 정부는 해당 시설을 임차 사용하여 약정기간 동안 임대료를 민간에게 지급하는 방식이다. 민간사업자는 정부로부터 일정한 임대료를 받기 때문에 수익에 대한 리스크가 BTO에 비해서 낮다.

(2) 최종수요자에게 부과되는 사용료만으로 투자비 회수가 어려운 시설에 대해서 실시하는 경우가 일반적이다.

3. BOT(Build-Own-Transfer)

민간사업자가 공공시설을 건설 후 운영수익을 얻고, 운영기간 종료 후 정부에 소유권을 이전하는 방식이다.

4. **BLT**(Build-Lease-Transfer)

   민간사업자의 투자자금으로 건설한 공공시설을 정부가 운영하면서 임대료를 지불하고, 운영종료 후 정부에 소유권을 이전하는 방식이다.

5. **BOO**(Build-Own-Operate)

   민간사업자가 건설한 후 시설의 소유권 및 운영권을 민간사업자가 가지는 방식이다.

6. **민간투자 방식별 비교**

구분	BTO	BTL	BOT	BLT	BOO
실제운영주체	민간	정부	민간	정부	민간
운영시 소유권	정부	정부	민간	민간	민간
투자비 회수방법	사용료	임대료	사용료	임대료	사용료
소유권 이전시기	준공 후	준공 후	운영 종료 후	임대 종료 후	−

• 기출문제 학습 •

01 새로운 공공서비스 공급방식으로 제시된 BTO(Build-Transfer-Operate)와 BTL(Build-Transfer-Lease)의 특징을 알맞게 이으면? 20. 지방 9, 12. 국가 9

구분	BTO 방식	BTL 방식
① 실제운영의 주체	(㉠ 민간 / ㉡ 정부)	(㉠ 민간 / ㉡ 정부)
② 운영시 소유권	(㉠ 민간 / ㉡ 정부)	(㉠ 민간 / ㉡ 정부)
③ 투자비 회수방법	(㉠ 사용료 / ㉡ 임대료)	(㉠ 사용료 / ㉡ 임대료)
④ 소유권 이전시기	(㉠ 준공 / ㉡ 운영 종료)	(㉠ 준공 / ㉡ 운영 종료)

02 사회기반시설에 대한 민간투자사업에 있어서 사업시행자가 시설을 건설한 후 해당 시설의 소유권 및 운영권을 사업시행자가 가지는 방식은 (㉠ BOO / ㉡ BLT / ㉢ BTO / ㉣ BTL)이다. 17. 국가추가 9

정답 1. ①-㉠-㉡ ②-㉡-㉡ ③-㉠-㉡ ④-㉠-㉠   2. ㉠

Theme 11 ・ 행정서비스 관련 기타 논의

01 사회적기업(사회적기업 육성법)

1. 정의
사회적기업은 취약계층에게 사회서비스 또는 일자리를 제공하거나 지역사회에 공헌함으로써 지역주민의 삶의 질을 높이는 등의 사회적 목적을 추구하면서 재화 및 서비스의 생산·판매 등의 영업활동을 하는 기업이다. 취약계층은 소득이 낮거나·고령자·장애인 등을 의미한다.

2. 연계기업
연계기업은 사회적기업이 창출하는 이익을 취할 수 없다. 연계기업은 특정한 사회적기업에 대하여 재정 지원, 경영 자문 등 다양한 지원을 하는 기업으로서 그 사회적기업과 독립되어 있다.

3. 실태조사
고용노동부장관은 사회적기업의 활동실태를 5년마다 조사하고, 그 결과를 고용정책심의회에 통보해야 한다.

4. 사회적기업의 인증 요건
(1) 「민법」에 따른 법인·조합, 「상법」에 따른 회사·합자조합, 특별법에 따라 설립된 법인 또는 비영리민간단체 등 대통령령으로 정하는 조직 형태를 갖출 것
(2) 유급근로자를 고용하여 재화와 서비스의 생산·판매 등 영업활동을 할 것
(3) 취약계층에게 사회서비스 또는 일자리를 제공하거나 지역사회에 공헌함으로써 지역주민의 삶의 질을 높이는 등 사회적 목적의 실현을 조직의 주된 목적으로 할 것
(4) 서비스 수혜자, 근로자 등 이해관계자가 참여하는 의사결정 구조를 갖출 것
(5) 영업활동을 통하여 얻는 수입이 대통령령으로 정하는 기준 이상일 것

02 행정서비스 헌장제

행정기관이 제공하는 행정서비스의 기준과 내용, 이를 제공받을 수 있는 절차와 방법, 잘못된 서비스에 대한 시정 및 보상조치 등을 구체적으로 정하여 공표하고 이의 실현을 국민에게 약속하는 것을 말한다(행정서비스헌장규정 제2조).

03 행정PR

행정 PR(public relation)은 직역하면 정부와 시민과의 관계를 의미한다. 정부 정책에 대한 지지와 협조를 이끌어내기 위해서는 시민과의 신뢰 관계가 중요한데, 신뢰 관계를 형성하기 위해서는 정부가 시민에게 행정정보를 제공하고. 시민의 의견을 듣는 쌍방향 커뮤니케이션이 필요하다. 최근 우리나라 정부도 다양한 온-오프라인 채널을 통한 정책홍보와 정책에 대한 의견수렴을 하고 있다.

04 공공서비스 성과지표

1. 성과지표별 의미

(1) **투입**(input): 생산에 필요한 인력, 예산 등의 자원을 투입하는 단계

(2) **과정**(processing): 투입에서 산출로 전환되는 단계

(3) **산출**(output): 투입으로부터 직접 발생되는 결과물

(4) **성과**(outcome): 서비스 생산으로부터 달성하려고 했던 목표

(5) **영향**(impact): 성과로부터 사회전반에 미치는 효과

2. 예시(시립도서관 운영의 효과)

(1) **투입**: 시립도서관 건립을 위하여 인력, 예산 등의 자원을 투입

(2) **과정**: 투입된 자원을 시립도서관 건립 및 운영서비스로 전환

(3) **산출**: 시립도서관 이용자 수

(4) **성과**: 시립도서관 이용자 만족도

(5) **영향**: 시 정부에 대한 신뢰도

• 기출문제 학습 •

01 우리나라 현행 제도상 사회적기업에 대한 설명으로 옳은 것은? 11. 지방 7
① 이익을 재투자하거나 그 일부를 연계기업에 배분할 수 (㉠ 있다. / ㉡ 없다.)
② 정부는 (㉠ 매년 / ㉡ 5년마다) 사회적기업의 활동실태를 조사하고 육성계획을 수립·추진하여야 한다.

02 (㉠ 고객만족도 / ㉡ 행정서비스헌장 / ㉢ 민원서비스 / ㉣ 행정의 투명성 강화)은(는) 행정기관이 제공하는 행정서비스의 기준과 내용, 이를 제공받을 수 있는 절차와 방법, 잘못된 서비스에 대한 시정 및 보상조치 등을 구체적으로 정하여 공표하고 이의 실현을 국민에게 약속하는 것을 말한다. 20. 서울 9

03 성과의 측정은 (㉠ 투입 지표 / ㉡ 산출 지표 / ㉢ 성과 지표 / ㉣ 영향 지표) 등을 통하여 이루어진다. 아래의 사례에 해당하는 지표는? 14. 서울 9

> 고용노동부에서는 2013년도에 10억 원의 예산(①)을 투입하여 강사 50명을 채용하고, 200명의 교육생(②)에게 연 300시간의 직업교육(③)을 실시하였다. 교육 이수 후 200명 중에서 50명이 취업(④)하였으며, 이를 통하여 국가경쟁력이 3% 제고(⑤)되었다.

04 행정 PR은 (㉠ 일방적·명령적이어야 한다. / ㉡ 쌍방향 커뮤니케이션 활동이다.) 23. 국가 7

정답 1. ①-㉠ ②-㉠ 2. ㉡ 3. ①-㉠ ②-㉡ ③-㉡ ④-㉢ ⑤-㉣ 4. ㉡

Theme 12 · 정부와 시민사회

01 시민참여의 증가

우리나라는 4~5년마다 정부를 이끌어갈 대표자들을 선출한다. 이들이 국민의 요구를 잘 들어주지 않더라도 다음 선거에서 정치적 책임을 지기 때문에, 정책결정과 정책집행이 국민의 뜻에 따라 항상 이루어진다고 보장하기 어렵다. 이러한 문제를 보완하기 위하여, 정부 중심의 통치에서 시민사회와 함께하는 거버넌스 관점으로 변화하고 있다. 다만 시민단체가 정책과정에 실질적으로 참여하기 위해서는 시민사회의 역량과 시민의식도 높아져야 하고, 정부와 시민단체 간의 정보의 공유도 필요하다.

02 시민참여의 장점 및 단점

1. 장점

(1) 대의민주주의 결함 보완

선출된 대표자들이 시민들이 원하는 정책을 추진한다는 보장이 없기 때문에, 시민이 정책과정에 참여하는 것이 필요하다.

(2) 정책에 대한 공감과 지지의 확보

정책과정에 시민들의 의견이 반영된다면 해당 정책에 대한 공감과 지지를 확보할 수 있고, 정책집행 시 발생할 수 있는 반발도 줄어들게 된다.

(3) 지역특성의 반영

지역 주민들이 필요한 정책은 수요자인 지역주민들이 정확하게 알고 있다. 주민들의 의견이 정책과정에 반영된다면 지역특성을 반영한 정책이 될 수 있다.

2. 단점

(1) 참여하는 시민의 대표성

현실적으로 정책과정에 참여하는 시민들은 자신과 이해관계가 크기 때문에 참여할 가능성이 크다. 예컨대 도시에 반드시 필요한 쓰레기소각장 신설과정에 참여하는 사람들은 해당 시설로 인하여 집값 하락 등 피해가 크다고 생각하는 인근 주민들일 것이다. 인근 주민들은 대체로 해당 시설 설치를 반대할 것인데, 사회 전체의 이득보다 이들의 사적 이해관계에 따라 참여하기 때문이다. 공익적 차원에서 공동체 의식을 지닌 시민들의 참여는 현실성이 떨어질 수밖에 없다.

(2) 행정지연

정책과정에 각종 설명회 등 의견수렴 과정은 시간과 비용이 과다 소요된다. 또한 참여하는 시민들의 해당 정책에 대한 전문성이 낮은 것도 문제가 될 수 있다.

(3) 정체성 문제

시민단체는 정부정책에 비판적인 의견을 낼 수 있어야 하는데, 시민단체 운영에 필요한 자금을 정부의 보조금에 의존하는 경우가 많다. 더 많은 보조금을 받기 위해서 정부정책에 호의적인 모습만 보인다면 시민단체로서 정체성이 문제될 수 있다.

03 숙의민주주의

1. 의미

숙의(Deliberation)가 의사결정의 중심이 되는 민주주의 형식으로, 정책결정에 실질적으로 영향을 미치는 국민의 대표 또는 일반국민과 숙의적 토론과정을 거쳐 정책을 결정한다.

2. 숙의제도의 종류

(1) **공론조사**: 대표성 있는 시민의 선발과 정보 제공에 기초하여 토론하고, 참여자들의 변화된 의견을 공공정책 결정에 반영한다. 예컨대 시민들이 기피하는 시설의 건설 추진 여부에 대한 공론조사에서 시민대표단을 구성하여 토론하는 것은 숙의민주주의의 사례이다.

(2) **합의회의**: 시민들이 전문가에게 질의하고, 의견교환과 심의를 통해 합의에 이른다.

(3) **시민회의**: 공공정책 결정 과정에 시민이 참여하여 결론을 도출하며, 시민회의의 결정을 의회 동의를 얻어 입법화한다.

(4) **주민배심**: 대표 시민들이 정책 질의 및 심의과정에 참여하여 정책 권고안을 제시한다.

04 NGO(비정부기구), NPO(비영리단체) 등 제3섹터(중간조직)의 형성

1. 등장배경 관련 이론

(1) **공공재 이론**

시장에서 공급되지 못한 수요를 충족시키기 위해 중간조직이 발생하였다.

(2) **소비자통제 이론**

소비자인 시민이 국가권력을 감시하고 통제하기 위해 중간조직이 발생하였다.

(3) **계약실패(시장실패) 이론**

서비스의 성격상 영리기업의 서비스의 양과 질을 정확하게 파악하지 못할 때, 비영리성을 띤 준(비)정부조직의 서비스를 더 신뢰하게 된다는 이론이다.

> 🔍 **계약이론**: 상반된 이해관계를 가진 당사자들이 합의에 이르게 되는 과정에 관한 이론으로, 대리인 이론이 대표적이다.

(4) **던리비의 관청형성모형**

합리적 고위관료들은 책임과 통제가 따르는 집행 분야는 준정부조직 등으로 떼어내고, 권력의 핵심인 참모 기능만 가지려고 한다.

> 🔍 던리비(Dunleavy)의 관청형성모형(Bureau-Shaping Model)은 앞으로 상세히 살펴보게 될 것이다.

2. 특징

(1) 정부와 비정부조직 간에 적대적 관계보다는 서로의 존재를 인정하는 동반자 관계로 확산되고 있다.

(2) 자발성, 자율성, 이익의 비배분성 등이 특징이다.

(3) 특정한 비정부조직 분야의 성장을 유도하여 형성된 의존적인 관계는 개발도상국에 많이 나타난다.

(4) 비정부조직이 생산하는 공공재나 집합재의 생산비용을 정부가 지원하는 경우에는 정부와 보완적인 관계가 형성된다. 예컨대 정부지원을 받는 보육원, 양로원 등이 해당된다.

3. 비영리민간단체 지원법

(1) **목적**

비영리민간단체의 자발적인 활동을 보장하고 건전한 민간단체로의 성장을 지원함으로써 비영리민간단체의 공익활동증진과 민주사회발전에 기여함을 목적으로 한다.

(2) **비영리민간단체란?**

비영리민간단체는 사업의 직접 수혜자가 불특정 다수이고, 구성원 상호간에 이익분배를 하지 않는 등의 요건을 갖춘 영리가 아닌 공익활동을 수행하는 것을 주된 목적으로 하는 민간단체이다.

(3) **보조금의 지원**

행정안전부장관, 시·도지사나 특례시의 장은 등록된 비영리민간단체에 공익사업의 소요경비를 지원할 수 있으며, 소요경비의 범위는 사업비를 원칙으로 한다.

(4) **사업계획서 제출**

등록된 비영리민간단체가 공익사업 추진의 보조금을 교부받고자 할 때에는 사업의 목적과 내용, 소요경비, 기타 필요한 사항을 기재한 사업계획서를 제출해야 한다.

(5) **사업보고서 제출**

등록비영리민간단체는 보조금을 받아 수행한 공익사업을 완료한 때에는 사업보고서를 행정안전부장관, 시·도지사나 특례시의 장에게 제출해야 하며 사업평가, 사업보고서 및 평가결과의 공개 등에 필요한 사항은 행정안전부령으로 정한다.

05 사회적 자본

1. 사회적 자본이란?

(1) 부르디외(P. Borudieu)는 사회적 자본을 서로 알고 지내는 사이에 지속적으로 존재하는 관계의 네트워크를 통하여 얻을 수 있는 실체적이고 잠재적인 자원의 합계로 정의한다.

(2) 후쿠야마(F. Fukuyama)는 국가의 복지수준과 경쟁력은 사회에 내재하는 신뢰수준이 결정한다고 보았고, 한국사회에 만연한 불신은 사회적 비효율성의 원인이라고 하였다.

(3) 퍼트남(R. Putnam)은 사회적 자본에 있어 네트워크, 규범, 신뢰를 강조하였다.

2. 특징

(1) 상호신뢰를 통한 거래비용(감시비용 등)의 감소, 호혜주의, 공공활동에 대한 시민들의 적극적 참여를 강조하여 집단행동의 딜레마*에 의한 시장실패를 최소화한다.

*일부 구성원의 무임승차 문제로 공통의 이해관계가 걸린 문제를 집단 스스로 해결하지 못하는 현상

(2) 풍부한 사회적 자본은 규범·사회적 제재력으로 작용하여, 기회주의는 도덕적 낙인을 통해 통제한다.

(3) 물적자본 및 인적자본과는 구분되는 자본으로 사회관계 속에 존재하고, 개인, 집단, 지역공동체, 국가 등 상이한 수준에서 정의된다.

(4) 사회적 자본은 공동체 의식의 강화를 통하여 지식의 공유와 네트워크의 강화가 기대되며, 사용할수록 증가한다.

(5) 집단 동조성과 제한된 결속력은 외부인을 암묵적으로 배제할 수 있고, 구성원의 사적 자유를 제한할 수 있다.

(6) 개념적으로 추상적이기 때문에 객관적으로 계량화하기가 쉽지 않다.

06 정부신뢰

1. 의미

불확실한 상황에서 정부가 바람직한 행동을 할 것이라는 믿는 시민들의 긍정적 기대이다. 도덕성 확보, 정책 내용의 일관성 유지, 정부 역량 등이 정부신뢰의 구성인자가 될 수 있다.

2. 정부신뢰의 유형

(1) **신탁적 신뢰**(Fiduciary Trust): 시민이 정부의 활동에 대한 충분한 지식이 없는 상태, 즉 비대칭적인 상태에서 정부가 윤리적·효율적이라고 믿는 상태이다.

(2) **상호적 신뢰**(Mutual Trust): 정부와 시민이 교류하면서, 즉 대칭적인 관계에서 형성된다.

기출문제 학습

01 현대 민주주의 국가에서 정부와 시민사회의 관계와 관련하여, 시민사회에 발생하는 이해관계자 간의 다양한 갈등을 해결하기 위하여 (㉠ 심판자 / ㉡ 중재자)로서의 정부 역할이 강화되고 있다. 12. 지방 9

02 시민의 행정참여로 인한 시민의 정책순응이 (㉠ 약화 / ㉡ 강화)된다. 14. 서울 7

03 정부와 시민 간의 신뢰 유형 중 신탁적 신뢰는 (㉠ 대칭적 / ㉡ 비대칭적) 관계에서 형성된다. 23. 국가 7

04 등록비영리민간단체는 보조금을 받아 수행한 공익사업을 완료한 때에는 사업보고서를 (㉠ 대통령 / ㉡ 행정안전부장관, 시·도지사나 특례시의 장)에게 제출해야 하며 사업평가, 사업보고서 및 평가결과의 공개 등에 필요한 사항은 (㉠ 대통령령 / ㉡ 행정안전부령)으로 정한다. 24. 국가 9

05 사회적 자본은 거래비용을 (㉠ 증가 / ㉡ 감소)시키는 순기능이 있다. 21. 국가 7

06 사회자본은 사용할수록 점차 (㉠ 감소 / ㉡ 증가)한다. 11. 국가 7

07 사회적 자본은 (㉠ 지역이 보유하고 있는 물질적 자원을 중심으로 한 발전전략에 따라 강조되었다. / ㉡ 국가의 복지수준과 경쟁력은 사회에 내재하는 신뢰수준이 결정한다고 보았다.) 15. 지방 7

08 (㉠ 경제자본 / ㉡ 사회자본)의 교환관계는 동등한 가치의 등가교환이다. 14. 서울 7

09 (㉠ 사회자본론 / ㉡ 뉴거버넌스론)과 관련하여, 집단 동조성과 제한된 결속력은 외부인을 암묵적으로 배제할 수 있고, 구성원의 사적 자유를 제한하게 한다. 20. 서울 9

10 사회적 자본은 (㉠ 단기간에 정부 주도하의 국민운동에 의해 형성될 수 있다. / ㉡ 서로 알고 지내는 사이에 지속적으로 존재하는 관계의 네트워크를 통하여 얻을 수 있다.) 17. 서울 7

11 사회자본이론은 신뢰와 네트워크를 통한 (㉠ 과도한 대외적 개방성 / ㉡ 폐쇄적 집단결속력 조성)에 대하여 많은 비판을 받고 있다. 17. 국가추가 9

12 사회자본은 협력적 형태를 촉진시키고 혁신적 조직의 발전을 (㉠ 저해 / ㉡ 제고)한다. 13. 서울 9

13 사회자본은 공동체에 대한 (㉠ 무조건적인 봉사 / ㉡ 호혜주의)를 특징으로 한다. 18. 서울 7

정답 1. ㉡ 2. ㉡ 3. ㉡ 4. ㉡,㉠ 5. ㉡ 6. ㉡ 7. ㉡ 8. ㉠ 9. ㉠ 10. ㉡ 11. ㉡ 12. ㉡ 13. ㉡

Theme 13 행정의 가치

01 행정의 가치의 중요성

일반적으로 기업이 추구하는 가치는 이익의 극대화이다. 이익을 극대화 하기 위해서 최소한의 비용으로 동일한 산출을 내야하므로 능률성이 강조된다. 행정의 경우 능률성 뿐만아니라 공익, 정의, 형평성 등 다양한 가치를 추구하게 된다. 예컨대 대중교통과 관련된 정책은 능률성 차원에서 사람들이 많이 이용하는 지역을 고려하지만, 형평성 차원에서 이용객인 적은 외곽지역도 고려되어야 한다. 강조되는 행정의 가치는 이론과 역사적 배경에 따라 달라지는데, 행정학 이론에 대한 상세한 내용은 앞으로 살펴보게 된다.

02 본질적 가치 VS 수단적 가치

1. **본질적 가치**(가치 자체가 목적)
   공익, 정의, 자유, 평등, 형평성 등

2. **수단적 가치**(본질적 가치를 실현 가능하게 하는 가치)
   능률성, 효과성, 합리성, 합법성, 민주성, 책임성, 가외성 등

03 중점가치의 변화

1. **입법국가 시대**(1800년대 초) : 합법성
   ⊕ 절대군주의 횡포를 방지하기 위하여 의회가 정한 법률을 강조하였다.

2. **엽관주의**(1830년대~1880년대) : 민주성

3. **행정관리론**(1880~1930년대) : 절약과 능률

4. **통치기능론**(1930~1940년대) : 민주성

5. **행정행태론**(1940~1960년대) : 합리성

6. **발전행정론**(1960년대) : 효과성

7. **신행정학**(1960년대) : 형평성

8. **신공공관리론**(1980년대) : 생산성(능률성 + 효과성)

9. **뉴거버넌스론**(1990년대) : 신뢰성

기출문제 학습

01 (㉠ 형평성 / ㉡ 합리성 / ㉢ 민주성 / ㉣ 합법성 / ㉤ 정의 / ㉥ 책임성 / ㉦ 능률성 / ㉧ 효과성 / ㉨ 공익 / ㉩ 평등 / ㉪ 가외성) 중 행정의 본질적 가치는 (①)이고, 수단적 가치는 (②)이다. 24. 국가 7, 15. 지방 9, 10. 국가 7

02 19세기 후반 현대 미국 행정학의 태동기에 강조했던 이념은 (㉠ 민주성 / ㉡ 능률성)이었다. 12. 국가 7

03 행정관리론이 추구하는 가치는 (㉠ 능률성 / ㉡ 형평성 / ㉢ 민주성)이다. 18. 지방 9

정답 1. ①-㉠, ㉤, ㉨, ㉩ ②-㉡, ㉢, ㉣, ㉥, ㉦, ㉧, ㉪ 2. ㉡ 3. ㉠

Theme 13-1 행정의 본질적 가치

01 공익(Public Interest)

1. 실체설 VS 과정설

(1) **실체설**(플라톤, 루소 등)
① 공익은 특정인이나 집단의 특수이익이 아니라, 사회 구성원이 보편적으로 공유하는 이익으로 정의 또는 공동선과 같은 절대가치로 사익을 초월하여 선험적·규범적인 것으로 존재하는 것이다.
② 공익이 사익과 상충되는 경우 사익이 당연히 희생되어야 하는 전체주의 입장으로, 공익이라는 미명하에 개인의 이익이 침해될 수 있는 위험요소를 내포하고 있다.
③ 사회 구성원의 개별적 이익을 모두 합한 전체이익을 최대화한 것이 공익이고, 관료의 독자적·적극적 역할을 강조한다.

🔍 앞서 살펴본 것처럼 이기적인 개인의 사익 추구행위는 공유지의 비극, 공공재의 공급 부족 등이 발생한다. 이를 해결하기 위해서는 관료의 적극적인 역할이 필요하다.

(2) **과정설**(슈버트, 홉스, 흄 등)
① 사익을 초월한 별도의 공익이란 존재할 수 없고, 공익은 사회의 다양한 집단 간에 상호 이익을 타협하고 조정하여 얻어진 결과물로서 개인주의적·다원주의적 시각에 가깝다.
② 절차적 합리성을 강조하여, 적법절차의 준수에 의해 공익이 보장된다고 본다. 즉 공익을 결정하는 과정이 합리적이고, 이를 잘 준수한다면 공익을 달성할 수 있다.

2. 공리주의 관점에서의 공익

사회 전체의 효용이 증가하면 공익이 향상된다는 관점으로, 목적론적 윤리론을 따르고 있다.

> **의무론적(deontological) 윤리론과 목적론적(teleological) 윤리론**
>
> 1. **의무론적 윤리론** : 도덕규칙 위배 여부로 옳고 그름을 판단한다.
>   예컨대 거짓말을 해서는 안된다.
> 2. **목적론적 윤리론** : 행위의 결과에 따라 옳고 그름을 판단, 즉 최대의 결과를 가져오면 옳은 행위로서 공리주의적 관점이다.
>   예컨대 암 환자를 위해서 선의의 거짓말도 필요하다.

02 롤즈의 정의(Justice)론

1. 의미

(1) 롤즈(J. Rawls)는 자유와 평등의 조화를 추구한다. 즉, 기회균등만 있으면 사회정의가 이루어졌다고 보는 극단적 자유주의나 모든 결과를 평등하게 하려는 극단적인 평등주의를 배제한다.

(2) **사회계약론**

롤즈는 합리적 인간들이 다음의 가상적인 상태에서 일정한 사회계약을 한다고 가정한다.
① 합리적인 사람들은 자신의 이익을 향상시키려는 의도를 지니고 있다.
② 사람들은 양보할 수 없는 기본적 자유권을 지니고 서로 평등한 원초적 상태이다.
③ 사람들은 앞으로 어떤 사회계층에 어떤 능력과 자질을 지니고 얼마만큼 건강하게 태어날지 모르는 상태이다(무지의 베일 Veil of Ignorance). 따라서 특정한 규칙 또는 정책이 자신에게 유리할지 불리할지 알 수 없다.
④ 사회의 협동 조건에 대해서 협의를 통해서 약속한다.

(3) 원초적 상태(또는 무지의 베일)에서 구성원들이 합의하는 규칙 또는 원칙이 공정할 것이라고 전제한다.

(4) 타고난 차이(재능, 신체적 능력 등) 때문에 사회적 가치의 획득에서 불평등이 생겨나는 것은 사회적 정의에 어긋난다고 본다.

2. 제1원리와 제2원리

제1원리가 제2원리에 우선하며, 제2원리 내에서 충돌이 생길 때에는 '기회균등의 원리'가 '차등의 원리'에 우선한다.

(1) **제1원리(기본적 자유의 평등 원리)**

개개인의 권리가 다른 사람의 유사한 자유와 상충되지 않는 범위에서 최대한의 기본적 자유(신체의 자유 등)에의 평등이 보장되어야 한다.

(2) **제2원리**(차등조정의 원리 = '기회균등의 원리'와 '차등의 원리')
① **기회균등의 원리**
직무와 직위는 모든 사람들에게 공정하게 개방되어야 한다.
② **차등의 원리**(최소극대화의 원리, Maximin)
사회의 모든 가치는 평등하게 배분되어야 하며, 불평등한 배분은 그것이 사회의 최소 수혜자에게도 유리한 경우에 정당화가 가능하다. 예컨대 모든 구성원에게 동일한 임금을 제공한다면, 구성원의 근로 의지가 떨어져 시간당 임금을 1만 원만 지급할 수 있다고 하자. 성과금 제도를 도입하여 회사 전체의 이득이 증가하여 성과가 높은 사람에게 3만 원을 지급할 수 있고, 성과가 가장 낮은 사람에게도 2만 원을 지급할 수 있다면 정당화가 가능하다.

03 벌린(Isaiah Berlin)의 자유(Liberty)관

1. **소극적**(negative) **자유**: 간섭과 제약이 없는 상태

2. **적극적**(positive) **자유**: 무엇을 할 수 있는 상태

04 형평성(공정성)

1. 형평성(Equity)은 가치배분의 공정성을 높여 모든 국민이 균등하게 잘 살게 해야 한다는 이념으로 1960년대 신행정론의 등장과 더불어 강조되었다.

2. **수직적 형평성과 수평적 형평성**

(1) **수직적 형평성**(Vertical Equity)
동등하지 않은 것을 서로 다르게 취급하는 것으로, 소득이 증가함에 따라 세율도 올라가는 누진세 제도가 수직적 형평성을 반영한 것이다.

(2) **수평적 형평성**(Horizontal Equity)
동등한 것을 동등하게 취급하는 것으로, 동일한 소득을 얻는 사람에게 동일한 세금을 부과하는 것은 수평적 형평성을 반영한 것이다.

05 평등(Equality)

동일한 원칙에 따르거나, 동일한 상황에 있는 사람을 동일하게 대하는 것을 의미한다.

• 기출문제 학습 •

01 정부와 공무원의 (㉠ 소극적인 / ㉡ 적극적인) 역할과 관련이 깊은 공익 개념 접근방법은 공익의 실체설 입장이다. 15. 지방 9

02 (㉠ 실체설 / ㉡ 과정설)은 사회 구성원 간에 보편적으로 공유되는 공동의 이익보다는 부분적이며 특수한 이익을 공익으로 보는 입장이다. 15. 지방 7

03 (㉠ 실체설 / ㉡ 과정설)은 공익이라는 미명하에 개인의 이익이 침해될 수 있는 위험을 내포하고 있다. 17. 국가 9

04 슈버트(Schubert)는 (㉠ 공익 과정설 / ㉡ 공익 실체설)의 입장에서 … 19. 지방 7

05 공익 (㉠ 실체설 / ㉡ 과정설)은 사익들의 타협과 조정의 산물이 공익이라고 본다. 24. 지방 7

06 공리주의적 관점에서 공익은 사회 전체의 효용이 증가하면 공익이 향상된다고 보며, (㉠ 목적론적 / ㉡ 의무론적) 윤리론을 따르고 있다. 19. 지방 7

07 롤즈의 제1원리는 (㉠ 기본적 자유의 평등 원리 / ㉡ 차등의 원리 / ㉢ 기회균등의 원리)이다. 17. 서울 7

08 롤즈의 정의와 관련하여 (㉠ 기본적 자유의 평등원리 / ㉡ 차등의 원리 / ㉢ 기회균등의 원리) 순으로 우선시된다. 10. 서울 7

09 롤즈의 '차등의 원리'는 (㉠ 최대극대화 / ㉡ 최소극대화)를 의미한다. 13. 지방 7

10 롤즈는 (㉠ 자유와 평등의 조화를 추구하는 중도적 / ㉡ 자유방임주의에 의거한 전통적 자유주의) 입장을 취하고 있다. 18. 국가 9

11 수직적 형평성(vertical equity)은 '동등한 여건에 있지 않은 사람을 (㉠ 동등하게 / ㉡ 다르게) 취급'함을 의미하며, 누진세가 그 예이다. 24. 지방 9

정답 1. ㉡ 2. ㉡ 3. ㉠ 4. ㉠ 5. ㉡ 6. ㉠ 7. ㉠ 8. ㉠-㉢-㉡ 9. ㉡ 10. ㉠ 11. ㉡

Theme 13-2 행정의 수단적 가치

01 능률성(효율성): 산출/투입

1. 능률성(Efficiency)은 투입 대비 산출의 비율을 의미한다. 예컨대 동일한 상품 100개를 20명을 투입하는 것보다 10명을 투입하여 생산할 수 있다면 10명을 투입하는 것이 능률적이다. 기업을 운영하는 사업가는 이윤을 극대화하기 위해서 인건비 등 비용을 줄이는 것은 필수적이고, 공공부문에서도 동일한 서비스를 낮은 비용으로 생산할 수 있다면 국민들의 부담을 줄여줄 수 있다.

2. 능률성을 뒷받침하는 기준으로 파레토 최적 상태를 들 수 있는데, 이는 자원배분의 효율성을 의미하며 분배의 형평성을 확보해 주는 것은 아니다.

3. 사이먼은 기계적 효율성을 대차대조표적 효율성이라고 하면서, 성과를 객관화하여 객관적인 기준에 따라 효율성을 평가해야 한다고 보았다.

파레토 최적(Pareto Optimum)과 칼도-힉스(Kaldor-Hichks)기준

1. 파레토 최적
자원의 최적배분이 실현되어, 어느 한 사람의 효용을 증가시키기 위해서 다른 사람의 효용감소가 불가피한 상태를 의미한다. 예컨대 100만 원을 A, B 두 사람이 나눠 가진다고 생각해 보자. A가 40만 원, B가 50만 원씩 가지고 있다면 B가 가진 50만 원의 감소 없이 A가 더 가질 수 있다. 그 반대도 마찬가지다. 즉 현재 상태는 파레토 최적 상태가 아니다. A가 30만원, B가 70만원 씩 가지고 있다면 파레토 최적상태가 된다. A가 더 가지려면 B가 가진 70만 원을 줄일 수밖에 없기 때문이다. 극단적으로 A가 0원, B가 100만 원을 다 가진다고 해도 파레토 최적 상태가 된다. 그래서 파레토 최적은 분배의 형평성을 확보해 주는 것이 아니라는 것이다.

2. 칼도-힉스(Kaldor-Hichks)기준
어떠한 변화가 사회 전체적으로 손실보다 이익을 많이 가져올 경우 바람직한 것으로 보면서 파레토 최적의 한계를 보완하지만, 파레토 최적과 마찬가지로 형평성에 대해서는 어떠한 기준을 제시해 줄 수 없다. 예컨대 부자 감세정책으로 가난한 사람들의 효용이 50정도 감소하더라도 부자들의 효용이 100정도 증가하여 사회 전체적으로 이익이 커졌다면 바람직하다는 것이다.

디목(Dimock)이 제창한 사회적 능률(민주성)

사회적 능률은 1930년대 중반 이후 인간관계론의 등장과 더불어 강조된 개념으로 과학적 관리론에 입각한 기계적 효율관을 비판하면서 등장하였다. 행정의 사회목적 실현과 다차원적 이익들 간의 통합 조정 등을 내용으로 하기 때문에 민주성으로 이해되기도 한다. 좀 더 직관적으로 설명하자면 기계적 효율은 사장에게 이득이 되고, 근로자는 일만 해야 하니 힘들 수밖에 없다. 사회적 능률은 사장, 근로자, 고객 등을 포괄하는 사회적 차원에서 능률을 고려해야 한다는 것이다.

02 효과성: 목표 달성도

효과성(Effectiveness)은 1960년대 발전행정론에서 중요시한 개념이다. 능률성이 수단적·과정적 측면에 초점을 두었다면, 효과성은 목표 달성도를 중시하고 있다. 예컨대 100만 원을 투입하여 100개를 생산할 수 있고, 200만 원을 투입하여 150개를 생산할 수 있다고 하자. 능률성 차원에서는 전자가 더 나은 대안이지만, '생산량' 자체를 늘리는 것이 목표라면 후자가 더 나은 대안이다. 즉 효과성만 추구하다 보면 능률성이 저해될 수도 있다. 다만 비용이 100만 원으로 동일한데 생산량이 더 많은 대안이 있다면 그 대안은 능률성과 효과성이 모두 높은 대안이 된다. 일부 학자들은 능률성과 효과성 모두 포괄하여 넓은 의미의 능률성이라고 부르기도 한다. 한편, 앞으로 살펴볼 발전행정론은 국가가 사회발전을 주도해 나가는 것을 내용으로 한다. 우리나라의 경우 1960년대부터 1990년대까지 정부가 주도하에 급속하게 경제개발을 추진하였는데, 근로환경이나 환경보존보다는 경제성장률이라는 목표 달성에 집중하던 시기였다.

03 합리성

1. 사이먼(H. A. Simon)의 합리성

합리성을 목표와 행위를 연결하는 기술적·과정적 개념으로 이해하고, 실질적 합리성(Substantive Rationality)과 절차적 합리성(Procedural Rationality)으로 구분하였다.

(1) 실질적 합리성(또는 내용적 합리성)

목표와 목표를 달성하기 위한 최적의 수단이 선택되는 정도로, 결과에 초점을 맞추고 있다. 행위자는 특정한 목표를 가지고 있으며, 합리적인 선택을 할 수 있는 모든 지식과 능력을 소유하고 있다고 가정한다. 비유하자면 1만 원을 활용하여 동일한 품질이 쌀을 가장 많이 구매하는 것을 목표로 두고, 전 세계의 모든 온-오프라인 상점을 탐색하여 가장 저렴한 곳에서 구매하면 된다.

(2) 절차적 합리성

실질적 합리성을 추구하기에는 현실적으로 인지능력의 제약, 시간과 비용 등이 과다하게 소모되는 문제가 있다. 앞선 예에서처럼 쌀을 저렴하게 구매하기 위해 전 세계 모든 상점을 탐색하기도 어렵고, 시간과 비용도 너무 많이 허비되기 때문이다. 사이먼은 인간이 실질적 합리성을 사실상 포기하고, 만족할 만한 대안을 선택하려는 절차적 합리성을 추구한다고 주장하였다. 절차적 합리성은 실질적 합리성과 달리 선택의 결과보다는 과정을 중요하게 보았는데, 인간의 인지능력 제약 하에서 의사결정 과정이 적합한 것이면 절차적 합리성이 확보된다. 감성·충동·본능에 근거한 결정은 비합리적이고, 의식적인 사유의 과정을 통해서 결정하였다면 합리적인 선택이다. 예컨대 쌀을 구매하기 위하여 몇 개의 상점을 순차적으로 알아보고, 만족할 만한 수준의 상점을 찾으면 그 매장에서 구매하는 것이다.

2. 디징(Paul Diesing)의 합리성

(1) 경제적 합리성

경쟁 상태에 있는 목표를 어떻게 비교하고 선택할 것인가의 합리성으로, 목표 달성뿐만 아니라 비용의 절약도 포함되어 능률성과 동일하게 쓰인다.

(2) 법적 합리성
대안의 합법성을 나타내는 것으로, 보편성과 공식적 질서를 통해 예측가능성을 높일 수 있다.

(3) 정치적 합리성
이해관계자 간의 타협에 의해 최선의 정책대안이 도출된다는 것으로, 의사결정 구조의 합리성과 동일시되고 정책결정에 있어 가장 비중이 크다. 자유·평등 등의 인권문제와 권력구조에서의 민주성이나 정책결정·집행 등의 운영 측면에서 민주성과 관련이 있다. 예컨대 복지예산을 결정하기 위하여 국회의원, 공무원, 관련 전문가, 수혜자 집단 등 다양한 이해관계자의 의견을 조정한다.

(4) 사회적 합리성
사회구성원 간의 조정과 조화된 통합성을 의미하며, 이는 디징의 합리성 유형 중 목표·수단 분석 등으로 설명되지 않는 가장 비합리적인 유형이다.

(5) 기술적 합리성
일정한 수단이 목표를 얼마만큼 잘 달성시키는가, 즉 목표와 수단 사이에 존재하는 인과관계의 적절성을 의미한다. 예컨대 정부가 청년들의 취업률을 높이기 위해서 취업지원 프로그램을 운영한다. 여기서 취업지원 프로그램이라는 수단과 취업률 상승이라는 목표 사이에 인과관계가 존재한다면 기술적 합리성이 있다.

3. 진화론적 합리성
생물학적 진화론의 논의에 근거한 합리성으로, 변이와 선택을 거쳐 환경의 요구에 보다 잘 부합하는 대안이 발견되는 현상을 말한다.

04 합법성

합법성(Legality)은 법률적합성, 법에 의한 행정, 법에 근거한 행정 즉 법치행정을 의미한다. 다만, 합법성을 지나치게 강조하는 경우 수단 가치인 법의 준수가 강조되어 목표의 대치(Displacement of Goal)와 형식주의*를 가져올 수 있다. 현실과 맞지 않는 법률을 기계적으로 집행하면, 해당 법률이

> * 비유하자면 수험공부 계획은 구체적으로 세워뒀지만, 실제 수험공부는 계획과 관계없이 하고 있다면 수험공부 계획은 형식적이다.

달성하고자 하는 실질적인 내용이나 목표는 뒷전이 될 수 있기 때문이다.

05 대응성

대응성(Responsiveness)은 시민의 여망에 부응하는 정도를 의미한다. 정부의 주인은 국민이고, 국민의 요구에 따라 행정서비스를 제공한다는 측면에서 민주성과도 관련이 있다.

06 가외성

1. 의미

(1) 가외성(Redundancy)은 일종의 안전장치와 관련이 있다. 예컨대 정전에 대비하여 건물에 비상발전기를 설치하는 것이 가외적 장치에 해당한다. 평소에는 불필요한 장치이지만 정전 시 엘리베이터 등을 작동시키기 위해 필요하기 때문이다. 정전이나 해킹으로 인하여 정부의 전자서비스가 중단되면 국민들이 큰 불편을 겪을 수 밖에 없다. 따라서 비상발전기, 여러 가지 보안프로그램 등을 통해 정부 서비스의 신뢰성을 높일 필요가 있다. 예시에서 설명한 것처럼 가외성은 불확실한 상황에서의 오류 발생 가능성을 최소화하고 체제의 신뢰성을 높이기 위해 강조되는 행정가치이다. 1960년대 정보과학, 컴퓨터 기술, 사이버네틱스 이론 발달과 함께 논의되었고, 란다우(Martin Landau)가 행정학에 도입하였다.

(2) 권력분립, 연방제, 계선과 참모, 양원제와 위원회제도를 가외성 현상이 반영된 제도로 보고 있고 가외성은 중첩성, 반복성, 동등잠재성을 포괄한다.
   ① **중첩성(Overlapping)**: 여러 기관에 한 가지 기능이 혼합된 것으로, 예컨대 서울시와 서울시 동작구는 각각 겨울철 제설 작업에 대한 책임이 있다. 서울시에서 제설 작업을 제대로 수행하지 못하더라도 서울시 동작구에서 수행한다면 제설 작업에 문제가 없기 때문이다.
   ② **반복성(Duplication)**: 동일 기능을 여러 기관에서 독립적으로 수행하는 것으로, 예컨대 완벽하게 동일한 역할을 수행하는 컴퓨터 서버를 여러 개 운영한다면 서버 하나가 해킹 등으로 문제가 발생하더라도 서비스 제공에는 문제가 없을 것이다.
   ③ **동등잠재성(Equipotentiality)**: 주기관이 제대로 작동하지 않을 때 보조기관이 그 기능을 인수하여 수행하는 것으로, 예컨대 대통령의 해외순방 중 보조기관인 국무총리가 직무를 대행하게 된다.

2. 특징

(1) 예측하지 못한 행정수요에 대응이 가능하게 함으로써 적응성이 증진되고, 행정에 대한 신뢰성을 제고한다.

(2) 여러 기관이 관련 업무에 관여하면서 업무와 관련된 창조성이 제고될 수 있다.

(3) 가외적 장치는 평소에는 불필요한 것이므로 비용이 많이 발생하고, 업무를 함께 처리하는 과정에서 조직 내 또는 조직간 갈등이 유발될 수 있다.

(4) 안전을 위하여 자동차의 제동장치를 이중으로 설치하는 것, 정전에 대비하여 건물 자체적으로 자가발전 시설을 마련하는 것, 기관장 부재중 부기관장이 대신 수행하는 것이 가외성에 해당한다.

07 민주성(Democracy)

1. 대외적 민주성

국민의 의사를 존중하고 의견을 수렴하여 행정에 반영하는 것으로, 행정의 대응성을 높이고 국민에게 책임을 진다. 이를 위해 관료의 행정윤리와 책임행정을 확보할 수 있는 행정통제가 필요하다.

2. 대내적 민주성

관료조직 내부 의사결정이 상의하달식 권위주의에 의한 것이 아니라 자유로운 의사전달, 분권화, 능력발전 기회가 부여되는 것을 의미한다.

08 책임성

책임성(Accountability) 관료가 도덕적·법률적 규범에 따라 행동해야 할 의무를 의미하는데, 제도적 책임과 자율적 책임으로 구분할 수 있다.

1. 제도적 책임

공식적·제도적 통제를 통해 임무를 수행하게 하는 타율적·수동적 책임이다. 예컨대 「국가공무원법」에 따라 공무원은 직무상 알게 된 비밀을 엄수하여야 하고, 그렇지 않을 경우 징계 등 처벌을 받게 된다.

2. 자율적 책임

전문가로서 직업윤리와 책임감에 기초하여 자발적으로 재량을 발휘하는 것을 의미한다.

• 기출문제 학습 •

01 파레토 최적 상태는 (㉠ 형평성 / ㉡ 능률성) 가치를 뒷받침하는 기준이다. 20. 지방 9

02 사이먼(Simon)의 어떤 행위가 의식적인 사유과정의 산물이거나 인지력과 결부되고 있을 때의 합리성은 (㉠ 내용적 합리성 / ㉡ 절차적 합리성 / ㉢ 사회적 합리성)이다. 11. 서울 9

03 (㉠ 효율성 / ㉡ 효과성)은 목표의 달성도를 나타내고, (㉠ 효율성 / ㉡ 효과성)은 투입 대비 산출의 비율을 의미한다. 23. 지방 9

04 (㉠ 실질적 / ㉡ 절차적) 합리성은 목표에 비추어 적합한 행동이 선택되는 정도를 의미하고, (㉠ 제도적 / ㉡ 자율적) 책임성은 자율적인 행정책임을 의미한다. 18. 서울 7

05 ① 디징(Diesing)의 합리성과 관계가 없는 것은 (㉠ 기술적 / ㉡ 경제적 / ㉢ 사회적 / ㉣ 법적 / ㉤ 정치적 / ㉥ 진화론적) 합리성이다.
② 사이먼(Simon)의 (㉠ 실질적 / ㉡ 절차적) 합리성은 행위자가 합리적인 선택을 할 수 있는 모든 지식과 능력을 소유하고 있다고 가정한다.
③ 사이먼(Simon)의 (㉠ 실질적 / ㉡ 절차적) 합리성을 사실상 포기하고, 만족할 만한 대안을 선택하려는 (㉠ 실질적 / ㉡ 절차적) 합리성을 추구한다고 주장한다. 19. 지방 7

06 불확실한 상황에서 오류 발생 가능성을 최소화하고 … 여러 기관에 한 가지 기능이 혼합되는 중첩성(overlapping)과 동일 기능이 여러 기관에서 독립적으로 수행되는 중복성(duplication) 등을 포함하는 개념은 (㉠ 가외성 / ㉡ 합리성 / ㉢ 효율성 / ㉣ 책무성)이다. 16. 국가 9

07 가외성은 (㉠ 창의성이 제고될 수 있다. / ㉡ 형평성과 상충관계에 있다.) 19. 국가 7

08 가외성 내용 중 동등잠재성(equipotentiality)은 (㉠ 동일한 기능을 여러 기관들이 독자적 상태로 수행 / ㉡ 주기관이 제대로 작동하지 않을 때 보조기관이 그 기능을 인수하여 수행)하는 것을 의미한다. 20. 서울 9

정답 1. ㉡ 2. ㉡ 3. ㉡, ㉠ 4. ㉠, ㉡ 5. ① - ㉥ ② - ㉠ ③ - ㉠, ㉡ 6. ㉠ 7. ㉠ 8. ㉡

Theme 14 행정의 관점

01 보편성 VS 특수성

1. 보편성

다른 나라 제도의 도입, 행정학의 일반이론 구축 시 적용된다. 우리나라에서 성공적인 정책을 다른 나라들이 도입했을 때도 잘 작동한다면 보편성을 지닌 정책이 된다.

2. 특수성

행정 현상은 그 국가의 정치체계의 맥락 속에서 나타난다는 관점이다. 예컨대 '전세'와 관련된 제도와 정책은 우리나라에만 나타나는 현상이다.

02 방법론적 개체주의 VS 방법론적 전체주의

1. 방법론적 개체(개인)주의

(1) 분석의 단위를 개체(개인)로 하고, 전체는 개체의 합이라는 관점이다.

(2) 부분의 합을 전체에 적용할 때 환원주의 오류(또는 합성의 오류)가 발생할 수 있다. 예컨대 공무원 개인의 가치와 태도를 공직사회 전체의 부패로 설명하는 경우 환원주의 오류가 발생할 수 있다.

2. 방법론적 전체(신비)주의

(1) 개체의 속성으로 설명할 수 없는 전체 자체의 속성이 있다는 관점이다. 비유하자면 축구팀의 경우 소속 선수들의 개별실력의 합으로만 평가할 수 없는 조직력 등 팀 자체로서의 속성을 지니고 있다.

(2) 전체의 특성을 가지고 부분에 적용할 때 생태적 오류가 발생할 수 있다. 축구팀의 팀 자체 능력은 뛰어나더라도 소속 선수 개인의 능력은 뛰어나지 않을 수 있다.

03 임의론 VS 결정론

1. 임의론

현상이 특정한 원인이 없더라도 우연히 발생할 수 있다는 견해로, 행정 현상은 환경 등으로부터 독립적일 수 있다는 인식이다. 예컨대 정부가 주도적으로 미래가 불확실한 친환경 자동차의 개발 및 보급을 지원하는 정책을 시작하였다고 하자. 정부 정책에 따라 민간기업들도 해당 시장에 뛰어들어 친환경 자동차 관련 산업이 활성화될 수 있다. 즉 외부 환경의 변화나 요구가 없더라도 정부가 새로운 정책을 시작하여, 오히려 외부 환경에 영향을 주어 해당 산업이 활성화한다는 것이다.

2. 결정론

행정 현상이 우연이나 선택에 의한 것이 아니라 인과관계에 의해 결정된다는 견해로, 행정 현상을 환경 등에 의해 결정되는 수동적인 종속변수로 인식한다. 예컨대 전 세계적으로 친환경 자동차 개발 붐이 일고 있고 국내 자동차 관련 기업들도 해당 산업에 대한 정부의 지원을 요구하고 있다. 이에 따라 정부의 친환경 자동차 지원 정책이 시작되었다. 즉 외부 환경의 변화와 요구에 따라 정부 정책이 영향을 받은 것이다.

04 정치 VS 행정

우리가 어떤 새로운 것을 설명할 때 기존에 익숙한 다른 것과 비교하여 설명하는 경우가 많다. 예컨대 미국의 금융가인 월스트리트(Wall Street)를 모르는 사람에게 설명해야 한다면, 우리나라 여의도 금융가와 비교하면서 유사점과 차이점을 말할 수 있다. 마찬가지로 행정학은 역사가 매우 짧다 보니 행정을 설명하기 위해서 기존에 익숙한 정치학 및 경영학과 자주 비교된다. 즉 행정을 설명할 때 정치 및 경영 등 다른 학문과의 동일성과 차별성 관점에서 논의된다.

1. 정치행정일원론

정치와 행정은 본질적으로 동일하다는 관점으로 정책형성과 정책결정 과정에서 행정의 역할을 강조한다. 정치의 의미도 학자마다 다양하게 정의하고 있기 때문에 우리에게 익숙한 대의민주주의를 통해서 비교해 보고자 한다. 대의민주주의는 국민이 대표자를 선출하고 이들이 사회문제에 대한 해결책을 마련하고, 중요한 결정을 한다. 예컨대 경제적 약자를 돕기 위해서 매월 일정 금액을 지원하기로 했다고 하자. 이는 국민의 대표인 국회에서 「국민기초생활 보장법」이라는 법률의 형태로 결정하게 된다.

한편 정치행정일원론은 행정도 정책형성과 결정기능을 가진다고 본다. 정치에서 결정한 사항 중 세부적인 사항은 행정에서 정하기 때문이다. 법률에서 모든 것을 사전에 정하기 어렵기 때문에 그 내용을 집행하는 과정에서 세부적인 내용이 결정된다. 「국민기초생활 보장법」에서 수급자를 정의하고 있지만, 구체적으로 수급자의 요건 등을 검토하여 결정하는 것은 행정의 영역이기 때문이다. 즉 범위가 정치에 비해서 좁을 뿐 행정도 정책형성과 정책결정 기능을 수행한다는 것이다.

2. 정치행정이원론

정치와 행정은 다르다는 관점으로 정책결정을 주도하는 정치와 집행을 담당하는 행정이 엄격히 구분된다는 입장이다. 정치행정이원론을 주장하는 학자들은 행정은 경영과 유사하다고 본다.

3. 정치행정새일원론

와이드너(Weidner) 등 발전행정론 학자들은 기존의 정치우위론과 대비되는 행정우위론의 입장에서 새일원론을 제기하였다. 발전행정론은 정부가 국가발전을 주도한다는 이론인데, 행정에서 주요 정책결정을 주도하고 정치에서 이를 지원하게 된다. 정부에서 필요한 법률안을 국회에 제출하면 국회에서 이를 통과시켜 주면 되기 때문이다.

4. 정치행정새이원론

사이먼(Simon) 등 행태주의 학자들은 행정과 경영과의 유사성을 강조하지만, 행정의 정책결정 기능을 인정한다는 점에서 기존의 정치행정이원론과 구별된다.

5. 학자·이론별 관점

구분	정치행정일원론	정치행정이원론
행정의 역할	정책형성, 정책결정 등을 포함	정책집행
관련 용어	• 민주성, 형평성 • 1930년대 뉴딜정책, 행정국가	• 능률성, 생산성, 전문성 • 과학적 관리, 행정개혁운동 • 행정은 독자적 학문 • 공사행정일원론의 성립에 기여 • 정당정치개입으로부터 자유로운 행정영역
가치	가치판단	가치중립
학자	• 디목(Dimock) : 정책결정과 정책집행의 협조적 관계 강조 • 애플비(Appleby) : 정치와 행정은 정합·연속·순환적 관계 • 가우스(J. Gaus) : 행정이론은 동시에 정치이론을 의미	• 윌슨(Wilson) : 행정과 경영의 유사성을 강조하고 정치와 행정을 분리하고자 함. • 굿노(Goodnow) : 정치는 국가의 의지를 표명하고 정책을 구현, 행정은 이를 실천 • 귤릭(Gulick) : 최고관리층의 7가지 기능(POSDCoRB) 제시

05 행정 VS 경영

1. 공사행정일원론

행정과 경영은 관료적 성격을 갖는 대규모 조직 및 효과적인 업무수행을 위한 관리성이 강조된다는 공통점을 가진다. 따라서 행정조직의 행정과 민간조직의 행정이 동일하다는 의미로 공사행정일원론이라고 부르는데, 오늘날 전 세계적인 정부개혁으로 행정과 경영 간의 유사점이 강조되고 있다.

2. 공사행정이원론

행정과 경영은 추구하는 가치와 대상 등에서 차이가 있다는 관점으로, 대표적인 차이점은 다음과 같다.

구분	행정	경영
정치적 성격	>	
법적 규제	>	
경쟁	독점	경쟁
공권력	○	×
공익	>	
대상	시민(평등하게 대우)	고객(이윤에 따라 차별대우)
구성원 신분보장	원칙상 법령에 의해 보장	—

06 정부의 역할

1. 진보주의와 보수주의 정부관

정부의 역할에 대하여 진보주의와 보수주의로 구분하는데, 관점별 특징은 아래 표와 같다. 대체로 정부의 개입 정도가 크면 진보주의, 그렇지 않으면 보수주의의 특징이다.

구분	진보주의	보수주의
특징	• 공익목적의 정부규제 강화 강조 • 조세를 통한 소득재분배 강조 • 소외집단을 위한 정부 정책 선호 • 효율과 공정에 대한 자유시장의 잠재력은 인정하지만, 시장실패는 정부개입으로 해결 가능함. • 복지국가	• 시장지향적 규제완화 • 조세감면 및 완화 • 소외집단을 위한 정부 정책을 선호하지 않음. • 자유방임적 자본주의

2. 큰 정부와 작은 정부

큰 정부와 작은 정부의 구분도 정부의 개입 정도로 구분할 수 있다.

(1) 큰 정부(행정국가) 관점

① 시장에 대한 정부의 적극적 역할을 강조하는 관점으로, 1930년대 대공황 등 경제위기 속에서 시장에 대한 정부의 적극적 개입을 통해 극복해야 한다는 루스벨트 대통령의 뉴딜정책과 이에 대한 이론적 토대인 케인즈주의(수요중시 거시 경제정책*)가 대표적인 예이다.

> 영국의 경제학자 케인즈(J. M. Keynes)가 강조한 것으로, 경기침체를 극복하기 위해 정부가 재정지출을 늘려 대규모 토목사업(예컨대 뉴딜정책의 일환으로 건설된 미국의 후버댐) 등 수요를 증가시키는 정책을 하면민간투자와 고용이 촉진된다고 본다.

② 미국의 '위대한 사회(The Great Society)'정책*, 유럽식 '최대의 봉사자가 최선의 정부' 등도
> 존슨(Johnson) 행정부가 1960년대 중반부터 흑인 등 하류층을 위하여 시행한 대대적인 사회복지정책이다.

큰 정부 관점이다.

③ 복지국가는 민간부분을 조정·관리·통제하는 공공서비스 기능을 강조한다.

(2) **작은 정부 관점**
① 시장에 대한 정부의 소극적 역할만을 강조하는 입장으로 소극적 자유 선호, 재정효율화, 신공공관리론(경영기법 및 경쟁원리 도입 추진, 성과에 의한 관리, 민영화, 고객맞춤형 서비스 강조 등을 특징으로 하는데 앞으로 상세하게 다루게 될 것이다.) 등과 관련이 있다.
② 19세기 근대 자유주의 국가가 지향한 '야경국가(국방과 치안 등 질서유지 기능만 하는 국가)', 영국의 대처리즘*, 미국의 레이거노믹스** 등도 작은 정부 관점이다.
  *영국은 1970년대까지 복지국가를 유지하기 위해 높은 소득세를 부과하여 노동 의욕은 약해지고, 잦은 파업으로 인한 고임금·저효율 등 '영국병'이 문제였다. 이를 해결하기 위하여 영국의 전 총리였던 대처(M. H. Thatcher)는 정부의 재정지출을 줄이고 공기업의 민영화 등을 추진하였다.
  **미국은 1970년대부터 경기침체와 물가 상승이 심각해지자 1981년 취임한 레이건(R. W. Reagan) 대통령은 금리인하와 통화량 조절, 세금감면, 규제완화 등의 조치를 하였다.
③ 영국의 경제학자 하이에크(F. A. Hayek)[저서: 노예로의 길(the road to serfdom)]*는 케인즈의 주장을 반박하여, 정부의 시장개입은 단기적 경기 부양에는 효과적일 수 있어도 장기적으로는 시장의 효율성을 심각하게 훼손한다고 주장하였다.
  *자유시장경제가 훼손될 경우, 모든 국민은 국가의 노예가 된다고 보았다.

기출문제 학습

01 공무원 개인의 가치와 태도를 토대로 공직사회 전체의 부패 정도를 설명하는 경우 (㉠ 환원주의 / ㉡ 표본추출 / ㉢ 통계적 회귀 / ㉣ 생태적) 오류가 발생되기 쉽다. 11. 지방 7

02 (㉠ 굿노 / ㉡ 애플비)는 정치는 국가의 의지를 표명하고 정책을 구현하는 것이며 행정은 이를 실천하는 것으로 정치와 행정의 차이를 명확히 구별했다. 16. 국가 7

03 정치·행정(㉠ 일원론 / ㉡ 이원론)은 정당정치의 개입으로부터 자유로운 행정 영역을 강조하였다. 20. 국가 9

04 정치·행정(㉠ 일원론 / ㉡ 이원론)은 행정국가의 등장과 연관성이 깊다. 21. 국가 9

05 행정은 효과적인 업무수행을 위해 관리성이 강조된다. 이는 경영과 (㉠ 구분되는 / ㉡ 공통적인) 행정의 속성이다. 14. 국가 9

06 정치·행정이원론은 [㉠ 행정의 정책형성기능 강화로 인해 기능적 행정학을 추구했다. / ㉡ 윌슨(W. Wilson)은 행정을 관리와 경영의 영역으로 규정했다.] 24. 국가 7

07 시장실패에 대한 대응으로 나타난 큰 정부는 규제를 (㉠ 강화 / ㉡ 완화)하고 사회보장, 의료보험 등 사회정책을 펼침으로써 정부의 적극적 역할을 강조하였으며, 이러한 이유로 정부의 크기가 커졌다. 19. 서울 7

08 (㉠ 신자유주의 / ㉡ 20세기 행정국가·복지국가)는 케인즈 경제학에 기반을 둔 수요 중시 거시 경제정책을 강조한다. 13. 국가 9

09 진보주의 정부관에 해당하지 않는 것은 (㉠ 소극적 자유 선호 / ㉡ 공익목적의 정부규제 강화 강조 / ㉢ 조세를 통한 소득재분배 강조 / ㉣ 효율과 공정에 대한 자유시장의 잠재력 인정 / ㉤ 소외집단을 위한 정부 정책 선호)이다. 11. 서울 9

10 복지국가의 공공서비스 접근방식에 가까운 것은 (㉠ 민간부분을 조정·관리·통제 / ㉡ 재정효율화 / ㉢ 차별적 서비스 / ㉣ 수요자 중심)이다. 17. 서울 9

11 하이에크(Hayek)는 '노예의 길'에서 (㉠ 큰 정부 / ㉡ 작은 정부)를 강조하였다. 22. 국가 9

정답 1. ㉠ 2. ㉠ 3. ㉡ 4. ㉠ 5. ㉡ 6. ㉡ 7. ㉠ 8. ㉡ 9. ㉠ 10. ㉠ 11. ㉡

Theme 15-1 행정학의 발달(~1970년대)

01 정부관

1. **해밀턴**(A. Hamilton, 미국 초대 재무장관)**주의** : 연방주의

    국가이익의 증진을 위해 강한 행정부의 적극적 역할과 행정의 유효성을 지향하였다. 연방주의는 연방정부와 주정부 중 연방정부의 권한을 강조하는 입장이다.

2. **제퍼슨**(T. Jefferson, 미국 3대 대통령)**주의** : 자유주의

    소박하고 단순한 정부와 분권적 참여과정을 중시하였다. 자유는 모든 사람의 기본적 권리로서, 정부는 이를 침해하지 말아야 한다고 주장하였다. 연방정부 보다 주의 권한을 강조하는 반연방주의자이다.

3. **메디슨**(J. Madison, 미국 4대 대통령)**주의** : 다원주의

    다원적 과정을 통한 이익집단 요구의 조정과 이를 가능하게 하는 견제와 균형을 중시하였다. 다원주의는 주정부 보다 연방정부 차원에서 다원주의가 잘 작동하는데, 이는 규모가 작을수록 특정 이익집단의 전제가 발생하기 쉽다고 보았기 때문이다.

4. **잭슨**(A. Jackson, 미국 7대 대통령)**주의** : 민주주의

    1829년 당선된 잭슨은 민주주의를 실현하기 위한 방법으로 엽관주의를 표방하였는데, 엽관주의(또는 엽관제)는 선거에서 승리한 정당이 정권창출에 기여한 사람을 관료로 임명하는 제도이다. 잭슨이 당선되기 이전에는 미국의 동부 출신의 엘리트들이 관직을 차지하고 있었고, 이들은 대중들의 요구나 선출직 지도자의 통제에도 잘 따르지 않았다. 잭슨이 취임하면서 기존의 관료들이 교체되기 시작하였고, 임명권을 가진 선출직 지도자들의 행정 통솔력이 강화될 수 있었다. 또한 엽관주의로 충원된 관료들은 기존의 엘리트 출신 관료들 보다 국민의 요구에 대한 대응성이 높았다.

02 윌슨의 행정의 연구

1. 19세기 말엽 미국 정부의 규모가 그 이전과는 비교도 안 될 정도로 커지고 있었지만, 행정학이 별도의 학문으로 자리 잡고 있지 못했다. 미국의 28대 대통령이자 교수였던 윌슨(W. Wilson)은 행정의 수요가 급증하는 상황에서 행정학 연구의 중요성을 역설하였고, 미국 행정학의 시작으로 볼 수 있는 '행정의 연구(The Study of Administration, 1887년)'라는 논문을 발표하였다.

2. 비슷한 시기 엽관주의의 문제를 해결하기 위한 진보주의 운동*(Progressive Movement)은 1883년

    > 엽관제로 인한 비효율과 부패를 혁신하기 위한 공직개혁운동을 말한다. 엽관제는 정권창출에 기여한 사람을 관료로 임명하다 보니 전문성 부족으로 예산을 효율적으로 사용하지 못했고, 매관매직 등 부패 문제도 심각했다.

    펜들턴법* 제정으로 이어졌다. 진보주의 운동에 참여했던 윌슨은 행정의 전문성을 강조하면서
    공개경쟁채용시험을 통한 관료 충원, 독립적인 인사위원회 등을 내용으로 한다.

정치와 행정의 분리(정치·행정이원론 관점)와 함께 행정의 영역을 비즈니스의 영역으로 규정하고 효율적인 정부 운영에 관심을 가졌다.

03 굿노의 정치와 행정

굿노(F. J. Goodnow)는 그의 저서 '정치와 행정(Politics and Administration, 1900년)'에서 '정치는 국가의 의지를 표명하고 정책을 구현하는 것이며, 행정은 이를 실천하는 것'으로 양자를 구별하였다. 윌슨과 굿노 등은 정치행정이원론 관점에서 행정을 독립된 학문으로 정립하는 데 토대를 마련하였다.

04 정통행정학의 정립(행정관리론)

1. 윌슨으로부터 시작된 미국 행정학은 엽관제를 극복하고 효율적인 행정을 구축하기 위하여, 절약과 능률이 행정의 가장 중요한 가치로 강조하였다. 엽관제가 지나친 정당정치의 개입과 비효율 및 부패를 유발했으므로, 정치로부터 독립된 행정과 절약과 능률을 강조하게 된 것이다.

2. 1906년에 설립된 뉴욕시정조사연구소(The New York Bureau of Municipal Research)는 좋은 정부를 구현하기 위한 절약과 능률의 실천 방향을 제시하고 시정에 대한 과학적 연구를 수행하였다. 태프트 대통령은 1910년 '절약과 능률에 관한 태프트 위원회(Taft Commission Economy and Efficiency)'를 설치하였다.

3. 화이트의 '행정연구입문', 윌로비의 '행정원리', 귤릭과 어윅의 '행정과학에 관한 논문집' 등을 통해 정통행정학이 정립되었고, 정통행정학은 '정치행정이원론'과 '행정의 원리'를 토대로 하였다. 행정관리론은 사무관리론과 조직관리론으로 구분할 수 있다.

(1) **사무관리론**

과학적 관리론*의 영향을 받은 사무관리론은 사무표준화와 관련 제도를 마련하였고, 1910년 구성
_{과학적 관리론을 대표하는 테일러는 시간과 동작에 관한 연구(1911년)를 통해 과업별로 가장 효율적인 표준시간과 동작을 정해서 수행하는 최선의 방법(One Best Way)을 추구하였다.}
된 미국 태프트 위원회는 절약과 능률을 행정관리의 성과를 평가하는 가치 기준으로 두었다.

(2) **조직관리론**

① 모든 조직에 공통적으로 적용되는 일반원리를 연구한 조직관리론은 분업의 원리, 명령통일의 원리 등을 제시하였다.

② 행정관리에 관한 대통령위원회(일명 브라운로 위원회, 1937년)에 참여한 귤릭(Luther Gulick)은 최고관리자의 능률적인 관리활동을 POSDCoRB[㉠ 계획(Planning, 무엇을 해야 할지 계획), ㉡ 조직(Organizing, 일을 담당할 조직을 만듦), ㉢ 인사배치(Staffing, 사람을 선발하고 업무를 담당하게 함), ㉣ 지휘(Directing, 일을 하도록 지휘), ㉤ 조정(Coordinating, 부하들 간에 업무추진 시 갈등이 발생하거나 협력이 필요할 때 조정), ㉥ 보고(Reporting, 부하들로부터 업무추진에 대한 보고를 받음), ㉦ 예산(Budgeting, 필요한 예산을 지원)]로 집약하였다.

05 1930~1940년대

1. 1930년대 대공황 이후 각종 사회문제를 해결하기 위해서 행정의 정책결정·형성 및 준입법적 기능수행이 정당화되었다. 행정권의 우월화 현상을 인정하는 정치행정일원론이 등장하게 된 것이다. 뉴딜 정책을 추진하면서 행정이 실질적인 정책결정을 주도하는 행정국가화 현상이 심화되었고, 정책결정을 담당하는 관료의 책임성과 이를 통제하기 위한 민주성이 강조되었다.

2. 미국의 학자이자 뉴딜정책에 참여한 행정가이기도 했던 애플비(P. H. Appleby)는 그의 저서 '정책과 행정(Policy and Administration)'에서 행정은 민의를 중시해야 하며 정치와 행정은 정합·연속·순환적 관계이므로 양자를 구별하는 것은 적절하지 않다고 보았다.

3. 1940년대 사이먼(H. A. Simon)이 행정조직의 의사결정과정을 연구한 그의 저서 '행정행태론(Administrative Behavior)'을 출간하면서 사회과학 분야에 행태주의가 유행하였다. 그는 행정관리론에서 주장하는 분업의 원리, 명령통일의 원리 등은 서로 모순되고 경험적 검증을 거치지 않아 과학성과 보편성을 지니지 못한 격언에 불과하다고 비판하였다.

4. 조직분야에서는 과학적 관리론에 대한 반발로 인간관계론이 등장하였는데, 조직 구성원의 생산성은 조직의 관리통제보다는 조직 구성원 간의 관계에 더 영향을 받는다는 것을 발견하였다. 과학적 관리론과 인간관계론은 본 교재 Part 3. 조직에서 다루게 된다.

06 1950년대~1960년대

1. **비교행정론**(Comparative Public Administration)

(1) 제2차 세계대전 이후 식민지 질서의 붕괴와 새롭게 독립한 국가들이 떠올랐다. 식민 지배하에서 벗어난 국가들에게 행정적 능력을 키우는 것은 국가 발전 계획을 성공적으로 실행하기 위해 매우 중요한 것이었다. 미국은 이들 국가에 대해 경제적 지원과 더불어 미국에서 발전해 온 행정제도(미국식 인사·재무 등의 기법과 기술)를 지원하게 된다. 하지만 미국과 사회·문화·역사가 다른 후진국들에 적합하지 않았고, 이것을 계기로 후진국들의 행정제도를 비교 연구하는 것이 활발히 일어나게 된다.

(2) 비교행정론은 생태적(Ecological) 접근을 강조한다. 생태적 접근은 행정을 둘러싼 여러 가지 환경의 중요성을 강조하는데, 사회적·문화적·정치적·경제적·역사적 요인 등이 환경적 요인에 해당한다. 환경적 요인은 행정에 영향을 미치게 되는데, 예컨대 경제적 요인으로 시장 메커니즘의 영향을 받아 성과주의 예산제도 등의 행정제도가 도입되었다. 다만 생태적 접근은 행정을 지나치게 과소평가하여 행정의 독자성을 무시하고, 행정의 환경에 대한 종속성을 강조하였다. 비교행정론을 대표하는 리그스(F. W. Riggs)도 외부환경과 행정 시스템의 상호작용을 연구했는데, 정치적·경제적·사회적 그리고 문화적 체제가 행정 체제에 미치는 영향을 준다고 보았다.

🔍 문화(culture)라는 용어도 추상적인데, 언어·종교·개인의 행태 등을 포함한다.

(3) 비교행정론에서는 경험적(Empirical, 실증적)·과학적 연구를 강조한다. 즉 이론적 가정이 아닌 실제 데이터와 사례를 활용한다. 또한 국가별 다양한 행정체제를 비교하여, 여러 국가에 적용되는 일반법칙을 찾으려고 한다.

(4) **리그스**(F. W. Riggs)**의 프리즘 모형**(Prismatic Model)
① 산업화를 가속화하는 국가를 전이 사회(Tansitional Societies)라고 불렀는데, 이는 전통적 사회에서 현대적 사회로 전환되는 과도적 단계에 있기 때문이다. 이러한 중간단계에 있는 국가를 설명하기 위한 모형이 바로 리그스가 제시한 프리즘 모형(Prismatic Model)이다. 융합되어(Fused) 있던 빛은 프리즘을 통과하면서 파장에 따라 회절(Diffracted)하여 분화되는데, 프리즘 모형에 따르면 전통적 사회는 융합된 상태이고, 전이 사회는 프리즘을 통과 중인 단계, 현대적 사회는 분화된 단계에 해당한다. 전통적 사회가 현대적 사회로 전환되는 과정을 빛이 프리즘을 통과하는 과정으로 비유(Metaphor)한 것이다.

◈ 리그스의 프리즘 모형

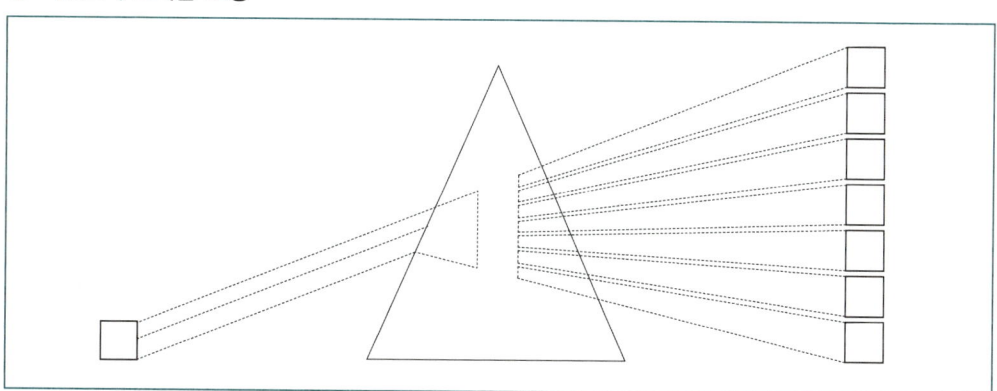

◈ 융합, 프리즘, 분화의 비교

구분	융합(Fused)	프리즘(Prismatic)	분화(Differentiated)
구조	전통적 (Traditional)	과도적 (Transitional)	현대적 (Modern)
역할	미발전 (Less Developed)	발전 중 (Developing)	발전된 (Developed)
사회체제	농업사회 (Agrarian Society)	프리즘적 사회 (Prsmatic Society)	산업사회 (Industrial Society)
행정조직	관아(Chamber)	살라(Sala)	관공서(Office)

② 리그스는 프리즘 모형을 설명하기 전에 기능적 융합(Fused)과 분화(Differentiated)에 대하여 설명한다. 그에 따르면 전통사회의 대가족(The Joint Family)은 자손을 낳고 교육하며, 경제 및 노동을 공유하는 등 다양한 기능이 융합되어 있다. 반면에 현대사회의 교육 기능은 공교육·사교육, 초등·중등·고등·대학 교육 등을 다양한 기관에서 각각 수행되므로 기능적으로 분화되어 있다.

③ 살라(Sala) 모델

프리즘적 사회의 행정조직으로 살라(Sala) 모델을 들고 있는데, 스페인어인 Sala는 우리나라 사랑방과 유사한 개념으로, 행정조직을 '살라'로 비유하고 있는 것이다. 살라는 현대적인 형태의 행정조직이 존재하지만 특정 계층에게 혜택을 주거나, 부패행위 등 법과 제도에서 정한 대로 작동하지 않는 행정조직이다.

④ 프리즘적 사회의 특징

　㉠ 이질성(Heterogeneous): 전통사회의 가치·규범과 현대사회의 가치·규범이 혼재되어 있다.
　㉡ 중첩성(Overlapping): 공식적이며 전문화된 행정 기구가 독립적으로 작동하지 못하고, 전통적인 사회적·경제적·종교적·정치적 시스템과 영향을 주고 받는다.
　㉢ 형식주의(Formalism): 법과 제도가 존재하지만 현실을 제대로 반영하지 못하면 법과 제도는 형식적인 것이다. 예컨대 법과 제도는 공개경쟁채용 시험을 통해 공무원을 채용하지만, 현실은 인맥을 통해 채용되는 것이다. 즉 행정 부패가 제도화되어 있다.
　㉣ 다분파성(Poly-Communalism): 다양한 민족, 종교, 계층이 갈등을 유지하면서 공존한다.
　㉤ 가격의 불확정성(Price-Indeterminancy): 시장의 원리에 따라 가격이 결정되지 않고, 비시장적 요인에 따라 변동된다.

2. 발전행정론(Development Administration)

(1) 1950년대 후진국의 행정을 연구한 비교행정론은, 1960년대 후진국의 행정을 개선시키려는 발전행정론으로 계승되었다. 파슨스, 리그스, 와이드너 등에 의해 연구되었다.

(2) 발전행정론은 행정을 통해 경제·사회·문화 등 국가발전을 주도해 나가는 전략을 연구하였고, 발전이란 목표·가치지향적인 변화를 의미한다. 우리나라의 경우 정부가 주도하여 1960년대부터 1990년대까지 총 7차에 거친 경제개발 5개년 계획을 수립하여 추진해 나갔다.

(3) 발전행정론은 행정이 국가 발전을 주도하는 만큼 행정 우위의 정치행정일원론 입장으로, 체제이론에 입각한 거시론적 관점에서 효과성을 중요한 가치로 두고 있다. 효과성은 앞에서 살펴본 것처럼 목표 달성도를 의미하는데, 과거 우리나라 경제개발 5개년 계획도 매년 경제성장률 목표치를 정하고 이를 달성해 나가는 것이었다.

3. 신행정론(New Public Administration)

(1) 등장배경

① 후기 행태주의(Post-Behaviorism)

　㉠ 1960년대 미국은 월남전·흑인 폭동·소수민족 문제 등 혼란을 겪자, 이에 대응하여 존슨 행정부는 '위대한 사회'라는 복지정책을 추진하였다. 학계에서 당면한 사회문제 해결과 정부 정책에 대한 지적 기반을 제공해야 했지만, 사회과학 전반에 행태론적 연구가 유행하고 있어 별다른 도움이 되지 못했다. 행태론적 연구는 현실 문제에 대한 해결책보다는 과학적 연구를 통한 이론과 법칙을 정립하는 데 목적을 두었기 때문이다. 행태론적 연구가 현실적인 도움이 되지 못한다는 학문의 무력함에 대한 반성으로, 정치학자 이스턴(D. Easton)은 후기 행태주의를 주장하게 된다.

ⓒ 후기행태주의는 '<u>현실 적합성의 신조(Credo of Relevance)</u>*' 및 '<u>실천(Action)</u>**'을 강조하며,
*과학적 방법을 적용할 수 있는 것만 연구 대상으로 설정해서는 안 되고, 사회의 급박한 문제를 연구 대상으로 설정하고 연구결과가 사회 개선에 기여할 수 있어야 한다.
**연구로 끝나는 것이 아니라 정책으로 실천되어야 한다.

가치중립적인 과학적 연구보다는 가치평가적인 정책연구를 지향한다. 또한 정부 관료제가 총체적 효용에 사로잡혀 소수집단에 무관심했기 때문에, 행정이 사회적 형평성을 실현해야 한다고 보았다.

② 1968년 <u>미노부르크 회의(Minnowbrook Conference)</u>*를 계기로 신행정학이 탄생하게 되는데,
미국 시러큐스(Syracuse) 대학의 미노부르크 회의장에서 진행되는 행정학 학술회의이다. 1968년 제1차 회의를 시작으로 20년마다 개최되고 있다. 제1차 회의가 개최될 시기 왈도는 시러큐스 대학 교수였다.

왈도(D. Waldo), 마리니(F. Marini), 프레드릭슨(H. G. Frederickson) 등이 주장하였다.

(2) 특징

① 행태주의의 한계를 지적하면서 가치문제, 문제지향성, 처방적 연구(Prescriptive Approach)를 강조하였다. 행태주의는 가치와 사실을 구분하여 가치에 대해서는 다루지 않고, 사실에 기반한 연구를 강조한다. 반면에 신행정학에서는 형평성·능률성 등 바람직한 가치에 대한 연구를 중요하게 다루었다. 또한 당면한 문제에 대한 관심을 가지고 이에 대한 해결책을 찾는 처방적이며 적실성 있는 연구가 필요했기 때문이다.

② 신행정론은 중요한 가치로 사회적 형평성을 강조하면서, 행정학의 독자적 주체성을 강조하였다. 사회적 약자를 위한 복지정책은 형평성 차원에서 고려될 수 있기 때문이다. 또한 복지정책은 대상자의 상황을 고려하여 제공하고(고객지향성), 상황에 맞는 서비스를 제공하기 위하여 시민들의 참여와 정책을 집행하는 관료의 재량(분권화)이 필요하다. 관료가 재량적으로 결정하므로 정치행정일원론적 성격을 지닌다.

③ 기존의 전통행정학은 중앙집권적인 관리를 강조하였다면, 신행정론 조직발전에 있어 분권화를 지향하는 구조설계를 처방하고 조직 구성원의 참여를 강조하였다. 즉 앞서 설명한 고객지향적인 서비스를 제공하고, 관료에게 재량을 부여하기 위해서는 분권화된 구조가 필요한 것이다.

왈도의 주장

1. 행정에 권위가 필요하지만 민주주의를 증진해야 한다는 전제를 배제할 수 없다.
2. 신행정학은 대체로 규범이론, 철학, 사회적 타당성, 행동주의(Activism)가 특징이다.
3. 가치로부터 구분된 순수한 사실이란 존재하지 않는다고 주장하므로 사이먼의 행태주의에 반대한다.

07 1970년대

1. 감축관리론

두 차례의 석유파동 이후 신자유주의와 작은 정부 이념에 기초한 감축관리론이 등장하였다.

2. 공공선택론

오스트롬(V. Ostrom)은 1973년 '미국 행정학의 지적 위기(The Intellectual Crisis in American Public Administration)'를 출간하면서 경제학의 요소를 행정학에 접목하였다. 공공선택론은 행정학·정치학 등의 연구에 경제학적 기법을 사용하는 분야로 앞으로 상세히 다루게 된다.

• 기출문제 학습 •

01 잭슨주의는 (㉠ 엽관제의 비효율을 극복하기 위한 / ㉡ 민주주의를 실현하기 위한 방법으로 엽관주의를 표방한) 것이다. 17. 서울 7

02 제퍼슨주의는 개인의 자유를 극대화하기 위한 행정책임을 강조하고 소박하고 단순한 정부와 (㉠ 중앙집권주의 / ㉡ 분권적 참여)를 주장하였다. 17. 국가 7

03 정부개혁을 통해 특정지역 및 계층중심의 관료파벌을 해체하고자 했던 것과 관련있는 것은 (㉠ 윌슨의 행정연구 / ㉡ 엽관주의)이다. 16. 지방 7

04 윌슨은 (㉠ 행정의 본질을 의사결정과 이에 따른 집행의 효과성을 높이는 것으로 보았다. / ㉡ 행정의 전문성을 강조하고 효율적인 정부 운영에 관심을 가졌다.) 19. 서울추가 7

05 (㉠ 과학적관리론 / ㉡ 귤릭)은 최고관리자의 운영원리로 POSDCoRB를 제시하였다. 23. 국가 9

06 1906년 설립된 (㉠ 뉴욕시정조사연구소 / ㉡ 미노부르크 회의)는 좋은 정부를 구현하기 위한 능률과 절약의 실천방향을 제시하고 시정에 대한 과학적 연구를 수행하였다. 19. 지방 7

07 애플비에 따르면 행정은 (㉠ 효율성을 추구하는 관리를 핵심으로 한다. / ㉡ 민의를 중시해야 하며 정책결정과 집행의 혼합작용이다. 22. 지방 7

08 사이먼은 (㉠ 고전적 행정원리의 보편성과 과학성을 강조하였다. / ㉡ 고전적 행정원리가 경험적 검증을 거치지 않아 과학성과 보편성을 지니지 못한 격언에 불과하다고 비판하였다.) 16. 서울 7

09 비교행정은 행정의 (㉠ 비과학화를 초래하였다. / ㉡ 과학성을 높였다.) 16. 지방 7

10 리그스의 프리즘적 사회의 특성에 해당하지 않는 것은? 15. 국가 7
(㉠ 고도의 이질혼합성 / ㉡ 형식주의 / ㉢ 고도의 분화성 / ㉣ 다규범성)

11 행정의 역할은 대공황과 뉴딜정책 이후 (㉠ 능률에 기초한 관리 / ㉡ 정부의 적극적인 역할)로 강조점이 전환되었다. 18. 서울추가 7

12 신행정학의 특징을 모두 고르면 (㉠ 논리실증주의와 행태주의를 계승 / ㉡ 사회적 형평성 추구 / ㉢ 현실 적합성과 적실성 있는 행정학 연구 / ㉣ 참여의 강조 / ㉤ 효율성과 기업식 정부 운영 / ㉥ 정치행정일원론 / ㉦ 고객중심의 행정)이다. 25. 17. 15. 국가·지방 9·7

13 행정이론이 등장한 시기를 순서대로 나열하면? 22. 국가 9
 (㉠ 뉴거버넌스론 / ㉡ 공공선택론 / ㉢ 굿노의 정치와 행정 / ㉣ 신행정론)

14 행정이론이 오래된 순서대로 나열하면? 23. 지방 9
 (㉠ 과학적 관리론 / ㉡ 신공공관리론 / ㉢ 신행정학 / ㉣ 행정행태론)

Theme 15-2 행정학의 발달(1980년대~)

01 신공공관리론(New Public Management)

1. 등장배경

(1) 전통적인 공공관리(Traditional Public Management)는 중앙집권적인 관료제 중심의 관리방식이다. 전통적인 관리방식이 비효율적이라는 비판을 받으면서 1980년대 영미권을 중심으로 정부규모 및 재정적자 감축, 행정의 효율성 제고를 위해 시장주의*와 신관리주의**가 결합한 신공공관리론이 채택되기 시작하였다.

*신자유주의 정신을 살려 독점적 정부서비스 방식에 경쟁원리를 도입한다.
**분권화와 내부통제를 감소시켜 관리자에게 재량을 부여하고 성과에 대한 책임을 지도록 한다.

(2) 또한 1980년대 신보수주의*가 부활하여 '작은 정부'를 구현하기 위해 공무원 인력 감축, 정부 지출

*정부의 간섭을 줄이고 기업의 경쟁을 유도하는 것으로, 과거의 자유방임주의 경제철학이 부활한 것이라고 하여 신자유주의라고 부르기도 한다.

삭감, 규제 완화, 민영화 등에 대한 논의가 활발하게 진행되었고, 이러한 민영화 흐름은 1990년대 정부재창조운동을 촉진하였다.

(3) 오스본(D. Osborne)과 개블러(T. Gaebler)의 저서인 정부재창조론(Reinventing Government)은 신공공관리론을 행정개혁에 적용한 것으로 클린턴 행정부의 정부재창조운동의 이론적 기초*가 되었다.

미국의 클린턴(B. Clinton) 대통령은 정부재창론의 서평을 '미국의 모든 선출직 공무원이 읽어야 할 책으로, 이 책은 우리에게 청사진을 제시한다.'고 남겼다.

> **정부재창조론에서 제시한 기업가적 정부운영의 10대 원리**
>
> ① **촉진적 정부**: 노젓기보다는 방향 잡기
>   (Catalytic Government: Steering Rather Than Rowing)
> ② **지역사회가 주도하는 정부**: 서비스 제공보다 권한부여
>   (Community-Owned Government: Empowering Rather Than Serving)
> ③ **경쟁적 정부**: 서비스 제공에 경쟁 도입
>   (Competitive Government: Injecting Competition into Service Delivery)
> ④ **임무 지향적 정부**: 규칙 위주의 조직의 전환
>   (Mission-Driven Government: Transforming Rule-Driven Organizations)
> ⑤ **결과 지향적 정부**: 투입 아닌 성과 위주의 예산
>   (Results-Oriented Government: Founding Outcomes, Not Inputs)
> ⑥ **고객 지향적 정부**: 관료제가 아닌 고객의 요구를 충족
>   (Customer-Driven Government: Meeting the Needs of Customer, Not the Bureaucracy)
> ⑦ **기업가적 정신을 가진 정부**: 지출보다는 수입
>   (Enterprising Government: Earning Rather Than Spending)
> ⑧ **미래에 대비하는 정부**: 치유보다는 예방
>   (Anticipatory Government: Prevention Rather Than Cure)
> ⑨ **분권적 정부**: 계층제에서 참여와 팀웍
>   (Decentralized Government: From Hierarchy to Participation and Teamwork)
> ⑩ **시장 지향적 정부**: 시장을 통한 변화
>   (Market-Oriented Government: Leveraging Change Through the Market)

2. 특징

(1) 기업경영의 논리와 기법을 정부에 도입·접목하여 결과 혹은 성과 중심주의, 규제 완화를 강조한다. 기업가적 목표 달성을 위해 폭넓은 행정 재량을 공무원에게 허용하는 관료의 공기업가적 역할을 강조한다.

(2) 시장주의에 따라 수익자부담 원칙 강화, 정부 부문 내의 경쟁 원리 도입, 민영화 확대 등을 선호한다.

(3) 시민을 고객으로 인식하고 정부는 공공재의 생산·공급자이며 시민을 만족시킬 수 있는 제도적 장치를 설치해야 한다.

(4) 거래비용이론, 주인-대리인이론 등 공공선택론을 이론적 기반으로 한다. 다만 공공선택론은 정부의 역할을 시장에 대폭 맡겨야 한다는 입장이지만, 신공공관리론은 기존의 계층제적 통제를 경쟁 원리로 대체하여 효율성과 성과를 높이려는 것이다.

3. 비판

(1) 고객중심 논리는 국민을 수동적인 존재로 만들 수 있다. 즉 국민이 행정의 주인으로서 정책결정의 주체가 되므로, 객체로서 고객과 다르다.

(2) 효율성을 지나치게 강조하는 과정에서 민주주의의 책임성이 결여될 수 있다. 공공부문은 성과측정 자체가 어렵기 때문에 성과에 대한 책임보다는 관료제에 대한 민주적인 통제에 의해 책임성이 확보될 수 있다.

(3) 성과에 대한 지나친 집착으로 공무원의 창조적 사고를 억제할 수 있다.

(4) 민간부문의 관리 기법을 공공부문에 그대로 적용하는 데에는 한계가 있다.

> ⊕ 앞으로 살펴볼 신공공서비스론, 공공가치론 등이 신공공관리론의 한계를 지적하면서 등장하는데, 이를 탈신공공관리론(Post-NPM)이라고 한다.

4. 전통적 관료제 VS 신공공관리론

구분	전통적 관료제	신공공관리론
정부의 역할	노젓기(Rowing)	방향잡기(Steering)
정부의 행정관리 방식	투입중심예산	성과연계예산
	사후대처, 명령, 통제	예측, 예방, 임무중심
서비스 공급	독점	경쟁
	직접공급	권한부여
	시민	고객

02 탈신공공관리론(Post-NPM)

신공공관리론을 추진하면서 이에 대한 한계가 지적되기 시작하였다. 2020년 발생한 코로나는 국가적 차원에서 각 부처와 지방정부 등이 협력해서 대응해야 했다. 신공공관리론에서 강조하는 것처럼 중앙정부의 기능을 다수의 지방정부 등에 이양하면 역할의 분절화(Fragmentation)와 모호성(Ambiguity)이 발생할 수 있다. 각자 알아서 하도록 맡기니 협력도 되지 않고, 어떤 역할을 수행해야 하는 지도 잘 모르기 때문에 오히려 비효율이 발생하는 것이다. 그래서 탈신공공관리론은 전체적 관점에서 조직의 구조와 구성원을 통합하는 통정부적(Whole of Government) 접근을 특징으로 한다. 또한 신공공관리론적 행정개혁의 지나친 규제완화도 문제점을 나타내기 시작하면서, 정부규제의 필요성을 다시 인식하게 되었다. 탈신공공관리론은 특징을 정리하면 다음과 같다.

1. **구조적 통합을 통한 분절화의 축소와 조정의 증대**
   (Reducing fragmentation through structural integration)

2. **재집권화(분권화와 집권화의 조화) 및 재규제 강조**
   (Asserting recentralization and re-regulation)

3. **통정부적 접근 또는 연계형 정부**
   (Whole-of-government or joined-up government initiatives)

4. **역할 모호성의 제거 및 명확한 역할 관계**
   (Eliminating role ambiguity and creating clear role relationship)

5. **민간-공공부문의 파트너십 강조**
   (Private-public partnerships)

6. **집권화, 역량 및 조정의 증대**
   (Increased centralization, capacity building, and coordination)

7. **중앙의 정치·행정적 영향 강화를 강조**
   (Strengthening central political and administrative capacity)

8. **환경적·역사적 문화적 요소에 관심**
   (Paying attention to environmental, historical, and cultural elements)

03 행정재정립 운동(Refounding Movement)

신공공관리론으로 대표되는 1980년대 시장 지향적 행정개혁은 기존의 정부관료제와 직업공무원제에 대한 무분별한 비판이 이어졌다. 버지니아텍(Virginia Tech)의 웜슬리(Gary L. Wamsley) 등은 이와 같이 행정의 정당성을 침해하는 정치·사회적 상황을 비판하는 블랙스버그* 선언(Blacksburg Manifesto)

*버지니아텍이 위치한 미국 버지니아주의 도시

을 하게 되고, 블랙스버그 선언은 1990년대 행정재정립운동로 이어진다. 행정재정립운동은 직업공무원제를 옹호하고, 정부를 재창조하기보다는 재발견해야 한다고 주장하였다. 스바라(Svara)도 기존의 정치행정이원론을 재해석하여 정책과정에서 공무원의 적극적인 역할을 옹호하였다.

04 뉴거버넌스론(New Governance)

1. 등장배경
전통적 정부에 대한 개혁 방안으로 신공공관리론과 비슷한 시점에 등장하였다.

2. 특징
(1) 기존의 계층제 외에도 정부·시장·시민사회 간의 신뢰·협력을 바탕으로 네트워크를 형성하여 공적인 문제를 해결한다는 관점이다. 따라서 정부 조직 내 개혁에 초점을 둔 신공공관리론과 달리, 국민을 고객으로만 보는 것을 넘어 국정의 파트너로 본다. 따라서 이들 간의 관계에서 정부의 역할과 기능을 다룬다.

(2) 참여자 간 네트워크를 형성하여 협력하려면 신뢰가 중요하므로, 성공적 거버넌스 구축을 위해서는 사회적 자본(Social Capital)이 축적되어야 한다.

(3) 네트워크를 바탕으로 이익과 목표들을 조정해 나가는 정치적 성격이 강하므로, 정치행정일원론적 성격을 가진다.

> 세계은행(World Bank)은 좋은 거버넌스(Good Governance)의 개념을 사용하고 있다. 좋은 거버넌스는 시민들의 참여가 보장되고, 정부는 민간의 발전을 촉진하는 정책을 집행하고, 정치적으로 안정적이며, 법은 신뢰할만하며, 부패를 통제할 수 있다.

3. 단점
(1) 참여자 간 협력적인 상호 조정과 협의를 강조하지만, 주도하는 참여자가 없이 분절화되어 있어 집행 과정에서 조정이 어려울 수 있다.

(2) 서비스를 공동생산하므로 문제가 발생할 경우 책임소재가 불분명하다. 또한 국가, 지역 등 다양한 차원에서 형성될 수 있고, 유기적 관계를 강조하기 때문에 모형화가 어렵다.

4. 신공공관리론 VS 뉴거버넌스론

구분		신공공관리론	뉴거버넌스론
공통점	행정관리	산출에 대한 통제 강조	
	이념적 토대	정부실패에 대한 대응책	
	정부의 역할	방향잡기(steering)	
차이점	인식론적 기초	신자유주의	공동체주의
	관료의 역할	공공기업가	조정자
	관리가치	결과	신뢰
	관리방식	고객지향	시민
	조직	조직내부	조직 간 문제
	작동원리	경쟁	협력
	관리기구	시장	네트워크

5. 피터스(B. Guy. Peters)의 정부개혁모형

피터스는 저서 '미래의 국정관리(The future of Governing, Four Emerging Models)'에서 뉴거버넌스에 기초하여 전통적 정부에 대한 대안으로 네 가지 모형을 제시하였다. 1980년대부터 신공공관리론을 비롯한 정부개혁 흐름이 이어졌고, 피터스는 다양한 관점에서 정부개혁의 방안을 살펴본 것이다.

(1) **시장적 정부(Market Government)**
   ㉠ 신공공관리론으로 대표되는 시장적 정부 모형은, 전통적 정부의 서비스를 독점적(Monopoly)으로 공급하는 대규모 조직은 시민의 요구에 민감하게 반응하지 못한다고 보았다.
   ㉡ 구조적인 측면에서 독점성을 제거하기 위해서 민영화하거나, 민영화하기 어려운 영역은 거대한 부처(Large Department)를 더 작은 기관들(Smaller Agencies)로 나누어 정책결정과 집행을 분권화(Decentralization) 시키는 것이다.
   ㉢ 관리적인 측면에서 공공부문 근로자를 민간부문 근로자로 본다면 성과금 등 민간 관리기법(Pay for performance; other private-sector techniques)도 동일하게 적용될 것이다. 정책결정은 성과를 극대화할 수 있도록 분권화된 기업가적(Entrepreneurial) 조직의 자율적인 의사결정을 맡기는 것이다.
   ㉣ 대부분의 시장적 모형은 정부의 낭비와 비효율성을 문제라고 주장하기 때문에, 공공서비스를 얼마나 저렴하게 제공하는지가 공익의 중요한 요소이다.

   ⊕ 시장적 정부 모형은 수많은 기관들 간의 조정과 통제의 어려움이 발생하여 정부가 한목소리를 내기 어렵고, 이들 간의 거래비용이 증가할 수 있다.

(2) **참여적 정부(Participative Government)**
   ㉠ 참여적 정부 모형은 전통적 정부의 계층제(Hierarchy)를 문제점으로 보았다. 계층제는 하위 관료의 정책 참여가 어려워 소외감을 유발한다는 것이다.

- ⓒ 시장 모형과 달리 참여 모형은 주로 하위 관료와 고객에 관심을 가진다. 따라서 구조적으로 하위 관료와 고객의 참여가 용이한 평면 조직(Flatter Organization)이 적합하다고 보았다.
- ⓒ 참여적 정부 모형은 '하위 관료나 고객들이 정책에 관여할수록 정부가 더 잘 작동할 수 있다'를 전제로 하고 있다. 따라서 관리적인 측면에서 총체적 품질관리나 팀제(TQM, teams)를 활용한다. 성과관리 기법 중 하나인 TQM은 구성원의 참여와 협력을 강조한다.
- ⓔ 정책결정 측면에서 엄격한 계층제에 의한 고위직이 주도하기보다는 하위 관료들이 함께 참여하는 협의와 협상(Consultation, Negotiation)을 거친다. 하위 관료들이 더 높은 수준의 정보를 가졌다고 전제하기 때문이다.
- ⓜ 공익은 계층제 구조하에서 소외되었던 하위 관료와 고객의 정책 참여와 협상(Involvement; Negotiation)을 통해서 확보된다.

(3) 신축적 정부(Flexible Government)

- ⓐ 많은 국가에서 관료를 평생 고용하고, 한번 만들어진 조직은 존재의 이유가 사라지더라도 계속 존속한다. 신축적 정부 모형은 전통적 정부의 이러한 영속성(Permanence)을 문제점으로 보았다.
- ⓒ 신축적 정부는 조직의 신축성과 불필요한 기존의 조직을 폐지하는 것을 선호한다. 신축성은 변화하는 사회적·경제적 여건에 신속하게 대응하게 하는 것을 의미하는데, 조직 간 네트워크가 대표적인 예이다. 조직 간 네트워크를 좀 더 공식화한 것이 가상조직(Virtual Organizations)이다.

> **참고**
> 피터스의 저서가 나온 1990년대 초만 하더라도 온라인을 통한 네트워크가 보편화되지 않았다.

- ⓒ 인사관리 측면에서 위기나 급격히 증가한 수요에 대응할 수 있게 가변적 인사관리(Managing Temporary Personnel)가 필요하다.
- ⓔ 전통적 정부에서 관료는 안정적인 고용하에서 경험적 지식을 통해 새로운 정책을 구상할 수 있지만, 경험적 지식을 넘어선 혁신적인 정책 결정은 어렵다. 신축적 정부에서는 혁신적인 정책을 실험(Experimentation)적으로 시도해 볼 것을 강조한다.
- ⓜ 정부의 비용 절감은 사회에 이득이 되는데, 일시적인 근로자 및 영속적인 조직을 줄인다면 비용을 줄일 수 있다. 또한 네트워크를 이루는 조직 간 갈등이 발생할 경우 조정도 필요하다. 따라서 공익으로 저비용(Low Cost)과 조정(Coordination)을 도출할 수 있다.

(4) 탈규제적 정부(Deregulated Government)

- ⓐ 전통적 정부는 정부 관료를 통제하기 위한 내부 규제(Internal regulation)를 강화하였다. 탈규제적 정부 모형은 관료에 대한 행동 제약이 제거된다면 효과적인 업무 수행이 가능하다고 보았다.
- ⓒ 탈규제적 정부 모형은 구조적인 측면은 중요하게 고려하지 않아 별도의 대안을 제시하지 않았다(No Particular Recommendation).
- ⓒ 관리적인 측면에서 정부 관료에 대한 통제를 줄이고, 관리 재량권 확대(Greater Managerial Freedom)가 필요하다.

② 정책 결정 측면에서 다소 강한 역할을 관료 기구에 부여하는 기업가적 정부(Entrepreneurial Government)이다.
⑩ 공익은 지나친 통제가 없는 창의성과 행동주의(Creativity; Activism)를 가진 정부에 의해 달성될 수 있다.

구분	전통적 정부	피터스의 정부개혁모형			
		시장적 정부모형	참여적 정부모형	신축적 정부모형	탈규제적(저통제) 정부모형
진단 기준 (Principal diagnosis)	전근대적인 권위	독점적 공급	계층제	영속성	내부규제
구조 (Structure)	계층제	분권화	평면조직	가상조직	별도의 제안 없음
관리 (Management)	직업공무원제, 절차적 통제	성과금, 민간부분의 기법 도입	총품질관리, 팀제	가변적 인사관리	관리 재량권 확대
정책결정 (Policymaking)	정치·행정 구분	내부시장, 시장적 유인	협의, 협상	실험 (새로운 정책 실험)	기업가적 정부
공익 (Public interest)	안정성, 평등	저비용 (공공서비스의 저렴한 공급)	참여 및 협의 (계층제 구조하에서 소외되었던 하위구성원과 고객의 참여확대)	저비용 (임시적 고용을 통해 비용감축), 조정 (유연한 정부조직)	창의성·행동주의

05 신공공서비스론(New Public Service)

1. 등장배경
덴하트 부부(Janet V. Denhardt & Robert B. Denhardt)의 신공공서비스론은 전통적 정부와 시장지향적 행정개혁인 신공공관리론의 한계를 지적하면서 등장하였다.

2. 특징
덴하트 부부는 그들의 저서 신공공서비스론(The New Public Service; Serving, Not steering)에서 일곱 가지 원칙을 제시하였다.

(1) **고객이 아닌 시민에게 봉사**(Serve Citizens, Not Customers)
관료들은 시민들을 단순히 고객으로 대하는 것이 아니라 시민들의 요구를 달성하는 것에 집중해야 한다.

(2) 목표로서 공익(Seek the Public Interest)
공익은 행정의 부산물이 아닌 목적으로서 공동의 가치에 대한 담론*의 결과로 보았다. 이 과정에서 시민들의 공유된 가치(Shared Interests)를 관료가 협상하고 중재해야 한다.

*아이디어가 다수의 공감을 얻는 설득과 소통의 과정을 말한다.

(3) 기업가 정신보다 시민의식을 중시(Value Citizenship Over Entrepreneurship)
관료는 기업가처럼 행동하기보다는 민주적 통치와 시민참여를 강화하는 데 집중해야 한다.

(4) 전략적 사고와 민주적 행동(Think Strategically, Act Democratically)
정부 정책은 효과적이면서도 시민들의 요구를 반영해야 하는데, 이는 집합적 노력(Collective Efforts)과 협력적 과정(Collaborative Process)을 통해 수립되어야 한다.

(5) 책임이 단순하지 않음을 인식(Recognize that Accountability isn't simple)
단순히 결과에 대한 책임만이 아니라 법(Constitutional Law), 공동체 가치(Community Values), 정치적 규범(Political Norms), 전문적 기준(Professional Standards), 시민 이익(Citizen Interests) 등 다면적 책임을 강조한다.

(6) 방향 잡기보다는 봉사(Serve Rather Than Steer)
정부는 사회를 통제하거나 방향 잡기보다는 시민들이 공유된 가치를 달성하도록 도와주는 것이다.

(7) 단순히 생산성이 아닌 인간 존중(Value People, Not Just Productivity)
공공조직은 협력과 공유된 리더십(Shared Leadership)을 통해 운영될 때 장기적으로 성공할 수 있다.

3. 전통행정이론 VS 신공공관리론 VS 신공공서비스론

구분	전통행정이론	신공공관리론	신공공서비스론
공익	정치적으로 정의되고, 법률로 표현	개인 이익의 총합	공유 가치에 대한 담론의 결과
공무원의 반응대상	고객 및 유권자	고객	시민
정부의 역할	노젓기	방향잡기	봉사
정책 목표 달성 기제	정부기구를 통한 프로그램 관리	민간기관 및 비영리기구 활용	공공기관, 민간기관, 비영리기구 연합
책임성 확보 방안	위계적 (행정인은 민주적으로 선출된 정치지도자에게 책임)	시장지향적 (시민에게 바람직한 결과 창출)	다면적 (법, 공동체, 전문성, 시민이익 등)
행정재량	제한된 재량만 허용	기업가적 목표 달성을 위해 폭넓은 재량 허용	재량이 필요하지만 제약과 책임수반
기대하는 조직구조	관료적 조직	조직 내 주요 통제권이 유보된 분권화된 조직	리더십을 공유하는 협동적 조직구조

06 공공가치관리론

신공공관리론이 야기한 공공성 약화를 극복하기 위한 패러다임으로 공공가치관리론이 등장하였다. 공공가치관리론의 주요 특징은 시민과 이해관계자의 관여와 이들과 공무원 간 숙의민주주의 과정을 통한 공공가치의 결정, 공공가치의 창출, 그 결과에 대한 평가가 이루어질 때 행정의 정당성을 강화할 수 있으며, 정부가 시민의 능동적 신뢰를 창출할 수 있다는 것이다.

1. 무어의 공공가치창출론

공공가치창출론은 무어(M. H. Moore)의 저서 공공가치창출(Creating Public Value: Strategic Management in Government)에서 소개된 개념이다. 무어는 행정의 정당성 위기를 극복하기 위한 대안적 접근으로, 민주적으로 선출되어 정당성을 부여받은 정부의 관리자들은 공공자산(국가 권위, 국가재정)을 활용하여 시민을 위한 공공가치 실현에 힘써야 한다고 주장한다. 공공가치창출을 위하여 정부의 관리자에게 필요한 세 가지 중요한 요소를 전략적 삼각(The Strategic Triangle)이라고 하였다.

(1) **정당성과 지지**(Legitimate & Politically Sustainable)

정책이 성공적으로 집행되기 위해서는 관련된 선출직 공무원, 이해관계자 및 시민으로부터 지지를 받아야 한다.

(2) **공공가치**(Public Value)

공공가치는 정부가 사회를 위해 생산하는 가치를 의미하는데, 정부 조직이나 정책이 어떠한 가치를 추구할 것인지가 중요하다. 예컨대 환경정책은 깨끗하고 안전한 환경에 대한 요구와 다른 한편으론 경제성장과 규제 완화라는 요구 사이의 균형이 중요하다.

(3) **운영역량**(Operational Capacities)

정책은 정당성과 지지를 확보하고 공공가치를 담을 뿐만 아니라 충분한 운영 역량을 갖추고 있어야 한다. 충분한 재정, 우수한 인적자원, 조직의 혁신 등이 필요한 것이다.

2. 보오즈만의 공공가치실패론

공공가치실패(Public Value Failure)라는 개념은 보오즈만(B. Bozeman)이 그의 저서 '공공가치와 공익(Public Values & Public Interest; Counterbalancing Economic Individualism)'에서 소개하고 있다. 시장실패가 자원이 효율적으로 배분되지 못할 때 일어나는 현상이라면, 공공가치실패는 시장이나 공공영역에서 공공가치에 부합하는 상품이나 서비스를 제공하지 못할 때 발생한다고 보았다. 예컨대 미국의 여론은 총기 규제를 강력하게 선호하지만, 의회에서는 매우 느리게 대응하고 있다. 보오즈만은 공공가치, 정의, 공공가치실패를 설명하는 공공가치 매핑* 모델(Public Value Mapping Model)을 제시하고 있다.

*매핑(Mapping)을 '지도 그리기'로 번역하기도 하는데, 어떤 항목을 다른 항목에 대응시키는 과정을 의미한다. 보오즈만은 '공공가치-정의-공공가치 실패'를 대응시키고 있다.

공공가치 매핑 모델(Public Value Mapping Model)

공공가치	정의	공공가치실패 예시
가치의 표출과 결집 메커니즘	정치적 과정과 사회적 결합이 효과적인 의사소통과 공공가치 처리를 보장하기에 충분해야 한다.	1950년대 미국의회 시스템은 소수의 의원에 의하여 입법과정이 주도되었다.
정당한 독점	상품이나 서비스가 정부가 독점적으로 제공하는 것이 정당한 경우 민간이 제공하지 말아야 한다.	민간기업이 물밑 협상을 통해 상품이나 서비스를 제공한다.
혜택의 배분	공공재화나 서비스는 자유롭고 공정하게 배분되어야 한다.	특정인만 공공재화나 서비스를 사용할 수 있다.

07 국가별 행정개혁

1. 1990년대 이후부터 2000년대 초반까지 영·미 등 주요 선진국 행정개혁 방향

(1) 시장원리의 도입을 통한 행정서비스 공급의 효율성 향상을 꾀한다.

(2) 자원배분의 기준으로서 투입보다는 성과를 중시하고, 책임성과 효율성을 동시에 강조한다.

2. 각국의 정부혁신

(1) **미국**

클린턴 행정부시절 신공공관리론에 입각한 혁신을 단행하여 고객지향적 행정, red-tape 제거 등 기업가형 내지 기업형 정부로 변화를 추진하였다.

(2) **영국**

① 신자유주의에 입각하여 민영화나 결과지향적 행정, 복식부기방식의 정부회계, 시민헌장제도 등을 추진하였다.

② 능률성 진단, Next Steps Program*에 따라 책임집행기관으로 전환하였다.
  정부를 단일 또는 제한된 범위의 목표를 가진 수 많은 조직으로 나누었다.

(3) **일본**

중앙집권체제에 입각한 정부혁신을 추진하여, 하향적이며 범위도 제한적이었다.

(4) **우리나라의 행정개혁**

① 김영삼 정부는 지방분권화를 위해 내무부의 지방통제기능을 축소(행정쇄신위원회)하였다.

② 김대중 정부는 선진국 정부혁신과 같이 신공공관리적 개혁을 추진(정부혁신추진위원회)하였다.

③ 노무현 정부는 지방분권, 4대 재정개혁과제 추진, 고위공무원단 제도 도입을 추진(정부혁신지방분권위원회)하였다.

④ 이명박 정부는 공기업 선진화를 위해 민영화, 통폐합 등의 조치를 단행하였다.

⑤ 박근혜 정부는 정부 3.0을 추진하였다.

⑥ 문재인 정부는 열린혁신을 추진하였다.

⑦ 윤석열 정부는 정부혁신 3대 전략으로 선제적 서비스, 소통과 협력, 유능한 정부를 추진하고 있다.

기출문제 학습

01 위와 같은 내용의 공통적인 특성을 갖는 행정이론은? 17. 국가추가 7

- 공익은 사적 이익의 총합
- 기업가적 목표 달성을 위해 폭넓은 행정 재량을 공무원에게 허용
- 경영학의 성과관리와 경제학의 신제도주의가 혼합되어 영향

(㉠ 신공공관리론 / ㉡ 뉴거버넌스 / ㉢ 신공공서비스론 / ㉣ 신행정론)

02 신공공관리론은 행정서비스 공급의 (㉠ 독점 / ㉡ 경쟁) 체제를 선호하고, 예측과 예방을 통한 (㉠ 미래지향적 / ㉡ 관리지향적) 정부를 강조한다. (㉠ 투입 / ㉡ 성과) 중심의 예산제도 운영과 행정의 이념으로 (㉠ 형평성 / ㉡ 효율성)을 강조하며 (㉠ 집권적 계층제를 통해 행정책임성을 확보한다. / ㉡ 행정책임성 확보가 어렵다.) 19. 지방 7

03 신공공관리론은 행정 효율성을 향상시키기 위해 기업가적 재량권을 선호하므로 공공책임성의 문제(㉠ 를 야기할 수 있다. / ㉡ 는 발생하지 않는다.) 15. 서울 9

04 신공공관리론자의 가치와 거리가 먼 것을 모두 고르면 (㉠ 하이에크의 「노예로의 길」 / ㉡ 미국의 '위대한 사회'정책 / ㉢ 성과에 의한 관리 / ㉣ 오스본과 게블러의 「정부 재창조」 / ㉤ 유럽식의 '최대의 봉사자가 최선의 정부' / ㉥ 정치행정일원론 / ㉦ 뉴딜정책 / ㉧ 사회복지 프로그램 확대 / ㉨ 작은 정부)이다. 20. 지방 9, 14. 지방 9

05 신공공관리론에서 지향하는 '기업가적 정부'와 관련하여 정부의 역할은 (㉠ 노젓기 / ㉡ 방향잡기)이다. 21. 지방 9

06 (㉠ 신공공관리론 / ㉡ 신공공서비스론)은 지역사회 문제를 해결하는 과정에서 시민들의 공유된 가치를 관료가 협상하고 중재해야 한다고 주장한다. 22. 지방 7

07 (㉠ 신공공관리론 / ㉡ 탈신공공관리론)은 분절화의 축소와 조직구조의 통합, 조정을 강조한다. 24. 국가 7

08 오스본과 게블러가 제시한 기업가적 정부운영의 원리를 모두 고르면? 18. 서울 7

㉠ 투입, 과정, 성과를 균형 있게 연계한 예산 배분
㉡ 권한 분산과 하부 위임을 통한 참여적 의사결정 촉진
㉢ 서비스 공급자로서의 정부관료제 역할 강화
㉣ 공공서비스 제공에 경쟁원리 도입
㉤ 목표와 임무 중심의 조직 운영
㉥ 문제에 대한 사후 수습 역량의 강화

09 오스본과 게블러의 '정부재창조론'에서 기업가적 정부운영의 원리와 거리가 먼 것은 (㉠ 시민에 대한 봉사 지향적 정부 / ㉡ 지역사회가 주도하는 정부 / ㉢ 분권적 정부 / ㉣ 촉진적 정부)이다. 18. 서울 7

10 블랙스버그 선언은 (㉠ 신행정학 / ㉡ 행정재정립운동)의 태동을 가져왔다. 23. 지방 9

11 신공공관리론은 (㉠ 유인기제가 지나치게 다양하여 / ㉡ 경제적 유인기제로 단순하여) 공공부문 성과관리에 어려움을 초래하고 있다. 18. 서울 7

12 신공공관리론은 (㉠ 정치적 논리를 / ㉡ 내부관리적 효율성을) 경시하는 경향이 있다. 18. 국가 9

13 신공공공관리적 개혁은 (㉠ 형평성 / ㉡ 효율성)에 초점을 맞춘 고객지향적 정부를 강조한다. 24. 국가 9

14 (㉠ 신공공관리론 / ㉡ 신공공서비스론)은 기업경영의 원리와 기법을 그대로 정부에 이식하려고 한다는 비판을 받는다. 15. 국가 9

15 신공공관리론에서는 사회적 요구에 대한 능동적 대처를 위해 (㉠ 구조적 통합을 / ㉡ 분절화를) 지향하고 있다. 14. 지방 7

16 탈신공공관리론에 대한 설명으로 옳지 않은 것은 (㉠ 탈관료제 모형에 기반을 둔 경쟁과 분권화 강조 / ㉡ 성과보다는 공공책임성을 중시하는 인사관리 강조 / ㉢ '통 정부'적 접근)이다. 20. 지방 7

17 탈신공공관리론은 신공공관리론의 역기능 측면을 교정하고 통치역량을 강화하며, (㉠ 구조적 통합 / ㉡ 분절화 강화), 재집권화와 재규제의 (㉠ 축소 / ㉡ 확대), 중앙의 정치·행정적 역량의 강화를 강조한다. 18. 서울 9

18 (㉠ 신공공관리론 / ㉡ 뉴거버넌스론)은 행정의 효율성을 보다 중시하고, (㉠ 신공공관리론 / ㉡ 뉴거버넌스론)은 행정의 민주성에 더 초점을 둔다. 24. 지방 7

19 뉴거버넌스는 분석단위로 (㉠ 조직 내 / ㉡ 조직 간) 연구를 강조한다. 11. 지방 9

20 뉴거버넌스는 신뢰와 협력을 (㉠ 강조 / ㉡ 간과)하고, 정치과정을 (㉠ 중요시한다. / ㉡ 중요시하지 않는다.) 14. 국가 7

21 신공공관리론과 뉴거버넌스론에서 상정하는 정부의 역할은 (㉠ 방향잡기 / ㉡ 노젓기), 인식론적 기초는 각각 (㉠ 공동체주의 / ㉡ 신자유주의)이고, 관리가치는 각각 (㉠ 결과 / ㉡ 신뢰), 관리 기구는 각각 (㉠ 시장 / ㉡ 네트워크), 관료의 역할은 각각 (㉠ 조정자 / ㉡ 공공기업가) 역할을 강조하였다.
21. 국가 9, 16. 서울 7

22 (㉠ 신공공관리론 / ㉡ 뉴거버넌스론 / ㉢ 신공공관리론과 뉴거버넌스론)은 정치행정일원론적 성격이 강하다. 13. 서울 7

23 신공공관리론과 뉴거버넌스론의 가장 유사한 점은 (㉠ 관리기구 / ㉡ 정부역할 / ㉢ 관료역할 / ㉣ 관리방식)이다. 11. 서울 9

24 거버넌스에 기반한 서비스는 '이해당사자 간 상호의존적인 교환의 필요성 증가'가 (㉠ 단점 / ㉡ 특징)이다. 18. 지방 7

25 피터스의 참여모형에서는 조직의 고위층과 최하위층 간에 계층 수가 (㉠ 많지 않아야 / ㉡ 많아야) 한다. 19. 국가 7

26 피터스의 정부개혁모형에 해당하지 않는 것은 (㉠ 자유민주주의 모형 / ㉡ 시장 모형 / ㉢ 참여 모형 / ㉣ 탈규제 모형)이다. 24. 지방 9

27 피터스의 뉴거버넌스 정부개혁 모형에 따르면 시장모형은 구조 개혁 방안으로 (㉠ 평면조직을 / ㉡ 분권화를) 상정한다. 16. 서울 9

28 참여정부모형에서는 조직 하층부 구성원이나 고객들의 의사결정 참여기회가 (㉠ 확대 / ㉡ 감소)될수록 조직이 효과적으로 기능한다고 본다. 17. 국가추가 9

29 신공공서비스론에서 공익은 (㉠ 개인적 이익의 집합체 / ㉡ 공동의 가치에 대한 담론의 결과)로 본다. 21. 국가 9

30 (㉠ 공공선택론 / ㉡ 신공공관리론 / ㉢ 신공공서비스론)에서 관료의 역할은 공익이나 시민 간의 담론을 통합하는 기능에 맞추어져야 함을 강조한다. 20. 서울 9

31 신공공서비스 이론에서는 (㉠ 기업주의 가치를 추구한다. / ㉡ 시민을 주인이 아닌 고객의 관점으로 볼 것을 강조한다. / ㉢ 시민을 위해 봉사한다.) 13. 지방 7

32 덴하트(Denhardt)의 신공공서비스 이론의 원류가 아닌 것은 (㉠ 공공선택이론 / ㉡ 신행정학 / ㉢ 조직 인본주의 / ㉣ 민주적 시민이론)이다. 10. 서울 7

33 신공공서비스론의 기본원칙은? 24. 지방 9, 18. 지방 7
① (㉠ 민주적 / ㉡ 전략적)으로 생각하고 (㉠ 민주적 / ㉡ 전략적)으로 행동한다.
② (㉠ 방향잡기를 해야 한다. / ㉡ 시민에게 봉사해야 한다.)
③ (㉠ 기업가의 정신을 받아들여야 한다. / ㉡ 시민의식의 가치를 받아들여야 한다.)

34 신공공서비스론에 따르면 정부의 역할과 관련하여 (㉠ 방향잡기 / ㉡ 봉사 / ㉢ 방향잡기와 봉사)를 강조한다. 19. 서울추가 7

35 신공공서비스론에 대한 설명으로 옳은 것은? 12. 지방 9

> ㉠ 공익은 공유하고 있는 가치에 대하여 대화와 담론을 통해 얻은 결과물
> ㉡ 시장의 가격 메커니즘과 경쟁의 원리를 적극적으로 도입

36 신공공서비스이론에 따르면 책임성의 확보 방법으로 행정인의 (㉠ 법, 공동체, 정치규범, 전문성, 시민이익 등 다면적 책임성 / ㉡ 민주적으로 선출된 대표자에게 책임을 다하는 것)을 강조한다. 16. 서울 7

37 무어(Moore)의 공공가치창출론(creating public value)적 시각에 대한 설명으로 옳은 것은? 23. 지방 9

> ㉠ 신공공관리론을 계승하여 행정의 수단성을 강조한다.
> ㉡ 정부의 관리자들은 공공가치 실현에 힘써야 한다고 주장한다.

38 [㉠ 보즈만(Bozeman)은 / ㉡ 무어(Moore)는] 공공가치 실패를 진단하는 도구로 '공공가치 지도그리기(mapping)'를 제안한다. 24. 지방 9

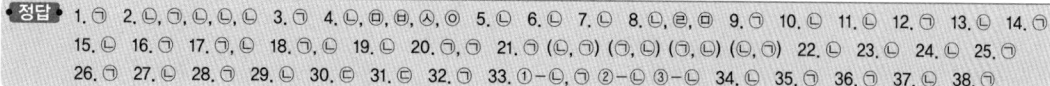

Theme 16-1 행정학의 접근방법

행정 현상을 인간의 행태로 이해할 것인지, 환경에 의해 결정되는 현상으로 이해할 것인지, 환경을 포함한 하나의 시스템 차원에서 이해할 것인지, 법·제도적 측면에서 이해할 것인지 등 다양한 접근방법이 존재한다.

01 행태론적 접근(Behavioral Approach)

1. 의미

행태론적 접근법은 조직 내에서 의사결정, 리더십, 동기부여 등 관찰 가능한 인간행태의 인과적 관계를 연구 대상으로 삼는다. 비엔나 학파에서 시도한 사회현상의 과학적 방법론 적용에 그 뿌리를 두고 있는데, 행태론적 접근법을 행정학 연구에 도입된 것은 1940년대 사이먼(H. Simon)이다. 그는 행정의 실체는 제도나 법률이 아니라고 주장하며, 행정인의 행태에 초점을 맞추었다.

2. 특징

(1) **방법론적 개체주의**

행정인의 행태에 초점을 맞추기 때문에, 집단의 고유한 특성을 인정하지 않는 방법론적 개체주의 입장이다.

(2) **종합학문적 접근**

인접 학문과 협동연구(Interdisciplinary Approach)를 중시한다. 예컨대 인류학의 문화연구는 행정문화, 심리학은 공무원의 직무 태도, 동기 등에 활용된다.

(3) **행정연구의 과학화**

인간행태의 규칙성, 상관성 및 인과성을 경험적으로 입증하고 설명할 수 있다고 보면서, 개인의 표출된 행태(태도, 의견, 개성 등 특정 질문에 반응을 파악할 수 있는 요소들도 포함)를 객관적·실증적으로 분석한다. 즉 사회현상을 자연현상과 동일하게 관찰 가능한 객관적 대상으로 보며, 인간의 주관이나 인식을 배제하고 인식론적 근거로서 논리실증주의*를 신봉한다. 행태의 규칙성은 민간조직이나 공공조직 모두에 공통적인 특징이므로 공사행정일원론적 성격을 가진다.

  *가치를 배제하고 과학적 방법에 의해 경험적으로 검증할 수 있는 진술이나 가설만 의미 있다는 검증주의 이론이다.

(4) **가치중립적 연구**

행정연구는 사실과 가치의 영역이 있다. 예컨대 상사가 부하직원을 칭찬할수록 조직의 성과가 높아진다는 것을 관찰하였다고 하자. 이러한 현상이 여러 반복적으로 관찰되었다면, 상사의 칭찬 행위가 원인이고 부하로 성과가 결과라는 것을 유추할 수 있다. 즉 관찰 가능한 사실에 기반하여 인간행태의 인과성을 발견한 것이다. 반면에 형평성, 정의, 공익, 능률성 등 행정이 추구해야 하는 가치에 대한 연구도 필요하다. 행태론적 접근법은 연구에서 가치와 사실을 구분하여 사실에 대한 과학적 연구를 지향하는 가치중립적 입장이다. 행태론적 접근은 행정 현상에서 가치 부분의 존재는 인정하였지만 연구의 대상으로 보지는 않았다.

3. 비판

(1) 과학적·계량적 연구방법론의 강조로 연구대상과 범위의 제한을 가져왔다는 비판이 있다. 즉, 방법론적 요건에 치중하여 요건에 맞는 연구대상만을 연구하게 되는 '주객전도'가 발생할 수 있다.

(2) 과학적 연구를 통한 행정 현상의 인과관계를 찾으려고 하지만 연구 결과를 어떻게 활용할지에 대한 고민이 부족하였다.

02 생태론적 접근(Ecological Approach)

1. 의미

생태(Ecology)라는 단어는 생물학에서 기원한 용어로, 동물들과 그들의 자연환경의 상호의존성을 설명한다. 생태라는 개념을 행정에 도입한 가우스(J. M. Gaus)*와 리그스(F. W. Riggs) 등이 발전시켰다.

> *가우스는 정치행정일원론을 주장하는 학자로도 알려져 있는데, '행정이론은 동시에 정치이론을 의미한다(A theory of public administration means in our time a theory of politics also)'고 하였다.

2. 특징

(1) 환경결정론

환경에 의해 행정이 종속되는 환경 결정론적 입장으로 환경에 대한 행정의 주체적인 역할을 경시했다는 비판을 받는다. 즉 행정이 추구해야 할 목표나 방향을 제시하지 못하였다.

(2) 후진국의 행정 현상 설명에 기여

앞서 살펴본 비교행정론이 생태론적 접근법을 적용한 것으로 후진국의 행정 현상을 설명하는 데 기여하였다. 또한 행정의 보편적 이론(Grand Theory)보다는 중범위이론*(Middle-Range Theory)

> *특정 분야나 문제를 분석하는 데 초점을 둔 이론으로 경험적 연구를 통해 검증이 가능하다.

의 구축에 자극을 주어 행정의 과학화에 기여하였다.

≋ 가우스가 제시한 행정에 영향을 미치는 요소

> 가우스는 그의 저서 '행정의 성찰(Reflections on Public Administration)'에서 행정에 영향을 미치는 일곱 가지 요소로서 국민(People), 장소(Place), 물리적 기술(Physical technology), 사회적 기술(Social technology), 욕구와 아이디어(Wishes and Ideas), 재난(Catastrophe), 개성(Personality)을 제시하였다. 예컨대 노령 국민의 비율이 높아짐에 따라 연금 정책에 대한 요구가 늘어나고, 구도심에서 교외로 거주지를 옮겨감에 따라 교외 지역 거주자에 대한 교통이나 전기·수도 등의 수요도 발생한다. 기술 측면에서 자동차의 보급이 증가함에 따라 포장된 도로 및 운전면허, 자동차보험에 대한 수요가 늘어난다. 사람들이 주택을 가지고 싶은 욕구가 있다면 정부는 주택담보대출 정책을 시행할 수 있다. 정부가 은행을 규제하면 예금을 안전하게 보호할 수 있다는 아이디어는, 국민이 이러한 규제정책을 도입하도록 정치적 활동을 하게 할 수 있다. 큰 재난이 발생하면 화재를 방지하기 위한 입법적·행정적 조치가 취해지기도 한다.

03 체제론적 접근(Systems Approach)

1. 의미
사회현상을 전체의 한 부분으로 보는 관점으로, 행정현상을 분석하기 위하여 환경을 포함한 거시적인 접근방법이다. 행정 현상에 체제론적 접근법을 도입한 학자는 이스턴(D. Easton)과 샤칸스키(I. Sharkansky)이다.

　🔍 데프트(Richard L. Daft)에 따르면 '체제는 교호작용하는 일련의 요인들로서 환경으로부터 투입을 받아들이고 이를 전환하여 외부환경에 산출을 내보낸다'고 하였다.

2. 체제분석

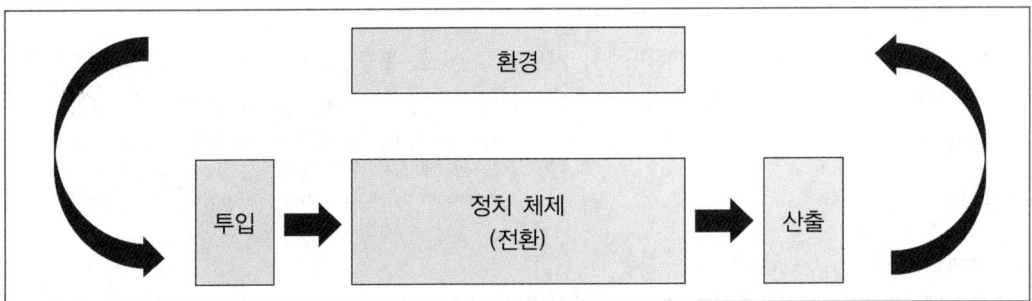

(1) **환경**: 체제에 대한 요구나 지지를 발생시키는 체제 밖의 모든 영역
(2) **투입**: 국민의 지지나 반대 등의 요구, 인적·물적자원 지원
(3) **전환**: 정치체제가 목표를 설정하고 필요한 정책을 결정하는 과정
(4) **산출**: 전환과정을 거친 활동의 결과물
(5) **환류**: 산출이 환경에 영향을 주어 다시 투입으로 전환되는 과정

　🔍 코로나에 대응하는 정부를 체제론적 접근법에 따라 설명하면, 환경적인 측면에서 감염자의 증가와 경기 침체가 발생, 투입 단계에서 국민의 코로나 확산 방지 요구 및 이에 대응하기 위한 공무원과 재정 지원, 전환 단계에서 관계 부처와 국회의 대응책 논의 및 정책 결정, 산출 단계에서 거리 두기·백신 접종·소상공인 지원, 환류 단계에서 코로나 확진자 추이 및 경제 상황을 반영하여 정책을 수정한다.

3. 특징

(1) **전체적 관점에서 연관성**
체제를 구성하는 요소들은 밀접하게 연관되어 있어 있다. 정부 활동은 각 부처 및 국회 등이 유기적으로 연결되어 상호작용하는 과정이다. 예컨대 보건복지부의 활동은 대통령지시·기획재정부의 예산통제·국회의 입법활동 등과 밀접하게 연결되어 있다. 다만 체제의 구체적인 운영이나 행태적인 측면을 다루지 못한다는 비판이 있다.

(2) **환경의 영향을 중시**
체제는 외부환경과 경계를 가지고 있으며, 개방체제에서는 외부환경으로부터 영향을 받고 환류를 통하여 체제의 지속적인 균형을 이룬다. 사람의 몸을 체제로 비유한다면, 체온은 외부환경인 날씨로부터 영향을 받을 수밖에 없다.

> **개방체제(Open System)의 특징**
>
> 1. 항상성(Homeostasis)
>   본래의 자기 상태를 유지하려는 것으로, 비유하자면 인체는 날씨가 더울 때 체온을 유지하기 위하여 땀을 흘리게 된다.
> 2. 부의 엔트로피(Negative Entropy)
>   체제에서 엔트로피의 증가는 혼란과 쇠퇴를 의미한다. 개방체제는 외부로부터 자원을 받아들여, 엔트로피를 줄이려고 한다.
> 3. 등종국성(Equifinality)
>   체제의 목적 달성을 위한 유일 최선의 방법은 없으며 다양한 방법이 존재한다.
> 4. 구조기능의 다양성
>   환경의 변화에 맞도록 구조와 기능이 다양하게 분화될 것을 요구한다.
> 5. 체제의 진화
>   환경에 대응하고 기회를 활용할 수 있도록 진화해 나간다.

04 신제도(New institution)론적 접근

1. 의미

전통적인 제도주의는 행태주의가 유행함에 따라 밀려났다가, 제도가 사람의 행태 못지않게 중요하다는 인식에 따라 등장하게 되었다. 신제도주의는 행태주의가 일반법칙성을 찾다 보니, 시대별 정책적 차이나 다양성을 설명하지 못하는 한계를 가지고 있다는 점에 주목한다. 신제도주의는 이론적 배경에 따라 역사적 제도주의, 사회학적 제도주의, 합리적선택 제도주의로 구분된다.

> ⊕ 예컨대 국가별 선거제도·지방자치제도 등을 비교 연구하는 것이 제도론적 접근에 해당한다. 우리나라의 경우 「공직선거법」, 「지방자치법」 등에서 해당 제도를 규정하고 있는데, 제도의 기반을 법률에 두는 경우가 많기 때문에 법적·제도적 접근이라고도 한다.

2. 특징

(1) 제도를 공식적인 체제나 구조, 조직에 한정하지 않고 비공식적인 규범 등도 포함하는 넓은 범위로 규정한다. 반면에 전통적 제도주의는 공식적인 제도에만 관심을 가지기 때문에, 제도가 현실과 불일치하면 전통적 제도주의는 이를 설명하지 못한다. 예컨대 공식적 제도상으로는 삼권분립을 이루고 있지만, 현실은 행정부가 우월한 권력을 가지고 있을 수 있다.

(2) 신제도주의 제도를 동태적인 것으로 파악한다면, 전통적 제도주의는 제도의 정태적 연구에 머물고 있다.

3-1. 역사적 제도주의(Historical Institutionalism)

(1) 의미

정치학에 기반을 두고 역사적으로 형성된 각국의 제도를 연구하며, 제도가 개인의 선호를 형성하고 행동에 영향을 준다고 보았다. 시간의 흐름에 따라 제도를 분석(종단면적 분석)하여, 제도의 국가 간 차이 및 특수성에 관심을 가진다.

(2) 특징
　① 경로 의존성(Path Dependence)
　　경로 의존성은 과거에 형성된 제도가 현재의 제도에 영향을 주고, 현재의 제도가 다시 미래의 제도 형성에 영향을 준다는 것을 의미한다. 제도의 관성적인 성향은 새로운 환경의 변화에 제도가 적절히 대응하지 못할 수도 있다. 다만, 경제위기 등 환경의 급격한 변화가 발생하면 제도도 <u>기존경로를 이탈</u>*하는 역사적 우연성은 인정한다.
　　　제도가 안정적으로 유지되다가 급격한 변동 후 다시 안정적으로 유지되는 단절적 균형(Punctuated Equilibrium) 형태가 된다.
　② 맥락성(Contextuality)
　　제도가 형성된 사회적·역사적 맥락이 중요하다.

(3) 연구방법
　방법론적 전체주의로, 중범위이론 수준에서 분석한다.

3-2. 사회학적 제도주의(Sociological Institutionalism)

(1) 의미
　사회학에 기반을 두며 제도의 개념을 가장 넓게 해석하여 전통, 관습, 문화를 포괄한다. 동일 시점에서 국가나 조직의 제도를 비교(횡단면적 분석)하여 제도의 유사점에 관심을 가진다.

(2) 특징
　① 배태성(Embeddedness)
　　개인의 행위는 고립된 상태에서 선택되는 것이 아니라 사회관계에 의하여 영향을 받는다는 의미에서 '배태성'이라는 개념을 사용한다. 예컨대 공동체의 문제에 자발적으로 참여하는 문화가 형성된 지역에 거주하는 개인은, 본인의 경제적 이익에 부합하지 않더라도 공동체 문제에 함께 참여하게 된다는 것이다.
　② 제도적 동형화(Institutional Isomorphism)
　　제도가 유사해지는 현상을 동형화라고 하는데 동형화의 종류는 다음과 같다.
　　㉠ 강압적 동형화(Coercive Isomorphism)
　　　예컨대 정부의 규제정책에 따라 기업들이 오염 방지 장치를 도입하거나 장애인 고용을 확대한다.
　　㉡ 모방적 동형화(Mimetic Isomorphism)
　　　예컨대 정부의 제도 개혁에 선진국의 제도를 도입하여 적용한다.
　　㉢ 규범적 동형화(Normative Isomorphism)
　　　주어진 정책, 절차, 그리고 구조를 규범적으로 정당화된 것으로 보며 동일한 방식으로 행동하는 것을 말한다.
　③ 정당성(또는 적절성)의 논리
　　새로운 제도적 관행은 경제적 효율성이 아니라 사회적 정당성 때문에 채택된다. 예컨대 각 국가의 난민을 받아들이는 정책은 경제적 효율성이라기보다는, 난민의 인권 측면에서 적절해 보이기 때문에 채택된다.

(3) **연구방법**

방법론적 전체주의 입장으로 제도를 그 자체로 이해한다.

3-3. 합리적 선택 제도주의는 합리적 선택이론에서 논의

• **기출문제 학습** •

01 행태주의는 (㉠ 행정의 과학화를 / ㉡ 실질적인 처방을) 강조하였다. 16. 서울 9

02 행태론적 접근방법은 사실과 가치를 (㉠ 구분한다. / ㉡ 구분하지 않는다.) 18. 국가 7

03 행태론적 접근방법은 (㉠ 가치평가적 / ㉡ 가치중립적) 정책연구를 지향한다. 17. 서울 7

04 개방체제는 (㉠ 체제의 에너지 소모로 인한 소멸 가능성 / ㉡ 환경과 끊임없는 상호작용)을 강조한다. 24. 국가 7

05 가우스가 지적한 행정에 영향을 미치는 환경요인을 보기에서 모두 고르면 (㉠ 국민 / ㉡ 장소 / ㉢ 대화 / ㉣ 재난)이다. 12. 국가 9

06 (㉠ 법적·제도적 / ㉡ 신제도주의) 접근방법에서는 제도를 공식적인 구조나 조직 등에 한정하지 않고, 비공식적 규범 등도 포함한다. 20. 국가 9

07 구제도주의와 신제도주의의 (㉠ 공통점 / ㉡ 차이점)은 제도의 개념을 동태적인 것으로 파악하면서, 국가 간 차이에 대한 설명을 시도하는 것이다. 14. 국가 7

08 역사적 신제도주의는 (㉠ 행정기관, 의회 등 개별 정치제도 / ㉡ 역사적·사회적 맥락)의 중요성을 강조한다. 15. 지방 9

09 (㉠ 합리적 선택 / ㉡ 역사적) 제도주의는 중범위적 제도 변수가 개별 행위자의 행동과 정치적 결과를 어떻게 연계시키는지에 초점을 맞춘다. 19. 지방 7

10 역사적 신제도주의는 특정 제도가 급변한 변화에 의해 중단될 수 있는 가능성을 (㉠ 부정한다. / ㉡ 인정한다.) 15. 서울 9

11 사회학적 제도주의는 (㉠ 적절성 / ㉡ 결과성)의 논리보다 (㉠ 적절성 / ㉡ 결과성)의 논리를 중시한다.
21. 지방 9

12 사회학적 제도주의는 신제도주의에서 제도의 개념을 가장 (㉠ 넓게 / ㉡ 좁게) 해석한다. 20. 서울 9

13 사회학적 신제도주의와 관련하여, (㉠ 조직들이 시장의 압력 속에서 생존하기 위해 경쟁력 있는 조직 관리기법을 합리적으로 선택하는 것 / ㉡ 주어진 정책, 절차, 그리고 구조를 규범적으로 정당화된 것으로 보며 동일한 방식으로 행동하는 것)은 규범적 동형화이다. 20. 지방 7

14 조직 배태성은 (㉠ 조직구성원들이 사회관계에 의하여 영향을 받는다는 것을 의미한다. / ㉡ 조직구성원들이 정당성보다 경제적 이익을 추구하는 행위를 하려는 것을 의미한다.) 17. 지방 9

15 신제도주의 종류와 그에 대한 설명을 고르면? 20. 국가 7, 13. 지방 9

① 합리적 선택 제도주의	㉠ 제도동형성, 문화가 제도의 형성에 영향
② 사회학적 제도주의	㉡ 경로의존성, 제도의 영향력과 제도적 맥락을 강조
③ 역사적 제도주의	㉢ 거래비용접근법이 영향

정답 1.㉠ 2.㉠ 3.㉠ 4.㉡ 5.㉠,㉡ 6.㉡ 7.㉡ 8.㉡ 9.㉡ 10.㉡ 11.㉡ 12.㉠ 13.㉡ 14.㉠ 15.①-㉡ ②-㉢ ③-㉠

Theme 16-2 합리적 선택 제도주의

01 합리적 선택 제도주의(Rational Choice Institutionalism)

1. 의미
경제학에 기반을 두며 사회현상을 개개인의 합리적인 행위가 합쳐진 결과로 이해하며, 합리적 선택이론(Rational Choice Theory)을 제도연구에 확장한 것이다.

2. 특징
(1) 개인의 선호는 상호작용에 의해서 달라지는 것이 아니라 주어진 것으로 보고, 개인은 사익 극대화의 동기에 따라 행동하는 이기적이고 합리적인 경제인으로 가정한다. 다만, 개인이 합리적 경제인이라는 가정은 현실 적합성이 떨어진다는 비판이 있다.

(2) 제도의 형성은 개인들이 이익을 얻기 위한 자발적인 합리적 선택의 결과이며, 제도는 다시 재화와 서비스 생산 및 소비에 참여하는 개인의 행태와 의사결정에 영향을 미친다.

3. 연구방법
분석의 단위는 개인으로 방법론적 개체주의(개인주의) 관점이다. 반면에 역사적 제도주의와 사회학적 제도주의는 방법론적 전체주의 관점이다.

02 공공선택론(Public Choice Theory)

1. 의미
합리적 선택 제도주의를 공공부문에 적용한 이론으로, 뷰캐넌(James M. Buchanan)·니스카넨(William A. Niskanen)·오스트롬(Elinor Ostrom) 등 경제학자들의 연구가 대표적이다. 오스트롬은 미국 행정학의 '지적 위기'를 지적하면서 인간을 이기적이고 합리적 존재로 전제하고, 공공재의 공급이 기관 간 경쟁과 고객의 선택에 의해 이루어지는 시스템을 제안하였다.

2. 특징
(1) 정치·행정 등 비시장적인 영역에 대한 경제학적인 연구로서, 정부 서비스 민영화는 공공선택론자들의 영향을 받았다.

(2) 공공서비스를 독점적으로 공급하는 전통적인 정부 관료제는 시민의 요구에 민감하게 반응할 수 없는 제도적 장치라 비판하였다. 공공서비스가 권한이 분산된 여러 작은 조직들에 의해 경쟁적으로 생산·공급되면, 시민 개개인의 선호에 따라 선택할 수 있고, 행정의 대응성 향상 및 민주행정 구현에도 의의가 있다. 예컨대 미국의 일부 지방정부는 바우처를 활용하여 시민들이 공립 중·고등학교 또는 병원을 선택할 수 있게 한다. 시민들의 선택을 받기 위해 기관 간 경쟁이 발생하고 서비스 향상으로 이어질 수 있다. 즉 정부를 공공재의 생산자, 시민들은 공공재의 소비자라고 규정하고 있는 것이다.

(3) **연구방법**

합리적 선택 제도주의를 대표하는 이론이므로 방법론적 개체주의(개인주의) 관점이다.

3. 비판

(1) 정부활동의 성과를 지나치게 시장적 가치로 환원하려는 경향이 있다.
(2) 효용극대화를 추구한다는 합리적 개인에 대한 가정은 현실적합성이 떨어진다.
(3) 경쟁시장의 논리자체가 현상유지와 균형에 집착하므로 개인의 기득권을 계속 유지하려는 보수적인 접근이다.
(4) 정부실패를 비판하지만 시장실패 가능성을 간과하고 있다.

4. 관련 모형

(1) **티부 모형**

① 의미
  ㉠ 티부(Charles M. Tiebout)는 '공공재가 그 특성(비배제성 & 비경합성)으로 인해 분권화된 시장에 의해 공급되기 어려우므로, 중앙정부 차원에서 공급해야 한다.'고 주장한 사무엘슨의 주장을 자신의 모형으로 반론을 제기하였다.
  ㉡ 그의 모형에 따르면 공공서비스가 여러 지방정부에 의해 다양하게 공급되고, 주민들은 자신이 원하는 공공서비스를 제공하는 지방정부를 선택한다. 주민들은 지방정부를 선택하고 그곳으로 이동하여 거주하는 것으로 자신의 선호를 표출하기 때문에 발로하는 투표(Vote by Feet)로 불린다. 중앙정부는 주민들의 선호에 따라 공공서비스를 제공하기 어렵기 때문에, 분권화된 지방정부에 의해서 공공서비스가 공급될 때 효율적인 공공서비스가 제공된다는 것이다.

② 가정
  ㉠ 자유로운 이동
    주민들은 언제나 자유롭게 다른 지역으로 이동할 수 있다.
  ㉡ 완전한 정보
    주민들은 지방정부의 세입과 지출 패턴에 관하여 완전한 정보를 알고 있다. 부담해야 하는 세금과 누릴 수 있는 행정서비스에 대해서 알고 있어야 한다는 것을 의미하는데, 마치 소비자가 특정 서비스의 가격과 내용에 대해서 알고 있어야 한다는 것과 같다.
  ㉢ 충분히 많은 이질적인 지방정부
    주민들이 선택해서 거주할 수 있는 충분히 많은 이질적인 지방정부가 존재한다. 주민들마다 선호가 상이하기 때문에 그에 상응하여 각 지방정부별 차별적인 서비스가 존재해야 한다는 것이다.
  ㉣ 외부효과 부존재
    지방정부의 공공서비스는 권역 내에서만 영향을 미치는 것으로, 외부효과가 존재하지 않는다. 예컨대 A 지방정부가 쓰레기 소각장을 B 지방정부와 인접한 지역에 건설한다고 하자. 쓰레기소각장이 운영되면 B 지방정부에 대해 외부불경제가 발생하고, 두 지방정부 사이에 분쟁은 공공서비스 제공을 어렵게 할 수 있다.

ⓓ 배당 수입을 통한 생활
주민은 자신이 선호하는 공공서비스에 따라 이동하는 것이 아니라, 일자리를 찾아서 이동할 수도 있다. 일자리를 이유로 이동하지 않기 위해서는, 배당 수입 등을 통해서 생활한다는 가정이 필요하다.

ⓑ 지방정부 스스로 재원 충당
지방정부의 재원은 중앙정부의 지원 없이 주민들의 재산세로 충당한다. 중앙정부로부터 지원을 받을 경우 서비스 제공에 간섭을 받을 수 있기 때문이다.

ⓢ 규모의 경제는 부존재
규모의 경제가 존재한다는 것은 서비스를 생산하면 할수록 생산 단가가 떨어진다는 것이다. 즉 지방정부별로 소규모로 생산하면 생산 단가가 높아지므로, 중앙정부 차원에서 대규모로 생산하는 것이 유리하다. 따라서 규모의 경제가 존재하지 않는다는 가정이 필요하다.

ⓞ 고정적 생산요소와 인구의 최적 규모 추구
재화나 서비스를 생산하기 위해서는 토지, 노동 등이 필요한데 이를 생산요소라고 한다. 토지는 공급량이 고정되어 있고, 노동은 임금에 따라서 공급이 변한다. 지방정부가 관할하는 지역은 정해져 있기 때문에 고정적 생산요소에 해당한다. 지방정부가 관할하는 한정된 지역에 인구가 너무 많아도 혼잡비용 등 비효율이 발생하고, 인구가 너무 적어도 1인당 부담해야 하는 서비스 비용이 올라가기 때문에 인구의 최적 규모를 추구한다는 것이다.

(2) 오츠(Oates)의 분권화 정리

① 의미
지방정부가 공공재를 공급하든 중앙정부가 공공재를 공급하든 공급비용이 동일하다면 지역주민의 수요를 정확히 파악할 수 있는 지방정부가 공급하는 것이 더 효율적이라 본다.

② 가정
㉠ 중앙정부와 지방정부의 공공재 공급 비용은 동일하다.
㉡ 공공재의 지역 간 외부효과는 없다.
㉢ 지방정부가 해당 지역에서 파레토 효율적 수준으로 공공재를 공급한다.

(3) 바람직한 집합적 의사결정의 기본조건과 불가능성 정리

① 의미
애로우(Kenneth. J. Arrow)는 그의 저서 '사회적 선택과 개인의 가치(Social Choice and Individual Values)'에서 집합적 의사결정이 합리적이면서 동시에 민주적일 수 없다는 '불가능성 정리(Impossibility Theorem)'를 주장하였다.

② 바람직한 집합적 의사결정의 기본조건

합리성	㉠ 만약 H>M이고 M>L이면 H>L이다(이행성). ㉡ 개인적 선호의 합과 사회적 선택은 동일하다(파레토의 원리). ㉢ 무관한 제3의 대안으로부터 두 대안에 대한 개개인의 선호 순위가 영향을 받지 않는다(독립성).
민주성	㉠ 특정한 선호를 강요할 수 있는 독재적 권력은 존재하지 않는다(비독재성). ㉡ 개인은 어떠한 선호체계도 가질 수 있다(선호의 비제한성).

③ 불가능성 정리(Impossibility Theorem)의 직관적 이해
불가능성 정리는 콩도세르의 역설(Condorcet's Paradox)을 통해 직관적으로 이해할 수 있다. A, B, C 세 사람이 정부 지출 규모[높음(H), 중간(M), 낮음(L)]에 관해서 다수결 투표를 한다고 하자. A는 H > M > L, B는 L > H > M, C는 M > L > H 순으로 선호한다고 가정한다. H와 M에 대하여 투표하면, A는 H, B는 H, C는 M을 선택하므로 다수결에 따라 H > M이다. M과 L에 대하여 투표하면 A는 M, B는 L, C는 M을 선택하므로 M > L이다. 그런데 H와 L에 대하여 투표하면 A는 H, B는 L, C는 L을 선택하므로 L > H이다. 즉 집합적 결정을 민주적인 투표로 했지만, 투표의 결과는 이행성의 조건을 만족하지 못해 합리적이지 못하다.

또한 H와 M를 먼저 투표하면 H가 선택되고, 선택된 H와 L을 투표하면 최종적으로 L이 선택된다. M과 L을 먼저 투표하면 M이 선택되고, 선택된 M과 H를 투표하면 최종적으로 H가 선택된다. 즉 투표 순서에 따라서 최종적인 선택 대안이 달라지는데 이를 투표의 역설(Voting Pardox)라 한다.

(4) **니스카넨의 예산극대화모형**(Budget-Maximization Model)

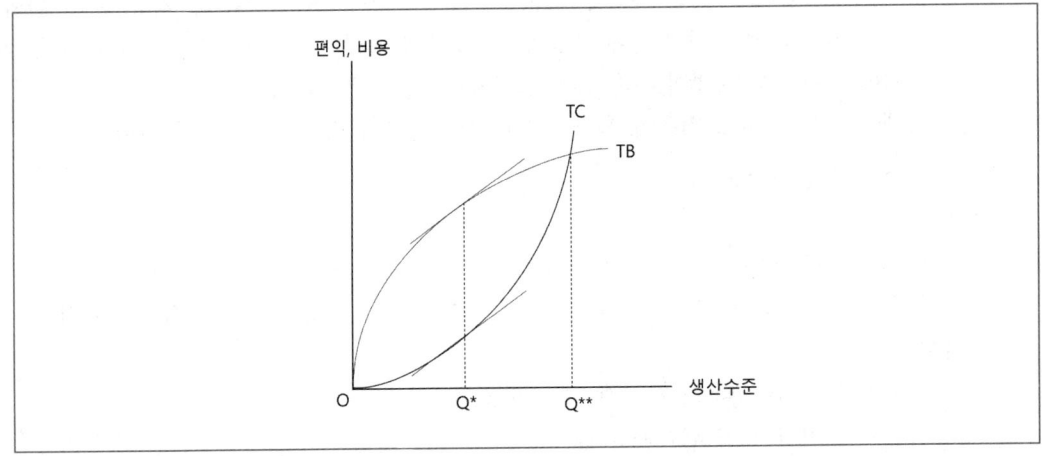

① 의미
앞서 정부의 규모와 관련하여 살펴본 것처럼, 니스카넨(W. Niskanen)은 관료가 자신의 효용을 극대화하려는 합리적 경제인으로 자신이 소속된 기관의 예산극대화를 추구한다고 보았다.

② 생산수준
공공서비스를 생산하면 총효용(Total Benefit)과 총비용(Total Cost)이 발생한다. 총효용과 총비용의 차이인 순편익이 최대가 되는 수준(Q^*)에서 사회후생이 극대화된다. Q^*는 총편익 곡선과 총비용 곡선의 수직적 차이가 가장 큰 지점이 되는데, 이는 두 곡선 접선의 기울기가 같아지는 지점이다. 접선의 기울기는 총편익과 총효용 곡선을 Q에 대해 미분하면 도출할 수 있는데, 각각 한계편익(Marginal Benefit)과 한계비용(Marginal Cost)이라고 하고 Q^*에서 두 값이 같아진다. 시민들의 대표인 정치가는 사회 후생이 극대화되는 Q^*만큼 공공서비스를 제공하려고 한다.

한편, 관료는 총편익과 총비용이 교차하는 Q^{**}에서 공공서비스를 공급하려 한다. Q^{**}는 손해가 발생하지 않는 범위에서 공공서비스 생산이 최대가 되는 지점으로, 순편익이 '0'이 되는 지점

이다. 공공서비스를 많이 공급할수록 이에 수반되는 예산도 커지기 때문에, 관료는 공공서비스를 사회적 최적 수준보다 과도하게 생산하려고 한다.

공공서비스는 관료(관료제)에 의해서 독점적으로 공급되고, 정치가(의회)는 수요독점자로서 쌍방독점 관계에 있다. 관료가 예산을 더 많이 확보하기 위해서 정치가의 지원이 필요하고, 정치가는 표를 많이 얻기 위해서 공공서비스가 필요하다. 쌍방의 영향력에 따라서 Q*와 Q** 사이에서 공공서비스 생산량이 결정될 것이다.

③ 예시

TB=$8Q^{1/2}$, TC=Q^2이라고 하면
  ㉠ 관료는 TB=TC에서 생산하려 하므로, $8Q^{1/2}=Q^2$ 양변을 제곱하면 $64Q=Q^4 \rightarrow 64=Q^3$, $Q^{**}=4$이다.
  ㉡ 정치가는 사회후생이 극대화되는 지점에서 제공하려 하므로, Max(TB-TC)=Max($8Q^{1/2}-Q^2$) Q에 대해서 미분하면 $4Q^{-1/2}-2Q$ 이다. $4Q^{-1/2}$이 한계편익이고, $2Q$가 한계비용인데, 두 값이 같아질 때 최대값을 가진다. $4Q^{-1/2}=2Q$의 해를 구하면 $Q^*=2^{2/3}$이다. $Q^{**}=4=2^2>2^{2/3}=Q^*$임을 알 수 있다.

(5) **던리비의 관청형성모형**(Bereau-shaping model)

① 의미

던리비(P. Dunleavy)의 관청형성모형은 니스카넨의 예산극대화모형을 비판하면서 등장하였다. 니스카넨과 마찬가지로 던리비도 관료는 자신의 효용을 극대화한다고 가정한다. 다만 니스카넨은 하위관료가 효용을 극대화하는 방법으로 '예산극대화'를 주장했다면, 던리비는 고위관료의 효용은 '수행하는 업무'와 관련이 있다는 것이다.

② 특징
  ㉠ 고위 관료는 내부 조직 개편을 통해 정책결정, 관리·감독 등의 기능과 수준을 강화하되 일상적이고 번잡스러운 업무는 분리한다. 분리한 번잡스러운 업무는 민영화 위탁계약을 통해 지방정부나 준정부기관으로 넘긴다. 따라서 고위 관료들의 효용은 소속 기관이 통제하는 전체 예산액 중 일부에만 관련된다.
  ㉡ 고위 관료는 소규모의 엘리트 중심적이고 정치권력의 중심에 접근해 있는 참모 역할을 수행하기 원한다. 따라서 금전적 편익보다는 수행하는 업무의 성격과 업무환경에서 오는 효용을 증진시키는 데 관심을 가진다.

(6) **뷰캐넌과 털럭의 적정참여자 수 모형**

① 의미

뷰캐넌과 털럭(Buchanan & Tullock)은 정책결정에 참여자 수가 많으면 합의에 이르기 어렵기 때문에 내부비용(또는 의사결정비용)이 증가하고, 참여자 수가 적으면 다양한 이해관계자의 이익을 반영하지 못하므로 외부비용이 증가한다. 따라서 의사결정의 내부비용과 외부비용의 합인 총비용이 최소가 되는 적정참여자 수가 중요하다고 보았다.

② 예시

내부비용을 $\frac{1}{N}$, 외부비용을 $\frac{1}{10}N^2$이라고 한다면, $\frac{1}{N} + \frac{1}{10}N^2$이 값이 가장 작은 지점($C^*$)에서 적정 참여자 수($N^*$) 도출할 수 있다. N에 대하여 미분하면 $N^* = \sqrt[3]{5}$가 도출되는데, 두 그래프가 만나는 점($\sqrt[3]{10}$)과는 차이가 있다.

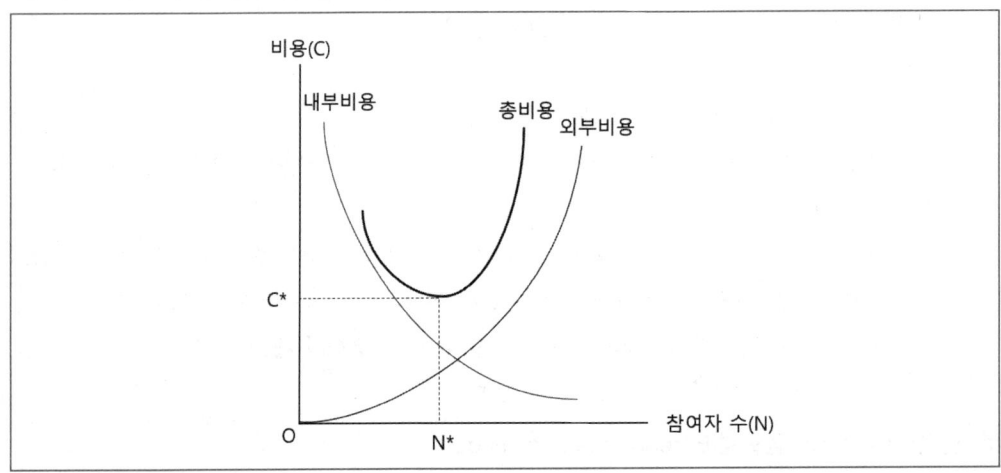

(7) 다운스와 호텔링의 중위투표자의 정리

다운스와 호텔링(Downs & Hotelling)은 양당제 하에서는 두 정당이 과반수의 득표를 얻기 위해 극단적인 정책을 추구하기보다는 중위투표자의 선호에 맞는 정책을 추구한다고 주장하였다.

03 대리인 이론(Agency Theory, 주인-대리인 이론)

1. 의미

대리인 이론은 경제학 및 경영학에서 주인(Principal)과 대리인(Agent) 사이의 관계를 다룬다.

2. 주인-대리인 관계

기업의 주주와 경영인과의 관계, 국민과 정부의 관계, 관리자와 부하직원과의 관계 등 다양하게 나타날 수 있다.

3. 대리 문제

주인이 대리인을 완벽하게 감독하기 어렵기 때문에 주인과 대리인의 목표가 상충될 경우, 대리인의 행동이 주인에게 피해를 줄 수 있다. 이러한 주인의 피해가 대리 손실이다.

(1) **역선택**(Adverse Selection): 주인이 대리인의 업무처리 능력과 지식을 충분히 알지 못해 기준 미달의 대리인을 선택하는 현상이다. 예컨대 A 보험회사는 보험 가입 대상자의 건강 상태 및 사고 확률에 대한 특수정보를 가지고 있지 않아, 질병 확률 및 사고 확률이 높은 B를 보험에 가입시켜 회사 보험 재정을 악화시킨다.

(2) **도덕적 해이(Moral Hazard)**: 주인의 이익보다는 대리인 자신의 이익을 추구하는 현상이다. 예컨대 회사의 주주는 수익 극대화를 원하지만, 대리인인 CEO는 본인의 영향력 향상을 위하여 회사의 외연 확장 등에 노력을 기울일 수 있다. 하지만 회사 내부에 있는 CEO가 정보를 더 많이 가지고 있어 주주가 완벽하게 감시하는 데 한계가 있다.

4. 효율성을 제약하는 요인

(1) **인지적 한계와 정보 부족**

주인의 인지적 한계와 정보 부족 등으로 인하여 대리인을 완벽하게 감시하기 어렵다.

(2) **정보의 비대칭 혹은 정보 불균형**

주인보다 대리인이 더 많은 정보를 가지고 있다.

(3) **대리인의 기회주의적 행동 성향**

주인이 감시하기 어렵다는 점을 악용하여 주인보다 자신에게 유리한 행동을 한다.

(4) **자산특정성**

조직이 투자한 자산이 고정적·특정적이라서 조직 내의 관계나 외부관계자들과 고착되어, 대리관계가 비효율적이라도 바꾸기 어렵다.

(5) **소수독점**

대리인 관계를 설정할 수 있는 잠재적 당사자 수가 적으면 불리한 선택의 가능성이 높아진다.

5. 통제방안

시민과 정부 사이에 정보의 비대칭을 완화하기 위해서 주민참여제도, 정보공개제도, 공청회, 내부고발자 보호 등이 있다. 그 밖에도 유인기제(성과급 등), 관료적 통제(계층제에서 상급자에 의한 통제), 시장적 통제(예컨대 CEO가 능률적으로 회사를 경영하지 못하면 해당 회사는 시장에서 도태되게 된다. 즉 시장이 대리인인 CEO가 회사를 능률적으로 경영하도록 통제한다), 규범과 신념의 내재화 등이 있다.

6. 비판

공공선택론에 속하는 다른 이론들과 마찬가지로 이기적인 인간관에 대한 가정과 비경제적 요인에 대한 고려를 소홀히 했다는 비판이 있다.

04 윌리엄슨의 거래비용 이론

1. 의미

윌리엄슨(Oliver E. Williamson)의 거래비용(Transaction Cost) 이론은 코즈의 연구를 발전시킨 것으로, 조직이 생겨나고 일정한 구조를 가지는 이유를 조직경제학적으로 설명하는 접근법이다. 우리가 흔히들 보는 관료제 형태의 조직은 왜 생겨나는 것일까? 예컨대 자동차를 판매하기 위해서 회사를 설립하면, 사장과 그 아래로 중간관리자들과 실무자들로 구성된 관료제 형태의 조직이 필요할 것이다. 회사를 설립하는 대신에 자동차 부품 생산 등을 외부 업체에 모두 맡길 수도 있다. 외부 업체들은 시장에서 경쟁하고 있으므로, 동일한 품질의 부품을 가장 낮은 가격에 납품할 수 있는 업체와 계약을 하면 오히려 비용이 저렴할 것이다. 하지만 거래비용 이론에서는 비용 관점에서 회사라는 조직을 만드는 것이 더 유리하다고 본다.

2. 거래비용의 발생

외부 업체를 맡긴다면 최고의 외부 업체를 찾는 탐색비용, 당사자 간의 협상 및 커뮤니케이션 비용, 계약의 준수를 감시비용 등 거래비용이 발생할 수 있다. 또한 환경의 불확실성, 자산특정성, 투자의 위험성 등은 거래비용을 증가시키게 된다. 따라서 거래비용 이론은 주로 조직 간 거래비용을 연구하며, 조직 내 거래비용도 관심을 가진다.

◈ 자산특정성(Asset Specificity) 예시

> 우리에게도 익숙한 미국의 자동차 회사 GM(General Motors)은 1919년 FB(Fisher Body)라는 자동차 차체(body)를 전문적으로 생산하는 회사와 구매 계약을 맺는다. 자동차 차체는 생산자와 구매자가 매우 한정적이기 때문에, 생산자가 생산하지 않거나 구매자가 구매하지 않는다면 서로 곤란한 상태에 빠진다. GM 입장에서는 FB가 차체를 납품하지 않으면 자동차를 생산할 수 없고, FB 입장에서는 GM이 차체를 구매해 주지 않으면 판매하기가 어렵다. GM의 차체 주문이 늘어나고 차체를 운송하는 비용도 높았기 때문에, GM은 FB에게 GM 근처로 공장을 이전해 올 것을 요청했다. 이 요청에 FB가 거절하자, 결국 GM은 FB를 인수하게 된다.

3. 계층제의 활용

시장에 맡기면 거래비용이 크기 때문에, 위계적 명령체계를 가진 계층제를 만드는 것이 더 경제적이라는 것이다. 좀 더 직관적으로 설명하면 외부 업체보다는 부하직원을 관리하는 것이 불확실성을 줄이고 비용도 줄일 수 있다는 것이다.

• 기출문제 학습 •

01 합리적 선택 신제도주의에 의하면 행위자의 선호는 (㉠ 개인들 간 상호작용을 통해 형성된다. / ㉡ 제도와 밀접하게 연관되어 변화하는 것으로 가정한다. / ㉢ 주어진 것으로 가정한다.) 19. 지방 7, 13. 지방 7

02 인간은 경제적 이해관계로만 움직이지 않고, 정부활동의 성과를 지나치게 시장적 가치로 환원하려는 경향이 있다는 비판이 제기되고 있는 행정학의 접근방법은 (㉠ 공공선택론 / ㉡ 생태론)이다. 17. 지방 7

03 (㉠ 공공선택론 / ㉡ 생태론)의 대표적인 학자들 중에는 뷰캐넌, 오스트롬, 니스카넨이 있다. 17. 국가추가 7

04 공공선택론이 가정하는 효용극대화를 추구하는 합리적 개인에 대한 가정은 현실적합성이 (㉠ 높다. / ㉡ 낮다.) 18. 지방 9

05 공공선택론은 역사적으로 누적 및 형성된 (㉠ 개인의 기득권을 타파하기 위한 / ㉡ 개인의 기득권을 계속 유지하려는 보수적인) 접근이다. 16. 지방 9

06 공공선택론적 행정학 연구의 특징이 아닌 것은 (㉠ 합리적 경제인으로서의 개인 / ㉡ 방법론적 개인주의 / ㉢ 정치는 합리적 개인들 간의 자발적 교환작용 / ㉣ 제도적 장치의 경시)이다. 24. 지방 9, 10. 지방 7

07 공공선택이론은 (㉠ 권한이 분산된 여러 작은 조직들에 의해 공공서비스가 공급되는 것보다 단일의 대규모 조직에 의해 독점적으로 공급되는 것 / ㉡ 단일의 대규모 조직에 의해 독점적으로 공급되는 것보다 권한이 분산된 여러 작은 조직들에 의해 공공서비스가 공급되는 것)을 선호한다. 21. 지방 7

08 티부의 발에 의한 투표 모형의 가정은? 19. 서울 7, 16. 국가 9, 12. 지방 7

> ① 충분히 많은 수의 지방정부가 (㉠ 존재한다. / ㉡ 존재하지 않는다.)
> ② 주민들은 자신의 선호에 따라 자유롭게 이동할 수 (㉠ 있다. / ㉡ 없다.)
> ③ 주민들은 지방정부의 세입·세출 정보를 (㉠ 알지 못한다. / ㉡ 알고 있다.)
> ④ 공공서비스는 지방정부 간 외부효과와 파급효과를 (㉠ 발생시킨다. / ㉡ 발생시키지 않는다.)
> ⑤ 지방자치단체 주요재원은 (㉠ 지방소비세 / ㉡ 재산세)가 되어야 한다.

09 오츠(Oates)의 분권화정리가 성립하기 위한 조건에 따르면 (㉠ 중앙정부의 공공재공급 비용이 지방정부의 공공재 공급 비용보다 더 적게 든다. / ㉡ 지방정부가 공공재를 공급하든 중앙정부가 공공재를 공급하든 공급비용이 동일하다.) 21. 국가 7

10 주인-대리인이론(principal-agent theory)에서 주인과 대리인의 목표 상충으로 인해 (㉠ X-비효율성 / ㉡ 대리 손실)이 나타난다. 23. 국가 7

11 니스카넨(Niskanene)에 따르면 예산극대화 행동은 (㉠ 예산유형과 직위의 관계, 기관유형, 시대적 상황 등의 측면에서 다양하게 나타난다. / ㉡ 권력의 극대화를 위해 나타난다.) 20. 국가 7

12 관청형성모형에 따르면, 고위 관료는 (㉠ 선호에 맞지 않는 기능을 민영화나 위탁계약을 통해 지방정부나 준정부기관으로 넘긴다. / ㉡ 가능한 많은 기능을 조직 내에서 직접 수행하려고 한다.) 18. 지방 9

13 대리인이론에서 주인-대리인 관계의 효율성을 제약하는 것은 (㉠ 소수의 / ㉡ 다수의) 잠재적 당사자(대리인) 존재이다. 20. 지방 7

14 거래비용이론에 따르면, 기회주의적 행동을 제어하는 데에는 (㉠ 시장이 계층제보다 / ㉡ 계층제가 시장보다) 효율적인 수단이다. 21. 국가 7

정답 1.㉡ 2.㉠ 3.㉠ 4.㉡ 5.㉡ 6.㉢ 7.㉡ 8.①-㉡ ②-㉠ ③-㉠ ④-㉡ ⑤-㉡ 9.㉡ 10.㉡ 11.㉠ 12.㉠ 13.㉠ 14.㉡

Theme 16-3 기타 행정학 접근방법

01 현상학적 접근(Phenomenological Approach)

1. 의미
사회과학 연구에 연구자가 외부에서 관찰하는 것이 아니라 참여자의 주관적 경험을 있는 그대로 이해하는 데 초점을 둔다. 예컨대 공무원의 조직문화를 연구하기 위해 공직 경험이 있는 사람을 대상으로 심층 면담 등 질적연구를 한다.

2. 특징
(1) 사회현상 또는 사회적 실제란 자연현상처럼 사람과 동떨어진 객체로 존재하는 것이 아니라, 사람들의 인식, 생각, 언어, 개념 등을 통해 구성되며, 사람들의 상호 주관적인 경험으로 이루어진다고 본다.
(2) 사회과학 연구의 본질적 문제에 대해 실증주의와 행태주의적 연구방법을 반대한다.

02 포스트모더니즘(Post-Modernism)

1. 의미
포스트모더니즘은 모더니즘(Modernism)*이 강조한 합리성·객관성·보편적 진리에 기반한 과
*인간이 현상을 합리적으로 인식하고 판단할 수 있다는 인간중심적 관점이다.
학주의와 기술주의 한계와 부작용을 비판하고, 지식을 맥락 의존적으로 보면서 거시이론·거시정치 등은 부정한다. 포스트모더니즘은 다원주의적이고 개방적인 성격을 가지는데, 다양한 영역에 영향을 주었다. 행정학 분야에는 파머(D. J. Farmer)가 대표적인데, 그의 저서 '행정학의 언어(The Language of Public Administration; Bureaucracy, Modernity, and Postmodernity)에서 포스트모더니즘적 상황이라고 할 수 있는 상상, 해체, 영역해체, 타자성의 관점에서 행정과 관료제를 다룬다.

2. 특징

(1) **상상**(Imagination)
새로운 사고와 판단, 규칙에 얽매이지 않는 행정의 운영, 문제의 특수성에 대한 인정 등 다양한 가능성이 허용되는 상상이 과학적 합리성보다 더 중요하다.

(2) **해체**(Deconstruction)
언어, 몸짓, 이야기, 설화 등의 근거를 파헤쳐 보는 것으로, '행정은 객관적으로 연구될 수 있다' 등의 설화를 해체하여 더 잘 이해할 수 있다.

(3) **영역해체**(Deterritority)
지식, 조직 등의 고유 영역을 타파하고, 행정에서도 지식과 학문의 영역 간 경계가 사라지는 탈영역화(Deterritorialization)가 나타난다.

(4) 타자성(Alterity)

다른 사람을 인식의 객체가 아닌 도덕적인 타자로 인정하는 것이다.

03 논변(Argument) 모형

1. 의미

정부 정책은 객관적 사실보다는 이와 관련된 다양한 이해관계자를 설득하는 것이 더 중요할 수 있다. 즉 진정한 가치는 각자 자신들의 주장에 대한 논리성을 점검하고 상호 타협과 합의를 도출하는 민주적 절차이다. 예컨대 원자력발전과 관련하여, 탈원전을 주장하는 측과 원전 개발을 추진하는 주장이 대립하고 있다. 양측은 각자의 주장을 정당화하기 위해 다양한 자료와 가치를 근거로 제시하고 있다. 주장의 정당성을 논리적으로 도식화한 것은 툴민(S. Toulmin)의 논변 모형이다.

2. 툴민의 논변 모형

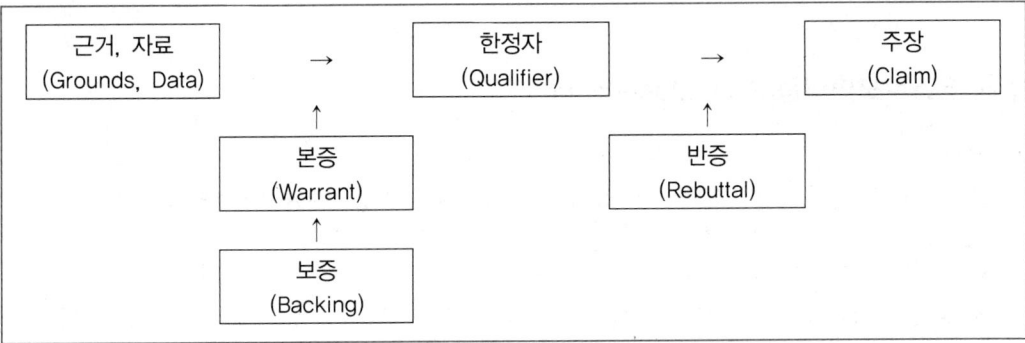

3. 논변 모형의 설명 및 예시

단계	내용	예시
주장(Claim)	증명해야 하는 내용	원전을 더 건설해야 한다.
근거, 자료(Grounds, Data)	주장하게 된 증거나 사실	국민들이 전기요금에 부담을 느끼고 있다.
본증(Warrant)	근거나 자료로부터 주장으로 이어지는 논리적 연결구조	원전이 가장 저렴하게 전기를 생산할 수 있다.
보증(Backing)	본증이 충분하지 않을 때 본증을 보강	전문기관 연구에 따르면 원전이 다른 발전 방식에 비해서 30% 저렴하다.
반증(Rebuttal)	다른 의견에 대한 반박	원전보다 더 저렴한 발전 방식이 개발되기 어려울 것이다.
한정자(Qualifier)	주장을 확신하는 정도	'아마도' 원전을 더 건설해야 한다.

기출문제 학습

01 현상학적 접근방법은? 12. 국가 7, 10. 지방 7
① 행정현상의 본질, 인간인식의 특성, 이론의 성격 등 사회과학 연구의 본질적 문제에 대해 실증주의와 행태주의적 연구방법(㉠ 과 유사하다. / ㉡ 에 반대한다.)
② (㉠ 사회현상 또는 사회적 실제란 자연현상처럼 사람과 동떨어진 객체로 존재하는 것이 아니라, 사람들 간 상호 주관적인 경험으로 이루어진다고 본다. / ㉡ 객관적 존재의 서술을 위해서는 현상을 분해하여 분석할 필요가 있다고 본다.)

02 (㉠ 현상학적 / ㉡ 행태주의) 접근방법은 행정연구에서 가치와 사실의 구별을 인정하며, 현상을 개체적으로 파악하고자 한다. 17. 국가추가 7

03 포스트모더니즘에 기초한 행정이론은 (㉠ 맥락 의존적인 진리를 / ㉡ 고유한 이론의 영역을) 거부한다. 18. 서울 9

04 포스트모더니즘은 상상, 해체, 영역파괴, 타자성 등의 개념을 중심으로 (㉠ 거시이론, 거시정치 등을 통하여 행정현상을 설명하고자 한다. / ㉡ 거시이론, 거시정치 등을 부정한다.) 10. 국가 9

05 포스트모더니티 행정이론은 (㉠ 다양한 가능성이 허용되는 상상보다는 과학적 합리성이 더 중요하다. / ㉡ 다른 사람을 인식적 객체가 아닌 도덕적 타자로 인정한다.) 20. 지방 7

정답 1. ①-㉡ ②-㉠ 2. ㉡ 3. ㉡ 4. ㉡ 5. ㉡

Theme 17-1 정보화 사회

01 (지식)정보화 사회란?

정보가 유력한 자원이 되고 정보의 가공과 처리에 의한 가치의 생산을 중심으로 사회나 경제가 운영되고 발전되어 가는 사회를 말한다.

🔍 데이터는 사물이나 사실을 기호로 표시한 것이고, 정보는 데이터가 사용자에게 의미 있는 형태로 가공된 결과이다.

02 정보화 사회의 특징

1. 긍정적인 측면

(1) 전자민주주의는 정치의 투명성 확보를 용이하게 한다.

(2) **모자이크 민주주의**(mosaic democracy)
 엘빈토플러는 지식정보화사회에서 다양한 인종적, 사회적 주체들이 참여하여 그 전체는 조화를 이루어 더욱 발전된 민주주의를 이루게 될 것으로 보았다.

(3) 전자정부가 출현하고 문서 없는 정부가 구현될 수 있다.

(4) 정보통신기술을 활용한 원스톱(one-stop)·논스톱(non-stop) 행정서비스가 가능해졌다.

2. 부정적인 측면

(1) 전자전제주의(telefascism), 정보 격차(digital divide), 프라이버시(privacy) 침해가 발생할 수 있다.

🔍 전제주의: 단일 개체가 절대적인 권력으로 통치하는 정부형태

(2) 전자 파놉티콘(electronic panoticon)으로 정부의 감시가 용이해질 수 있다.

(3) 의사결정이 보다 양극화되는 집단극화(group polarization) 현상이 발생할 수 있다.

(4) 악성루머나 왜곡된 정보가 전염병처럼 빠르게 퍼지는 인포데믹스(infodemics) 현상이 발생할 수 있다.

(5) 자신의 관점에 부합하는 정보만 선택하고 다양한 관점의 정보에 대한 노출은 저해되는 선택적 정보접촉(selective exposure to information)현상이 발생할 수 있다.

(6) 불필요한 정보들이 가치가 있는 정보들을 밀어내는 정보의 그레셤(Gresham) 현상이 발생할 수 있다.

03 정보 격차

1. 정의

경제협력개발기구(OECD)는 정보 격차를 개인, 가정, 기업 및 지역들 간에 상이한 사회·경제적 여건에서 비롯된 정보통신기술에 대한 접근 기회와 다양한 활동을 위한 인터넷 이용에서의 차이로 정의한다.

2. 정보격차 해소방안

시각장애인의 정보접근성 향상을 위한 인프라 구축, 계층별 특성을 고려한 맞춤형 정보화 교육 실시, 온라인 정보화 교육시스템 운영 등이 고려된다.

3. 우리나라 정책 관련

(1) **지능정보화 기본법**

국가기관과 지방자치단체에 대해서 정보격차 해소 시책을 마련할 의무를 규정하고 있다.

(2) **장애인차별금지 및 권리구제 등에 관한 법률**

정보통신·의사소통 등에서의 정당한 편의제공 의무에 관한 규정을 두고 있다.

(3) **정보화마을**

우리나라에서 도농 간 정보 격차 해소를 위해 시행한 지역정보화정책을 말한다.

04 정보사회가 행정조직에 미칠 영향

1. 조직의 신축성이 더욱 요구되고, 수평적인 형태로 연결된 네트워크구조의 증가 가능성이 있다.

2. 오히려 정부 관료제의 계층제적 구조가 강화될 수 있다는 우려도 있다.

05 전자정부 및 지역정보화

1. 지역정보화에는 기존의 산업화 과정에서 나타난 지역 간 격차 문제해결을 위해 지방정부의 주체적 노력이 요구된다.

2. 지역정보화는 지역 간 정보 격차를 해소하는 지역의 정보화와 지역의 균형적 발전을 위한 정보의 지방화를 포함한다.

• 기출문제 학습 •

01 정보화 사회와 관련하여, 관료가 정보를 독점하여 권력의 오·남용 문제가 (㉠ 없어진다. / ㉡ 발생할 수 있다.) 10. 국가 9

02 지식정보사회가 행정조직에 미칠 영향으로, 환경에 신속하게 적응하기 위해 조직구조를 보다 (㉠ 경직화 / ㉡ 유연화)할 필요가 있다. 13. 서울 7

03 전자정부의 역기능에 해당하는 것을 모두 고르면 [㉠ 인포데믹스(infordemics) / ㉡ 집단극화(group polarization) / ㉢ 선택적 정보접촉(selective exposure to information) / ㉣ 정보격차(digital divide)]이다. 18. 서울 7

04 「지능정보화 기본법」은 국가기관과 지방자치단체 [㉠ 및 민간기업 / ㉡ (민간기업은 규정하고 있지 않음)]에 대해서 정보격차 해소 시책을 마련할 의무를 규정하고 있다. 17. 국가추가 9

정답 1. ㉡ 2. ㉡ 3. ㉠, ㉡, ㉢, ㉣ 4. ㉡

Theme 17-2 지식관리

01 의미

조직 구성원의 지식을 발굴하여 조직의 보편적인 지식으로 공유·활용하여 조직의 경쟁력을 향상시키는 관리기법을 말한다.

02 특징

1. 공유를 통한 지식가치를 향상 및 확대한다.
2. 구성원의 전문가적 자질 향상시킨다.
3. 지식관리는 계층제적 조직보다 학습조직을 기반으로 한다.
4. 정보재의 속성상 그 생산자는 자신의 소유권을 명확히 하기 어렵다.

03 암묵적 지식과 명시적 지식

지식이 밖으로 표출되는지에 따라 암묵적 지식(tacit knowledge)과 명시적 지식(explicit knowledge)으로 구분하고, 암묵적 지식을 명시적 지식으로 전환시켜 조직의 지식을 증폭시키는 것은 중요하다.

1. **암묵적 지식**(tacit knowledge) : 조직의 경험, 숙련된 기능, 개인적 노하우 등
2. **명시적 지식**(explicit knowledge) : 업무매뉴얼, 컴퓨터 프로그램, 정부보고서 등

• 기출문제 학습 •

01 전통적 행정관리와 비교한 새로운 지식행정관리의 특징이 아닌 것은 (㉠ 지식의 조직 공동재산화 / ㉡ 계층제적 조직 기반)이다. 14. 지방 9

02 지식을 암묵지(tacit knowledge)와 형식지(explict knowledge)로 구분할 경우, 암묵지에 해당하는 것을 모두 고르면 (㉠ 업무매뉴얼 / ㉡ 조직의 경험 / ㉢ 숙련된 기능 / ㉣ 개인적 노하우 / ㉤ 컴퓨터 프로그램 / ㉥ 정부보고서)이다. 13. 지방 9

03 지식관리시스템(KMS: Knowledge Management System)의 성공요인에 대한 설명으로 옳지 않은 것을 모두 고르면? 15. 서울 7, 12. 지방 9
(㉠ 개인적 지식 축적을 강조 / ㉡ 정보기술 인프라 구축 / ㉢ 새로운 지식을 공유하는 문화 조성 / ㉣ 지식을 효과적으로 발굴하고 활용할 수 있는 제도와 조직구조를 정비 / ㉤ 통합적이고 수직적인 조직구조 형성)

정답 1. ㉡ 2. ㉡, ㉢, ㉣ 3. ㉠, ㉤

Theme 17-3 전자정부

01 전자정부(E-government)란?

1. 정의(전자정부법 제2조)

정보기술을 활용하여 행정기관의 업무를 전자화하여 행정기관 등의 상호 간의 행정업무 및 국민에 대한 행정업무를 효율적으로 수행하는 정부이다.

> ICT 기술의 발전으로 민간뿐만 아니라 행정영역에서도 종이문서에서 전자문서로 대체되고 온라인 서비스 등을 제공하고 있다.

2. 운용원칙(전자정부법 제4조)

대민서비스의 전자화 및 국민편익의 증진, 행정업무의 혁신 및 생산성·효율성의 향상, 정보시스템의 안전성·신뢰성의 확보, 개인정보 및 사생활의 보호, 행정정보의 공개 및 공동이용의 확대, 중복투자의 방지 및 상호운용성을 증진한다.

3. 전자정부 기본계획(전자정부법 제5조)

중앙사무관장기관의 장은 전자정부의 구현·운영 및 발전을 위하여 5년마다 행정기관 등의 기관별 계획을 종합하여 전자정부기본계획을 수립하여야 한다.

> 2021년부터 2025년까지 5개년 계획으로 수립되었다.

4. 지능정보사회 종합계획 수립(지능정보화 기본법 제6조)

정부는 지능정보사회 정책의 효율적·체계적 추진을 위하여 지능정보사회 종합계획을 3년 단위로 수립하여야 한다. 종합계획은 과학기술정보통신부장관이 관계 중앙행정기관의 장 및 지방자치단체의 장의 의견을 들어 수립하며, 정보통신 전략위원회의 심의를 거쳐 수립·확정한다.

02 전자정부의 특징

1. 전자정부는 민주성과 효율성(efficiency)을 모두 추구한다.
2. 전자정부는 쌍방향서비스에서 맞춤형서비스로 정부혁신을 추구한다.
3. 전자정부는 어디서나 한번에 서비스가 제공되는 원스톱(one-stop) 전자민원 서비스를 제공한다.
4. 정부와 공공부문에서 정보통신기술의 잠재력을 활용하기 위한 과정과 구조의 실현을 추구한다.

03 전자정부의 효율성 모델 vs 민주성 모델

1. 효율성 모델은 국민 편의의 극대화와 정책의 투명화·전문화 과정 등을 통한 정부 내부의 생산성 제고를 꾀하며 민주성 모델은 행정과정상의 민주성 증진에 초점을 둔다.
2. 효율성 모델은 전자정부를 협의로 해석한 것이며, 민주성 모델은 광의로 해석된다.
3. 효율성 모델은 행정전산망을 확충하거나 행정민원의 해결을 강조하는 데 반하여 민주성 모델은 전자민주주의와의 연계를 중시한다.

04 온라인 시민의 참여

1. 공동생산형 전자정부 단계에서는 정부와 국민이 공동생산자로 등장하기 때문에 GNC(Government and Citizen)로 약칭한다.
2. 미국의 'Challenge.Gov' 프로그램은 시민을 협력자로 간주하고 시민들의 정책참여를 촉진한다.
3. 우리나라 정부는 국민의 고충 민원과 제안을 원스톱으로 접수 및 처리하기 위하여 '국민신문고'를 운영하고 있다.
4. **UN에서 본 전자 거버넌스의 진화 단계**

   (1) 전자정보화(E-information) : 정부가 정보를 공개하고 제공하는 유형
   ↓
   (2) 전자자문(E-consultation) : 정부가 국민의 의견을 수렴하고, 정부의 입장을 전달하는 쌍방향 의사소통
   ↓
   (3) 전자결정(E-decision making) : 정부가 중요 쟁점을 공론화하고 공개적인 토론을 거쳐 합의를 도출

05 전자적 행정서비스

1. **G2C**(Government to Citizen)
(1) 시민요구에 부응하는 질 높은 행정서비스를 제공하고 시민참여를 촉진하여 공공서비스 수요에 대한 대응성을 높인다.
(2) **우리나라 사례**
   ① **국민신문고** : 국민권익위원회가 운영하는 온라인 국민참여포털로 민원신청, 국민제안, 정책참여 창구
   ② **정부24** : 정부의 서비스, 민원, 정책·정보를 통합·제공
   ③ **복지로** : 보건복지부가 운영 복지포털로 복지서비스 소개 및 찾기, 온라인신청, 복지시설 검색, 복지소식 등 제공

④ 홈택스: 국세청이 운영하는 포털로 세금 관련 조회·발급, 민원증명 등 제공

2. G2B(Government to Business)

(1) 정부의 정책 수행을 위한 권고, 지침전달 등을 위한 정보교류 및 조달비용 등이 감소한다.

(2) **우리나라 사례**
   ① 나라장터: 조달청이 운영하는 포털로 공공기관의 공사, 용역, 물품 등의 발주정보를 공개하고 조달절차를 인터넷으로 처리하는 시스템
   ② 전자통관시스템: 관세청이 운영하는 포털로 UNI PASS, 온라인수출입통관 및 관세환급업무, 전자민원서비스, 통관정보 제공

3. G2G(Government to Government)

(1) 정부부처 간, 중앙과 지방정부 간에 정보를 공동활용하여 행정업무의 정확성과 효율성이 증대되고 거래비용이 감소한다.

(2) 그룹웨어시스템을 통한 원격지 연결, 정보 공유, 업무의 공동처리, 업무 유연성 등으로 행정의 생산성이 향상된다.

(3) **우리나라 사례**
   ① 온-나라시스템: 중앙부처, 산하기관, 지방자치단체 공무원 등이 사용하는 업무처리 전산화 시스템
   ② 디지털예산회계시스템(D-Brain): 재정업무의 전 과정을 온라인으로 수행하고 재정사업의 현황을 실시간으로 파악할 수 있는 통합재정정보시스템

06 전자정부로의 개혁이 가져오는 행정관리구조의 변화

1. 관리과정 및 정책과정의 투명성을 제고한다.

2. 중간관리층의 규모가 축소되어(행정농도가 낮아짐) 저층화된 또는 수평적 구조를 형성한다.

3. 이음매 없는 조직*의 구현에 유리하다.

   린덴(Linden)이 제안한 산업화시대의 공급자 중심의 분산적 관료제 구조에 대한 조직개편의 처방으로, 일종의 경계가 없는 조직(경계는 네트워크로 바뀜)으로 탈관료제 모형 중 하나이다.

4. 클라우드 컴퓨터 활용 등을 통해 분권화를 촉진시키지만, 집권화를 위해서 사용될 수 있다.

5. 정보의 공개와 상호작용을 통한 행정의 신뢰성을 확보하고, 정부 정보에 대한 시민의 접근성을 강화시킬 수 있다.

07 민원처리

1. 관계 법령에서 종이문서로 신청하도록 규정하고 있는 경우에도 전자문서로 신청 등을 할 수 있다.

2. 민원인이 제출하여야 하는 구비서류가 행정기관이 전자문서로 발급할 수 있는 문서인 경우에는 직접 그 구비서류를 발급하는 기관으로부터 발급받아 업무를 처리하여야 한다.

3. 전자민원창구를 설치할 경우 소속기관마다 설치할 것이 아니라 하나의 창구로 설치한다.

08 용어의 정의(전자정부법 제2조)

1. 전자정부
"전자정부"란 정보기술을 활용하여 행정기관 및 공공기관(이하 "행정기관등"이라 한다)의 업무를 전자화하여 행정기관등의 상호 간의 행정업무 및 국민에 대한 행정업무를 효율적으로 수행하는 정부를 말한다.

2. 행정기관
"행정기관"이란 국회·법원·헌법재판소·중앙선거관리위원회의 행정사무를 처리하는 기관, 중앙행정기관(대통령 소속 기관과 국무총리 소속 기관을 포함한다.) 및 그 소속 기관, 지방자치단체를 말한다.

3. 공공기관
"공공기관"이란 다음 각 목의 기관을 말한다.
가. 「공공기관의 운영에 관한 법률」 제4조에 따른 법인·단체 또는 기관
나. 「지방공기업법」에 따른 지방공사 및 지방공단
다. 특별법에 따라 설립된 특수법인
라. 「초·중등교육법」, 「고등교육법」 및 그 밖의 다른 법률에 따라 설치된 각급 학교
마. 그 밖에 대통령령으로 정하는 법인·단체 또는 기관

4. 중앙사무관장기관
"중앙사무관장기관"이란 국회 소속 기관에 대하여는 국회사무처, 법원 소속 기관에 대하여는 법원행정처, 헌법재판소 소속 기관에 대하여는 헌법재판소사무처, 중앙선거관리위원회 소속 기관에 대하여는 중앙선거관리위원회사무처, 중앙행정기관 및 그 소속 기관과 지방자치단체에 대하여는 행정안전부를 말한다.

5. 전자정부서비스
"전자정부서비스"란 행정기관 등이 전자정부를 통하여 다른 행정기관 등 및 국민, 기업 등에 제공하는 행정서비스를 말한다.

6. 행정정보

"행정정보"란 행정기관 등이 직무상 작성하거나 취득하여 관리하고 있는 자료로서 전자적 방식으로 처리되어 부호, 문자, 음성, 음향, 영상 등으로 표현된 것을 말한다.

7. 전자문서

"전자문서"란 컴퓨터 등 정보처리능력을 지닌 장치에 의하여 전자적인 형태로 작성되어 송수신되거나 저장되는 표준화된 정보를 말한다.

8. 전자화문서

"전자화문서"란 종이문서와 그 밖에 전자적 형태로 작성되지 아니한 문서를 정보시스템이 처리할 수 있는 형태로 변환한 문서를 말한다.

9. 행정전자서명

"행정전자서명"이란 전자문서를 작성한 다음 각 목의 어느 하나에 해당하는 기관 또는 그 기관에서 직접 업무를 담당하는 사람의 신원과 전자문서의 변경 여부를 확인할 수 있는 정보로서 그 문서에 고유한 것을 말한다.

가. 행정기관

나. 행정기관의 보조기관 및 보좌기관

다. 행정기관과 전자문서를 유통하는 기관, 법인 및 단체

라. 행정기관, 은행법에 따른 은행 및 대통령령으로 정하는 법인·단체·기관 등

10. 정보통신망

"정보통신망"이란 「전기통신기본법」 제2조 제2호에 따른 전기통신설비를 활용하거나 전기통신설비와 컴퓨터 및 컴퓨터 이용기술을 활용하여 정보를 수집·가공·저장·검색·송신 또는 수신하는 정보통신체제를 말한다.

11. 정보자원

"정보자원"이란 행정기관 등이 보유하고 있는 행정정보, 전자적 수단에 의하여 행정정보의 수집·가공·검색을 하기 쉽게 구축한 정보시스템, 정보시스템의 구축에 적용되는 정보기술, 정보화예산 및 정보화인력 등을 말한다.

12. 정보기술아키텍처

(1) "정보기술아키텍처"란 일정한 기준과 절차에 따라 업무, 응용, 데이터, 기술, 보안 등 조직 전체의 구성요소들을 통합적으로 분석한 뒤 이들 간의 관계를 구조적으로 정리한 체제 및 이를 바탕으로 정보화 등을 통하여 구성요소들을 최적화하기 위한 방법을 말한다.

(2) 행정안전부장관은 관계 행정기관 등의 장과 협의하여 정보기술아키텍처를 체계적으로 도입하고 확산시키기 위한 기본계획을 수립하여야 한다.

13. 정보시스템

"정보시스템"이란 정보의 수집·가공·저장·검색·송신·수신 및 그 활용과 관련되는 기기와 소프트웨어의 조직화된 체계를 말한다.

14. 정보시스템 감리

"정보시스템 감리"란 감리발주자 및 피감리인의 이해관계로부터 독립된 자가 정보시스템의 효율성을 향상시키고 안전성을 확보하기 위하여 제3자의 관점에서 정보시스템의 구축 및 운영 등에 관한 사항을 종합적으로 점검하고 문제점을 개선하도록 하는 것을 말한다.

15. 감리원

"감리원"(監理員)이란 정보시스템 감리의 업무(이하 "감리업무"라 한다)를 수행하기 위하여 제60조 제1항에 따른 요건을 갖춘 사람을 말한다.

09 전자정부법 기타 사항

1. 행정기관 등은 전자정부의 구현을 위해 중복투자의 방지 및 상호운용성 증진 등을 우선적으로 고려하여야 한다.

2. 행정기관 등의 장은 해당 기관의 전자정부서비스에 대한 이용실태 등을 주기적으로 조사해야 한다.

3. 행정안전부장관은 행정정보 공동이용을 승인할 수 있지만 비공개대상정보 등에 대해서는 승인할 수 없다.

4. 행정정보의 처리업무를 방해할 목적으로 행정정보를 위조·변경·훼손하거나 말소하는 행위를 한 사람은 10년 이하의 징역에 처한다.

5. 전자정부의 발전과 촉진을 위해 전자정부의 날을 정하고 있다(매년 6월 24일).

6. 행정안전부장관은 전자적 대민서비스와 관련된 보안대책을 국가정보원장과 사전 협의를 거쳐 마련하여야 한다.

7. 필요한 경우 둘 이상의 지방자치단체가 공동으로 지역정보통합센터를 설치·운영할 수 있다.

• 기출문제 학습 •

01 「전자정부법」에 따라 (㉠ 과학기술정보통신부장관 / ㉡ 중앙사무관장기관의 장)은 (㉠ 3년마다 / ㉡ 5년마다) 해당기관의 전자정부의 구현·운영 및 발전을 위한 기본계획을 수립해야 한다. 23. 국가 9, 19. 지방 7

02 지능정보화 기본법에 따라 (㉠ 과학기술정보통신부장관 / ㉡ 행정안전부장관)은 중앙행정기관의 장과 지방자치단체의 장의 의견을 들어 3년마다 지능정보사회 종합계획을 수립하여야 한다. 15. 국가 9

03 ① 보편적 정보서비스정책의 준거 중에서 (㉠ 활용가능성 / ㉡ 요금의 저렴성)이란 빈부격차 등 경제적 이유 때문에 배제되지 않아야 한다는 것을 의미한다.
② 우리나라의 지능정보사회 종합계획은 정보통신 전략위원회 심의를 거쳐 (㉠ 행정안전부장관 / ㉡ 과학기술정보통신부장관)이 수립·확정한다. 11. 지방 7

04 조달 관련 온라인 서비스를 통합적으로 제공하는 것은 (㉠ G2B / ㉡ G2C) 사례에 해당한다. 22. 국가 7

05 전자정부의 개념정의에 있어 (㉠ 효율성 / ㉡ 민주성) 모델은 전자정부를 광의로 해석한 것이며, (㉠ 효율성 / ㉡ 민주성) 모델은 협의로 해석한 것이다. 10. 국가 7

06 전자정부 구현과정에서 (㉠ 직무 간 경계와 기능 간 경계가 점점 명확해진다. / ㉡ 중간관리층 규모가 축소되고 행정농도가 낮아진다.) 14. 국가 7

07 전자정부의 구현에 따른 기대효용으로 (㉠ 정보의 집중화를 통한 집권적인 정책결정이 / ㉡ 정보의 공개와 상호작용을 통한 행정의 신뢰성 확보가) 가능하다. 14. 국가 9

08 미국의 'Challenge.Gov' 프로그램은 국민을 (㉠ 프로슈머 협력자로 보기보다는 정부 정책을 홍보해야 할 대상으로 여긴다. / ㉡ 협력자로 여긴다.) 18. 서울 7

09 전자적 행정서비스 발달로 행정의 생산성 (㉠ 저하 / ㉡ 향상), 공공서비스 대응성이 (㉠ 높아짐 / ㉡ 낮아짐), 정부 간 거래비용이 (㉠ 감소 / ㉡ 증가), 조달행정 비용이 (㉠ 감소 / ㉡ 증가)한다. 18. 지방 7

10 공공기관의 공사, 용역, 물품 등의 발주정보를 공개하고 조달절차를 인터넷으로 처리하도록 (㉠ 온나라시스템을 / ㉡ 나라장터를) 도입하였다. 17. 국가 7

11 현행 전자정부 관련법상 행정기관의 장은 해당 기관에서 처리할 민원 사항에 대하여 관계 법령에서 종이문서로 신청하도록 규정하고 있는 경우 (㉠ 전자문서로 신청을 하게 할 수 없다. / ㉡ 전자문서로 신청 등을 하게 할 수 있다.) 12. 국가 7

12 일정한 기준과 절차에 따라 업무, 응용, 데이터, 기술, 보완 등 조직 전체의 구성요소들을 통합적으로 분석한 뒤 이들 간의 관계를 구조적으로 정리한 체제 및 이를 바탕으로 정보화 등을 통하여 구성요소들을 최적화하기 위한 방법은 「전자정부법」상 (㉠ 전자문서 / ㉡ 정보기술아키텍처 / ㉢ 정보시스템 / ㉣ 정보자원)에 대한 정의에 해당한다. 22. 국가 9

13 「전자정부법」상 행정기관 등의 장이 행정안전부장관에게 데이터 활용을 신청한 경우 행정안전부장관은 (㉠ 비공개대상정보라도 반드시 제공해야 한다. / ㉡ 다른 법률 등에서 비밀 또는 비공개 사항으로 규정된 경우 승인하여서는 아니 된다.) 20. 서울 9

Theme 17-4 정보화 관련 기타 주제

01 4차 산업혁명

1. 4차 산업혁명이라는 용어는 2016년 6월 스위스에서 열린 다보스 포럼(Davos Forum)에서 포럼의 의장이었던 클라우스 슈밥(Klaus Schwab)이 처음으로 사용하면서 이슈화되었다.

2. 산업과 산업 간의 초연결성을 바탕으로 초지능성을 창출하였고, 사이버 물리 시스템(cyber-physical system) 혁명이라고 할 수 있다.

3. IOT, 인공지능, 빅데이터 등의 신기술을 기존 제조업과 융합해 생산능력과 효율을 극대화하는 차세대 산업혁명이다.

02 빅데이터

1. 기존의 정보통신기술이 인터넷기반 전자정부가 지닌 한계를 극복하고 정부서비스에 무한한 기회를 창출할 수 있게 하는 새로운 전자정부기술 패러다임이다.

   ⊕ 예컨대 해운대구는 이용객의 불편사항을 SNS 빅데이터를 통해 파악하였고, 아마존(Amazon)은 고객 패턴 데이터를 분석하여 상품 추천 시스템을 구축하였다.

2. 빅데이터 활성화 관련 법률은 없지만 일부 지방자치단체에서 조례로 제정하였다.

   ◈ 경기도 빅데이터 활용에 관한 조례

   > "빅데이터"란 디지털환경에서 생성되는 정형 또는 비정형의 수치, 문자, 영상 등의 대량 데이터의 집합 및 이로부터 가치를 추출하고 결과를 분석하는 기술을 말한다.

3. **빅데이터(big date)의 3대 특징**

   크기(Volume), 속도(Velocity), 다양성(Variety)

4. 빅데이터에는 문자, 사진, 영상 등 다양한 형태의 비정형적 데이터 및 정형적 데이터가 포함된다.

5. 빅데이터 부상의 이유로 페이스북(Facebook)·트위터(Twitter) 등의 소셜네트워크 서비스(SNS)의 보급 확대를 들 수 있다.

6. 각종 센서 장비의 발달로 데이터가 늘어나면서 나타났고, 데이터를 실시간으로 처리하기도 한다.

7. 빅데이터를 활성화하기 위해서는 개인정보 보호 장치가 제도적으로 선행될 필요가 있다.

8. 과거 국가정보화전략위원회에서는 공공부문의 빅데이터 활용 시나리오를 제시하였다.

03 유비쿼터스 전자정부

1. Any-time, Any-where, Any-device, Any-network, Any-service 환경에서 실현되는 정부이다.

2. 중단 없는 정보 서비스 제공, 실시간성, 형평성 등의 가치를 추구한다.

3. 기술적으로 브로드밴드와 무선, 모바일 네트워크, 센싱, 칩 등을 기반으로 한다.

4. 서비스 전달 측면에서 지능적인 업무수행과 개개인의 수요에 맞는 맞춤형 서비스를 제공한다.

5. 전자정부 기반 기술 패러다임은 유선 인터넷 → 모바일 기술 → 유비쿼터스 컴퓨팅과 네트워크 기술 순으로 발전하였다.

04 스마트 정부의 특징

1. 시민의 편의가 중심이 되는 개인별 맞춤형 통합서비스를 제공한다.

2. 지능형 정보기술을 활용하여 재난사고 등에 대해 사전예방 위주의 위기관리를 강조한다.

3. 1회 신청으로 연관 민원을 일괄처리한다.

4. 시간과 장소에 상관없이 필요한 경우 원하는 방식으로 정부서비스에 접근이 가능하다.

05 통합전산환경의 특징

1. 정보자원의 물리적 통합으로 위치의 집중도를 높인다.

2. 정보자원의 논리적 통합으로 운영방식을 통합하여 효율을 높인다.

3. 애플리케이션 등 서비스 통합을 통하여 정보자원 간의 연계성을 높인다.

4. 조직통폐합으로 개인과 조직과의 갈등과 생존권이 위협받을 수 있다.

06 정부3.0

1. 정부3.0이란 개방, 공유, 소통, 협력의 핵심가치들을 통해 국정과제를 해결하고 국민행복을 추구하는 박근혜정부의 행정개혁의 일환이다.

2. 공공데이터의 민간활용 활성화, 민관협치 강화, 빅데이터를 활용한 과학적 행정 구현, 창업 및 기업활동에 대한 원스톱 지원을 강화한다.

3. 공공데이터의 민간 활용 활성화

정부3.0 추진 기본계획의 과제 중에서 공공정보가 민간의 창의성 및 혁신적인 아이디어와 결합하여 새로운 비즈니스를 창출할 수 있는 생태계를 조성하고자 하였다. 서울버스 앱, 케이 웨더 등이 공공데이터를 활용한 대표적인 사례이다.

07 스마트워크(Smart Work)

영상회의 등 정보통신기술을 이용해 시간과 장소의 제약없이 업무를 수행하는 유연한 근무형태를 말한다. 예컨대 우리나라의 경우 정부서울청사 등에 스마트워크센터를 설치·운영하고 있다.

08 기타 주제

1. 데이터 3법(개인정보 보호법, 정보통신망법, 신용정보법) 개정

(1) 행정안전부, 금융위원회, 방송통신위원회 등으로 분산된 개인정보보호 감독기능을 개인정보보호위원회로 일원화하였다.

(2) 개인정보보호위원회는 국무총리 소속 중앙행정기관으로 격상되었고, 위원장은 장관급에 해당한다.

(3) 가명정보는 통계작성, 연구, 공익적 기록보존 등을 위해 신용정보 주체의 동의 없이도 이용, 제공할 수 있다. 예컨대 20대 중반, 여성, 월소득 약 200만원, 평균 통장잔액 500만원이라는 정보가 가명정보에 해당한다.

2. 웹 접근성

장애인 등 정보 소외계층이 웹사이트에 있는 정보에 접근할 수 있도록 편의를 제공하는 것이다.

3. 클라우드 컴퓨팅

클라우드 컴퓨팅이란 네트워크를 통하여 서버에 데이터를 저장하고, 스마트폰이나 pc 등을 활용하여 언제 어디서든 이용하는 것으로 행정의 분권화적 시스템을 구축 가능하게 한다.

4. 5G

(1) 5G란 5세대 이동통신 기술을 의미한다.

(2) 초고속, 초저지연, 초연결을 특징으로 하고, 4차 산업혁명의 핵심 기술인 가상현실, 자율주행, 사물인터넷 등을 구현할 수 있게 한다.

5. 광대역통합망

통신, 방송, 인터넷 등을 통합한 멀티미디어 서비스를 제공하는 통합네트워크를 말한다.

6. 혼합 현실(Mixed Reality)

혼합 현실(MR)은 현실을 기반으로 가상 정보를 부가하는 증강 현실(AR: Augmented Reality)과 가상 환경에 현실 정보를 부가하는 증강 가상(AV: Augmented Virtuality)의 의미를 포함한다.

7. 업무재설계(business process reengineering)
정보기술의 활용을 통해 업무처리의 절차를 근본적으로 개선하는 데 초점을 맞추고, ICT 기반 행정혁신을 촉진한다.

8. 정보자원관리(information resource management)
정보를 비용이 수반되는 가치 있는 자원으로 인식하여 여러 정보기술들을 통합관리하는 기법이다.

9. 제3의 플랫폼(the 3rd platform)
모바일, 빅데이터, 클라우드 컴퓨팅 등으로 구성된 새로운 IT 환경을 말한다.

10. 인공지능(AI)
인간의 지능이 가지는 학습, 추론, 지각, 자연언어 이해 등의 기능을 전자적 방법으로 구현하는 소프트웨어나 컴퓨터시스템, 그 밖의 장치를 말한다.

11. 블록체인(Block Chain)
거래정보의 기록을 중앙집중화된 서버나 관리 기능에 의존하지 않고, 분산원장(distributed ledger)을 기반으로 모든 참여자에게 분산된 형태로 배분함으로써, 데이터 관리의 탈집중화된 환경을 제공하는 기술이다.

12. 사물인터넷(IoT)
인터넷을 기반으로 모든 사물을 연결하여 사람과 사물, 사물과 사물 간의 정보를 상호 소통하는 지능형 기술 및 서비스를 말한다.

• 기출문제 학습 •

01 (㉠ 1, 2차 산업혁명 / ㉡ 4차 산업혁명)은 대량 생산 및 규모의 경제 확산이 핵심이다. 21. 지방 9

02 4차 산업혁명은 (㉠ 3차 산업혁명의 연장선상이며 근본적인 특성을 공유하고 있다. / ㉡ 3차 산업혁명과 구분되는 IOT, 인공지능, 빅데이터 등의 신기술을 기존 제조업과 융합해 생산능력과 효율을 극대화하는 차세대 산업혁명이다.) 19. 서울추가 7

03 빅데이터에는 (㉠ 사진도 포함된다. / ㉡ 사진은 포함되지 않는다.) 21. 국가 7

04 빅데이터는 (㉠ 비정형적 데이터가 아닌 정형적 데이터만 포함한다. / ㉡ 정형적 데이터뿐만 아니라 비정형적 데이터도 포함한다.) 15. 국가 7

05 우리나라는 현재 빅데이터 활성화와 관련된 지방자치단체 조례가 (㉠ 제정되었다. / ㉡ 제정되지 않았다.) 17. 국가추가 7

06 빅데이터의 3대 특징은 (㉠ 크기, 정형성, 임시성 / ㉡ 크기, 속도, 다양성)이다. 17. 지방 9, 16. 국가 9

07 유비쿼터스 전자정부와 관련된 것을 모두 고르면? 20. 지방 9

> ㉠ 기술적으로 브로드밴드와 무선, 모바일 네트워크, 센싱, 칩 등을 기반
> ㉡ 서비스 전달 측면에서 지능적인 업무수행과 개개인의 수요에 맞는 맞춤형 서비스 제공
> ㉢ Any-time, Any-where, Any-device, Any-network, Any-service 환경에서 실현되는 정부를 지향

08 유비쿼터스 정부(u-government)의 특성과 거리가 먼 것은? 13. 국가 9
(㉠ 중단 없는 정보 서비스 제공 / ㉡ 맞춤 정보 제공 / ㉢ 고객지향성, 실시간성, 형평성 등의 가치 추구 / ㉣ 일방향 정보제공)

09 스마트사회 및 스마트정부는 (㉠ 재난발생 예방을 / ㉡ 재난 발생 후 최대한 빠른 시간 내에 복구를) 정책 목표로 추구한다. 13. 지방 7

10 스마트 전자정부의 특징 중 하나는 (㉠ 수요자 / ㉡ 공급자) 중심의 서비스 개발이다. 16. 지방 7

11 '정부 3.0 추진 기본계획'의 과제 중 공공정보가 민간의 창의성 및 혁신적인 아이디어와 결합하여 새로운 비즈니스를 창출할 수 있는 생태계 조성과 관련 있는 과제는 (㉠ 빅데이터를 활용한 과학적 행정 구현 / ㉡ 공공데이터의 민간 활용 활성화 / ㉢ 민관 협치 강화)이다. 14. 지방 7

12 정부 3.0은 (㉠ 공공기관의 정보 제공에 초점을 둔 정부 중심의 / ㉡ 수요자인 국민 중심의) 국가 운영 거버넌스를 의미한다. 15. 지방 9

13 정부 3.0은 원스톱 서비스 제공을 위해 (㉠ 직접방문 / ㉡ 인터넷)을 중심기반으로 설계되었다. 16. 서울 9

14 스마트워크란 (㉠ 통신, 방송, 인터넷 등을 통합한 멀티미디어 서비스를 안전하게 제공하는 통합네트워크 / ㉡ 영상회의 등 정보통신기술을 이용해 시간과 장소의 제약없이 업무를 수행하는 유연한 근무 형태)를 의미한다. 20. 국가 7

15 (㉠ 블록체인 / ㉡ 사물인터넷)이란 거래정보의 기록을 중앙집중화된 서버나 관리 기능에 의존하지 않고, 분산원장(distributed ledger)을 기반으로 모든 참여자에게 분산된 형태로 배분함으로써, 데이터 관리의 탈집중화된 환경을 제공하는 기술이다. 24. 국가 9

정답 1. ㉠ 2. ㉡ 3. ㉠ 4. ㉡ 5. ㉠ 6. ㉡ 7. ㉠, ㉡, ㉢ 8. ㉣ 9. ㉠ 10. ㉠ 11. ㉡ 12. ㉡ 13. ㉡ 14. ㉡ 15. ㉠

Theme 18-1 행정책임

01 행정책임이란?

행정관료가 도덕적·법률적 규범에 따라 행동해야 하는 국민에 대한 의무로서, 국가적 차원에서 국민에 대한 국가 역할의 정당성을 확인한다. 행정책임은 행정상의 일정한 의무를 전제로 발생하며 결과에 대한 책임과 과정에 대한 책임도 포함한다.

02 행정책임의 종류

1. 제도적 책임

공식적인 제도를 통해 관료가 업무를 수행하게 하는 타율적·수동적 책임을 의미한다. 예컨대 우리나라 「국가공무원법」은 '공무원은 국민의 봉사자로서 성실히 직무를 수행하고, 친절하고 공정하게 직무를 수행하여야 한다.'로 규정하고 있다. 이를 준수하지 않으면 징계 등을 통해 책임을 묻는다는 것이다.

2. 자율적·도의적 책임

전문가로서의 직업윤리와 책임감을 기초로 적극적·자발적 재량을 발휘하여 확보되는 책임이다. 객관적 기준을 확정하기 곤란하고 내면의 가치와 기준을 따르는 것으로, 국민의 요구와 기대를 정확하게 인식해서 이에 능동적으로 대응한다.

3. 시장적 책임

신공공관리론으로 대표되는 시장 지향적 행정개혁은 성과에 대한 책임과 고객 만족 등을 강조한다.

03 관련 학자

1. 파이너와 프레드리히의 논쟁

(1) **파이너**(H. Finer): 외적 통제 강조

직업 관료에게 책임이란 '선출직 관료(의원내각제 하에서 의원을 겸하는 장관 등)에 복종하는 것'이라고 보았다. 즉 국민이 대표자를 선출하면, 선출된 대표자가 직업 공무원을 감독하고 만약 지시에 따르지 않으면 해고도 가능하다고 보았다.

(2) **프레드리히**(C. J. Friedrich): 내적 통제 강조

파이너의 주장에 대해 프레드리히는, 행정의 기술적·과학적 측면과 복잡성으로 인하여 이러한 감독은 제한되어야 한다고 반론을 제기하였다. 또한 외적 통제의 강화는 부패를 방지할 수는 있을 뿐, 좋은 성과를 가져오기는 어렵다고 보았다. 따라서 직업 공무원이 스스로 책임감 있게 행동하도록 교육하고 동기를 부여하는 것이 더 나은 방법이라는 것이다.

2. 롬젝과 두브닉

롬젝과 두브닉(Barbara S. Romzek & Melvin J. Dubnick)은 그들의 논문 '공공영역에서 책임성 (Accountability in the Public Sector : Lessons from the Challenger Tragedy)'에서 책임성의 종류를 통제의 원천(Source of Agency Control)이 내부(Internal)에 있는지 또는 외부(External)에 있는지, 통제의 강도(Degree of Control Over Agency Actions)가 높은(High)지 또는 낮은(Low) 지에 따라서 네 가지로 구분하였다.

구분		통제의 원천	
		내부	외부
통제의 강도	높음	관료적 책임	법적 책임
	낮음	전문가적 책임	정치적 책임

(1) **관료(계층)적 책임**(Bureaucratic Accountability)

조직 내 상명하복의 원칙, 엄격한 감독 또는 표준운영절차(SOP)나 내부 규칙(규정)에 의해 통제되는 것이다. 관리자는 하위 관료가 지시를 성실히 이행하였는지에 따라서 처벌하거나 보상을 줄 수 있는 능력을 지니고 있다.

(2) **법적 책임**(Legal Accountability)

조직 외부의 의회가 제정한 법률에 따라 통제되는 것이다. 의회에서 법률을 제정하면, 관료가 해당 법률에 따라서 집행하여야 한다.

(3) **전문가적 책임**(Professional Accountability)

정부가 다루는 일이 점점 기술적으로 어렵거나 복잡해진다. 이러한 상황에서 관리자는 하위 관료의 기술이나 전문성에 의존하게 되고, 조직 내 전문직업적 규범과 전문가 집단의 관행이 중요해진다.

(4) **정치적 책임**(Political Accountability)

일반대중, 선출직 관료, 민간 고객, 이익집단 등을 유권자(Constituent)로 표현하고 있는데, 관료는 이들의 요구에 대응하는 것이 중요하다.

• 기출문제 학습 •

01 (㉠ 제도적 책임성 / ㉡ 자율적 책임성)은 공무원의 자율적이고 능동적인 행정 책임을 의미한다. 18. 서울추가 7

02 롬젝(Romzek)의 행정책임 유형 중 법적책임은 [㉠ 표준운영절차(SOP)나 내부 규칙(규정)에 의한 통제 / ㉡ 의회가 제정한 법률에 의한 통제]를 의미한다. 23. 국가 9

03 행정통제와 행정책임과 관련하여 (㉠ 파이너 / ㉡ 프리드리히)는 법적·제도적 외부통제를 강조하였고, (㉠ 파이너 / ㉡ 프리드리히)는 내재적 통제를 강조하였다. 21. 지방 9

정답 1. ㉡ 2. ㉡ 3. ㉠, ㉡

Theme 18-2 행정통제

01 행정통제란?

행정통제는 관료의 직권남용이나 부패를 방지하기 위해서 재량을 빼앗는 것으로 볼 수 있다. 반면에 통제를 강화하게 되면 관료의 의욕이 떨어져 국민에게 헌신하기 어려울 수도 있다. 따라서 통제와 재량을 적절히 조화하는 것이 중요하다. 입법국가 시절에는 외부통제에 중점을 두었으나, 행정국가로 이행하면서 행정의 전문화로 인하여 외부통제보다 내부통제가 더 중요하다.

02 길버트(Gilbert)의 행정통제 유형

제도화 \ 행정부	외부	내부
공식	입법부 • 국정조사, 국무위원에 대한 탄핵소추, 의회 옴부즈만 등 사법부 • 사후적·소극적, 합법성 강조 • 법원의 행정명령 위반여부 심사 • 헌법재판소의 권한쟁의 심판, 위헌법률심판 등	청와대, 감사원의 직무감찰·회계검사*, 국민권익위원회, 정부업무평가(중앙행정기관장의 당해 기관에 대한 자체 평가, 국무총리실에 의한 중앙행정기관에 대한 기관평가 등), 중앙행정부처에 의한 통제, 계층제 및 인사관리제도, 명령체계, 교차기능조직**
비공식	시민단체(환경운동연합의 정부정책에 대한 반대 등), 정당, 이익집단 및 언론에 의한 통제(언론의 공무원 부패 보도 등)	직업윤리에 의한 통제, 동료집단의 평판

* **독립통제기관**(Separate Monitoring Agency)
  일반행정기관과 대통령 그리고 외부 통제중추들의 중간 정도에 위치하며, 상당한 수준의 독자성과 자율성을 가지는 기관으로 우리나라의 감사원이 이에 해당한다.
** **교차기능조직**(Criss-Cross Organization)
  행정체제 전반에 걸쳐 관리작용을 분담하는 조직으로, 우리나라의 기획재정부(각 부처 예산안 검토 및 조정 등의 예산통제), 행정안전부(조직과 정원 통제) 등이 이에 해당한다. 예컨대 기획재정부는 우리나라 중앙예산기관으로서 국가 전체적인 예산안을 검토 및 조정하며, 각 부처 내의 예산을 총괄하는 부서에서 해당 부처 내의 예산을 검토하고 조정한다.

03 행정통제의 과정

목표와 계획에 따른 통제기준의 확인 → 실제 행정과정에 대한 정보 수집 → 과정평가, 효과평가 등의 실시 → 통제주체의 시정조치

• 기출문제 학습 •

01 행정통제와 관련하여 입법국가 시절에는 (㉠ 내부통제 / ㉡ 외부통제)에 중점을 두었으나, 행정국가로 이행하면서 (㉠ 내부통제 / ㉡ 외부통제)의 중요성이 부각되었다. 18. 지방 7

02 행정통제에 대한 설명으로 옳지 않은 것은? 13. 서울 9

> ㉠ 행정통제의 중심과제는 궁극적으로 민주주의와 관료제 간의 조화 문제로 귀결된다.
> ㉡ 행정통제는 설정된 행정목표와 기준에 따라 성과를 측정하는 데 초점을 맞추면 별도의 시정 노력은 요구되지 않는 특징이 있다.

03 행정통제와 관련하여 옳은 것은? 15. 지방 9

> ㉠ 권위주의적 정치·행정문화 속에서 행정의 내·외부통제가 보다 효과적으로 이루어졌다.
> ㉡ 행정기관 및 공무원의 직무에 관한 감찰을 하기 위하여 대통령 소속하에 감사원을 두고 있다.

04 행정책임 확보 방안 중 중앙부처의 예산 편성과 집행에 대한 기획재정부의 관리 활동은 (㉠ 내부통제 / ㉡ 외부통제)에 해당한다. 22. 지방 7

05 (㉠ 감사원의 회계검사는 / ㉡ 의회의 국정감사는) 행정통제 유형 중 내부통제에 해당한다. 24. 국가 7

06 행정통제를 내부통제와 외부통제로 구분할 경우, 윤리적 책임의식의 내재화를 통한 통제는 (㉠ 내부통제 / ㉡ 외부통제)에 속한다. 20. 지방 7

07 (㉠ 시민 / ㉡ 입법부 / ㉢ 사법부 / ㉣ 감사원)에 의한 통제는 행정경험과 해당 분야에 대한 전문성을 갖고 합법성과 합목적성을 구별할 수 있는 전문가에 의한 통제이다. 12. 지방 9

08 국무조정실의 직무감찰은 (㉠ 내부 / ㉡ 외부)·(㉠ 공식 / ㉡ 비공식)적 행정통제이다. 13. 국가 9

09 국정감사권은 입법부의 (㉠ 내부 / ㉡ 외부)·(㉠ 공식 / ㉡ 비공식)적 행정통제이다. 11. 국가 9

10 시민단체의 역할은 행정에 대한 (㉠ 내부 / ㉡ 외부)·(㉠ 공식 / ㉡ 비공식)적 행정통제이다. 15. 국가 7

11 (㉠ 감찰통제 / ㉡ 예산통제 / ㉢ 인력의 정원통제 / ㉣ 정당에 의한 통제)는 외부통제에 해당한다. 18. 서울 9

12 행정통제와 관련하여, 교차기능조직은 행정체제 전반에 걸쳐 관리작용을 분담하여 수행하는 참모적 조직단위들로서 (㉠ 내부적 통제체제이다. / ㉡ 내부적 통제체제로부터 완전히 독립되어 있다.) 17. 지방 9

13 행정통제를 ① 내부통제와 ② 외부통제로 구분하면 [㉠ 입법부(국회의 국정조사) / ㉡ 사법부(국민들의 조세부과 처분에 대한 취소소송) / ㉢ 감사원 / ㉣ 시민 / ㉤ 공무원으로서의 직업윤리 / ㉥ 행정안전부의 각 중앙행정기관 조직과 정원 통제 / ㉦ 기획재정부의 각 부처 예산안 검토 및 조정 / ㉧ 국무총리의 중앙행정기관에 대한 기관평가 / ㉨ 환경운동연합의 정부정책에 대한 반대 / ㉩ 중앙행정기관장의 당해 기관에 대한 자체평가 / ㉪ 언론의 공무원 부패 보도]이다. 21. 국가 9, 16. 국가 7

14 행정통제의 과정을 순서대로 나열하면 (㉠ 실제 행정 과정에 대한 정보의 수집 / ㉡ 목표와 계획에 따른 통제기준의 확인 / ㉢ 통제주체의 시정 조치 / ㉣ 과정평가, 효과평가 등의 실시) 순이다. 13. 국가 7

Theme 18-3 옴부즈만 제도

01 옴부즈만 제도란?

옴부즈만(Ombudsman)은 공공기관의 위법·부당한 행위로부터 국민의 권리보호·권익구제 등을 위한 국민의 대리인으로서, 의회나 행정부로부터 독립적으로 업무를 수행한다. 옴부드(ombud)는 스웨덴어로 대리인을 의미하며, 영국과 미국에서는 민정관 또는 호민관이라는 뜻으로 사용되고 있다. 입법부 및 사법부 등 외부통제의 한계를 보완하기 위하여 1809년 스웨덴에서 처음으로 채택되었다.

02 옴부즈만의 특징

1. 옴부즈만은 공공기관의 위법·부당한 행위와 관련된 고충민원 처리와 시정권고 등의 역할을 수행한다. 강제력이 없는 시정권고·의견 표명·공표·보고·권유·설득을 사용하기 때문에, 법원이나 행정기관의 결정을 무효, 취소, 변경할 수 있는 권한을 갖지 않는다.

2. 통상적으로 옴부즈만은 의회에 의해 임명되는 의회형과 정부에 의해 임명되는 행정부형으로 구분되며, 최초로 도입한 스웨덴은 의회형에 해당한다.

3. 임명하는 기관으로부터 직무상 엄격히 독립되어 국정을 통제할 수 있도록, 옴부즈만의 임기는 비교적 길고 임기보장이 엄격하게 적용되어야 한다.

4. 일반적으로 국민의 요구나 신청에 의해 활동을 개시하지만, 예외적으로 직권으로 조사할 수 있다.

5. 기본 성격은 청원이나 진정과 비슷하며, 독립적인 조사권, 시찰권, 소추권 등이 있지만 소추권은 인정하지 않는 것이 일반적이다.

6. 업무처리에 있어 절차상의 제약이 크지 않아 시민들의 접근이 용이하고 비용이 적게 든다.

7. 옴부즈만의 개인적 신망과 영향력에 의존하는 바가 크고, 법적으로 확립되고 기능적으로 자율적이다.

03 우리나라의 옴부즈만제도

1. 1994년 출범한 국민고충처리위원회가 옴부즈만 제도의 시초이며, 현재는 「부패방지 및 국민권익위원회의 설치와 운영에 관한 법률」에 따라 설치된 국민권익위원회가 그 역할을 수행하고 있다.

2. 지방자치단체는 「부패방지 및 국민권익위원회의 설치와 운영에 관한 법률」에 따라 시민고충처리위원회를 둘 수 있고, 이는 지방자치단체의 옴부즈만이라고 할 수 있다.

04 국민권익위원회

1. 설치
고충민원의 처리와 이에 관련된 불합리한 행정제도를 개선하고, 부패의 발생을 예방하며 부패행위를 효율적으로 규제하도록 하기 위하여 국무총리 소속으로 국민권익위원회를 둔다.

2. 주요기능
(1) 국민의 권리보호·권익구제 및 부패방지를 위한 정책의 수립 및 시행
(2) 고충민원의 조사와 처리 및 이와 관련된 시정권고 또는 의견표명
(3) 고충민원을 유발하는 관련 행정제도 및 그 제도의 운영에 개선이 필요하다고 판단되는 경우 이에 대한 권고 또는 의견표명
(4) 공공기관의 부패방지를 위한 시책 및 제도개선 사항의 수립·권고와 이를 위한 공공기관에 대한 실태조사
(5) 공공기관의 부패방지시책 추진상황에 대한 실태조사·평가

3. 구성
(1) 위원회는 위원장 1명을 포함한 15명의 위원(부위원장 3명과 상임위원 3명을 포함한다)으로 구성한다.
(2) 위원장과 부위원장은 국무총리 제청으로 대통령이 임명하고, 상임위원은 위원장의 제청으로 대통령이 임명하며, 상임위원이 아닌 위원은 대통령이 임명 또는 위촉한다.

4. 위원의 결격사유
대한민국 국민이 아닌 사람, 「국가공무원법」 따라 공무원 임용의 결격사유에 해당하는 사람, 정당의 당원, 「공직선거법」에 따라 실시하는 선거에 후보자로 등록한 사람은 위원이 될 수 없다.

5. 직무상 독립과 신분보장 및 겸직금지
(1) 위원회는 그 권한에 속하는 업무를 독립적으로 수행하며, 위원장과 위원의 임기는 각각 3년으로 하되 1차에 한하여 연임할 수 있다.
(2) 위원은 국회의원, 지방의회의원, 행정기관등과 대통령령으로 정하는 특별한 이해관계가 있는 개인이나 법인 또는 단체의 임·직원을 겸할 수 없다.

6. 위원의 제척·기피·회피
위원 또는 배우자 등 가족이 당해 사안과 관계가 있으면 심의·의결에서 제척되고, 심의·의결의 이해당사자는 위원에게 공정을 기대하기 어려운 특별한 사정이 있는 경우에는 기피신청을 할 수 있다. 또한 위원 본인이 스스로 그 사안의 심의·의결을 회피할 수 있다.

7. 의결
위원회는 재적위원 과반수의 출석으로 개의하고 출석위원 과반수의 찬성으로 의결한다. 다만, 다수인의 이해와 관련된 사안, 제도개선을 권고하는 사항 등은 재적위원 과반수의 찬성으로 의결한다.

8. 중앙행정심판위원회

국민권익위원회에 중앙행정심판위원회를 두고, 국민권익위원회 부위원장 중 1명이 중앙행정심판위원회의 위원장이 된다.

• 기출문제 학습 •

01 옴부즈만 제도와 관련하여 옴부즈만은 (㉠ 사법부가 임명한다. / ㉡ 의회에 의해 임명되는 의회형과 정부에 의해 임명되는 행정부형으로 구분된다.) 21. 국가 7

02 옴부즈만은 법원이나 행정기관의 결정이나 행위를 무효로 할 수 없고, 취소 또는 변경할 수 (㉠ 있다. / ㉡ 없다.) 10. 지방 9

03 옴부즈만의 임기보장은 엄격하게 (㉠ 적용되어야 한다. / ㉡ 적용되지 않는다.) 17. 지방 7

04 옴브즈만제도의 권한으로 독립적인 조사권, 시찰권, (㉠ 소추권 등도 / ㉡ 소추권은 제외하고) 대부분의 나라에서 인정하고 있다. 10. 국가 7

05 옴브즈만의 조사활동은 (㉠ 직권으로 조사활동을 / ㉡ 국민의 요구나 신청에 의해 조사활동)을 개시하는 것이 일반적이다. 11. 국가 7

06 옴브즈만 제도는 (㉠ 핀란드 / ㉡ 스웨덴)에서 1809년 최초로 도입되었다. 우리나라의 경우 (㉠ 대통령 / ㉡ 국무총리) 직속의 국민권익위원회가 옴부즈만에 해당한다. 16. 지방 9

07 옴부즈만과 관련하여, 우리나라의 경우 1994년 출범한 (㉠ 국민고충처리위원회 / ㉡ 공정거래위원회)가 옴부즈만 제도의 시초이다. 18. 서울 7

정답 1.㉡ 2.㉡ 3.㉠ 4.㉡ 5.㉠ 6.㉡,㉡ 7.㉠

PART 01 총론 연습문제

01 다음 중 공유재와 관련된 설명으로 옳지 않은 것은?
① 공유지의 비극은 개인은 모두 자신의 이익을 극대화한다고 가정하고, 사적 이익의 극대화가 공공이익의 손실을 가져오는 현상이다.
② 목초지, 국립도서관, 올림픽 주경기장, 해저광물, 출근길 시내도로, 공공낚시터 등이 공유재에 해당한다.
③ 공유지의 비극은 비용의 집중과 편익의 분산관계에 의해 발생한다.
④ 공유재는 비배제성과 경합성으로 인하여 '공유지의 비극(The tragedy of the commons)'을 초래하는 공공서비스 유형이다.

02 행정의 가치를 본질적 가치와 수단적 가치로 구분할 때 본질적 가치에 해당하는 것은?
① 형평성
② 능률성
③ 효과성
④ 민주성

03 규제와 관련된 용어에 대한 설명으로 옳지 않은 것은?
① 성과규제: 정부가 목표달성 수준을 정하고 피규제자에게 이를 달성할 것을 요구하는 것으로, 인체건강을 위해 개발된 신약에 대한 부작용의 허용 가능한 발생 수준 규제 등이 해당된다.
② 자율규제: 피규제자가 스스로 합의된 규정을 만들고 이를 구성원들에게 적용하는 규제로, 행정력 부족이나 규제기관의 기술적 전문성이 피규제집단에 비해 현저하게 낮은 경우 적용된다.
③ 규제의 역설: 공익달성을 위해 규제를 도입하였지만 결과적으로 규제로 인해 공익을 저해하는 현상으로, 소득재분배를 위한 규제가 오히려 사회적으로 가장 어려운 사람들에게 손해를 발생시키는 경우 등이 해당된다.
④ 경제적 규제: 시민의 안전 등을 위해 요구되는 규제로 소비자안전규제, 산업재해규제, 환경규제 등이 있다.

04 사바스(Savas)의 공공서비스 제공방식 중 정부가 결정하고, 민간이 생산하는 공공서비스에 해당하지 않는 것은?

① 계약(Contract-out)
② 셀프서비스(Self-service)
③ 프랜차이즈(Franchise)
④ 보조금(Grant)

05 다음 중 정치행정일원론에 대한 설명으로 옳지 않은 것은?

① 행정은 정책형성과 정책결정 등을 포함한다.
② 디목(Dimock)은 정책결정과 정책집행의 협조적 관계를 강조하였다.
③ 미국에서는 대공황을 극복하기 위하여 1930년대 뉴딜정책이 시행되었다.
④ 굿노(Goodnow)는 정치와 행정의 정합·연속·순환적 관계를 강조하였다.

06 다음 중 큰 정부 관점에 해당하는 내용은?

① 소극적 자유 선호
② 행정에 경영기법 및 경쟁원리 도입 추진
③ 하이에크의 저서 노예로의 길
④ 미국의 '위대한 사회(The Great Society)' 정책

07 행태주의에 대한 설명으로 옳지 않은 것은?

① 비엔나 학파에서 시도한 사회현상의 과학적 분석방법에 그 뿌리를 두고 있다.
② 인간행위를 연구대상으로 정립하고 행정연구에 과학주의를 도입하여 행정학은 이론과 법칙을 정립하는 데 목적을 두어야 한다고 주장한다.
③ 인접학문과 협동연구(interdisciplinary approach)를 중시한다.
④ 사회현상을 자연현상과 동일하게 관찰 가능한 객관적 대상으로 보며 논리실증주의를 부정한다.

08 신제도주의에 대한 설명으로 가장 적절하지 않은 것은?
① 신제도주의는 그동안 내생변수로만 다루어 오던 정책 혹은 행정환경을 외생변수와 같이 직접적인 분석대상에 포함시켜 종합·분석적인 연구에 기여하였다.
② 역사적 제도주의는 각국에서 채택된 정책의 상이성과 효과를 역사적으로 형성된 각국의 제도에서 찾고자 한다.
③ 합리적 선택 제도주의는 경제학에 이론적 배경을 두고 있다.
④ 사회학적 제도주의에서는 제도의 범위를 가장 넓게 보고 있다.

09 전자적 행정서비스에 대한 설명으로 옳지 않은 것은?
① G2C(Government to Citizen) 관점에서 시민요구에 부응하는 질 높은 행정서비스를 제공하고 시민참여를 촉진하여 공공서비스 수요에 대한 대응성을 높여야 한다.
② 우리나라 정부에서 운영하는 나라장터는 G2B(Government to Business) 사례로 볼 수 있다.
③ 우리나라 정부에서 운영하는 온-나라시스템은 재정업무의 전 과정을 온라인으로 수행하고 재정사업의 현황을 실시간으로 파악할 수 있는 통합재정정보시스템이다.
④ 정부부처 간, 중앙과 지방정부 간에 정보를 공동활용하여 행정업무의 정확성과 효율성이 증대되고 거래비용이 감소한다.

10 행정통제 유형을 외부통제와 내부통제로 나눌 때 내부통제 기관에 해당하는 것은?
① 국회
② 감사원
③ 시민단체
④ 정당

정답 및 해설

01 ▶ ③
공유지의 비극은 편익의 집중과 비용의 분산관계에 의해 발생한다.

02 ▶ ①
②, ③, ④ 수단적 가치에 해당한다.

03 ▶ ④
사회적 규제에 대한 설명이다. 경제적 규제는 시장의 가격 기능에 개입하고 기업의 시장 진입을 배제하거나 억압하는 방식으로, 인·허가 등록과 같은 진입규제·퇴거규제 등이 있다.

04 ▶ ②
셀프서비스(Self-service)는 민간이 결정하고, 민간이 공급하는 서비스이다.

05 ▶ ④
애플비는 정치와 행정의 정합·연속·순환적 관계를 강조하였다. 굿노는 정치는 국가의 의지를 표명하고 정책을 구현하는 것이며 행정은 이를 실천하는 것으로 보고, 정치와 행정의 차이를 명확히 구별했다.

06 ▶ ④
①, ②, ③ 작은 정부 관점이다. 위대한 사회정책은 ④ 존슨(Johnson) 행정부가 1960년대 중반부터 흑인 등 하류층을 위하여 시행한 대대적인 사회복지정책으로 큰 정부 관점이다.

07 ▶ ④
사회현상을 자연현상과 동일하게 관찰 가능한 객관적 대상으로 보며 논리실증주의를 신봉한다.

08 ▶ ①
신제도주의는 그동안 외생변수로만 다루어 오던 정책 혹은 행정환경을 내생변수와 같이 직접적인 분석대상에 포함시켜 종합·분석적인 연구에 기여하고 있다.

09 ▶ ③
- 디지털예산회계시스템(d-Brain)은 재정업무의 전 과정을 온라인으로 수행하고 재정사업의 현황을 실시간으로 파악할 수 있는 통합재정정보시스템이다.
- 온-나라시스템은 중앙부처, 산하기관, 지방자치단체 공무원 등이 사용하는 업무처리 전산화 시스템이다.

10 ▶ ②

행정부 제도화 여부	외부	내부
공식	입법부 • 국정조사, 의회 옴부즈만 등 사법부 • 사후적·소극적, 합법성 강조 • 법원의 행정명령 위반여부 심사 • 헌법재판소의 권한쟁의 심판 등	청와대, 감사원의 직무감찰, 국민권익위원회, 정부업무평가(중앙행정기관장의 당해 기관에 대한 자체 평가, 국무총리실의 중앙행정기관에 대한 기관평가 등), 중앙행정부처에 의한 통제, 계층제 및 인사관리제도, 명령체계, 교차기능조직
비공식	시민단체(환경운동연합의 정부정책에 대한 반대 등), 정당, 이익집단 및 언론에 의한 통제(언론의 공무원 부패 보도 등)	직업윤리에 의한 통제, 동료집단의 평판

 김재준 단권화 행정학

Theme 01 정책 개요
Theme 02 정책유형의 분류
Theme 03 정책참여자들 간의 관계
Theme 04 정책의제설정
Theme 05 정책분석
Theme 06 정책결정: 개인적 차원의 정책결정모형
Theme 07 정책결정: 집단적 차원의 정책결정모형
Theme 08 정책집행
Theme 09 정책평가
Theme 10 정책평가의 방법
Theme 11 정부업무평가 기본법
Theme 12 정책변동
Theme 13 기타 주제
• PART 2 정책 연습문제

02

정책

PART 02 정책

Theme 01 정책 개요

01 정책이란?

1. 의미

정부가 사회문제 해결을 위하여 마련한 정책목표와 정책수단을 의미한다. 예컨대 10%가 넘는 청년실업률을 해결하기 위하여 청년실업률을 3% 이하로 낮추는 것을 정책목표로 정하고, 직업훈련·취업알선 등의 정책수단을 사용하는 것이다.

2. 정책의 구성요소(3요소 또는 4요소)

정책의 구성요소는 정책목표와 정책수단에 더하여 정책대상, 정책결정자까지 포함하기도 한다. 예컨대 청년취업지원정책의 대상자는 20~30대 구직자이고, 정책결정자는 국회의 관련 상임위원회와 정부의 고용노동부 등이 해당된다.

(1) **3요소**: 정책목표, 정책수단, 정책대상
(2) **4요소**: 정책목표, 정책수단, 정책대상, 정책결정자

02 정책학

1. 정책학의 시작

(1) 정치행정이원론 관점의 전통행정학은 행정이 정책집행만 담당한다고 보았으나, 1930년대 이후 행정이 실질적으로 정책결정까지 담당하게 됨에 따라 정책에 대한 연구가 필요하게 되었다. 현대적 의미의 정책학은 1951년 발표된 라스웰(Harold D. Lasswell)의 '정책 지향(The Policy Orientation)'이라는 논문에서 시작되었다.

(2) 정책학은 1950년대까지 미국 학계를 휩쓸었던 행태주의에 밀려 있다가, 1960년대 인종갈등, 월남전 여파 등의 사회적 문제가 대두됨에 따라 현실 문제 해결을 위하여 본격적으로 발전하기 시작하였다. 특히 정책분석 분야에서는 처방적 논리나 기법으로 OR(operation research), 체제분석, 비용-효과분석 등이 2차 대전 후 급속히 발전되었다. 드로어(Yehezkel Dror)도 1970년 발표한 '정책과학 서론(Prolegomena to Policy Sciences)'에서 정책결정의 방법, 지식, 체제에 관심을 두어야 한다고 주장하고, 정책결정체제에 대한 이해와 정책결정의 개선을 강조하였다. 1980년대 정책학의 연구는 정책형성, 집행, 평가, 변동 등 다양한 분야로 확대되었다.

2. 라스웰과 드로어가 주장한 정책학의 특징

(1) **문제지향성**(Problem Orientation): 정책문제 해결이라는 실천적인 목표

(2) **맥락지향성**(Contextual Orientation): 시간적·공간적 상황이나 역사성을 강조

(3) **연합학문지향성**(Multidisciplinary Orientation): 문제해결을 위해 다른 학문들의 이론·기법 활용

(4) 규범적 접근(가치판단)과 실증적 접근(사실판단)을 융합한 처방적 접근

3. 라스웰이 강조한 정책과정에 관한 지식과 정책과정에 필요한 지식

(1) **정책과정에 관한 지식**

과학적 연구결과로 얻은 실증적 지식으로, 정책과정이 어떻게 전개되고 있는지를 사실판단에 근거하여 파악한다. 이론적으로 합리적인 결정방식이 있는데도 불구하고, 실제 정책결정은 그렇지 못한 이유를 연구한다. 예컨대 이론적으로는 경제적으로 가장 합리적인 대안을 선택해야 하는데, 실제로는 그러한 의사결정을 하지 못할 수도 있다.

(2) **정책과정에 필요한 지식**

① 처방적(Prescriptive)·규범적(Normative) 지식

정책과정 자체를 바람직하게 하는 데 기여하는 지식을 말한다. 처방적 지식은 다양한 정책에 공통적으로 적용될 수 있는 각종 분석기법 등이 포함된다. 규범적 지식은 가치판단을 전제로 하여 '~해야 한다.'로 표현되는데, 예컨대 '실업률을 낮추어야 한다.', '물가를 낮추어야 한다.' 등이 해당한다.

② 정책의 실질적 내용에 대한 지식

정책의 실질적 내용을 뒷받침하는 지식을 말한다. 예컨대 경제정책은 경제학적 지식, 보건정책은 보건학 등의 지식이 해당한다. 여러 분야의 지식이 필요한 경우 범학문적 시도가 필요하다.

03 정책수단

1. 정책수단(Policy Tools)이란?

정책목적을 달성하기 위한 정책집행에 사용하는 수단으로 정책도구(Policy Instrument)로 부르기도 한다. 정책수단은 정치적인 성격을 가지며, 특히 이념적으로 지향하는 가치는 정책수단의 선택에 핵심적인 영향을 미친다. 예컨대 보수주의는 아웃소싱이나 민영화 등을 선호하고, 진보주의는 정부의 직접공급을 선호한다. 정책수단은 살라몬, 하울렛 등에 의해 유형화되었다.

2. 살라몬(L. M. Salamon)의 정책 수단 분류

(1) 살라몬은 저서 '정부의 정책 수단(도구)'(The Tools of Government)에서 직접성(Directness), 강제성(Coerciveness), 자동성(Automaticity), 가시성(Visibility) 정도에 따라서 정책수단을 분류하였다.

① **직접성(Directness)**: 재화나 서비스가 정부기구를 통해서 직접 공급될수록 직접성 정도가 높은 수단이고, 제3자를 통해 공급될수록 간접적인 수단이다. 예컨대 바우처는 비용부담은 정부가 하고, 공급은 민간이 하므로 직접성이 낮은 수단이다.

② **강제성(Coerciveness)**: 개인이나 집단의 행동을 제한(Restricts)하거나 강제(Forces)할수록 강제성이 높은 수단이고, 단지 조장(Encouraging)한다면 강제성이 낮은 수단이다. 예컨대 보조금은 민간이 신청하면 지급하므로 강제성이 낮은 수단이다.

③ **자동성(Automaticity)**: 시장 시스템, 조세 시스템 등 기존의 관리 구조(Administrative Structure)가 사용될수록 자동성이 높은 수단이고, 새로운 관리 기구(Administrative Apparatus)를 도입할수록 자동성이 낮은 수단이다. 예컨대 바우처가 자동성이 높은 이유는 기존의 시장 시스템을 통해 구매자가 공급자를 선택하기 때문이다.

④ **가시성(Visibility)**: 정부의 예산 및 정책 과정에서 잘 드러나는(Show up) 정도에 따라서 정책 수단의 가시성 정도가 달라진다. 예컨대 보조금이나 벌금은 가시성이 높으나 조세지출은 수혜대상자와 효과가 명확하게 드러나지 않는다.

(2) 직접성 및 강제성 정도에 따른 정책 수단의 분류

직접성 정도에 따른 분류		강제성 정도에 따른 분류	
직접성 정도	종류	강제성 정도	종류
낮음	• 손해책임법 • 보조금 • 대출보증 • 정부출자기업 • 바우처	낮음	• 손해책임법 • 정보 제공 • 조세지출
중간	• 조세지출 • 계약 • 사회적 규제 • 벌금	중간	• 바우처 • 보험 • 보조금 • 공기업 • 대출보증 • 직접 대출 • 계약 • 표기의무 • 벌금
높음	• 보험 • 직접 대출 • 경제적 규제 • 정보 제공 • 공기업 • 정부 소비 • (직접 정부)	높음	• 경제적 규제 • 사회적 규제

(3) 자동성 및 가시성 정도에 따른 정책 수단의 분류

자동성 정도에 따른 분류		가시성 정도에 따른 분류	
자동성 정도	종류	가시성 정도	종류
낮음	• 경제적 규제 • 사회적 규제 • 정부 소비 • (직접 정부) • 공기업 • 정보 제공 • 직접 대출 • 보험	낮음	• 경제적 규제 • 사회적 규제 • 보험 • 손해책임법
중간	• 보조금 • 계약 • 대출보증	중간	• 계약 • 정보제공 • 대출보증 • 조세지출
높음	• 바우처 • 조세지출 • 벌금 • 손해책임법	높음	• 정부 소비 • (직접 정부) • 공기업 • 보조금 • 직접 대출 • 바우처 • 벌금

(4) 정책수단의 의미

① **정부 소비(직접 정부, Direct Government)** : 재화나 서비스가 관료들에 의해서 전달(Delivery) 되는 방식이다.

　🔍 과거 출제된 문제에서 '정부 소비'로 번역하였는데, '직접 정부'가 좀 더 직관적인 표현이다.

② **공기업(Government Corporation)** : 정부가 소유하고 통제하는 정부 기구(Government Agency) 이다.

③ **정부출자기업(Government-Sponsored Enterprise)** : 민간이 소유하고 통제하는 기구이다. 정부는 세제 혜택이나 규제 면제 등을 부여하고, 기업은 특정한 의무를 진다.

④ **경제적 규제(Economic Regulation)** : 경제적 규제는 가격이나 산출, 기업의 진입이나 퇴출을 통제하는 수단이다. 예컨대 정부가 전기요금에 대한 가격 상한선을 설정한다.

⑤ **사회적 규제(Social Regulation)** : 사회적 규제는 공중보건이나 안전, 복지 등에 직접적으로 위해를 가하는 행위를 제한하는 데 초점을 두고 있다. 예컨대 환경오염, 위험한 작업환경 등이 이러한 행위에 해당한다.

⑥ **보험(Insurance)** : 특별한 사건으로 인하여 개인이나 회사의 피해에 대해서 정부가 보상해 주는 수단이다. 정부 기구에 의해서 직접 운영될 수도 있고, 정부가 지원하는 민간 보험회사를 통해서 제공될 수도 있다.

⑦ **정보 제공(Public Information)**: 정보는 기대하는 정책결과를 이끌어내기 위한 수단이다. 예컨대 정부가 친환경 차량의 보급 확대를 위하여 친환경 차량의 유지비용, 세제 혜택, 환경에 미치는 긍정적인 영향 등의 정보를 제공하는 것이다.

⑧ **벌금(Corrective Taxes, Charges and Tradable Permits)**: 가격이나 시장기구를 활용하여 개개인에게 재정적 인센티브를 제공하는 것이다. 인센티브를 통하여 개개인의 행동이 사회적 손해를 줄이고, 사회적 이득을 확보하는 방향으로 바뀌게 된다. 예컨대 사람들이 재활용을 더 하도록 유도하기 위하여 일반쓰레기 처리비용을 더 올리는 것이다.

⑨ **계약(Contracting)**: 특정 생산품이나 서비스를 정부에 제공하기로 하는 정부와 민간 사이에 합의를 의미한다. 예컨대 국방부가 직접 무기를 생산하는 대신에 민간기업과 계약을 통해서 무기를 구입할 수 있다.

⑩ **보조금(Grants)**: 정부가 특정 서비스에서 민간의 활동을 지원하기 위하여 지급하는 것이다. 예컨대 지방자치단체가 시내버스 회사에 보조금을 지급한다.

⑪ **직접 대출(Direct Loan)**: 정부가 재무부(Treasury)로부터 대출자(Borrowers)에게 직접 빌려주는 방식이다.

⑫ **대출 보증(Loan Guarantee)**: 상업은행과 같은 민간 대출기관이 대출해 주고 정부가 보증하는 방식이다.

⑬ **조세지출(Tax Expenditures)**: 세금 연기나 감면, 면제 등을 통하여 개인이나 회사의 특정한 행동을 조장하는 방식이다. 예컨대 자녀에 대한 세액공제 혜택이 해당한다.

⑭ **바우처(Vouchers)**: 개인에게 제한된 상품이나 서비스에 대하여 보조하는 방식이다. 예컨대 식품 바우처는 식품 구매에만 사용할 수 있다.

⑮ **손해책임법(Tort Liability)**: 사법 시스템을 통해서 피해자에게 보상을 하는 방식이다. 예컨대 자동차 사고로 인한 피해에 대하여 보험을 통해서 충분한 보상이 이루어지지 못할 수 있다. 피해자는 손해책임법에 따라 자동차 제조사를 상대로 손해배상 소송을 제기할 수 있다.

직접적 수단과 간접적 수단의 혼선

'보험'이 직접적 수단인지 간접적 수단인지 수험생들 사이에 혼선이 있었다. 아마도 보험은 직접성이 높음으로 분류되었기 때문에 직접적 수단이라고 오해한 듯하다. 앞서 직접성에 따라 분류한 표에 따르면 직접성이 가장 높은 수단은 '직접 정부'에 해당하고, 그 아래로 순서대로 직접성의 정도가 낮아진다. 즉 보험을 '높음'으로 분류하지만 '직접적 수단'이라고 명시하고 있지 않다. 살라몬은 그의 저서에서 다음과 같이 직접적 수단과 간접적 수단을 구분하고 있다.

직접적 수단(Direct Tools)	간접적 수단(Indirect Tools)	
• 정부 소비(직접 정부)	• 사회적 규제	• 계약
• 공기업	• 대출 보증	• 보조금
• 경제적 규제	• 조세지출	• 벌금
• 정보 제공	• 보험	• 손해책임법
• 직접 대출	• 바우처	• 정부출자기업

3. 후드(Hood)와 하울렛(Howlett)의 정책수단 유형화('NATO' model)

후드는 정부가 공공문제를 해결하기 위하여 네 가지 형태의 자원을 활용한다고 주장하였다. 후드의 주장은 하울렛 등에 의하여 인용되었다.

(1) **정보자원(Nodality)**

정부가 가지고 있는 정보를 사용하는 방법이다. 예컨대 담배가 질병에 미치는 영향에 관한 정보를 대중에 알리면 담배 소비에 영향을 줄 수 있다.

(2) **권위(Authority)**

정부가 가지고 있는 법적인 권력을 사용하는 방법이다. 정부가 규제를 만들어 대상 집단이 준수하도록 하고, 준수하지 않을 경우 불이익을 부과하는 것이다. 특히 다른 정책수단에 비해 예측가능성이 높기 때문에 즉각적인 대응이 필요한 사회적 위기 상황에 적합하다. 예컨대 마약의 사용이 급증하는 위기 상황에서 마약에 대한 위험성을 단순히 알리는 것보다, 마약 오·남용을 엄격히 금지하고 위반 시 강력하게 처벌하는 것이 효과적이다.

(3) **재원(Treasure)**

정부가 가지고 있는 재정자원을 사용하는 방법이다. 정부가 원하는 행동을 하도록 보조금·세제혜택·대출 등을 활용할 수 있고, 정부가 원하지 않는 행동을 할 경우 세금이나 사용요금을 물리게 된다. 예컨대 친환경 자동차 구매를 독려하기 위하여 구매 보조금 지원과 세금 감면 등의 혜택을 준다. 반대로 다주택자에게 중과세를 부과하여 주택시장을 안정화 시킨다.

(4) **조직(Organization)**

공공서비스를 정부의 관료제를 통하여 직접 제공하거나, 정부 출자기업·비정부기구·공공-민간 파트너십 등 다양한 형태로 제공할 수 있다.

4. 비덩(Vedung)의 분류

규제적 도구(Sticks), 유인적 도구(Carrots), 정보적 도구(Sermons)로 유형화하였다. 예컨대 규제적 도구로 속도 제한, 유인적 도구로 친환경 자동차 구매에 대한 보조금 지급, 정보적 도구로 담배의 유해성에 대한 정보를 제공할 수 있다.

04 정책과정의 주요 단계

정책과정의 세부적인 내용은 앞으로 소개될 예정이지만, 전체적인 흐름을 먼저 이해할 필요가 있다. 정책은 일반적으로 다음의 과정 순서로 진행된다.

1. 정책의제 설정(Agenda Setting)

정부는 사회의 모든 문제를 해결하기에는 시간과 자원이 부족하기 때문에, 정책에 의하여 해결되기 위해 하나의 의제로 채택되어야만 한다. 수험생으로 비유하자면, 친구와의 모임 또는 여행 또는 시험공부 등 다양한 선택지가 있지만 시간과 돈이 부족하기 때문에 그중에서 시험공부를 선택한 것이다.

2. 정책분석(Policy Analysis)

현재의 문제를 파악, 달성할 목표 설정, 목표를 달성할 수 있는 대안 탐색과 미래예측, 정책대안의 평가 등을 거치는 단계이다. 수험생으로 비유하자면, 현재 행정학 점수가 50점이고, 목표는 90점, 행정학 강의를 찾아보고 본인한테 적절한 강의인지 판단해 보고, 찾아본 여러 강의를 평가해 보는 것이다.

3. 정책결정(Policy Decision-Making)

정책분석의 내용을 토대로 정책 대안을 선택하는 단계이다. 수험생으로 비유하자면, 행정학 점수의 목표는 90점이고 여러 강의 중에서 A 강사의 교재와 강의를 수강하기로 결정했다.

4. 정책집행(Policy Implementation)

결정된 정책을 집행하는 단계이다. 수험생으로 비유하자면, 결정한 교재와 강의를 계획대로 학습해 나가는 것이다.

5. 정책평가(Policy Evaluation)

정책집행 중에 또는 종료 후 당초에 정한 정책목표를 얼마나 달성했는지 평가하는 단계이다. 수험생으로 비유하자면, 모의고사나 실제 시험을 응시하여 목표 달성 여부를 평가할 수 있다.

05 정책과정의 참여자

1. 공식적 참여자

(1) 행정부

대통령, 국무총리, 장관 등 행정부의 참여자는 입법부에 비해 상대적으로 사회문제에 신속히 대응할 수 있다. 특히 대통령은 국회와 사법부에 대한 헌법상의 권한을 통하여 영향력을 행사하며, 행정부 주요 공직자에 대한 임면권을 통하여 정책과정에서 주도적 역할을 수행한다. 위임입법과 자유재량의 확대는 정책과정에서 행정부의 기능이 강화되고 있음을 암시한다.

(2) 입법부

국회는 국정조사나 예산 심의 등을 통하여 행정부를 견제하고, 국정감사나 대정부질의 등을 통하여 정책집행과정을 평가한다.

(3) 사법부

정책집행으로 인한 사회적 갈등상황이 야기되었을 때 판결을 통하여 정책의 합법성이나 정당성을 판단한다. 우리나라가 채택하고 있는 헌법재판소는 위헌심사를 통해 정책과정 전반에 영향을 미친다.

(4) 지방자치단체

우리나라는 지방자치제를 실시하고 있는데, 주민들에 의해 선출된 지방자치단체의 장, 지방의회 의원 등이 지방자치단체 차원의 참여자이다.

2. 비공식적 참여자

(1) 정당
이익 결집을 통해 정책의제화 기능을 수행한다. 정당은 비슷한 정치적 성향을 가진 사람들의 모임으로, 다양한 사람의 의견을 정책대안으로 만들어 의회 또는 행정부에 요구하기 때문이다.

(2) 이익집단
특정 이해관계를 공유하는 사람들의 모임이며, 이익표출을 통해 정책의제화 기능을 수행한다. 예컨대 대한변호사회는 변호사들의 이익을 정부정책에 반영하기 위한 집단이다.

(3) 전문가집단
정책전문가는 정책을 분석·평가하여 정책 대안을 제시한다.

(4) 시민단체
시민 여론을 동원해 정책의제설정, 정책대안제시, 정부의 집행활동 감시 등 정책과정 전반에 영향을 미친다.

(5) 언론
대중의 여론을 형성하고 일반 국민에게 정책 관련 주요 정보를 전달하는 역할을 통해 정책과정에 영향을 미친다.

06 정책결정요인론

1. 의미
정책의 내용에 영향을 미치는 요인이 무엇인가를 밝히는 이론으로, 사회·경제적 변수(환경)와 정치적 변수(정치체제)의 정책에 대한 영향을 연구한다.

2. 경제학자들의 환경연구
(1) 페브리컨트(Fabricant)는 사회·경제학적 요인 중 특히 1인당 소득이 지출과 가장 큰 상관관계를 가지고 있음을 발견하였다.
(2) 브레이저(Brazer)는 사회·경제적 변수 중에서 인구밀도, 가구소득과 타 정부기관으로부터의 보조가 지출에 가장 큰 영향을 미치는 것을 발견하였다.

3. 정치학자들의 환경연구
(1) 참여경쟁모형(Key-Lockard 모형)
① 키(key)는 대단위 농장에서 농장 주가 저소득층의 정치적 영향력의 증대를 막기 위하여 정당 간의 경쟁을 축소 시킨다고 보았다. 정당 간의 경쟁이 축소되면 복지지출은 감소 된다.
② 반면에 로커드(Lockard)는 경제가 발전할수록 정당 간 경쟁이 심해지고, 증대된 정당 간 경쟁은 복지지출을 증가시킨다고 보았다.

	사회·경제적 변수	→	정치적 변수	→	정책
키(key)	대단위 농장	→	경쟁제한	→	복지지출 감소
로커드(Lockard)	경제발전	→	경쟁심화	→	복지지출 증가

(2) 경제적 자원 모형

다운스와 로빈슨(Dawson & Robinson)은 사회경제적 변수가 정치적 변수와 정책 모두에 영향을 미친다는 모형으로, 사회·경제적 변수로 인해 정치체제와 정책의 상관관계가 유발된다고 설명한다. 정치적 변수는 매개변수 역할도 못한다고 보았다.

사회·경제적 변수	→	정치적 변수
	→	정책

(3) 혼합 모형

루이스와 벡(Lewis & Beck)은 사회·경제적 변수가 정책에 우월적이고 직접적인 효과가 있지만, 정치적 변수도 정책에 독립적 영향을 준다고 보았다.

사회·경제적 변수	→	정치적 변수
		↓
	→	정책

4. 평가

계량화가 힘든 정치적 변수를 무시하고 선정한 정치적 변수 외에 더 중요한 정치적 변수도 많다는 점 등의 비판이 있다.

• 기출문제 학습 •

01 라스웰(Lasswell)은 맥락지향성, (㉠ 이론지향성 / ㉡ 문제지향성), 연합학문지향성을 제시하였다.
24. 지방 9

02 살라몬에 따르면 공적 보험은 (㉠ 직접적인 / ㉡ 간접적인) 정책수단이다. 19. 지방 7

03 살라몬의 행정수단 유형분류에 있어서 바우처는 민간위탁과 같이 직접성이 매우 (㉠ 높은 / ㉡ 낮은) 행정수단에 해당한다. 17. 국가추가 9

04 살라몬의 정책수단분류에서 직접성의 정도가 낮은 유형에 속하는 것을 모두 고르면 (㉠ 경제규제 / ㉡ 보조금 / ㉢ 바우처 / ㉣ 공기업)이다. 11. 국가 7

05 살라몬의 '직접성의 정도에 따른 행정(정책)수단 분류'에 의할 때 다음 중 직접성이 가장 높은 행정(정책) 수단은? 15. 서울 9
(㉠ 조세지출 / ㉡ 정부출자기업 / ㉢ 사회적 규제 / ㉣ 정부 소비)

06 살라몬의 정책수단유형 중 간접수단에 해당하는 것은? 16. 국가 7
(㉠ 경제적 규제 / ㉡ 조세지출 / ㉢ 직접대출 / ㉣ 공기업)

07 살라몬이 제시한 정책수단의 유형에서 직접적 수단인 것은? 21. 국가 7
(㉠ 사회적 규제 / ㉡ 보조금 / ㉢ 조세지출 / ㉣ 공기업)

08 정책과정의 주요단계를 순서대로 나열하면? 12. 국가전환
(㉠ 정책평가 / ㉡ 정책의제 설정 / ㉢ 정책목표 설정 / ㉣ 정책집행)

09 정당은 정책과정의 (㉠ 공식적 / ㉡ 비공식적) 참여자이다. 24. 국가 9, 17. 지방 7

10 (㉠ 행정기관 / ㉡ 법원)은 사법적 판단을 통하여 정책집행과정에서 실질적인 영향력을 행사한다.
17. 지방 9

11 정책결정요인론은 (㉠ 사회・경제적 / ㉡ 정치적) 요인의 중요성을 과소평가했다는 비판을 받고 있다.
22. 국가 7

정답 1.㉡ 2.㉡ 3.㉡ 4.㉠,㉢ 5.㉣ 6.㉡ 7.㉣ 8.㉡,㉢,㉣,㉠ 9.㉡ 10.㉡ 11.㉡

Theme 02 · 정책유형의 분류

정책은 다양한 성격을 지니고 있어, 그 성격에 따라 다양한 학자들에 의해서 분류되고 있다. 로위, 리플리와 프랭클린, 알몬드와 파웰의 분류가 대표적이다.

01 로위(T. J. Lowi)의 정책유형 분류

1. 정책을 강제력의 행사방법과 강제력의 적용대상에 따라 분배정책, 구성정책, 규제정책, 재분배정책으로 구분하여 정책유형에 따라 주로 정책의 결정 과정에서 정치적 관계가 달라질 수 있다고 가정하였다.

강제력의 행사방법 \ 강제력의 적용대상	개별적 행위	행위의 환경
간접적	분배정책	구성정책
직접적	규제정책	재분배정책

- **강제력의 행사방법**: 예컨대 보조금 지급은 정부의 강제력이 없거나 간접적인 방법에 해당하고, 과속단속은 정부의 강제력이 직접적으로 행사된다.
- **강제력의 적용대상**: 예컨대 과장광고에 대한 규제는 행위자의 개별적 행위가 일어날 때 영향을 주지만, 연방정부의 할인율 변동은 투자자의 투자성향(행위의 환경)에 영향을 미친다.

2. 앞으로 살펴보게 되겠지만 정책에서 이익집단의 역할을 강조한 것은 다원주의 관점, 소수의 엘리트의 역할을 강조하는 것은 엘리트주의에 해당한다. 로위는 정책의 종류에 따라서 각 관점이 옳다고 보았기 때문에, 다원주의와 엘리트주의를 통합하려는 노력의 일환으로 볼 수 있다. 규제정책은 규제와 관련된 찬·반 이익집단 간에 논쟁과 타협을 통해 결정되고, 재분배정책은 노동자 대표와 기업 대표 및 정부 대표가 정치적 타협을 통해 결정된다고 보았다. 즉 규제정책은 다원주의, 재분배정책은 엘리트주의가 옳다고 본 것이다.

3. 로위가 제시한 정책유형은 포괄성과 상호배타성을 확보하고 있지 못하다. 로위의 정책유형에 포함되지 않는 정책들도 있고, 로위의 정책유형 중 어느 하나에만 포함되는 것이 아니라 여러 유형에 걸쳐서 있는 정책들도 있기 때문이다.

01-1 분배(Distributive)정책

1. **의미**
  시민에게 권리나 이익, 또는 재화나 서비스를 배분하는 정책을 의미한다.

2. 특징

(1) 참여자들 간의 서로 협력하는 로그롤링이 발생하기도 하고, 서로 경쟁하는 포크배럴 현상이 일어날 수 있다.

> **로그롤링(log-rolling)**
> 1. 물 위에서 통나무를 함께 굴리는 게임으로, 팀웍이 좋아야 한다.
> 2. 이권이 걸린 법안을 의원들이 담합하여 통과시키는 행위를 로그롤링게임에 빗대었다.

> **포크배럴(Pork Barrel)**
> 1. 가축들에게 사료를 주는 통으로, 먹이를 먹을 때 가축들 간 사료를 먹으려고 서로 경쟁하는 것을 말한다.
> 2. 각종 개발사업과 관련된 법안이나 정책 교부금을 둘러싸고 의원들이 그 혜택을 서로 나누어 가지려고 노력하는 행위를 포크배럴 현상에 빗대었다.

(2) 특정 지역에 건설되는 공항이나 고속도로 등은 해당 지역 주민들이 혜택을 보지만, 그에 수반되는 비용은 모든 국민이 함께 부담한다. 비용부담자인 국민은 자신이 누구를 위해 얼마나 부담을 하는지 인지하기 어렵기 때문에 정책과정에 개입하지 않는다. 반면에 혜택을 보려는 집단은 정부에 배분을 요구하기 때문에, 비용부담자와 수혜자 간에 정면대결을 할 필요는 없다. 따라서 분배정책은 이해관계가 명확하게 상반되는 규제정책이나 재분배정책에 비하여 안정적인 절차 확립이 용이하다.

3. 분배정책의 예시

사회간접시설(신공항, 도로, 다리 등), 지방자치단체에 지원되는 국고보조금, 국·공립학교를 통한 교육서비스의 제공, 수출특혜금융, 주택자금의 대출, 택지분양, 연구개발 특구 지원 등이 포함된다.

01-2 구성(Constituent)정책

1. 의미

정부 기구의 구성 및 조정과 관련된 정책을 의미한다. 로위는 처음에는 분배정책, 규제정책, 재분배정책만 제시하였다가, 이후 세 가지 정책에 포함되지 않는 정책을 포괄하기 위하여 구성정책을 추가하였다.

2. 구성정책의 예시

선거구 조정, 정부의 새로운 조직이나 기구의 설립(여성가족부 신설 등), 공직자의 보수, 공무원·군인연금 등이 포함된다.

01-3 규제(Regulatory)정책

1. 의미
규제정책은 특정 개인이나 집단에 대해 선택의 자유를 제한하는 유형이다.

2. 특징
규제정책은 분배정책에 비해 피해자와 수혜자가 명백하게 구분된다. 따라서 이해당사자 간 제로섬(zero sum) 게임이 벌어지고 갈등 수준이 상당히 높은 편이다. 개인이나 집단의 행위를 통제하기 위하여 정부의 강제력이 직접적으로 동원된다.

3. 규제정책의 예시
부실기업 구조조정, 최저임금제도, 독과점 규제, 공해배출업소 단속, 공공건물 금연, 탄소배출권거래제 등이 포함된다.

01-4 재분배(Redistributive)정책

1. 의미
상대적으로 많이 가진 계층 또는 집단으로부터 적게 가진 계층 또는 집단으로 재산·소득·권리 등의 일부를 이전시키는 정책이다.

2. 특징
이념적 논쟁과 소득계층 간 갈등이 첨예하게 대립되어 표준운영절차(SOP)*나 일상적 절차의 확립

> *표준운영절차(Standard Operating Procedure): 동일한 유형의 활동이나 작업이 계속하여 반복되는 경우 작업수행방식 등 공통적으로 적용할 수 있는 것을 골라서 표준화시킨 것으로 특수성 반영은 어렵다.

이 어렵다. 중앙정부 수준에서 정책 결정이 이루어지며, 정책 변화를 위한 국민적 공감대 형성이 필요하다.

3. 재분배정책의 예시
기초생활보장 대상자에 대한 생활 보조금 지급, 저소득층을 위한 근로장려금, 누진세, 임대주택건설, 연방은행의 신용통제, 실업수당 등이 포함된다.

02 리플리와 프랭클린(Ripley & Franklin)의 정책유형 분류

분배정책, 재분배정책, 경쟁적 규제정책, 보호적 규제정책으로 분류하였고, 정책의 유형에 따라 집행과정이 달라진다고 보았다.

🔍 분배정책, 재분배정책은 앞에서 설명하였고, 경쟁적 규제정책과 보호적 규제정책만 기술한다.

02-1 경쟁적 규제정책(Competitive Regulatory Policy)

1. 의미
다수의 경쟁자 중 특정 개인이나 집단에게 서비스의 제공권을 부여하고 이들의 활동을 규제하는 정책을 말한다.

2. 특징
배분정책적 성격과 규제정책적 성격을 동시에 가지고 있다. 예컨대 정부는 일부 항공사에 대해서만 항공노선 취항권을 부여하면서, 해당 항공사에 정부가 요구하는 규제를 준수토록 한다.

3. 경쟁적 규제정책의 예시
항공노선 취항권의 부여, 종합편성 채널의 운영권 부여, 주파수 할당 등이 포함된다.

02-2 보호적 규제정책(Protective Regulatory Policy)

1. 의미
소수자나 사회적 약자, 일반대중을 보호하기 위하여 개인이나 집단의 권리행사나 행동의 자유를 제한하는 정책으로, 대부분의 규제정책은 보호적 규제정책에 해당한다.

2. 특징
소비자나 일반대중을 보호하기 위해 특정집단을 규제하므로 규제집행조직과 피규제집단 간의 갈등 가능성이 높다. 경쟁적 규제정책과 달리 피규제집단이 혜택 없이 비용만 부담해야 하기 때문이다.

3. 보호적 규제정책의 예시
작업장 안전을 위한 기업 규제, 국민건강보호를 위한 식품위생 규제, 환경 오염방지, 최저임금제, 독과점 규제, 개발제한구역 설정 등이 포함된다.

> **사례**
>
> 식품의약품안전처는 다이어트, 디톡스 효과 등을 내세우며 거짓·과장 광고를 한 유튜버 등 인플루언서(SNS에서 소비자들에게 큰 영향을 미치는 사람) 15명과 이들에게 법률에서 금지하고 있는 체험형 광고 등을 의뢰한 유통전문 판매업체 8곳을 적발했다고 9일 밝혔다.

03 알몬드와 파웰(Almond & Powell)의 분류

분배정책, 규제정책, 추출정책, 상징정책으로 분류하였다.

⊕ 분배정책, 규제정책은 앞에서 설명하였으므로, 추출정책과 상징정책만 기술한다.

03-1 추출(Extraction)정책

1. 의미
추출정책은 일반 국민에게 인적·물적 자원을 부담시키는 정책이다.

2. 추출정책의 예시
조세, 부담금, 징병 등이 대표적인 예이다.

03-2 상징(Simbolic)정책

1. 의미
국민에게 정부의 정통성에 대한 인식을 좋게하거나 다른 정책에 대한 순응을 확보하기 위한 정책이다.

2. 상징정책의 예시
한글의날 공휴일 지정, 광화문 복원, 월드컵 개최 등이 대표적인 예이다.

04 솔리스버리의 분류

솔리스버리(Robert H. Salisbury)는 결정시스템과 요구패턴이 통합적인지 분절적인지 여부에 따라 재분배정책, 규제정책, 자율규제정책, 분배정책으로 구분하였다. 통합적이라는 것은 이해관계자 간 협력 및 통합이 잘되는 것이고, 분절적이라는 것은 경쟁적·개별적인 것을 의미한다. 자율규제는 피규제자가 규제를 개발하고 스스로 집행하는 것이다. 규제기관의 전문성 부족이나 편의성 등을 이유로 피규제자인 민간에 맡기는 것이다.

		요구 패턴(demand pattern)	
		통합적(integrated)	분절적(fragmented)
결정 시스템 (decisional system)	통합적(integrated)	재분배(Redistribution)	규제(Regulation)
	분절적(fragmented)	자율규제(Self-regulation)	분배(Distribution)

• 기출문제 학습 •

01 로위(Lowi)의 정책분류는 다원주의와 엘리트주의를 (㉠ 통합 / ㉡ 분리)하려는 노력의 일환으로 볼 수 있다. 18. 서울추가 7

02 로위(Lowi)가 제시한 정책유형론은 포괄성과 상호배타성을 (㉠ 확보하고 있다. / ㉡ 확보하고 있지 않다.) 23. 지방 7

03 로위(Lowi)의 정책유형 구분 기준은 강제력 행사방법과 (㉠ 비용부담 주체 / ㉡ 강제력 적용대상)이다. 18. 서울 9

04 로위(Lowi)의 정책유형 분류에서 강제력이 행위의 환경에 직접적으로 적용되는 것은? 19. 지방 7
(㉠ 재분배정책 / ㉡ 규제정책 / ㉢ 구성정책 / ㉣ 분배정책)

05 ① 로위(Lowi)는 강제력의 행사방법과 강제력의 적용영역 차이에 따라 정책유형을 구분한다. 아래의 표에 (㉠ 규제정책 / ㉡ 구성정책 / ㉢ 분배정책 / ㉣ 재분배정책)을 알맞게 넣으면? 16. 지방 7

강제력의 행사방법 \ 강제력의 적용대상	개별적 행위	행위의 환경
간접적	A	B
직접적	C	D

② D에서는 (㉠ 지방적 / ㉡ 중앙적) 수준에서 정책결정이 이루어진다.

06 정책유형과 사례를 연결하면? 21. 국가 9, 14. 국가 7, 13. 국가 7, 10. 서울 9

㉠ 추출정책	① 부실기업 구조조정, 최저임금제도, 그린벨트 내 공장 건설 금지, 기업의 대기오염 방지시설 의무화
㉡ 상징정책	② 지방자치단체에 지원되는 국고보조금, 고속도로·공항·항만 등 사회간접자본, 대덕연구개발 특구 지원 등
㉢ 규제정책	③ 누진세, 사회보장, 임대주택의 건설, 계층 간 소득격차 해소 정책, 노령연금제도, 저소득층 근로장려금
㉣ 구성정책	④ 정부조직개편, 선거구조정, 군인연금 등
㉤ 분배정책	⑤ 정부체제를 유지하기 위하여 인적·물적 자원 동원, 조세, 부담금
㉥ 재분배정책	⑥ 광화문 복원, 월드컵 개최

07 이해당사자 간 제로섬(zero sum) 게임이 벌어지고 갈등이 발생할 가능성이 (㉠ 규제정책이 분배정책 / ㉡ 분배정책이 규제정책)에 비해 상대적으로 더 크다. 15. 서울 9

08 로그롤링이나 포크배럴 현상은 (㉠ 재분배정책 / ㉡ 분배정책)과 관련된다. 20. 국가 7

09 [㉠ 로그롤링(log rolling) / ㉡ 지대추구(rent seeking) / ㉢ 포크배럴(pork barrel)]은 의회에서 의원들이 서로에게 이익이 되도록 협력하는 현상, [㉠ 로그롤링(log rolling) / ㉡ 지대추구(rent seeking) / ㉢ 포크배럴(pork barrel)]은 의원들이 혜택을 서로 나누어 가지려고 노력하는 현상을 말한다. 17. 지방 7

10 표준운영절차(SOP)는 (㉠ 업무처리의 공평성을 확보하는 데 기여한다. / ㉡ 정책집행 현장의 특수성을 반영하기에 용이하다.) 18. 지방 9

11 리플리와 프랭클린(Ripley & Franklin)의 정책 분류상 ① 보호적 규제정책과 ② 경쟁적 규제정책으로 분류하면? 25. 국가 9, 21. 지방 7, 20. 서울 9, 13. 지방 9
(㉠ 종합편성 채널의 운영권 부여 / ㉡ 항공노선 취항권 부여 / ㉢ 작업장 안전을 위한 기업규제 / ㉣ 국민건강을 위한 식품위생 규제 / ㉤ 식품에 대한 식품의약품안전처의 거짓·과장광고 적발 / ㉥ 공공요금 책정 / ㉦ 최저임금제도 및 근로시간 제한 / ㉧ 환경 문제를 개선하기 위한 규제)

12 리플리와 프랭클린(Ripley & Franklin)의 정책유형에 따른 집행과정의 특징에 따르면 (㉠ 분배정책 / ㉡ 경제적 규제정책 / ㉢ 보호적 규제정책 / ㉣ 재분배정책)은 집행과정의 안정성과 정형화 정도가 높고, 집행에 대한 갈등의 정도가 낮다. 또한 집행을 둘러싼 이념적 논쟁의 정도가 낮고, 참여자 간 관계의 안정성이 높고, 작은 정부에 대한 요구와 압력의 정도가 낮다. 17. 국가 7

13 리플리와 프랭클린(Ripley & Franklin)의 정책분류에 따른 경쟁적 규제정책은 배분정책적 성격과 규제정책적 성격을 동시에 지니고 있고, 규제정책은 거의 대부분 (㉠ 경쟁적 규제정책 / ㉡ 보호적 규제정책)에 해당한다. 18. 지방 7

14 로위(Lowi)의 정책 유형과 리플리와 프랭클린(Ripley & Franklin)의 정책 유형에는 없지만, 앨먼드와 파월(Almond & Powell)의 정책 유형에는 있는 것은?
(㉠ 상징정책 / ㉡ 재분배정책 / ㉢ 규제정책 / ㉣ 분배정책) 23. 지방 9

15 일반 국민에게 인적·물적 자원을 부담시키는 정책 유형은 (㉠ 추출정책 / ㉡ 구성정책 / ㉢ 분배정책 / ㉣ 상징정책)이다. 22. 국가 9

정답 1.㉠ 2.㉡ 3.㉡ 4.㉡ 5.① A-㉢ B-㉡ C-㉠ D-㉣ ㉡ 6.㉠-⑤ ㉡-⑥ ㉢-① ㉣-④ ㉤-② ㉥-③ 7.㉠ 8.㉡ 9.㉠, ㉢ 10.㉠ 11. ①-㉢,㉣,㉦, ②-㉠,㉡ 12.㉠ 13.㉡ 14.㉠ 15.㉠

Theme 03 ▶ 정책참여자들 간의 관계

정책을 누가 주도하는지에 따라 정책참여자들 간의 관계를 설명하는 다양한 이론들이 있는데, 권력모형과 정책네트워크 모형으로 구분할 수 있다. 우선 권력 모형에는 엘리트론, 신엘리트론, 다원주의론, 신다원주의론, 조합주의, 신조합주의, 신마르크스주의, 신베버주의가 포함된다. 정책네트워크 모형에는 이슈네트워크와 정책공동체가 포함된다. 하위정부모형(철의 삼각)은 권력 모형으로 구분하기도 하고, 정책네트워크 모형으로 구분하는 학자들도 있다. 본 교재에서는 권력 모형으로 구분하였다.

01 엘리트론(Elitism)

1. 의미
정책과정은 관료보다는 응집력이 강한 엘리트들에 의해서 주도된다는 관점이다.

2. 고전적 엘리트론
미헬스(Michels), 모스카(Mosca), 파레토(Pareto) 등이 대표적인 학자들이다. 특히 미헬스는 사회 조직을 지배하는 가설로 '과두제의 철칙(Iron Low of Oligarchy)의 철칙'을 주장하였다. 그에 따르면 민주적인 사회도 소수의 엘리트에 의해서 지배된다는 것인데, 대중은 공적인 문제에 무관심하여 엘리트에 의해서 결정된다는 것이다. 엘리트들은 다른 계층에 대해 책임지지 않고 자신들의 이익만을 추구한다.

3. 1950년대 미국의 엘리트론

(1) 밀즈의 지위접근법

밀즈(C. Wright Mills)는 그의 저서 '파워 엘리트(The Power Elite)'에서 현대 미국사회의 권력은 기업체, 군, 정치 세 영역에서의 주요 지위에 있다고 보고 있다.

(2) 헌터의 명성접근법

헌터(Floyd Hunter)는 그의 저서 '지역 권력 구조(Community Power Structure)'에서 미국 애틀란타 지역사회를 실증적으로 연구하였다. 그에 따르면 지역사회에 명성이 있는 소수의 기업엘리트가 결정한 정책을 일반대중이 수용한다는 입장이다.

4. 신엘리트이론: 무의사결정이론(Non-decision Making)

(1) 의미

무의사결정은 '엘리트 집단이 자신들에게 불리하거나 바람직하지 않다고 생각되는 특정 이슈들이 정부 내에서 논의되지 못하도록 봉쇄하는 행동'을 의미한다. 예컨대 기업이 '최저임금 상승은 기업의 도산으로 이어질 수 있다.'로 주장하면, 최저임금에 대한 논의 자체가 진행되기 어려울 수 있다. 신엘리트이론을 대표하는 바흐라흐와 바라츠(P. Bachrach & M. S. Baratz)는 정책결정에 영향을 미치는 정치권력에 두 가지 얼굴*이 있다고 주장하며, 이 가운데 하나의 측면만을 고려하는

*밝은 측면: 정책문제를 해결하기 위해 정책과정에서 영향력을 행사
*어두운 측면: 정책결정 이전에 정책문제와 의제설정과정에 영향력을 행사

다원주의를 비판하며 등장하였다. 다원주의를 대표하는 달(R. Dahl)은 정치권력의 밝은 측면에 대해서는 실증적 분석을 하였지만, 어두운 측면에 대해서는 관심을 가지지 않았기 때문이다.

(2) 특징

① 무의사결정을 위해 지배적인 가치, 신념, 미신 등을 내세우는 방법을 사용하였다. 예컨대 대기업에 대한 규제가 논의되는 것을 막기 위해 '대기업을 규제하면 국가 전체의 경제가 나빠진다.'고 주장할 수 있다.
② 무의사결정은 정책의제설정 단계뿐만 아니라, 정책결정이나 집행단계에서도 나타날 수 있다. 정책 결정 단계에서 고려하는 대안의 범위를 수정하거나, 집행 과정에 필요한 예산을 줄일 수도 있다.
③ 변화를 주장하는 사람으로부터 기존에 누리는 혜택을 박탈하거나 새로운 혜택을 제시하여 매수하며 폭력이나 테러행위를 가할 수도 있다.
④ 엘리트는 정책문제의 정의와 의제설정 과정에서 은밀한 영향력을 행사하기 때문에 실증적 분석방법을 활용하기 어렵다.
⑤ 샷슈나이더(Schattschneider)는 정치조직은 어떤 종류의 갈등은 허용하고 어떤 종류의 갈등을 허용하지 않는데 이는 정치조직이 편견을 동원하기 때문이라고 주장하였다. 편견의 동원(Mobilization of Bias)은 지배적인 의견이나 국민 정서 등을 내세워 이익집단의 요구를 묵살하는 방식이다.

02 다원주의론(Pluralism)

1. 다원주의론

(1) 의미

권력은 다수에게 분산되어 있고 정책은 많은 이익집단의 경쟁과 타협의 산물로 보기 때문에, 소수의 엘리트에 의해서 정책이 주도된다는 엘리트론과 대비된다. 즉 민주주의 국가에서는 특정 어느 개인이나 집단도 주도권 행사가 어렵다는 관점이다. 다원주의론의 대표학자인 달(R. Dahl)은 뉴 헤이븐(New Haven)시를 대상으로 한 연구에서 정책결정을 담당하는 엘리트가 분야별로 다른 행태를 보인다고 설명한다.

(2) 특징

① 이익집단 간의 경쟁은 정치체제 유지에 순기능을 가진다.
② 각종 이익집단은 정책과정에서 동등한 정도의 접근기회를 가지나, 영향력(구성원의 수, 재정력, 리더십, 응집력 등)의 차이는 있다.
③ 권력의 원천은 특정 세력에 집중되어 있는 것이 아니고 각기 분산된 불공평성을 가지며, 권력은 대중의 요구에 민감하게 반응한다.
④ 정부나 관료는 중립적인 입장에서 조정자 역할에 머물거나 게임의 법칙을 진행하는 심판자 역할만 하므로, 정책결정에 있어서 정부의 이해관계와 영향력을 간과하고 있다는 비판이 있다.

이익집단론[트루먼(Truman)]

트루먼은 이익집단들의 요구가 국민들의 진정한 요구라고 하였다. 이익집단을 추상적인 '국민'이 실체화된 개념으로 보았기 때문이다.
→ 이익집단론에 대한 반론: 강한 이익집단이 특수이익 추구한다.
→ 반론에 대한 트루먼의 주장: 정치체계가 잠재이익집단(Potential Group)과 중복회원(Multiple Membership) 때문에 특수이익에 치우치지 않고, 다양한 이익집단의 요구에 민주적으로 대응한다. 잠재이익집단이란 평소에는 자신들의 이익을 표출하지 않지만, 특수이익을 추구하는 이익집단이 발생하면 이를 견제하는 집단이다. 중복회원이란 여러 집단에 중복적으로 속하는 회원을 의미한다.
🔍 이익집단론은 다원주의론의 이론적 기초가 되었다.

2. 신다원주의론

(1) 정부의 역할과 관련하여 다원주의가 중립적 조정자 역할에 머문다고 보는 반면에 신다원주의론에서는 정부가 보다 능동적인 역할을 한다고 보았다. 다만, 다원주의와 신다원주의는 집단 간 경쟁의 중요성을 인정한다는 점에서는 같은 입장이다.

(2) 정부는 불황과 인플레이션 문제 등 정부의 존립기반을 위태롭게 하는 문제에 대응하기 위하여 사적 영역의 수익성을 보장해야 하므로, 자본주의 국가에서는 정부에 의한 기업가 집단의 특권적 지위가 현실의 정책과정에 나타난다. 즉 특정집단이 다른 집단보다 더욱 강력할 수 있다는 점을 인정한다.

3. 하위정부모형[Subgovernment Model, 철의 삼각(Iron triangle)]

🔍 하위정부는 철의 삼각과 거의 같은 의미로 사용되지만 철의 삼각은 부정적 의미가 있다.

(1) 의미

선출직 의원(의회 상임위원회), 행정부 관료(소관부처), 이익집단이 특정 정책의 결정을 지배한다는 모형이다.

(2) 특징

① 특정 정책을 담당하는 상임위원회 소속 의원은 법률을 제정하고 예산을 심의할 수 있고 이를 통해 경력을 키워나갈 수 있다. 관료는 해당 분야의 전문성과 정보를 가지고 있기 때문에 예산 규모를 늘릴 수 있다. 해당 분야의 기업 등 이익집단은 이들에게 로비하여 자신들에게 유리한 정책을 얻고자 한다. 따라서 공식적 참여자인 의회 및 행정부와 비공식적 참여자인 이익집단 간의 상호작용과 영향력 관계를 동태적으로 묘사하고 있는 것이다.

② 특정 영역에서 이들 간의 이해관계가 잘 들어맞기 때문에 정책결정이 참여자들 사이의 협상과 합의로 이루어지며, 폐쇄적 관계를 강조하여 다른 이익집단의 참여를 배제한다.

③ 행정수반의 관심이 약하거나 영향력이 적은 분배정책 분야에서 주로 형성된다.

03 조합주의(Corporatism)

1. 의미

엘리트론이나 다원주의론과 달리 정책결정에서 정부와 관료의 보다 적극적인 역할을 옹호하는 관점으로, 사회조합주의와 국가조합주의로 구분된다.

2. 특징

(1) 이익집단은 단일적·위계적인 이익대표체계를 형성하고 있다. 이익집단은 상호 경쟁보다는 국가에 협조함으로써 특정 영역에서 자신의 요구를 정책과정에 투입한다.

(2) 정부는 중립적이지 않으며 이익집단을 차별적으로 대한다. 정부는 자체적 이익인 사회적 공동선을 달성하기 위해 특정 이익집단에 독점적 이득을 주고, 해당 이익집단은 정부의 통제를 수용하게 한다. 즉 이들 간에 우호적 협력과 합의가 이루어진다.

3. 사회조합주의

조합은 이익집단의 자발적 시도로부터 생성된다는 관점으로, 자율적 결성과 능동적 참여를 보장한다.

4. 국가조합주의

국가가 민간부문의 집단들에 대하여 강력한 주도권을 행사하여 조합을 형성한다.

04 정책네트워크(Policy Network) 모형

1. 등장배경

(1) 다원주의와 조합주의는 국가와 이익집단 간의 관계를 설명하지만, 이들 이외에 다양한 이해관계자가 정책에 참여하는 이론이 필요하게 되었다. 정책네트워크 모형은 로즈(Rhodes) 등을 중심으로 사회학이나 문화인류학의 연구에 이용되어 왔던 네트워크 분석을 다양한 참여자들의 행위들로 특정되어지는 정책과정 연구에 적용한 것으로, 많은 학자들은 1960년대에 등장한 하위정부모형이나 1970년대 등장한 이슈네트워크모형*을 정책네트워크모형의 기원으로 본다.

> 1970년대 후반 헤클로(Heclo)는 하위정부모형을 이익집단이 늘어나고 다원화됨에 따라 적용하는데 한계가 있다고 비판적으로 검토하면서 정책이슈를 중심으로 유동적이며 개방적인 참여자들 간의 상호작용을 묘사하기 위한 대안적 모형으로 이슈네트워크모형을 제시하였다.

(2) 미국의 경우 하위정부모형과 이슈네트워크모형을 기원으로 하여 정책과정에 참여하는 공식·비공식 참여자들 간의 상호작용을 분석하기 위하여 논의되었고, 영국의 경우 정당과 의회중심의 정책과정 설명이 한계에 부딪히면서 정책네트워크모형이 등장하였다.

2. 특징

(1) 기본적으로 행위자들 간의 관계를 중시하며 행위자들 간의 관계의 밀도와 중심성 개념을 중심으로 네트워크를 표현하였다.

(2) 정부뿐만 아니라 민간부문을 포함하며 정책형성뿐만 아니라 정책집행까지 설명하는 유용한 도구로서, 정책결정의 부분화와 전문화 추세를 반영한다.

(3) 행위자들 간의 연계는 의사소통과 전문지식, 신뢰 그리고 여타 자원을 교환하는 통로로 작용하며 행위자들 간의 관계 형성 동기는 소유 자원의 상호의존성에 기인한다.

(4) 공식적·비공식적 참여자들 간의 상호작용과 영향력 관계를 동태적으로 묘사하지만, 현상에 대한 기술과 설명은 뛰어나나 인과관계를 밝히는 데에는 약하다는 비판이 있다.

3. 이슈네트워크와 정책공동체

로즈를 중심으로 한 영국의 학자들은 정책네트워크를 이슈네트워크와 정책공동체로 유형화하였다.

(1) **이슈네트워크**(Issue Network)

① 정부부처의 고위관료, 의원, 기업가, 로비스트, 학자, 언론인 등 특정영역에 이해관계가 있거나 관심을 가지는 사람들 간의 네트워크를 의미한다.

　🔍 이슈에 따라서 관료가 방관자가 되거나 주도적 역할을 하기도 한다.

② 비교적 개방적이고 유동적·일시적이고 느슨한 형태의 집합체로 행위자는 매우 유동적이고 불안정하며, 이슈의 성격에 따라 주요 행위자가 수시로 변한다.

③ 일부 참여자만 자원을 가지며 관련된 모든 이익이 망라되며, 참여자들 간 관계는 제한적 합의이고 항상 갈등 관계에 있다.

(2) **정책공동체**(Policy Community)

① 주요 구성원에는 하위정부 모형의 참여자 외에 전문가집단을 포함한다.

② 제한된 행위자들이 정책과정에 참여하며 비교적 폐쇄적이고 안정적이며 지속적인 네트워크이다.

③ 모든 참여자가 자원을 가지며 참여자 사이의 근본적인 관계는 교환 관계이며, 이익의 종류는 경제적 또는 전문 직업적 이익이 지배적이다.

④ 모든 참여자가 기본적인 가치관을 공유하며 정통성을 수용하지만, 정책문제 해결방안을 둘러싸고 갈등을 일으킬 수도 있다.

⑤ 이슈네트워크과 정책공동체의 차이점

구분	이슈네트워크	정책공동체
참여자의 범위	광범위, 개방적	제한적, 폐쇄적
참여자의 권한·자원	일부만 권한·자원을 소유한 배타적 관계	모든 사람이 자원·권한을 가진 교환적 관계
행위자 간 관계	경쟁적·갈등적·영합게임 (negative-sum game)	의존적·협력적·정합게임 (positive-sum game)
정책산출	정책산출 예측곤란	의도한 정책산출 예측 가능

05 기타 이론

1. 신마르크스주의

국가는 자본가계급이 노동자계급을 착취하기 위한 도구이고, 정책의 실질적인 결정권은 자본가계급에 있다고 본다.

2. 신베버주의

국가를 법과 합리성을 정당성의 근거로 수립된 관료제를 중심으로 이해하고, 국가권력을 합리적으로 행사하는 주체로 파악한다.

• 기출문제 학습 •

01 정책과정에서 행위자 사이의 권력관계 이론과 관련하여, 헌터(Hunter)는 지역사회연구를 통해 응집력과 동료의식이 강하고 협력적인 (㉠ 기업 엘리트들이 / ㉡ 정치 엘리트들이) 지역사회를 지배한다는 엘리트론을 주장한다. 18. 서울 9

02 ① (㉠ 밀즈의 지위접근법 / ㉡ 헌터의 명성접근법)은 전국적 차원이 아니라 지역사회의 지배구조에 초점을 맞추면서, 소수 엘리트가 강한 응집성을 가지고 정책을 결정하고 정치에 무관심한 일반대중들은 비판없이 이를 수용한다고 설명한다.
② (㉠ 달의 다원주의는 / ㉡ 바흐라흐와 바라츠의 무의사결정론은) 정치권력에 두 얼굴(two faces of power)이 있음을 주장하는 입장으로부터 권력의 어두운 측면이 갖는 영향력에 대해 관심을 가지지 않았다는 것을 비판받았다. 19. 지방 7

03 신엘리트이론에 따르면, (㉠ 고전적 엘리트이론과 달리 밀즈(Mills)의 지위접근법이나 헌터(Hunter)의 명성적 접근방법을 도입하였다. / ㉡ 특정 사회적 쟁점이 공식적 정책과정에 진입하지 못하도록 막는 엘리트 집단의 행동을 무의사결정이라 한다.) 18. 국가 7

04 밀즈(Mills)는 (㉠ 명성접근법 / ㉡ 지위접근법)을 사용하여 엘리트들을 분석한다. 23. 지방 9

05 무의사결정(non-decision making)은 (㉠ 집행과정에서 일어나지 않는다. / ㉡ 기존 세력에 도전하는 요구는 정책문제화하지 않고 억압한다.) 17. 국가 9

06 무의사결정론은 고전적 다원주의를 비판하며 등장한 이론으로, (㉠ 신엘리트론 / ㉡ 신다원주의론)이라 불린다. 23. 국가 9

07 무의사결정은 (㉠ 기득권 세력이 그 권력을 이용해 기존의 이익배분 상태에 대한 변동을 요구하는 것이다. / ㉡ 변화를 주장하는 사람으로부터 기존에 누리는 혜택을 박탈하거나 새로운 혜택을 제시하여 매수한다.) 15. 지방 9

08 바흐라흐와 바라츠의 무의사결정을 추진하는 수단이나 방법으로, 폭력이나 테러행위(㉠ 는 사용되지 않는다. / ㉡ 도 사용된다.) 14. 국가 7

09 (㉠ 다원주의 / ㉡ 엘리트론 / ㉢ 계급주의 / ㉣ 조합주의)는 시민이 바라는 정책은 직선에 의한 시장선출이나 지방의회 구성에서 출발된다는 주장을 뒷받침한다. 10. 서울 9

10 다원주의적 민주국가의 정책과정은 (㉠ 사법부가 정책결정과정에서 담당하는 역할이 미미하다. / ㉡ 각종 이익집단은 정책과정에 동등한 정도의 접근기회를 갖는다.) 11. 국가 9

11 다원주의에서는 (㉠ 외부집단이나 지배계층보다 관료의 역할을 더욱 중요시한다. / ㉡ 정부나 관료는 중립적인 입장에서 조정자 역할에 머물거나 게임의 법칙을 진행하는 심판자 역할이다.) 13. 서울 7

12 다원주의 이론에 따르면 다양한 이익집단은 정부의 정책과정에 동등한 접근 기회를 가지고 있으며, 이익집단들 간의 영향력에 차이가 있음을 (㉠ 인정하지 않는다. / ㉡ 인정한다.) 19. 서울추가 7

13 정부의 활동과 관련하여, (㉠ 조합주의 / ㉡ 다원주의)는 다양한 이익집단 간 이익의 소극적 중재자 역할에 한정한다. 16. 국가 7

14 다원주의와 신다원주의는 집단 간 경쟁의 중요성을 (㉠ 인정한다는 점에서 / ㉡ 인정하지 않는다는 점에서) 같은 입장을 취하고 있다. 11. 지방 7

15 조합주의론(corporatism)의 특징이 아닌 것은? 10. 서울 7
(㉠ 집단의 비자율성 / ㉡ 집단 간 상호 경쟁성 / ㉢ 공식 제도권 내 집단 간 합의의 존중 / ㉣ 국가의 비중립성 / ㉤ 조합구성원의 계층적 서열화)

16 (㉠ 다원주의 / ㉡ 조합주의)는 주로 개발도상국가에서 경제개발과정에서의 이익집단에 대한 통제를 설명하기 위한 이론으로 활용되었다. 20. 지방 7

17 (㉠ 신마르크스주의 / ㉡ 신조합주의) 이론에 따르면, 다국적 기업과 같은 중요 산업조직이 국가 또는 정부와 긴밀한 동맹관계를 형성하고 이들이 경제 및 산업정책을 함께 만들어 간다고 설명한다. 13. 국가 9

18 (㉠ 정책공동체 / ㉡ 하위정부) 모형은 '철의 삼각' 개념과 거의 동일한 의미로 사용되며, 의회의 상임위원회 또는 분과위원회, 행정부처, 이익집단이 형성하는 정책네트워크를 의미한다. 24. 국가 7

19 철의 삼각(iron triangle)은 (㉠ 의회 상임위원회·관련 이익집단·소관부처 / ㉡ 입법부·사법부·행정부) 3자가 강철과 같은 (㉠ 장기적이고 안정적이며 우호적인 / ㉡ 치열한 경쟁적 갈등) 관계를 형성하여 정책결정을 지배하는 것으로 본다. 24. 국가 9, 20. 서울 9, 17. 국가추가 9, 11. 지방 7

20 정책네트워크(policy network)는 참여자 간 교호작용 속에서 형성되는 연계가 중요하고 참여자와 비참여자를 구분하는 (㉠ 경계가 없다. / ㉡ 유형에 따라 경계가 있을 수 있다.) 12. 국가 7

21 정책네트워크이론은 정책과정에 대한 국가중심 접근방법과 사회중심 접근방법이라는 이분법적 논리를 (㉠ 극복하지 못하고 있다. / ㉡ 극복하고자 한다.) 12. 국가 9

22 정책네트워크의 유형 중 하위정부(sub-government)모형은 행정수반의 관심이 약하거나 영향력이 적은 (㉠ 재분배정책 / ㉡ 분배정책) 분야에 주로 형성된다. 12. 지방 9

23 정책네트워크 모형에 대하여, 로즈와 마쉬(Rhodes & Marsh)에 따르면 (㉠ 이슈네트워크 / ㉡ 정책공동체)는 비교적 폐쇄적이고 안정적인 반면 (㉠ 이슈네트워크 / ㉡ 정책공동체)는 개방적이고 유동적이다. 15. 지방 7, 10. 국가 7

24 정책네트워크 모형은 (㉠ 미국 / ㉡ 영국)의 경우 정당과 의회중심의 정책과정 설명이 한계에 부딪히면서 등장하였다. 12. 지방 7

25 [(㉠ 정책공동체(policy community) / ㉡ 이슈네트워크(issue network)]에 비해서 [(㉠ 정책공동체(policy community) / ㉡ 이슈네트워크(issue network)]는 제한된 행위자들이 정책과정에 참여하며 경계의 개방성이 낮은 특성이 있다. 19. 국가 9

26 (㉠ 이슈네트워크 / ㉡ 정책공동체)는 어느 정도의 합의는 있으나 항상 갈등이 있고, (㉠ 이슈네트워크 / ㉡ 정책공동체)는 모든 참여자가 기본적인 가치관을 공유하며 성과의 정통성을 수용한다. 16. 국가 9

27 이슈네트워크는 특정분야에서의 (㉠ 이해관계자를 배제하는 / ㉡ 이해관계자들 간의) 의사소통 모형이다. 10. 서울 7

28 (㉠ 하위정부 / ㉡ 이슈네트워크)모형은 철의 삼각 모형의 경험적 타당성에 대해 의문을 제기하면서 참여자의 범위를 대폭 확대하였다. 20. 지방 7

◀정답▶ 1.㉠ 2.①-㉡ ②-㉠ 3.㉡ 4.㉡ 5.㉡ 6.㉡ 7.㉡ 8.㉡ 9.㉠ 10.㉡ 11.㉡ 12.㉡ 13.㉡ 14.㉠ 15.㉡ 16.㉡ 17.㉡ 18.㉡ 19.㉠,㉠ 20.㉡ 21.㉡ 22.㉡ 23.㉡,㉠ 24.㉡ 25.㉡,㉠ 26.㉠,㉡ 27.㉡ 28.㉡

Theme 04 정책의제설정

01 정책의제설정(Agenda setting)이란?

1. 다양한 사회문제 중 특정한 문제가 정부의 정책에 의해 해결되기 위해 하나의 의제로 채택되는 과정을 의미한다. 가용한 인적자원과 재정은 한정되어 있기 때문에 일부 사회문제만 정책의제가 될 수 있다. 정책목표나 이를 달성하기 위한 정책수단은 공식적으로 정책결정 단계에서 선택되지만, 정책의제설정 단계에서 어느 정도 선택될 수 있다. 사회문제를 해결할 정책수단이 전혀 없다면 정책의제설정 단계에서 정책의제로 채택되지 않기 때문이다.

2. 정책의제로 채택되기 위하여 다양한 이해관계자가 경쟁을 하기 때문에 정치적인 성격을 가지며, 사회문제를 바라보는 시각도 다르기 때문에 주관성을 지니며, 시간의 흐름에 따라 사회문제의 중요성이 달라지기 때문에 동태적인 성격을 가진다.

02 정책의제로 채택될 가능성이 높은 경우

1. 사회문제 해결이 쉬우면 정책의제로 채택되기 쉬운데, 정책문제가 단순하거나 선례가 있는 경우이다.

2. 사회문제가 사회적 유의성(중요성)이 높거나 극적인 사건이나 위기 등이 발생하는 경우 정책의제로 채택되기 쉽다. 예컨대 2020년 발생한 코로나가 해당한다.

3. 정책 이해관계자의 조직화 정도가 높을수록 정책의제로 채택되기 쉬운데, 이해관계자들이 잘 뭉쳐서 정책의제화를 정부에 강하게 요구하기 때문이다. 크렌슨(Crenson)은 선출직 지도자들이 보호적 규제정책(환경 보호 등)에 민감하게 반응하지 않아 정책의제화되기가 어렵다고 주장하였다. 보호적 규제정책의 수혜자인 일반 대중들의 개별적 혜택이 그리 크지 않아 강력하게 요구하지 않고, 많은 비용을 부담해야 하는 소수의 공장주들은 정책의제화를 강력하게 반대하기 때문이다.

4. 호그우드와 건(Hogwood & Gunn)은 정책문제의 성격이 감성적 측면을 지니고 있어서 대중매체의 관심을 끄는 경우 정책의제화가 쉽다고 보았다.

03 정책의제설정 과정

1. 정책의제 설정 단계

(1) **사회문제**(Social Problem)

개인의 문제가 다수로부터 공감을 얻게 되어 많은 사람들의 문제로 인식된 상태로, 일부 사회문제만 정책의제가 된다.

(2) **사회적 이슈**(Social Issue)

사회문제가 여러 가지 다른 견해를 갖는 다수의 집단들로 하여금 논쟁을 야기하며, 일반인의 관심을 집중하고 여론을 환기시키려는 상태이다. 사회문제의 성격이나 그 해결방안에 대하여 논란이 벌어지는 단계이다.

(3) **공중의제**(Public Agenda) = **체제의제**(Systemic Agenda) 등

일반대중의 관심과 주의를 받고 있으며 정부가 개입하여 문제를 해결하여야 한다고 인정되지만, 정부가 문제 해결을 고려하기로 공식적으로 밝히지 않은 상태이다.

⊕ 아이스톤(Eyestone)은 '공중의제'로, 다른 학자들은 '체제의제'라고 부른다.

(4) **정부의제**(Governmental Agenda) = **제도의제**(Institutional Agenda) = **공식의제**(Official Agenda) 등

여러 가지 공중의제들 중에서 정부가 그 해결을 위하여 심각하게 관심과 행동을 집중하는 정부의제로 선별되는 상태로, 정부의제가 되면 해결될 가능성이 매우 높아진다.

⊕ 학자들에 따라 '정부의제', '제도의제' 등 다양하게 부른다.

2. 정책의제 설정 과정

(1) **콥 앤 로스**(Cobb & Ross)**의 정책의제설정모형**

① **외부주도모형**: 사회문제 → 공중의제 → 정부의제
   ㉠ 정부외부의 민간집단에 의해 이슈가 제기되어 공중의제화한 이후 정책 결정자의 관심을 끌게 되면 정부의제로 전환되는 형태로, 정부가 외부의 요구에 민감하게 반응하는 정치체제에서 자주 볼 수 있다.
   ㉡ 민간집단은 공중의제가 정부의제가 되기 위해서는 심볼활용(symbol utilization)이나 매스미디어 등 이슈확산전략을 사용하기도 한다. 예컨대 기아 문제의 심각성을 알리기 위해 고통받는 어린이 사진을 사용하여 매스 미디어를 통해 대중들에게 알리려고 한다. 정부입장에서 외부 민간집단에 의해서 정책의제 채택이 강요되기 때문에 허쉬만(Hirshman)은 이를 '강요된 정책문제'라고 하였다.

② **동원모형**: 사회문제 → 정부의제 → 공중의제
   ㉠ 주로 정부 내 최고 통치자나 고위정책결정자가 주도하여 정책의제를 미리 결정한 후 이것을 <u>일반대중을 이해·설득</u>*시키는 형태로 정부의 힘이 강하고 민간부분의 힘이 취약한 후
      *정부는 일반대중들의 정책순응 확보를 위하여 정책홍보 등 공중의제화 과정을 거친다.
   진국에서 많이 나타난다.
   ㉡ 올림픽, 월드컵 유치, 우리나라의 과거 새마을 운동 등이 대표적인 사례이다.

③ **내부접근형**: 사회문제 → 정부의제
   ㉠ 정부기관 내부의 집단(동형모형 보다는 낮은 지위의 고위관료) 혹은 정책결정자와 빈번히 접촉하는 집단에 의해 정책의제화가 진행되는 형태로, 의도적이고 일방적으로 국민을 무시하는 정부에서 나타날 수 있다.
   ㉡ 정책의 대중적 확산이나 정책경쟁의 필요성을 느끼지 못하는 유형으로 일종의 음모형에 해당한다.

(2) 메이(P. J. May)의 정책의제설정모형

정책의제설정의 주도자 \ 대중의 관여 정도	높음	낮음
민간	외부주도형 (Outside Initiation)	내부주도형 (Inside Initiation)
정부	공고화(굳히기)형 (Consolidation)	동원형 (Mobilization)

🔍 메이의 모형 중 외부주도형, 내부주도형, 동원형은 콥 앤 로스의 모형과 유사하다.
🔍 **공고화(굳히기)형**: 이미 광범위한 일반 대중의 지지가 있는 경우에, 정부는 동원 노력보다는 이미 존재하는 지지를 그대로 공고화(Consolidation)해 의제를 설정한다.

04 정책의제설정 모형

1. 의제설정 행위자 모형

(1) **다원주의론**
이익집단들이나 일반 대중이 정책의제설정에 상당한 영향력을 행사한다.

(2) **엘리트론**
엘리트가 허용하는 문제만이 의제로서 설정된다.

(3) **무의사결정론**
대중에 대한 억압과 통제를 통해 엘리트들에게 유리한 이슈만 정책의제로 설정된다.

(4) **정책선도자**
정책선도자(Policy Entrepreneur)란 정책아이디어를 개발하여 정책의제로 만드는 사람이다. 킹던은 '정책선도자들이란 선호하는 미래의 정책을 위하여 자신들의 자원을 투자하기를 원하는 사람들'이라고 설명하였다.

(5) **사이먼(H. Simon)의 의사결정론**
정책결정자의 집중력은 한계가 있어 일부의 사회문제만이 정책의제로 선정된다.

(6) **체제이론**
고위관료 등 문지기(Gate-Keeper)가 선호하는 문제가 정책의제로 채택된다.

2. 의제설정 과정 모형

(1) **킹던(J. Kingdon)의 정책 흐름(Policy Stream) 또는 정책 창(Policy Window) 모형**
① 의미
의제설정과정에 쓰레기통모형을 적용·발전시킨 모형으로 킹던은 그의 저서 '의제, 대안, 공공정책(Agendas, Alternatives, and Public Policies)'에서 ① 문제의 흐름(Problem Stream), ② 정책대안의 흐름(Policy Stream), ③ 정치의 흐름(Political Stream)이 독자적으로 흐르다가 어떤

계기로 결합함으로써 새로운 정책의제로 형성된다고 설명한다. 예컨대 규제 완화와 관련하여 ① 사람들은 정부의 규제가 국가 경제에 상당한 부담을 준다고 확신하고, ② 저널·기사·포럼 등을 통해서 학계와 전문가들이 규제 완화를 제안하고, ③ 국가적 분위기가 점점 더 정부의 규모와 간섭에 대하여 적대적으로 변하고 있다. 이 세 가지가 동시에 결합하여 규제 완화가 정부의제로 채택된다.

> ① **문제의 흐름(Problem Stream)**
>   흘러다니는 여러 가지 문제 중에 어떤 문제가 정책결정자의 관심을 끌게 되는가에 초점을 둔다.
> ② **정책의 흐름(Policy Stream)**
>   문제를 검토하여 해결방안들을 제안하는 전문가들과 분석가들로 구성되며, 여기서 여러 가지 가능성들이 탐색되고 그 범위가 좁아진다.
> ③ **정치의 흐름(Political Stream)**
>   국가적 분위기(National Mood)* 전환, 선거에 따른 행정부나 의회의 인적 교체, 이익집단들의 로비활동과 압력행사 등과 같은 요소들이 포함된다.

⊕ **국가적 분위기**(National Mood): '많은 국민의 공통적인 생각(a rather large number of people out in the country are thinking along common lines)' 정도로 번역되는데, '여론'과 가까운 의미로 보인다.

② 특징
  ㉠ 정책 창(Policy Window)은 정책의제로 '채택될 수 있는 기회'를 의미한다. 정책 창은 위기나 사고 등에 의해서 우연히 열릴 수도 있고, 정권교체에 의해서 열릴 수도 있다. 예컨대 많은 희생자를 발생시킨 다중이용시설의 갑작스러운 붕괴 사고가 발생하면 '안전규제 강화'가 정책의제로 채택될 기회가 생긴다. 마찬가지로 복지국가를 지향하는 정권이 들어섰다면 '복지정책 강화'가 정책의제로 채택될 기회가 생긴다. 정책 창이 열렸다고 하더라도 문제에 대한 대안이 존재하지 않으면 '정책의 창'이 닫힐 수 있다. 예컨대 현행 안전 규제가 문제이지만 뚜렷한 해결책이 없다면, 정책의제로 채택되기 어렵다.
  ㉡ 킹던은 정책선도자(Policy Entrepreneur)들의 역할도 강조하는데, 그들은 관심을 가지는 문제와 해결책을 결합하여 정부의제화 시키려고 한다.
    ⊕ 정책흐름모형은 정책의제설정뿐만 아니라 정책변동 등에도 적용된다.

(2) 동형화모형

유사한 상황을 겪고 있는 국가에서 정책의제도 닮아간다는 것을 의미한다. 예컨대 선진국들이 AI(인공지능, Artificial Intelligence)와 관련된 정책의제를 채택하면 다른 국가들도 따라서 채택한다.

⊕ 동형화 모형은 정책의제설정보다 정부 간 정책전이(Policy Transfer)를 설명하는 데 많이 활용되는데, 정책전이는 모방·규범·강압을 통해 이루어진다.

(3) 포자모형

포자가 환경이 유리하게 변화하게 되면 균사로 변하듯 일반 국민이 해당 사회문제나 이슈에 강한 관심을 보일 때 해당 이슈가 정책의제로 발전한다는 모형으로, 정책문제가 정의되는 환경의 중요성에 주목한다.

⊕ 포자란 이끼나 곰팡이 등의 생식세포로 온도, 습도 등 환경이 유리하게 되면 균사로 변한다.

(4) 이슈관심주기(Issue Attention Cycle)모형

다운스(Dawns)는 사회문제가 국민들의 관심을 끌다가 사라지는 경향이 주기가 있다는 데 초점을 둔다. 이슈에 대한 공공의 관심은 희소자원이므로 어떤 이슈가 공공의 관심을 끌기 위해서는 공공의 장에서 다른 이슈들과 경쟁을 해야 한다.

(5) 혁신확산(Diffusion of Innovations)이론

① 새로운 정책프로그램을 채택하는 것을 혁신으로 보면서, 이웃 지역의 정책을 모방하는 공간적 확산(Spatial Diffusion)과 선진 산업국가로부터 저개발지역으로 확산되는 계층적 확산(Hierarchical Diffusion)으로 구분된다.

② 로저스(E. Rogers)에 따르면 혁신수용시간에 따라 수용자의 분포는 정규분포를 이루고, 이들 수용자의 누적도수는 S자 형태를 이룬다. 혁신의 초기수용자는 소속집단의 신망을 받는 이들로서 그 사회에서 여론선도자일 가능성이 높다.

(6) 사회적 구성론(Social Construction)

① 의미

슈나이더와 잉그램(A. Schneider & H. Ingram)은 '정책대상집단의 사회적 구성(Social Construction of Target Populations)'에서 정책대상집단의 사회적 구성은 선출직 공무원과 정책의제, 정책설계 등에 매우 큰 영향을 준다고 보았다. 사회적 구성(Social Constructions)이란 정책의 영향을 받는 사람들의 문화적 특성이나 대중적 이미지를 의미하는데, 긍정적 또는 부정적으로 평가된다. 예컨대 노인이나 아동은 긍정적, 부유층이나 범죄자는 부정적이다. 사회적 구성 외에도 정치적 권력(Political Power)이 강한지 약한지에 따라서 네 가지 집단으로 구분하였다. 정치적 권력은 다른 집단과의 연합 형성의 용이성, 동원 가능한 보유 자원의 양, 집단 구성원들의 전문성 정도를 의미한다.

구분		사회적 구성	
		긍정적	부정적
정치적 권력	강함	수혜집단(Advantaged) (노인, 기업, 퇴역 군인, 과학자)	주장집단(Contenders) (부유층, 거대노동조합, 소수집단, 문화 상류층)
	약함	의존집단(Dependents) (아동, 부녀자, 장애인)	이탈집단(Deviants) (범죄자, 약물중독자, 공산주의자 등)

② 특징

㉠ 정책대상집단이 정책의제설정에서 지배적 권한을 행사하는지 그 이유를 분석하는 데 유용하다. 수혜집단은 유리한 정책의제가 설정될 수 있고, 이탈집단은 불리한 정책의제가 설정될 수 있다. 선출직 공무원이 수혜집단은 혜택을, 이탈집단은 처벌 등을 가하려고 하기 때문이다.

㉡ 특정 정책대상집단이 둘 이상의 유형으로 구성될 수 있으며, 그 사회적 구성이 시간에 따라 변화할 수도 있다. 예컨대 AIDS 환자는 처음에는 범죄자와 같이 부정적 이미지였지만 긍정적으로 변해 나가고 있다.

기출문제 학습

01 (㉠ 일부 / ㉡ 모든) 사회문제는 정책의제화된다. 13. 국가 9

02 호그우드와 건(Hogwood&Gunn)은 (㉠ 인간의 이성보다 감성적 / ㉡ 인간의 감정보다 이성적) 측면에 호소하는 문제일수록 정책의제화가 쉽다고 하였다. 24. 국가 7

03 이해관계자의 분포가 넓고 조직화 정도가 낮은 경우 정책의제로 채택될 가능성이 (㉠ 높다. / ㉡ 낮다.) 15. 국가 9

04 정책의제설정 과정과 관련하여 크렌슨(Creson)에 따르면, 선출직 지도자들은 공장공해 등 전체적인 문제에 (㉠ 민감하게 반응한다. / ㉡ 민감하게 반응하기 어렵다.) 18. 서울추가 7

05 [㉠ 공중의제(public agenda) 또는 체제의제(systemic agenda) / ㉡ 사회문제(social problem) / ㉢ 사회적 쟁점(social issue) / ㉣ 정부의제(governmental agenda) 또는 제도의제(institutional agenda)]는 정책의제설정 과정에서 일반대중의 관심과 주의를 받고 있으며, 정부가 개입하여 문제를 해결하여야 한다고 인정되지만, 정부가 문제 해결을 고려하기로 공식적으로 밝히지 않은 상태이다. 15. 지방 7

06 ① 공중의제는 문서화되거나 공식화(㉠ 되지 않은 / ㉡ 된) 의제이다.
② 사회문제의 성격이나 그 해결방안에 대하여 논란이 벌어지면 (㉠ 공중의제 / ㉡ 사회적 이슈)가 된다.
③ 일단 (㉠ 공중의제 / ㉡ 정부의제)가 되면 그 사회문제는 해결될 가능성이 매우 높아진다. 11. 서울 7

07 아이스톤(Eyestone)이 제시한 정책의제 형성과정 중 공공의제(public agenda)는 정부가 문제 해결을 하는 것이 정당한 것으로 인정(㉠ 된 / ㉡ 되지 않은) 상태를 말한다. 12. 지방 7

08 콥과 로스(Cobb & Ross)의 의제설정 과정에 따르면, ① 사회문제 → 정부의제는 (㉠ 동원형 / ㉡ 외부주도형 / ㉢ 내부접근형), ② 사회문제 → 공중의제 → 정부의제는 (㉠ 동원형 / ㉡ 외부주도형 / ㉢ 내부접근형), ③ 사회문제 → 정부의제 → 공중의제는 (㉠ 동원형 / ㉡ 외부주도형 / ㉢ 내부접근형)이다. 21. 지방 7

09 공고화모형에서는 대중의 지지가 (㉠ 낮은 / ㉡ 높은) 정책문제에 대하여 정부가 주도적으로 해결을 시도한다. 25. 국가 9

10 정책의제설정모형에서 (㉠ 동원모형 / ㉡ 내부접근모형) 일반 시민의 지지를 얻기 위해 정부의 홍보활동을 통해 공중의제로 확산된다. 22. 지방 7

11 정책의제설정모형에서 (㉠ 외부주도모형 / ㉡ 내부주도모형)은 대중의 지지를 획득하기 위한 공중의 제화 과정이 없다는 점에서 공중의제화 과정을 거치는 동원형과 다르다. 15. 서울 7

12 메이(May)는 정책의제설정의 주도자와 대중의 관여 정도에 따라 정책의제설정 과정을 네 가지 유형으로 구분했다.

정책의제설정의 주도자	대중의 관여 정도	
	높음	낮음
민간	A	B
정부	C	D

정책결정자가 주도하여, 대중에게 정책을 공개하여 지지를 획득하려고 하는 유형은? 16. 지방 7

13 정책의제설정모형에서 공고화형은 대중의 지지가 (㉠ 낮은 / ㉡ 높은) 정책문제에 대한 정부의 주도적 해결을 설명한다. 20. 국가 7

14 킹던의 정책창 이론에서 서로 결합하여 새로운 정책의제로 형성되는
① (㉠ 독립된 / ㉡ 상호의존적) 흐름 3가지를 고르면
② [㉠ 정보의 흐름(information stream) / ㉡ 정치의 흐름(political stream) / ㉢ 정책의 흐름(policy stream) / ㉣ 문제의 흐름(problem stream) / ㉤ 이슈 흐름(issue stream)]이다. 13. 국가 7

15 정책의제설정모형 중 포자모형은 (㉠ 정책문제가 제기되어 정의되는 환경보다는 정책문제 자체의 성격이 갖는 / ㉡ 정책문제 자체의 성격보다는 정책문제가 제기되어 정의되는 환경의) 중요성에 주목한다.
18. 서울추가 7

16 정책의제설정과 관련된 이론과 설명을 연결시키면? 14. 국가 9

〈이론〉
A. 사이먼(H. Simon)의 의사결정론 / B. 체제이론 / C. 다원주의론 / D. 무의사결정론
〈설명〉
㉠ 조직의 주의 집중력은 한계가 있어 일부의 사회문제만이 정책의제로 선택된다.
㉡ 문지기(gate-keeper)가 선호하는 문제가 정책의제로 채택된다.
㉢ 이익집단들이나 일반대중이 정책의제설정에 상당한 영향력을 행사한다.
㉣ 대중에 대한 억압과 통제를 통해 엘리트들에게 유리한 이슈만 정책의제로 설정된다.

17 정책혁신의 (㉠ 초기수용자 / ㉡ 지체자)는 소속집단의 신망을 받는 이들로서 그 사회에서 여론선도자일 가능성이 높다. 19. 국가 7

정답 1.㉠ 2.㉠ 3.㉡ 4.㉡ 5.㉠ 6.①-㉠ ②-㉡ ③-㉡ 7.㉠ 8.①-㉢ ②-㉡ ③-㉠ 9.㉡ 10.㉠ 11.㉡ 12.D 13.㉡ 14.①-㉠ ②-㉡,㉢,㉣ 15.㉡ 16.A-㉠ B-㉡ C-㉢ D-㉣ 17.㉠

Theme 05 정책분석(PA : Policy Analysis)

01 정책분석이란?

정책분석이란 해결해야 할 정책문제의 명확화, 바람직한 정책목표의 설정, 정책대안의 탐색, 정책대안의 결과 예측, 정책대안의 비교·평가를 포괄한다. 정책분석은 경제적 합리성만 중시하는 체제분석(SA : System Analysis)과 달리 가치의 문제까지 포함한다.

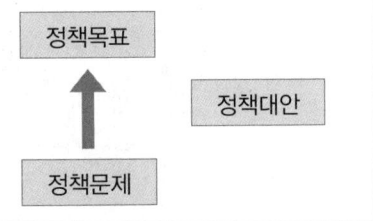

02 정책문제

1. 정책문제란?

(1) 정부가 해결해야 할 문제를 의미하는데 복잡하며, 상호 의존적이며, 역사적 산물인 경우가 많다. 예컨대 전기자동차의 보급이 지연되는 것은 기술의 발전, 가격, 안전성에 대한 인식, 내연기관 관련 기업의 저항 등 복잡하게 얽혀 있다. 또한 국민연금 고갈이 문제되는 이유는 제도를 도입할 당시에 정했던 납부액 대비 수령 금액을 유지하기 힘들어졌음에도 불구하고 부정적 여론으로 인하여 국민연금 개혁이 계속 미루어져 왔기 때문이다.

(2) 정책문제는 주관적, 당위론적 가치관의 입장에서 정의하는 것이 중요하다. 정책문제가 주관적이라는 것은 정책문제를 각자 다르게 바라본다는 것이다. 예컨대 환경오염 문제는 환경단체나 시민들은 심각하게 받아들이고, 정유업체 관계자는 그렇지 않다. 당위론은 '마땅히 그렇게 되어야 한다'의 의미를 가지는데, 예컨대 '휘발유 가격 상승이 문제'라고 정의한다. 즉 시장 가격기구에 맡겨두는 것보다 정부가 정책적으로 개입하는 것이 당위적으로 요구된다는 것이다.

2. 정책문제의 구조화의 중요성

던(William N. Dunn)은 정책분석이 실패하는 이유는 옳은 문제에 대한 잘못된 해결책을 도출하는 것보다, 잘못된 문제를 해결했기 때문이라고 하였다. 비유하자면 행정학 점수가 낮은 이유가 실제로는 공부시간이 부족한 것인데, 수험교재가 문제라고 파악할 수도 있다. 수험교재가 문제라고 파악했다면 해결책은 수험교재를 바꾸는 것이다. 공부 시간은 늘리지 않은 채 수험교재를 바꾸는 것으로 행정학 점수가 개선되지는 않을 것이다. 이는 잘못된 문제를 푸는 것으로 제3종 오류에 해당한다. 따라서 실질적·공식적 문제가 원래의 문제상황과 얼마나 잘 일치하는지가 중요하다.

3. 정책문제의 분류

던은 정책문제를 구조화가 잘된 문제(Well-Structured Problem), 어느 정도 구조화된 문제(Moderately Structured Problem), 구조화가 잘 안 된 문제(Ill-Structured Problem)로 분류하였다. 예컨대 경제성 측면에서 노후 차량의 교체 시기는 노후 차량의 수리비와 신규 차량 구입비용을 비교하면 명확하게 도출할 수 있다. 즉 구조화가 잘된 문제이다.

요소	문제의 구조		
	구조화가 잘된	어느 정도 구조화된	구조화가 잘 안된
• 정책결정자 • 대안 • 효용성(가치) • 대안의 결과 • 확률	• 하나 • 고정 • 의견의 일치 • 확실 • 결정론적	• 소수 • 제한 • 협상 • 불확실 • 추산가능	• 다수 • 무제한 • 갈등 • 위협 • 추산가능

4. 정책문제의 구조화 단계

(1) **문제의 감지**(Problem Sensing): 여론 등을 통해 문제상황(Problem Situation)을 인식한다.

(2) **문제의 탐색**(Problem Search): 다양한 이해관계자로부터 수많은 문제[메타문제(Meta Problem)]를 발견하는 과정이다.

(3) **문제의 기술**(Problem Delineation): 발견된 문제들을 기술하여 실질적 문제(Substantive Problem)가 무엇인지 개념화한다.

(4) **문제의 구체화**(Problem Specification): 실질적 문제를 보다 상세하고 구체적인 공식적 문제(Formal Problem)로 옮겨가는 과정이다.

▩ 정책문제의 구조화 단계(던의 정책분석론 figure 3.3 수정)

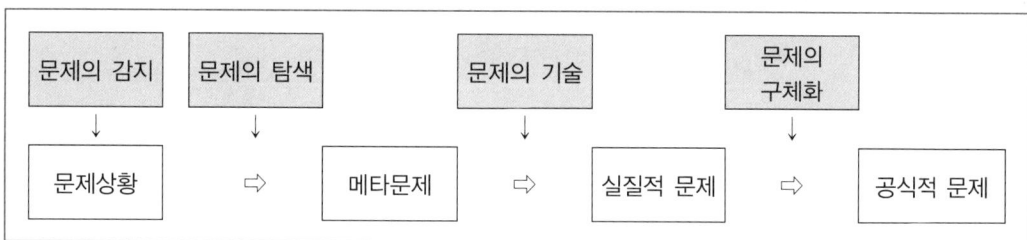

5-1. 정책문제의 구조화기법: 경계분석(Boundary Analysis)

정책문제는 이해관계자들에 의해서 다양하게 정의되는데, 그들로부터 해당 문제에 대한 아이디어를 모두 파악하는 작업이 필요하다. 예컨대 대기오염의 원인에 대해서 자동차 매연, 화력 발전소, 정유공장 등 다양한 아이디어가 나올 수 있다. 다음의 세 가지 절차를 거쳐서 문제의 상대적 완결성을 추정할 수 있다.

(1) **포화표본추출**(Saturation Sampling)

문제와 관련된 최초의 이해관계자를 탐색하여 찾아내고 이를 통해 다른 이해관계자들을 알려달라고 한다. 다른 이해관계자들에게 또 다른 이해관계자들을 알려달라고 하고 이러한 과정을 더 이상 새로운 이해관계자가 없을 때까지 반복한다. 예컨대 대기오염 문제와 관련된 공무원을 인터넷을 통해서 찾아낸 후 해당 문제와 관련된 다른 이해관계자들을 알려달라는 식으로 반복하는 것이다. 해당 문제와 관련된 이해관계자들이 대부분 연결되어 있다고 가정한다.

(2) **문제 표현의 도출**(Elicitation of Problem Representation)

도출한 이해관계자로부터 해당 문제에 대한 다양한 아이디어를 전화나 이메일 등을 통해서 조사한다. 앞서 예시처럼 대기오염의 원인에 대해서 자동차 매연, 화력 발전소, 정유공장 등의 아이디어를 얻는다.

(3) **경계 추정**(Boundary Estimation)

메타문제(도출했던 다양한 아이디어들)의 경계를 추정하는 단계이다. 파레토 차트를 보면 이해관계자 1이 4가지 아이디어를 냈고, 이해관계자 2는 이해관계자 1인 낸 아이디어와 중복되지 않는 새로운 아이디어를 3가지를 내었다. 이해관계자 3도 앞선 이해관계자들이 내지 않은 아이디어를 내게 한다. 더 이상 새로운 아이디어가 나오지 않는 시점(이해관계자 5부터)이 경계가 되고, 파레토 차트상 누적빈도가 10에서 누적빈도 그래프는 수평을 이루게 된다. 즉 이해관계자들로부터 도출한 대기오염의 원인은 총 10가지이다.

◈ 파레토 차트-문제의 경계 추정, 던의 정책분석론 figure 3.9 수정)

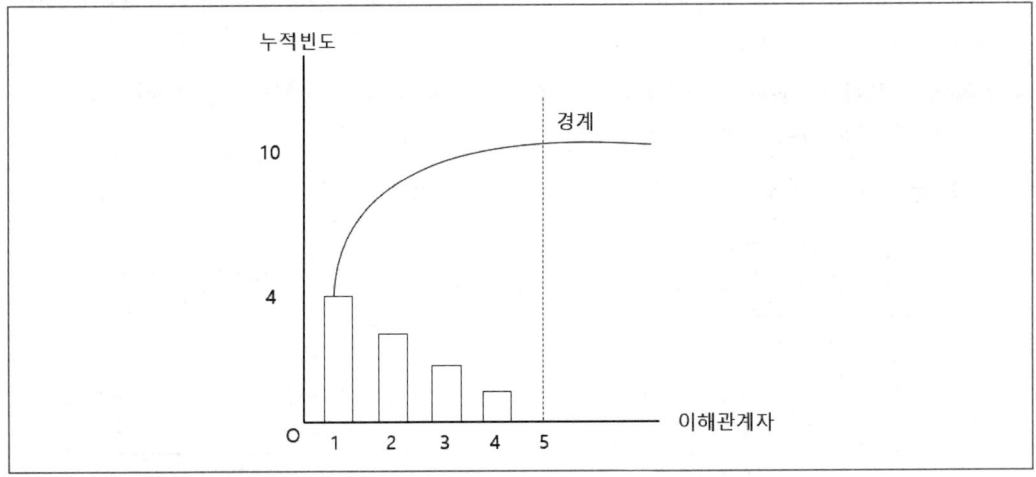

5-2. 정책문제의 구조화기법 : 분류분석(Classification Analysis)

문제상황을 정의하기 위해 당면문제를 그 구성요소들로 분해하는 기법으로 논리적 추론을 통해 <u>추상적인 정책문제를 구체적인 요소들로 구분</u>한다. 비유하자면 '낮은 시험성적'이라는 추상적인 문제를 90점을 기준으로 구체적인 과목으로 구분한다. 행정학을 다시 영역별로 구분하면, 총론과 조직 부분의 낮은 점수가 문제인 것을 알 수 있다.

논리적 분할 ↓	낮은 시험성적			
	90점 미만			90점 이상
	행정학			국어, 영어, 한국사, 행정법
	총론	정책	조직	
	50점	90점	60점	

5-3. 정책문제의 구조화기법 : 계층분석(Hierarchy Analysis)

간접적이고 불확실한 원인으로부터 차츰 확실한 원인을 차례로 확인해 나가는 기법으로 인과관계 파악을 주된 목적으로 한다. 가능성 있는 원인(Possible Cause), 개연성 있는 원인(Plausible Cause), 행동 가능한 원인(Actionable Cause)을 식별할 수 있다. 예컨대 대기오염의 가능성 있는 모든 원인은 고등어구이, 중국 황사, 자동차 매연 등이 있다. 그중에서 고등어구이는 경험적으로 개연성 있는 원인으로 보기는 어렵다. 중국 황사는 우리나라 정책결정자가 통제하기 어렵고, 자동차 매연 문제는 친환경 자동차 보급이나, 노후 디젤자동차 폐차 지원 정책 등을 통해 해결할 수 있다.

원인	예시	대기오염	빈곤
논리적 분할 ↓	가능성 있는 원인	• 고등어구이 • 중국 황사 • 자동차 매연	• 근무 거부 • 권력 구조 • 실업
	개연성 있는 원인	• 중국 황사 • 자동차 매연	• 권력 구조 • 실업
	행동 가능한 원인	자동차 매연	실업

5-4. 정책문제의 구조화기법 : 시네틱스(Synectics, 유추분석)

과거의 유사한 문제에 대한 분석결과를 활용하여 특정 문제를 명확하게 정의한다. 문제들 사이에 유사한 관계를 인지하는 것이 분석가의 문제해결 능력을 크게 증가시킬 것이라는 가정에 기초한다. 예컨대 약물중독 문제를 구조화하기 위해 과거 전염병 통제 경험으로부터 유추(Analogy)할 수 있다.

5-5. 정책문제의 구조화기법 : 가정분석(Assumptional Analysis)

문제상황에 관한 대립되는 가정들의 창조적 통합을 목적으로 하는 기법이다. 정책문제의 개념화를 둘러싼 갈등은 사실의 문제라기보다는 같은 자료를 두고 이해관계자 간의 대립하는 해석의 문제로 보고 있다. 예컨대 '빈곤'이라는 동일한 문제상황에 대한 해결책으로 일자리 창출, 상속세 인상, 교육 기회 제공 등이 제시될 수 있다. 일자리 창출은 빈곤이 '실업'으로 인해 발생한다는 가정하고, 상속세 인상은 빈곤이 '부의 대물림'으로 인해 발생한다고 가정하고, 교육 기회 제공은 '낮은 교육수준'이 빈곤으로 이어진다고 가정하고 있다. 다음으로 도출된 여러 가정들을 종합하여 많은 이해관계자가 동의할 수 있는 가정의 목록을 만들고, 종합적 문제해결 방안을 마련한다.

03 정책목표의 설정

정책목표는 정책을 통해 달성하고자 하는 상태로 내용적으로 타당하고, 적절한 수준이어야 한다. 물가 안정과 고용증가, 신속한 범인 체포와 인권 존중 등 목표들 간에 상충되는 경우도 발생하는데 어떤 목표를 우선할 것인지는 가치판단의 영역이다.

04 정책대안의 탐색과 예측

정책문제로부터 정책목표에 이르는 다양한 방법들[정책대안(Policy Alternative)]을 탐색하고, 정책대안의 결과를 예측해 보는 것은 중요하다. 과거 우리나라 정부는 전자제품의 안정성을 확보하기 위하여, 수입되는 모든 전자제품의 KC 인증을 받도록 하였다. 정책이 발표된 후 개인이 해외에서 직접 구매하는 전자제품까지 KC 인증 대상이 되어 개인은 사실상 직구가 불가능하게 되었다. 이에 대한 강력한 반대 여론으로 인하여 일부 품목에 대해서는 결국 KC 인증 의무가 철회되었다. 사례에서 보듯이 정책대안의 결과를 예측하지 못하면 정책실패로 이어질 수 있다.

04-1 직관적·주관적 예측기법

1. 델파이*기법(Delphi Method)
그리스 현인들이 미래를 예견하던 아폴로 신전이 위치한 도시의 이름을 따서 붙여졌다.

(1) 의미

1948년 미국 랜드(RAND) 연구소의 연구진에 의해 개발된 것으로, 관련 전문가들의 의견을 종합하는 방법이다. 공개적인 토론은 반대의견을 제시하기 어렵거나, 특정인들이 발언을 독점하거나, 기존에 본인이 제시한 의견을 번복하기 어렵다. 이러한 약점을 극복하기 위해서 다음과 같은 원칙을 준수한다.

(2) 원칙

① 익명성(Anonymity): 익명성이 보장된 상태로 참가한 개개인이 답변한다.
② 통제된 환류(Controlled Feedback): 개개인의 의견은 도수분포 등 요약 형태로 전달된다.
③ 반복(Iteration): 구조화된 설문을 반복하는데, 전달받은 집계자료를 토대로 자신의 답변을 수정할 수 있다.
④ 통계처리(Statistical Group Response): 개인들의 응답을 요약한 것은 중앙경향치, 분산도, 도수분포 등으로 제시된다.
⑤ 전문가 합의(Expert Consensus): 전문가들이 특정 주제에 대한 합의를 도출될 수 있도록 한다.

(3) 예시

경제 분야에 대한 체계적인 지식이 풍부한 10명의 전문가에게 내년도 세계경제 성장률 예상치를 묻는 설문조사를 한다. 1회차 조사에서 1% 1명, 1.2% 3명, 1.3% 5명, 1.4% 1명으로 조사되었다. 1회차 조사 결과를 참여 전문가에게 알려주고 2회차 설문조사를 한다. 2회차에서는 1.2% 4명, 1.5% 6명으로 조사되었는데, 1회차 조사 결과를 참고하여 일부 참여자가 의견을 수정한 것이다. 이와 같은 방법을 반복적으로 실시하여 합의에 이르게 된다.

(4) 특징

① 집단사고(Group Think)의 방지할 수 있다. 집단사고란 집단응집성과 합의에 대한 압력 등으로 잘못된 의사결정에 도달하는 현상을 말한다.
② 해당 분야에 대한 체계적인 지식이 풍부한 전문가들을 활용한다.
③ 상호 토론 없이 독자적으로 형성된 전문가들의 판단을 종합 정리한다.

2. 정책델파이(Policy Delphi Method)

(1) 의미

앞서 살펴본 델파이는 전문가들의 합의를 도출하는 과정이라면, 정책델파이는 특정 정책과 관련된 이해관계자의 상반된 의견을 도출해 보려는 것이다. 예컨대 기호용 마리화나(Recreational Marijuana)를 합법화 여부에 대한 찬·반의견을 도출해 보는 것이다.

(2) 원칙

전통적 델파이의 반복과 통제된 환류를 기초로 추가적인 원칙을 가지고 있다.

① 선택적 익명(Selective Anonymity): 초기에는 익명으로 응답을 하고, 정책대안에 대한 주장들이 표면화된 후에는 참여자들로 하여금 공개적으로 토론을 벌이게 한다.

② 양극화된 통계 처리(Polarized Statistical Response): 개인의 판단을 집약할 때, 불일치와 갈등을 의도적으로 강조하는 수치를 사용한다.

③ 식견 있는 다수의 참여(Informed Multiple Advocacy): 일반적인 델파이와 달리 전문성 자체보다는 이해관계와 식견이라는 기준으로 참가자를 선발하기 때문에 개인의 이해관계나 가치 판단이 개입될 수 있다.

④ 구조화된 갈등 유도(Structured Conflict): 대립되는 입장에 내재된 가정과 논증을 표면화시키고 명백하게 하기 위해 노력한다.

3. 교차영향분석(Cross-Impact Analysis)

델파이기법과 마찬가지로 랜드 연구소에 의해서 만들어진 것으로, 관련 사건이 일어났느냐 일어나지 않았느냐에 기초하여 미래에 어떤 사건이 일어날 확률에 대하여 식견 있는 판단(Informed Judgments)을 끌어내는 방법이다. 예컨대 다른 사건을 고려하지 않을 경우 전기자동차의 보급이 증가할 확률은 50%, 전기 요금이 상승할 확률은 30%, 유류가격이 상승할 확률은 40%라고 예측하였다고 하자. 그런데 다음의 교차영향행렬에서 보듯이 사전 사건(세로 방향)으로 전기자동차 보급이 증가한다는 조건이 생기면, 사후 사건(가로 방향)인 전기요금이 상승할 확률은 30% → 50%로 증가, 유류가격이 상승할 확률은 40% → 30%로 예측을 조정하였다. 물론 전기요금 상승과 유류가격 상승 사이에는 상호 영향이 없다.

◈ 교차영향행렬 예시

전후	전기차 보급 증가	전기요금 상승	유류가격 상승
전기차 보급 증가		50%	30%
전기요금 상승	40%		40%
유류가격 상승	70%	30%	

4. 브레인스토밍(Brainstorming)

(1) 의미

형식이 정해지지 않은 집단토론 상황에서 구성원들이 아이디어와 문제해결 대안들을 자유롭게 토론하는 방법이다.

(2) 원칙
① 개방적이고 자유롭게 유지되어야 한다.
② 초기단계에서 타인의 아이디어를 비판하거나 평가하지 말아야 하고, 아이디어 평가는 아이디어가 총망라된 다음에 시작한다.

5. 명목집단기법(Nominal Group Technique)
문제해결에 참여하는 개인들이 개별적으로 해결방안을 구상하고 그에 대해 제한된 집단토론만 한 다음, 표결로 의사를 결정하는 방법이다.

6. 지명반론자기법(Devil's Advocate Method)
작위적으로 특정 조직원들 또는 집단을 반론을 제기하는 집단으로 지정해 반론자 역할을 부여하고 이들이 제기하는 반론과 이에 대한 제안자의 옹호 과정을 통해 의사결정을 유도하는 방법이다.

7. 변증법적 토론(Dialectical Inquiry)
대립되는 두 집단으로 나누어 토론하는 방법으로, 특정 대안의 장점과 단점이 최대한 노출될 수 있다.

8. 시나리오(Scenario) 작성
장래에 일어날 사건의 줄거리를 가상적 시나리오로 구성한다.

04-2 기타 예측기법

참가자의 직관적·주관적 예측 이외에 다음과 같은 방법이 있다.

1. 추세연장기법
시계열 자료를 토대로 미래 상태를 예측하는 방법으로, 04-3 에서 상세히 다루게 된다.

2. 정책실험
정책실험은 정책의 효과를 판단하거나 아직 검증되지 않은 정책을 미리 실험해 보는 방법으로, Theme 10에서 상세히 다루게 된다. 예컨대 지역화폐 정책을 전국적으로 도입하기 전에, 특정 지역을 대상으로 우선 실시하여 그 효과를 예측해 볼 수 있다.

3. 모형의 작성
예컨대 전기자동차의 보급률을 예측하기 위하여 전기자동차 가격과 유류 가격을 변수로 하여 다음과 같이 간단한 산식을 도출해 볼 수 있다. 해당 산식에 따라 전기자동차 가격 상승률과 유류 가격 상승률을 알면 전기자동차 보급률을 예측할 수 있다.

$$전기자동차\ 보급률(E) = -0.1 * 전기자동차\ 가격\ 상승률 + 0.2 * 유류\ 가격\ 상승률 + A$$

4. 이전의 정책 또는 외국 사례 활용

과거의 유사한 정책이나 외국의 사례를 통해 예측해 볼 수 있다. 예컨대 코로나와 관련된 정책을 토대로 새로운 전염병 발병 시 정책대안의 효과를 예측해 볼 수 있다.

04-3 예측에 대한 던의 분류

던은 추세연장적 예측, 이론적 예측, 판단적 예측으로 구분하여 설명하고 있다. 이론적 예측은 04-2 의 모형의 작성과 관련이 있고, 판단적 예측은 04-1 직관적 · 주관적 예측기법과 관련이 있다.

접근(Approach)	근거(Basis)	방법(Method)
추세연장적 예측	경향 추세연장 (Trend Extrapolation)	• 고전적 시계열 분석 • 선형 경향 추정 • 지수 가중 • 자료 전환 • 격변 방법론
이론적 예측	이론적 법칙과 공리 (Theoretical Laws and Propositions)	• 이론 지도작성 • 인과 모델링 • 회기 분석 • 점과 간격 추정 • 상관관계적 분석
판단적 예측	전문가 판단 (Expert Judgment)	• 고전적 델파이 • 정책 델파이 • 교차-영향 분석 • 실현가능성 예측

1. 추세연장적 예측(Extrapolative Forecasting)

시간의 흐름에 따른 수치를 분석하는 시계열 분석(Time-Series Analysis)를 기초로 미래를 예측하는 기법으로 인구감소, 경제성장, 기관의 업무량 등을 예측하는 데 이용된다. 과거로부터 현재까지 추이가 미래에도 지속된다는 지속성(Persistence), 과거의 패턴이 반복된다는 규칙성(Regularity), 측정의 신뢰성과 타당성(Reliability and Validity)을 가정하고 있다. 귀납적 논리를 기본으로 이동평균법(Moving Average), 지수평활법(Exponential Smoothing) 등이 있다.

(1) **고전적 시계열 분석**(Classical Time-Series Analysis)

지속적 경향(장기적으로 하락하는 인구수 등), 계절적 변동(계절에 따라 변하는 기온 등), 주기적 파동(경제 호황과 불황 주기 등), 불규칙적 진동(예측하기 어려운 자연재해 등)으로 구분할 수 있다.

(2) **선형 경향 추정**(Linear Trend Estimation)

편차 상쇄(deviations cancel), 최소자승경향추정(least square trend estimation) 등 회귀분석 방법을 이용하여 예측한다. 예컨대 다음 그림과 같이 1년 차부터 5년 차까지 매출액(점으로 표시)을 통하여, 직선 형태의 함수($Y = At + B$)를 도출할 수 있다.

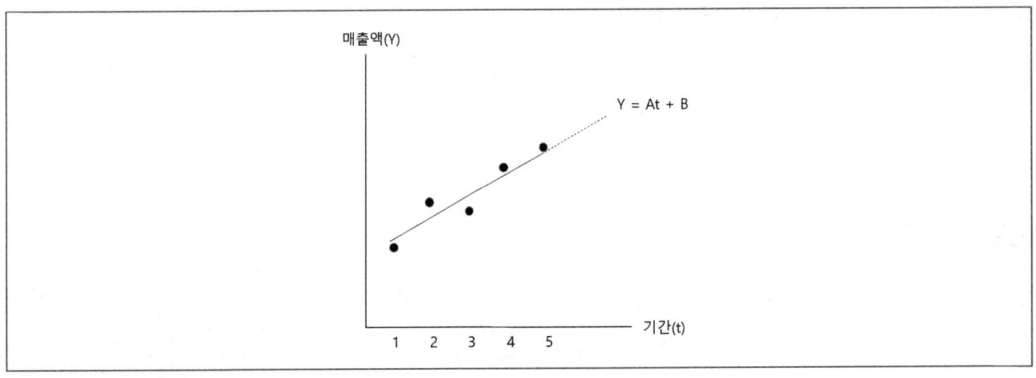

(3) **지수 가중**(Exponential Weighting)

다음 그림과 같이 매출액이 급증할 때는 2차 함수 형태($Y = At^2 + Bt^2 + C$)로 표시될 수 있다. 이처럼 이차항 At^2이 추가되는 것을 지수 가중이라 한다.

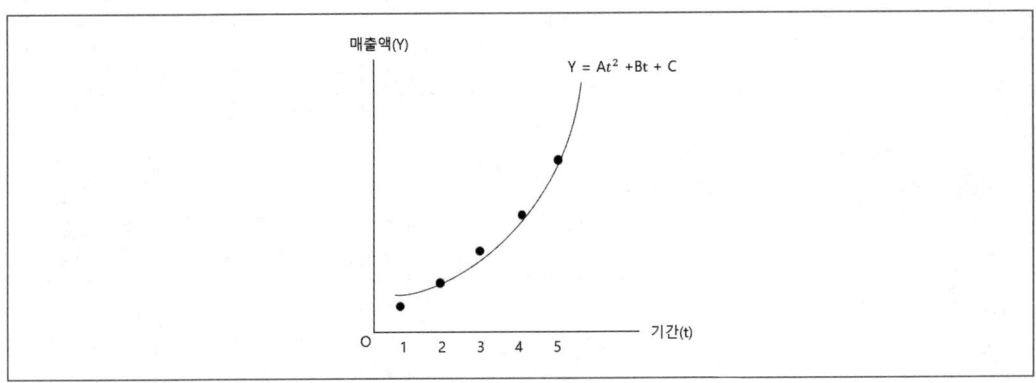

(4) **자료 변환**(Data Transformation)

수치가 급격하게 변할 때, 적절하게 변환할 수 있다. 예컨대 10, 100, 1000으로 변한다면, 상용로그를 취하여 1, 2, 3으로 각각 변환할 수 있다.

(5) **격변 방법론**(Catastrophe Methodology)

불연속적인 과정이 미래에도 반복될 거라는 가정을 하는 것으로, 격변은 급격한 변화를 의미한다. 예컨대 다음 그림과 같이 20조 원 수준으로 유지되어 오던 복지 관련 예산이 정권이 교체됨에 따라 30조 원으로 급격하게 상승할 수 있다.

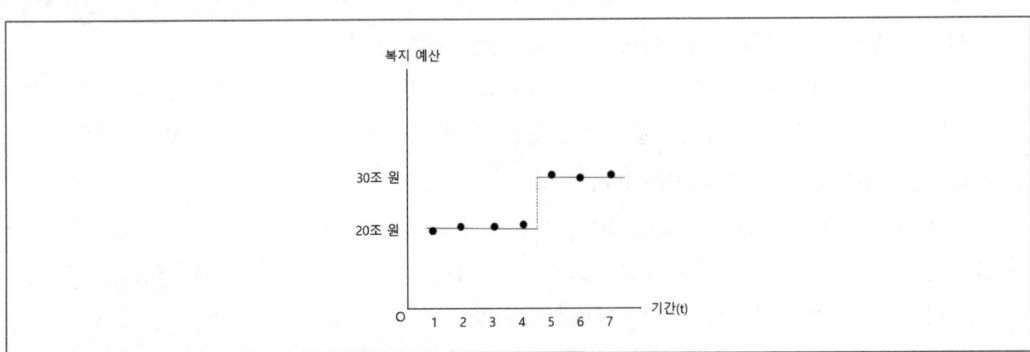

2. 이론적 예측(Theoretical Forecasting)

이론적 모델을 바탕으로 예측하는 것으로, 예컨대 경제학 이론에 따라 특정 상품의 수요가 증가하면 해당 상품의 가격이 상승할 것이다. 던은 이론적 예측에 도움이 되는 몇 가지 기법들을 소개하고 있다.

(1) **이론 지도작성**(Theory Mapping)

인과적 논증 속에 있는 주요 가정들을 식별하고 정리하는 데 도움이 되는 방법이다. 다음 예시의 그림은 경기침체, 공무원 처우 개선요구 등의 변수가 어떠한 인과 구조를 가지는지를 보여준다.

◈ 인과 구조를 나타내는 화살표 그림

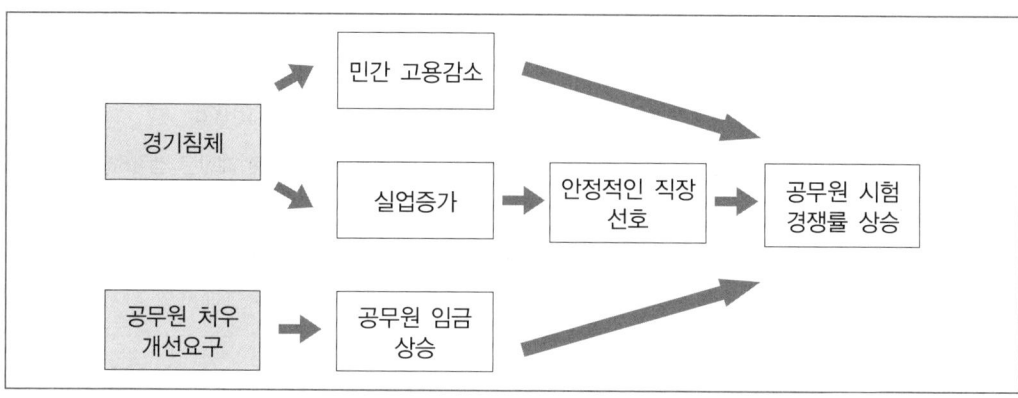

(2) **인과 모델링**(Causal Modeling)

인과 모델은 정책의 결과를 설명하고 예측하려는 이론을 단순하게 표현한 것이다. 예컨대 복지지출과 1인당 소득간의 관계를 Y(복지지출) = aX(1인당 소득) + b 행태로 표현하는 것이다. 인과 모델링에는 경로분석(Path Analysis)을 사용하는데, 다음 그림과 같이 이론 지도작성에 사용한 화살표 그림과 같은 형태에 독립변수가 종속변수에 미치는 영향력의 추정치가 추가된다.

◈ 경제성장이 복지지출 증가에 미치는 경로분석

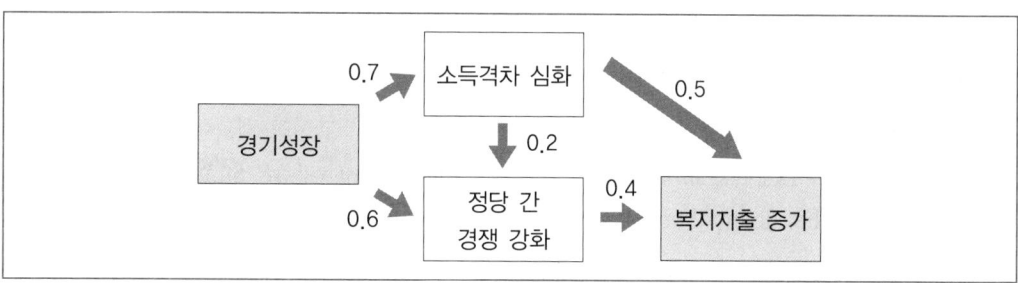

(3) **회기분석**(Regression Analysis)

변수들 간에 상관관계를 분석하는 방법으로, 독립변수가 하나인 단순회귀(Simple Regression)과 두 개 이상인 다중회귀(Multiple Regression)으로 구분할 수 있다. 다음 그림은 공부 시간과 성적 간의 상관관계를 나타낸 것이다. 선형 함수(Y = AX + B) 형태이고, 양(+)의 상관관계를 나타낸다. 다만, 인과관계의 방향은 예측하기 어렵다. 왜냐하면 공부시간이 많아서 성적이 올라간 것인지, 높은 성적이 공부 의욕을 높여서 공부 시간이 늘어난 것이지 명확하지 않기 때문이다. 따라서 인과관계의 방향을 알기 위해 이론 지도작성 등이 필요한 것이다.

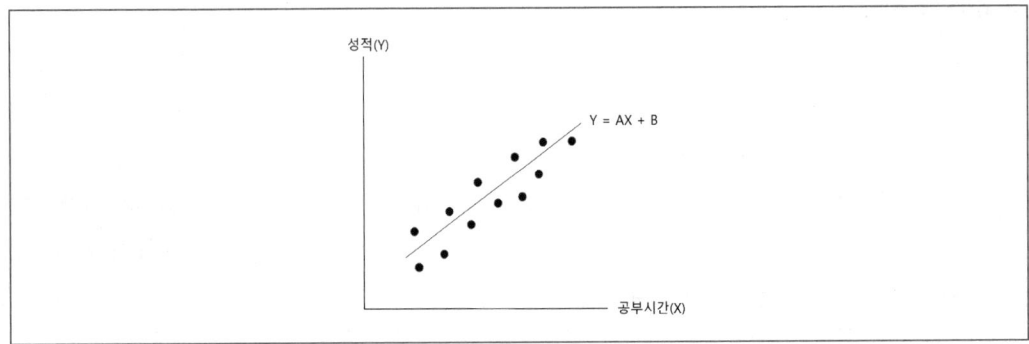

(4) **점과 간격 추정**(Point and Interval Estimation)

특정 신뢰수준에서 실제 값과 추정치 사이의 오차를 알기 위한 방법이다.

🔍 추정치의 표준오차(standard error of estimate) 계산 등이 요구되므로 상세한 계산은 생략하였다.

(5) **상관관계적 분석**(Correlational Analysis)

앞서 살펴본 회귀분석에서 공부시간과 성적간의 관계는 상관계수(Coefficient of Relation)로 표현이 되는데, 다음 그림과 같이 상관계수가 높을수록 데이터가 회귀함수 그래프와 가까이 접해있다.

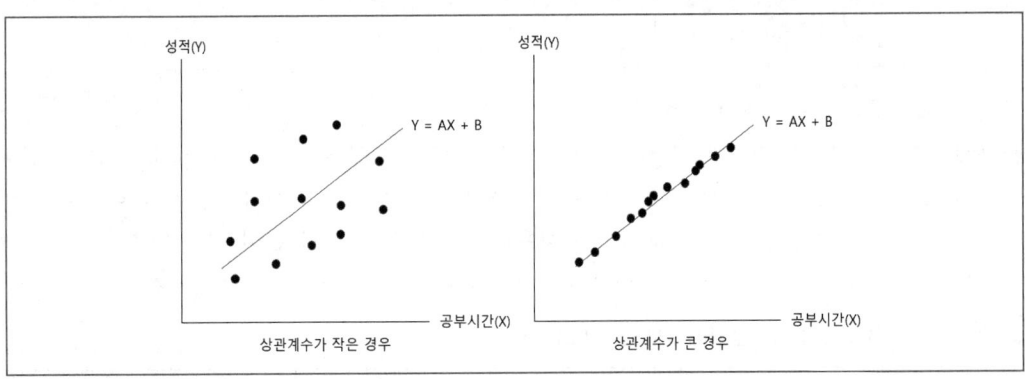

3. 판단적 예측(Judgmental Forecasting)

(1) 판단적 예측은 **04-1**. 직관적·주관적 예측기법에 해당한다. 고전적 델파이(Classical Delphi), 정책 델파이(Policy Delphi), 교차-영향 분석(Cross-Impact Analysis)은 **04-1**에서 살펴보았고, 실현가능성 예측(Feasibility Forecasting)에 대해서만 설명하고자 한다.

(2) **실현가능성 예측**(Feasibility Forecasting)

정책대안에 대한 이해관계자들의 예상되는 영향을 예측하는 방법이다. 예컨대 복지정책 확대에 대하여 시장은 반대하고, 시의회는 찬성하고, 납세자 단체는 반대하는 입장이다. 또한 이해관계자들의 가용자원 등이 상이하므로 이러한 것들을 종합적으로 고려해 점수화하여 평가하는 방법이다.

05 불확실성 극복

올바른 정책 결정을 하기 위해서는 불확실성을 극복해야 하는데, 불확실성 자체를 줄이는 방법과 불확실성을 주어진 것으로 보고 대응하는 방법이 있다.

1. 불확실성 자체를 줄이는 방법(적극적 방법)

(1) 정보와 지식 수집활동 및 정책실험, 정책델파이, 집단토론 등을 실시한다.

(2) 시간을 끌면서 시행착오를 거치는 점증주의를 통해 불확실성을 극복한다. 즉 정책의 결과가 불확실하니 조금씩 변화를 주면서 수정해 나가는 것이다. 예컨대 지역화폐의 경제적 효과가 불확실할 때 전국적으로 곧바로 도입할 것이 아니라 특정 지역부터 차츰차츰 도입해 보는 것이다.

　🔍 점증주의(Incrementalism)란 정책 등을 조금씩 변화시키는 것을 의미한다.

(3) 예컨대 경쟁기업 간의 담합 등을 통해 불확실성을 발생시키는 상황 자체를 통제한다.

2. 불확실한 것을 주어진 것으로 보고 대응하는 방법(소극적 방법)

(1) **보수적 결정**(Conservative Decision)은 미래에 대한 불확실성을 주어진 조건으로 보고 그 안에서 결과를 예측하는 방법으로, 미래에 발생할 수 있는 최악의 상황을 전제하고 정책대안의 결과를 예측한다.

(2) **가외성**(Redundancy)을 감안하는 제도적 장치를 준비한다. 예컨대 지방자치단체가 사회문제를 해결하지 못하면 중앙정부가 해결하도록 한다.

(3) **민감도 분석**: 정책대안들의 결과들이 여러 가지 파라미터 혹은 내외적인 상황의 변화에 얼마나 민감한지 파악하는 것으로, 상세한 내용은 정책대안의 평가에서 다룬다.

(4) **악조건가중분석**: 가장 우수하다고 판단되는 대안이 최악의 상태가 발생했다고 가정하고, 나머지 대안들은 최선의 상태가 발생했다는 가정하에 여전히 가장 우수한 대안이 우수하다면 그 대안을 채택한다.

▤ **의사결정나무**(decision tree)

> 상황의 불확실성을 고려하여 분석할 때 활용할 수 있는 방법이다. 비유하자면 다음 그림과 같이 공무원 시험 준비를 하면서 오프라인 강의와 온라인 강의 중 선택을 할 때, 각각의 비용과 성공 및 실패 확률을 의사결정나무로 표현한 것이다.
>
>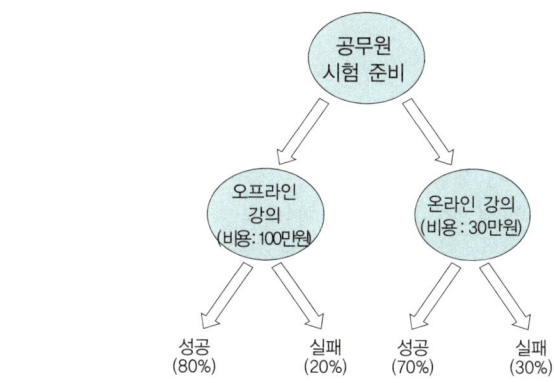

06 정책대안의 비교·평가

1. 나카무라와 스몰우드의 정책대안의 평가기준

정책대안을 평가하기 위해서는 그 기준이 우선 설정되어야 한다. 예컨대 수도권 지역과 비수도권 지역 중 어디에 새로운 고속도로를 건설할지 비교 중이라고 하자. 아마도 경제성이 기준이면 수도권 지역에, 지역균형발전(형평성)이 기준이라면 비수도권에 건설하는 대안이 선택될 것이다. 정책대안의 평가 기준으로 나카무라(R. Nakamura)와 스몰우드(F. Smallwood)는 소망스러움과 실현가능성을 제시하고 있다.

(1) **소망스러움(Desirability)**

정책대안을 바람직한 것으로 인식하는 정도로 형평성, 능률성, 효과성 등으로 이루어진다. 아래 표와 같이 새로운 고속도로를 건설하는 대안이 있다고 하자. 대안 A는 가장 많은 수혜자가 있으므로 형평성 측면에서 선택될 수 있고, 대안 B는 능률성[투입(건설비용) 대비 산출(도로의 길이)] 측면에서 선택될 수 있고, 건설비용과 관계없이 최대한의 도로를 길게 건설하는 것이 목표라면 대안 C가 선택될 수 있다.

대안	건설비용	길이	수혜자 수
A	1000억 원	10km	3만 명
B	1500억 원	30km	2만 명
C	2000억 원	35km	2만 명

(2) **실현가능성(Feasibility)**

실현가능성은 정책대안의 정치적, 법적, 경제적, 행정적, 기술적 실현가능성 등으로 구분된다. 첫째 정치적 실현가능성은 정책과 관련된 이해관계자의 지지를 받아야 한다는 것이다. 아무리 좋은 정책이라도 여론이나 정치권 등의 지지를 받지 못하면 추진되기 어렵다. 둘째 법적 실현가능성은 정책대안의 내용이 법률과 상충되지 않아야 한다. 셋째 경제적 실현가능성은 정책을 실행할 재원이 충분해야 한다는 것이다. 예컨대 전 국민에게 매월 200만 원씩 지원금을 지급하는 정책은 충분한 재원 없이는 불가능할 것이다. 넷째 행정적 실현가능성은 정책을 집행할 행정조직과 인력이 충분해야 한다는 것이다. 마지막으로 기술적 실현가능성은 해당 정책을 실행할 기술적 능력이 충분해야 한다는 것이다. 예컨대 화성 탐사가 목표라면, 탐사 로켓개발 기술이 필요할 것이다.

2. 비용편익분석(Cost-Benefit Analysis)

(1) **의미**

투자자가 투자 여부를 결정할 때, 해당 투자로부터 이득이 비용보다 더 크다고 판단되면 투자할 것이다. 마찬가지로 정책대안을 평가할 때도 편익과 비용을 비교하여 편익이 더 크다면 경제성이 있는 대안이다. 즉 비용편익분석은 정책대안의 경제성을 평가하는 기준인 것이다.

(2) **비용과 편익의 포괄범위**

정책대안이 가져오는 모든 비용과 편익을 금전적 가치로 측정하고, 직접적이고 유형적인 것뿐만 아니라 간접적이고 무형적인 것도 포함된다.

(3) 현재가치법과 할인율

비용과 편익은 현재부터 미래까지 발생한다. 예컨대 고속도로를 건설하는데 2년이 소요된다면 현재부터 2년 후까지 비용이 발생하고, 완공 후 고속도로를 사용하는 동안 편익이 발생할 것이다. 미래의 비용이나 편익은 현재가치(Present Value)로 환산하여 평가해야 하는데, 이때 필요한 것이 할인율(Discount Rate)이다. 예컨대 1년 후 110억 원의 가치는 현재의 110억 원보다는 가치가 작게 평가된다. 이를 현재가치로 환산하려면 $(1+r)$로 나누어 줘야 하는데, 여기서 r이 할인율이다. 따라서 1년 후의 110억 원의 현재 가치로 환산하면 $\frac{110억 원}{(1+r)}$이 된다. 예컨대 이자율 10%이고 할인율도 이자율과 같다고 가정하면, r=0.1을 적용하면 1년 후의 110억 원은 현재가치로 $\frac{110억 원}{(1+0.1)}$ = 100억 원이 된다. 일반화하여 n년 후의 비용이나 편익은 할인율이 복리로 적용되어 $\frac{A_n}{(1+r)^n}$ 형태가 된다.

(4) 비용과 편익의 현재가치

현재부터 미래에 발생할 비용과 편익을 현재가치로 환산하여 더하면, 현재시점에서 평가할 수 있다. 예컨대 다음 표와 같이 비용은 현재 100억 원, 1년 후 100억 원, 2년 후 100억 원이 각각 발생하고, 편익은 3년 후 200억 원, 4년 후 200억 원이 각각 발생한다고 가정하자.

① 비용의 현재가치의 합(C) = 100억 원 + $\frac{100억 원}{(1+r)}$ + $\frac{100억 원}{(1+r)^2}$

② 편익의 현재가치의 합(B) = $\frac{200억 원}{(1+r)^3}$ + $\frac{200억 원}{(1+r)^4}$

구분	현재	1년 후	2년 후	3년 후	4년 후
비용(C)	100억 원	100억 원	100억 원		
편익(B)				200억 원	200억 원
현재가치(PV)	100억 원	$\frac{100억 원}{(1+r)}$	$\frac{100억 원}{(1+r)^2}$	$\frac{200억 원}{(1+r)^3}$	$\frac{200억 원}{(1+r)^4}$

일반화하면

③ 비용의 현재가치 합 $C = C_0 + \frac{C_1}{(1+r)} + \frac{C_2}{(1+r)^2} \cdots = \sum_{k=1}^{n} \frac{C_k}{(1+r)^k}$

④ 편익의 현재가치 합 $B = B_0 + \frac{B_1}{(1+r)} + \frac{B_2}{(1+r)^2} \cdots = \sum_{k=1}^{n} \frac{B_k}{(1+r)^k}$

(5) 순현재가치와 편익비용비

순현재가치(Net Present Value)는 편익의 현재가치 합에 비용의 현재가치 합을 빼면 구할 수 있다(NPV = B − C).

앞서 설명한 것처럼 해당 사업의 경제성이 있으려면 편익이 비용보다 커야 한다. 따라서 NPV = B − C > 0 즉, 순현재가치가 0보다 크면 경제적 타당성이 있다.

부등식을 변형하면 B − C > 0 → B > C → B/C > 1 이 된다. B/C를 편익비용비(B/C ration)이라 하고 B/C가 1보다 크면 경제적 타당성이 있다. 따라서 순현재가치가 0보다 크다는 말은 B/C가 1보다 크다는 의미가 된다. 단일 정책의 경제성을 평가할 때 B/C가 1보다 큰지로 판단할 수 있고, 여러 정책도 B/C값 비교를 통해 평가할 수 있다.

(6) **내부수익률**(Internal Rate of Return)

적절한 할인율이 알지 못힐 때 현재가치를 영으로 만드는 할인율을 내부수익률이라고 한다. 즉 $\sum_{k=1}^{n}\frac{B_k}{(1+r)^k} - \sum_{k=1}^{n}\frac{C_k}{(1+r)^k} = 0$ 방정식의 해가 내부수익률이다. 내부수익률이 시중금리보다 높아야 투자할 가치가 있는 사업이다. 내부수익률에 의한 사업의 우선순위는 사회적 할인율*을 적용한 순현재가치에 의한 사업의 우선순위와 다를 수 있다. *공공사업의 경제적 타당성을 분석하기 위해서 사용하는 할인율로, 공공사업은 후세의 복지에 기여하고 긍정적 외부효과를 발생시키므로 시장 이자율보다 낮은 할인율을 사용해야 한다는 주장도 있다.

(7) **기타 사항**

① 공공투자사업의 편익이 발생하는 기간은 물리적 수명보다는 경제적인 수명으로 설정한다. 비유하자면 오래된 중고 자동차는 물리적으로 운행이 가능하더라도, 높은 수리비가 발생하면 신차로 교체하는 것이 경제적으로 더 이득일 수 있다. 이 경우 경제적 수명은 다했다고 볼 수 있다.

② 미래에 발생할 비용과 편익을 고려하므로 장기적인 안목에서 사업의 바람직한 정도를 평가할 수 있는 방법이다.

③ 예산 편성 과정에서 사업의 타당성과 우선순위를 식별하는 분석도구로 사용한다. 편익비용비가 1보다 커야 경제적 타당성이 있는 사업이고, 여러 사업 중에서 편익비용비가 큰 사업에 우선순위를 부여할 수 있다.

④ 경제성(능률성)을 평가하는 방법으로, 형평성 등은 대변할 수 없다.

⑤ 재화에 대한 잠재가격(Shadow Price)*의 측정과정에서 실제 가치를 왜곡할 수 있다. 예컨대 *잠재가격은 시장가격이 존재하지 않는 활동, 재화, 서비스 등을 실제 경제적 가격으로 평가하는 것이다. 도서관 운영의 경제적 가치를 평가하는 것은 어려울 수밖에 없는데, 비교할 수 있는 민간이 운영하는 유료도서관이 거의 없기 때문이다.

3. 비용효과분석

(1) **의미**

비용은 금전적 가치로 평가하기 어렵지 않지만, 산출물을 금전적 가치로 평가하기 어려운 경우가 많다. 예컨대 코로나 백신의 구입비용은 쉽게 계산할 수 있지만 백신의 효과를 금전적 가치로 평가하기는 어렵다. 다만, 효과를 금전적 가치로 평가하기 어렵다고 해서 국방, 치안, 보건 등의 필수적인 공공서비스를 제공하지 않을 수 없다.

(2) **대안의 선택 기준**

동일한 효과가 있는 백신이라면, 동일한 비용으로 가능한 많은 양의 백신을 구매하거나 같은 양의 백신을 낮은 비용으로 구매하면 된다. 다음 예시와 같이 대안 A를 선택하면 된다.

$$A = \frac{10개}{100만\ 원} > B = \frac{9개}{100만\ 원} \quad 또는 \quad A = \frac{10개}{100만\ 원} > C = \frac{10개}{110만\ 원}$$

(3) 한계

비용효과분석의 비용은 화폐가치로 측정되지만, 효과는 산출물로 측정되기 때문에 총효과가 총비용을 초과하는지에 대한 직접적인 증거를 제시하지 못한다. 앞선 예시에서처럼 대안 A는 10개의 백신을 100만 원에 구매하는 것인데, 백신 10개의 효과가 100만 원을 초과하는지 알기 어렵다.

4. 계층화분석법(Analytical Hierarchy Process)

(1) 의미

정책은 다양한 요소(기준, Criterion)에 의해 평가될 수 있는데, 계층화 분석은 복잡한 기준을 체계적으로 적용한 방법으로 사티(T. L. Saaty)가 제시하였다.

(2) 과정

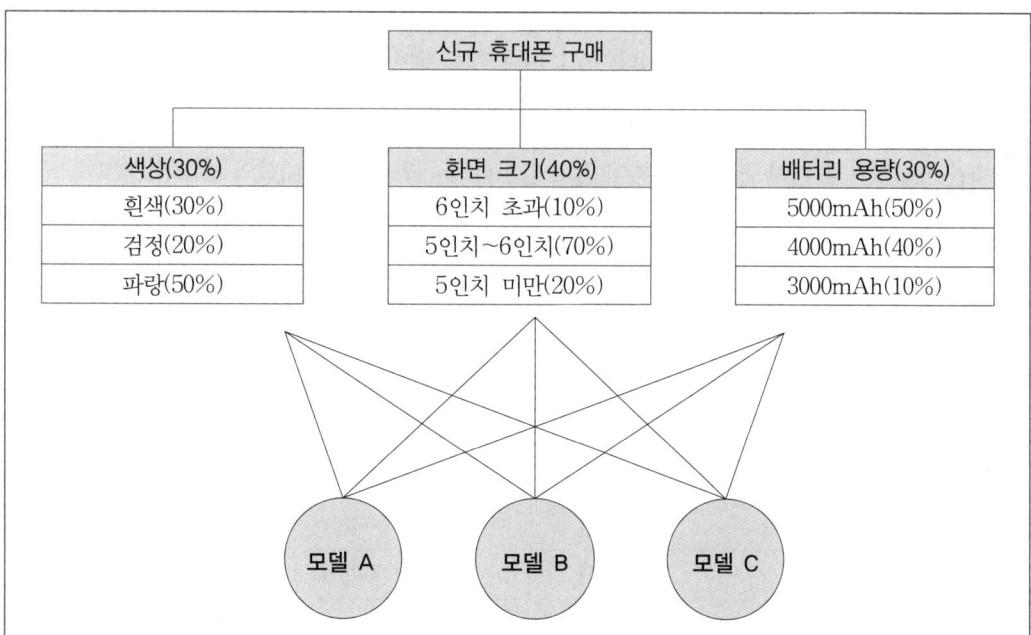

① 목표설정

AHP를 통해 달성하려는 목표를 설정한다. 예컨대 그림과 같이 신규 휴대폰 구매를 목표로 정한다.

② 기준(Criterion) 확인

의사결정에 영향을 주는 요소를 확인한다. 예컨대 그림과 같이 신규 휴대폰을 선택할 요소로 색상, 화면 크기, 배터리 용량으로 확인하였고, 요소별로 다시 하위 요소(파랑, 6인치 초과, 4000mAh 등)으로 세분화 하였다.

③ 결정 계층(Decision Hierarchy) 구성

다음 같이 가장 위에 목표를 두고 그 아래에 상위 요소, 그 아래에 하위 요소, 마지막으로 대안들을 둔다.

④ 쌍대비교(Pairwise Comparison) 및 가중치 결정

상위 요소인 색상, 화면 크기, 베터리 용량을 둘씩 짝지어 중요도에 따라 가중치를 부여하고, 하위 요소들도 둘씩 짝지어 중요도에 따라 가중치를 부여한다. 평가요소 간 상대적 중요도 평가는 참여자들의 주관성이 반영된다.

⑤ 최종 계산

예컨대 모델 A의 색상은 흰색, 화면 크기는 5.5인치, 베터리 용량이 4000mAh라면 0.3*0.3(색상) + 0.4*0.7(화면 크기), 0.3*0.4(베터리 용량) = 0.49이다. 다른 모델들도 동일한 방식으로 평가하여 최종값이 가장 큰 대안이 선택된다.

⑥ AHP의 활용

AHP는 우리나라 예비타당성조사에서 활용하고 있다. 경제성, 정책적 필요성, 지역균형발전을 상위요소로 두고 특정 사업의 진행여부를 결정하는데 통상적으로 AHP 값이 0.5 이상이 나와야 사업 추진이 가능하다. 예비타당성조사에 대해서는 PART 5. 재무에서 상세히 다루게 된다.

5. 민감도분석(Sensitivity Analysis)

불완전한 정보를 가지고 있는 모형 내의 파라미터의 변화에 따라 대안의 결과가 어떻게 반응하는지를 분석하는 방법이다. 예컨대 차량 유지비용과 관련하여 일반적인 내연기관 차량과 하이브리드 차량의 유류 가격변동에 따른 유지비용의 민감도를 생각해 볼 수 있다. 참고로 일반적인 내연기관 차량이 하이브리드 차량 보다 초기 구매비용은 저렴하지만, 연비는 나쁜 편이다. 다음 표는 유류 가격 변동에 따른 연간 유지비용을 나타낸 것인데, 일반적인 내연기관 차량이 하이브리드 차량 보다 유류 가격 변동에 따른 유지비용이 더 민감하게 반응한다.

유류 가격 차량 종류	하락	유지	상승
일반적인 내연기관 차량	800만 원	1000만 원	1200만 원
하이브리드 차량	900만 원	1000만 원	1100만 원

• 기출문제 학습 •

01 정책문제는 (㉠ 주관적이다. / ㉡ 객관적이다.) 17. 서울 7

02 문제구조화는 상호 관련된 4가지 단계인 문제의 감지, 문제의 탐색, 문제의 정의, (㉠ 문제의 추상화 / ㉡ 문제의 구체화)로 구성되어 있다. 17. 지방 9

03 정책문제의 구조화 기법과 설명을 연결하면? 24. 지방 9, 14. 국가 9

〈기법〉
A. 경계분석(boundary analysis) / B. 가정분석(assumption analysis)
C. 계층분석(hierarchy analysis) / D. 분류분석(classification analysis)
E. 시네틱스(Synectics, 유추분석)

〈설명〉
㉠ 정책문제와 관련된 여러 구조화되지 않은 가설들을 창의적으로 통합하기 위해 사용하는 기법으로 이전에 건의된 정책부터 분석한다.
㉡ 간접적이고 불확실한 원인으로부터 차츰 확실한 원인을 차례로 확인해 나가는 기법으로 인과관계 파악을 주된 목적으로 한다.
㉢ 정책문제의 존속기간 및 형성과정을 파악하기 위해 사용하는 기법으로 포화표본추출(saturation sampling)을 통해 관련 이해당사자를 선정한다.
㉣ 문제상황을 정의하기 위해 당면문제를 그 구성요소로 분해하는 기법으로 논리적 추론을 통해 추상적인 정책문제를 구체적인 요소들로 구분한다.
㉤ 문제들 사이에 유사한 관계를 인지하는 것이 분석가의 문제해결 능력을 크게 증가시킬 것이라는 가정에 기초한 기법이다.

04 정책분석에서 사용되는 주요 미래예측 기법 중 미국 랜드(RAND)연구소에서 개발된 것으로, 전문가들을 대상으로 설문을 반복하여 특정 주제에 대한 합의를 도출하는 접근방식은 (㉠ 델파이분석 / ㉡ 회귀분석 / ㉢ 브레인스토밍 / ㉣ 추세연장기법)으로, (㉠ 조건부확률과 교차영향행렬의 적용을 / ㉡ 통제된 환류와 응답의 통계처리를) 기본 원칙으로 포함한다. 20. 국가 7, 17. 서울 9, 16. 지방 9

05 미래 예측을 위한 일반적 델파이기법은 (㉠ 통계분석을 활용하는 객관적인 / ㉡ 전문가들의 직관에 의존한 주관적인) 기법이다. 17. 국가추가 9

06 정책델파이는 정책대안에 대한 주장들이 표면화된 후에는 참가자들로 하여금 (㉠ 공개적으로 / ㉡ 비공개적으로) 토론을 벌이게 한다. 21. 국가 7

07 브레인스토밍(brain storming)-이미 제안된 여러 가지 아이디어들을 종합하여 새로운 아이디어를 만들어내는 편승기법(piggy backing)의 (㉠ 사용을 지양한다. / ㉡ 사용도 활용한다.) 13. 국가 7

08 [㉠ 지명반론자기법(Devil's advocate method) / ㉡ 명목집단기법(nominal group technique)]은 작위적으로 특정 조직원들 또는 집단을 반론을 제기하는 집단으로 지정해 반론자 역할을 부여하고 이들이 제기하는 반론과 이에 대한 제안자의 옹호 과정을 통해 의사결정을 유도하는 기법이다. 16. 서울 7

09 (㉠ 민감도 분석 / ㉡ 교차영향분석)은 불완전한 정보를 가지고 있는 모형 내의 파라미터의 변화에 따라 대안의 결과가 어떻게 반응하는지를 분석하는 기법이다. 17. 국가추가 7

10 행정에서 불확실성 문제를 해소하기 위해, 일반적으로 불확실성이 높다고 생각하는 경우에는 정보와 지식의 수집활동에 (㉠ 소극적 / ㉡ 적극적)으로 대응하기 쉽다. 14. 지방 7

11 (㉠ 교차영향분석 / ㉡ 델파이 기법)은 관련 사건이 일어났느냐 일어나지 않았느냐에 기초하여 미래에 어떤 사건이 일어날 확률에 대해서 식견 있는 판단(informed judgments)을 끌어내는 방법이다. 24. 지방 9

12 나카무라(R. Nakamura)와 스몰우드(F. Smallwood)가 정책대안의 소망스러움(desirability)을 평가하는 기준에 해당하지 않는 것은 (㉠ 능률성 / ㉡ 효과성 / ㉢ 실현가능성)이다. 11. 지방 9

13 비용편익분석은 정책 실행이 가져올 모든 비용과 편익을 화폐 단위로 계량화하여 비교하는 방법으로서, 정책의 (㉠ 능률성 / ㉡ 대응성)을 측정하기에 효과적이다. 24. 국가 7

14 경제성분석에서 간접적이고 무형적인 비용과 편익(㉠ 도 포함하고 / ㉡ 은 포함하지 않고), 순현재가치는 (㉠ 비용 / ㉡ 편익) 총현재가치에서 (㉠ 비용 / ㉡ 편익) 총현재가치를 뺀 것이며 0보다 클 경우 사업의 타당성을 인정할 수 있다. 21. 국가 9

15 비용·편익분석을 통해 분야가 다른 정책이나 프로그램을 비교할 수 (㉠ 있다. / ㉡ 없다.) 20. 지방 9

16 내부수익률(IRR)은 순현재가치(NPV)를 (㉠ 0 / ㉡ 1)로 만드는 할인율을 의미한다. 14. 지방 7

17 여러 가지 정책대안들을 비교할 때, 내부수익률이 (㉠ 낮은 / ㉡ 높은) 대안일수록 좋은 대안이다. 10. 국가 9

18 비용편익분석에서 (㉠ 높은 / ㉡ 낮은) 할인율을 적용하면 장기간에 걸쳐 편익이 발생하는 장기 투자에 불리하다. 17. 서울 7

19 사업집행에 소요되는 총비용이 80억 원이고, 1년 후의 예상총편익이 120억원 일 경우, 내부수익률은 (㉠ 30% / ㉡ 40% / ㉢ 50%)이다. 14. 서울 9

20 편익·비용비(B/C)는 할인율에 영향을 (㉠ 받는다. / ㉡ 받지 않는다.) 16. 지방 9

21 [㉠ 회귀분석 / ㉡ 분석적 계층화 과정(AHP)]은 대안 간의 쌍대 비교, 사티(Saaty)가 제시한 원리에 따라 상대적 중요도를 설정, 우선순위 판단 등을 특징으로 한다. 20. 서울 9

22 [㉠ 계층화분석법(analytical hierarchy process) / ㉡ 교차충격매트릭스 방법(cross impact matrix method) / ㉢ 정책델파이방법(policy delphi method) / ㉣ 외삽법(extrapolation)]은 정책의 우선순위를 설정하고 예측하는 데 있어서, 하나의 문제를 더 작은 구성요소로 분해하고 이 요소들을 둘씩 짝을 지어 비교하는 일련의 비교판단을 통해, 각 요소들의 영향력에 대한 상대적인 강도와 효용성을 나타내는 방법이다. 11. 국가 7

정답 1. ㉠ 2. ㉡ 3. A-㉢ B-㉠ C-㉡ D-㉣ E-㉤ 4. ㉠, ㉡ 5. ㉡ 6. ㉠ 7. ㉡ 8. ㉠ 9. ㉠ 10. ㉡ 11. ㉠ 12. ㉢ 13. ㉠ 14. ㉠, ㉡, ㉢ 15. ㉠ 16. ㉠ 17. ㉡ 18. ㉠ 19. ㉢ 20. ㉠ 21. ㉡ 22. ㉠

Theme 06 · 정책결정 : 개인적 차원의 정책결정모형

01 합리(Rational)모형

1. 의미
목표의 달성을 극대화할 수 있는 최선의 대안이 결정된다는 관점으로, 정책결정자가 합리적인 정책결정을 하는 경우 따라야 하는 논리나 절차를 밝히는 규범적*·이상적 모형이다.

> 규범론은 무엇이 바람직한 목표이고 이를 위해서 무엇을 어떻게 해야 하는지 밝히고자 하는 당위에 관한 이론이다.

2. 절차
(1) 해결하려는 문제의 목표를 설정한다.
(2) 목표를 달성할 수 있는 모든 대안을 탐색하고 목록을 만든다.
(3) 모든 대안의 결과는 예측되고, 이러한 결과들이 발생할 확률도 평가된다.
(4) 문제를 가장 잘 해결할 수 있는 대안이나 가장 적은 비용으로 해결할 수 있는 대안이 선택된다.

🔍 설정된 목표 달성을 위한 최선의 대안을 선택하려는 모형을 처방적 모형(Prescriptive Model)이라고 부른다.

3. 가정
(1) 정책결정자는 대안의 탐색·예측 등에 필요한 지식과 능력이 있고, 체계적이고 안정된 선호 등을 가지고 있다.
(2) 목표를 명확히 정의할 수 있고, 대안 간 우선순위를 정할 수 있는 기준이 명확해야 한다.

4. 평가
(1) 합리적인 정책분석 방법으로 현실의 문제를 근본적으로 해결한다. 즉 혁신적인 정책대안 발굴에 도움이 된다.
(2) 인간 인지능력의 한계, 시간과 정보의 제약, 복잡하고 동태적인 상황 등 현실적인 어려움이 있다.
(3) 예산 등 자원배분과 관련하여 이해관계자가 많은 경우 정치적 갈등이 높을 수 있다. 예컨대 복지 예산을 줄이는 대안이 경제적으로 최선의 대안이더라도 복지 프로그램 수혜자의 반발이 있을 수 있다.

02 만족(Satisficing)모형

1. 의미
사이먼은 의사결정자는 인지능력의 한계, 결정 상황의 불확실성 및 시간의 제약 때문에 제한된 합리성(Bounded Rationality) 하에서 결정이 이루어진다고 보았다. 그는 합리모형에서 의사결정자를 경제인(Economic Man), 제한된 합리성 하의 의사결정자를 행정인(Administrative Man)이라고 불렀다.

2. 특징

(1) 만족할 만한 대안 선택
경제인이 목표 달성을 극대화할 수 있는 대안을 선택한다면, 행정인은 만족할 만한 대안의 선택에 그친다고 본다.

(2) 무작위적(Random)이고 순차적(Sequential) 대안 탐색
경제인이 모든 대안을 탐색한다면, 행정인은 만족할 만하고 괜찮은 해결책을 얻기 위해 무작위적이고 순차적으로 몇 개의 대안만을 탐색한다.

3. 평가

(1) 실제로 의사결정이 일어나는 상황을 설명하고 기술하는 경험적·기술적 연구이다.

(2) 만족에 대한 기대 수준이 명확하지 않다. 즉 대안이 '어느 정도 만족하면 선택해야 하는지?'라는 질문에 답하기 어렵다.

(3) 중대한 의사결정에 적용하기 어려울 수 있다. 많은 국민의 삶에 영향을 주거나 수조 원의 예산이 수반되는 정책을 적당히 만족하는 수준에서 결정할 수는 없다.

(4) 적당히 만족할 만한 수준에서 대안을 선택하기 때문에, 책임회피 의식과 보수적인 사고가 지배적인 상황에서 혁신을 이끄는 데 한계가 있다.

03 점증(Incremental)모형

1. 의미
만족모형과 같이 합리모형의 현실적 한계를 비판하면서 등장한 모형으로, 린드블룸과 윌다브스키(Charles E. Lindblom & Aaron Wildavsky)는 정책결정이 현재 정책에서 조금씩 수정·보완하는 방법으로 이루어진다고 보았다.

2. 특징

(1) 분석의 제한
합리모형에서처럼 정책대안을 모두 분석하기보다 현재 정책에서 조금 다른 한정된 대안만을 분석한다.

(2) 현재 정책의 연속적 수정
의사결정자의 능력이나 정보의 부족 등으로 인해, 한 번에 전체가 결정되기보다는 현재 정책에서 조금 수정하고 개선해 나가는 것을 반복한다. 즉 시행착오를 반복하면서 문제를 해결하려는 특성이 있다. 비유하자면 수험생이 수험 계획을 현재 상태에서 조금 수정해서 얼마간 공부해 보고, 개선이 필요하면 다시 수정하는 과정을 반복해 나간다.

(3) 분할적 점증주의
정책 과정에 참여하는 많은 참여자에 의해 영역별 분산적으로 분석된다. 따라서 이익집단의 견해와 의견들을 정책결정에 반영하는 다원주의 사회에서 정책결정과정을 설명하는 데 유용하다.

(4) **목표와 수단의 상호의존성**

합리모형은 목표를 정한 후 대안을 탐색하는 과정을 거치는데, 이는 목표와 수단이 분리될 수 있어야 한다. 점증주의에 따르면 현실에서는 목표를 정할 때 이를 달성할 수 있는 수단을 사용할 수 있는지가 중요하다. 즉 목표와 수단이 탄력적으로 상호 조정된다.

3. 점증주의의 발생원인

(1) 제한된 자원의 배분을 두고 다양한 참여자들 사이에 협상이 요구된다. 기존 정책에 비해 특정 집단에 매우 불리한 자원배분이 수반되는 새로운 정책은 합의에 이르기 어려울 것이다.

(2) 정부 관료제의 표준운영절차는 현재의 관행을 유지하려는 경향이 있다.

4. 평가

(1) 실제의 결정 상황에 기초한 현실적이고 기술적인 모형이다.

(2) 합리모형과 달리 목표지향(Goal Orientation)적이지 않다.

(3) 본질적으로 보수적이기 때문에 큰 변화나 혁신을 저해한다. 또한 위기나 새로운 이슈에 대응하기 어렵다.

(4) 영향력이 큰 이해관계자나 집단에 의해서 정책이 결정된다면 오히려 민주성을 저해할 수 있다. 이들 간 합의란 드로어가 지적하는 '오도된 합의(Deceived Consensus)'에 불과할 수 있다.

(5) 정책을 축소하거나 종결하기 어려워 기존 정책이 잘못된 것이면 악순환을 초래한다.

(6) 목표와 수단이 구분되지 않기 때문에, 합리모형처럼 목표-수단에 대한 분석은 어렵다.

(7) 신공항 건설, 화성탐사 등 비가분적(Indivisible) 정책결정에 적용하기 어렵다. 즉 정책이 세부적으로 나누어지지 않는다면 일부만 수정 및 보완은 어렵다.

04 혼합탐사(Mixed-Scanning)모형

1. 배경

에치오니(Amitai Etzioni)는 합리모형의 이상주의적 특성에서 나오는 단점과 점증모형의 지나친 보수성이라는 약점을 극복할 수 있는 전략으로 혼합탐사 모형을 제시하였다.

2. 의미

정책결정은 근본적인 결정과 세부적인 결정의 지속적인 상호작용으로, <u>거시적이고 장기적인 안목에서 대안의 방향성을 탐색</u>*하고 세부적 결정 단계에서 대안을 면밀하게 분석한다.

에치오니는 이를 범사회적 지도체계(Societal Guidance System)라고 한다.

구분	고려한 대안	예측한 대안의 결과
근본적 결정	중요한 대안을 포괄적으로 모두 고려	중요한 결과만 개괄적 예측
세부적 결정	근본적 결정의 범위 안에서 소수의 대안만 고려	결과의 세밀한 분석

3. 예시

지난 30년간 자료를 중심으로 전국의 자연재난 발생현상을 개략적으로 파악한 다음, 홍수와 지진 등 두 가지 이상의 재난이 한 해에 동시에 발생한 지역을 중심으로 다시 면밀하게 관찰하여 정책을 결정한다.

05 최적(Optimal)모형

1. 배경

혼합탐사모형과 마찬가지로 합리모형과 점증주의의 약점을 극복하기 위해서 드로어(Yehezkel Dror)가 제시한 모형이다.

2. 의미

정책결정자는 경제적 합리성(계량적인 측면)뿐만 아니라, 직관·판단·통찰(질적인 측면) 등 초합리적(Extra-Rational) 요소도 활용하여 정책을 결정한다.

3. 정책결정의 체계적 통합

정책결정과정을 초정책결정단계, 정책결정단계, 후결정단계로 구분한다.
① 초정책결정(상위정책결정, 메타정책결정 Meta-Policy Making)단계 : 정책을 어떻게 결정할 것인가를 결정하는 '정책결정을 위한 정책결정'단계
② 정책결정단계(Policymaking) : 일상적인 정책결정단계
③ 후정책결정단계(Post-Policymaking) : 정책결정 이후 집행 과정에 대한 준비와 수정 단계

06 휴리스틱스*에 의한 결정과 오류

불확실한 상황에서 일반적인 발견기법들(직관, 상식 등)

1. 휴리스틱스(Heuristics)에 의한 결정

불확실한 상황에서 직관, 상식 등에 따라 결정하는 것을 의미한다.

2. 휴리스틱스에 의한 결정의 오류

(1) **사례의 연상가능성**(Retrievability of Instances)**으로 인한 오류**

사건의 빈도를 판단할 때 친숙할수록, 현저할수록, 최근의 것일수록 연상하기 쉽다. 예컨대 항공기 사고가 계속 보도되면 자동차보다 항공기가 위험하다고 생각하지만, 실제로 자동차로 인한 사망자가 훨씬 많다.

(2) **허위상관**(Illusory Correlation)**으로 인한 오류**

실제 상관관계가 없는데도 두 변수 간에 상관관계가 높을 것이라고 착각하기 쉽다. 예컨대 외모로 성격을 판단하기 쉬운데, 실제로 상관관계가 없을 수 있다.

(3) 고착화와 조정(Anchoring & Adjustment)으로 인한 오류

초깃값으로부터 추정을 시작하기 때문에 평가는 초기치에 의해 고착화 효과가 발생한다. 예컨대 준비되지 않은 상태에서 몇 초 안에 A 그룹은 1부터 10까지 순서대로 곱하게 하고, B 그룹은 10부터 1까지 곱하게 한다. 실제로 곱하는 순서와 관계없이 결과는 같지만, B 그룹이 평균적으로 더 높은 수치를 답한다. A 그룹은 1부터 계산해 나가고, B 그룹은 10부터 계산해 나가기 때문이다.

(4) 상상의 용이성(Imaginability)으로 인한 오류

얼마나 쉽게 상상할 수 있는지에 따라 빈도를 판단한다. 예컨대 사람들에게 10명의 사람으로부터 무작위로 k명의 위원회를 구성하라고 하고, k가 2일 때와 8일 때 어느 경우에 구성되는 위원회의 '경우의 수'가 더 클 것인지를 판단하게 하였다. 이때 대부분의 사람들은 2일 경우가 더 많다고 답한다. 이는 2명의 위원회를 생각하는 것이 8명의 서로 다른 위원회를 생각하는 것보다 더 쉽기 때문이다. 하지만 실제로 2명일 때와 8명일 때 조합 가능한 위원회의 수는 같다.

• **기출문제 학습** •

01 (㉠ 합리모형 / ㉡ 점증모형 / ㉢ 사이버네틱스모형 / ㉣ 쓰레기통모형)은 문제를 해결하고 목표를 달성하기 위해 정보와 대안의 광범위한 탐색을 강조한다. 18. 국가 9

02 정책결정의 (㉠ 점증모형 / ㉡ 합리모형)은 급격한 개혁과 새로운 환경을 반영하는 혁신적 정책결정을 설명하기가 용이하다. 22. 지방 7

03 만족모형은 만족에 대한 (㉠ 기대수준을 지나치게 명확히 규정하여 획일적인 의사결정 구조가 나타난다. / ㉡ 기대수준이 유동적이므로 만족할만한 대안인지 판단하기 어려운 경우가 나타난다.) 23. 국가 7

04 정책결정모형 중 (㉠ 합리모형 / ㉡ 점증모형)은 정책의 본질이 미래지향적 문제 해결에 있고, 정책결정에서 가치비판적 발전관에 기초한 가치지향적 행동 추구의 중요성을 고려할 때 매우 중요한 의의가 있다. 21. 지방 7

05 만족모형에서는 (㉠ 객관적 / ㉡ 제한적) 합리성이 의사결정의 준거기준이 된다. 16. 국가인사 7

06 만족모형은 (㉠ 모든 대안을 탐색한 / ㉡ 몇 개의 대안을 무작위이고 순차적으로 탐색한) 후 만족할만한 결과를 도출하는 것이다. 14. 국가 7

07 정책결정모형에서 점증모형을 주장하는 논리적 근거로 (㉠ 정치적 실현 가능성 / ㉡ 정책 쇄신성)이 중요하다. 14. 국가 9

08 지난 30년간 자료를 중심으로 전국의 자연재난 발생현황을 개략적으로 파악한 다음, 홍수와 지진 등 두 가지 이상의 재난이 한 해에 동시에 발생한 지역을 중심으로 다시 면밀하게 관찰하며 정책을 결정하는 것은 (㉠ 합리모형 / ㉡ 혼합탐사모형)과 관련이 있다. 20. 국가 9

09 (㉠ 혼합탐사모형(mixed-scanning model) / ㉡ 회사모형)은 정책결정은 근본적인 결정과 세부적인 결정의 지속적인 상호작용에 의해 이루어진다고 본다. 12. 서울 9

10 에치오니(A. W. Etzioni)의 혼합탐색모형에서 세부적 결정 단계에서의 대안에 대한 분석은 (㉠ 개략적으로 / ㉡ 면밀하게) 한다. 12. 국가 7

11 (㉠ 혼합주사모형 / ㉡ 회사모형)은 정책의 결정을 근본적인 결정과 세부적인 결정으로 구분한다. 18. 국가 7

12 드로어(Dror)의 최적모형은 정책결정자의 직관적 판단을 정책결정의 중요한 요인으로 (㉠ 인정하고 / ㉡ 인정하지 않고), 합리적인 요소와 초합리적인 요소의 (㉠ 분리 / ㉡ 조화)를 강조한다. 17. 국가 9

13 드로어의 최적모형에서 말하는 메타정책결정(metapolicy making)은 정책을 어떻게 (㉠ 평가 / ㉡ 집행 / ㉢ 결정 / ㉣ 종결)할 것인가를 결정하는 '정책결정을 위한 (㉠ 평가 / ㉡ 집행 / ㉢ 결정 / ㉣ 종결)'을 의미한다. 18. 서울 7

정답 1. ㉠ 2. ㉡ 3. ㉡ 4. ㉠ 5. ㉡ 6. ㉡ 7. ㉠ 8. ㉡ 9. ㉠ 10. ㉡ 11. ㉠ 12. ㉠, ㉡ 13. ㉢, ㉢

Theme 07 정책결정: 집단적 차원의 정책결정모형

01 엘리슨(G. T. Allison)모형

1. 배경

1960년대 초 소련은 쿠바에 소련의 미사일 기지를 건설하고 있었다. 쿠바는 미국 바로 아래에 있는 국가로 미사일 기지가 건설될 경우, 미국에 심각한 안보 위기가 발생하게 된다. 미국 정부는 여러 가지 대안 중 쿠바에 대한 '해상봉쇄'라는 결정을 하였는데, 엘리슨은 해당 결정을 설명하기 위해 3가지 모형을 제시하였다. 3가지 모형은 집단의 응집성 정도에 따라 합리모형, 조직과정모형, 관료정치모형으로 구분된다.

2. 합리적 행위자(Rational Actor)모형: 모형 1

정부는 합리적인 단일행위자로서 주어진 목표의 극대화하는 대안을 선택한다. 집단적 의사결정이긴 하지만 구성원 간의 응집성과 목표 공유도 높아서 정책의 일관성이 강하다.

3. 조직과정(Organizational Process)모형: 모형 2

정부를 단일한 결정주체가 아니라 반독립적(Semi-Autonomous) 하위조직들이 느슨하게 연결된 집합체로 본다. 예컨대 국방부, 외교부 등 정부의 각 부처는 각자의 목표를 가지고 있지만, 행정부 수반인 대통령 아래에 있다. 각 부처의 구성원은 해당 분야에 전문적 권위를 가지기 때문에 독립성을 가질 수 있지만, 대통령 아래에 있기 때문에 반독립적으로 느슨하게 연결되어 있다고 표현하는 것이다. 조직과정 모형은 다음과 같은 특징이 있다.

※ 조직과정모형은 후술할 회사모형의 논리와 개념을 그대로 사용한다.

(1) 정책은 하위조직들의 내부절차에 의해서 결정된다.

(2) 하위조직들은 국가적 목표보다는 각자의 목표를 추구하므로 정책 결정은 준해결(Quasi-Resolution)적 상태에 머무르는 경우가 많다. 예컨대 미사일 위기 상황에서 국방부는 '선제공격'을 외교부는 '협상'을 주장할 수 있다. 선호하는 대안이 상충 되면 타협을 통해서 결정되는데, 관련된 하위조직들 모두에게 완전한 해결책이 되지 못하기 때문이다.

(3) 정책 산출물은 주로 관행과 표준운영절차*(SOP)에 따라 만들어진다.

_{업무 담당자가 바뀌더라도 업무처리의 연속성을 유지하고, 업무처리의 공평성을 확보한다.}

4. 관료정치(Bureaucratic Politics)모형: 모형 3

정책결정의 행위 주체는 독자성이 강한 다수 행위자들(참여자들 개개인)의 집합으로 정책은 이들 간의 정치적 경쟁, 협상, 타협에 의한 정치적 결과이다. 따라서 정책결정에 참여하는 구성원들 간의 목표 공유 정도와 정책결정의 일관성이 모두 매우 낮다. 조직 내 권력이 독립적 개인 행위자들의 정치적 자원에 의존한다. 조직의 상위계층에 적용 가능성이 높다.

5. 평가

(1) 조직과정모형은 전문적 권위를 강조하기 때문에 조직 하부에 적용 가능성이 높고, 관료정치모형은 공식적 권위를 중요하기 때문에 조직상위 계층에 적용 가능성이 높다. 합리적 행위자 모형은 조직계층에 따른 차이는 없다.

(2) 실제 정책 결정을 설명하기 위해 세 가지 모형을 동시에 적용될 수 있다고 본다. 즉 해안봉쇄라는 대안을 선택하게 되는 과정을 합리적 행위자모형으로 설명해 보고, 설명이 잘 안되는 부분은 조직과정모형과 관료정치모형으로 설명한다는 것이다.

(3) 원래는 쿠바 미사일 사건을 설명하기 위해 고안되었으나, 일반정책에도 적용된다.

02 쓰레기통 모형

1. 의미

쓰레기통(Garbage Can) 모형은 코헨, 마치와 올슨(Cohen, March & Olsen)이 조직화된 무정부(Organized Anachy) 상태*에서 조직이 어떠한 의사결정 행태를 나타내는가를 설명하기 위해 제시한 모형이다. 조직의 응집성이 약하고 상하관계가 명확하지 않은 대학의 학과들, 각자 이익에 따라 움직이는 국회의원, 관계 부처 합동회의 등에서 나타난다. 쓰레기통모형은 합리성을 제약하는 3가지 전제조건에서, 4가지 요소가 우연히 결합할 때 결정이 이루어진다.

*혼란상태 또는 불확실성과 혼란이 심한 상태로 정상적인 권위구조와 결정규칙이 작동하지 않는 상태이다.

2. 합리성을 제약하는 전제조건

(1) **문제성 있는 선호**(Problematic Preferences) : 정책결정에 참여하는 사람들 간에 무엇을 선택하는 것이 바람직한 지에 대한 합의가 없다.

(2) **불명확한 기술**(Unclear Technology) : 목표와 수단 사이에 존재하는 인과관계*가 명확하지 않아 조직은 시행착오를 거침으로써 이를 파악한다.

*이를 '기술'이라고 부르는데, 목표를 달성하기 위해서 무엇을 수단으로 선택해야 하는지 잘 모르기 때문에 불명확한 기술이라고 표현하였다.

(3) **수시적 참여자**(Fluid Participants) : 동일한 개인이 시간의 변화에 따라 어떤 경우에는 결정에 참여했다가 어떤 경우에는 참여하지 않는다.

3. 결정방식

(1) ① 문제(Problems, 정책문제), ② 해결책(Solutions, 문제를 해결하기 위한 정책대안), ③ 참여자(Participants, 정책결정을 할 수 있는 지위에 있는 사람), ④ 선택기회(Choice Opportunity, 회의 등) 네 요소가 독자적으로 흘러 다니다가 대형참사, 정권교체 등 우연히 발생하는 점화계기(Trigger event)를 통해 만날 때 결정이 이루어진다.

(2) **진빼기**(Choice by Flight) **결정** : 관련된 문제들이 다른 의사결정 기회를 찾아 스스로 떠날 때까지 기다린다.

(3) **날치기 통과**(Choice by Oversight) : 다른 문제의 해결도 동시에 주장할 것이라고 예상되는 참여자가 있을 때 관련된 다른 문제를 제기하기 전에 재빨리 의사결정을 한다.

03 사이버네틱스(Cybernetics) 모형

1. 의미
스타인부르너(Stein bruner)가 시스템 공학의 사이버네틱스 개념을 응용하여 관료제에서 이루어지는 정책결정을 설명하는 모형으로, 자동온도조절장치와 같이 사전에 프로그램된 매커니즘에 따라 정책을 결정한다고 설명한다. 예컨대 보일러의 온도를 20도로 맞추어 두면 20도보다 아래로 내려가면 켜지고 올라가면 꺼지면서 20도를 유지하게 된다. 마찬가지로 우리나라 정부는 코로나가 발병하자 '하루 확진자 수'를 기준으로 거리두기 정책을 강화하거나 완화하였다.

2. 특징
(1) **불확실성 통제** : 한정된 범위와 변수에만 관심을 집중함으로써 불확실성을 통제하는 모형, 즉 상황 변화에 따른 새로운 정보에 초점을 맞추는 것이 아니라 극히 제한된 투입 변수의 변동에 주의를 집중하여 의사결정을 한다.

(2) **적응적 의사결정** : 정책결정과정을 어떤 프로그램화되어 있는 특정한 상태를 유지하기 위한 것으로 파악하는 적응적 의사결정(환경에 성공적 적응)을 강조하는 것으로, 시간의 흐름에 따라 환류되는 정보를 분석하여 잘못한 점이 있으면 수정 및 보완하는 방식이다. 적응은 외부 환경 변화에 대해 의도적 목표 추구 없이 자동적으로 반응하는 비목적적 적응(Non-Purposive Adaption)이다.

(3) **집합적 의사결정** : 조직의 의사결정은 하위문제들로 분할되어 하위조직으로 할당되고 하위조직들은 표준운영절차(SOP)에 따라 문제를 해결한다.

04 회사(Firm)모형 또는 연합모형

1. 의미
고전적 경제학에 따르면 기업은 이윤극대화를 목표로 설정하고, 이를 달성할 수 있는 최적의 대안을 찾아서 결정한다고 가정한다. 반면에 사이어트 & 마치(Cyert & March)가 제시한 회사모형에서는 기업을 단일한 의사결정자로 보는 것이 아니라 서로 다른 목표를 지닌 하위조직들이(또는 구성원들이) 느슨하게 연결되어 있는 연합체로 본다.

2. 특징
(1) **갈등의 준해결**
정책결정에서는 관련 집단들의 요구가 모두 성취되기보다는 서로 나쁘지 않을 정도로의 수준에서 타협점을 찾는 경향을 가진다. 예컨대 기업의 마케팅 부서에서는 매출액 3배를 목표로 홍보를 준비하는 반면, 생산 부서에서는 생산량 2배를 목표로 한다. 결국 두 부서 간에 2.5배 정도로 타협하게 되는데, 이는 회사의 이윤극대화를 위한 결정과 다를 수 있다.

(2) 문제 중심의 탐색

시간과 능력의 제약 때문에 정책결정자들은 모든 상황을 고려하기보다 특별히 관심을 끄는 부분에 대해서만 고려한다.

(3) 표준운영절차(SOP)의 활용

정책결정자들의 경험이 축적됨에 따라, 가장 효율적이라고 판단되는 정책결정 절차와 방식을 마련하게 되고 이를 활용한 정책결정이 증가한다.

(4) 조직의 학습

반복적인 의사결정의 경험이 전수되며 시간의 흐름에 따라 결정수준이 개선되고 목표달성도가 높아진다.

(5) 불확실성의 회피

조직은 환경에 단기적으로 대응하거나, 불확실한 환경을 회피한다.*

> 예컨대 경쟁기업과 카르텔 등을 형성하여 경쟁상황의 불확실성을 관리 가능하게 한다.

05 기타 논의사항

1. 재니스(Irving Janis)가 주장한 집단사고와 예방전략

(1) 집단사고(groupthink)의 의미

집단응집성과 합의에 대한 압력 등으로 인해 비판적인 사고가 억제되고 대안에 대한 찬성과 반대가 충분히 검토되지 못한 채 의사결정이 이루어져 잘못된 의사결정에 도달하게 되는 현상이다.

(2) 특성

① 침묵을 합의로 간주하는 만장일치의 환상
② 집단적 합의에 대한 이의 제기에 대한 자기 검열
③ 집단에 대한 과대평가로 집단이 실패할 리 없다는 환상

(3) 집단사고의 예방전략

① 조직에서 결정하는 사안이나 정책에 대하여 외부 인사들이 재평가할 수 있는 체제를 구축한다.
② 참여자 중 한 사람에게 악역을 맡겨 다수 의견에 반대되는 의견을 강제로 개진하게 한다.
③ 집단적 의사결정에서 의사결정 단위를 2개 이상으로 나눈다.

2. 딜레마(Dilemma)이론

기존의 정책결정 이론은 불확실성, 제한된 합리성, 복잡성, 모호성 등으로 정책결정의 어려움을 설명하였지만, 딜레마이론은 두 개의 대안을 두고 선택하기 곤란한 특수한 상황을 대상으로 한다. ① 분절성(대안 간 절충불가), ② 상충성(하나의 대안만 선택), ③ 균등성(결과 가치가 균등), ④ 선택불가피성(선택의 압박)을 구성요소로 한다. 정책결정자는 A, B 두 대안을 두고 절충안인 C를 선택할 수 없고, A, B 둘 다 선택할 수도 없고, A, B 대안의 결과도 같아서 이러지도 저러지도 못하는 상황에서 선택의 압박을 받고 있다.

• 기출문제 학습 •

01 엘리슨모형 중 (㉠ 합리적 행위자모형 / ㉡ 조직과정모형 / ㉢ 관료정치모형)은 쿠바 미사일 사태에서 각 부처를 대표하는 사람들이 갈등과 타협을 거쳐 해안봉쇄라는 결정을 내렸다고 보는 관점이다. 이는 대통령이 사태 초기에 선호했던 국지적 공습과는 다른 결정이었다. 21. 지방 9

02 엘리슨의 정책결정모형 중 조직과정모형의 가정은, (㉠ 정책 산출물은 주로 관행과 표준적 절차에 따라 만들어진다. / ㉡ 의사결정자는 완벽한 정보를 가지고 주어진 목표의 극대화를 추구하는 합리적인 존재이다. / ㉢ 정책은 정치적 경쟁, 협상, 타협의 산물이다.) 15. 국가 7

03 엘리슨의 정책결정모형 중 (㉠ 조직과정모형 / ㉡ 관료정치모형)은 구성원들 간의 목표 공유 정도와 정책결정의 일관성이 모두 매우 낮다. 23. 국가 9

04 엘리슨의 세 가지 의사결정모형에서, (㉠ 관료정치모형 / ㉡ 조직과정모형)은 조직 하위계층에의 적용가능성이 높고, (㉠ 관료정치모형 / ㉡ 조직과정모형)은 조직 상위계층에의 적용가능성이 높다. 15. 국가 9

05 앨리슨의 모형에서 (㉠ 관료정치모형 / ㉡ 조직과정모형)은 여러 다양한 문제에 관심을 갖는 다수의 행위자를 상정하며 이들의 목표는 일관되지 않는다. 19. 국가 9

06 대형 참사를 계기로 그동안 해결하지 못했던 정책문제에 대한 대책을 마련하게 되는 상황을 설명하는 데는 (㉠ 합리모형 / ㉡ 만족모형 / ㉢ 점증모형 / ㉣ 혼합모형 / ㉤ 쓰레기통모형)이 적합하다. 11. 서울 9

07 조직화된 혼란상태의 의사결정을 다루고 있는 정책결정모형으로 문제의 선호, 불분명한 기술, 유동적 참여의 세 가지 요인이 의사결정 기회를 찾아 끊임없이 움직이며 이들의 흐름이 교차하는 시점에서 의사결정이 이루어진다고 설명하는 모형을 제안한 학자는 [㉠ 드로(Y. Dror) / ㉡ 스미스와 메이(Smith & May) / ㉢ 코헨, 마치와 올슨(Cohen, March & Olsen) / ㉣ 에치오니(A. W. Etzioni)]이다. 19. 서울추가 7

08 (㉠ 쓰레기통모형 / ㉡ 회사모형)의 의사결정 방식에는 끼워넣기(by oversight)와 미뤄두기(by flight)가 포함된다. 21. 국가 7

09 의사결정모형 중 쓰레기통모형의 내용이 아닌 것은? 16. 지방 7
(㉠ 진빼기 결정 / ㉡ 의사결정을 구성하는 네 가지의 흐름 / ㉢ 조직화된 무정부 상태 / ㉣ 갈등의 준해결)

10 쓰레기통모형에서 [㉠ 진빼기 결정(choice by flight)은 / ㉡ 조직화된 무정부 상태는] 관련된 문제들이 다른 의사결정 기회를 찾아 스스로 떠날 때까지 기다리는 의사결정 방식이다. 18. 국가인사 7

11 쓰레기통모형의 의사결정 요소에 해당하지 않는 것은 (㉠ 문제 / ㉡ 해결책 / ㉢ 수혜자 / ㉣ 선택기회의 흐름 / ㉤ 의사결정 참여자)이다. 15. 서울 9

12 (㉠ 엘리슨모형 / ㉡ 쓰레기통모형)은 정책문제, 해결책, 선택기회, 참여자의 네 요소가 독자적으로 흘러 다니다가 어떤 계기로 교차하여 만나게 될 때 의사결정이 이루어진다고 보는 것이다. 14. 국가 7

13 사이버네틱스모형에서 적응은 (㉠ 의도적인 목표를 추구한다. / ㉡ 비목적적 적응이다.) 24. 국가 7

14 (㉠ 사이버네틱스모형 / ㉡ 쓰레기통모형)을 설명하는 예시로 자동온도조절장치를 들 수 있다. 23. 지방 9

15 회사모형의 의사결정과정에서 나타나는 특성과 개념을 연결하면? 16. 국가 7

〈특성〉
A. 시간과 능력의 제약 때문에 정책결정자들은 모든 상황을 고려하기보다는 특별히 관심을 끄는 부분에 대해서만 고려한다.
B. 정책결정에서는 관련 집단들의 요구가 모두 성취되기보다는 서로 나쁘지 않을 정도의 수준에서 타협점을 찾는 경향이 있다.
C. 반복적인 의사결정의 경험이 전수되며 시간의 흐름에 따라 결정수준이 개선되고 목표달성도가 높아지게 된다.
D. 정책결정자들의 경험이 축적됨에 따라 가장 효율적이라고 판단되는 정책결정절차와 방식을 마련하게 되고 이를 활용한 정책결정이 증가한다.
〈개념〉
(㉠ 조직의 학습 / ㉡ 표준운영절차 수립 / ㉢ 갈등의 준해결 / ㉣ 문제중심의 탐색)

16 정책결정모형 중 회사모형은 (㉠ 장기적 전략과 기획을 강조한다. / ㉡ 조직환경에 대해 단기적으로 대응한다.) 22. 국가 9, 15. 국가 9

17 (㉠ 합리모형 / ㉡ 점증주의모형)은 현상유지를 옹호하므로 보수적이라는 비판을 받고 있고, 갈등의 준해결과 표준운영절차(SOP)의 활용은 (㉠ 최적모형 / ㉡ 회사모형)의 특징이다. 20. 지방 9

18 딜레마 이론에서 논의되는 딜레마 상황이 갖는 논리적 구성요소는 [㉠ 분절성(discreteness) / ㉡ 안정성(stability) / ㉢ 상충성(trade-off) / ㉣ 적시성(timeliness) / ㉤ 균등성(equality) / ㉥ 선택불가피성(unaboidability)]이다. 15. 서울 7

19 재니스(Janis)의 집단사고(groupthink)의 특징으로 (㉠ 토론을 바탕으로 한 집단지성을 활용한다. / ㉡ 집단응집성과 합의에 대한 압력 등으로 인해 비판적인 사고가 억제된다.) 23. 국가 9

정답 1.㉢ 2.㉠ 3.㉠ 4.㉠,㉡ 5.㉠ 6.㉠ 7.㉢ 8.㉠ 9.㉣ 10.㉠ 11.㉢ 12.㉡ 13.㉡ 14.㉠ 15. A-㉣, B-㉢, C-㉠, D-㉡
16.㉡ 17.㉡,㉡ 18.㉠,㉢,㉣,㉥ 19.㉡

Theme 08 · 정책집행(Policy Implementation)

01 정책집행 개요

1. 정책집행은 결정된 사항을 단순히 집행?

(1) **고전적 정책집행**

정책목표와 수단이 정책결정 단계에서 확정되면 그 내용에 대한 집행이 이루어진다. 예컨대 청년들의 취업률을 높이는 것을 목표로 취업 지원 프로그램을 목표를 달성하기 위한 수단으로 결정했다면, 결정한 내용대로 취업 지원 프로그램을 담당 부서와 공무원을 통해서 운영하면 되는 것이다. 결정 단계에서 명확하고 구체적인 목표와 수단을 정해주면, 담당 공무원은 그 내용대로 충실히 집행하면 되는 것이기 때문에 재량은 필요하지 않을 것이다. 총론에서 설명하였던 행정관리론(고전파 행정학)은 이와 같은 입장에서 정치와 행정을 분리하여, 정치가 결정하고 행정이 집행한다고 보았다. 따라서 정책집행은 정책목표의 달성이라고 보는 하향적 관점에서 리더십이 중요하다.

(2) **현대적 정책집행**

반면에 상황의 불확실성과 정책결정자의 전문지식 부족 등으로 정책목표나 수단이 결정되더라도 추상적인 수준에 머무는 경우도 많다. 세부적인 내용은 정책집행 단계에서 다양한 이해관계자(관계부처, 시민단체, 정치인 등)가 참여하면서 정책은 구체화되고, 수정·보완이 이루어진다. 예컨대 도서관 건립이라는 결정사항을 집행하면서 이해관계자들의 의견 등이 반영되어 도서관의 부대시설, 기능 등의 세부사항이 결정된다. 이 경우 담당 공무원은 집행 현장의 상황에 따라 세부적인 결정을 할 수 있는 재량이 필요하다. 이와 같은 입장에서 현대적 정책집행의 내용은 다음과 같다.
① 정책문제 원인의 비중 변동(예컨대 미세먼지 발생원인들 간의 비중 변동) 등 정책집행 상황의 불확실성으로 인하여 명확하고 세밀한 지침을 마련하기 어렵다.
② 정책집행은 정치적·동태적 과정으로 정책집행을 하면서 구체화 과정을 거치는데, 하층부로 내려오면서 정책수단의 구체화는 상층부의 결정과 본질적으로 같다.
③ 정책내용이 먼저 확정되어야 하지만 정책집행을 하면서 확정되는 경우가 많다. 즉, 정책집행은 자동적·기계적으로 되는 것이 아니다.

2. 현대적 정책집행 이론의 등장

현대적 정책집행 이론은 프레스맨(Jeffrey Pressman)과 윌다브스키(Aaron Wildavsky)가 1973년 '집행론(Implementation)'을 출간하면서 유행하기 시작하였다. 그들은 정책집행을 정책결정과 분리하지 않고 연속적인 과정으로 정의하면서, 오클랜드 경제개발 사업이 왜 실패했는지를 공동행동의 복잡성(Complexity of Actions)을 통해서 설명하였다.

> **오클랜드 경제개발 사업(The Oakland Project)의 실패요인**
>
> 1. 정책집행과정에서 참여기관이 너무 많다.
>   (1) 정부사업이 성공하기 어려운 이유로 50개의 상호독립적인 의사결정점을 모두 통과할 수 있는 확률은 각 의사결정점을 통과할 수 있는 확률이 90%인 경우 약 0.5%라 설명한다.
>   (2) 단순한 정부사업 또는 프로그램도 집행과정에서 많은 참여자와 다양한 관점, 길어진 의사결정과정을 통해 복잡한 프로그램으로 바뀐다.
> 2. 주요 지위자들의 교체
> 3. 정책목표를 달성할 수 있는 수단이 부적절하다.
> 4. 적절하지 않은 기관이 정책을 집행한다.

3. 정책집행이론의 구분

정책집행을 정책목표 달성을 위한 수단으로 보는 하향적 접근방법, 다수의 참여자들간의 상호작용으로 보는 상향적 접근방법, 두 가지 접근법을 결합하는 통합모형으로 구분할 수 있다.

> **참고**
>
> **하향식 접근과 상향식 접근**
> 두 접근법은 정책, 조직, 인사, 재무 등에서 다양하게 사용되는데 두 접근법을 직관적으로 설명하면 다음과 같다.
> 1. **하향식(Top-Down) 접근**
>   예컨대 자동차 판매점이 전체 판매 목표를 1,000대로 정하고, 판매점 내 판매팀 별로 100대씩 할당하고 다시 각 팀에서는 팀원별로 10대씩 할당한다.
> 2. **상향식(Bottom-Up) 접근**
>   예컨대 팀원별 각자의 판매 목표 대수를 정하고, 이를 더하여 팀의 판매 목표치가 정해지면 다시 각 팀의 목표치를 더해서 판매점 전체의 목표를 정한다.

02 정책집행의 하향식 접근방법

1. 의미

상위계급이나 조직 또는 결정단계에서 집행으로 내려가는 방식으로, 사바티어, 마즈매니언, 반미터, 반 호른 등에 의해서 연구되었다.

2. 특징

(1) 집행의 비정치적이고 기술적인 성격을 강조하는 입장으로, 정책집행을 주어진 정책목표의 달성을 위한 수단적 행위로 파악하며 정책결정을 정책집행보다 선행하는 것이고 상위의 기능으로 간주한다.

(2) 정책집행은 하위직보다는 고위직(정책결정자)이 주도한다고 보고 정책결정자는 정책집행에 영향을 미치는 정치적·조직적·기술적 과정을 충분히 통제할 수 있다. 따라서 일선집행관료의 재량권을 축소하고 통제를 강화한다.

(3) 일방향으로 흐르는 단계주의적 모형(즉 목표와 수단이 결정된 후 집행이 일어난다.)으로 공식적인 목표가 중요한 변수이고, 집행을 위한 자원의 확보가 필요하다.

3. 하향식을 대표하는 학자들과 주요내용

(1) **사바티어와**(Sabatier)**와 마즈매니언**(Mazmanian)**이 효과적인 정책집행을 위해서 필요하다고 본 전제조건**
   ① 정책결정의 내용은 타당한 인과관계에 바탕을 두어(인과관계를 복잡하게 만드는 변수를 통제) 정책의 예측에 중점을 둔다.
   ② 정책과 관련된 이익집단, 주요 입법가, 행정부의 장 등으로부터 지속적인 지지를 받아야 한다.
   ③ 법령은 명확한 정책지침을 가지고 대상 집단의 순응을 극대화 및 집행에 참여하는 사람들에게 수행해야 할 업무의 내용과 지침을 상세히 제시한다.
   ④ 정책목표의 집행과정에서 우선순위가 명확하고, 안정적(일관성을 유지)이어야 한다.
   ⑤ 유능하고 헌신적인 관료가 정책집행을 담당해야 한다.

(2) **반 미터**(Van Meter), **반 호른**(Van Horn)**의 연구**
   정책과 성과를 연결하는 모형으로 정책 기준과 목표, 집행에 필요한 자원, 조직 간 의사소통과 집행 활동(Enforcement Activities), 집행기관의 특성, 경제·사회·정치적 조건, 정책집행자의 성향(Disposition)이라는 변수를 제시하였다.

   ≫ 반 미터와 반 호른의 모형

   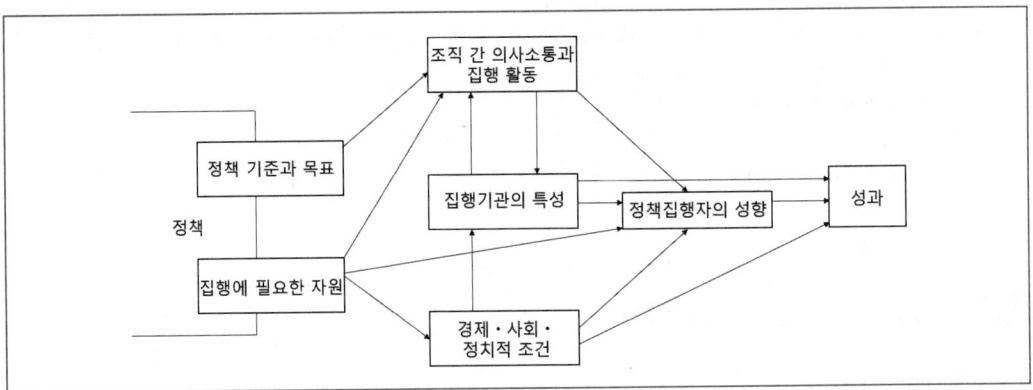

4. 하향식 접근의 장·단점

(1) **장점**
   ① 사바티어와 마즈매니언이 제시한 전제조건은 정책결정자가 사전에 집행과정에서 발생할 수 있는 변수들을 예측할 수 있도록 체크리스트 기능을 한다.
   ② 성공적 정책집행 요인의 중요성을 확인하고, 명확한 정책목표를 통해 집행에 대한 객관적인 평가가 가능하다.

(2) **단점**
   ① 명확한 정책목표와 그 실현을 위한 정책수단을 가지고 있다고 가정하지만, 다원화된 사회에서는 불가능한 경우가 많다. 즉 이해관계가 상반되는 집단이 정책결정에 많이 참여할수록 정책목표가 모호해질 수밖에 없다.

② 정책집행 현장의 일선관료들이나 대상 집단의 전략 등을 과소평가하거나 쉽게 파악할 수 없다는 단점이 있다.
③ 하향식 접근은 하나의 정책에 초점을 두어 연구하는데, 실제 집행 현장에서는 여러 가지 정책이 동시에 집행되고 있다.

03 정책집행의 상향식 접근방법

1. 의미

집행에서 시작하여 상위계급이나 조직 또는 결정단계로 거슬러 올라가는 방식으로 엘모어, 흘 등에 의해서 연구되었고 립스키의 일선관료제론도 상향식 접근법에 기초하고 있다. 하향식 접근방법에서 가정하고 있는 정책결정과 집행 간의 엄밀한 구분에 의문을 제기하고, 분명하고 일관된 정책목표의 존재가능성을 부인한다.

2. 특징

(1) 집행 현장에서 근무하는 일선관료들이 집행에서 발생하는 문제를 해결하기 위한 바람직한 행동은 무엇이며, 이러한 행동을 유발하는 조직운영 절차가 무엇인지 확인한다. 바람직한 행동과 조직운영 절차를 위하여 재량을 부여하고 자원을 지원한다.

(2) 성공적인 집행을 위해서는 일선관료의 전문지식과 문제 해결능력이 중요하고, 이들에 대한 재량과 자율을 확대하여야 한다.

3. 일선관료제론(Street-Level Bureaucrats)

(1) **내용**

립스키(M. Lipsky)는 집행현장에서 일선관료들이 처하게 되는 업무환경과 이에 적응하는 일선관료들의 메커니즘을 연구하였다.

(2) **문제성이 있는 업무환경**

① **불충분한 자원**: 시간과 정보의 부족, 기술적인 지원이 부족하다.
② **권위에 대한 위협과 도전**: 육체적, 정신적 위협이 큰 작업환경(경찰 등)에 처한 일선관료일수록 자신들의 권위를 과시하려는 경향이 강하다.
③ **모호하게 대립되는 기대**: 시민들을 불편부당하게(Fairly & Impartially) 대해야 한다는 이상과 집행현장에서 개개인에 대한 특별한 고려가 필요하다는 현실적인 요구와의 괴리가 존재한다.

(3) **적응 매커니즘**

일선관료는 복잡하고 불확실한 업무 환경에 적응하기 위해서 자신이 이해하고 다룰 수 있도록 단순화시키고, 업무 수행 방식을 정형화시킨다. 이러한 메커니즘을 형성하는 데 가장 큰 영향을 미치는 것은 일선관료들이 가지고 있는 고정관념이다.

① **불충분한 자원에 대처**: 빠르게 결정하거나(판사의 판결), 간헐적 집행(경찰의 간헐적 단속), 관심분야에만 집중(경찰과 교사들이 전과자나 문제아에 대해서만 주의를 기울임)한다.

② **권위에 대한 위협과 도전에 대한 대처**: 잠재적인 공격자의 특징(옷차림, 인종, 전과경력 등)을 사전에 정의하거나, 권위를 유지하기 위한 분위기(법원의 장식, 경찰제복 등)를 조성한다.

③ **모호하게 대립되는 기대에 대한 대처**
   ㉠ **역할기대에 대한 재정의**: 일선관료들은 자신들이 달성해야 할 성과나 시민들이 자신들에게 기대하는 역할을 재정의하여, 정작 요구되는 일은 회피하고 자신들이 원하는 업무만 수행한다.
   ㉡ **고객집단에 대한 재정의**: 일선관료들은 결과에 대한 모든 책임을 고객에게 돌리고, 자신들이 해줄 수 있는 것이 아무것도 없다는 식으로 인식한다.

4. 상향식 접근의 장·단점

(1) **장점**

① 실제 집행 현장을 그대로 파악하기 때문에 집행 과정의 인과관계 파악이 용이하고, 정부 및 민간 프로그램에서의 의도하지 않은 효과까지도 분석할 수 있다.
② 여러 가지 정책이 동시에 진행(주도하는 정책도 없는 상황) 되는 복잡한 집행 현장을 하향식 접근보다 잘 다룰 수 있다.
③ 광범위한 행위자들이 추구하는 전략에 초점을 맞추기 때문에 시간의 경과에 따른 전략적 상호작용이 어떻게 형성되고 변화하는지 알 수 있다.

(2) **단점**

정책결정자의 영향력을 간과하고, 공식적인 목표를 중요하게 여기지 않아 집행에 대한 객관적인 평가가 어렵다.

04 통합모형

1. 배경

하향적 접근과 상향적 접근의 장점과 단점을 보완하고자 하는 노력으로, 사바티어, 버먼, 엘모어, 매틀랜드, 윈터 등에 의해서 연구되었다.

⊕ 사바티어의 정책지지연합모형은 정책집행뿐만 아니라 정책변동을 설명하는 모형으로, 정책변동에서 자세히 다루게 된다.

2. 엘모어의 집행연구

엘모어(Elmore)는 정책집행을 전방향적 접근(Forward Mapping, 하향식 접근)과 후방향적 접근(Backward Mapping, 상향식 접근)으로 구분하였다. 정책결정자가 하향식으로 정책목표를 설정하고, 상향적 접근법에 따라 정책수단을 선택하여 양 접근법을 통합하였다.

3. 적응적 집행(Adaptive Implementation)

버먼(P. Berman)은 미시집행 국면(집행현장)에서 발생하는 정책과 집행조직 사이의 상호적응 (Mutual Adaption)이 이루어질 때 성공적인 집행이 된다고 보았다. 우리나라도 일부 정책은 중앙정부에서 결정하고, 이에 대한 집행은 각 지방정부에서 집행한다. 중앙정부의 결정한 정책도 의도한 결과를 가져올 수 있어야 하고, 각 지방정부가 해당 정책을 집행할 때 현장의 특수성이 있을 수 있다. 예컨대 중앙정부가 지방정부를 대상으로 새로운 표준 업무처리시스템을 도입한다면, 각 집행 현장에 따라 시스템의 수정도 필요하고 지방정부에서도 새로운 시스템에 적응이 필요할 것이다.

4. 매틀랜드의 연구

매틀랜드(Matland)는 정책집행에 영향을 미치는 변수로 정책목표와 수단의 모호성(Ambiguity) 과 갈등(Conflict)으로 두고, 네 가지 집행 상황으로 구분하였다.

구분		갈등	
		낮음	높음
모호성	낮음	관리적 집행	정치적 집행
	높음	실험적 집행	상징적 집행

(1) **관리적 집행**(Administrative Implementation)

정책 목표와 수단이 명확하여 담당자들은 표준운영절차를 개발하여 집행할 수 있다. 정책 목표와 수단에 대한 갈등이 낮아 규범적 수단으로 정책 순응을 확보할 수 있다.

(2) **정치적 집행**(Political Implementation)

이해관계자 간에 상이한 정책 목표와 수단을 가지고 있어, 이에 대한 협상을 통한 합의가 필요하다. 정책 순응을 확보하기 위한 강압적 또는 보상적 수단이 필요하다.

(3) **실험적 집행**(Experimental Implementation)

정책 목표와 수단이 모호하므로 다양한 시도를 통해 이를 찾아가는 학습(Learning)의 관점에서 정책집행 과정을 이해한다.

(4) **상징적 집행**(Symbolic Implementation)

정책 목표와 수단에 대한 이해관계자들의 상이한 해석들이 서로 경쟁하는 과정이다.

05 나카무라와 스몰우드의 정책결정자와 정책집행자의 관계

지금까지 살펴본 것처럼 정책은 정책목표와 이를 달성하기 위한 정책수단으로 구성되는데, 나카무라와 스몰우드(Nakamura & Smallwood)는 정책결정자(Policy Makers)와 정책집행자(Policy Implementers)가 정책목표와 정책수단을 정하는 정도에 따라서, 이들 간의 관계를 다섯 가지 유형으로 구분하였다. 대체로 고전적 기술관료형에서 관료적 기업가형으로 갈수록 정책집행자의 재량이 높아진다. 물론 어느 유형이든 공식적 권한과 정당성은 정책결정자가 가지고 있다.

참여자 유형	정책결정자의 역할	정책집행자의 역할
고전적 기술관료형	• 명확한 목표설정 • 기술적 권위는 집행자들에게 위임	정책결정자의 목표를 지지하고, 목표 달성을 위한 기술적 수단을 고안
지시적 위임형	• 명확한 목표 설정 • 목표달성을 위한 수단을 고안하기 위한 관리적 권한을 집행자들에게 위임	정책 결정자의 목표를 지지하고, 집행자들 간에 정책수단에 대한 협상
협상형	• 목표설정 • 정책집행자들과 목표와 수단에 대해 협상	정책결정자들과 목표와 수단에 대해 협상
재량적 실험가형	• 추상적인 목표지지 • 목표와 수단의 구체화를 위한 폭넓은 재량을 정책집행자들에게 위임	목표와 수단의 구체화
관료적 기업가형	집행자들에 의해 설정된 목표와 수단을 지지	목표와 수단을 설정하고, 정책결정자가 그들이 정한 목표를 받아들이도록 설득

1. 고전적 기술관료형(Classical Technocracy)

(1) 정책결정과 집행은 엄격하게 분리된다는 점을 가정한다.

(2) 정책결정자가 목표를 명확히 설정하고 정책집행자는 이러한 목표를 지지한다.

(3) 정책결정자는 계층제적인 통제구조를 구축하여 기술적인 권위를 특정 정책집행자에게 위임한다.

(4) 정책집행자는 정책목표를 달성할 수 있는 기술적인 역량을 보유하고 있다.

(5) 기술적 역량 부족 시 정책집행은 실패하게 되는데, 예컨대 화성 탐사를 결정했으나, 해당 기술이 부족하면 집행을 할 수 없다.

2. 지시적 위임형(Instructed Delegation)

(1) 정책결정자가 목표를 명확하게 설정하고 정책집행자가 이를 지지한다.

(2) 정책결정자는 수단에 대한 대략적인 방침만을 정해주며, 정책집행자가 정책수단을 결정할 수 있는 재량권을 가지고 있다. 따라서 다수의 집행기관이 참여하는 경우 정책수단에 대한 집행기관들 간 합의를 이루지 못한다면 문제가 발생할 수 있다.

(3) 고전적 기술관료형과 마찬가지로 기술적 역량 부족 시 집행실패가 발생한다.

3. 협상형(Bargaining)

(1) 공식적 정책결정자가 정책목표를 설정하지만, 정책목표와 수단에 대해 정책집행자와 정책결정자가 협상한다.

(2) 정책집행자는 정책목표에 동의하지 않는다면 불응 또는 불집행을 통하여 영향력을 행사할 수 있다.

(3) 협상실패로 불집행 또는 기술적 역량 부족 시 집행실패가 발생한다.

4. 재량적 실험가형(Discretionary Experimentation)

(1) 정책결정자는 추상적이고 일반적인 목표는 지지하지만, 지식의 부족 또는 불확실성 때문에 정책목표를 구체적으로 설정하지 못한다.

(2) 정책결정자는 정책목표를 구체화하고 정책수단을 개발할 수 있도록 정책집행자에게 광범위한 재량을 부여한다.

5. 관료적 기업가형(Bureaucratic Entrepreneurship)

(1) 정책집행자는 자신이 설정한 정책목표를 달성하려고 하고 필요한 능력 또한 보유하여, 정책목표를 결정하고 공식적 정책결정자를 설득 또는 강제하고 정책목표 달성에 필요한 정책수단을 확보하기 위해 정책결정자와 협상한다.

(2) 미국 FBI 국장직을 수행했던 후버(Hoover) 국장이 대표적인 예이다.

06 정책순응

1. 정책순응(Policy Compliance)이란?

정부정책에 따르는 것으로, 예컨대 폐수 방류를 금지하는 정책에 따라 폐수를 방류하지 않으면 순응하는 것이고 그렇지 않으면 불응하는 것이다.

⊕ 던칸(Duncan)은 순응과 수용을 구별하여 순응은 외면적 행동 변화만을 의미하고, 수용은 외면적 행동 변화와 내면적 가치체계 변화까지도 포함한다고 보았다.

2. 정책순응 집단

정책대상집단과 집행을 담당하는 지방정부 등 중간매개집단 또는 일선관료가 정책순응 집단에 해당한다. 예컨대 폐수 방류를 일선관료가 단속하지 않으면 집행이 일어나지 않는 것이다.

3. 정책순응을 확보하기 위한 수단

(1) **도덕적 설득**(Normative Persuasion)

정책에 순응하는 것이 윤리적·도덕적으로 옳은 것임을 인식시키기 위한 설득을 말한다. 정책대상집단에 피해가 발생할 경우, 그 정책에 대한 소망성과 정책을 결정하고 집행하는 기관에 대한 정통성과 신뢰성에 대한 의심을 불응의 핑계로 찾으려 한다.

(2) **유인**(Incentives)

정책에 순응하는 것에 대한 혜택을 제공하는 방법이다. 경제적 유인 등이 없더라도 도덕적 자각이나 이타주의적 고려에 의해 자발적으로 순응하는 사람들의 명예나 체면을 손상시키고 사람의 타락을 유발할 수 있다.

(3) **처벌**(Penalty)

정책에 순응하지 않을 경우 불이익을 부과하는 방법이다. 처벌은 불응의 형태를 정확하게 점검 및 파악하기 어려운 경우가 많다는 약점이 있다. 예컨대 제한속도 위반, 폐수 방류 행위 등이 이에 해당한다.

• 기출문제 학습 •

01 프레스맨(Pressman)과 윌다브스키(Wildavsky)는 (㉠ 정책집행을 정책결정과 분리하지 않고 연속적인 과정으로 정의하였다. / ㉡ 정책집행이 성공하기 위해서 정책집행은 정책결정과 분리되어 독립적으로 수행해야 한다.) 21. 지방 7

02 정책집행의 [㉠ 상향식(bottom-up) / ㉡ 하향식(top-down)] 접근에 따르면 하위직보다 고위직이 주도하고, 정책결정자가 정책집행에 영향을 미치는 정치적·조직적·기술적 과정을 충분히 통제할 수 있다. 20. 지방 9

03 정책집행의 하향적 접근방법의 조건을 모두 고르면 [㉠ 일선관료의 재량권 확대 / ㉡ 지배기관들(sovereigns)의 지원 / ㉢ 집행을 위한 자원의 확보 / ㉣ 명확하고 일관성 있는 목표]이다. 13. 지방 9

04 하향적 접근방법은 공식적인 정책목표를 중요한 변수로 (㉠ 취급하지 않는다. / ㉡ 취급한다.) 15. 국가 7

05 정책집행연구의 하향론자들은 (㉠ 단순한 / ㉡ 복잡한) 조직구조가 정책의 성공적 집행을 도와준다고 주장한다. 17. 지방 9

06 사바티어(P. Sabatier)와 마즈매니언(D. Mazmanian)은 효과적인 정책집행을 위해 필요하다고 본 전제조건으로, 정책목표의 집행과정에서 우선순위가 (㉠ 탄력적이고 신축적으로 조정 / ㉡ 일관성 있게 유지)되어야 한다고 보았다. 11. 지방 9

07 [(㉠ 반 미터와 반 혼(Van Meter & Van Horn) / ㉡ 사바티어와 마즈마니언(Sabatier & Mazmanian)]은 정책과 성과를 연결하는 모형에 정책 기준과 목표, 집행에 필요한 자원, 조직 간 의사소통과 집행활동(enforcement activities), 집행기관의 특성, 경제·사회·정치적 조건, 정책집행자의 성향(disposition)이라는 변수를 제시하였다. 24. 지방 9

08 정책집행의 상향적 접근방법은 일선관료의 자율과 재량권을 (㉠ 축소한다. / ㉡ 확대한다.) 17. 국가 9, 10. 국가 9

09 정책집행을 주어진 정책목표의 달성을 위한 수단적 행위로 파악하는 접근방법은 (㉠ 상향적 / ㉡ 하향적) 접근방법이다. 23. 국가 7

10 엘모어(Elmore)는 일선현장에 종사하는 공무원이 정책집행에 가장 큰 영향을 미치는 행위자라고 하면서, 이를 [㉠ 전방접근법(forward mapping) / ㉡ 후방접근법(backward mapping)]이라고 했다. 17. 서울 9

11 버먼(Berman)의 '적응적 집행'에 따르면, (㉠ 미시집행 / ㉡ 거시집행) 국면에서 발생하는 정책과 집행 조직 사이의 상호적응이 이루어질 때 성공적으로 실행된다. 18. 지방 9

12 [(㉠ 매틀랜드(Matland)는 / ㉡ 버먼(P. Berman)은] 정책목표의 모호성과 갈등 개념을 활용하여 특정 집행상황을 네 가지로 구조화하였다. 24. 국가 7

13 립스키(M. Lipsky)의 일선관료제론에서 일선관료들이 처하게 되는 문제성 있는 업무환경이 아닌 것은 (㉠ 불충분한 자원 / ㉡ 권위에 대한 위협과 도전 / ㉢ 집행 업무의 단순성과 정형화 / ㉣ 모호하게 대립되는 기대 / ㉤ 단순하고 정형화된 정책대상집단)이다. 22. 국가 9, 16. 국가 9

14 립스키의 일선관료제론에 의하면, 일선관료는 집행에 필요한 자원이 부족할 경우 (㉠ 대체로 부분적이고 간헐적으로 / ㉡ 재량과 능력을 활용하여 주어진 모든) 정책을 집행한다. 18. 국가 9

15 립스키의 일선관료제론에 의하면, 일선관료들은 (㉠ 상당한 재량권을 보유한다. / ㉡ 재량권이 부족하여 업무가 지연된다.) 13. 지방 7

16 ① 정책을 성공적으로 설계하기 위해서는 적절한 인과모형이 (㉠ 필요하다. / ㉡ 필요하지 않다.)
② 프레스맨(Pressman)과 윌다브스키(Wildavsky)는 정책집행연구의 초기 학자들로서 집행을 정책결정과 (㉠ 분리하지 않고 연속적인 과정으로 / ㉡ 개별적인 과정으로) 정의한다.
③ 정책대상집단 중 수혜집단의 조직화가 강할수록 정책집행이 (㉠ 어렵다. / ㉡ 용이하다.)
④ 립스키(M. Lipsky)는 (㉠ 상향적 / ㉡ 하향적) 접근방법을 주장한 학자로서 분명한 정책목표의 가능성을 부인하고 집행문제 해결에 초점을 맞춘다. 14. 지방 7

17 사바티어(Sabatier)가 제시한 정책옹호연합모형(advocacy coalition framework)은 (㉠ 정책변화 또는 정책학습 / ㉡ 정책집행과정)에 초점을 맞춘 이론이다. 11. 국가 9

18 나카무라(Nakamura)와 스몰우드(Smallwood)의 (㉠ 지시적 위임자형 / ㉡ 관료적 기업가형 / ㉢ 협상가형 / ㉣ 고전적 기술자형)은 정책결정자가 구체적인 목표와 수단을 설정한다. 22. 국가 9

19 나카무라(Nakamura)와 스몰우드(Smallwood)가 제시한 가장 광범위한 재량을 갖는 정책집행자 유형은 (㉠ 지시적 위임자형 / ㉡ 관료적 기업가형 / ㉢ 협상가형 / ㉣ 재량적 실험가형)이다. 17. 지방 7

20 나카무라(Nakamura)와 스몰우드(Smallwood)의 정책결정자와 정책집행자의 관계 유형 중 다음 설명에 해당하는 것은? 19. 국가 9

> • 정책집행자는 공식적 정책결정자로 하여금 자신이 결정한 정책목표를 받아들이도록 설득 또는 강제할 수 있다.
> • 정책집행자는 목표를 달성하기 위한 수단을 획득하기 위해 정책결정자와 협상한다.
> • 미국 FBI의 국장직을 수행했던 후버(Hoover) 국장이 대표적인 예이다.

(㉠ 지시적 위임자형 / ㉡ 관료적 기업가형 / ㉢ 협상가형 / ㉣ 재량적 실험가형)

21 나카무라(Nakamura)와 스몰우드(Smallwood)의 정책집행자 유형 중 (㉠ 지시적 위임자형 / ㉡ 관료적 기업가형 / ㉢ 협상가형 / ㉣ 재량적 실험가형)은 정책유형의 대략적인 방향을 정책결정자가 정하고 정책집행자들은 이 목표의 구체적 집행에 필요한 폭넓은 재량권을 위임받아 정책을 집행하는 유형이다.
15. 서울 9

Theme 09 정책평가(Policy Evaluation)

01 정책평가의 목적

정부의 정책이 실제로 정책목표를 달성했는지 판단하기 위해서 정책평가를 거쳐야 한다. 평가를 통해서 성공과 실패의 원인을 찾을 수 있고, 성공을 위한 원칙을 도출할 수 있다. 기존 정책의 평가 결과는 새로운 정책의 결정과 집행에 필요한 정보를 제공한다. 정책을 담당했던 조직이나 담당자의 책임성 또한 확보할 수도 있다. 예컨대 청년 취업을 지원하는 정책을 1년간 집행 후 당초에 달성하려고 했던 청년 취업률을 달성했는지 평가하고, 성공적이었다면 해당 정책을 좀 더 확대해서 집행하고 실패했다면 개선책을 마련하거나 중단할 것이다. 또한 해당 정책의 담당 공무원이 달성한 성과에 대해 보상하고, 잘못에 대한 불이익을 부여할 수 있다.

02 정책평가 과정

일반적으로 정책평가는 정책목표 확인 → 정책평가 대상 및 기준의 확정 → 인과모형의 설정 → 자료수집 및 분석 → 평가결과의 환류 순으로 진행된다. 구체적으로 살펴보면 정책을 통해 달성하려고 했던 목표를 확인하고, 정책 과정이나 내용을 평가하되 능률성, 효과성 등 평가 기준이 확정되어야 하고, 정책목표와 수단 사이의 인과관계를 설정 후, 신규취업자 수 등 관련 자료를 수집 및 분석하고, 결과를 토대로 기존 정책을 개선한다.

03 정책평가의 종류

1. 평가성 사정(Evaluability Assessment, 예비적 평가)

본격적인 평가가능 여부와 평가 결과의 프로그램 개선가능성 등을 진단하는 일종의 예비적 평가이다.

2. 본평가

(1) 과정평가(Process Evaluation)

정책을 집행하는 과정이나 절차가 제대로 되었는지를 점검한다. 예컨대 청년 취업 보조금 지원 → 구직활동 증가 → 취업률 증가로 이어졌는지 검증한다. 시기를 기준으로 형성평가와 사후적 평가로 구분된다.

① 형성평가(Formative Evaluation) 집행 도중에 이루어지는 평가로서, 집행관리와 전략의 수정 및 보완을 위한 평가이다.
② 사후적 과정평가는 집행이 종료된 후 진행한다.

(2) **총괄평가**(Summative Evaluation)

정책이 종료된 후에 그 정책이 당초 의도했던 효과를 가져왔는지를 판단하는 활동으로 주로 외부 평가자에 의해 수행되는데, 정책의 효과성 평가, 능률성 평가, 정책영향 평가, 공정성 평가 등이 포함될 수 있다.

3. **메타평가**(Meta Evaluation)

평가자체를 대상으로 하며, 평가활동과 평가자체를 평가해 정책평가의 질을 높이고 결과 활용을 증진하기 위한 목적으로 활용한다. 예컨대 평가 시기가 적절했는지, 객관적이고 전문성이 있는 평가자가 평가했는지 등을 평가하는 것이다. 만약 해당 정책에 대한 전문성이 부족하거나 내부 공무원들이 평가했다면 평가 자체에 문제가 있는 것이다.

04 논리모형 VS 목표모형

정책의 인과관계를 확인하는 논리모형과 목표달성 여부를 확인하는 목표모형으로 구분할 수 있다.

1. 논리모형

(1) 정책 프로그램이 특정 성과를 산출하기 위해 어떤 논리적 인과구조를 가지고 있는지 명시적으로 보여준다.

(2) 프로그램이 해결하려는 정책문제 및 정책의 결과물이 무엇인지를 명확히 해주기 때문에 정책형성과정의 인과관계에 대한 가정의 오류와 정책집행의 실패를 구분할 수 있도록 한다.

(3) 프로그램 논리의 분석 및 정리과정이 이해관계자의 정책 프로그램에 대한 이해를 높인다.

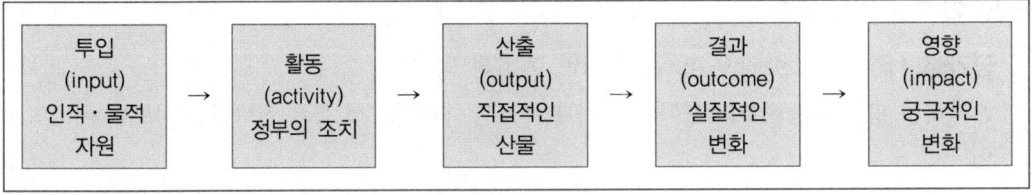

(4) 예컨대 정부가 인적·물적 자원을 투입하여(투입) 취업 지원프로그램을 운영하였는데(활동), 500명이 참여하였고(산출) 참여자 중 80%가 취업에 성공(결과)하여 정부가 운영하는 프로그램의 신뢰성이 향상(영향)되었다.

2. 목표모형

정책이 달성하려는 장기목표와 중·단기목표들을 잘 달성했는지에 관심을 맞춘 평가모형이다. 예컨대 당초에 달성하려고 했던 취업률을 얼마나 잘 달성했는지를 평가하는 것이다.

05 인과관계 성립요건

1. 정책수단과 정책목표의 인과관계 성립요건

(1) 시간적 선행 관계

정책수단의 실현이 정책목표의 달성에 선행해서 존재해야 한다. 예컨대 취업 지원프로그램이 집행된 후 취업률이 올라가야 한다.

(2) 공동 변화

정책수단의 변화 정도에 따라 정책목표의 달성 정도도 변해야 한다. 예컨대 취업 지원프로그램을 확대할수록 취업률도 더욱 올라간다.

(3) 경쟁가설 배제

특정 정책수단 실현과 정책목표 달성 간 관계를 설명하는 다른 요인(제3의 변수)이 배제되어야 한다. 예컨대 최근의 경기 호황이 발생했다면, 취업률의 상승이 취업 프로그램으로 인한 것인지 경기 호황으로 인한 것인지 구분하기 어렵다.

> 🔍 인과관계 성립요건에서 정책수단은 독립변수(Independent Variable)이고, 정책목표는 종속변수(Dependent Variable)에 해당한다.

2. 제3의 변수

정책수단과 정책목표사이의 인과관계에 영향을 줄 수는 있는 제3의 변수들은 다음과 같다.

(1) 혼란변수(Confounding Variable)

① 혼란변수는 독립변수와 종속변수 간에 상관관계가 있는 상태에서 두 변수 모두에 영향을 미치는 제3의 변수로, 인과관계를 과대 또는 과소 평가한다.

② 정책효과의 일부가 정책수단이 아닌 숨어있는 다른 변수에서 기인하였을 때 그 인과 관계를 설명하기 위한 개념이다.

◈ 혼란변수 예시

수학 심화수업을 수강한 학생들의 수학성적 향상이 수학 심화수업에서 배운 내용뿐만 아니라 수강생들의 남다른 수학에 대한 관심과 노력에서 기인했을 때, 수학에 대한 관심과 노력이 혼란변수이다.

```
            수학에 대한 관심과 노력
           ↙                    ↘
    수학 심화수업    →    수학성적 향상
```

(2) 허위변수(Spurious Variable)

① 허위변수는 독립변수와 종속변수 간에 실제로는 전혀 상관관계가 없는데도 상관관계가 있는 것처럼 나타내는 변수이다.

② 정책효과의 전부가 정책수단이 아닌 다른 변수에 의하여 기인하였을 때 그 인과관계를 설명하기 위한 개념이다.

허위변수 예시

소방관의 수는 화재로 인한 피해액과 상관관계가 전혀 없는데도 불구하고, 화재의 크기라는 허위변수로 인하여 상관관계가 있는 것처럼 보이게 한다.

```
              화재의 크기
            ↙          ↘
    소방관의 수    →    화재로 인한 피해액
```

(3) **매개변수**(Mediating Variable)

독립변수와 종속변수의 사이에서 독립변수의 결과인 동시에 종속변수의 원인이 되는 변수이다.

매개변수 예시

공무원이라는 직업에 대한 진지한 관심은 공무원 시험공부에 대한 노력으로 이어지고, 수험공부에 대한 노력이 공무원 시험 합격이라는 결과를 가져왔다면 '공무원 시험공부에 대한 노력'이 매개변수이다.

공무원에 대한 관심 → 공무원 시험공부에 대한 노력 → 공무원 시험 합격

(4) **조절변수**(Moderating Variable)

독립변수와 종속변수 간에 상호작용 효과를 나타나게 하는 변수이다. 예컨대 동일한 다이어트 프로그램의 체중 감소 효과가 '나이' 또는 '성별'에 따라서 다르게 나타난다면 '나이' 또는 '성별'이 조절변수이다.

(5) **억제변수**(Suppressor Variable)

X, Y 두 변수가 서로 상관관계가 있는데도 없는 것으로 나타나게 하는 변수이다.

(6) **왜곡변수**(Distorter Variable)

두 변수의 관계를 정반대로 나타나게 하는 제3의 변수이다. 예컨대 기혼자의 자살률이 높다는 연구가 있었지만, 동일한 '나이'에서 기혼자보다 미혼자의 자살률이 높았다. 이때 '나이'가 왜곡변수에 해당한다.

06 정책평가의 신뢰성과 타당성

1. 신뢰성(Reliability)

(1) 동일한 측정도구를 반복하여 사용했을 때 동일한 결과를 얻을 확률을 의미한다. 비유하자면 동일한 사람을 대상으로 지능지수(Intelligence Quotient)를 측정한다면, 측정된 값이 일관성이 있게 나와야 한다. 측정할 때마다 편차가 크게 나타난다면 해당 테스트는 신뢰성이 낮다.

(2) 정책의 대상 집단과 내용 등이 동질적이나, 정책평가 시기를 달리하는 경우 각 시기별 정책결과 측정값의 상관관계를 분석한다.

2. 정책평가의 외적 타당성(External Validity)

(1) 의미

특정 상황에서 타당한 평가를 그 상황 외에 적용할 때 타당한 정도를 말한다. 예컨대 서울시에서 효과가 나타난 것으로 평가된 정책이 다른 지역에서도 효과가 나타나야 외적 타당성이 있다.

(2) 외적 타당성 저해요인

① 호손(Hawthorne)효과

실험대상자들이 실험의 대상으로 자신들이 관찰되고 있다는 사실을 알게 되어 평소와는 다른 행동을 함으로써 발생하는 효과이다.

> **호손실험**
>
> 호손실험에서는 조명의 변화 등과 같은 물리적인 환경의 변화가 생산성에 영향을 미치는지 관찰하려고 했지만, 실험대상자인 근로자들은 조명의 변화보다는 연구자에 의해서 관찰된다는 것을 알고 있기 때문에 평소보다 더 열심히 일을 할 가능성이 있다. 실험결과를 토대로 다른 공장의 생산성을 높이기 위해 조명의 변화를 준다고 하더라도 실험상황보다 효과가 낮게 나타날 수 있다.

② 다수적 처리에 의한 간섭(Multiple-Treatment Interference)

반복된 실험조작에 익숙해짐으로써 발생하게 되는 오류이다.

> **다수적 처리에 의한 간섭 예시**
>
> 100명의 수험생을 대상으로 행정학 기출문제 풀이 학습과 동영상 강의 수강을 순차적으로 진행하는 실험을 한다고 가정하자. 실험결과 기출문제 풀이 학습은 행정학 점수를 10점 향상시켰고 동영상 강의 수강은 행정학 점수를 30점 향상시켰다. 그렇다면 동영상 강의 수강을 시험대상 이외의 수험생에게 적용할 경우 똑같이 30점의 점수 향상을 기대할 수 있을까? 실험대상 수험생들은 기출문제 풀이 학습이라는 실험조작에 의해 동영상 강의 수강의 효과가 간섭을 받을 수 있기 때문에, 기출문제 풀이 학습을 받지 않은 실험대상 이외의 수험생에게는 동영상 강의 수강의 효과가 다르게 나타날 수 있다.
>
>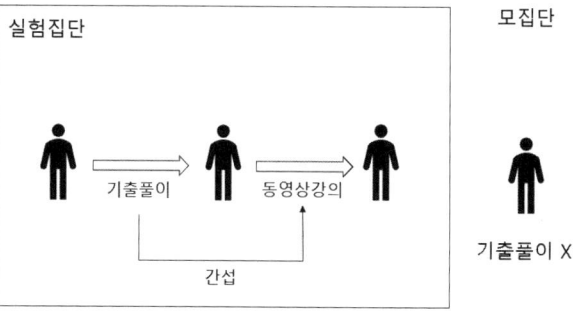

③ 크리밍(Creaming)효과

정책효과가 나타날 가능성이 높은 집단을 의도적으로 실험집단으로 선정함으로써 정책의 영향력이 실제보다 과대평가되는 경우를 말한다.

④ 표본의 대표성 문제

표본으로 선택된 집단의 대표성이 약한 경우 발생하는 문제이다.

⑤ 사전검사에 대한 반응의 효과(실험조작과 측정의 상호작용)

사전검사 또는 측정을 받아본 연구 대상에 대해서 실험 변수를 처리하여 얻은 결과는, 사전측정 또는 검사를 받아본 적이 없는 모집단에 일반화할 때 나타난다.

◈ 사전검사에 대한 반응의 효과 예시

> 100명의 수험생을 대상으로 행정학 강의의 효과를 측정하는 실험을 한다고 가정하자. 사전측정을 했더니 평균 50점이 나왔고, 강의를 수강 후 측정했더니 80점이 나왔다. 실험에 참여한 수험생은 행정학 강의의 효과를 +30점으로 나타났는데, 사전측정에서 받은 점수를 보고 행정학 강의를 더 열심히 수강했을 수도 있다. 즉 사전측정이 실험변수 처리(행정학 강의)에 영향을 줄 수도 있다는 것이다. 하지만 행정학 강의를 수강할 일반 수험생들은 사전측정을 받지 않고 곧바로 수강하기 때문에 효과가 다르게 나타날 수 있다.

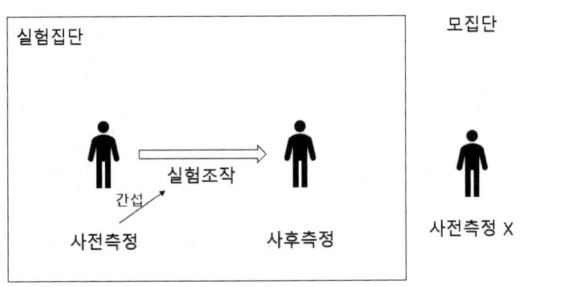

3. 정책평가의 내적 타당성(Internal Validity)

(1) 의미

관찰된 결과가 다른 경쟁적 요인들보다는 해당 정책에 기인한 것이라고 판단할 수 있는 정도를 말한다. 즉 정책효과가 있을 때 있는 것으로 판단하고, 없을 때는 없는 것으로 판단할 수 있으면 내적 타당성이 있는 정책평가이다.

(2) 내적 타당성 저해요인

① 실험(검사, Testing)요인

정책 및 프로그램의 실시 전후 유사한 검사를 반복하는 경우에 시험에 친숙도가 높아져 측정값에 영향을 미치는 경우가 발생한다.

◈ 실험요인 예시

> 행정학 강의 수강의 점수 향상 효과를 측정하기 위하여 강의 수강 전 행정학 시험문제 테스트를 통해서 행정학 점수를 측정하고, 강의 수강 후 동일한 행정학 시험문제를 통해서 행정학 점수를 측정하였더니 수강 전보다 50점이 향상되었다. 하지만 행정학 점수 향상이 행정학 강의 수강에 의한 것인지, 강의 수강 전 행정학 시험문제를 기억하고 있기 때문인지가 불분명하다.

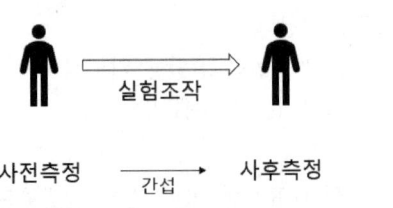

② 회귀(Regression)요인
극단적인 점수를 얻은 실험대상들이 시간이 흐름에 따라 보다 덜 극단적인 상태로 표류하게 되는 경향을 말한다.

≣ 회귀요인 예시

> 행정학 강의 수강의 점수 향상 효과를 측정하기 위하여, 강의 수강 전 행정학 시험문제 테스트를 통해서 행정학 점수를 측정하였는데 30점이 나왔다. 평소 실력은 50점 정도 나오는데 측정 당시 컨디션 난조 등으로 인하여 점수가 낮게 나온 것이다. 강의 수강 후 행정학 점수를 측정하였더니 80점이다. 하지만 행정학 점수 향상은 평소 실력으로 돌아간 부분(회귀)과 강의 수강의 효과가 혼합되어 있을 것이다.

③ 성숙(Maturation)효과
순전히 시간의 경과 때문에 발생하는 조사대상 집단의 특성변화를 말한다.

≣ 성숙효과 예시

> 10세 어린이 100명을 대상으로 1년 동안 매일 우유를 한 잔씩 마시게 하는 실험을 실시하여 우유가 신장에 미치는 영향을 연구한다고 가정하자. 실험 시작 전 평균 신장이 100cm였는데 1년 후 측정하였더니 120cm가 되었다. 하지만 1년 동안 우유를 매일 마시면 평균신장이 20cm 커진다고 결론을 내리기에는 문제가 있다. 왜냐하면 자라나는 어린이들은 우유를 마시지 않더라도 자연스럽게 성장하기 때문이다.

④ 역사(History)요인
외부환경에서 발생하여 사전 및 사후 측정값이 달라지게 만드는 어떤 사건을 말한다.

≣ 역사요인 예시

> 정부는 ○○하천의 수질오염을 방지하기 위해 주변 모든 공장에 폐수정화시설을 의무적으로 갖추도록 하는 정책을 시행했다. 1년 후 정부는 정책평가를 통해 ○○하천의 오염 정도가 정책실시 이전보다 훨씬 낮게 나타났다는 결과를 발표했다. ○○하천의 수질개선은 정책의 효과라는 정부의 입장에 대해, A 교수는 "○○하천이 깨끗해진 것은 정책 시행기간 중 불경기가 극심하여 많은 공장들이 문을 닫았고, 정책평가를 위한 오염수준 측정 직전에 갑자기 비가 많이 왔기 때문"이라는 경쟁가설을 제기했다.

⑤ 상실(Mortality)요인
정책집행 기간에 대상자 일부가 이탈하여 사전 및 사후 측정값이 달라지는 현상을 말한다.

≣ 상실요인 예시

> A 지방자치단체는 알코올 중독자들을 위한 6개월 단주 교실을 운영하였다. 처음에는 50명의 수강자들로 시작하였는데, 중도에 탈락하여 20명만이 수료하였고, 이 중에 15명이 단주에 성공하였다. A 지방자치단체는 단주 교실 운영의 효과를 75%(수료자 20명 가운데 15명)가 단주에 성공했다는 오류를 범했다.

⑥ 측정수단(Instrumentation)요인
연구자의 측정기준이나 측정도구가 변하여 측정결과에 영향을 미치는 경우를 말한다. 예컨대 주관식 시험에서 채점기준이 바뀐다거나, 직접 면접에서 간접 관찰로 바뀌는 경우에 발생한다.

⑦ 선발(Selection)요인
실험집단과 통제집단을 구성할 때 두 집단에 서로 다른 개인들이 할당되면서 발생하는 요인이다. 실험집단 및 통제집단에 대한 무작위 배정과 사전측정을 통해서 어느 정도 통제가 가능하다.

⑧ 오염(Contamination)
　㉠ 누출(Leakage): 실험집단뿐만 아니라 통제집단도 실험조작의 효과를 누리는 것이다. 예컨대 실험집단만 행정학 강의를 수강해야 하는데, 실험집단 참가자가 강의내용을 통제집단에게 알려줄 때 발생한다.
　　⊕ 실험집단과 통제집단의 구분과 관련된 논의는 사회실험에서 다루게 된다.
　㉡ 모방(Imitation): 실험조작의 효과로 실험집단의 태도변화가 있을 경우, 통제집단도 실험집단의 행동을 따라하는 것이다. 예컨대 동기부여 강의를 수강 후 실험집단이 열심히 공부하는 것을 모방하여 통제집단도 열심히 공부하는 것이다.

4. 통계적 결론의 타당성

정책효과의 측정을 위해 충분히 정밀한 연구 설계가 이루어진 정도를 의미한다.

> **가설검증의 오류**
>
> ① 1종 오류(α로 표기, $1-\alpha$는 신뢰수준을 나타냄)
> 정책이나 프로그램의 효과가 실제로 발생하지 않음에도 불구하고 통계적으로 효과가 나타나는 것으로 결론을 내리는 경우로서, 틀린 연구가설을 채택하고 옳은 영가설(귀무가설)을 배제하는 오류이다. 다음 예시를 살펴보면 쉽게 이해할 수 있다. 2종 오류는 반대 상황이다.
> **예** 연구가설: 행정학 강의는 점수 향상 효과가 있다.
> 　　영가설(귀무가설): 행정학 강의는 점수 향상 효과가 없다.
> 　　→ 실제로 행정학 강의는 점수 향상 효과가 없지만, 효과가 있다고 결론을 내린다.
>
> ② 2종 오류(β로 표기, $1-\beta$는 검정력을 나타냄)
> 정책이나 프로그램의 효과가 실제로 발생하였음에도 불구하고 통계적으로 효과가 나타나지 않은 것으로 결론을 내리는 경우로서, 옳은 연구가설을 기각(배제)하고 틀린 영가설(귀무가설)을 채택하는 오류이다.
>
> ③ 3종 오류
> 정책의 대상이 되는 문제 자체에 대한 정의를 잘못 내리는 오류이다. 앞서 정책문제의 구조화에서 살펴본 오류이다.

5. 신뢰성과 타당성의 관계

타당성은 신뢰성을 담보할 수 있는 충분조건으로, 타당성이 없는 측정도구는 제1종 오류를 범하는 원인이 될 수 있다. 다음의 오른쪽 그림은 신뢰성과 타당성을 과녁에 맞은 화살을 통해서 비유한 것이다. A는 신뢰성과 타당성을 모두 확보된 것이고, B는 신뢰성만 확보된 것이고, C는 둘 다 확보되지 않았다.

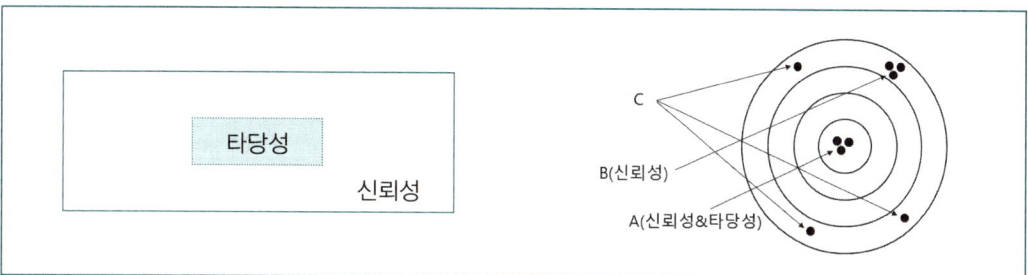

6. 양적평가와 질적평가

(1) **양적평가**: 통계 등 수치화되어있는 강성자료(Hard Data)를 사용하는 평가로서 연역적 방법을 활용한다.

(2) **질적평가**: 면접 등 수치화되기 어려운 연성자료(Soft Data)를 사용하는 평가로 귀납적 방법을 활용한다.

• 기출문제 학습 •

01 정책평가의 일반적인 절차를 순서대로 나열하면? 21. 국가 7
(㉠ 정책평가 대상 확정 / ㉡ 평가 결과 제시 / ㉢ 인과모형 설정 / ㉣ 자료 수집 및 분석 / ㉤ 정책목표 확인)

02 정책평가 논리에서 수단과 목표 간의 인과관계와 관련하여, 정책목표의 달성이 정책수단의 실현에 (㉠ 선행 / ㉡ 후행)해서 존재해야 한다. 20. 지방 9

03 (㉠ 정책분석 / ㉡ 정책평가)의 목적은 정책결정과 집행에 필요한 정보제공 및 정책과정의 책임성 확보에 있다. 14. 국가 7

04 정책분석 및 평가연구에 적용되는 기준 중 (㉠ 내적 타당성 / ㉡ 외적 타당성)은 집행된 정책내용과 발생한 정책효과 간의 관계에 대한 인과적 추론의 정확성 정도를 의미한다. 23. 국가 9

05 (㉠ 총괄평가 / ㉡ 형성평가)는 집행이 종료된 후 정책이 의도했던 목적을 달성했는지에 초점을 맞춘다.
23. 국가 7

06 (㉠ 형성평가는 / ㉡ 평가성 사정은) 일종의 예비평가로 공식 영향평가의 실행 가능성과 유용성을 검토하기 위하여 실시된다. 25. 국가 9

07 총괄평가는 주로 (㉠ 외부평가자 / ㉡ 내부평가자)에 의해 수행된다. 16. 국가 7

08 정책평가의 논리모형은 (㉠ 과정평가이기 때문에 정책프로그램의 목표달성 여부를 보여 주지는 못한다는 한계가 있다. / ㉡ 산출 및 결과를 통해 목표달성 여부를 보여 준다.) 24. 국가 9

09 [㉠ 허위변수(spurious variable) / ㉡ 혼란변수(confounding variable) / ㉢ 매개변수(mediating variable)]는 정책수단과 정책효과 사이의 인과관계를 과대 또는 과소평가하며, [㉠ 허위변수(spurious variable) / ㉡ 혼란변수(confounding variable) / ㉢ 매개변수(mediating variable)]는 독립변수인 정책수단의 효과가 전혀 없을 때, 숨어서 정책효과를 가져오는 변수로 정책수단과 정책효과 사이의 인과관계를 완전히 왜곡하는 요인이다. 16. 지방 9

10 A라는 정책이 집행된 이후에 그 정책의 목표 B가 달성된 것을 발견할 경우, A와 B 사이의 인과관계 존재의 (㉠ 필요조건에 불과하다. / ㉡ 충분조건이 달성되었다.) 12. 국가 9

11 (㉠ 타당성 / ㉡ 신뢰성) 검토를 위하여, 정책의 대상집단과 내용 등이 동질적이나 정책평가 시기를 달리하는 경우 각 시기별 정책결과 측정값의 상관관계를 분석한다. 17. 서울 7

12 [㉠ 크리밍효과(creaming effect) / ㉡ 성숙효과(maturation effect) / ㉢ 허위상관(spurious correlation) / ㉣ 호손효과(Hawthorne effect)]는 정책평가에 있어서 조건이 양호한 집단을 대상으로 정책수단을 실시한 후 그 결과가 좋게 나타난 정책수단을 다른 상황에 적용하려고 하는 경우 나타나는 외적 타당성 문제이다. 17. 국가추가 9

13 내적 타당성의 위협요인과 설명을 연결하면? 21. 지방 9, 16. 국가 7

〈위협요인〉
㉠ 실험 또는 검사(testing)효과 ㉡ 회귀(regression)효과
㉢ 성숙(maturation)효과 ㉣ 역사(history)효과

〈설명〉
A. 순전히 시간의 경과 때문에 발생하는 조사대상 집단의 특성변화가 나타나는 경우
B. 정책 및 프로그램 실시 전후 유사한 검사를 반복하는 경우에 시험에 친숙도가 높아지거나 학습효과를 얻음으로써 실험집단의 측정값에 영향을 주는 효과이며, '눈에 띄지 않는 관찰'방법 등으로 통제할 수 있음.
C. 특정 프로그램 처리가 집행될 즈음에 발생한 다른 어떤 외부적 사건 때문에 나타나는 효과
D. 극단적인 점수를 얻은 실험대상들이 시간이 흐름에 따라 보다 덜 극단적인 상태로 표류하게 되는 경향

14 ○○ 하천의 수질개선은 정책의 효과라는 정부의 입장에 대해, A 교수는 "○○하천이 깨끗해진 것은 정책 시행기간 중 불경기가 극심하여 많은 공장들이 문을 닫았고, 정책평가를 위한 오염수준 측정 직전에 갑자기 비가 많이 왔기 때문"이라는 경쟁가설을 제기했다. 경쟁가설과 관련된 내적 타당성 위협 요인은 (㉠ 역사요인 / ㉡ 상실요인)이다. 20. 지방 7

15 정부는 혼잡통행료 제도의 효과를 측정하기 위해 혼잡통행료 실시 이전과 실시 후 도심의 교통 흐름도를 측정·비교하였다. 그런데 두 측정시점 사이에 유류가격이 급등하는 상황이 발생하였다. 이때 발생할 수 있는 내적 타당성 위협요인은 [㉠ 상실요인(mortality) / ㉡ 회귀요인(regression) / ㉢ 역사요인(history) / ㉣ 검사요인(testing)]이다. 16. 국가 9

16 내적 타당성 저해요인으로 (㉠ 성숙효과 / ㉡ 시험효과)는 실험 대상자들이 사전측정 내용에 대해 친숙하게 되어 사후 측정값이 달라지는 것이다. 19. 국가 7

17 (㉠ 내적 타당성 / ㉡ 외적 타당성) 저해요인으로 (㉠ 시험효과 / ㉡ 측정도구요인)은 측정자와 측정방법이 달라짐으로써 측정결과에 영향을 미치는 것을 의미한다. 21. 국가 9, 10. 지방 7

18 통계적 결론의 타당성과 관련된 오류: 15. 지방 9, 13. 서울 9
① 정책이나 프로그램 효과가 실제로 나타나지 않았음에도, 통계적으로 효과가 나타난 것으로 결론내리는 경우 (㉠ 1종 오류 / ㉡ 2종 오류 / ㉢ 3종 오류)
② 정책이나 프로그램 효과가 실제로 나타났는데, 통계적으로 효과가 나타나지 않은 것으로 결론내리는 경우 (㉠ 1종 오류 / ㉡ 2종 오류 / ㉢ 3종 오류)
③ 정책의 대상이 되는 문제 자체에 대한 정의를 잘못 내리는 경우 (㉠ 1종 오류 / ㉡ 2종 오류 / ㉢ 3종 오류)

19 신뢰성은 타당성을 담보하기 위한 (㉠ 충분조건 / ㉡ 필요조건)이다. 20. 국가 9

Theme 10 · 정책평가의 방법

01 정책실험(사회실험)

1. 의미
정책실험은 특정 정책의 효과성 판단을 위한 인과관계 입증에 활용하고, 아직 검증되지 않은 정책 프로그램에 대규모 투자를 하기 전에 그 결과를 미리 평가해 보는 것이 중요한 목적이다. 정책의 효과를 평가하기 위해서는 정책을 도입한 집단 또는 지역과 그렇지 않은 집단 또는 지역을 비교해 보아야 한다. 전자를 실험집단이라고 하고 후자를 통제집단이라고 한다. 예컨대 윤리교육이 청년범죄율에 미치는 영향을 평가하기 위해서는, 윤리교육을 받는 집단과 그렇지 않은 집단을 비교한다는 것이다. 다만, 정책실험을 실시하기 위한 비용이 발생하고, 실시하는 것 자체가 윤리적으로 문제가 될 수 있다.

2. 진실험설계와 준실험설계
실험집단과 통제집단을 구분할 때 무작위 배정을 통해 두 집단의 동질성을 확보하면 진실험설계(True Experiment), 그렇지 못하면 준실험설계(Quasi-Experiment)라고 한다. 무작위 배정을 한다는 것은 실험 참여자의 의사에 관계없이 실험집단과 통제집단으로 배정한다는 것이다. 예컨대 새롭게 개발된 암 치료제의 효과를 확인하기 위하여 암 환자 200명을 대상으로, 무작위로 100명은 치료제를 투여하고 100명은 사용하지 않고 비교한다는 것은 실행 가능성이 매우 떨어진다. 새로운 암 치료제를 투여받기를 스스로 원하는 사람을 대상으로 투여하는 것이 현실적이기 때문이다. 스스로 선택하게 할 경우 실험집단과 통제집단의 동질성 확보가 어려울 수밖에 없는데, 새로운 암 치료제라도 투여받기를 원하는 환자들은 대체로 병이 더 깊은 사람들이기 때문이다. 진실험설계와 준실험설계의 상대적 특징을 정리하면 다음과 같다.

◈ 진실험설계와 준실험설계의 비교

구분	실험&통제 집단	내적 타당성	외적 타당성	실행가능성
진실험	동질(무작위)	높음	낮음	낮음
준실험	동질성 x	중간	중간	중간

2. 진실험설계

(1) 특징

자연과학 실험과 같이 대상자들을 격리시켜 실험하기 때문에 호손효과(Hawthorne Effect)를 강화하는데, 이는 외적 타당성을 떨어뜨리기 요인이다. 대체로 진실험설계는 실험을 통해 미래를 예측하려는 목적을 가지기 때문에 미래지향적인(Prospective) 성격이 강하다.

(2) 진실험설계의 종류

통제집단 사후 설계, 통제집단 사전사후측정설계, 솔로몬 4집단 실험설계 등이 있다.

① 통제집단 사후 측정 설계(Posttest Control Group Design)
실험집단과 통제집단을 무작위로 배정하고, 두 집단의 사후 측정값을 비교하여 효과를 측정하는 방법이다. 다음의 예시에서 행정학 수업의 효과는 30점으로 추정할 수 있다. 두 집단의 사전 측정값이 같다고 가정한다.

> 실험집단: A'(90점)
> 통제집단: B'(60점)
> 행정학 수업의 효과 = A' − B' = 30점

② 통제집단 사전 – 사후 측정 설계(Pretest-Posttest Control Group Design)
실험집단과 통제집단을 무작위로 배정하고, 두 집단을 각각 사전측정과 사후 측정하여 효과를 측정하는 방법이다. 고전적 시험 설계라고도 하는데, 통제집단 사후 측정 설계에 포함되지 않았던 사전측정을 한다. 다만, 사전측정이 행정학 수업과 사후측정에 영향을 미쳐서 내적 타당성이 저해될 수 있다. 이는 앞서 살펴본 내적 타당성 저해 요인 중 하나인 '실험(검사)요인'이다.

> 실험집단: A(50점) → A'(90점)
> 통제집단: B(50점) → B'(60점)
> 수학심화학습의 효과 = (A' − B') − (A − B) = (90점 − 60점) − (50점 − 50점) = 30점

③ 가짜실험처리 통제집단설계(Placebo Control Group Design)
진실험은 호손효과가 문제가 되는데 이를 통제하기 위하여, 통제집단 사전-사후 측정 설계에 가짜 약 효과*를 측정할 수 있도록 별도의 집단을 추가한 것이 가짜실험처리 통제집단설계이다.
가짜 약(Placebo, 플라시보) 효과는 실제로 효과가 전혀 없는 약을 효능이 있다고 믿고 섭취할 때 실제로 증상이 호전되는 현상을 말한다.
다음의 예시에서 가짜 실험처리 통제집단은 실제로 효과가 없는 행정학 강의를 수강하는 집단이다.

> 실험집단: A(50점) → A'(90점)
> 통제집단: B(50점) → B'(60점)
> 가짜실험처리 통제집단: C(50점) → C'(65점)
> 행정학 수업의 효과 = [(A' − B') − (A − B)] − [(C' − B') − (C − B)] = [(90점 − 60점) − (50점 − 50점)] − [(65점 − 60점) − (50점 − 50점)] = 25점

④ 솔로몬 4 집단 실험설계(Solomon Four-Group Design)
솔로몬이 고안한 방법으로 앞서 살펴본 통제집단 사후 측정 설계와 통제집단 사전-사후 측정 설계를 결합한 형태이다. 내적 타당성의 저해하는 요인을 강력하게 통제할 수 있는데, 다음 예시와 같이 두 집단을 비교하면 검사요인, 실험조작과 측정의 상호작용 등을 추론해 낼 수 있다.

> 실험집단 1: A1 → A1' = 수업의 효과 + 검사요인 + 실험조작과 측정의 상호작용 + 기타(성숙, 역사 등)
> 통제집단 1: B1 → B1' = 기타(성숙, 역사 등) + 검사요인
> 실험집단 2: A2' = 수업의 효과 + 기타(성숙, 역사 등)
> 통제집단 2: B2' = 기타(성숙, 역사 등)

3. 준실험설계

(1) 특징

실험집단과 통제집단의 동질성을 확보하지 않고 행하는 실험이기 때문에 진실험에 비해 주로 내적 타당도 측면에서 약점을 가진다. 준실험설계는 연구자가 과거에 발생한 실험처리의 효과를 측정하기 위한 연구가 많기 때문에 과거지향적인(Restrospective) 성격을 갖는다.

(2) 준실험설계의 외적 타당성과 내적 타당성을 저해하는 요인

예컨대 행정학 수업의 효과를 측정하기 위해 행정학 강의 수강에 호의적인 사람들을 실험집단에 배정하고 그렇지 않은 사람들은 통제집단에 배정한다고 하자. '선발요인' 측면에서 내적 타당성이 저해되고, '크리밍효과' 측면에서 효과가 높은 집단을 실험집단으로 배정함으로서 실험결과의 일반화가 어렵기 때문에 외적 타당성도 저해된다.

(3) 준실험설계의 종류

① 회귀-불연속설계(Regression Discontinuity Design)

실험집단과 통제집단에 실험대상을 배정할 때 분명하게 알려진 자격기준(Eligibility Criterion)을 적용하는 방법으로, 투입자원이 희소하여 오직 대상집단의 일부에게만 희소자원이 공급될 수밖에 없는 경우에 정책효과를 파악하기 위한 연구에 적합하다. 다음 그림은 1학기 성적과 2학기 성적을 나타낸 것이다. 장학금을 지급하지 않으면 1학기와 2학기 성적이 같다고 가정한다면, 기울기가 1인 직선의 형태로 표기될 것이다. 이러한 상황에서 1학기 성적이 30점 이상(자격기준)인 학생들에게 성적장학금(희소한 자원)을 지급했더니 그림의 실선과 같은 형태로 나타났다고 하자. 성적장학금을 받은 학생은 1학기 성적에 비해 2학기 성적이 10점씩 상승한 것을 볼 수 있을 것이다. 1학기 성적 30점을 기준으로 불연속적인 구간이 발생한 것을 볼 수 있을 것이다. 통제집단은 1학기에 30점 미만을 받은 학생들이고, 실험집단은 1학기에 30점 이상을 받은 학생들이다.

▒ 1학기 성적과 2학기 성적의 비교

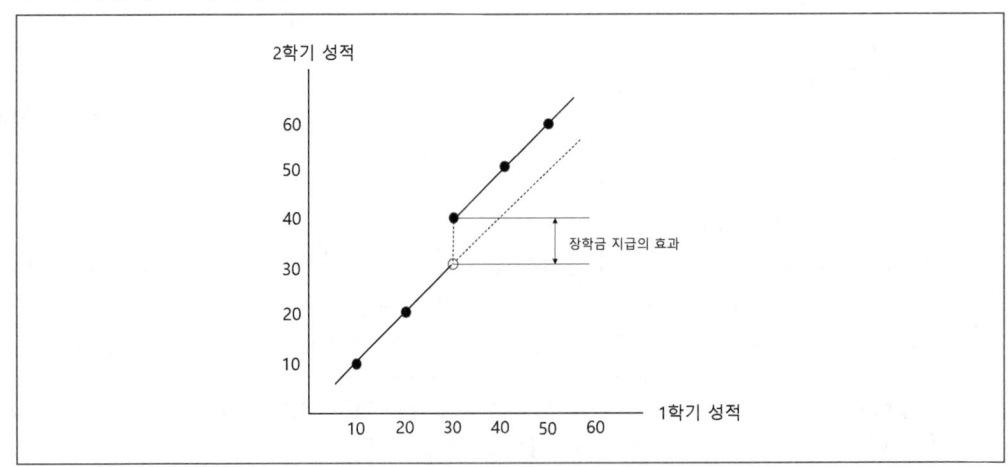

② 비동질적 통제집단설계(Non-Equivalent Control Group Design)
진실험설계 중 하나인 통제집단 사전-사후 측정 설계에서 실험집단과 통제집단의 무작위 배정만 하지 않은 실험이다. 무작위 배정은 이루어지지 않아 내적 타당성이 저해될 수 있지만, 짝짓기 방법 등을 통해서 실험집단과 통제집단을 유사하게 할 수는 있다. 짝짓기 방법이란 예컨대 100명의 수험생을 대상으로 행정학 점수가 비슷한 두 사람씩 짝을 지어서 한 사람은 실험집단에 다른 한 사람은 통제집단에 배정하는 방법이다. 그러면 실험집단과 통제집단에 속하는 수험생들의 점수 분포는 유사해질 것이다.

③ 단절적 시계열설계(Interrupted Time-Series Design)
여러 시점에서 관찰되는 자료를 통하여 실험변수의 효과를 추정하기 위한 실험이다. 다음 그림은 공기 오염도의 추이를 나타낸 것이다. 서울시에서 4월부터 차량 5부제를 시행하면서 공기 오염도가 낮아지는 것을 알 수 있다.

※ 서울시 공기 오염도의 시계열자료

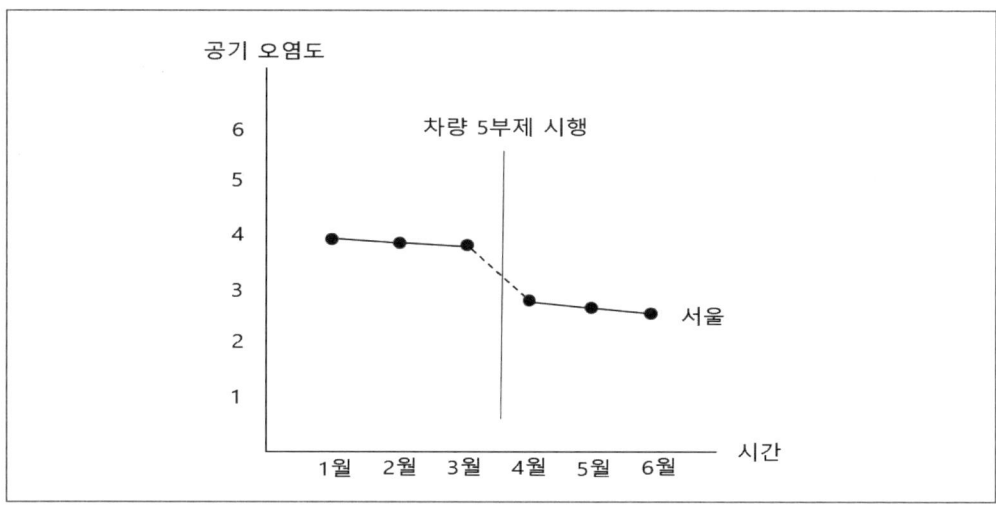

④ 통제-시계열설계(Control-Series Design)
시계열 분석 시 발생할 수 있는 역사적 요소의 개입을 해결하기 위해 통제집단을 추가하는 실험이다. 예컨대 서울시가 차량 5부제를 시행할 시기에 장마가 시작되었다면, 장마로 인하여 공기 오염도가 낮아진 것일 수도 있을 것이다. 장마의 효과를 통제하기 위해서는 동일한 시기에 장마가 시작된 경기도(통제집단)의 공기 오염도 추이를 추가하여 비교해 볼 수 있다. 다음 그림에서 보듯이 차량 5부제를 시행하지 않은 경기도는 장마 기간에도 공기 오염도가 개선되지 않았기 때문에 '장마'라는 역사적 요소를 제거할 수 있는 것이다.

◈ 서울시와 경기도의 공기 오염도의 시계열자료 비교

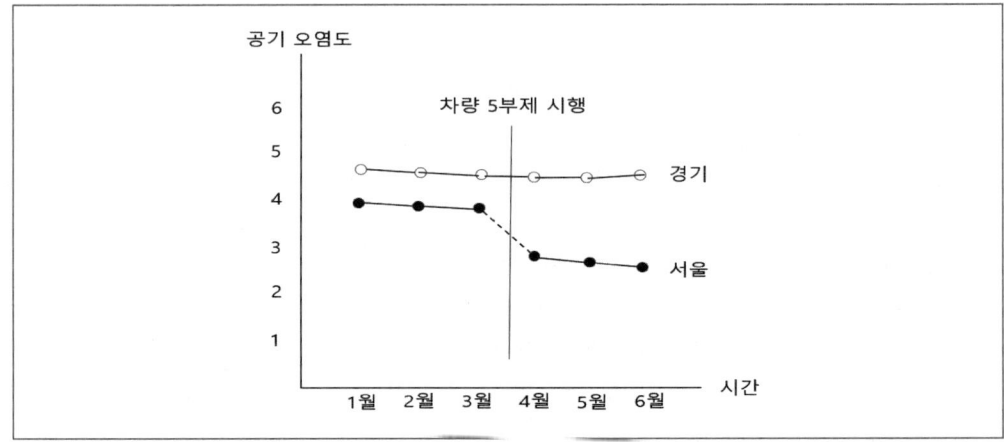

◈ 단일집단 사전사후측정설계(one group pretest-Posttest Design)

단일집단 사전사후측정설계는 단일집단에 대해서 실험하는 것이다. 예컨대 행정학 수업의 효과를 측정하기 위해 수강생을 대상으로 수강 전후의 성적을 비교해 보는 것이다. 단일집단 사전사후측정설계의 성격을 다음과 같이 학자들 간에 달리 설명하고 있다.
의견 1: 단일집단 사전사후측정설계는 인과적 추론이 어려운 준실험설계로, 전실험설계(Pre-Experimental Design)라고도 하는데 실험설계의 조건을 갖추지 못했기 때문이다(행정조사방법론, 남궁 근 저).
의견 2: 사회실험은 반드시 실험집단과 통제집단을 미리 확보해야 한다(정책학원론, 정정길 저).

02 자연실험

1. 의미

자연실험(Natural Experiment)은 인위적 실험이 아닌 자연이나 사회현상 속에서 만들어진 사건이나 변화에 의해 실험여건이 형성되는 것으로, 준실험에 가까운 실험설계이다. 예컨대 경찰관 수가 늘어나면 범죄율이 줄어들 것이라는 사회실험은 실행하기가 어려울 것이다. 두 관계를 확인하기 위해 임의로 경찰관을 더 채용하는 것은 현실적으로 어렵기 때문이다. 그런데 새로운 정권이 들어서면서 경찰관 수가 증원되었다고 하자. 연구자가 의도적으로 실험을 하진 않았지만, 그 효과를 확인할 수 있는 상황이 조성된 것이다. 정권교체 전후의 경찰관 수와 범죄율 통계만 비교해 보면 될 것이다.

2. 특징

사회실험에 비해 비용 문제나 윤리적 문제 때문에 어려움을 겪을 가능성이 낮다. 앞서 예에서처럼 정권교체에 따라서 자연스럽게 상황이 형성되었기 때문이다. 이러한 상황은 자연적인 충격뿐만 아니라 급격한 정책이나 제도변화에 의해서도 형성된다.

3. 자연실험을 활용하여 통제할 수 있는 혼란

(1) **누락된 변수에 의한 편향**(Omitted Variable Bias)

앞서 '혼란변수'에서 살펴보았듯이 인과관계에 영향을 주는 변수가 존재할 수 있다. 예컨대 직업교육과 임금 사이에 인과관계가 있다고 하자. 만약 '성실성'이라는 제3의 변수에 의해 직업교육도 높아지고, 임금도 높아질 수 있다. 하지만 정부가 정책적으로 직업교육을 확대하여 임금이 상승하였다면 이러한 문제를 해결된다.

(2) **자기선택 편향**(Self-Selection Bias)

앞선 직업교육 사례를 활용하여 설명하면, 자신이나 부모의 경제적 능력이 직업교육 시간을 늘리고 임금 상승으로 이어질 수 있다. 마찬가지로 정책적으로 직업교육을 확대하여 임금이 상승하였다면 이러한 문제를 해결된다.

(3) **독립변수와 종속변수가 동시적 관계인 경우**

예컨대 범죄율이 높아져서 경찰관 수가 늘어날 수도 있고, 반대로 경찰관 수가 늘어나서 범죄율이 줄어들 수도 있다. 즉 독립변수와 종속변수가 서로 영향을 주고받는 동시적 관계에 놓이게 된다. 자연실험 상황인 정권교체 직후 경찰관 수가 늘어나서 범죄율이 줄었다면 이러한 문제는 해결된다. 경찰관 수가 늘어난 것은 범죄율과 무관하게 집권한 정당의 공약이기 때문이다.

03 비실험설계

비실험설계(Non-Experimental Design)은 사회실험을 할 수 없는 경우, 통계분석 기법 등을 이용해서 정책효과의 인과관계를 추론하는 것으로 앞서 살펴본 회귀분석, 경로분석 등이 있다.

기출문제 학습

01 사회실험은 (㉠ 통제집단 또는 비교집단 없이 진행할 수 있다. / ㉡ 실험집단과 이와 비교되는 통제집단 또는 비교집단을 확보해야 한다.) 21. 지방 7

02 (㉠ 진실험설계 / ㉡ 준실험설계)는 자연과학 실험과 같이 대상들을 격리시켜 실험하기 때문에, 호손효과(Hawthorne effect)를 강화시킨다. 14. 지방 9

03 준실험이 갖는 약점은 주로 (㉠ 외적 타당성 / ㉡ 내적 타당성)에 관한 것이다. 18. 국가 7

04 [㉠ 비동질적 통제집단설계(non-equivalent control group design) / ㉡ 회귀-불연속설계(regression discontinuity design) / ㉢ 단절적 시계열설계(interrupted time-series design) / ㉣ 통제-시계열설계(control-series design)]는 (㉠ 진실험설계 / ㉡ 준실험설계)방법 중에서 실험집단과 통제집단에 실험대상을 배정할 때 분명하게 알려진 자격기준(eligibility criterion)을 적용하는 방법으로, 투입자원이 희소하여 오직 대상집단의 일부에게만 희소자원이 공급될 수밖에 없는 경우에 정책효과를 파악하기 위한 연구에 적합하다. 20. 국가 7, 11. 국가 7

05 (㉠ 단절적 시계열설계 / ㉡ 통제집단 사전사후측정설계)는 진실험설계에 해당한다. 20. 지방 7

06 통제집단 사전·사후 설계는 (㉠ 검사효과를 통제할 수 있다. / ㉡ 검사효과가 내적 타당성 저해요인으로 작용한다.) 23. 국가 9

07 [(㉠ 진실험설계 / ㉡ 비실험설계(인과적 추론이 어려운 준실험설계)]의 주요 형태 중 하나인 단일집단 사전사후측정설계는 동일한 정책대상집단에 대한 사전측정과 사후측정을 통해 정책효과를 추정하는 방식이다. 16. 지방 7

08 자연실험(natural experiment)은 (㉠ 진실험설계 / ㉡ 준실험설계)에 가까운 실험설계 방식이다. 18. 지방 7

정답 1. ㉡ 2. ㉠ 3. ㉡ 4. ㉡, ㉡ 5. ㉡ 6. ㉠ 7. ㉠ 8. ㉡

Theme 11 정부업무평가 기본법

정부의 정책은 국민의 삶에 큰 영향을 미칠뿐더러 정부의 재원이 수반되는 경우가 많다. 따라서 정부가 수행하는 정책에 대한 성과를 평가하여 담당 조직이나 공무원의 책임성을 확보할 필요가 있다. 현재 우리나라 정책평가와 관련된 법률에는 정부업무평가 기본법, 환경영향평가법, 성별영향평가법 등이 있다.

01 목적 및 정의

1. 중앙행정기관·지방자치단체·공공기관 등의 통합적인 성과관리체제의 구축과 자율적인 평가역량의 강화를 통하여 국정운영의 능률성·효과성 및 책임성을 향상한다.

2. 정부업무평가는 중앙행정기관(대통령령이 정하는 대통령 소속기관 및 국무총리 소속기관·보좌기관을 포함), 지방자치단체, 중앙행정기관 또는 지방자치단체의 소속기관, 공공기관이 행하는 정책등을 평가하는 것을 말한다.

02 정부업무평가기본계획의 수립

1. 국무총리는 위원회의 심의·의결을 거쳐 정부업무평가기본계획을 수립하여야 한다.

2. 국무총리는 정부업무평가기본계획의 타당성을 최소한 3년마다 검토하여 수정·보완 등의 조치를 하여야 한다.

3. 국무총리는 전년도 평가결과를 고려하고, 평가대상기관의 의견을 들은 후 위원회의 심의·의결을 거쳐 매년 3월말까지 정부업무평가시행계획을 수립하고, 이를 평가대상기관에 통지하여야 한다.

03 정부업무평가위원회

1. **설치**
정부업무평가의 실시와 평가기반의 구축을 체계적·효율적으로 추진하기 위하여 국무총리 소속하에 정부업무평가위원회를 둔다.

2. **구성 및 운영**

(1) **구성**
위원장 2인(국무총리와 대통령이 지명하는 자)을 포함한 15인 이내의 위원

(2) **위원**
기획재정부장관·행정안전부장관·국무조정실장 및 대통령이 위촉하는 자

(3) 임기

공무원이 아닌 위원의 임기는 2년으로 하되, 1차에 한하여 연임할 수 있다.

(4) 개의 및 의결

회의는 재적위원 과반수의 출석으로 개의하고 출석위원 과반수의 찬성으로 의결한다.

04 평가총괄관련기관

1. **주요정책부문**: 국무조정실

2. **재정사업부문**: 기획재정부

3. **조직·정보화부문**: 행정안전부

4. **인사부문**: 인사혁신처

05 중앙행정기관의 자체평가

1. 중앙행정기관의 장은 그 소속기관의 정책 등을 포함하여 자체평가를 실시하여야 한다.

2. 중앙행정기관의 장은 자체평가조직 및 자체평가위원회를 구성·운영하여야 하고, 평가의 공정성과 객관성을 확보하기 위하여 자체평가위원의 3분의 2 이상은 민간위원으로 하여야 한다.

3. 중앙행정기관의 장은 자체평가계획을 매년 수립하여 매년 4월말까지 위원회에 제출하여야 하며, 자체평가를 실시하고 그 결과를 매년 3월말까지 위원회에 제출하여야 한다.

4. 국무총리는 중앙행정기관의 자체평가결과를 확인·점검 후 평가의 객관성·신뢰성에 문제가 있어 다시 평가할 필요가 있다고 판단되는 때에는 위원회의 심의·의결을 거쳐 재평가를 실시할 수 있다.

06 지방자치단체의 자체평가

1. 지방자치단체의 장은 그 소속기관의 정책 등을 포함하여 자체평가를 실시하여야 한다.

2. 지방자치단체의 장은 자체평가조직 및 자체평가위원회를 구성·운영하여야 하고, 평가의 공정성과 객관성을 확보하기 위하여 자체평가위원의 3분의 2 이상은 민간위원으로 하여야 한다.

3. 지방자치단체의 장은 자체평가계획을 매년 수립하여야 한다.

07 특정평가

1. 특정평가란 국무총리가 중앙행정기관을 대상으로 국정을 통합적으로 관리하기 위하여 필요한 정책 등을 평가하는 것을 의미한다.

2. 국무총리는 2 이상의 중앙행정기관 관련 시책, 주요 현안시책, 혁신관리 및 대통령령이 정하는 대상부문*에 대하여 특정평가를 실시하고, 그 결과를 공개하여야 한다.
   *각 중앙행정기관이 공통적으로 추진하여야 하는 시책으로서 지속적인 관리가 필요한 부문
   *사회적 파급효과가 큰 국가의 주요사업으로서 특별한 관리가 필요한 부문
   *기관 또는 정책 등의 추진에 대한 국민의 만족도를 측정하는 부문

08 합동평가

1. 지방자치단체 또는 그 장이 위임받아 처리하는 국가위임사무 등에 대하여 국정의 효율적인 수행을 위하여 행정안전부장관이 관계중앙행정기관의 장과 합동평가를 실시할 수 있다.

2. 행정안전부장관은 지방자치단체를 합동평가하고자 하는 경우에는 위원회의 심의·의결을 거쳐야 한다.

3. 행정안전부장관은 지방자치단체에 대한 합동평가를 실시한 경우에는 그 결과를 지체 없이 위원회에 보고하여야 한다.

4. 행정안전부장관은 지방자치단체에 대한 합동평가를 효율적으로 추진하기 위하여 행정안전부장관 소속하에 지방자치단체합동평가위원회*를 설치·운영할 수 있다.
   지방자치단체합동평가위원회의 위원장은 민간위원 중에서 행정안전부장관이 지명한다.

09 공공기관평가

공공기관에 대한 평가는 공공기관의 특수성·전문성을 고려하고 평가의 객관성 및 공정성을 확보하기 위하여 공공기관 외부의 기관이 실시하여야 한다.

기출문제 학습

01 정부업무평가의 대상기관은 공공기관을 (㉠ 포함한 / ㉡ 제외한), 중앙기관 및 지방자치단체와 그 소속기관이다. 16. 서울 9, 10. 국가 9

02 「정부업무평가 기본법」상 정부업무평가 대상이 아닌 것은?
(㉠ 지방자치단체의 자체평가 / ㉡ 환경영향평가 / ㉢ 공공기관에 대한 평가 / ㉣ 중앙행정기관의 자체 평가) 17. 지방 9

03 「정부업무평가 기본법」상 특정평가는 국무총리가 (㉠ 중앙행정기관과 공공기관 / ㉡ 중앙행정기관 / ㉢ 공공기관)을 대상으로 국정을 통합적으로 관리하기 위한 목적을 갖는다. 22. 국가 9

04 「정부업무평가 기본법」에 따르면, 지방자치단체합동평가위원회의 위원장은 (㉠ 행정안전부장관이다. / ㉡ 민간위원 중에서 행정안전부장관이 지명한다.) 17. 국가 9

05 「정부업무평가 기본법」상 정부평가위원회는 (㉠ 행정안전부장관 / ㉡ 국무총리) 소속으로, (㉠ 위원장 1인과 14인 이내의 위원 / ㉡ 위원장 2인을 포함한 15인 이내의 위원)으로 구성한다. 24. 지방 7, 19. 국가 9

06 「정부업무평가 기본법」상 국가위임사무에 대하여 평가가 필요한 경우에는 행정안전부장관이 중앙행정기관장과 함께 (㉠ 특정평가 / ㉡ 합동평가)를 실시할 수 있다. 19. 국가 7

07 (㉠ 행정안전부장관은 / ㉡ 국무총리는) 둘 이상의 중앙행정기관 관련 시책, 주요 현안 시책, 혁신관리 및 대통령령이 정하는 부문에 대하여 특정평가를 실시하고 그 결과를 공개하여야 한다. 23. 지방 7

정답 1.㉠ 2.㉡ 3.㉠ 4.㉡ 5.㉡,㉡ 6.㉡ 7.㉡

Theme 12 정책변동

01 정책변동의 유형[호그우드 & 피터스(Brian W. Hogwood & B. Guy Peters)]

1. 정책유지(Policy Maintain)

현재의 정책을 기본적으로 유지하면서 정책수단의 부분적인 변화만 이루어지는 것으로, 정책 대상 집단의 범위가 변동된다거나 정책의 수혜 수준이 달라지는 경우이다. 예컨대 저소득층 자녀에 대한 교육비 보조를 그 바로 위 계층의 자녀에게 확대하는 경우를 들 수 있다.

2. 정책승계(Policy Succession)

정책목표는 유지하면서 정책수단을 새로운 수단으로 대체하는 것을 말한다.

(1) **정책대체**

정책목표를 변경시키지 않는 범위에서 정책내용을 완전히 새로운 것으로 바꾸는 것으로 호그우드와 피터스는 선형적(Linear) 승계라고 부른다. 예컨대 경찰관이 직접 과속단속을 하다가 무인카메라를 설치해서 단속하는 경우가 해당한다.

(2) **부분종결**

정책의 일부를 유지하면서 다른 일부는 완전히 폐지하는 것을 말한다. 예컨대 전염병 확산이 약화되자 실내 마스크 착용의무는 폐지하고 식당의 영업시간 제한은 유지한다.

(3) **복합적 정책승계**

정책유지, 정책대체, 정책종결, 정책추가 등이 3개 이상 복합적으로 나타나는 경우로 호그우드와 피터스의 비선형적(Non-Linear) 정책승계가 해당된다.

(4) **정책통합과 정책분할**

두 개의 정책이 하나의 정책으로 통합되거나, 하나의 정책이 두 개 이상으로 분리되는 것을 말한다.

3. 정책종결(Policy Termination)

(1) 정책목표를 달성하기 위한 전반적인 정책수단을 소멸시키고 이를 대체할 다른 정책을 마련하지 않는 것을 말한다.

(2) 정책종결에 대한 저항원인으로는 매몰비용, 법적 제약, <u>동태적 보수주의</u>* 등이 있다.

> *목표가 달성되거나 환경이 변화하여 행정조직이 필요 없어졌는데도 그 목표를 수정하거나 그대로 존속하는 현상이다.

4. 정책혁신(Policy Innovation)

관련 정책이나 활동이 없었고 이를 담당하는 조직이나 예산도 없는 상태에서, 기존 정책수단에 없는 새로운 정책을 만드는 것이다.

02 정책변동모형

1. 정책패러다임 변동모형
홀(Hall)에 의해 제시된 모형으로 정책목표, 정책수단, 정책환경의 세 가지 변수 중 정책목표와 정책수단에 급격한 변화가 발생하는 정책변동모형이다.

2. 사바티어(Sabatier)의 정책지지연합모형(Advocacy Coalition Framework)

(1) 개요

고속도로나 신공항 건설 계획 등 새로운 사업이 검토될 때마다 이와 관련된 다양한 집단이 자신들만의 의견을 낸다. 지역발전을 중요하게 생각하는 집단은 찬성, 환경보전을 중요하게 생각하는 집단은 반대할 것이다. 이들은 지역발전과 환경보존이라는 각자의 신념(Belief)이 다르기 때문인데, 각자의 신념이 정부의 정책에 반영될 수 있도록 노력한다.

(2) 모형의 구조

① 지지연합(Advocacy Coalitions)

지지연합은 유사한 신념을 공유하는 정책 참여자들의 모임을 의미한다. 신념체계별로 여러 개의 연합으로 구성된 정책행위자 집단이 자신들의 신념을 정책으로 관철하기 위하여 경쟁한다는 점을 강조하는데, 이들이 경쟁하는 과정에서 정책변동이 발생한다. 예컨대 환경보존을 신념으로 가진 지지연합의 영향력이 커지면 정부 정책도 환경보존을 하는 방향으로 변동이 된다는 것이다.

② 정책중개인(Policy Brokers)

각 지지연합이 자신들의 신념을 정책에 반영하는 과정에서 정치적 갈등이 유발될 수 있는데, 이러한 갈등을 중재하는 역할을 한다.

③ 정책하위체계(Policy Subsystem)

정책변화를 이해하기 위한 분석단위로서 정책문제나 쟁점에 적극적으로 관심을 가지는 공공 및 민간 조직의 행위자들로 구성되는 정책하위체계라는 개념을 활용한다.

④ 정책하위체계 참여자들에게 영향을 미치는 요소

  ㉠ 상대적으로 안정된 변수: 문제영역의 기본적 속성, 자연자원의 기본적인 배분, 기본적인 사회문화적 가치와 사회구조, 기본적 헌법 구조(규칙)

  ㉡ 역동적인 변수(외부 사건): 사회경제적 조건과 기술의 변화, 여론의 변화, 체계화된 지배연합의 변화, 정책결정과 영향

> 🔍 정책지지연합모형은 정책집행이론 중 통합모형으로도 구분되는데, 상향식 접근방법을 분석단위(정책하위체계)로 채택하고, 정책하위체계 참여자에게 미치는 요인을 하향식 접근방법으로 결합하였기 때문이다.

❖ 정책지지연합모형의 구조

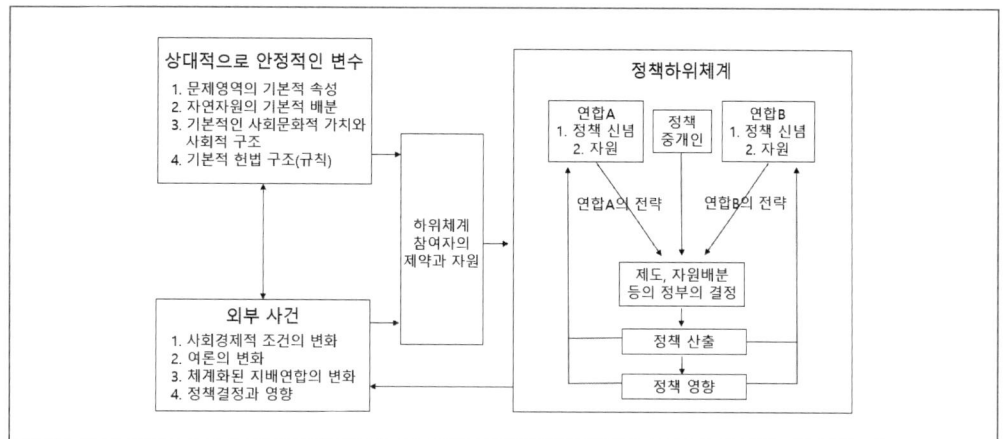

(3) 특징
① 신념체계(Belief System)
   신념체계도 변할 수 있는데 변화 가능성에 따라 세 가지로 구분할 수 있다. 정책지지연합은 이 중에서 정책핵심을 중심으로 연합을 형성한다.
   ㉠ 규범적 핵심(Normative Core): 모든 정책에 적용되는 근본 가치로 종교의 개종처럼 변화 가능성이 매우 낮다.
   ㉡ 정책핵심(Policy Core): 규범적 핵심을 달성하기 위한 기본 전략에 관한 근본적인 시각이나 입장이다. 쉽게 변하는 것은 아니지만, 시장활동에 대한 정부개입의 범위와 강도, 환경보전과 경제개발 간의 대립 같은 근본적인 정책핵심의 갈등은 사회경제적 상황에 따라 변화하게 된다.
   ㉢ 이차적 측면(Secondary Aspects): 행정규칙, 예산배분 등 정책핵심을 집행하기 위하여 필요한 도구로 가장 쉽게 변한다.
② 정책 지향적 학습(Policy-Oriented Learning)
   사바티어는 정책 지향적 학습을 '경험 및 새로운 정보의 결과로 발생하며 정책 목표의 달성 또는 수정과 관련된 비교적 지속적인 사고 또는 행동 의도의 변화(relatively enduring alterations of thought or behavioral intentions which result from experience and new information and which are concerned with the attainment or revision of policy objectives)'로 설명하였다. 신념체계의 변경은 정책학습을 통해서 발생하며, 정책학습을 장기적이고 점진적인 정책변화를 촉진하는 원동력으로 파악한다. 신념체계 변동은 주로 부차적 측면에서 이루어지고, 정책핵심의 변화를 위해서는 정책연구의 계도기능을 통한 10년 이상의 장기간에 걸친 정보의 축적이 필요하다. 정책학습은 지지연합 내부만 아니라 지지연합 사이에서도 발생한다.
③ 장기간의 과정
   정책집행을 10년 이상의 장기간으로 연장하여 정책결정 → 정책집행 → 재결정 → 재집행이라는 정책변동 차원에서 재조명하고자 하였다. 따라서 정책집행뿐만 아니라 정책변동을 설명하는 모형이다.

3. 킹던의 정책흐름이론

정책변동은 정책문제의 흐름, 정치의 흐름, 정책대안의 흐름이 결합하여 이루어진다.

4. 무치아로니(Mucciaroni)의 이익집단 위상변동모형(Interest Group Standing Change framework)

이익집단의 위상이 변동되면 정책의 내용도 변동될 수 있다고 보았다. 예컨대 여론(이슈맥락)과 정치인(제도적 맥락)이 특정 이익집단에 호의적이면 위상이 상승하여 이들에게 유리하게 정책이 변동된다는 것이다.

구분		제도적 맥락	
		유리	불리
이슈맥락	유리	위상의 상승	위상의 저하
	불리	위상의 유지	위상의 쇠락

- 🔍 **이슈맥락**(issue context): 정책의 유지 또는 변동에 영향을 미치는 요인을 망라한 것으로 주로 정치체제 외부의 상황적인 요인
- 🔍 **제도적 맥락**(institutional context): 대통령이나 의회지도자 등 정치체제 구성원들의 선호나 행태가 특정 이익집단의 이익과 주장에 호의적인지 여부

5. 제도의 협착(Lock-In) 모형

한번 형성된 제도가 이해관계자들 때문에 바뀌기 어렵다는 것을 설명한다.

기출문제 학습

01 정책변동유형 중 다음과 같은 내용은? 17. 국가추가 7

> • 정책수단의 기본 골격이 달라지지 않으며 주로 정책산출 부분이 변한다.
> • 정책 대상집단의 범위가 변동되거나 정책의 수혜 수준이 달라지는 경우와 관련이 있다.
> • 저소득층 자녀에 대한 교육비 보조를 그 바로 위 계층의 자녀에게 확대하는 사례에 해당한다.

[㉠ 정책통합(policy consolidation) / ㉡ 정책분할(policy splitting) / ㉢ 선형적 승계(linear succession) / ㉣ 정책유지(policy maintenance)]

02 (㉠ 정책승계는 / ㉡ 정책종결은) 동일한 정책문제와 관련되는 영역에서 기존 정책목표는 유지되지만, 이전의 프로그램과 조직이 새로운 것으로 대체되는 것을 의미한다. 세부적으로는 정책통합, 정책분할 등이 있다. 25. 국가 9

03 실질적인 정책내용이 변하더라도 정책목표가 변하지 않는다면 이를 (㉠ 정책유지 / ㉡ 정책승계)라 한다. 20. 국가 9

04 호그우드(Hogwood)와 피터스(Peters)의 정책변동에 관한 설명 중 정책혁신은 (㉠ 기존의 조직과 예산을 활용하여 / ㉡ 기존의 담당하는 조직이나 예산이 없는 상태에서) 이전에 관여한 적이 없는 새로운 정책분야에 개입하는 것이다. 18. 국가 7

05 홀(Hall)에 의해 제시된 정책변동모형으로 정책목표, 정책수단, 정책환경의 세 가지 변수 중 정책목표와 정책수단에 급격한 변화가 발생하는 정책변동모형은 (㉠ 쓰레기통모형 / ㉡ 단절균형모형 / ㉢ 정책지지연합모형 / ㉣ 정책패러다임 변동모형)이다. 16. 지방 9

06 정책변동모형 중에서 정책과정 참여자의 신념체계(belief system)를 가장 강조하는 것은 [㉠ 단절균형(punctuated equilibrium)모형 / ㉡ 정책패러다임 변동(paradigm shift)모형 / ㉢ 정책지지연합(advocacy coalition)모형 / ㉣ 제도의 협착(lock-in)모형]이다. 16. 국가 9

07 정책옹호연합모형(advocacy coalition framework)에 따르면 정책학습을 통해 행위자들의 기저 핵심신념(deep core beliefs)(㉠ 을 쉽게 변화시킬 수 있다. / ㉡ 은 변화시키기 어렵다.) 21. 지방 9

08 사바티어(Sabatier)의 옹호연합모형(Advocacy Coalition Framework)은 정책 변화과정을 이해하기 위해 (㉠ 10년 이상이라는 장기간 / ㉡ 1년 이내 단기간)에 초점을 둔다. 24. 지방 7

09 옹호연합모형(Advocacy Coalition Framework)에서 행정규칙, 예산배분, 규정의 해석에 대한 결정은 (㉠ 이차적 측면 / ㉡ 정책 핵심 신념)과 관련된다. 24. 지방 9

정답 1.㉣ 2.㉠ 3.㉠ 4.㉡ 5.㉣ 6.㉢ 7.㉡ 8.㉠ 9.㉠

Theme 13 기타 주제

01 시차(Time Lag)이론

변화 시작의 시간적 전후관계나 동반관계, 변화과정의 시간적 장단관계를 사회현상 연구에 적용한 접근법으로, 실제로 실행되는 타이밍, 정책대상자들의 학습시간, 정책의 관련요인들 간 발생순서 등이 정책효과를 다르게 할 수 있다고 주장한다. 우리나라에서 정책집행이나 정부개혁과정이 성공을 거두지 못한 것은 시차적 요소가 적절히 고려되지 못했다고 보았다. 시작하였다. 예컨대 충분한 성숙기간이 필요한 교육정책이 자주 바뀌게 되면 혼란을 초래할 수 있다.

02 정책학습

1. 정책학습(policy learning)이란?

정책학습은 시행착오나 정책실패를 통해 더 나은 정책을 결정할 수 있는 방법을 얻는 것을 의미한다. 예컨대 기존에 안전과 관련한 규제정책이 존재했음에도 불구하고, 큰 사고가 발생하면 이를 계기로 개선된 규제정책을 만들어내는 것이다. 다만 정책학습의 개념에 대하여 학자마다 다양하게 설명하고 있다.

2. 정책학습에 대한 다양한 학자들의 설명

(1) **사바티어**(Sabatier)
  정책지지연합모형에서 살펴보았듯이 정책 지향적 학습을 강조하고 있다.

(2) **로즈**(Richard Rose)
  로즈의 '교훈얻기(lesson drawing)'는 현재 지역의 상황에 적용할 수 있는 다른 지역의 효과적인 프로그램을 조사·연구하는 것과 관련이 있다. 예컨대 서울시에서 효과적인 정책을 인근의 경기도에서 도입하는 것을 검토하는 것이다.

(3) **메이**(Peter. May)**의 분류**
  ① 수단적 정책학습(Instrumental Policy Learning)
    정책의 집행 도구와 기술과 관련된 학습이다. 예컨대 고체폐기물을 처리하기 위한 정책이 기존의 매립에서 재활용으로 전환되는 것이다.
  ② 사회적 정책학습(Social Policy Learning)
    단순히 프로그램 조정을 넘어서 정책 목표들과 정부 조치에 대한 적정성에 대한 태도를 포함한다. 예컨대 정신질환 환자를 격리하는 것에서 통원 치료로 전환하는 것이다.
  ③ 정치적 학습(Political Learning)
    정책 변화의 지지자나 반대자가 정치적 시스템에 들어온 새로운 정보에 따라 그들의 정치적 전략과 전술을 바꿀 때 발생한다.

(4) 버클랜드(Thomas A. Birkland)의 분류

버클랜드는 그의 저서 '재난의 교훈(Lessons of Disaster)'에서 항공 보안 재난(9.11 테러 등), 자연 재난(태풍, 지진 등) 이후 정책 변화를 정책학습 차원에서 설명하고 있다. 그는 이와 같은 재난을 초점사건(Focusing Event)라고 불렀다. 다음 그림은 초점 사건인 9.11 테러 발생 후 항공보안과 관련된 정책학습을 나타낸 것이다.

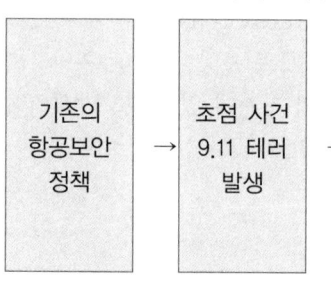

1. 수단적 정책학습(항공 보안 검색자 변경)
   민간 계약자 → 연방 공무원
2. 사회적 정책학습(테러에 대한 인식 변화)
   일반 범죄자(FBI 영역) → 국가 안보 문제(군, 외교 영역)
3. 정치적 정책학습(항공산업 이해관계자의 전략 변화)
   보안 검색 강화 반대 → 강화된 보안 환경 내에서 타협

① 수단적 정책학습

정책개입이나 집행설계의 실행가능성에 대한 학습으로, 9.11. 테러 이후 항공 보안을 강화하기 위하여 기존의 민간 계약자가 보안 검색을 하던 것에서 연방 공무원이 보완 검색하는 것으로 변경되었다.

② 사회적 정책학습

정책에 대한 근본적인 접근방식과 정부조치의 적정성에 대한 여론의 인지구조의 변화를 의미한다. 사회적 정책학습이 성공적으로 적용되면 정책문제에 내재된 인과관계를 더 잘 이해하게 된다. 기존에는 테러를 일반 범죄로 인식하여 FBI가 다루어야 하는 영역으로 보았으나, 9.11 테러가 발생 후 국가 안보의 문제로 인식하여 군, 외교적으로 다루어야 하는 것으로 인식이 바뀌었다.

③ 정치적 정책학습

정책변화 지지자와 반대자가 새로운 정보에 순응하여 자신들의 전략과 전술을 바꿀 때 발생하며, 정책아이디어 또는 문제에 관한 지지와 관심을 유발시키는 전략에 대한 학습을 말한다. 9.11. 테러가 발생하기 전에는 항공산업 이해관계자들은 보안 검색 강화에 반대하는 전략을 취하였으나, 이후에는 강화된 보안 환경 내에서 정부와 타협하는 것으로 전략을 수정하였다.

🔍 버클랜드 그의 저서에서 수단적 정책학습, 사회적 정책학습, 정치적 정책학습으로 분류하고 있는데, 내용적인 측면에서 메이의 분류와 거의 같다. 다만 정책(Policy)이라는 단어를 포함하기도 하고 포함하지 않기도 하는데, 예컨대 '수단적 정책학습'이라고 표현할 때도 있고 '수단적 학습'으로 표기할 때도 있다. 이렇다 보니 국내 학자들도 버클랜드의 정책분류를 설명할 때 정책이라는 단어를 포함하기도 하고 포함하지 않고 쓰기도 한다.

(5) 하울렛과 라메쉬(Michael Howlett & M. Ramesh)

하울렛과 라메쉬는 그들의 저서 '공공정책 연구(Studying Public Policy)'에서 정책학습의 자원이나 동기가 정책과정 내부에 있으면 내생적(Endogenous) 학습, 외부에 있으면 외생적(Exogenous) 학습으로 구분하였다.

① 내생적 학습

그들은 홀(Peter Hall)의 설명을 인용하여 '정부의 더 나은 궁극적 목표를 달성하기 위하여 과거의 정책이나 새로운 정보에 따라, 정책의 목표나 기술을 조정하는 의도적인 시도(Deliberate Attempt)'을 내생적 학습으로 보았다.

② 외생적 학습

그들은 헤클로(Hugh Heclo)의 설명을 인용하여 '덜 의식적인(Less Conscious) 것으로, 외부 정책환경 변화에 대응하는 정책결정자의 활동'을 외생적 학습으로 보았다. 또한 홀의 설명을 인용하면서 사회적 학습은 '근본적인 형태의 학습으로, 정책의 기저에 있는 사고방식의 변화를 수반한다.'라고 하며, 이는 공식적 정책과정 외부에서 기인한다고 보았다.

기출문제 학습

01 하울렛과 라메쉬(Howlett & Ramesh)의 '(㉠ 내생적 / ㉡ 외생적) 학습은 정책 문제의 정의 또는 정책 목적 자체에 대한 의문제기를 포함한다. 17. 국가 7

02 정책학습(policy learning)과 관련하여, (㉠ 정치적 학습 / ㉡ 사회적 정책학습)은 단순한 프로그램 관리 조정수준을 넘어서 정책의 목적들과 정부 행동들의 성격과 적합성까지 포함한다. 14. 지방 7

정답 1. ㉡ 2. ㉡

PART 02 정책 연습문제

01 정책과정의 참여자와 관련된 설명으로 옳은 것은?
① 행정부는 공식적 참여자로 입법부에 비해 상대적으로 사회문제에 신속히 대응하기 어렵다.
② 국회는 공식적 참여자로 국정조사나 예산 심의 등을 통하여 행정부를 견제하고, 국정감사나 대정부질의 등을 통하여 정책집행과정을 평가한다.
③ 사법부는 비공식적 참여자로 정책집행으로 인한 사회적 갈등상황이 야기되었을 때 판결을 통하여 정책의 합법성이나 정당성을 판단한다.
④ 전문가 집단은 비공식적 참여자로 정책을 분석·평가하고 정책집행을 주도한다.

02 정책참여자들 간의 관계와 관련하여 다원주의론에 대한 설명으로 옳지 않은 것은?
① 권력은 다수에게 분산되어 있고, 정책은 많은 이익집단의 경쟁과 타협의 산물이다.
② 정부나 관료는 중립적인 입장에서 조정자 역할에 머물거나 게임의 법칙을 진행하는 심판자 역할이다.
③ 권력의 원천은 특정 세력에 집중되어 있다고 본다.
④ 달(R. Dahl)은 New Haven시를 대상으로 한 연구에서 정책결정을 담당하는 엘리트가 분야 별로 다른 행태를 보인다고 설명한다.

03 정책집행의 접근방법에 대한 설명으로 옳은 것은?
① 정책집행의 하향식 접근방법은 엘모어의 후방향적 접근(backward mapping)과 유사하다.
② 정책집행의 하향식 접근방법은 집행의 비정치적이고 기술적인 성격을 강조하는 입장이다.
③ 버먼(P. Berman)의 적응적 집행에 따르면, 거시집행 국면에서 발생하는 정책과 집행 조직 사이의 상호적응이 이루어질 때 성공적으로 정책이 실행된다고 보았다.
④ 버먼(P. Berman)의 적응적 집행에 따르면, 거시적 집행구조는 동원, 전달자의 집행, 제도화 의 세 단계로 구분된다.

04 살라몬(L, M. Salamon)의 직접성 정도에 따른 정책수단 유형분류에 따를 때 직접성이 낮은 수단은?
① 정부소비 ② 바우처
③ 경제적 규제 ④ 공기업

05 로위(T. J. Lowi)의 정책유형 분류에 대한 설명으로 옳지 않은 것은?

① 재분배정책은 누진세와 같은 이데올로기적인 기반에서 지방정부 수준의 정책결정이 이루어진다.
② 분배정책은 시민에게 권리나 이익, 또는 재화나 서비스를 배분하는 정책으로, 사회간접시설·연구개발 특구 등이 해당한다.
③ 규제정책은 특정 개인이나 집단에 대한 선택의 자유를 제한하는 정책으로, 최저임금제도·독과점 규제 등이 해당한다.
④ 구성정책은 헌정수행에 필요한 운영규칙과 관련된 정책으로, 선거구 조정·공직자의 보수 등이 해당한다.

06 정책결정의 합리모형과 관련한 설명으로 옳은 것은?

① 정책결정자나 정책분석가가 절대적 합리성을 가지고 있고, 주어진 상황하에서 만족할 만한 대안을 찾아낼 수 있다고 본다.
② 실제의 결정상황에 기초한 현실적이고 기술적인 모형으로, 정책결정상황을 귀납적으로 설명한다.
③ 정치적 갈등을 높이기도 하지만 혁신적인 정책대안 발굴에 도움이 된다.
④ 정책대안의 탐색과 분석에 비교적 적은 시간과 노력이 요구된다.

07 가설검증과 관련하여 〈보기〉의 설명에 해당하는 오류는?

〈보기〉
정책이나 프로그램의 효과가 실제로 발생하지 않음에도 불구하고 통계적으로 효과가 나타나는 것으로 결론을 내리는 오류로, 틀린 연구가설 채택하고 옳은 영가설(귀무가설) 배제하는 오류의 유형이다.

① 1종 오류　　　　　② 2종 오류
③ 3종 오류　　　　　④ 4종 오류

08 정책과정의 주요단계를 순서대로 나열하면?

① 정책의제 설정 → 정책분석 → 정책결정 → 정책집행 → 정책평가
② 정책분석 → 정책의제 설정 → 정책집행 → 정책평가 → 정책결정
③ 정책의제 설정 → 정책집행 → 정책평가 → 정책결정 → 정책분석
④ 정책결정 → 정책의제 설정 → 정책집행 → 정책평가 → 정책분석

09 정책의제 설정 과정과 관련하여 〈보기〉의 설명과 관련된 것은?

─〈보기〉─
사회문제가 여러 가지 다른 견해를 갖는 다수의 집단들로 하여금 논쟁을 야기하며, 일반인의 관심을 집중하고 여론을 환기시키려는 상태이다.

① 사회문제
② 사회적 이슈
③ 공중의제
④ 정부의제

10 우리나라 정부업무평가 기본법의 내용으로 옳은 것은?

① 정부업무평가의 실시와 평가기반의 구축을 체계적·효율적으로 추진하기 위하여 행정안전부장관 소속하에 정부업무평가위원회를 둔다.
② 국무총리는 전년도 평가결과를 고려하고, 평가대상기관의 의견을 들은 후 위원회의 심의·의결을 거쳐 매년 3월말까지 정부업무평가시행계획을 수립하고, 이를 평가대상기관에 통지하여야 한다.
③ 중앙행정기관의 장은 자체평가조직 및 자체평가위원회를 구성·운영하여야 하고, 평가의 공정성과 객관성을 확보하기 위하여 자체평가위원의 3분의 1 이상은 민간위원으로 하여야 한다.
④ 지방자치단체의 장은 그 소속기관의 정책 등을 포함하여 자체평가를 실시할 수 있다.

정답 및 해설

01 ▶ ②
① 행정부는 공식적 참여자로 입법부에 비해 상대적으로 사회문제에 신속히 대응한다.
③ 사법부는 공식적 참여자로 정책집행으로 인한 사회적 갈등상황이 야기되었을 때 판결을 통하여 정책의 합법성이나 정당성을 판단한다.
④ 전문가 집단은 비공식적 참여자로 정책을 분석·평가하고, 정책집행은 행정부가 주도한다.

02 ▶ ③
다원주의론에 따르면 권력의 원천은 특정 세력에 집중되어 있는 것이 아니고 각기 분산된 불공평성을 가진다.

03 ▶ ②
① 정책집행의 하향식 접근방법은 엘모어의 전방향적 접근(forward mapping)과 유사하다.
③ 버먼(P. Berman)의 적응적 집행에 따르면, 미시집행 국면에서 발생하는 정책과 집행 조직 사이의 상호적응이 이루어질 때 성공적으로 정책이 실행된다고 보았다.
④ 버먼(P. Berman)의 적응적 집행에 따르면, 미시적 집행구조는 동원, 전달자의 집행, 제도화의 세 단계로 구분된다.

04 ▶ ②
정부소비, 경제적 규제, 공기업은 직접성이 높은 수단에 해당한다.

05 ▶ ①
재분배정책은 누진세와 같은 이데올로기적인 기반에서 중앙정부 수준의 정책결정이 이루어진다.

06 ▶ ③
① 주어진 상황하에서 만족할 만한 대안을 찾는 것은 만족모형에 대한 설명이다.
② 점증모형에 대한 설명이다.
④ 합리모형은 정책대안의 탐색과 분석에 비교적 많은 시간과 노력이 요구된다.

07 ▶ ①
② 2종 오류는 정책이나 프로그램의 효과가 실제로 발생하였음에도 불구하고 통계적으로 효과가 나타나지 않은 것으로 결론을 내리는 오류를 의미한다.
③ 3종 오류는 정책의 대상이 되는 문제 자체에 대한 정의를 잘못 내리는 오류를 의미한다.
④ 4종 오류는 없다.

08 ▶ ①

09 ▶ ②
① 사회문제는 개인의 문제가 다수로부터 공감을 얻게 되어 많은 사람들의 문제로 인식된 상태이다.
③ 공중의제는 일반대중의 관심과 주의를 받고 있으며 정부가 개입하여 문제를 해결하여야 한다고 인정되지만, 정부가 문제 해결을 고려하기로 공식적으로 밝히지 않은 상태이다.
④ 정부의제는 여러 가지 공중의제들 중에서 정부가 그 해결을 위하여 심각하게 관심과 행동을 집중하는 정부의제로 선별되는 상태이다.

10 ▶ ②
① 정부업무평가의 실시와 평가기반의 구축을 체계적·효율적으로 추진하기 위하여 국무총리 소속하에 정부업무평가위원회를 둔다.
③ 중앙행정기관의 장은 자체평가조직 및 자체평가위원회를 구성·운영하여야 하고, 평가의 공정성과 객관성을 확보하기 위하여 자체평가위원의 3분의 2 이상은 민간위원으로 하여야 한다.
④ 지방자치단체의 장은 그 소속기관의 정책 등을 포함하여 자체평가를 실시해야 한다.

MEMO

 김재준 단권화 행정학

Theme 01 조직이론의 발달과 인간관
Theme 02 동기부여이론: 내용이론
Theme 03 동기부여이론: 과정이론
Theme 04 조직문화
Theme 05 조직 내 의사전달
Theme 06 갈등
Theme 07 권력
Theme 08 리더십
Theme 09 조직구조
Theme 10 고전적 조직구성 원리
Theme 11 데프트가 제시한 조직구조 유형

Theme 12 기술
Theme 13 관료제
Theme 14 탈관료제
Theme 15 조직유형론
Theme 16 우리나라 정부조직
Theme 17 공기업
Theme 18 조직의 목표
Theme 19 관리과정
Theme 20 조직개혁 또는 행정개혁
• PART 3 조직 연습문제

03

조직

PART 03 조직

제3편 조직

Theme 01 조직이론의 발달과 인간관

조직은 다양하게 정의할 수 있지만 직관적으로 설명하자면 특정한 공동의 목표를 가진 사람들의 모임이다. 예컨대 인사혁신처라는 공공조직은 공무원의 채용, 교육 등을 목표로 가지는 소속 직원들의 모임이다. 회사와 같은 민간조직도 그들의 목적을 추구하는 소속 직원들의 모임이기 때문에, 조직을 관리하는 기법 측면에서 공공조직과 민간조직은 유사한 측면이 많다. Part 3. 조직에서 학습하게 될 내용은 조직 구성원들을 조직의 목표를 위해서 열심히 일하게 만드는 것과 관련된 동기부여이론, 조직 구성원들이 공유하는 문화, 조직 내 의사전달, 조직 구성원 또는 부서 간 발생하는 갈등, 조직 내 권력, 조직 구성원에 영향을 미쳐서 조직 목표를 달성하게 하는 리더십 등을 다루게 된다. 조직의 목표를 달성하기 위해서 어떠한 조직구조가 적합한지와 관련하여 조직구성의 원리, 조직구조 유형, 기술과 조직구조의 관계, 관료제와 탈관료제 등을 다루게 된다. 마지막으로 실제 우리나라의 정부조직과 공기업, 조직을 관리하고 개혁하는 방안에 대해서 다루게 된다.

01 조직이론의 분류

조직이론은 합리적·경제적 인간관을 바탕으로 하는 고전적 조직이론, 사회적·자아실현적 인간관을 바탕으로 하는 신고전적 조직이론, 복잡한 인간관을 바탕으로 하는 현대적 조직이론으로 구분할 수 있다. 한편 스콧(W. Richard Scott)은 다음과 같이 분류하기도 하였다.

1. 합리 모형과 자연 모형

(1) **합리 모형**(Rational Models)
생산성(일정 시간 동안 생산된 단위 수)과 능률성(투입 대비 산출 비율)에 중점을 둔다.

(2) **자연 모델**(Natural Models)
조직 유지를 위한 활동까지 고려하며, 사기(Morale)와 응집력(Cohesion) 같은 속성에 주목한다.

2. 폐쇄 체제 모형과 개방 체제 모형

폐쇄 체제(Closed System)는 조직 내부에 중점을 둔다면, 개방 체제(Open System)는 조직과 외부환경과의 관계에서 적응성과 자원 획득에 중점을 둔다.

스콧의 분류

분석의 수준	폐쇄 체제 모형		개방 체제 모형	
	1900-1930 합리 모형	1930-1960 자연 모형	1960-1970 합리 모형	1970-현재 자연 모형
예시	• 과학적 관리론 • 관료제론	인간관계론	• 상황론적 이론 • 거래비용이론	자원의존 이론

02 고전적 조직이론과 합리적·경제적 인간관

1. 배경

연대적으로는 19세기 말부터 1930년대까지 나타난 조직이론으로, 관료제론, 행정관리론, 과학적 관리론으로 구분할 수 있다.

(1) 관료제론

근대사회의 대규모 조직의 능률성을 높이기 위한 베버(Weber)의 관료제 이론을 기반으로 두고 있다. 베버의 관료제론은 앞으로 다루게 된다.

(2) 행정관리론

조직의 관리기능을 중시하여 관리층의 조직 및 관리작용의 원리를 연구하였으며 페이욜(Fayol), 무니(Mooney), 귤릭(Gulick), 어윅(Urwick) 등의 학자들이 해당한다. 행정관리론에서 주장하는 고전적 조직구성의 원리는 앞으로 다루게 된다.

(3) 과학적 관리론

조직 하위계층의 능률적 업무수행과 관련된 연구로 테일러(Taylor)가 대표적인 학자이다. 테일러는 기업경영의 혁신을 주장하면서 시간과 동작에 관한 연구(Time and Motion Studies)를 하였지만, 노동조합의 강력한 반대에 부딪힌다.

과학적 관리론의 주요 내용

- **기본전제**: 유일·최선의 방법의 발견, 생산성 향상은 노·사 모두를 이롭게 함, 경제적 유인에 의한 동기유발, 명확한 목표·반복적 업무
- **관리층의 역할**: 과학적 업무설계, 과학적 인력선발, 업무와 인력의 적절한 결합
- **과학적 방법의 개발**(시간과 동작에 관한 연구): 업무수행에 관한 유일·최선의 방법을 찾기 위해 건장한 근로자가 필요한 동작(인체분석을 통해 불필요한 동작을 배제하고 능률적으로 인체를 사용할 수 있는 방법을 연구)만 했을 때 소요되는 시간을 연구(작업을 하는 데 소요되는 시간을 측정)하여 평균 작업량을 계산하고 이를 근거로 성과급을 지급한다.

2. 합리적·경제적 인간관

(1) 인간을 자신의 이익을 극대화하기 위해 행동하는 존재로 본다.

(2) 인간은 경제적 유인의 제공에 의해서 동기를 유발시킬 수 있다고 가정한다.

(3) 인간은 조직에 의해 통제·동기화되는 수동적 존재이며, 조직은 인간의 감정과 같은 주관적 요소를 통제할 수 있도록 설계되어야 한다. 인간의 감정은 비합리적인 것으로 합리적 이익 추구를 방해한다고 본다.

(4) 테일러의 과학적 관리론, 맥그리거의 X이론, 아지리스의 미성숙인 이론을 기반으로 한다.

3. 특징

(1) 행정관리론에 입각한 공사행정일원론적 입장이다.

(2) 전문화와 분업을 통하여 조직의 효과적 운영과 생산성 극대화를 추구한다.

(3) 조직의 구조적 또는 기계론적 조직관에 입각하고, 공식적인 조직구조를 강조한다.

(4) 외부환경과의 관계보다는 조직 내부의 합리성 또는 능률적 관리에 초점을 둔다.

(5) 조직이 합법적 규칙과 권위에 기초할 때 개인의 오류 제거가 가능하다고 가정한다.

(6) 현대적 조직이론의 초석을 제공했다는 점에서 긍정적인 평가를 받는다.

(7) 계층적 구조와 분업을 중시한다.

03 신고전적 조직이론

1. 배경

인간을 기계 부품으로 여기는 조직관을 비판하면서 조직구성원의 인간적 요소에 관심을 가졌다. 인간관계론, 생태론 등이 신고전적 조직이론에 포함되며 인간관계론이 대표적이다.

2. 인간관계론과 사회적 인간관

(1) 배경

인관관계론은 메이요(Elton Mayo), 버나드(Chester Barnard) 등에 의해 주장된 것으로, 호손공장 실험에서 시작하였다.

(2) 호손공장 실험

메이요 등에 의한 호손공장(Western Electric Company's Hawthorne Works) 실험의 본래 의도는 개인의 생산성 향상을 위하여 물리적 작업환경이 중요하다는 것을 확인하기 위한 것이었다. 하지만 실험을 통해 발견한 것은 연구자와 작업자 간의 관계*, 감독자의 인정이나 비공식적 집단
_{정책에서 살펴본 외적 타당성을 저해하는 '호손효과'가 발생하는 이유이다.}
의 압력 등이 생산성 향상에 더 많은 영향을 미친다는 사실을 발견하였다. 즉 생산성 향상을 위해서 고전적 이론에서 주장하는 경제적 유인이 중요한 것이 아니라, 구성원들 간의 사회적 관계의 중요성을 확인하게 된 것이다.

(3) 특징

① 사회적 능력과 사회적 규범에 의하여 생산성이 결정되므로 인간의 사회적 욕구와 사회적 동기 유발 요인에 초점을 둔다. 즉 동기유발 요인으로 경제적 요인보다는 사회적 욕구 충족이 중요하다. 버나드도 조직 내 인간적·사회적 측면을 강조하였다.

② 사회적 욕구와 관련하여 비공식 집단, 의사소통, 참여 등이 중요한데, 특히 공식조직에 있는 자생적·비공식적 집단을 인정하고 수용한다. 자생적·비공식적 집단으로 회사 내 테니스나 골프 모임 등이 있는데, 이를 통해 구성원의 사기를 형성할 수 있다.

③ 합리적·경제적 인간관과 마찬가지로 교환모형에 입각하여 사회적 유인과 직무수행을 교환관계로 보았다. 즉 합리적·경제적 인간관이 경제적 유인을 제공하고 생산성을 높이는 것이라면, 사회적 인간관은 사회적 유인을 제공하고 생산성을 높이려는 것이기 때문이다.

> **사회적 능률**(Social Efficiency)
>
> 조직구성원의 만족도, 특히 사회적 욕구의 충족도를 지칭하는 개념이다. 신고전기에 능률관은 사회적 능률을 생산활동에 이르는 통로라고 보았다. 사회적 능률이라는 가치기준은 행정연구에서 조직구성원의 사회적·심리적 측면과 조직 내의 비공식적 관계를 중요하게 여긴다(오석홍, 행정학).

3. 후기 인간관계론과 자아실현적 인간관

(1) 배경

인간관계론 역시 조직의 생산성을 높이기 위한 관점이라는 것을 지적하며, 자아실현에 대한 인간의 욕구를 강조하였다.

(2) 자아실현적 인간관

인간은 자아실현에 대한 욕구를 가지고 있다고 가정하는 것으로, 대표하는 이론으로는 맥그리거(McGregor)의 Y이론, 아지리스(Argyris)의 성숙인을 들 수 있다. 따라서 의사결정 과정에 개인을 참여시키는 관리전략 등이 필요하다. 맥그리거와 아지리스의 이론은 동기부여 이론에서 살펴볼 것이다.

(3) 특징

① 구성원이 자신들의 직무에서 의미를 발견하고 긍지와 자존심을 가지며, 도전적으로 일할 수 있게 한다.
② 구성원 스스로 자기통제 및 자기계발을 통해 문제를 해결하도록 지원하고 촉진한다.
③ 외부에서 주어지는 사회적·경제적 보상보다는 성취감·만족감 등 내재적 보상이 주어지도록 한다.
④ 개인과 조직의 목표가 융화될 수 있도록 의사결정에 구성원의 참여를 확대한다.

04 현대적 조직이론과 복잡한 인간관

1. 배경

고전적 조직이론과 신고전적 조직이론들은 조직내부 변수인 조직의 구조와 인간에 초점을 맞추었다면, 현대조직이론은 환경과 상호작용하는 개방적·동태적·유기적 조직을 강조한다.

2. 복잡한 인간관[샤인(Schein)의 복잡인모형]

인간의 욕구체계는 매우 복잡하고 때와 장소, 조직 생활의 경험, 직무 등 여러 가지 상황에 따라서 달라진다고 보았다.

3. 상황론적 조직이론(Contingency Approach) 또는 상황적응적 접근법

(1) **의미**

상황요인으로 규모, 기술, 환경, 전략을 강조하면서 이러한 상황에 적합한 조직구조를 처방하고자 한다.

(2) **특징**

① 모든 상황에 적용되는 유일·최선의 조직구조나 관리방법은 없으며, 조직을 구성하고 운영하는 방법의 효율성은 그것이 처한 환경에 의존한다고 가정한다.

　⊕ 번스(Burns)와 스토커(Stalker)는 조직을 둘러싼 환경의 성격 및 특성이 조직구조와 어떻게 관련되는지를 설명한다. 불안정한 환경 속에 있는 조직은 유기적인 조직구조, 안정적인 환경 속에서는 기계적 조직구조가 적합하다고 보았다(상황요인과 조직구조와의 관계는 Theme 9-4 참고).

② 독립변수를 한정하고 상황적 조건들을 유형화해 중범위라는 제한된 수준 내의 일반성과 규칙성을 발견하려고 한다.

③ 체제이론에서와 같이 조직은 일정한 경계를 가진 환경과 구분되는 체제의 하나로 본다.

④ 환경의 영향에 대한 조직관리자의 역할이 수동적이다.

4. 조직군생태이론(Population Ecology)

(1) 조직군을 분석단위로 하며, 개별 조직은 외부환경의 선택에 좌우되는 수동적인 존재로 보는 환경결정론적 관점이다. 따라서 조직의 발전이나 소멸의 원인을 조직의 전략적 선택보다는, 환경에 대한 조직 적합도에서 찾는다.

(2) 조직군의 변화는 변이(우연적 변화와 계획적이고 의도적인 변화) → 선택(환경에 의해 선택되는 단계) → 보존(환경에 적합한 조직이 유지·보존되는 단계)으로 진행되는 종단적 분석에 의해서만 검증 가능하다고 전제한다.

　⊕ 생태라는 용어는 생태학(Ecology)에서 가져온 용어이다. 조직을 환경에 살아가는 생물에 비유하는 이론들이 사용한다.

5. 조직경제학이론

　⊕ 거래비용이론과 대리인이론은 Part 1. 총론의 공공선택론에서 상세히 다루었다.

(1) **거래비용이론(Transaction-Cost Theory)**

① 조직이란 거래비용을 감소하기 위한 장치로 본다. 거래비용은 환경의 불확실성, 거래상대방의 한정성, 거래상대방의 기회주의적 행동, 자산특정성 등으로 인해 발생한다.

　⊕ 거래비용이론은 조직 내의 거래비용도 연구대상으로 삼지만, 조직 간 거래비용에 더 많은 관심을 두고 있다.

② 탐색·거래·감시비용 등을 포함하는 거래비용의 절감을 위해 외부화 전략뿐만 아니라 내부화 전략도 가능하다. 시장에서의 거래비용이 조직의 내부 거래비용보다 클 경우 내부 조직화를 선택한다.

③ 윌리엄슨(Williamson)은 조직 내 거래비용을 줄이기 위해 U(Unitary organization)형 조직 대신 M(Multi divisionalized organization)형 조직을 제시하였다. 예컨대 A 회사에서 TV, 냉장고, 세탁기 등 여러 가지 가전을 생산·판매 한다고 가정하자. A 회사가 U형 조직이라면 홍보팀, 생산팀, 디자인팀 등 기능에 따라 분류한다. U형 조직의 최고 관리자는 각 생산물의 홍보, 생산, 디자인 등을 보고·지시·결정 등을 하는 데 많은 시간과 에너지가 소모될 수 있다. 반면에 M형 조직은 TV 사업부, 냉장고 사업부, 세탁기 사업부 등 생산물에 따라 분류한다. 각 사업부의 책임자에게 권한을 위임하고, 최고 관리자는 회사의 전반적인 전략 등에 집중할 수 있다.

(2) **대리인이론**(Agent Theory)

① 조직을 주인과 대리인 사이의 계약관계로 보며, 주인과 대리인 관계는 조직 내·외에서 모두 발생할 수 있다. 예컨대 회사 사장과 직원의 관계, 주주와 전문경영인의 관계 등이 있다.
② 정보의 비대칭성, 대리인의 기회주의적 행동, 자산특정성, 소수독점, 인간의 인지적 한계 등이 제약요인으로 작용한다.
③ 도덕적 해이와 역선택 등으로 인해 대리손실이 발생하므로, 조직은 대리손실을 줄이고 효율성을 높이기 위한 방안이 필요하다. 인센티브 등 유인기제 마련, 관료적 통제, 시장적 통제, 규범과 신념의 내재화 등을 처방한다.

6. 자원의존이론(Resource-Dependence Theory)

(1) **의미**

어떤 조직도 필요로 하는 자원을 모두 획득할 수는 없고, 조직이 주도적·능동적으로 환경에 대처하며 그 환경을 조직에 유리하도록 관리한다.

(2) **전제**

① 조직은 자원을 획득하는 데 그 환경에 의존한다.
② 조직과 환경과의 관계에서 조직의 전략적 선택을 중시한다.
③ 조직은 능동적으로 환경에 영향을 미치려고 한다.

7. 전략적 선택이론(Strategic Choice Theory)

개별 조직을 분석단위로 하며, 조직구조의 변화가 외부환경 변수보다는 조직 내 정책결정자의 상황판단과 전략에 의해 결정된다는 관점이다. 따라서 동일한 환경에 처한 조직도 환경에 대한 관리자의 지각 차이로 상이한 선택을 할 수 있다.

8. 공동체 생태학이론(Committee Ecology Theory)

조직 설계의 최선의 방법은 조직이 관계해야 하는 환경의 특성에 달려 있다고 본다. 하지만 조직을 외부환경의 선택에 좌우되는 수동적인 것으로 보는 조직군생태론이론과 달리, 조직이 환경에 능동적으로 대처해 나간다고 보았다.

9. 혼돈이론(Chaos Theory)

(1) **혼돈이란?**

시간의 흐름에 따라 비선형적으로 변하여 예측·통제가 어려운 복잡한 현상으로 초기 조건의 민감성이 높다. 초기 조건의 민감성이 높다는 것은 나비효과(Butterfly Effect)로 설명할 수 있는데, 초기 조건인 나비의 작은 날갯짓이 결과적으로 돌풍을 일으킬 수 있을 만큼 결과가 크게 달라지게 할 수도 있다는 것이다. 혼돈은 완전한 무질서가 아니라 부분적으로 질서가 있는 상태이다.

(2) **특징**

① 나비효과에서 보듯이 사소하게 보이는 초기의 작은 변화도 결과의 큰 변화를 줄 수 있다. 따라서 조직도 개인과 집단 그리고 환경적 세력이 상호작용하는 복잡한 체계인데, 사소하게 보이는 것들을 무시하고 단순화하지 않고 있는 그대로 파악해야 한다.

② 조직이 변화하거나 발전할 때 혼돈은 불가피한 현상인데, 이를 창의적 발전을 유발하는 원동력으로 본다.

③ 창의성 유발 등 혼돈의 긍정적인 가치와 자기조직화*를 믿고 조직의 자율적·창의적 개혁을 강조한다.   *조직이 변화를 추진하면서도 정체성을 유지하는 특성이다.

④ 통제 중심적 전통적 관료제를 타파하여, 한정적 무질서의 용인에 의한 창의적 학습과 개혁을 추구한다.

🔍 관료제와 탈관료제는 앞으로 상세히 다루게 된다.

(3) **한계**

조직이라는 복잡한 체제의 총체적 이해를 도울 수 있다는 장점이 있으나, 복잡한 현상에 대한 통합적 연구를 지향한다는 점에서 현실 세계에 적용하기 어렵다는 한계를 보인다.

10. 신제도론

제도를 조직연구에 활용한 것으로, 제도가 조직과 개인의 행동을 제약한다고 본다. 예컨대 우리나라 헌법은 헌법재판소 제도를 규정하고 있는데, 이에 따라 헌법재판소라는 조직이 운영되고 있다. 하나의 제도인 조직은 환경과 교호작용을 한다.

• 기출문제 학습 •

01 아래 설명은 (㉠ 합리적·경제적 인간관 / ㉡ 사회적 인간관 / ㉢ 자아실현적 인간관 / ㉣ 복잡한 인간관)에 해당한다. 19. 국가 9

- 인간은 자신의 이익을 극대화하기 위해 행동하는 존재로 본다.
- 인간은 조직에 의해 통제·동기화되는 수동적 존재이며, 조직은 인간의 감정과 같은 주관적 요소를 통제할 수 있도록 설계돼야 한다.

02 테일러의 과학적 관리론 등 고전적 조직이론은 조직의 구성원이 (㉠ 경제적 유인에 의해 / ㉡ 사회적 욕구에 의해) 동기가 유발된다고 전제한다. 21. 국가 9, 10. 서울 7

03 스콧(Scott)의 조직이론 분류에 따르면 과학적 관리론은 (㉠ 개방 / ㉡ 폐쇄)-합리적 조직이론으로 분류된다. 24. 경찰승진

04 호손실험은 (㉠ 인간관계론 / ㉡ 과학적 관리법)과 관련이 있다. 16. 서울 7

05 인간관계론의 궁극적인 목표는 (㉠ 조직의 성과 제고 / ㉡ 비공식 집단의 활성화)이다. 11. 지방 7

06 인간관계론이 강조한 것은 (㉠ 기계적 능률성 / ㉡ 공식적 조직구조 / ㉢ 합리적·경제적 인간관 / ㉣ 인간의 사회·심리적 요인)이다. 24. 국가 9

07 인간관계론은 동기 유발 기제로 (㉠ 사회심리적 측면 / ㉡ 경제적 보상)을 강조한다. 21. 지방 9

08 신고전적 조직이론의 특징이 아닌 것은 (㉠ 사회적 능력과 사회의 규범에 의한 생산성 결정 / ㉡ 계층적 구조와 분업의 중시 / ㉢ 비경제적 요인과 비공식집단의 참여 중시 / ㉣ 의사소통과 참여의 중시)이다.
15. 서울 9

09 신고전 조직이론에 따르면 (㉠ 인간의 사회적 욕구와 사회적 동기유발에 초점을 맞춘다. / ㉡ 조직이란 거래비용을 감소하기 위한 장치로 기능한다고 본다.) 15. 지방 9

10 상황적응적 접근방법은 체제이론의 거시적 관점에 따라 (㉠ 모든 상황에 적합한 유일최선의 관리방법을 모색한다. / ㉡ 상황요인에 따라 관리방법이 달라진다는 입장이다.) 23. 지방 7, 18. 국가 9

11 현대 조직이론 중 상황론은 (㉠ 조직구조를 / ㉡ 환경을) 상황요인으로 강조하면서, 이러한 상황에 적합한 조직의 기술과 전략 등을 처방한다. 17. 국가추가 7

12 조직군 생태학이론에서는 조직군의 변화를 이끄는 변이는 [㉠ 우연적 변화(돌연변이)로 한정한다. / ㉡ 우연적 변화와 계획적이고 의도적인 변화도 포함한다.] 23. 국가 9

13 조직군 생태학 이론에서 [㉠ 생태적 환경 변화에 적응하기 위한 조직의 전략적 선택을 주요 분석 대상으로 본다. / ㉡ 조직은 외부환경의 선택에 좌우되는 수동적인 존재로 보는 환경결정론적 관점이다.] 24. 지방 7

14 조직이론 중 대리인 이론에 따르면, 주인·대리인의 정보 비대칭 문제를 해결하기 위해 대리인에게 (㉠ 대폭 권한을 위임한다. / ㉡ 성과급 등 인센티브를 제공한다.) 18. 지방 9

15 자원의존이론에 따르면, 조직은 환경으로부터 필요한 자원을 획득하기 위하여 환경에 (㉠ 피동적으로 순응한다. / ㉡ 능동적으로 대처한다.) 17. 국가추가 9, 15. 서울 9

16 전략적 선택이론, 자원의존이론, 공동체 생태학 이론은 (㉠ 임의론적 / ㉡ 결정론적) 관점을 채택하고 있다. 16. 국가인사 7

17 전략적 선택이론의 분석 단위는 (㉠ 조직군 / ㉡ 개별조직)이다. 16. 서울 9

18 혼돈이론에 따르면, 현실의 복잡성과 불확실성을 (㉠ 극복하기 위해 단순화, 정형화, 통합적 접근을 추구한다. / ㉡ 있는 그대로 파악하는 것을 추구한다.) 11. 지방 9, 10. 국가 7

19 A보험회사는 보험 가입 대상자의 건강 상태 등에 대한 정보를 가지고 있지 않아, 질병 확률이 높은 B를 보험에 가입시켜 재정이 악화되었다.
    이와 관련된 이론은 (㉠ 카오스 이론 / ㉡ 상황조건적합 이론 / ㉢ 자원 의존 이론 / ㉣ 대리인 이론)이다. 20. 국가 7

정답 1.㉠ 2.㉠ 3.㉡ 4.㉠ 5.㉠ 6.㉣ 7.㉠ 8.㉠ 9.㉠ 10.㉡ 11.㉡ 12.㉠ 13.㉡ 14.㉡ 15.㉡ 16.㉠ 17.㉡ 18.㉡ 19.㉣

Theme 02 · 동기부여*이론 : 내용(Content)이론

동기부여란 개인의 욕구 충족을 통해 개인행위가 조직목표에 기여하도록 유도하는 과정이다. 즉 개인의 욕구가 있고 욕구를 충족시킬 수 있는 보상(동기유발요인)을 제공하면 성과로 이어진다.

01 매슬로우의 욕구계층론

1. 의미

매슬로우(Abraham Harold Maslow)는 인간의 공통적인 욕구를 총 5단계인 생리적 욕구(Physiological Needs), 안전 욕구(Safety Needs), 사회적 욕구(Love and Belonging needs), 존재감(Esteem Needs), 자아실현욕구(Self-Actualization Needs)로 제시하였다.

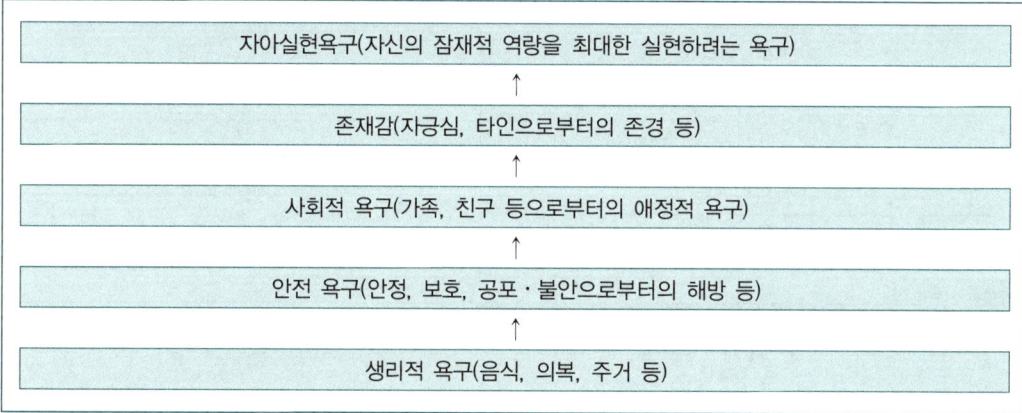

2. 특징

하위욕구가 100% 충족되어야 다음 욕구가 발로되는 것이 아니라, 어느 정도 잘(Relatively Well) 충족되면 다음 단계 욕구가 발로된다. 예컨대 배고픈 사람에게 음식을 제공한다고 한다면 일을 열심히 할 것이다. 하지만 어느 정도 배가 부른 사람에게 음식을 제공한다고 하더라도 열심히 일 할 동기부여가 되기 어렵다.

3. 비판

각 욕구의 단계가 명확히 구분되지 않을 수 있고, 하위계층의 욕구 충족과 관계없이 상위계층의 욕구를 추구할 수도 있고, 욕구는 사람마다 다를 수 있다.

02 앨더퍼의 ERG이론

1. 의미

앨더퍼(Clayton P. Alderfer)는 욕구를 충족시키기 위해 취하는 행동이 얼마나 추상적인가를 기준으로 하여 생존욕구(Existence Needs), 관계욕구(Relatedness Needs), 성장욕구(Growth Needs)의 세 가지로 욕구를 분류하였다.

2. 특징

(1) 매슬로우와는 달리 순차적인 욕구 발로뿐만 아니라 상위욕구가 만족되지 않거나 좌절될 때 하위 욕구를 더욱 충족시키고자 하는 좌절-퇴행법(Frustration Regression)을 주장하였다. 즉 이 경우 하위욕구의 중요성이 훨씬 더 커지게 된다.

(2) 매슬로우가 제시한 욕구계층이론의 문제점 및 한계점을 보완하기 위해 조직의 실체를 다룬 현장 연구를 실시하였다.

(3) 매슬로우의 욕구 5단계 이론과 달리, 욕구 추구는 분절적으로 일어날 수도 있지만 두 가지 이상의 욕구를 동시에 추구하기도 한다.

◈ 매슬로우와 앨더퍼의 욕구계층 비교

매슬로우		앨더퍼
자아실현욕구		성장욕구
존재감	자기존중	
	타인의 인정	관계욕구
사회적 욕구		
안전욕구	신분보장	
	물리적 안전	생존욕구
생리적 욕구		

03 맥클리랜드의 성취동기이론

1. 의미

맥클리랜드(David C. McClelland)의 성취동기이론(Achievement Motivation Theory)은 동기가 개인이 사회문화와 상호작용하는 과정에서 취득되고 학습을 통해 개발될 수 있다는 것을 전제로, 사회문화적으로 학습된 욕구들을 <u>성취욕구(Need for Achievement)</u>*, 권력욕구(Need for Power),

*행운을 바라는 대신 우수한 결과를 얻기 위해 높은 기준을 설정하고 이를 달성하려는 욕구로, 맥클리랜드는 성취욕구가 높을수록 생산성이 높아진다고 주장하였다.

친교욕구(Need for Affiliation)로 분류하였다.

2. 특징

(1) 개인의 행동을 동기화시키는 잠재력을 지니고 있는 욕구는 학습되는 것이므로 개인마다 욕구의 계층에 차이가 있다고 주장한다.

(2) 욕구는 문화를 반영하여 사람들이 삶의 경험을 통해 배운다고 보기 때문에 교육훈련을 통한 욕구의 개선을 강조하였다.

04 허즈버그의 욕구충족요인이원론

1. 의미

허즈버그(Frederick Herzberg)는 조직구성원에게 만족을 주는 요인(동기요인)과 불만족을 예방하는 데 작용하는 요인(위생요인)은 상호 독립되어 있다고 보았다. 예컨대 '직무상의 성취'는 만족을 주는 요인이지만 '직무상의 성취'가 부족하다고 불만족을 느끼지는 않는다. 반면에 충분한 '임금'은 만족을 주기보다는 불만족이 없는 상태이고, 불충분한 '임금'은 불만족을 유발한다.

① 동기요인(Motivator)
  직무상의 성취, 성취에 대한 인정, 직무 내용, 책임감, 개인적 성장과 발전
② 위생요인(Hygiene factor)
  조직의 정책과 행정, 감독, 임금, 대인관계, 작업조건

☙ 욕구충족요인이원론 예시(위생요인 ○, 동기요인 ×)

> A 교육청의 교육감은 직원들의 근무의욕이 낮아지고 있는 문제를 인식하였다. 이를 해결하기 위해 그는 상관의 감독 방식, 작업 조건 등의 업무 환경요인을 개선하였다. 그러나 직원들에 대한 다양한 조사 결과 직무수행과 관련된 성취감, 책임감, 자기 존중감이 낮아 근무 의욕이 여전히 개선되지 않은 것으로 나타났다.

2. 비판

개인의 욕구 차이에 대한 충분한 고려가 없다. 예컨대 사람에 따라서 위생요인인 임금이 동기요인이 될 수도 있다.

05 해크만과 올드햄의 직무특성이론

1. 의미

해크만과 올드햄(J. Richard Hackman & Greg R. Oldham)은 그들의 논문 '업무 설계를 통한 동기부여(Motivation through the Design of Work)'에서 잘 설계된 직무의 특성들이 직원들의 심리적 상태에 영향을 주고 이를 통해 동기부여와 성과로 이어진다고 보았다.

☙ The job characteristics model of work motivation

중심 직무 차원	→	핵심 심리 상태	→	개인 및 업무 결과
• 기술다양성 • 직무 정체성 • 직무 중요성	→	업무의 의미에 대한 경험	→	• 높은 내재적 업무 동기부여 • 고품질의 업무 성과 • 업무에 대한 높은 만족감 • 낮은 결근과 이직률
자율성	→	업무결과에 대한 책임의 경험		
환류	→	업무활동의 실제 결과에 대한 지식		

🔍 출제되었던 문제들을 참고하여 'work'는 '업무', 'job', 'task'는 둘 다 '직무'로 표기하였다.

2. 중심 직무 차원(Core Job Dimensions) → 핵심 심리 상태(Critical Psychological States)

(1) 기술다양성, 직무 정체성, 직무 중요성

다음의 세 가지 직무 특성이 결합하여 '업무의 의미에 대한 경험(Experienced Meaningfulness of the Work)'으로 이어진다.

① 기술다양성(Skill Variety)

업무를 수행하는 과정에서 직무가 요구하는 활동의 다양성을 의미하는데, 사용하는 기술의 수 및 개인의 재능과 관련된다. 직무가 직원에게 하여금 직원이 가진 기술과 능력을 도전하거나 확장하는 활동에 참여하도록 요구한다는 것이다.

② 직무 정체성(Task Identity)

주어진 직무의 내용이 하나의 제품 혹은 서비스를 처음부터 끝까지 완성시킬 수 있도록 구성된 정도를 의미한다. 예컨대 자동차 공장에서 하루 종일 바퀴만 조립하는 것보다는, 자동차를 처음부터 끝까지 완성해 본다면 업무의 의미를 느낀다는 것이다.

③ 직무 중요성(Task Significance)

직무가 조직 내부 또는 외부 타인의 삶과 업무에 영향을 미치는 정도를 의미한다. 예컨대 항공기 브레이크 생산에서 너트를 조이는 직원들은 작은 상자에 종이 클립을 채우는 직원들보다, 일을 더 의미 있게 여길 가능성이 높다는 것이다.

(2) 자율성(Autonomy)

직무의 자율성은 '업무 결과에 대한 책임의 경험(Experienced Responsibility for Outcomes of the Work)'으로 이어진다. 자율성이란 해당 직무가 업무 일정을 조정하고 수행 절차를 결정하는 데 있어 직원에게 상당한 자유, 독립성, 그리고 재량권을 제공하는 정도를 의미한다. 직무의 자율성이 부여되면 직무에서 발생하는 성공과 실패에 대해 책임감을 느끼게 된다.

(3) 환류(Feedback)

환류는 '업무활동의 실제 결과에 대한 지식(Knowledge of the Actual Results of the Work Activities)'으로 이어진다. 환류란 직원이 업무 활동을 수행하는 과정에서 성과의 효과성에 대해 직접적이고 명확한 정보를 얻는 정도를 의미한다.

◈ 동기유발 잠재력 지수

직무의 동기유발 잠재력 지수(Motivating Potential Score)는 다음과 같이 계산할 수 있다.
MPS = {(기술다양성 + 직무정체성 + 직무중요성)/3} × 자율성 × 환류
해당 산식에서 보듯이 자율성과 환류가 다른 특성들에 비해 큰 영향을 준다.

3. 개인 및 업무 결과(Personal and Work Outcomes)

높은 내재적 업무 동기부여(High Internal Work Motivation), 고품질의 업무 성과(High Quality Work Performance), 업무에 대한 높은 만족감(High Satisfaction with Work), 낮은 결근과 이직률(Low absenteeism and turnover)이 결과적으로 도출된다.

4. 특징

(1) '중심 직무 차원 → 핵심 심리 상태 → 개인 및 업무 결과'로 이어지는 관계는 직원의 성장 욕구(Growth Need)가 강할 때 잘 성립한다. 따라서 직원의 성장 욕구가 낮은 경우에는 단순한 직무를 제공하는 동기유발 전략이 필요하다.

(2) 허즈버그의 욕구충족요인이원론보다 진일보한 것으로, 내용이론으로 구분하지만 과정이론으로 보는 견해도 있다.

06 맥그리거의 X, Y이론

1. 의미

맥그리거(Douglas M. McGregor)는 매슬로우의 욕구단계론을 바탕으로 인간관을 구분하고, 그에 따른 관리전략을 제시하였다. 대체로 X이론은 매슬로우의 하위 욕구인 생리적 욕구, 안전 욕구 등과 유사하고, Y이론은 상위욕구인 존재감, 자아실현욕구과 유사하다. 맥그리거는 Y이론을 지지하였다.

2. X이론

(1) **인간의 본질**

대부분의 사람들은 본질적으로 일을 싫어하며 가능하면 일을 하지 않으려 하고, 안전을 원하고 변화에 저항적이다.

(2) **조직 관리전략**

정확한 업무지시와 감독의 강화, 업무 평가 결과에 따른 엄격한 상벌의 원칙 제시(경제적 보상체계), 관리자가 조직구성원에게 적절한 업무량을 부과하여 업무를 수행하게 한다. 권위주의적 리더십의 확립, 상부책임제도의 강화, 고층적ㆍ계층적 조직구조의 확립 등이 필요하다.

3. Y이론

(1) **인간의 본질**

대부분의 사람들은 본질적으로 일을 싫어하는 것이 아니다. 사람들에게 일이란 작업조건만 제대로 정비되면 놀이를 하거나 쉬는 것과 같이 극히 자연스러운 것이며, 인간이 물리적ㆍ사회적 환경에 도전하는 여러 방법 중의 하나이다.

(2) **조직 관리전략**

의사결정 시 부하직원은 참여시키고 권한을 확대해서 자율적으로 업무를 수행할 수 있게 하고, 목표에 의한 관리체계 구축, 비공식적 조직 등을 활용한다.

07 아지리스의 미성숙·성숙이론

1. 미성숙(Immaturity) → 성숙(Maturity)

아지리스(Chris Argyris)에 따르면 개인은 미성숙 상태에서 성숙 상태로 발전하면서 일곱까지 측면에서 성격 변화를 겪는데, 이러한 변화는 연속적(점진적)으로 일어난다고 보았다. 일곱 가지 측면은 각각 '수동성(Passivity) → 능동성(Activity)', '의존성(Dependence) → 독자성(Independence)', '제한된 행동대안(Limited Behaviour) → 다양한 행동대안(Many Different Behaviour)', '변덕스럽고 피상적 관심(Erratic and Shallow Interest) → 안정적이고 깊은 관심(Stable and Deeper Interest)', '단기적 안목(Short-Term Perspective) → 장기적 안목(Long-Term Perspective)', '종속성(Subordinate) → 동등 또는 상위(Equal or Superordinate)', '자아의식의 결여 → 자아의 의식과 통제(Lack of Self Awareness → Self Awareness and Self Control)'이다.

2. 공식조직의 영향

공식조직은 X이론에 입각한 권위적 조직관리로 인간의 성숙을 저해한다고 보았다. 따라서 인간이 성숙할 수 있도록 Y이론에 입각한 민주적·관계지향적 조직관리를 채택해야 한다고 주장하였다.

08 Z 이론

Z 이론은 X 이론이나 Y 이론에 부합되지 않는 조직관리상황으로 다양한 학자들의 Z 이론이 있지만 이름만 같을 뿐 내용은 상이하다.

1. 오우치의 Z 이론

(1) 배경

오우치(William Ouchi)는 미국사회의 조직 가운데 일본식과 유사한 조직관리기법을 채택한 기업들이 늘어났는데 이를 Z 타입이라 하였다. 이는 1970~1980년대 일본기업들이 자동차와 철강, 가전제품 등의 분야에서 미국기업보다 빠르게 성장해 나갔기 때문이다. Z 이론에 따르면 기업의 생산성이 공학적이나 경제적인 문제가 아니라 사회적 조직과 경영자의 태도 문제라고 보았다.

(2) J 타입, A 타입, Z 타입

전통적인 일본식 조직관리기법을 J 타입, 미국식 조직관리기법을 A 타입, J 타입의 영향을 받은 Z 타입으로 구분하였다.

J, A, Z 타입 특징 비교

특징 \ 종류	Type J	Type A	Type Z
고용관계	종신고용	단기적 고용	장기적 고용
의사결정	합의에 의한 결정	개인적 결정	합의에 의한 결정
책임	집단적 책임	개인적 책임	개인적 책임
평가와 승진	느린 승진	빠른 평가와 승진	느린 평가와 승진
통제	비공식적 통제	공식적 통제	비공식적 통제
경력관리	비 전문적 경력	전문화된 경력 발전	직무순환 등 완화된 전문화 경력
직원에 대한 관심	전인격적(Holistic) 관심	부분적 관심	전인격적(Holistic) 관심

(3) 평가

Z 이론은 조직구성원의 높은 단체정신에 힘입어 높은 효율을 도모할 수 있다는 이점이 있지만 미국사회의 요청(전문화 요청 등)에 부합하지 못하였다.

2. 룬드스테트의 Z 이론

룬드스테트(Sven Lundstedt)는 X 이론의 권위형 조직관리, Y 이론의 민주형 조직관리 외에도 Z 이론의 방임형 조직관리를 추가하였다.

3. 로레스의 Z 이론

로레스(David Lawless)는 X 이론과 Y 이론의 보편적인 적합성을 지닌 것은 아니라고 주장하면서, 변동하는 상황에 적합한 조직관리 전략이 필요하다는 Z 이론을 주장하였다.

09 공공서비스동기 이론

1. 배경

공공서비스동기(Public Service Motivation)이론은 공사부문 간 업무성격이 다르듯이, 공공부문의 조직원들은 동기유발요인 자체도 다르다는 입장이다. 페리와 와이스(James L. Perry & Lois Recascino Wise)는 '공공서비스의 동기유발 기반(The Motivational Bases of Public Service)'에서 공공서비스 동기를 합리적, 규범적, 정서적 차원으로 제시하였다.

2. 구분

❈ 공공서비스동기의 구분

개념 차원	특 징
합리적 차원	• 정책형성 과정의 참여 • 공공정책에 대한 동일시 • 특정 이해관계에 대한 지지
규범적 차원	• 공익에 대한 봉사 욕구 • 의무와 정부 전체에 대한 충성 • 사회적 형평성 추구
정서적 차원	• 정책의 사회적 중요성에 기인한 정책에 대한 몰입 • 선의의 애국심

(1) 합리적(Rational) 차원

공공서비스동기는 모두 이타주의와 관련이 있는 것 같지만, 어떤 경우는 개인의 효용극대화와 관련이 있다.

① **정책형성 과정의 참여(Participation in the process of policy formulation)**
훌륭한 정책형성에 참여하기를 원하기 때문에 공무원이 되려고 한다. 왜냐하면 정책형성 과정에 참여가 흥미진진하고, 극적이고, 자신의 중요성에 대한 개인적 이미지를 강화하기 때문이다. 즉 개인적 욕구를 만족시킨다는 것이다.

② **공공정책에 대한 동일시(Commitment to a public program because of personal identification)**
공공 프로그램에 참여하는 것이 자신의 정책성과 프로그램과 동일시 하기 때문인데, 예컨대 미 해군의 릭오버(Hyman G. Rickover)는 많은 반대에도 불구하고 미 해군의 핵 추진사업(핵 추진 항모 등)에 헌신적이었다.

③ **특정 이해관계에 대한지지(Advocacy for a special or private interest)**
공무원이 되려고 하는 이유가, 그들의 활동이 특정 그룹의 이익에 도움이 된다고 믿기 때문이다.

(2) 규범적 차원(Norm-Based) 차원

규범적 차원의 동기는 규범에 순응하려는 노력과 관련이 있다.

① **공익에 대한 봉사 욕구(A desire to serve the public interest)**
공공고용은 공익에 대한 봉사 욕구가 있기 때문이다. 예컨대 미국 FDA(Food and Drug Administration)에 근무하는 의사는 개인적인 진료보다는, 의약품의 안전성을 테스트하는 것에서 더 큰 성취를 얻을 수 있다.

② **의무와 정부 전체에 대한 충성(Loyalty to duty and to the government as a whole)**
국가의 주권과 그 권한의 일부를 신탁받은 비선출직 공무원의 역할에서 도출된다.

③ **사회적 형평성 추구(Social Equity)**
사회적 형평은 정치적·경제적 자원이 부족한 소수자의 복지까지 확장하는 활동과 관련이 있다. 공무원이 공공서비스를 효율적·경제적으로 제공하는 동시에 사회적 형평성도 개선해야 한다.

(3) **감성적(Affective) 차원**

감성적 차원의 동기는 다양한 사회적 맥락에 대한 감정적 대응으로 행동이 유발되는 것과 관련이 있다.

① 정책의 사회적 중요성에 기인한 정책에 대한 몰입(Commitment to a program from a genuine conviction abut its social importance)

'공공정책에 대한 동일시'와 구분하기 어렵긴 하지만, 그보다 더 지속적인 특징을 가진다.

② 선의의 애국심(Patriotism of benevolence)

선의의 애국심을 '우리의 정치적 경계 내에 있는 모든 사람에 대한 포괄적인 사랑과, 그들에게 부여된 모든 기본적인 권리를 보호받아야 한다는 당위성'으로 정의하고 있다.

3. 의의

(1) 공공서비스동기가 큰 사람일수록, 공무원이 되려고 할 가능성이 크다.

(2) 공공조직 안에서 공공서비스동기와 공무원 개인의 성과는 긍정적인 관계에 있다.

(3) 높은 수준은 공공서비스동기를 가진 사람을 채용하려는 공공조직은 공리주의적 인센티브에 덜 의존한다.

기출문제 학습

01 앨더퍼(Alderfer)의 욕구내용 중 (㉠ 생존욕구 / ㉡ 관계욕구)는 머슬로(Maslow)의 생리적 욕구와 안전욕구에 해당한다. 22. 국가 7

02 매슬로의 욕구단계이론에 따르면, 어느 한 단계의 욕구가 (㉠ 완전히 충족되어야 / ㉡ 어느 정도 잘 충족되면) 다음 단계의 욕구를 추구하게 된다. 17. 국가 7

03 앨더퍼(C. Alderfer)의 ERG이론은 머슬로우의 욕구 5단계이론과 달리, (㉠ 하위욕구가 충족되어야만 상위욕구를 추구한다. / ㉡ 동시에 두 가지 이상의 욕구를 추구하기도 한다.) 19. 서울추가 7

04 (㉠ 매슬로우 / ㉡ 앨더퍼)의 ERG이론은 상위 욕구가 만족되지 않으면, 하위 욕구를 더욱 충족시키고자 한다고 주장하였다. 19. 지방 7, 16. 지방 9

05 맥클랜드는 개인의 행동을 동기화시키는 잠재력을 지니고 있는 욕구는 (㉠ 학습되는 것이므로, 개인마다 욕구의 계층에 차이가 있다고 / ㉡ 주어진 것이므로 개인마다 차이가 없다고) 주장했다. 11. 서울 9

06 허즈버그의 욕구총족요인 이원론에 따르면, (㉠ 불만요인 충족시 불만족의 방지를 통해 / ㉡ 만족요인 충족시) 만족감을 갖게 되어 동기가 유발된다. 16. 서울 7

07 허즈버그의 욕구총족요인 이원론에 따르면, 만족과 불만족은 (㉠ 상호연계 / ㉡ 독립적) 차원에서 인식한다. 16. 국가인사 7

08 허즈버그(F. Herzberg)의 동기요인(motivator) 내지 만족요인(satisfier)과 거리가 먼 것은 (㉠ 더 많은 책임 / ㉡ 직무성취에 대한 인정 / ㉢ 개인적 성장과 발전 / ㉣ 원만한 대인관계)이다. 10. 국가 9

09 (㉠ 동기요인 / ㉡ 위생요인)이 없을 경우, 구성원에게 불만족을 초래하지만 이것이 잘 갖추어졌다고 직무수행동기를 유발하는 것은 아니다. 13. 국가 9, 10. 서울 7

10 해크먼(Hackman)과 올드햄(Oldham)의 직무특성이론에서 '업무결과에 대한 책임성 인식'을 제고하는 직무설계 측면은 (㉠ 기술 다양성 / ㉡ 과제 정체성 / ㉢ 과제 중요성 / ㉣ 자율성 / ㉤ 환류)이다. 10. 서울 7

11 해크먼(Hackman)과 올드햄(Oldham)의 직무특성이론에서 잠재적 동기지수 공식에 의하면 (㉠ 기술 다양성, 직무 정체성, 직무 중요성 / ㉡ 자율성, 환류)가 동기부여에 가장 중요한 역할을 한다. 11. 지방 9

12 맥그리거(McGregor)의 X이론 측면에서 조직의 관리전략에 해당하지 않는 것은 (㉠ 경제적 보상체계 강화 / ㉡ 목표에 의한 관리체계의 구축)이다. 14. 서울 7

13 다음 내용이 설명하는 이론의 내용과 부합하는 조직관리 전략은? 18. 서울 7

> 대부분의 사람들은 본질적으로 일을 싫어하며 가능하면 일을 하지 않으려고 한다. 또한 안전을 원하고 변화에 저항적이다.

(㉠ 정확한 업무지시와 감독을 강화해야 한다. / ㉡ 의사결정 시 부하직원을 참여시키고 권한을 확대해서 자율적으로 업무를 수행할 수 있게 한다.)

14 다음 내용이 설명하는 이론의 내용과 부합하는 조직관리 전략은? 15. 지방 9

> 대부분의 사람들은 본질적으로 일을 싫어하는 것은 아니다. 사람들에게 일이란 작업조건만 제대로 정비되면 놀이를 하거나 쉬는 것과 같이 극히 자연스러운 것이며, 인간이 물리적·사회적 환경에 도전하는 여러 방법 중의 하나이다.

(㉠ 관리자가 조직구성원에게 적절한 업무량을 부과하여 수행하게 한다. / ㉡ 의사결정 시 부하직원을 참여시키고 자율적으로 업무를 수행할 수 있도록 해야 한다.)

15 공공봉사동기이론에서 페리와 와이스는 (㉠ 합리적, 규범적, 정서적 / ㉡ 제도적, 금전적, 감성적) 차원을 제시하였다. 21. 국가 9

16 동기유발요인으로 금전적·물질적 보상보다 지역공동체나 국가, 인류를 위해 봉사하려는 이타심에 주목하려는 이론은 [㉠ 페리(Perry)의 공공서비스 이론 / ㉡ 스키너(Skineer)의 강화이론 / ㉢ 해크만(Hackman)과 올드햄(Oldham)의 직무특성이론 / ㉣ 매슬로우(Maslow)의 욕구계층이론]이다. 15. 국가 7

정답 1.㉠ 2.㉡ 3.㉡ 4.㉡ 5.㉠ 6.㉠ 7.㉡ 8.㉣ 9.㉡ 10.㉣ 11.㉡ 12.㉡ 13.㉠ 14.㉡ 15.㉠ 16.㉠

Theme 03 동기부여이론 : 과정(Process)이론

※ 과정이론은 욕구와 유인 등이 상호작용하여 동기를 유발하는 과정을 설명한다.

01 브룸의 기대이론

1. 의미

브룸(Victor H. Vroom)의 기대이론(Expectancy Theory)은 사람의 동기부여가 되는 정도는, 행동이 결과를 가져온다는 확률과 결과에 부여되는 가치에 의해 결정된다고 본다. 예컨대 부모님이 자녀가 열심히 공부하도록 독려하기 위해서 성적이 10점 오르면 용돈을 올려준다고 하자. 해당 자녀는 ① 자신이 공부하면 성적이 10점 오를 수 있을지, ② 성적이 10점 오르면 부모님이 약속처럼 실제로 용돈을 올려주실지, ③ 용돈 상승분에 대한 선호도를 계산하게 된다. 보상에 대한 기댓값은 확률과 보상을 곱하는 값이므로 어느 하나라도 '0'이면 전체 값은 '0'이 되어 동기가 유발되지 않는다.

> **기댓값(Expected value)**
>
> 정육면체 주사위를 굴려서 6이 나오면 3,600원을 받고, 다른 숫자가 나오면 받지 못한다고 하자. 주사위를 1회 굴렸을 때 기댓값은 다음과 같다.
>
> 기댓값 = 확률 × 보상 = $\frac{1}{6}$ × 3,600원 = 600원
>
> 만약 주사위를 굴려서 두 번 연속으로 6이 나와야 3,600원을 받고 한 번이라도 다른 숫자가 나오면 받지 못한다고 하자. 주사위를 2회 연속으로 굴렸을 때 기댓값은 다음과 같다.
>
> 기댓값 = 확률 × 보상 = $\frac{1}{6}$ × $\frac{1}{6}$ × 3,600원 = 100원

2. 동기의 강도

앞서 예시에서처럼 동기의 강도는 '기대감 × 수단성 × 유인가'로 계산할 수 있다.

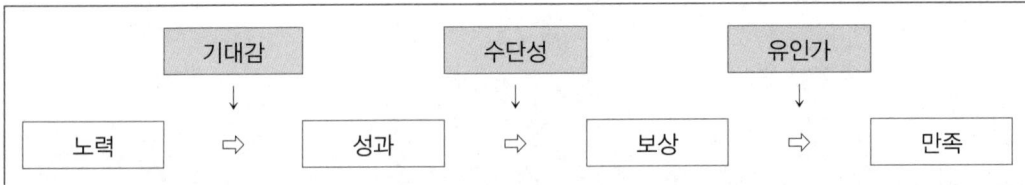

(1) **기대감(Expectancy)**
특정 결과는 특정한 노력으로 인해 나타날 수 있다는 가능성에 대한 개인의 신념으로 통상 주관적 확률로 표시된다.

(2) **수단성(Instrumentality)**
성과를 달성하면 바람직한 보상을 가져다 줄 것이라고 주관적으로 믿는 정도를 의미하는데 확률로 표시된다.

(3) 유인가(Valence)

보상에 대한 주관적인 선호도(매력성)를 의미한다. 기대감이나 수단성과 달리 확률로 표시되지 않는다.

> **기대이론 예시**
>
> 한 학생이 공무원 시험을 준비하고 있다. 이 학생은 열심히 노력한 만큼 좋은 성적이 나올 것이라 생각하며, 좋은 성적을 받으면 공무원에 임용될 수 있을 것이라고 믿고 있다. 또한 본인이 공무원이라는 직업을 매우 원했기 때문에 시험공부를 하는 데에 충분한 동기부여가 이루어졌다.

02 로크의 목표설정이론

로크(Edwin A. Locke)의 목표설정이론(Goal Setting Theory)은 개인의 목표를 동기유발 요인으로 보고 인간의 행동이 의식적인 목표와 성취의도에 의해 결정된다고 가정한다. 동기유발을 위해서는 구체성이 높고 난이도가 높은 목표가 채택되어야 하는데, 예컨대 '업무를 성실히 수행하라' 보다는 작년 성과와 비교하여 올해는 '성과를 20% 이상 상승시켜라'라고 구체적으로 목표를 제시한다.

03 아담스의 형평(또는 공정성)이론

1. 의미

아담스(J. Stacy Adams)의 형평이론(Equity Theory)에 따르면 자신의 투입과 산출(보상)의 관계 (산출/투입)를 다른 사람과의 비교를 통해 상대적으로 느끼는 공정성의 정도가 동기를 유발한다고 보았다.

2. 특징

(1) 개인이 자신의 직무에 대한 투입과 산출(보상)을 준거인물과 비교하여 불공정성을 느끼는 경우 (과대 또는 과소 보상되는 경우 둘 다) 이를 해소하는 방향으로 동기가 유발된다. 노력과 기술은 투입에 해당하며, 보수와 인정은 산출(보상)에 해당한다. 예컨대 회사 동기를 준거인물로 두고 자신과 비교한다고 하자. 자신이 생각하기에 자신과 회사 동기 둘 다 동일한 공헌을 했는데, 자신의 보상이 적다면 보상의 변동을 요구한다는 것이다.

$$\text{자신의} \left(\frac{\text{보상}}{\text{노력}}\right) < \text{준거인물의} \left(\frac{\text{보상}}{\text{노력}}\right)$$

$$\text{자신의} \left(\frac{\text{보상}}{\text{노력}}\right) > \text{준거인물의} \left(\frac{\text{보상}}{\text{노력}}\right)$$

→ 동기유발 $\text{자신의} \left(\frac{\text{보상}}{\text{노력}}\right) = \text{준거인물의} \left(\frac{\text{보상}}{\text{노력}}\right)$

(2) 투입에는 직무수행을 위한 노력, 기술, 직무수행향상을 위한 교육, 직무실적 등이고, 산출은 보수, 승진 등이 포함된다. 투입에 대해서 지각하고 이를 누적시켜 심리적 합계를 만들어가게 되는데, 투입에 대한 보상의 비율을 통해 공평한 처우를 받고 있는지 사회적 비교를 하게 된다. 보상의 비율은 비교하는 사람이 지각하는 비율로 처우의 형평성에 대한 신념은 주관적 판단에 달려 있다.

🔍 처우의 형평성은 조직시민행동(Organizational Citizenship Behavior)에도 영향을 미치는데, 조직시민행동은 조직구성원의 공식적 직무는 아니지만 조직의 효율성 증진에 기여하는 재량적·자발적 행동이다. 예컨대 동료의 일을 돕는 것, 봉사활동 참여, 자기개발 등이 해당한다.

(3) **전략적 대응**
① 일에 대한 투입 변동(일을 열심히 하지 않거나 더 열심히 함.)
② 보상의 변동을 요구(보수인상 요구 등)
③ 현장 이탈(=사직)
④ 준거인물을 변경
⑤ 심리적 왜곡(준거인물이 자신보다 훨씬 더 많은 일을 했을 것이라고 생각을 바꿈.)
⑥ 준거인물의 투입 또는 산출에 대한 변동 요구

04 포터와 롤러의 성과·만족이론

1. 의미

포터와 롤러(Porter & Lawler)의 성과·만족이론(Performance-Satisfaction Theory)은 직무성과가 내재적·외재적 보상을 가져오며 보상이 만족으로 이어진다고 보았다. 즉 성과의 수준이 업무만족의 원인이 된다고 보았다.

(1) **내재적 보상**: 직무자체에 대해 느끼는 성취감 등
(2) **외재적 보상**: 경제적 이익(보수), 승진, 안전 등

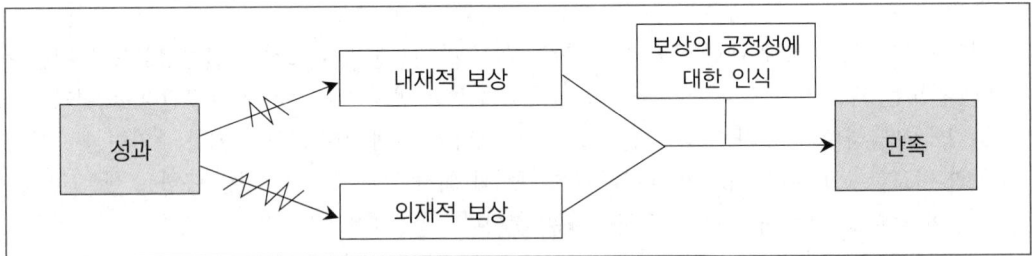

2. 특징

(1) 직무성과와 보상은 불완전하게 연결될 가능성이 있다. 외재적 보상은 내재적 보상에 비해 성과 외에 다른 요소들이 고려되는 경우가 더 많기 때문에 성과와 더 불완전하게 이어져 있다.
(2) 보상의 공정성에 대한 개인의 만족감을 주요변수로 삼아 기대이론을 보완하였다.

🔍 다만, 학자에 따라서 성과·만족이론을 기대이론의 한 종류로 보기도 한다.

(3) 내재적·외재적 보상이 있더라도 그것이 불공평하다고 지각되면 개인에게 만족을 줄 수 없다.

05 학습이론

1. 학습이란?

경험의 결과 행동의 변화가 일어나는 과정으로, 학습이론은 행태변화에 초점을 둔 행태주의자들의 동기이론이다. 스키너(B. F. Skinner)의 조작적 조건화 이론이 대표적이다.

2. 조작적 조건화 이론(Operant Conditioning Theory)

(1) 의미

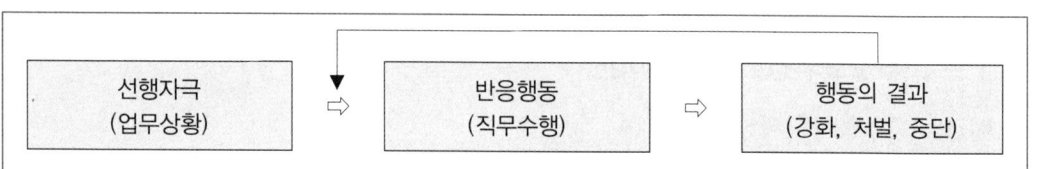

관찰가능한 인간의 행동에 초점을 두고 업무상황에서 바람직한 직무수행을 하면 강화요인을 제공하고 바람직하지 않은 행동을 하면 처벌한다. 예컨대 조직의 관리자가 A 직원에게 업무를 지시하였다고 하자. 해당 업무를 잘 수행하였더니, 관리자에게 칭찬도 받고 자신이 싫어하는 부수적인 업무도 면제해 주었다. A 직원은 관리자가 지시할 때마다 열심히 업무를 수행하게 되었다. 반면에 B 직원은 잦은 지각으로, 관리자로부터 질책을 받았고 자신이 선호하는 업무에서도 배제되었다. B 직원은 지각하는 빈도가 줄어들었다. 어느 날부터 관리자가 업무 지시 후 별다른 피드백도 없고 지각에 대한 질책도 하지 않자, 직원들은 다시 원래 상태로 돌아갔다.

(2) 유인기제와 행동수정

① 강화(Reinforcement)

같은 행동이 되풀이되는 확률을 높이는 방향으로 행동수정을 유도한다. 대상자가 선호하는 조건을 제공(칭찬 등)하는 적극적(Positive) 강화와 싫어하는 조건을 제거(싫어하는 업무 면제 등)하는 소극적(Negative) 강화로 구분할 수 있다. 또한 연속적 강화, 단속적 강화로 구분할 수 있는데, 초기 단계에는 연속적 강화가 효과적이다.

㉠ 연속적(Continuous) 강화

행동이 일어날 때마다 강화 요인을 제공하는 것이다. 예컨대 자녀가 부모의 심부름을 할 때마다, 그에 대한 보상으로 용돈을 준다.

㉡ 단속적(Intermittent) 강화

• 고정간격 강화: 규칙적 시간 간격으로 강화 요인을 제공하는 것으로, 예컨대 '매월 20일 봉급 주는 것'이 고정간격 강화에 해당한다.

• 변동간격 강화: 승진 등 일정한 간격을 두지 않고 변동적인 간격으로 강화 요인을 제공하는 것을 말한다.

• 고정비율 강화: 성과급제와 같이 행동의 일정 비율에 의해 강화 요인을 제공하는 것으로, 예컨대 '생산량에 비례하여 보수를 지급하는 것'이 고정비율 강화에 해당한다.

• 변동비율 강화: 칭찬, 보상 등 불규칙한 횟수의 행동이 나타났을 때 강화 요인을 제공하는 것을 말한다.

② **처벌(Punishment)**

같은 행동이 되풀이되는 확률을 낮추는 방향으로 행동수정을 유도한다. 대상자가 싫어하는 것을 제공(질책 등) 하는 적극적(Positive) 처벌과 선호하는 것을 제거(선호하는 업무에서도 배제)하는 소극적(Negative) 처벌로 구분할 수 있다.

(3) **중단(Extinction)**

유인기제의 제공을 중단하는 것으로, 행동수정이 점점 사라지게 된다.

06 조고폴러스의 경로 – 목표이론

1. 배경

경로 – 목표이론(Path-Goal Theory)은 조고폴러스(Basil S. Georgopoulos) 등의 '생산성에 대한 경로 – 목표 접근(Path-Goal Approach to Productivity)'에서 소개되었고, 이후 하우스(R. J. House) 등에 의해 리더십 이론으로도 활용되었다.

2. 의미

근로자들은 개인적 목표를 가지고 있고, 개인적 목표의 성취는 그와 연관된 욕구를 충족시킬 수 있다. 만약 회사에서 생산활동이 개인적 목표를 달성할 수 있는 유용한 통로(또는 수단)라고 지각(Perception)한다면 높은 생산성을 추구하는 경향을 보인다는 것이다.

• 기출문제 학습 •

01 동기부여이론 중 과정이론은 (㉠ 욕구계층이론 / ㉡ 기대이론 / ㉢ 성취동기이론 / ㉣ 공정성이론 / ㉤ ERG이론 / ㉥ X이론·Y이론 / ㉦ 목표설정이론 / ㉧ 형평성이론)이다. 21. 국가 9, 13. 서울 7

02 브룸(V. Vroom)의 기대이론에서 [㉠ 유의성(valence) / ㉡ 수단성(instrumentality) / ㉢ 기대감(expectancy)]은 특정한 보상에 대한 선호의 강도를 의미한다. 16. 서울 9

03 브룸(Vroom)의 기대이론에서 기대감(expectancy)은 개인의 노력이 (㉠ 공정한 보상으로 / ㉡ 개인의 성과)로 이어질 것이라는 주관적인 믿음을 의미한다. 21. 국가 7

04 (㉠ 브룸의 기대이론 / ㉡ 애덤스의 형평성이론)에 따르면 내가 투입한 노력과 그로 인하여 받은 보상의 비율이, 다른 사람과 비교하여 공평해야 한다는 균형성(balance)이 충족되어야 한다. 17. 지방 9

05 [㉠ 로크(Locke) / ㉡ 아담스(Adams)] 목표설정이론에서는 목표의 도전성(난이도)과 명확성(구체성)을 강조했다. 23. 지방 9

06 준거인과 비교하여 과소보상자는 불공정하다고 생각하고, (㉠ 과대보상자는 공정하다고 생각한다. / ㉡ 과대보상자도 불공정하다고 생각한다.) 24. 지방 9

07 아담스(Adams)의 공정성 이론에 따르면 (㉠ 공정하다고 / ㉡ 불공정하다고) 인식할 때 동기가 유발된다. 21. 국가 9

08 포터(Porter)와 롤러(Lawler)는 (㉠ 직무만족이 성과의 직접 원인 / ㉡ 성과가 직무만족의 직접 원인)이라고 주장한다. 17. 국가인사 7

09 [㉠ 포터(Porter)와 롤러(Lawler) / ㉡ 허즈버그(Herzberg)]는 보상의 공정성에 대한 개인의 만족감을 주요 변수로 삼아 기대이론을 보완하였다. 13. 서울 7

정답 1. ㉡, ㉣, ㉦, ㉧ 2. ㉠ 3. ㉡ 4. ㉡ 5. ㉠ 6. ㉡ 7. ㉠ 8. ㉡ 9. ㉠

Theme 04 조직문화

01 조직문화란?
조직 구성원들이 공유하는 가치와 신념, 그리고 태도와 행동양식의 총체이다.

02 조직문화의 기능 및 특징
1. 구성원들에게 소속 조직원으로서의 정체성 제공, 조직을 묶어 주는 접착제, 구성원의 사고와 행동을 결정하는 요인이다.

2. 인간의 본능이 아니라 학습을 통해서 익히게 되고, 기본적으로 안정적인 성격을 가지지만 시간이 흐름에 따라 변한다.

3. 조직이 성숙 및 쇠퇴 단계에 이르면 조직혁신을 저해하는 요인이 될 수 있다.

03 호프스테드의 문화차원

1. 배경

네덜란드 학자인 호프스테드(Greet Hofstede)는 다국적 기업인 IBM 직원들의 설문조사 자료를 바탕으로 국가 간의 문화를 비교 연구하였다. 그는 문화를 6가지 차원(Dimensions)으로 설명하는데 처음에는 권력거리, 불확실성 회피, 개인주의 대 집단주의, 남성성 대 여성성 4가지로 구분하다가, 이후 장기성향 대 단기성향, 향락 대 절제를 차례로 추가하였다.

2. 6가지 문화차원

(1) **권력거리(Power Distance)**

조직과 기관(예 가족) 내에서 권력이 불평등하게 분배된다는 것을 구성원들이 받아들이고 기대하는 정도를 말한다. 권력거리가 작은 경우(Small Power Distance)와 권력거리가 큰 경우(Large Power Distance)로 나뉘는데, 권력거리의 크기가 큰 경우 제도나 조직 내에 내재되어 있는 상당한 권력의 차이를 자연스럽게 인정한다.

(2) **불확실성 회피(Uncertainty Avoidance)**

불확실성 회피는 사회가 모호성(Ambiguity)을 얼마나 용인하는지를 의미하는 것으로, 위험회피와 동일한 개념은 아니다. 약한 불확실성 회피(Weak Uncertainty Avoidance)와 강한 불확실성 회피(Strong Uncertainty Avoidance)로 나뉘는데, 불확실성 회피 정도가 강한 경우 공식적 규정을 많이 만들어 불확실한 요소를 최대한 통제하려 한다.

(3) **개인주의 대 집단주의(Individualism versus Collectivism)**

한 사회에서 사람들이 집단에 얼마나 통합되어 있는지를 말한다. 개인주의가 강한 문화는 집단주의가 강한 문화보다 상대적으로 느슨한 개인 간 관계를 더 중요시한다.

(4) 남성성 대 여성성(Masculinity versus Femininity)

사회적 특성에 관한 것으로 다음과 같은 차이가 있다.

남성성	여성성
• 성별 간 감정적·사회적 차이의 극대화 • 남성과 여성은 단호하고 야심이 있음. • 일이 가족보다 중요	• 성별 간 감정적·사회적 차이의 극소화 • 남성과 여성은 겸손하고 배려심이 있음. • 가족과 일의 균형

(5) 장기성향 대 단기성향(Long Term versus Short Term Orientation)

유교 전통을 가진 동아시아 국가의 경제성장을 설명하기 위해 추가한 것으로 다음과 같은 차이가 있다.

장기성향	단기성향
• 삶에서 중요한 사건은 미래에 발생한다. • 좋은 사람은 상황에 적응한다. • 좋고 나쁨은 상황에 따라 다르다.	• 삶에서 중요한 사건은 과거와 현재에 발생한다. • 좋은 사람은 항상 일정하다. • 좋고 나쁨에 대한 보편적인 기준이 있다.

(6) 향락 대 절제(Indulgence versus Restraint)

향락 문화는 삶을 즐기고 재미를 추구하는 인간의 욕구 충족을 비교적 자유롭게 허용하는 사회이다. 절제 문화는 욕구 충족을 통제하고, 엄격한 사회적 규범을 통해 이를 규제하는 사회를 의미한다.

3. 우리나라 문화의 평가

우리나라는 권력거리는 60점, 개인주의는 18점, 남성성은 39점, 불확실성 회피는 85점, 장기성향은 100점, 쾌락은 29점으로 나타났다. 대체적으로 권력거리가 크며(=권위주의적), 집단주의적이며, 여성성이 강하며(=온정주의), 불확실성 회피성향이 강하며(=안정주의), 장기성향, 절제가 강하다.

04 조직몰입

1. 의미

조직구성원이 소속 조직의 목표와 일체화되어 그 조직의 구성원으로 남기를 원하는 수준을 의미한다.

2. 메이어와 앨런(Mayer & Allen)의 분류

(1) **감정적 몰입**: 조직에 대한 감정적 애착

(2) **연속적 몰입**: 조직에서 이탈시 발생하는 비용으로 인한 몰입

(3) **규범적 몰입**: 도덕적 또는 윤리적 이유로 몰입

3. 라이처스(Reichers)의 분류

(1) **태도적 몰입**: 조직의 목적과 가치를 동일화하여 내재화

(2) **행위적 몰입**: 조직에 투자된 매몰비용으로 인한 몰입

(3) **타산적 몰입**: 조직으로부터 보상과 비용의 이해타산에 따라 몰입

• 기출문제 학습 •

01 조직이 성숙 및 쇠퇴 단계에 이르면 조직문화는 조직혁신을 (㉠ 저해하는 / ㉡ 촉진하는) 요인이 된다.
18. 서울 9

02 홉스테드(Hofstede)는 '권력거리'의 크기가 (㉠ 작은 / ㉡ 큰) 문화에서는 평등한 관계를 중시하기 때문에 조직 내 의사소통이 활발하고 분권화된 경우가 많다고 본다. 23. 지방 7

03 호프스테드(Hofstede)의 문화차원을 근거로 했을 때 한국문화의 특성으로 보기 어려운 것은 (㉠ 개인주의 / ㉡ 온정주의 / ㉢ 권위주의 / ㉣ 안정주의)이다. 15. 국가 7

04 (㉠ 집단주의가 강한 문화는 개인주의가 강한 문화보다 / ㉡ 개인주의가 강한 문화는 집단주의가 강한 문화보다) 상대적으로 느슨한 개인 간 관계를 더 중요시한다. 21. 국가 7

정답 1. ㉠ 2. ㉠ 3. ㉠ 4. ㉡

Theme 05 조직 내 의사전달

01 의사전달(커뮤니케이션)의 중요성

조직 내 구성원간의 원활한 의사전달은 필수적인 것으로, 의사전달에 장애가 발생할 경우 조직목표 달성을 어렵게 한다.

02 공식적 VS 비공식적 의사전달

1. 의미

(1) **공식적 의사전달** : 공식조직 내에서 계층제적 경로와 과정을 거치는 의사소통

(2) **비공식적 의사전달** : 조직구성원의 친분, 상호신뢰 등 인간관계를 통한 의사소통

2. 특징

공식적 의사전달	비공식적 의사전달
• 책임소재가 명확 • 상관의 권위 유지 • 정책결정에 활용이 용이 • 의사소통이 객관적 • 조정과 통제 용이 • 문서 명령과 예규의 제정 등은 상의하달에 의한 의사전달 방식	• 관리자에 대한 조언 기능 • 수직적 계층제에서 상관의 권위를 손상시킬 수 있음. • 신속한 전달 • 배후사정을 소상히 전달 • 긴장과 소외감을 극복하고 개인적 욕구를 충족 • 조정과 통제가 어려움. • 공식적 의사전달 보완하지만 혼란을 줄 수 있음.

03 의사소통에 필요한 요소

1. **발신자** : 정보 등을 전달하려고 하는 사람

2. **코드화** : 정보를 언어, 몸짓, 기호 등 특정형태로 변화 후 발송하는 것

3. **통로** : 발신자와 수신자를 이어주는 연계

4. **해독** : 수신자가 자신에게 전달된 정보를 어떤 개념이나 생각, 감정 등으로 변화시키는 사고 과정

5. **수신자** : 발신자의 정보 등을 받는 사람

6. **환류** : 의사소통이 일방적으로 끝나는 것이 아니라 수신자가 정보에 대해 응답하는 것

7. **장애** : 의사소통 과정에서 정보를 왜곡시킬 수 있는 요인

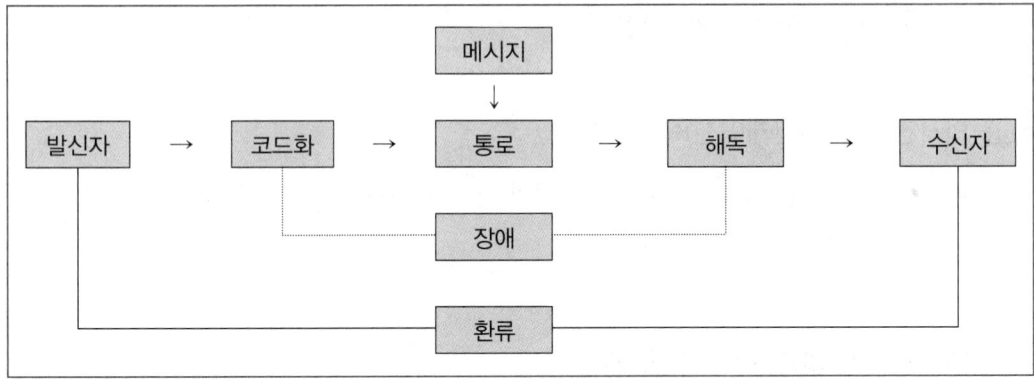

04 의사전달 네트워크 유형

1. **개방(All Channel)형**: 조직 내 구성원이 다른 모든 구성원들과 직접적인 의사전달을 하는 형태로서 중심적 위치를 차지하는 단일의 리더는 없다.

2. **원(Circle)형**: 구성원의 양옆의 두 사람과만 연결된 의사전달 네트워크 형태이다.

3. **선형 또는 연쇄(Chain)형**: 단순한 계서적 의사전달 형태이다.

4. **바퀴(Wheel)형**: 가운데 리더가 있으며 모든 의사전달은 중심의 리더를 통해서 이루어지는 형태이다.

5. **Y형**: 의사전달의 최상층 또는 최하층에 두 개의 직위가 있는 형태이다.

6. **혼합(Mixed)형**: 바퀴형과 개방형이 혼합된 형태로 구성원들이 자유롭게 의사전달을 하면서 가운데 리더가 있는 형태이다.

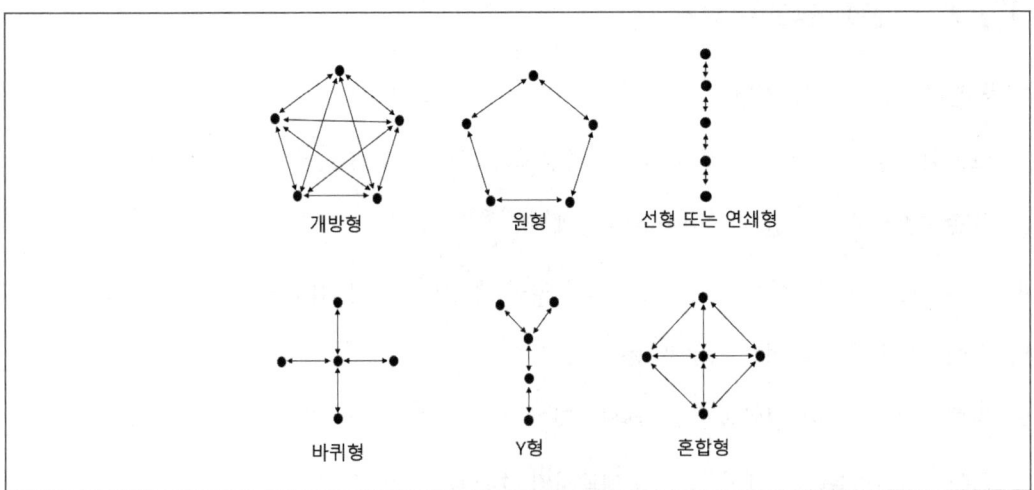

05 의사전달의 장애

1. 개인적 차원
사람들 간에 준거 기준의 차이, 자신에게 불리한 정보를 감추는 등 전달자의 자기방어, 피전달자의 전달자에 대한 불신 등이다.

2. 조직구조 차원
정보전달 채널의 부족, 의사전달 기술의 부족 등 매체의 불완전성, 지나친 계층화로 인한 수직적 의사전달 저해, 지나친 전문화와 할거주의로 인한 수평적 의사전달 저해 등이다.

3. 기타요인
시간의 압박, 의사전달의 분위기, 상급자의 일방적인 지시 등 계서제적 문화, 수신자의 확인 및 의견에 대한 환류의 차단 등이다.

• 기출문제 학습 •

01 (㉠ 공식적 / ㉡ 비공식적) 의사전달은 조정과 통제가 곤란하다는 단점이 있다. 16. 지방 9

02 의사전달 장애요인으로, 환류의 차단은 (㉠ 정확성이 우선되는 / ㉡ 신속성이 우선되는) 상황에서 장애가 될 수 있다. 10. 국가 7

정답 1. ㉡ 2. ㉠

Theme 06 갈등

01 갈등이란?

조직 내 갈등이란 행동주체 간의 대립적 상호작용이다. 예컨대 제한된 예산을 두고 해당 기관 내 부서 간 경쟁을 한다.

02 다양한 갈등의 구분

1. 갈등에 대한 관점

(1) **전통주의자**(갈등역기능론): 갈등은 언제나 부정적인 것으로, 갈등제거에 초점을 둔다.

(2) **행태주의자**(갈등수용론): 갈등은 필연적 현상으로 완전한 제거가 불가능하기 때문에 인정하고 받아들여야 한다.

(3) **상호작용주의자**: 갈등을 정상적인 현상으로 보고 경우에 따라서는 조직 발전의 원동력이므로, 긍정적 갈등은 조장하고 부정적 갈등은 제거해야 한다.

2. 갈등의 진행단계

폰디(Louis Pondy)는 갈등이 '잠재적 갈등(갈등이 야기될 수 있는 상황 또는 조건) → 지각된 갈등 → 감정적으로 느끼는 갈등 → 표면화된 갈등 → 갈등의 결과'로 진행된다고 보았다.

03 갈등의 원인

1. 지위부조화

직위에 의한 지위와 능력에 의한 지위의 괴리는 행동 주체 간의 교호작용을 예측 불가능하게 하여 갈등을 야기한다. 예컨대 부하직원보다 능력이 부족한 상사 사이의 갈등이 발생할 수 있다.

2. 제한된 자원

제한된 자원은 하위 부서 간 경쟁 등을 유발한다.

3. 분업구조

참모와 계선의 관계, 목표의 분업구조 등 기능이나 업무의 특성에 따른 분업구조를 이룬다. 분업이란 업무를 개인이나 부서별로 나누어서 하는 것으로, 협력이 필요한 경우 갈등이 발생할 수 있다.

4. 과업의 상호 의존성

과업의 연계성으로 인한 타인과의 협조 필요성의 증가는 갈등을 발생시킬 수 있다.

5. 의사소통의 장애

의사소통의 장애로 오해와 불신은 갈등을 야기하고, 의사소통 과정에서 충분한 양의 정보도 갈등을 유발하는 경우가 있다.

6. 기타 요인

당사자들의 성격, 가치관의 차이, 상충되는 목표추구 등이 원인이 된다.

> **◈ 개인적(내면적) 갈등의 원인**
>
> 사이먼과 마치(Simon & March)는 조직이나 개인 간 갈등이 아니라, 개인의 내면적 갈등의 원인을 제시하였다.
> 1. 비수락성(Unacceptability): 각 대안의 예상결과를 알지만 대안들이 모두 만족 기준을 충족시키지 못해 선택에 곤란을 겪게 된다.
> 2. 비비교성(Incomparability): 대안의 결과를 알지만 최선의 대안이 어느 것인지 비교하기 곤란하다.
> 3. 불확실성(Uncertainty): 각 대안이 초래할 결과를 알 수 없다.

04 갈등관리

갈등관리는 갈등의 예방, 갈등의 해소, 갈등의 조성으로 구분할 수 있다.

1. 갈등예방

(1) 자원의 희소성 관련 갈등예방

경제성을 기준으로 예산을 배분하는 등 자원의 배분기준을 명확히 한다.

(2) 분업구조 관련 갈등예방

직급교육과 인사교류 등을 통해 다른 부서 업무에 대한 이해도를 높일 수 있다.

(3) 업무의 상호의존성 관련 갈등예방

상호의존성을 자체를 줄여주거나 업무분담을 명확히 한다.

(4) 개인의 특성 관련 갈등예방

다른 사람과의 공감대 형성 능력 개발을 위한 교육을 실시한다.

2. 갈등해소

부족한 자원 자체를 증대(예산의 증대 등), 공동의 상위 목표나 공동의 적을 확인, 상관의 권위적 명령, 당사자 간의 타협·협상·회피, 조직의 구조의 변화 등이 있다. 토마스(Thomas)는 다음과 같이 갈등해소 방안을 제시하였다.

토마스(Thomas)의 갈등해소 방안

회피(avoiding)	자신의 이익이나 상대방의 이익 모두에 무관심한 방안
경쟁(competing)	상대방의 이익을 희생해 자신의 이익을 추구하는 방안
순응(accommodating)	자신의 이익을 희생하면서 상대방의 이익을 만족시키는 방안
협동(collaborating)	자신과 상대방의 이익을 모두 만족시키는 방안
타협(compromising)	자신과 상대방의 이익을 중간 정도 만족시키는 방안

3. 갈등조성

(1) 의미

조직의 불확실성을 높이거나 위기감을 불러일으키는 것과 같이 인위적 갈등조성 전략은 조직의 생존·발전에 필요한 전략 중 하나이다. 다만, 갈등은 유해하며 역기능적인 것이라고 보는 관점에서는 채택되기 어렵다.

(2) 갈등조성 방안

① 공식적 및 비공식적 정보전달통로를 의식적으로 변경한다. 특정인을 의사전달 통로에서 제외하거나 포함하면, 정보의 재분배와 그에 따른 권력의 재분배는 갈등을 야기한다.
② 지나치게 과장한 정보를 전달하여 갈등을 조성하면, 조직의 정체된 행태가 활성화되어 창의성과 자율성이 올라간다.
③ 조직 내의 계층 수 및 기능적 조직단위의 수를 늘려 서로 견제하게 한다.

05 조직 내 협상(배분적 협상 VS 통합적 협상)

협상의 특징	배분적 협상	통합적 협상
이용가능 자원	고정적인 양	유동적인 양
주요 동기	승-패 게임	승-승 게임
이해관계	서로 상반	조화, 상호수렴
관계의 지속성	단기간	장기간

· 기출문제 학습 ·

01 조직내부의 갈등에 대해 (㉠ 고전적 갈등관리 / ㉡ 행태론적 입장)에서는, 모든 갈등이 조직성과에 부정적 영향을 미치므로 제거되어야 한다고 본다. 13. 국가 9

02 갈등관리의 상호작용적 관점에서는 (㉠ 조직에 갈등이 거의 없는 경우 환경변화에 대한 적응력이 높아지므로 조직성과가 향상된다고 본다. / ㉡ 갈등을 정상적인 현상으로 보고 경우에 따라서는 조직발전의 원동력으로 본다.) 16. 국가인사 7

03 의사결정자가 각 대안의 결과는 알고 있으나, 대안 간 비교 결과 어떤 것이 최선의 결과인지를 알 수 없어 발생하는 개인적 갈등의 원인은 (㉠ 불확실성 / ㉡ 비비교성)이다. 17. 서울 9

04 구조적 측면에서 갈등 요인이 아닌 것은 (㉠ 개인의 이기적인 태도 / ㉡ 제한된 자원의 하위 부서 간 공유)이다. 16. 지방 7

05 (㉠ 타협 / ㉡ 협동)은 갈등 당사자 간 서로 존중하고 자신과 상대방 모두의 이익을 극대화하려는 유형으로 'win-win' 전략을 취한다. 24. 국가 9

정답 1. ㉠ 2. ㉡ 3. ㉡ 4. ㉠ 5. ㉡

Theme 07 권력

01 권력(Power)이란?
개인 또는 집단이 다른 개인이나 집단에 영향을 미칠 수 있는 능력을 말한다.

02 프렌치(J. French)와 레이븐(B. Raven)의 권력의 원천

1. 합법적 권력
권한과 유사하며 상사가 보유하고 있는 직위에 기반을 둔 것으로 일반적으로 직위가 높을수록 합법적 권력은 더욱 커지는 경향이 있다.

2. 전문적 권력
다른 사람들이 가치를 두는 정보를 가지고 있는 정도에 기반을 둔 것으로 다른 사람이 필요로 하는 전문적인 기술이나 지식을 어떤 사람이 가지고 있을 때 발생하며, 조직 내 공식적 직위와 항상 일치하는 것은 아니다.

3. 강압적 권력
인간의 공포에 기반을 둔 것으로 어떤 사람이 다른 사람을 처벌할 수 있는 능력을 가지거나 육체적 또는 심리적으로 다른 사람에게 위해를 가할 수 있는 능력을 가진 경우 발생한다.

4. 보상적 권력
다른 사람들에게 보상을 제공할 수 있는 능력에 기반을 둔 것으로, 조직이 제공하는 보상의 예에는 봉급, 승진, 직위 부여 등이 있다.

5. 준거적 권력
자신보다 뛰어나다고 생각하는 사람을 닮고자 할 때 발생하며 카리스마 개념과 유사하다.

• 기출문제 학습 •

01 프렌치와 레이븐의 권력유형 분류에서 권력의 원천이 아닌 것은 (㉠ 상징 / ㉡ 강제력 / ㉢ 전문성 / ㉣ 준거)이다. 18. 국가 9

정답 1. ㉠

Theme 08 리더십

🔍 리더십(Leadership)이란 리더가 조직 구성원들에게 영향력을 발휘하여, 조직 목표 달성에 기여하도록 하는 능력을 말한다. 리더십 이론은 특성론으로부터 시작해서 행태론을 거쳐 상황론으로 발전하였고, 새로운 유형으로 변혁적 리더십 등이 있다.

01 특성론 또는 자질론

1. 의미

특성론(Trait Theory)은 지도자 개인이 갖는 자질 및 특성에 관심을 가지는 접근법으로, 지도자의 특성으로 지능과 인성뿐 아니라 육체적 특징을 들고 있다.

2. 평가

지도자의 자질이 집단의 특성·조직목표·상황에 따라 완전히 달라질 수 있고, 동일한 자질을 갖는 것은 아니며, 반드시 갖춰야 할 보편적인 자질은 없다는 비판이 있다.

02 행태론

행태론(Behavioral Theory)은 리더의 실제 행동과 효과성 사이의 관계에 관심을 가지는 접근법으로 상이한 지도유형이 구성원의 과업 성과에 어떤 영향을 주는가를 분석한다.

1. 아이오와 주립대학의 연구: 민주형, 권위형, 방임형

아이오와 주립대학의 리피트, 화이트 등에 의한 리더십 연구에서는 리더의 행태를 민주형(자율과 참여 강조), 권위형(지시·명령·임무중심), 방임형(리더가 명목상으로만 존재)으로 분류하였다. 민주형 > 권위형 > 방임형 순으로 선호가 높았고, 민주형이 생산성과 산출물의 질적인 측면에서 가장 높은 성과를 창출하였다.

2. 미시간대학교의 연구: 직원중심형과 생산중심형

미시간대학교의 연구에서는 리커트(R. Likert) 등은 직원중심형(Employee-Oriented)과 생산중심형(Production-Oriented)이라는 두 가지 리더십 유형으로 구분하고, 직원중심형이 우월하다고 결론을 내렸다.

3. 블레이크와 머튼의 연구: 관리격자모형

블레이크(R. Blake)와 머튼(J. Mouton)은 관리격자(Managerial Grid)라는 개념적 도구를 만들어 리더의 행태를 사람에 대한 관심(Concern for People)과 생산에 대한 관심(Concern for Production)으로 나누었다. 다음 그림과 같이 무기력(Impoverished)형, 친목(Country Club)형, 임무(Task)형, 중도(Middle of the Road)형, 단합(Team)형이라는 기본적인 리더십 유형을 도출한다. 그중에서 단합형 리더십이 가장 이상적이라고 주장하였다.

◈ 관리격자 모형

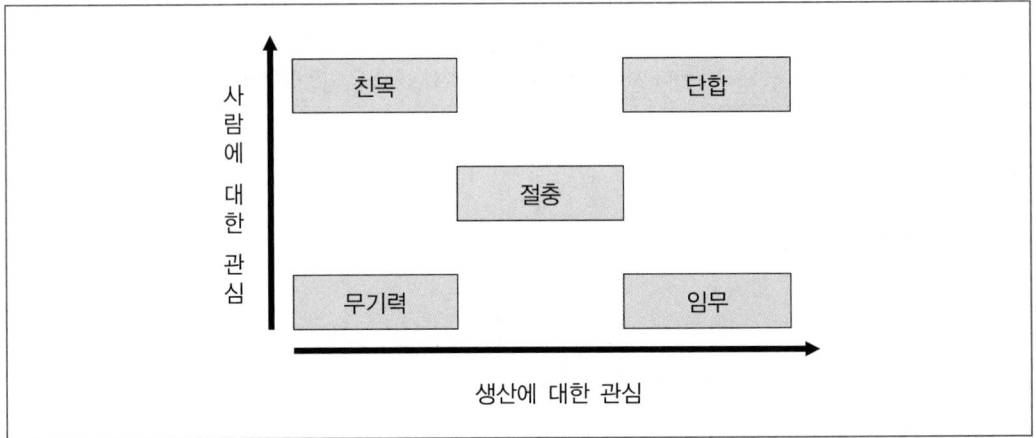

4. 오하이오 주립대학의 연구: 구조설정과 배려

오하이오 주립대학교에서 이루어진 연구에서는 구조설정(Initiating Structure)과 배려(Consideration)으로 구분하였다. 구조설정은 리더와 추종자간의 관계 등을 엄격하게 하는 정도를 의미하며, 구조설정이 높을수록 임무중심의 리더십 행태이다. 배려는 우정, 상호신뢰 등을 의미하므로, 배려가 높을수록 인관관계중심의 리더십 행태이다. 구조설정과 배려는 독자적이며, 구조설정과 배려가 둘 다 높을 때 추종자들의 불평과 이직률이 가장 낮았다.

◈ 구조설정과 배려

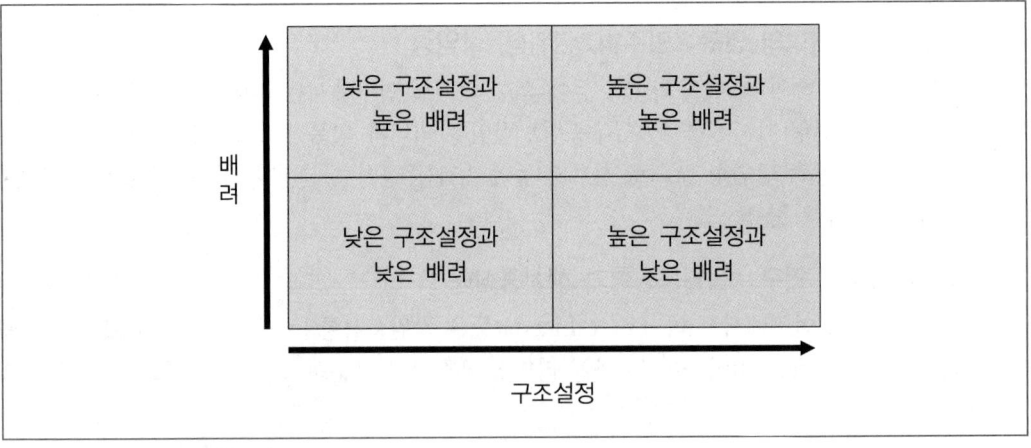

5. 리더와 구성원과의 관계

관계이론 또는 교환이론(Leader-Member Exchange Theory)에 따르면, 리더는 구성원을 내부집단(In-Group)과 외부집단(Out-Group)으로 구분하여 내부집단 구성원들에게 더 많은 신뢰와 관심 등을 준다는 것이다. 내부집단 구성원들의 직무성취와 만족이 높다.

03 상황론

상황론(Contingency Theory)은 리더십을 특정한 맥락 속에서 발휘되는 것으로 파악해 상황 유형별로 효율적인 리더의 형태를 찾아내기 위한 연구를 수행한다. 따라서 상황론적 접근법은 유일·최선의 리더십 행태나 특성이 있는 것이 아니라, 상황 유형별로 적합한 리더의 행태 등이 있다는 것이다.

1. 피들러(F. Fiedler)의 상황적합적 리더십이론

피들러(F. Fiedler)는 3가지 상황요인으로 '리더와 부하의 관계'·'직위권력'·'과업구조'를 제시하면서, 상황요인을 평가하여 그에 적합한 리더십의 유형을 과업지향형·인간관계지향형으로 구분하였다.

상황 요인	상황 평가		적합한 리더십 유형
• 리더와 부하의 관계 • 과업구조 • 직위권력	유리함	→	과업지향형
	중간	→	인간관계지향형
	불리함	→	과업지향형

(1) **상황요인**

① 리더와 부하의 관계(Leader-Member Relations)

리더와 부하 사이의 신뢰의 정도를 의미하며, 양호(Good)하거나 부족(Poor)한 것으로 평가한다. 신뢰의 정도가 높을수록 리더십을 발휘하기 유리하다.

② 과업구조(Task Structure)

업무가 명확하고 구조화된 정도를 의미하며, 높거(High)나 낮은(Low) 것으로 평가한다. 과업구조가 높으면 업무가 명확하고 모호하지 않아 리더십을 발휘하기 유리하다.

㉠ 직위권력(Position Power)

부하의 승진이나 임금 상승 등 리더의 지위에 부여된 권력을 의미하며, 강(Strong)하거나 약(Weak)한 것으로 평가한다. 직위권력이 강할수록 리더십을 발휘하기 유리하다.

(2) **상황 평가**

3가지 상황요인을 평가하여 상황을 유리함(Favorable), 중간(Moderate), 불리함(Fnfavorable)으로 평가하다.

(3) **리더의 스타일 평가**: 과업지향형, 인간관계지향형

리더의 행태조사에서 '가장 좋아하지 않는 동료(Least-Preferred Co-Worker)'를 평가하게 하는 조사표를 만들어 평가하게 한다.

① LPC를 비교적 부정적으로 평가한 사람 = 과업지향형
② LPC를 비교적 호의적으로 평가한 사람 = 인간관계지향형

(4) **결론**

리더십의 효과성을 제고하기 위해서는 리더의 스타일을 정확히 파악하고 상황에 맞춰 리더를 배치하는 것이 필요하다. 유리하거나 불리한 상황에서는 과업지향형 리더가 효과적이고, 중간일때는 인관계지향형 리더가 효과적이다.

2. 허시와 블랜차드의 생애주기이론

허시와 블랜차드(P. Hersey & K. Blanchard)는 생애주기이론(Life Cycle Theory)에서 부하 직원의 성숙도를 상황요인으로 두고, 이에 적합한 리더십 스타일을 지시, 설득, 참여, 위임으로 구분하였다.

◈ 부하의 성숙도에 따른 리더십 스타일

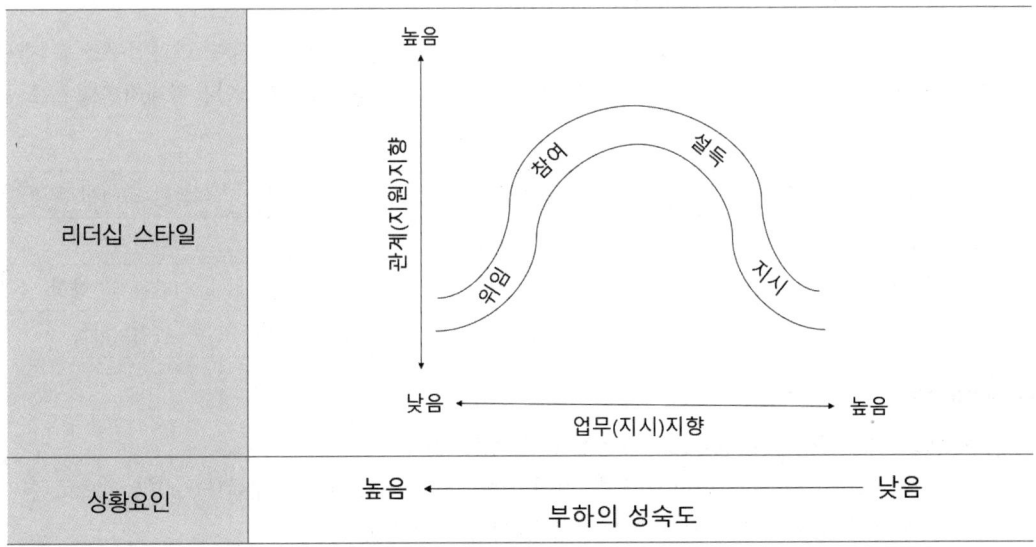

(1) **상황요인**: 부하의 성숙도

부하의 성숙도(Maturity)는 업무수행에 대한 의지와 능력 등을 나타내는 것으로, 성숙도가 높을수록 의지와 능력이 올라간다.

(2) **리더십 스타일**

리더의 행태를 업무[Task Behavior 또는 지시(Directive Behavior)]지향과 관계[Relationship 또는 지원(Supportive Behavior)]지향 차원에서, 지시, 설득, 참여, 위임으로 구분하였다.

① 지시(Directing)

부하의 성숙도가 가장 낮은 상황으로, 신규로 채용된 직원 등은 업무에 대한 능력이나 의지가 낮다. 리더는 부하에게 명확하게 지시하고, 면밀하게 감독하여야 한다.

② 설득(Persuading)

부하 직원의 성숙도가 조금 올라간 상황으로, 리더가 부하에게 방향을 제시한다. 다만 부하의 반응, 의견, 제안을 듣기도 한다.

③ 참여(Participating)

부하의 성숙도가 더 올라가서 업무 수행을 위한 일정한 능력은 갖추었지만 의지는 부족한 상태이다. 리더는 부하를 인정하고, 적극적으로 경청하며, 문제해결과 의사결정을 독려한다.

④ 위임(Delegating)

부하의 성숙도가 높아 업무수행을 위한 능력과 의지를 충분히 갖추고 있다. 리더는 최소한의 방향 제시와 지원만 담당하고, 부하가 스스로 업무를 수행하도록 권한을 위임한다.

3. 하우스의 경로 - 목표이론

하우스(Robert J. House)의 경로-목표이론(Path-Goal Theory)이라고 불리는 이유는 리더의 행동이 부하의 목표 달성을 증가시키고, 목표로 가는 '경로'를 명확하게 해주는 정도에 따라 동기가 부여되거나 만족감을 줄 수 있기 때문이다. 다음 그림과 같이 리더의 행태와 상황 요인 결합하여 부하의 태도와 행태에 영향을 준다고 보았다.

리더의 행태		상황 요인		부하의 태도와 행태
• 지시적 • 지원적 • 성취 지향적 • 참여적	+	• 부하의 개인적 특성 • 부하의 환경	→	• 업무 만족 • 동기부여 → 성과

(1) 상황요인

① 부하의 개인적 특징(Personal Characteristics of The Subordinates)

㉠ 통제성향(Locus of Control)

내재적 통제 성향을 가진 사람들은 참여적 리더십 스타일에서 더 높은 만족도를 보이며, 외재적 통제 성향을 가진 사람들은 지시적 리더십 스타일에서 더 높은 만족도를 보인다.

> 🔍 자신에게 일어나는 일이 자신의 행동 때문이라고 믿는 사람들을 내재적 통제 성향이라고 하며, 운이나 우연에 의해 결정된다고 믿는 사람들을 외재적 통제 성향이라고 한다.

㉡ 자신의 능력에 대한 인식(Perception of Their Own Ability)

업무에 비해 자신이 가진 능력이 높다고 인식할수록, 리더의 지시와 지도에 덜 수용적이다.

② 부하의 환경(The Environment of The Subordinate)

환경적 요인은 부하의 업무(Tasks), 조직의 공식적 권한 체제(The Formal Authority System of The Organization), 주요 업무 그룹(The Primary Work Group)으로 구분할 수 있다. 업무로부터 동기를 부여받을 수 있고, 조직 내 권한은 부하의 행동을 제약할 수 있으며, 리더가 아닌 동료로부터 만족을 얻을 수도 있다.

(2) 리더의 행태

> 🔍 하우스가 1971년 발표한 논문에서는 리더의 행태를 오하이오주립대학의 연구를 적용해 구조주도와 배려 차원으로 구분하였다가, 1974년 논문에서 다음 설명과 같이 4가지 유형으로 세분화한다. 지시적·성취 지향적 리더십은 업무 중심적 리더십, 지원적·참여적 리더십은 관계 지향적 리더십과 가깝다고 볼 수 있다.

① 지시적 리더십(Directive Leadership)

지시적 리더십은 모호한 과업을 수행하는 부하의 불안감을 해소와 만족도를 향상한다. 즉 리더가 모호한 과업을 어떻게 수행해야 하는지 명확하게 지시해 주어야 한다는 것이다.

② 지원적 리더십(Supportive Leadership)

명확하고 반복적인 업무나 부하의 경험과 수준이 높은 상황에서는 지시적 리더십은 불필요한 간섭에 해당한다. 따라서 리더는 부하의 업무 수행에 필요한 것을 지원한다.

③ 성취 지향적 리더십(Achievement-Oriented Leadership)
성취 지향적 리더십은 부하가 더 높은 성과 기준을 추구하도록 하며, 도전적인 목표를 달성할 수 있다는 자신감을 갖게 하는 것이다. 모호하고 반복되지 않는 과업을 수행하는 부하는 리더의 성취 지향성이 높을수록 자신의 노력이 효과적인 성과로 이어질 것이라는 확신을 더 가진다.

④ 참여적 리더십(Participative Leadership)
참여적 리더십은 의사결정 과정 등에 부하를 참여시키는 것으로, 자율과 스스로 통제하는 것을 선호하는 직원들의 만족과 성과에 영향을 미친다.

4. 커와 저미어(S. Kerr & J. jermier)의 리더십 대체이론

커와 저미어(S. Kerr & J. jermier)의 리더십 대체이론은 부하의 능력 등 상황 요인들이 리더십을 대체할 수 있다고 설명한다. 예컨대 부하가 충분한 경험과 능력을 갖추고 있다면 리더십의 필요성이 낮아진다. 리더십 대체할 수 있는 것 외에도, 악화시키거나 강화시키는 요인도 있다.

(1) **리더십 대체물**: 구조화되고 일상적이며 애매하지 않은 과업, 수행하는 과업의 결과에 대한 빈번한 환류, 부하의 경험·능력·높은 훈련수준 등

(2) **리더십 중화물**(리더십 악화): 조직이 제공하는 보상에 대한 무관심 등

(3) **리더십 증강물**(리더십 강화): 보수에 대한 리더의 결정권 강화 등

04 새로운 유형의 리더십: 변혁적 리더십

변혁적 리더십은 번스(James MacGregore Burns)의 연구에서 처음 사용되었고, 바스(Bernard M. Bass)에 의해 본격적으로 연구가 시도되었다. 번스는 리더십을 거래적 리더십(Transactional Leadership)과 변혁적 리더십(Transformational Leadership)으로 구분하였다.

1. 거래적 리더십

(1) **의미**
리더는 부하가 적절한 수준의 노력과 성과를 보이면 그만큼의 보상을 제공하는 방식이다. 즉 리더와 부하 간의 성과와 보상을 주고받는 관계이다.

(2) **특징**
리더는 예외에 의한 관리(Management by Exception)*에 치중하며, 보수적·현상유지적 리더십
    *예외적인 또는 새로운 사안에 관해서만 관리층에서 결정하고, 일상적인 업무는 부하에 위임한다.
으로 평가되기도 한다.

2. 변혁적 리더십

(1) **의미**
번스는 변혁적 리더십을 '리더와 추종자(Follower, 부하) 서로가 더 높은 수준의 도덕성과 동기수준으로 나아가게 하는 과정'으로 설명하고 있다.

(2) 변혁적 리더의 특징

① 영감(Inspirational Motivation)
변혁적 리더는 비전을 제시함으로써 추종자에게 영감을 주고 동기를 부여할 수 있는 능력을 가지고 있어야 한다.

② 이상적 영향(Idealized Influence, 카리스마적 리더십)
변혁적 리더는 추종자의 이상적 롤 모델로서 추종자의 존경을 받는다. 이러한 특징은 카리스마적 리더십의 특징이기도 하다.

③ 개별적 배려(Individualized Consideration)
변혁적 리더는 추종자 발전시키기 위해 그들의 요구와 잠재력에 관심을 가져야 한다. 개인의 차이가 존중되고, 리더는 추종자의 개별적 관심을 알고 있어야 한다.

④ 지적 자극(Intellectual Stimulation)
변혁적 리더는 추종자에게 새로운 아이디어와 행동 방식을 독려하여, 창의적 사고를 가지게 한다.

05 기타 리더십 종류

1. 서번트(Servant) 리더십
자기 자신보다는 다른 사람에게 초점을 두고, 부하들이 잠재력을 발휘할 수 있도록 봉사하는 리더십이다.

2. 카리스마적(Charismatic) 리더십
리더가 특출난 성격과 능력으로 부하들의 강한 헌신과 리더의 일체화를 이끌어 낸다.

3. 진성(Authentic) 리더십
리더의 진정성 있고 신뢰할 수 있는 행동으로 부하들을 이끌어가는 리더십이다.

4. 캘리의 팔로워십
캘리(Robert E. Kelly)는 그의 저서 '팔로워십의 힘(The Power of Followership)'에서 추종자(팔로워)에 주목하면서, 추종자의 유형을 5가지로 제시하였다.

팔로워십 스타일

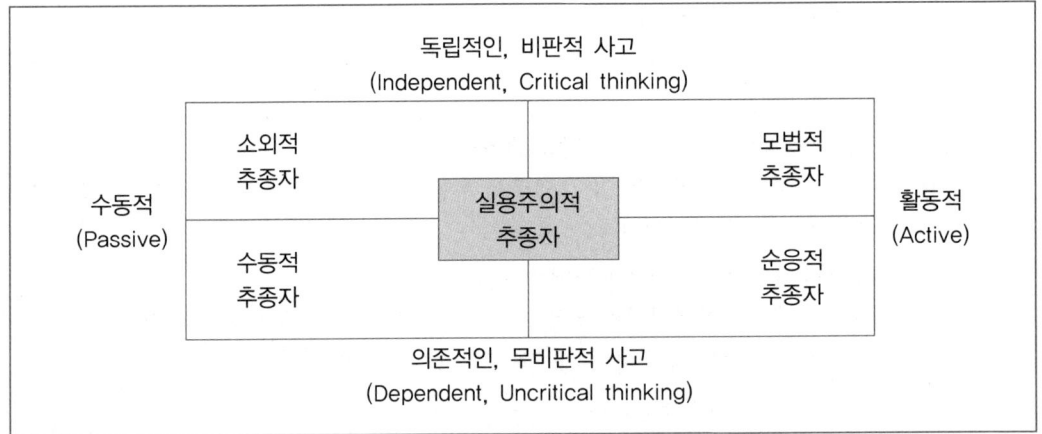

(1) **소외적 추종자**(Alienated Followers)
   문제점에 관심은 가지지만 문제해결에 참여하려 하지 않는다.
(2) **수동적 추종자**(Passive Followers, Sheep)
   책임성이 없고, 관리자의 감독이 필요하다.
(3) **실용주의적 추종자**(Pragmatist Followers, Survivor)
   위험을 회피하고, 조직에서 생존을 우선시한다.
(4) **순응적 추종자**(Conformist Followers, Yes People)
   조직 활동에 능동적으로 참여하고, 지시에 복종한다.
(5) **모범적 추종자**(Exemplary Followers, Effective Followers)
   독립적·비판적 사고를 하면서 조직 활동에 적극적인 유형이다.

• 기출문제 학습 •

01 리더십과 관련하여 특성론적 접근법은 (㉠ 업무의 특성 / ㉡ 개인의 자질)과 리더십 발휘 사이의 관계에 초점을 맞춘다. 15. 서울 9

02 리더-구성원교환이론에서 (㉠ 리더가 모든 구성원을 차별 없이 대우하는 공정성을 중시한다. / ㉡ 리더가 내집단에 대해서 특별한 관심과 혜택을 준다.) 24. 지방 9

03 피들러의 상황적합적 리더십 이론에서 3가지 상황요인은 (㉠ 리더와 부하의 관계 / ㉡ 부하의 성숙도 / ㉢ 과업구조 / ㉣ 직위권력)이다. 21. 국가 7

04 피들러(Fiedler)의 상황적합적 리더십 이론은 리더의 형태에 따라 (㉠ 과업지향형, 인간관계지향형 / ㉡ 권위주의형, 민주형, 자유방임형)으로 구분하였다. 15. 지방 9

05 허시 & 블랜차드(P. Hersey & K. Blanchard)는 부하의 성숙도가 (㉠ 높은 / ㉡ 낮은) 경우 지시적 리더십이 효과적이라고 보았다. 21. 지방 7

06 커와 저미어(S. Kerr & Jermier)가 주장한 '리더십 대체물 접근법' 중 리더십 ① 대체물과 ② 중화물을 각각 연결하면? 14. 지방 7

> ㉠ 구조화되고, 일상적이며, 애매하지 않은 과업
> ㉡ 조직이 제공하는 보상에 대한 무관심
> ㉢ 부하의 경험, 능력, 높은 훈련 수준
> ㉣ 수행하는 과업의 결과에 대한 빈번한 환류

07 리더십대체이론에 따르면 구성원들이 충분한 경험과 능력을 갖추고 있는 상황에서는 (㉠ 지시적 / ㉡ 지원적) 리더십이 불필요하다. 12. 지방 7

08 ① (㉠ 상황적합 / ㉡ 생애주기) 이론에서는 상황변수로 '리더와 부하의 관계', '직위권력', '과업구조' 세 가지를 들고 있다.
② [㉠ 하우스(House) / ㉡ 번스(Burns)]는 리더십을 거래적 리더십과 변혁적 리더십으로 구분하였다. 17. 국가추가 7

09 (㉠ 변혁적 리더십 / ㉡ 거래적 리더십)에 따르면, 리더는 부하가 적절한 수준의 노력과 성과를 보이면 그만큼의 보상을 제공한다. 15. 지방 7, 13. 국가 7, 10. 서울 9

10 (㉠ 변혁적 리더십 / ㉡ 거래적 리더십)은 상황적 보상과 예외관리를 특징으로 한다. 23. 지방 9

11 번스(Burns)의 리더십이론에서 (㉠ 거래적 리더십 / ㉡ 변혁적 리더십)은 카리스마적 리더십을 기반으로 하므로 카리스마적 리더십과 중첩되는 측면이 있다. 19. 국가 9

12 번스(Burns)의 (㉠ 거래적 리더십 / ㉡ 변혁적 리더십)은 영감, 개인적 배려에 치중하고 조직에 변화를 주도하는 리더십이다. 17. 지방 7

13 번스의 변혁적 리더십은 (㉠ 적응보다 조직의 안정성을 강조한다. / ㉡ 부하에게 새로운 비전을 제시하여, 지적 자극을 통한 동기부여를 강조한다.) 21. 지방 9

14 베스(Bass) 등이 제시한 변혁적 리더십의 주된 요인이 아닌 것은 (㉠ 영감적 리더십 / ㉡ 합리적 과정 / ㉢ 카리스마적 리더십 / ㉣ 개별적 배려)이다. 10. 국가 9

정답 1.㉡ 2.㉡ 3.㉠,㉢,㉣ 4.㉠ 5.㉡ 6.①-㉠,㉢,② ②-㉡ 7.㉠ 8.①-㉠ ②-㉡ 9.㉡ 10.㉡ 11.㉡ 12.㉡ 13.㉡ 14.㉡

Theme 09 조직구조

01 조직구조란?

로빈스(Stephen P. Robbins)에 따르면 조직구조(Organizational Structure)는 '공식적으로 조직의 업무가 어떻게 나뉘고, 그룹화되고, 조정되어 있는지'를 의미한다.

02 조직의 구조적 특성

1. 복잡성(Complexity)

조직이 얼마나 나누어지고 흩어져 있는가의 분화 정도를 의미하는데 수평적 분화, 수직적 분화, 공간적 분화로 세분화된다.

(1) **수평적 분화**

조직의 횡적인 분화를 의미하며 수평적 분화가 심할수록 전문성을 가진 부서 간 커뮤니케이션과 업무협조가 어려워진다.

(2) **수직적 분화**

조직의 종적인 분화를 의미하여 책임과 권한의 계층적 분화를 의미한다.

(3) **공간적(장소적) 분화**

조직의 구성원과 물리적인 시설이 지역적으로 분산되어 있는 정도를 의미한다.

2. 공식화(Formalization)

업무수행 방식이나 절차가 표준화되어 있는 정도를 의미하며 직무기술서, 내부규칙, 보고체계 등의 명문화 정도로 측정한다. 공식화가 높을수록 조직 구성원들의 재량은 감소한다.

3. 집권화와 분권화(Centralization and Decentralization)

(1) **집권화**

의사결정 권한이 조직의 고위층에 있는 정도로, 집권화 수준이 높은 조직의 의사결정 권한은 조직의 상층부에 집중되어 있다. 일반적으로 경쟁의 격화되거나 위기 발생, 조정의 필요성이 늘어나면 집권화가 촉진된다.

(2) **분권화**

의사결정 권한이 조직의 하위층에 분산된 정도를 의미한다. 일반적으로 환경의 변화가 심하고, 고객에 대한 신속한 서비스 제공 등은 분권화를 촉진한다. 반면에 부서나 개인 간 갈등의 조정이 어려워 조직의 혼란과 분열이 발생할 수 있다.

03 조직의 상황적 요인

1. 규모(Size)
조직의 규모는 구성원의 수, 재정의 규모 등을 의미하지만 일반적으로 구성원의 수를 규모의 지표로 사용한다.

2. 기술(Technology)
조직 내에서 투입을 산출로 전환 시키는 지식이나 과정 등을 의미한다.
🔍 다양한 기술유형에 대해서는 앞으로 살펴보게 된다.

3. 환경(Environment)
조직에 영향을 미치는 조직 외부의 모든 것을 의미한다.

04 조직의 구조적 특성과 조직의 상황적 요인의 일반적 관계

1. 규모가 커질수록
복잡성이 높아지고, 공식화가 높아지고, 집권화는 낮아(분권화는 높아)진다.

2. 기술(과업)이 다양할수록
복잡성이 높아지고, 공식화는 낮아지고, 집권화는 낮아(분권화는 높아)진다.

3. 환경이 불확실할수록
복잡성이 높아지고, 공식화는 낮아지고, 집권화는 낮아(분권화는 높아)진다.

05 환경의 불확실성과 기계적·유기적 구조

데프트(Richard L. Daft)는 환경의 불확실성이 높을수록 유기적 구조, 환경의 불확실성이 낮을수록 기계적 구조가 적합하다고 보았다.

1. 환경의 불확실성

구분		환경의 복잡성	
		단순	복잡
환경의 변화	안정	낮은 불확실성	다소 낮은 불확실성
	불안정	다소 높은 불확실성	높은 불확실성

2. 기계적(Mechanical) 구조와 유기적(Organic) 구조

구분	기계적 구조	유기적 구조
장점	예측가능성	적응성
조직특성	• 좁은 직무범위 • 표준운영절차 • 분명한 책임관계 • 계층제 • 공식적·몰인간적 대면관계	• 넓은 직무범위 • 적은 규칙·절차 • 모호한 책임관계 • 분화된 채널 • 비공식적·인간적 대면관계
상황조건	• 명확한 조직목표와 과제 • 분업적 과제 • 단순한 과제 • 성과측정이 가능 • 금전적 동기부여 • 권위의 정당성 확보	• 모호한 조직목표와 과제 • 분업이 어려운 과제 • 복합적 과제 • 성과측정이 어려움. • 복합적 동기부여 • 도전받는 권위

06 수평적 전문화와 수직적 전문화

민츠버그(H. Mintzberg)는 그의 저서 '조직의 구조화(The Structuring of Organizations)'에서 수평적 전문화(Horizontal Specialization)와 수직적 전문화(Vertical Specialization)에 따라 4가지 직무(Jobs)로 구분하였다.

수직적 전문화 \ 수평적 전문화	높음	낮음
높음	비숙련(단순) 직무	일선관리 직무
낮음	전문가적 직무	고위관리 직무

🔍 **수평적 전문화**: 업무를 세부화하는 정도를 의미한다.
🔍 **수직적 전문화**: 관리자로부터 통제를 받는 정도를 의미한다.

1. 비숙련 직무(Unskilled Jobs)

업무를 세분화하여, 각 업무 담당자가 반복적으로 해당 업무를 수행한다. 예컨대 제조업 공장의 컨베이어벨트 앞에서 반복적인 업무를 수행하는 직원을 생각하면 된다. 특별한 기술이 없더라도 수행할 수 있는 작업이고, 자신이 맡은 업무만 반복적으로 수행하기 때문에 시야가 좁다. 따라서 생산과정에 전반에 문제가 발생하지 않도록 관리자의 통제가 중요해진다.

2. 전문가적 직무(Professional Jobs)

업무는 세분화되어 있지만 관리자의 통제를 덜 받는 직무이다. 이는 직원의 전문성이 높기 때문인데, 예컨대 법률 부서 등이 해당할 수 있다.

3. 일선관리 직무(Certain Lowest-Level Managerial Jobs)
일선의 관리자는 계층적 구조에 따라 상위 관리자로부터 엄격한 통제를 받기 때문에 수직적 전문성은 높다. 관리자는 역할이 다양하고, 달라질 수 있기 때문에 수평적 전문성은 낮다.

4. 고위관리 직무(All Other Managerial Jobs)
계층적 구조에 따라 상위 관리자로 갈수록 통제의 정도는 약해져서 최고 관리자는 가장 통제를 덜 받는다. 즉 고위 관리자는 수직적 전문화가 낮다.

• 기출문제 학습 •

01 수평적 분화가 심할수록 전문성을 가진 부서 간 커뮤니케이션과 업무협조가 (㉠ 용이하다. / ㉡ 어렵다.)
16. 국가 7

02 복잡성은 조직의 분화 정도를 의미하며, 단위 부서 간에 업무를 세분화하는 것을 (㉠ 수직적 분화 / ㉡ 수평적 분화)라고 한다. 17. 지방 7, 15. 지방 7, 14. 국가 7

03 조직구조의 공식화(formalization)의 수준이 높을수록 조직구성원들의 재량이 (㉠ 증가한다. / ㉡ 감소한다.) 13. 지방 9

04 조직구조의 상황적 요인으로 조직의 규모가 커짐에 따라 공식화 정도가 (㉠ 높아질 것이다. / ㉡ 낮아질 것이다.) 13. 서울 7

05 ① 비일상적 기술일 경우 공식화가 (㉠ 높아질 것이다. / ㉡ 낮아질 것이다.)
② 환경의 불확실성이 높을수록 집권화가 (㉠ 높아질 것이다. / ㉡ 낮아질 것이다.)
③ 비일상적 기술일수록 집권화가 (㉠ 높아질 것이다. / ㉡ 낮아질 것이다.)
④ 환경의 불확실성이 높을수록 공식화가 (㉠ 높아질 것이다. / ㉡ 낮아질 것이다.) 18. 서울 7

06 유기적 조직의 특성에 해당하는 것은? 15. 국가 9
(㉠ 넓은 직무범위 / ㉡ 분명한 책임관계 / ㉢ 몰인간적 대면관계 / ㉣ 다원화된 의사소통채널 / ㉤ 높은 공식화 수준 / ㉥ 모호한 책임관계)

07 (㉠ 전문가적 직무 / ㉡ 단순 직무)는 수평적 전문화와 수직적 전문화가 모두 높은 경우에 효과적이다.
13. 국가 7

08 (㉠ 집권화 / ㉡ 분권화)는 행정기능의 중복과 혼란을 회피할 수 있고 분열을 억제할 수 있다. 23. 국가 7

정답 1. ㉡ 2. ㉡ 3. ㉡ 4. ㉠ 5. ①-㉡ ②-㉠ ③-㉡ ④-㉡ 6. ㉠,㉣,㉥ 7. ㉡ 8. ㉠

Theme 10 고전적 조직구성 원리

01 분업에 관한 원리

1. 분업의 원리(The Division of Labor)

일은 가능한 한 세분해야 한다는 원리로, 작업전환에 드는 시간*(change-over time)을 단축시켜

> 예컨대 자동차 공장 작업자가 바퀴를 조립하다가 엔진을 조립하러 간다면 공장 내 이동시간과 작업에 필요한 장비 등을 교체하는 데 시간이 소요된다. 이를 줄이기 위해 작업자는 한자리에서 동일한 작업을 반복하고, 자동차 차체가 컨베이어벨트를 따라서 이동한다.

능률을 향상시킨다. 조직 구성원이 분업을 통해 한 가지 업무만 전담하면 해당 업무에 대한 전문화가 이루어지고, 작업도구 및 기계의 사용방법을 개선하는 데 기여할 수 있다. 분업이 고도화되면 조직 구성원에게 심리적 소외감이 생길 수 있고, 업무량의 변동이 심하거나 원자재의 공급이 불안정하면 유지하기 어렵다.

2. 부성화의 원리(Departmentalization Principle) 또는 부서편성의 원리

(1) 한 조직 내에서 유사한 업무를 묶어 여러 개의 하위기구를 만들 때 활용되는 것으로 기능부서화, 사업부서화, 지역부서화, 혼합부서화 등의 방식이 있다.

① **기능부서화**: 유사기능 혹은 업무과정을 수행하는 구성원들을 동일 부서로 묶는 방식이다. 예컨대 공무원의 채용, 승진, 파견 등의 업무를 묶어서 인사과를 만들 수 있다.

② **사업부서화**: 구성원을 조직 생산물에 따라 동일 부서로 묶는 방식이다. 예컨대 A 전자 회사는 휴대폰 사업부, 세탁기 사업부 등 생산물에 따라서 부서를 구분하였다.

③ **지역부서화**: 특정지역 고객에 봉사하기 위해 조직자원을 활용하는 방식이다. 예컨대 B 자동차 회사는 지역별로 판매대리점과 AS센터를 운영하고 있다.

④ **혼합부서화**: 두 개의 부서화 대안을 동시에 적용하는 조직구조 설계이다.

(2) 귤릭(Gulick)은 부서편성의 원리와 관련하여 조직 편성의 네 가지(4P) 기준을 제시하였다.

① **목적(Purpose)**
물공급, 범죄 통제 등 제공하는 서비스의 목적에 따라 분류하는 방법이다. 예컨대 지방자치단체가 설치한 상수도사업본부는 수돗물 공급 등 상하수도 서비스 공급을 목적으로 설립되었다.

② **사용하는 절차 또는 기능(Process or Function)**
공학, 의학, 통계, 회계 등 사용하는 절차나 기능에 따라 분류하는 방법이다. 예컨대 통계를 담당하는 부서는 통계 기법을 활용하여 통계를 작성한다.

③ **사람이나 물건(Persons or Things)**
서비스를 제공받는 사람이나 다루어야 하는 물건을 기준으로 분류하는 방법이다. 예컨대 우리나라 재외동포청은 재외동포 및 재외동포단체에 대한 지원을 목적으로 설치되었다. 또한 체육관, 공원 등을 관리하기 위하여 지방자치단체에 시설관리공단이 설치되었다.

④ **업무를 수행하는 장소(Place)**
지역부서화에서 설명한 것처럼 지역별로 고객에게 봉사하기 위하여 설치한다.

3. **동질성의 원리**(The Principle of Homogeneity)

각 조직단위를 같은 종류의 활동만으로 구성하는 것이다. 귤릭은 '함께 일하는 그룹의 효율성은 그들이 수행하는 업무의 동질성, 사용하는 절차의 동질성, 그리고 그들을 움직이게 하는 목적의 동질성과 직접적으로 관련된다.'고 하였다.

4. **기능 명시의 원리**(The Principle of Specification of Functions)

분화된 모든 기능 또는 업무는 명문으로 규정해야 한다는 원리이다.

02 조정에 관한 원리

1. **조정의 원리**(Coordination Principle)

조정이란 조직의 전체 목표를 달성하기 위한 부서 간 협력과 통합의 질을 의미한다.

(1) **수직적 연결**

상위계층의 관리자가 하위계층의 관리자를 통제하고 하위계층 간 활동을 조정하는 것을 목적으로 한다. 조정기제로 계층제, 규칙과 계획(통제와 조정이 필요한 사항에 대한 규칙과 계획을 정함), 수직정보시스템(정기보고, 문서화된 정보, 정보시스템을 통한 의사소통) 등이 있다. 리커트(Likert)의 연결핀 모형에 따르면 관리자는 연결핀으로서 자신이 관리하는 집단의 구성원인 동시에 상사에게 보고하는 관리자 집단의 구성원이다.

(2) **수평적 연결**

동일한 계층의 부서 간 조정과 의사소통을 목적으로 한다. 조정기제로 태스크 포스, 프로젝트 팀, 정보시스템, 연락담당자 지정 등이 있다. 민츠버그는 연락담당자가 상당한 비공식적 권한을 부여받아 조직 내 부문 간 의사전달 문제를 처리한다고 보았다. 우리나라 차관회의*도 조직 간 조정 방법 중 하나이다.

> * 차관 및 차관급 공무원들이 참석하는 회의로 중앙행정기관 간의 긴밀한 협력을 유지하기 위하여 개최한다.

2. **통솔범위의 원리**(Span of Control Principle)

(1) 통솔범위는 한 사람의 상관 또는 감독자가 효과적으로 통솔할 수 있는 부하 또는 조직 단위의 수를 말하는데, 한 명의 상관이 감독하는 부하의 수는 상관의 통제능력 범위 내로 한정해야 한다는 것이다. 따라서 엄격한 명령계통에 따라 상명하복의 관계 유지를 위해서는 통솔의 범위가 좁아야 한다.

(2) 통솔범위는 감독자의 능력, 업무의 난이도, 돌발 상황의 발생 가능성 등 다양한 요소에 의해 영향을 받는다. 예컨대 기획업무를 담당하는 조직은 통솔범위가 좁고, 집행기능 담당하는 조직은 통솔범위가 상대적으로 넓다.

(3) 일반적으로 통솔범위가 넓은 조직은 저층 구조를 가지고, 통솔범위가 좁은 조직은 고층 구조를 가진다. 동일한 수의 구성원으로 피라미드 형태의 계층제를 형성한다고 다음 그림과 같이 쉽게 이해할 수 있다.

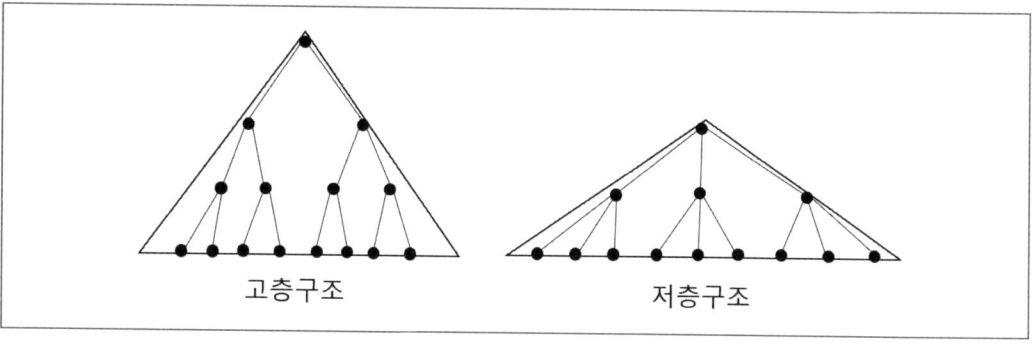

3. 계층제의 원리(Principle of Hierarchy)

조직 내의 권한과 책임 및 의무 정도가 상하(수직적)의 계층에 따라 달라지도록 조직을 설계하는 원리이다. 조직 내에서 지휘명령 등 의사소통, 특히 상의하달의 통로가 확보되는 순기능을 가진다.

4. 명령통일의 원리(Unity of Command Principle)

한 사람의 상관에게 보고하고 지시를 받아야 한다는 원리이다.

5. 명령계통의 원리(Chain of Command Principle)

명령계통의 원리는 위와 아래를 연결하는 계층적 통로를 거쳐 명령이 전달되는 원리이다. 예컨대 다음 그림과 같이 행정기관의 장 → 담당'실' → 담당'국' → 담당'과' → '담당자' 순서로 명령이 내려간다.

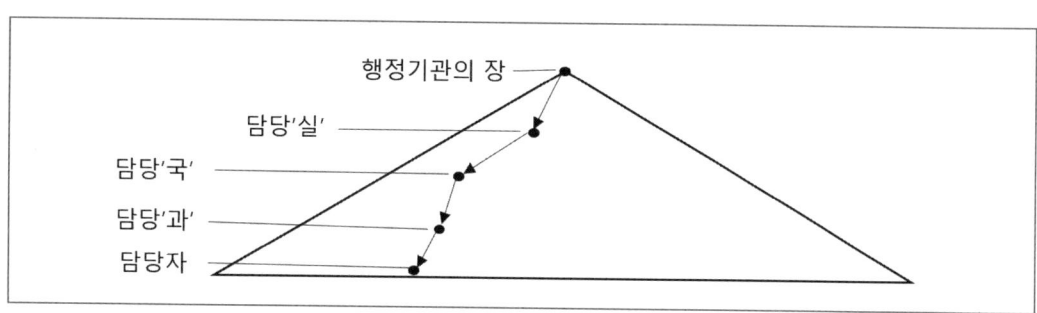

03 고전적 조직구성 원리에 대한 비판

사이먼(H. A. Simon)은 고전적 조직구성 원리가 과학적 실험을 거치지 않은 격언에 불과하다고 비판하였다. 특히 원리들 사이에 모순이 존재한다고 설명한다. 예컨대 분업을 통한 전문화는 행정의 능률을 오른다고 하면서, 명령통일의 원리에 따라 일선 관료보다 전문성이 낮은 상관에게 보고하고 지시를 받아야 한다.

• 기출문제 학습 •

01 분업의 원리에 따라 조직 전체의 업무를 종류와 성질별로 나누어 조직구성원이 가급적 한 가지의 주된 업무만을 전담하게 되면, 부서 간 의사소통과 조정의 (㉠ 필요성이 없어진다. / ㉡ 문제가 발생한다.)
17. 지방 9

02 분업은 업무량의 변동이 심하거나 원자재의 공급이 불안정한 경우에 (㉠ 더 잘 유지된다. / ㉡ 유지되기 어렵다.) 17. 지방 9

03 조직구조설계와 관련하여, (㉠ 자원 / ㉡ 지역)부서화는 지역적으로 부서화되어 고객에게 통합서비스를 제공하는 방식이다. 10. 서울 7

04 귤릭(Gulick)의 조직편성의 네 가지 기준은 (㉠ 그 기준의 목적, 성과, 자원, 환경 / ㉡ 목표, 절차, 고객이나 물건, 장소)이다. 16. 국가 7

05 조직관리에서 수직적 연결을 위한 조정기제가 아닌 것은 [㉠ 계층제 / ㉡ 규칙과 계획 / ㉢ 수직정보시스템 / ㉣ 임시작업단(task force)]이다. 13. 국가 7

06 조직구조 설계에 있어서 '조정의 원리'와 관련하여, (㉠ 수직적 / ㉡ 수평적) 연결방법으로는 임시적으로 조직 내의 인적·물적 자원을 결합하는 프로젝트 팀(project team)의 설치 등이 있다. 18. 국가 9

07 민츠버그(Mintzberg)에 의하면 연락 역할 담당자는 상당한 (㉠ 공식적 권한 / ㉡ 비공식적 권한)을 부여받아 조직 내 부문 간 의사전달 문제를 처리한다. 16. 국가 9

08 계층제는 엄격한 명령계통에 따라 상명하복의 관계 유지를 위해서 통솔범위를 (㉠ 좁게 / ㉡ 넓게) 설정한다. 16. 지방 9

09 통솔범위가 넓을수록 고도의 (㉠ 수직적 / ㉡ 수평적) 분화가 일어나 (㉠ 평면 구조 / ㉡ 고층 구조)가 형성된다. 21. 국가 7

정답 1.㉡ 2.㉡ 3.㉡ 4.㉡ 5.㉣ 6.㉡ 7.㉡ 8.㉠ 9.㉡, ㉠

Theme 11 데프트(Richard L. Daft)가 제시한 조직구조 유형

01 기능구조(Functional Structure)

1. 의미
유사 업무를 수행하는 조직 구성원 간에 분업을 통해 전문기술을 발전시킬 수 있는 방식이다.

2. 특징
(1) 인사, 마케팅, 기술개발, 생산 등 조직이 수행하는 기능에 따라서 구분하기 때문에, 기능별 중복으로 인한 낭비를 예방하고 기능 내에서 규모의 경제를 구현할 수 있다. 예컨대 마케팅을 담당하는 부서는 조직 전체의 마케팅만 전담하면서 능률적인 업무 수행이 가능한 것이다.
(2) 기능구조는 부서별로 맡은 업무만 담당하기 때문에 수평적 조정의 필요가 낮을 때 효과적이다.
(3) 의사결정의 상위 집중화로 최고관리층의 업무 부담이 증가할 수 있다.

02 사업구조(Divisional Structure)

1. 의미
산출물에 기초한 사업부서화 방식이다.

2. 특징
(1) 각 부서는 자기완결적 단위로 각 부서 내에서 기능 간 조정이 용이하다.
(2) 사업관리자에게 권한이 위임하기 때문에 변화하는 환경에 신속하게 대응하고 해당 산출물별 고객만족도 제고에도 유리하다. 예컨대 A 전자 회사의 휴대폰 사업부는 휴대폰 시장의 변화에 신속하게 반응할 수 있고, 휴대폰과 관련된 고객만족도를 관리할 수 있다. 또한 휴대폰 판매 성과도 해당 사업부에서 책임을 지게 된다.
(3) 산출물이 서로 다른 부서 간 조정은 곤란할 수 있고, 각 사업부에서 인사·마케팅 등을 개별적으로 운영하기 때문에 중복으로 인한 비효율이 발생할 수 있다.

📚 기능구조와 사업구조의 비교

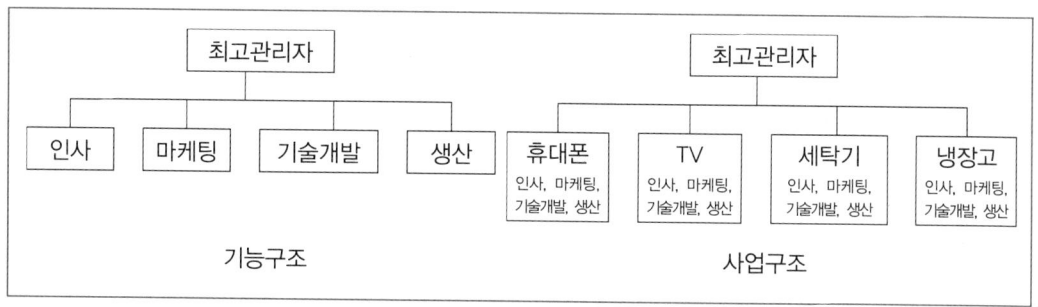

03 매트릭스구조(Matrix Structure)

1. 의미
기능부서의 전문성과 사업부서의 신속한 대응성 및 전문성을 통합한 구조이다. 예컨대 A 전자회사는 다음 그림과 같은 기능구조를 채택하고 있다. 그런데 신규 제품 개발을 위하여 여러 부서의 협력이 필요한 상황이다. 해당 업무를 진행하기 위해서 기존의 기능부서(인사·마케팅·기술개발·생산)에 근무하는 직원들을 차출하여, 신규 제품 개발 프로젝트팀을 구성하였다. 프로젝트팀(사업부서)에 참여한 직원은 해당 프로젝트가 종료될 때까지, 본인이 원래 속해있던 기능부서의 장과 프로젝트팀의 장으로부터 지시를 받게 된다.

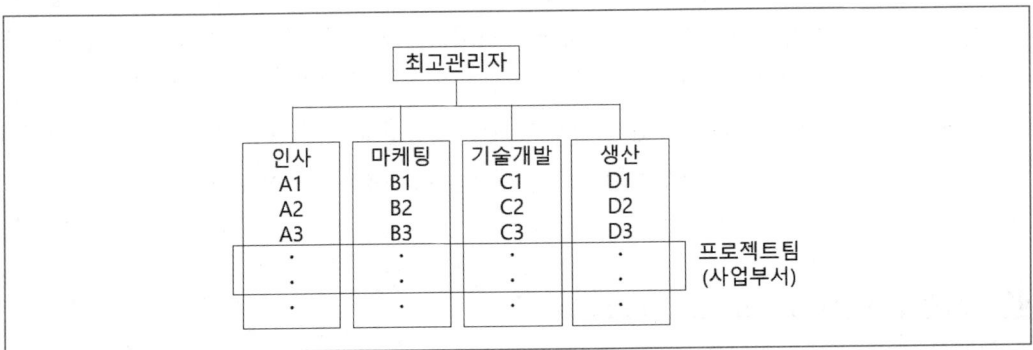

2. 특징
(1) 조직 구성원은 동시에 두 명의 상관(기능부서의 관리자, 프로젝트팀의 관리자)에게 보고하는 이원적 권한체계를 가지므로, 명령통일의 원칙에 부합하지 않는다.
(2) 개인들이 다양한 경험을 할 수 있기 때문에 전문 기술의 개발과 더불어 넓은 시야를 갖출 수 있는 기회가 된다.
(3) 기존 조직구조 내의 인력을 활용할 수 있기 때문에 인력사용에 경제성을 확보할 수 있다.
(4) 경직화되어 가는 대규모 관료제 조직에 융통성을 부여하고, 급변하는 환경변화에 탄력적으로 대응할 수 있다.

3. 유용하게 쓰일 수 있는 조건
(1) 조직의 규모가 너무 크거나 너무 작지 않은 중간 정도의 크기일 것
(2) 기술적 전문성이 높고 산출의 변동도 빈번해야 한다는 이원적 요구가 강할 것
(3) 사업부서들이 사람과 장비 등을 함께 사용해야 할 필요가 클 것

4. 한계
구성원 간의 역할갈등, 역할모호성, 기능부서와 사업부서 간 할거주의로 인한 과업조정의 어려움 등이 발생할 우려가 있다.

04 수평구조(Horizontal Structure) 또는 팀(Team)제

조직구성원을 핵심 업무과정 중심으로 조직화하는 방식이다. 소규모 팀별로 핵심 업무가 주어지며, 조직구성원들에게 의사 결정권 및 책임의 위임 등 자율적인 관리가 특징이다.

홀라크라시팀 구조(Holacracy Team Structure)

> 자율경영이 유행하면서 수평조직, 분권화, 관료적 형식주의 제거 등을 뛰어넘어 관리자의 간섭 없이 구성원들이 스스로 계획하고 다른 사람과 조율하는 구조이다. 홀라크라시는 서클(Circle)이 기본단위인데 각 서클은 공동 목표를 공유하고, 목표 달성을 위한 의사결정 권한을 가진다.

05 네트워크구조(Network Structure)

결정과 기획 같은 핵심기능만 수행하는 조직을 중심에 놓고 다수의 독립된 조직들을 협력 관계로 묶어 일을 수행하는 조직구조이다. 정보통신 기술의 발전으로 확산되었고, 네트워크는 상호 독립적인 조직들이 상대방의 자원을 활용하기 위해 수직적·수평적 신뢰관계가 필요하다. 조직 간에도 형성될 수 있고 조직 내의 집단 간에도 형성될 수 있다.

홀라크라시팀과 네트워크구조

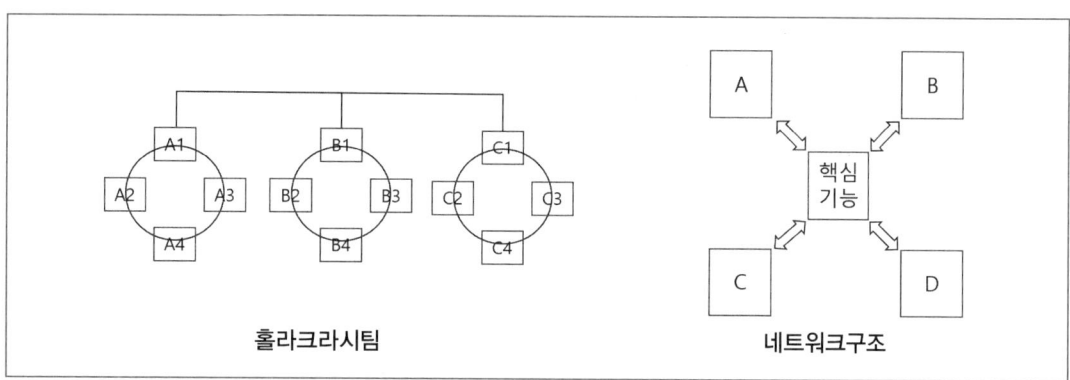

06 조직구조 유형에 따른 기계적 성격과 유기적 성격

기능구조 쪽으로 갈수록 기계적 성격(수직적 통제, 효율, 안정, 신뢰)이 강하고, 네트워크구조 쪽으로 갈수록 유기적 성격(수평적 조정, 학습, 혁신, 유연성)이 강하다.

> 기능구조 ↔ 사업구조 ↔ 매트릭스구조 ↔ 수평구조 ↔ 네트워크구조

• 기출문제 학습 •

01 조직구조의 유형 중 (㉠ 사업구조 / ㉡ 기능구조)는 유사 업무를 수행하는 조직 구성원 간에 분업을 통해 전문기술을 발전시킬 수 있다. 16. 국가인사 7

02 [㉠ 기능별 구조(functional structure) / ㉡ 사업별 구조(divisional structure)]는 중복과 낭비를 예방하고 기능 내에서 규모의 경제를 구현할 수 있다. 15. 서울 7

03 (㉠ 기능구조 / ㉡ 사업구조)는 의사결정의 상위 집중화로 최고관리층의 업무 부담이 증가될 수 있다. 16. 서울 7

04 매트릭스구조는 기능부서의 (㉠ 신속한 대응성과 / ㉡ 전문성과) 사업부서의 (㉠ 신속한 대응성이 / ㉡ 전문성이) 결합된 조직이다. 12. 지방 7

05 매트릭스 조직은 (㉠ 잦은 대면과 회의를 통해 과업조정이 이루어지기 때문에 신속한 의사결정이 가능하다. / ㉡ 급변하는 환경변화에 탄력적으로 대응할 수 있다.) 14. 지방 9

06 매트릭스구조는 유연한 인적자원 활용이 (㉠ 용이하다. / ㉡ 어렵다.) 24. 국가 9

07 매트릭스 조직은 (㉠ 명령통일의 원칙에 따라 책임과 권한의 한계가 명확하다. / ㉡ 이중권한체계로 인해 책임과 권한의 한계가 불명확하다.) 17. 국가추가 9

08 사업(부)구조는 조직의 산출물에 기반을 둔 구조화 방식으로 사업(부) 간 기능 조정이 (㉠ 용이하다. / ㉡ 곤란할 수 있다.) 23. 국가 9

09 조직구조모형에 대한 설명을 바르게 연결하면? 21. 국가 9, 12. 국가 9
(① 사업구조 / ② 기능구조 / ③ 수평구조 / ④ 네트워크구조)

> ㉠ 수평적 조정의 필요성이 낮을 때 효과적인 조직구조로서 규모의 경제를 제고
> ㉡ 자기완결적 기능을 단위로 기능 간 조정이 용이하여 환경변화에 대한 대응이 신축적
> ㉢ 조직구성원을 핵심 업무과정 중심으로 조직화
> ㉣ 결정과 기획 같은 핵심기능만 수행하는 조직을 중심에 놓고 다수의 독립된 조직들을 협력 관계로 묶어 일을 수행

10 조직구조모형을 유기적인 성격이 약한 것에서 강한 것의 순으로 나열하면? 12. 국가 7
(㉠ 네트워크 구조 / ㉡ 매트릭스 구조 / ㉢ 수평구조 / ㉣ 사업구조 / ㉤ 기능구조)

정답 1. ㉠ 2. ㉠ 3. ㉠ 4. ㉡, ㉠ 5. ㉠ 6. ㉠ 7. ㉡ 8. ㉡ 9. ①-㉡ ②-㉠ ③-㉢ ④-㉣ 10. ㉤, ㉣, ㉢, ㉡, ㉠

Theme 12 기술

⊕ 기술(Technology)이란 조직이 투입을 산출로 전환하는 방법을 말하는데, 조직이 사용하는 기술은 조직의 구조에 영향을 준다.

01 우드워드의 분류

1. 배경
우드워드(Joan Woodward)는 1965년 발간한 그녀의 저서 '산업 조직(Industrial Organization)'에서 영국 남부 지역의 기업들을 조사하여 기업들이 사용하는 기술을 단위, 대량, 과정으로 구분하였다. 사용하는 기술에 따라 적합한 조직구조가 조직의 효과성에 긍정적인 영향을 미친다고 보았다.

2. 기술의 유형
단위 → 대량 → 과정으로 갈수록 기술의 복잡성(Complexity of Technology)이 높아지는데, 기술의 복잡성은 작업 절차나 자동화 수준 등을 포괄하는 개념이다.

(1) **단위(Unit) 생산**: 맞춤형 양복, 전자장비 시제품 등이 해당한다. 수작업 위주로 생산된다.

(2) **대량(Mass) 생산**: 대규모 제과점, 대량 생산되는 의류, 자동차 등이 해당한다. 조립라인 등 표준화된 공정 및 작업자에 의해 생산된다.

(3) **과정(Process) 생산**: 정유, 화학 등이 해당한다. 자동화 정도가 높고, 고도의 기술이 통합되어 있다.

3. 기술의 복잡성과 조직구조와의 관계
(1) 기술의 복잡성이 증가함에 따라 통솔의 범위가 좁아지고 관리자의 비중이 올라간다.

(2) 대량 생산기술이 다른 기술보다 공식화와 집권화가 높다.

02 톰슨의 기술유형

1. 배경
톰슨(James D. Thompson)은 1967년 발간한 그의 저서 '조직 활동(Organizations in Action)'에서 업무에 따른 근로자나 부서 간 상호의존성을 중심으로 길게 연결된 기술, 중개형 기술, 집약형 기술로 구분하였다.

기술의 유형	상호의존성	조정 형태	예시
길게 연결된 기술	연속적 상호의존성	정기적 회의, 수직적 의사전달	대량생산에 사용되는 조립라인
중개형 기술	집합적 상호의존성	규칙, 표준화	예금자와 대출자를 이어주는 상업은행
집약형 기술	교호적 상호의존성	상호조정, 수평적 의사전달	환자를 중심으로 의료서비스를 제공하는 종합병원

2. 기술의 유형

(1) 길게 연결된 기술(Long-Linked Technology)
제조업 기업에서 생산라인은 원재료 투입으로부터 각 공정이 순차적으로 이루어져서 최종적인 산출물이 나온다. 각 공정은 앞선 공정이 완료되어야 진행될 수 있으므로 연속적 상호의존성(Sequential Interdependence)이 특징이다. 한 가지 종류의 표준 상품을 반복적이고 일정한 비율로 생산하기 때문에, 전체 과정이 원활히 진행되도록 계획이 정해지고 관리자가 전체 공정을 통제할 수 있어야 한다.

(2) 중개형 기술(Mediating Technology)
상업은행(Commercial Bank)은 예금자와 대출자를 중개하는 역할을 한다. 은행원 각자가 각 고객에 대해서 예금업무와 대출업무를 하므로 직원들 간의 긴밀한 협력은 필요 없는 집합적 상호의존성(Pooled Interdependence)을 특징으로 한다. 다만 예금이나 대출업무는 어느 지점의 누가 수행하더라도 표준화된 규칙에 따라서 동일하게 진행되어야 한다.

(3) 집약형 기술(Intensive Technology)
종합병원에서 응급환자를 치료하기 위해서는 환자의 검사, 진단, 투약, 입원 등을 담당하는 각각의 부서들이 긴밀하게 소통해야 한다. 이를 교호적 상호의존성(Reciprocal Interdependence)이라고 하는데, 수평적 관계의 각 부서의 전문가들이 서로 소통하면서 문제를 해결해 나간다.

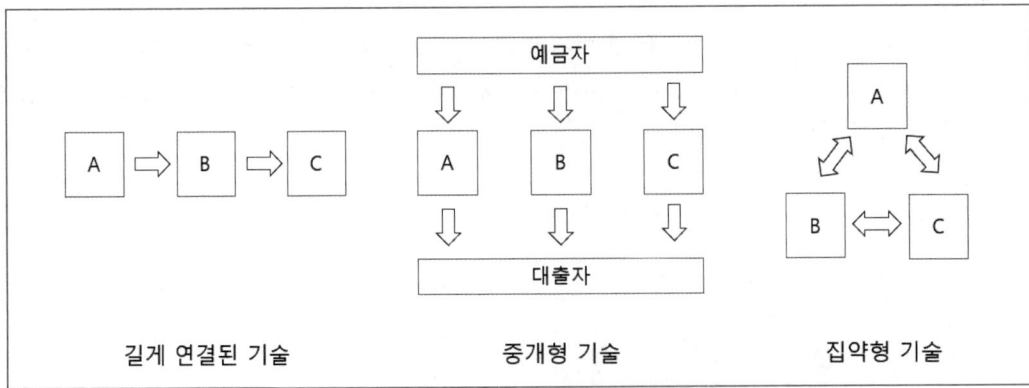

03 페로우의 기술유형

1. 배경
페로우(Charles Perrow)는 기술을 '개인이 어떤 대상(Object) 또는 원자재(Raw Material)를 변화시키는 것'으로 정의하였다. 조직에서 원자재를 변화시키는 과정은 다른 사람들과 상호작용이 필요한데, 이 상호작용의 형태를 조직의 구조라고 하였다.

2. 기술의 분류
조직의 구조와 관련된 기술의 측면을 '과업의 다양성'과 '문제의 분석 가능성'으로 두고, 4가지의 기술로 구분하였다.

구분		과업의 다양성	
		소수의 예외	다수의 예외
문제의 분석 가능성	낮음	장인 기술	비일상적 기술
	높음	일상적 기술	공학적 기술

(1) 과업의 다양성과 문제의 분석 가능성
① 과업의 다양성
과업의 다양성은 업무를 하면서 예외적인 상황을 만나는 빈도를 말한다. 단순한 부품생산은 일상적이고 반복적이므로 과업의 다양성이 낮고, 맞춤형 생산은 다양성이 높다.

② 문제의 분석 가능성
논리적, 시스템적, 분석적 접근 등 표준화된 절차에 의해 수행되는 정도를 의미한다. 예컨대 프로그램을 개발해 주는 것은 분명한 방법이나 지식이 있기 때문에 분석 가능성이 높지만, 광고나 핵연료 등을 다루는 것은 경험이나 직관 등에 의존하기 때문에 분석 가능성이 낮다.

(2) 기술의 유형
① 장인기술(Craft Technology)
고급 도자기 제조는 비교적 반복적으로 생산되지만, 분명하게 알려진 방법이나 지식에 의존하지 않는다.

② 비일상적 기술(Non-Routine Technology)
우주항공 산업은 예외적인 상황이 많고, 분명하게 알려진 방법이나 지식도 부족하다.

③ 일상적 기술(Routine Technology)
볼트와 너트 등의 생산은 반복적이고 일상적인 업무이고, 표준화된 절차에 의해 생산하면 된다.

④ 공학적 기술(Engineering Technology)
주문받아 생산하는 전동기, 중장비 생산 등은 반복적 일상적인 업무는 아니지만, 표준화된 절차에 의해 생산할 수 있다.

3. 기술유형별 조직구조의 적합성
비일상적 기술(유기적 구조와 적합) > 장인 기술(대체로 유기적 구조와 적합) > 공학적 기술(대체로 기계적 구조와 적합) > 일상적 기술(기계적 구조와 적합)

기출문제 학습

01 톰슨(Thompson)의 (㉠ 집약형 / ㉡ 연속형 / ㉢ 중개형) 기술은 집합적 상호의존성을 가지고 조정 형태는 규칙과 표준화이다. 21. 지방 7

02 우드워드(Woodward)에 따르면 단위소량생산기술에서 연속공정생산기술로 기술의 복잡성이 증가함에 따라 전체 구성원 중에서 관리자가 차지하는 비율이 (㉠ 증가한다. / ㉡ 감소한다.) 24. 국가 7

03 [㉠ 페로우(C. Perrow) / ㉡ 톰슨(V. A. Thompson)]은 조직원이 업무를 처리하는 과정에서 발생하는 예외적인 사건의 정도와 업무 처리가 표준화된 절차에 의해 수행되는 정도를 기준으로 조직의 기술을 장인 기술, 비일상적 기술, 일상적 기술, 공학적 기술로 유형을 구분하였다. 17. 국가 7

04 C. Perrow의 과제기술 유형 중 유기적 조직구조가 효과적인 순서대로 나열하면 (㉠ 장인기술 / ㉡ 비일상적 기술 / ㉢ 공학기술 / ㉣ 일상적 기술) 순이다. 10. 서울 7

05 페로우(C. Perrow)의 기술유형 중 과업의 다양성과 문제분석의 가능성이 모두 높은 것은 (㉠ 장인 기술 / ㉡ 비일상적 기술 / ㉢ 공학 기술 / ㉣ 일상적 기술)이다. 19. 국가 7

정답 1. ㉢ 2. ㉠ 3. ㉠ 4. ㉡, ㉠, ㉢, ㉣ 5. ㉢

Theme 13 관료제

01 관료제의 의미

관료제(Bureaucracy)는 다양한 의미로 사용되며, 관료(Bureaucrat)에 의하여 통치(Cracy)된다는 의미로서 관료가 국가정치와 행정의 중심 역할을 수행한다는 의미도 있다. 조직 구조적인 측면에서는 특정한 형태의 조직을 관료제라 부른다.

02 베버(M. Weber)가 주장한 이념형(Ideal Type) 관료제의 특징

🔍 베버는 조직이 정당성으로 삼는 기준으로 권위의 유형을 전통적 권위(세습된 지배자에 의한 통치), 카리스마적 권위(리더의 영웅적이고 초월적인 능력에 의해 추종자가 따름), 법적·합리적 권위(법에 따라 통치)로 나누었는데 근대적 관료제는 법적·합리적 권위에 기초를 두고 있다고 주장했다. 베버는 능률성을 극대화할 수 있는 조직을 이념형 관료제라고 설정하여, 전근대적 봉건적 조직 원리와 구별하였다.

1. 법규에 의한 권위구조

(1) 모든 직위의 권한과 관할범위는 법규에 의하여 규정된 수직적·계층제적 권위구조를 가진다.

(2) 조직 내의 모든 결정행위나 작동은 공식적으로 확립된 법규체제에 따른다.

2. 계층제적 구조

(1) 조직은 엄격한 계층제의 원리에 따라 운영되고 상명하복의 질서정연한 체계를 가진다.

(2) 명령과 통제가 위로부터 아래로 전달되고, 과업책임의 소재 명확화와 계층제적 책임을 중시한다.

3. 문서에 의한 업무 처리

(1) 조직 내의 모든 업무는 문서로 처리하는 것이 원칙이고, 그 결과 또한 문서로 기록·보존된다.

(2) 조직의 목표달성을 위해 필요한 절차와 방법이 기록된 문서화된 규정이 존재한다.

4. 몰인격성(비개인성, Impersonality)

(1) 관료들의 임무수행은 개인적 이익이나 구체적인 사정 등을 고려하지 않고, 규정에 의해 수행하는 몰인격성에 따라 움직인다. 즉 'Sine ira et studio(분노와 열정 없이)'의 정신으로 업무를 수행하여야 한다.

(2) 관료들은 지배자의 개인적 종복이 아니라 규칙으로 정한 직위의 담당자로서 직위의 목표와 규칙에 충성을 다해야 한다.

5. 관료의 전문화와 전임화

(1) 관료는 업무수행에 필요한 전문적인 자격과 능력으로 채용되며, 원칙적으로 상관이 임명한다.

(2) 업무에 대한 지식을 가진 전문적인 관료가 분업의 원리에 따라 규정된 기능을 수행하며, 관료로서 일생 동안의 전임직업이다.

(3) 관료는 계급과 근무연한에 따라 고정된 보수와 연금을 받으며, 관료를 승진시킬 때에는 근무연한을 고려한다.

6. 조직의 계속성

관료제는 사회의 기능수행에 필요한 서비스의 제공, 전문적 능력, 몰인격성, 등을 통하여 스스로 계속성과 안정성을 유지한다.

03 관료제에 대한 비판 또는 역기능

1. 무사안일주의

새로운 결정을 하지 않고 선례에 따르거나 상관의 지시에 영합한다. 굴드너(Gouldner)는 관료제의 통제위주 관리는 관료들을 규칙의 범위 내에서 최소한의 행태만을 추구하게 만드는 무사안일주의를 초래한다고 보았다.

2. 훈련된 무능 또는 전문화로 인한 무능

조직 구성원은 한 가지의 지식 또는 기술에 관하여 훈련받고 기존규칙을 준수하도록 길들여지기 때문에 변동된 조건 하에서는 대응이 어렵다. 베블런(Veblen)은 한 가지 기술만 훈련받고 법규를 준수하도록 길들여진 관료가 다른 업무에 문외한이 되거나 다른 대안을 생각하지 못하는 것을 '훈련된 무능(Trained Incapacity)'라고 하였다.

3. 할거주의와 국지주의

(1) 할거주의는 자신이 소속된 기관이나 부서만을 생각하고 다른 기관이나 부서를 배려하지 않는 현상이다. 셀즈닉(Selznick)은 권한의 위임과 전문화가 조직 하위 체계의 이해관계를 지나치게 분열시켜 부처할거주의 현상을 초래한다고 보았다.

(2) 관료들의 편협한 안목과 직접적인 고객의 특수이익에 묶여 전체이익을 망각하는 국지주의(Parochialism) 경향이 발생한다.

4. 과잉동조(Overconformity)와 목표대치(Goal Displacement)

관료들은 목표가 아닌 수단(규칙의 엄격한 준수)에 지나치게 동조됨으로써, 수단으로 간주되던 규칙의 엄격한 준수가 목적이 되는 '목표와 수단의 대치' 현상을 일으키기도 한다. 머튼(Robert Merton)은 관료가 규칙에 지나치게 집착하게 되어 융통성을 저해한다고 보았다. 톰슨(Victor Thompson)은 고위 관료들이 그들의 무능함을 숨기기 위해 엄격한 규칙 준수와 통제를 강조한다고 보았다.

5. 번문욕례(red-tape*)와 환경에 대한 적응성 부족

<small>17세기 영국관청에서 규정집을 묶는 데 사용한 붉은색 노끈에서 유래한 것이다.</small>

(1) 규칙과 절차의 강조 및 형식주의는 불필요하거나 번잡스러운 문서처리가 늘어나는 번문욕례를 유발한다.

(2) 관료제는 급변하는 환경에 대한 적응과 조직의 융통성이 떨어지고, 조직 구성원들의 자아실현적 욕구와 창의성을 저해한다.

6. 계서적 권한과 전문적 권력의 이원화

상관의 계서적 권한과 부하의 전문적 권력이 이원화됨에 따라 조직 내에서 갈등이 발생하게 되어 조직 구성원들의 불만이 증대된다.

7. 권의주의적 행태

권한과 능력의 괴리, 상위직으로 갈수록 모호해지는 업무평가기준, 조직의 공식적 규범을 엄격하게 준수해야 한다는 압박감 등으로 더욱더 권위주의적인 행태를 가지게 된다.

8. 인간적 발전의 저해와 인격의 상실

집권적이고 권위적인 통제, 규칙 우선주의, 몰인격성은 불신과 불안감을 조성하여, 조직 구성원의 발전을 저해하고 조직 내 인격 상실을 유발한다.

9. 관료제의 확대

관료제는 권한행사 영역을 계속 확장하여 제국을 건설하려고 하는데, 관료제의 이러한 속성을 설명한 이론이 파킨슨의 법칙이다.

10. 관료를 무능화하는 승진제도

피터의 원리(Peter Principle)에 따르면 계층제적 관료조직 내에서 구성원이 각자의 능력을 넘는 수준까지 승진하게 된다고 보았다.

11. 행정의 독선화

국민에 대해 직접적인 책임을 지지 않는 데서 오는 행정의 독선화로 인하여 민주성이 저해된다.

12. 과두제의 철칙

소수의 상관과 다수의 부하로 구성되는 피라미드 형태를 취하며 과두제(oligarchy)의 철칙이 나타날 수 있다.

• 기출문제 학습 •

01 관료제 모형에서 베버(Weber)가 강조한 행정 가치는 (㉠ 민주성 / ㉡ 형평성 / ㉢ 능률성 / ㉣ 대응성) 이다. 21. 지방 7

02 막스 베버(M. Weber)의 이념형 관료제에서 (㉠ 관료제 성립의 배경은 봉건적 지배체제의 확립이다. / ㉡ 관료는 원칙적으로 상관이 임명한다.) 23. 국가 9

03 막스 베버(M. Weber)가 말하는 관료제는 (㉠ 법적·합리적 권위에 근거한 조직구조이다. / ㉡ 구조적으로 복잡성, 공식화, 집권화 수준이 낮은 조직구조이다.) 18. 서울 7

04 이상적인 관료제는 (㉠ 실적 / ㉡ 정치적 전문성)에 의해 충원되는 제도이다. 14. 서울 7

05 관료제이론에서 관료에게 지급되는 봉급은 [㉠ 계급과 근무연수 / ㉡ 임무수행 실적(성과급)]에 따라 결정된다. 16. 국가 7, 15. 국가 7

06 관료제이론에서 (㉠ 계층제에서 근무하는 관료는 봉사대상인 국민에게 책임을 져야 한다. / ㉡ 과업책임의 소재 명확화와 계층제적 책임을 중시한다.) 13. 지방 7

07 관료제이론에서 관료는 (㉠ 민원인 입장에서 판단하고 결정한다. / ㉡ 객관적·중립적 입장에서 결정한다.) 17. 국가추가 9

08 관료제의 경우 11. 지방 7
① 조직구성원은 변동된 조건 하에서는 (㉠ 대응하기 어렵다. / ㉡ 유연하게 대응한다.)
② (㉠ 권위주의적 행태를 가지게 된다. / ㉡ 집권화 정도가 낮다.)
③ 상관의 계서적 권한과 부하의 전문적 권력이 (㉠ 이원화됨에 따라 조직 내에서 갈등이 발생한다. / ㉡ 일원화되어 갈등 가능성이 낮다.)
④ 조직구성원의 사회적 욕구충족을 (㉠ 향상시킨다. / ㉡ 저해한다.)

09 관료제의 역기능 모형과 관련하여, [㉠ 피터의 원리(Peter Principle) / ㉡ 굴드너(Gouldner)]가 지적하듯이 무능력자가 승진하게 되는 경우가 생긴다. 25. 국가 9, 16. 지방 7

10 관료제의 역기능으로 비인간화는 (㉠ 관료의 주관적이고 재량적인 행태를 의미한다. / ㉡ 융통성 없는 엄격한 규정 준수를 초래한다.) 17. 국가추가 7

11 (㉠ 과잉동조 / ㉡ 번문욕례)란 목표 달성을 위해 마련된 규정이나 절차에 집착함으로써 결국 수단이 목표를 압도해버리는 현상이다. 14. 국가 9

12 관료제의 (㉠ 긍정적인 / ㉡ 부정적인) 측면에서 목표대치 현상이 발생한다. 14. 지방 9

정답 1.㉡ 2.㉡ 3.㉠ 4.㉠ 5.㉠ 6.㉡ 7.㉡ 8.①-㉠ ②-㉠ ③-㉠ ④-㉡ 9.㉠ 10.㉡ 11.㉠ 12.㉡

Theme 14 | 탈관료제(애드호크라시)

탈관료제는 다양한 모형이 있지만, 각각의 모형 자체보다는 관료제와 대비되는 관점에서 접근하는 것이 용이하다.

01 특징

1. 조직 목표 달성을 위해 조직 내 전문 능력이 있는 구성원들을 연결하는 구조로서 업무가 비정형적이고, 고도의 창의성과 환경 적응성이 필요한 상황에서 유효한 임시조직이다.

2. 구조적으로 복잡성, 공식화, 집권화 정도가 낮으며, 변화에 신속하게 대응할 수 있는 장점이 있다.

3. 업무 처리 과정에서 갈등과 비협조가 일어나고, 창의적인 업무수행과정에서 심적 스트레스를 많이 받는다.

02 주요 모형

1. 골렘뷰스키(Golembiewski)의 견인이론

조직 내 자유로운 업무분위기 선호, 직무수행과 개인적 욕구충족의 조화, 조직의 분화보다는 통합 강조, 일의 흐름을 중시(업무는 개별적으로 수행되지 않고 일의 흐름속에서 상호 연관성 상승) 등이 특징이다.

2. 커크하트(Kirkhart)의 연합적 이념형

컴퓨터 활용, 사회적 계층화의 억제, 권한체계의 상황적응성 등이 특징이다.

3. 테이어(Thayer)의 계서제 없는 조직

(1) 계서제가 조직구성원을 억압하고 소외시키는 원인이므로 계서제의 타파가 필요하다고 보았다.

(2) 소집단의 연합체 형성, 집단 내 또는 집단 간 협동적 과정을 통해 의사결정, 모호하고 유동적인 집단과 조직의 경계 등이 특징이다.

4. 태스크 포스 VS 프로젝트 팀

(1) 태스크 포스(Task Force)

특수한 과업 완수를 목표로 기존의 다른 부서나 외부업체 등에서 사람들을 선발하여 구성한 조직이며, 본래 목적을 달성하면 해체되는 조직이다.

(2) 프로젝트 팀(Project Team)

전략적으로 중요하거나 창의성이 요구되는 프로젝트를 진행하기 위해 여러 부서에서 프로젝트 목적에 적합한 사람들을 선발해 구성한 조직이다.

5. 매트릭스 조직

기능(Functional) 중심의 수직적 계층구조와 사업(Project) 중심의 수평적 조직구조를 결합한 조직이다.

6. 네트워크 조직

(1) 의미

각기 높은 독자성을 지닌 조직 단위나 조직들 간에 협력적 연계를 통해 구성된 조직이며, 환경변화에 신속하게 적응할 수 있다. 관료제의 병리를 타파하고 업무수행에 새로운 의식과 행태의 변화 필요성으로 등장하였다.

> **공동(Hollow) 조직**
>
> 정부 기능의 일부를 민간에게 위임·위탁하고, 정부는 기획·조정·통제 등 핵심적인 것에만 국한하는 네트워크 조직이다.

(2) 특징

① 인적자원관리전략으로 인간을 사회적 관계 속에서 협동을 추구하는 존재로 인식하여 구성원 간 협력관계를 중시한다.
② 업무처리의 신속성과 유연성을 확보하는 데 유리하다.
③ 네트워크 기관과 구성원들 간의 교류를 통한 신뢰관계 형성이 중요하다.
④ 개방적 의사전달과 참여, 조직의 경계는 유동적이며 모호하다.
⑤ 가상조직(전자적 가상공간)과 임시체제(구조의 잠정성이 높음)의 속성을 내포하고 있다.

7. 학습조직(Learning Organization)

(1) 의미

학습조직은 정보화시대에 관료제모형의 대안으로써, 조직구성원들 함께 배우고 변화하는 조직학습에 유리한 조건을 구비한 조직이다.

> **셍게(Senge)의 학습조직**
>
> 셍게는 개방체제와 자아실현적 인간관을 바탕으로 학습조직에 필요한 다섯 가지 수련(Disciplines)으로 개인적 숙련(Personal Mastery), 사고모형(Mental Models), 공유비전(Shared Vision), 집단적 학습(Collective Learning), 시스템 중심의 사고(Systems Thinking)를 제시하였다.

(2) 특징

① 불확실한 환경에서 조직 스스로 문제해결을 할 수 있도록 조직구성원에게 권한과 학습기회를 제공한다.
② 조직 구성원들의 비전 공유를 중시하고, 리더에게는 구성원들이 공유할 수 있는 미래비전 창조의 역할과 사려깊은 리더십이 요구된다.
③ 관계 지향성과 집단적 행동을 장려하며, 학습은 공동참여와 공동생산에 기반을 둔다. 구성원 간의 정보공유와 참여를 강조하고, 수평적 협력을 중시한다.

④ 연결된 체제 간의 상호작용을 이해하고, 이를 효과적으로 활용하기 위한 체계적 사고(systems thinking)를 강조한다.
⑤ 변화를 위한 학습역량 함양을 통해 미래 행동의 기반을 구축한다.

8. 삼엽조직[클로버(shamrock)형 조직]

소규모 전문적 근로자, 계약직 근로자, 신축적 근로자로 구성된 조직으로, 정규직원을 소규모로 유지하면서도 산출의 극대화를 도모한다.

• 기출문제 학습 •

01 애드호크라시는 구조적으로 복잡성, 공식화, 집권화 정도가 (㉠ 낮은 / ㉡ 높은) 수준이다. 16. 국가 7

02 애드호크라시는 변화에 신속하게 대응할 수 있다는 장점이 있고, (㉠ 최근에는 전통적 관료제를 대체할 정도로 많이 활용되고 있다. / ㉡ 과업의 표준화나 공식화 정도가 상대적으로 낮기 때문에, 구성원 간 업무상 갈등이 일어날 우려가 있다.) 19. 국가 7

03 애드호크라시는 (㉠ 업무 처리 과정에서 갈등과 비협조가 일어날 수 있다. / ㉡ 책임소재가 명확하여 갈등이 생길 가능성이 작다.) 22. 지방 7

04 커크하트(Larry Kirkhart)는 연합적 이념형이라고 하는 반관료적 모형을 제시했는데, 이 모형이 강조하는 조직구조 설계원리의 처방에 해당하지 않는 것은 (㉠ 컴퓨터 활용 / ㉡ 사회적 계층화의 억제 / ㉢ 고용관계의 안정성·영속성 / ㉣ 권한체제의 상황적응성)이다. 19. 서울추가 7

05 정보화 시대에 (㉠ 팀제가 / ㉡ 기능구조가) '규모의 경제'를 구현한 방식이라면, (㉠ 팀제는 / ㉡ 기능구조는) '스피드의 경제'를 보장한 방식이다. 18. 지방 7

06 네트워크 조직은 (㉠ 응집력 있는 조직문화를 만드는 데 유리하다. / ㉡ 업무처리의 신속성과 유연성을 확보하는 데 유리하다.) 14. 국가 7

07 네트워크 조직은 구조의 (㉠ 경직성 / ㉡ 유연성)이 강조되고, 조직 간 연계장치는 (㉠ 수직적인 / ㉡ 수평적인) 협력관계에 바탕을 둔다. (㉠ 개방적 의사전달과 참여 / ㉡ 타율적 관리)가 강조되며, 조직의 경계가 (㉠ 명확하다. / ㉡ 유동적이며 모호하다.) 15. 국가 9

08 네트워크 조직은 인간을 사회적 관계 속에서 협동을 추구하는 존재로 인식하며 (㉠ 구성원과 협력관계를 / ㉡ 경제적 보상을) 중시한다. 16. 국가 7

09 학습조직에 대한 설명으로 옳은 것은? 10. 국가 9
① 학습조직은 (㉠ 수직적 / ㉡ 수평적) 조직구조를 강조한다.
② 체계화된 학습이 강조됨에 따라 조직구성원의 권한은 (㉠ 강화된다. / ㉡ 약화된다.)

10 학습조직은 (㉠ 관계 지향성과 행동을 장려하며, 학습은 공동참여와 공동생산에 기반을 둔다. / ㉡ 엄격하게 구분된 부서 간의 경쟁을 통한 학습을 강조한다. / ㉢ 조직 능력보다는 개인 능력을 제고하는 데 초점을 맞춘다.) 17. 국가인사 7, 13. 지방 7

정답 1.㉠ 2.㉡ 3.㉠ 4.㉢ 5.㉡ 6.㉠ 7.㉡,㉡,㉠,㉡ 8.㉠ 9.①-㉡ ②-㉠ 10.㉠

Theme 15 조직유형론

01 민츠버그의 조직유형

1. 배경
민츠버그(H. Mintzberg)는 그의 저서 '조직 구조화(The Structuring of Organizations)'에서 조직의 5가지 기본적인 부분을 제시하고 있고, 5가지 기본적인 부분 중 핵심적인 요소가 무엇인지에 따라서 5가지 조직유형을 제시하고 있다.

2. 5가지 기본적인 부분

(1) **최고 관리층**(Strategic Apex)
최고 관리자와 그들의 보좌진들 또는 최고 위원회 등 조직의 전반적인 책임을 지는 사람들이다.

(2) **기술구조**(Technostructure)
분석가들과 그들을 지원하는 사무직 직원들을 의미하는데, 분석가들은 조직의 작업 과정 등을 표준화하는데 기여하는 사람들이다. 예컨대 산업공학자는 작업 과정을 표준화한다.

(3) **핵심 운영층**(Operating Core)
기본적인 제품 및 서비스 생산과 직접적으로 관련된 핵심 업무를 수행하는 사람들이다. 예컨대 회사의 원자재를 구매하고, 원자재를 완제품으로 만들고, 완제품을 유통하는 역할을 한다.

(4) **중간계선**(Middle Line)
최고관리층과 핵심 운영층을 연결하는 중간관리자들이다. 특히 조직이 크고 조정 방식으로 직접적 감독에 의존할수록 중간관리자들이 필요하다.

(5) **지원참모**(Support Staff)
조직이 원활하게 작동하도록 지원하는 역할을 한다. 예컨대 건물 보안, 법률 자문 등을 담당하는 부서가 해당한다.

◈ 조직의 기본적인 부분의 관계

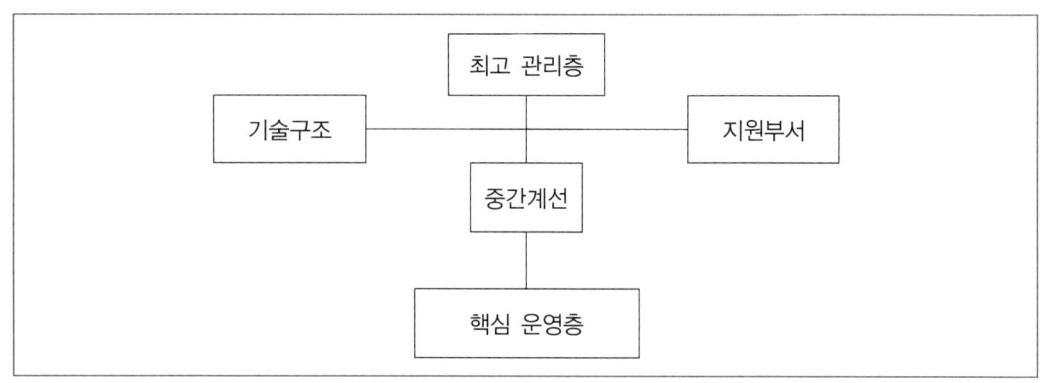

3. 5가지 조직유형

민츠버그의 조직유형에 따르면 조직 내에서 어떤 부분을 강조할 것인가에 따라 조직의 구조(유형)가 달라진다고 보았다.

5가지 조직유형별 특징

구분	단순구조	기계적 관료제	전문적 관료제	사업부제	애드호크라시
강조된 조직구성 부분	최고관리층	기술구조	핵심운영층	중간계선	지원참모
조정 방법	직접적 감독	작업과정의 표준화	작업기술의 표준화	산출의 표준화	상호조절
구조적 특징	• 낮은 분화·공식화 • 높은 집권화 • 유기적이고 융통성 있는 조직 등	• 높은 분화·전문화 • 기술구조에 대한 수평적 분권화 • 의사결정과정의 수직적 집권화 • 낮은 융통성	• 높은 수평적 분화 • 작업자의 높은 전문성 • 높은 수직적·수평적 분권화	제한된 수직적 분권화 조직	선택적 분권화 조직
환경	단순하고 동태적인 환경	단순하고 안정적인 환경	복잡하고 안정적인 환경	단순하고 안정적인 환경	복잡하고 동태적인 환경
예시	신설된 행정조직	대량생산업체	종합병원	합병으로 설립된 기업	광고회사

(1) **단순구조**(Simple Structure)

신설된 소규모 행정기관 등 구성원 수가 적은 소규모 조직으로 최고 관리자에게 집권화된 형태이다. 최고 관리자가 직접적 감독(Direct Supervision)을 통해서 조정을 하며, 소규모 조직이라 유기적이고 융통성이 있다. 단순하고 동태적인 환경에 적합하다.

(2) **기계적 관료제**(Machine Bureaucracy)

대량생산업체 등 대규모 관료제로 막스 베버의 이념형 관료제와 유사한 형태이다. 작업과정의 표준화(Standardization of Work Processes)가 중요한 만큼 기술구조가 강조된 조직구성 부분이다. 업무는 분화되어 있고, 일반적인 의사결정은 집권화되어 있다. 융통성이 낮은 만큼 단순하고 안정적인 환경에 적합하다.

(3) **전문적 관료제**(Professional Bureaucracy)

종합병원, 대학 등 조직 구성원의 전문성이 강조되는 조직이다. 기계적 관료제의 분업을 통한 전문화가 아니라, 개인이 소유한 기술의 전문성이 중요하다. 전문성을 지닌 핵심운영층의 역할이 강조되며, 작업기술의 표준화(Standardization of Skills)가 조정 방법이다. 예컨대 의사들의 수술 방법은 복잡하긴 하지만 기본적으로 동일한 과정으로 진행된다. 다만, 수술상황에 따라 개인적인 판단과 유연성 등 의사의 재량도 필요하다. 복잡하지만 안정적인 환경에 적합하다.

(4) **사업부제**(Divisionalized Form)

합병으로 설립된 기업, 여러 캠퍼스를 가지고 있는 대학, 특화된 병원들로 구성된 병원 시스템 등이 사업부제에 해당한다. 예컨대 S 전자는 휴대폰 사업부, 냉장고 사업부 등 각 사업부로 구성되어 있는데, 각 사업 부서의 장이 권한을 위임받는다. 해당 사업에 대한 의사결정 권한을 가지는 대신에 성과에 대한 통제를 받는데, 조정 방법은 산출의 표준화(Standardization of Outputs)이다. 산출의 표준화란 각 사업 부서의 장들의 성과를 비교할 수 있는 기준을 의미한데, 예컨대 판매량, 판매액 등 계량적인 수치가 해당한다. 각 사업부는 자체는 기계적 관료제와 유사하기 때문에 단순하고 안정적인 환경에 적합하다.

(5) **애드호크라시**(Adhocracy)

유기적이고, 비공식적이며, 혁신을 강조하는 조직이다. 예컨대 컨설턴트, 광고, 시제품 생산, 영화 제작, 항공우주 산업 등이 해당하는데, 이들은 새로운 과제와 이에 수반되는 문제를 해결해 나간다. 미국 항공우주국(NASA)는 1960년대 달 탐사를 하기 위하여, 분야별 전문가 집단들로 조직을 구성하였다. 이들은 정기적으로 진행 상황과 문제를 공유해야 했기 때문에 연락과 조정이 매우 중요하고, 조정은 수평적 관계에서 상호 조정(Mutual Adjustment)하였다. 민츠버그는 애드호크라시를 운영적 애드호크라시(Operating Adhocracy)와 행정적 애드호크라시(Administrative Adhocracy)로 구분하면서, 행정적 애드호크라시에서 지원참모(Support Staff)의 역할이 중요하다고 보았다. 환경적인 측면에서 에드호크라시는 동태적이고 복잡한 환경에 적합한 조직이다.

02 블라우와 스콧의 조직유형

블라우와 스콧(Peter M. Blau & W. Richard. Scott)은 수혜자를 중심으로 조직유형을 분류하였다.

조직유형	수혜자	예
호혜조직(Mutual Benefit Associations)	구성원	정당, 노조
기업조직(Business Organizations)	소유주	기업체, 은행
봉사조직(Service Organizations)	고객	학교, 법률상담소
공익조직(Commonwealth Organizations)	일반국민	행정기관, 경찰서

03 파슨스의 조직유형

파슨스(T. Parsons)은 사회체제(social system)가 수행해야 할 기능에 따라 조직을 4가지(AGIL)로 유형화하였다.

1. **적응**(Adaption)**기능**

변화하는 환경에 적응하기 위하여 외부로부터 자원을 동원하고 체제의 정당성을 확보하는 기능을 의미한다. 예컨대 빈곤이나 실업 등을 겪고 있으면, 사회는 환경에 적응하고 구성원에게 기본적인 수요를 충족시켜 주어야 한다. 적응기능은 민간기업 등 생산조직이 담당한다.

2. 목표달성(Goal Attainment)기능

체제가 추구할 목표를 설정하고, 목표달성을 위하여 유무형의 가치를 창출하는 기능을 의미한다. 예컨대 정치적 불안이나 부패가 만연하면 사회는 집합적 목표를 설정하고 달성하기 위해 노력한다. 목표달성기능은 정부 행정기관 등 정치조직이 담당한다.

3. 통합(Integration)기능

체제 전체의 목표달성을 위해 하위체제의 활동을 통제·조정하는 기능을 의미한다. 예컨대 범죄율이 높거나 차별 등이 심각하면 사회는 구성원의 결속력을 높이려고 한다. 통합기능은 법원, 경찰서 등 통합조직이 담당한다.

4. 체제유지(Latency, Pattern Maintenance)기능

체제가 가지고 있는 가치체계를 보존하고 제도화된 체제를 유지하는 기능을 의미한다. 체제는 문화적 패턴, 가치, 규범 등(주로 교육시스템, 가족 구조, 종교 단체 등)을 유지하고 미래세대로 전달하려고 한다. 체제유지기능은 교육기관, 문화단체, 종교단체 등 체제유지조직이 담당한다.

04 기타 조직유형

1. 에치오니(Amitai Etzioni)의 조직유형

에치오니는 권한행사와 복종의 형태에 따라 조직을 분류하였다.

(1) **강압적(Coercive) 조직**

강압적인 권한과 굴종적인 복종의 형태로 교도소가 예이다.

(2) **공리적(Utilitarian) 조직**

공리적 권한과 타산적 복종의 형태로 사기업체가 예이다.

(3) **규범적(Normative) 조직**

규범적 권한과 도덕적 복종의 형태로 종교단체가 예이다.

2. 콕스(Taylor H. Cox)의 조직유형

콕스는 문화론적 시각에서 조직유형을 분류하였다.

(1) **획일적(Monolithic) 조직**

단일의 강한 문화가 지배하는 조직이다.

(2) **다원적(Plural) 조직**

획일적 조직에 비해 구성원들의 문화적 이질성이 높은 조직이다.

(3) **다문화적(Muticultural) 조직**

문화적 다양성의 가치를 존중하는 조직이다.

• 기출문제 학습 •

01 민츠버그(H. Mintzberg)가 제시한 조직유형이 아닌 것은 (㉠ 기계적 관료제 / ㉡ 홀라크라시)이다. 23. 지방 9

02 민츠버그의 조직성장 경로모형에 따르면, 기계적 관료제 구조는 (㉠ 핵심운영 / ㉡ 기술구조 / ㉢ 전략적 정점)이 강조된 조직구성부문이다. 18. 지방 7

03 민츠버그가 제시한 기계적 관료제는 막스 베버의 관료제와 (㉠ 유사하다. / ㉡ 구별된다.) 11. 지방 9

04 민츠버그가 제시한 조직성장 경로모형에 따르면, 지원 스태프 부문은 기본적인 과업흐름 (㉠ 외에 / ㉡ 내에서) 발생하는 조직의 문제에 대해 지원하는 모든 전문가로 구성되어 있다. 19. 서울추가 7

05 애드호크라시에 대한 민츠버그의 설명에 따르면 (㉠ 지원참모 / ㉡ 기술구조)가 가장 중요하다. 18. 국가인사 7

06 민츠버그의 전문적 관료제의 특징은 (㉠ 복잡하고 불안정한 환경 / ㉡ 복잡하고 안정적인 환경)이다. 15. 서울 7

07 블라우(Blau)와 스콧(Scott)의 조직유형에 따르면 호혜적 조직은 (㉠ 고객 / ㉡ 구성원)이 수익자가 되는 조직이다. 25. 국가 9

08 파슨스가 제시한 사회적 기능, 각 기능을 수행하는 조직유형, 각 조직유형별 예시를 연결하면? 15. 지방 7

① 적응기능	㉠ 교육조직	A. 학교, 종교단체
② 목표달성 기능	㉡ 정치조직	B. 행정기관
③ 통합기능	㉢ 통합조직	C. 경찰서
④ 잠재적 형상 유지	㉣ 경제조직	D. 민간기업

09 (㉠ Parsons / ㉡ Etzioni)의 조직유형론에 따르면, 강압적 조직, 공리적 조직, 규범적 조직으로 구분된다. 10. 지방 7

정답 1.㉡ 2.㉡ 3.㉠ 4.㉠ 5.㉠ 6.㉡ 7.㉡ 8.①-㉣-D ②-㉡-B ③-㉢-C ④-㉠-A 9.㉡

Theme 16 우리나라 정부조직

01 중앙행정기관의 하부조직 및 소속기관

◈ 중앙행정기관 조직도 일부

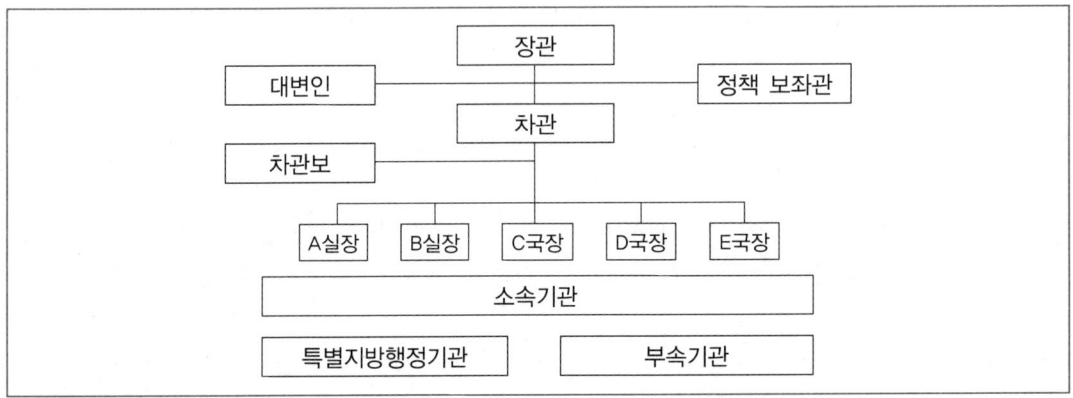

1. 중앙행정기관(부·처·청·위원회)

국가의 행정사무를 담당하기 위하여 설치된 행정기관으로서 그 관할권의 범위가 전국에 미치는 행정기관이다. 다만, 그 관할권의 범위가 전국에 미치더라도 다른 행정기관에 부속하여 이를 지원하는 행정기관은 제외한다.

2. 하부조직

행정기관의 보조기관과 보좌기관을 말한다.

(1) **보조(Line)기관 또는 계선 기관**

행정기관의 의사 또는 판단의 결정이나 표시를 보조함으로써 행정기관의 목적달성에 공헌하는 기관이다. 계층적 구조를 갖는 수직적 조직으로, 보조기관은 부하에게 업무를 지시할 수 있고 위임·전결권*의 범위 내에서 의사결정과 집행의 권한을 가진다. 위 그림에서 차관 및 A 실장,
<small>전결은 결재 권한을 위임받아 결재하는 것이다. 예컨대 장관이 결재할 사항이지만, 차관이나 실장 등이 그 권한을 위임받아 전결할 수 있다.</small>
B 실장 등이 해당한다.

(2) **보좌(Staff, 참모, 막료)기관**

행정기관이 그 기능을 원활하게 수행할 수 있도록 그 기관장이나 보조기관을 보좌함으로써 행정기관의 목적달성에 공헌하는 기관이다. 횡적 지원을 하는 수평적 조직으로, 정보제공, 자료분석, 기획 등의 전문적 지식과 경험으로 정책수행에 간접적으로 기여한다. 정책에 대한 최종적인 책임을 지지 않는 경우가 많다. 위 그림에서 대변인, 정책보좌관 등이 해당한다.

(3) 보조기관과 보좌기관의 관계

보조기관과 보좌기관 간 책임전가의 우려, 의사전달 경로의 혼선 가능성이 있다. 예컨대 대통령의 보좌기관인 대통령비서실이 보조기관인 각 부처에 직접 개입하여 갈등이 발생하기도 했다. 따라서 보조기관과 보좌기관의 책임과 한계를 분명히 하여야 한다. 대체로 보조기관이 보좌기관보다는 더 현실적이고 보수적인 속성을 가질 가능성이 높은데, 보좌기관은 지시받은 사항을 실제로 이행해야 하기 때문이다.

3. 소속기관

중앙행정기관에 소속된 기관으로서, 특별지방행정기관과 부속기관을 말한다.

(1) 특별지방행정기관

특정한 중앙행정기관에 소속되어, 당해 관할구역내에서 시행되는 소속 중앙행정기관의 권한에 속하는 행정사무를 관장하는 국가의 지방행정기관이다. 예컨대 지역별 국세청 소속의 세무서, 경찰청 소속의 경찰서 등이 해당한다.

(2) 부속기관

행정권의 직접적인 행사를 임무로 하는 기관에 부속하여 그 기관을 지원하는 행정기관이다. 시험연구기관·교육훈련기관·문화기관·의료기관·제조기관 및 자문기관 등을 의미한다. 예컨대 행정안전부의 소속으로 지방자치인재개발원, 국가기록원 등이 있고, 문화체육관광부 소속으로 국립중앙박물관 등이 있다.

02 우리나라의 행정각부, 청, 처

1. 행정각부

대통령의 통할하에 기획재정부, 교육부 등 행정각부를 둔다. 각부의 장은 장관이고 장관은 국무위원이 된다.

2. 청

국세청, 관세청 등 청은 행정각부의 소속으로 업무의 독자성이 높고, 집행위주의 사무를 수행한다. 청의 장은 청장이지만, 검찰청의 장은 예외적으로 '총장'이다.

3. 처

인사혁신처, 법제처 등 처는 국무총리 소속으로 여러 부의 업무지원을 수행한다. 처의 장은 '처장'이다.

03 위원회(Committee) 조직

1. 의미
행정각부 또는 처, 청은 기관장이 단독으로 최종적인 의사결정을 한다. 반면에 금융위원회, 공정거래위원회 등 위원회 조직은 복수의 위원들이 의결(議決, 의논하여 결정) 하므로 합의제 기관이라고 부르기도 한다. 의결 방법은 과반수 찬성 또는 3분의 2 이상 찬성 등 의결 사항 등에 따라 달라진다.

2. 장·단점
함께 결정하므로 정책결정에 있어 신중성 도모, 민주적 의견수렴의 확대, 전문성 있는 위원들을 활용한 정책결정의 합리화, 정책결정에 대한 신뢰 증대, 집단결정을 통해 행정의 안정성과 지속성을 확보할 수 있다. 다만, 책임소재가 모호하고(책임의 공유와 분산) 의사결정이 지연될 수 있다.

3. 위원구성
전문지식이 있는 외부 전문가를 포함하도록 하는 경우가 대부분이지만, 그렇다고 해서 항상 외부 전문가로만 구성되는 것은 아니다. 예컨대 A 기관의 정책을 자문하는 위원회를 구성했다고 하자. 위원 중 외부 전문가들은 새로운 아이디어를 제시할 수 있지만 현실적인 제약을 모르는 경우가 많다. 따라서 A 기관 소속의 공무원이 위원으로 포함된다면, 외부 위원들이 알기 어려운 부분을 보완해 줄 수 있다.

4. 행정위원회, 의결위원회, 자문위원회

위원회 구분	권한	예시	특징
행정위원회	의사결정의 구속력 + 집행권	• 공정거래위원회·중앙선거관리위원회 • 방송통신위원회 • 금융위원회 • 방송통신위원회 • 국민권익위원회 • 소청심사위원회	독립지위를 가진 행정관청
의결위원회	의사결정의 구속력	• 정부공직자윤리위원회 • 기관별 징계위원회	
자문위원회	둘 다 ×	• 지방시대위원회 등	참모기관

(1) **행정위원회**
의사결정의 구속력과 집행권을 모두 가지는 위원회이다. 예컨대 공정거래위원회에서 기업 간 담합을 조사하기로 결정하고, 결정에 따른 조사와 담합기업에 대한 과징금 부과 등을 수행한다.

(2) **의결위원회**
의사결정의 구속력만 가진 위원회이다. 예컨대 공무원이 잘못하여 징계를 받아야 한다고 하자. 해당 공무원의 징계 여부 및 수준은 징계위원회에서 결정하고, 징계위원회에서 결정한 내용에 따라 징계처분은 장관 등 기관의 장이 한다.

(3) **자문위원회**

자문위원회는 자문기능만 수행한다. 예컨대 대통령 소속 지방시대위원회는 지방분권과 균형발전을 위한 정책을 결정하여 대통령에게 제안한다. 제안한 정책을 받아들이는 것은 대통령이 결정할 사항이다.

◈ 공정거래위원회 조직도

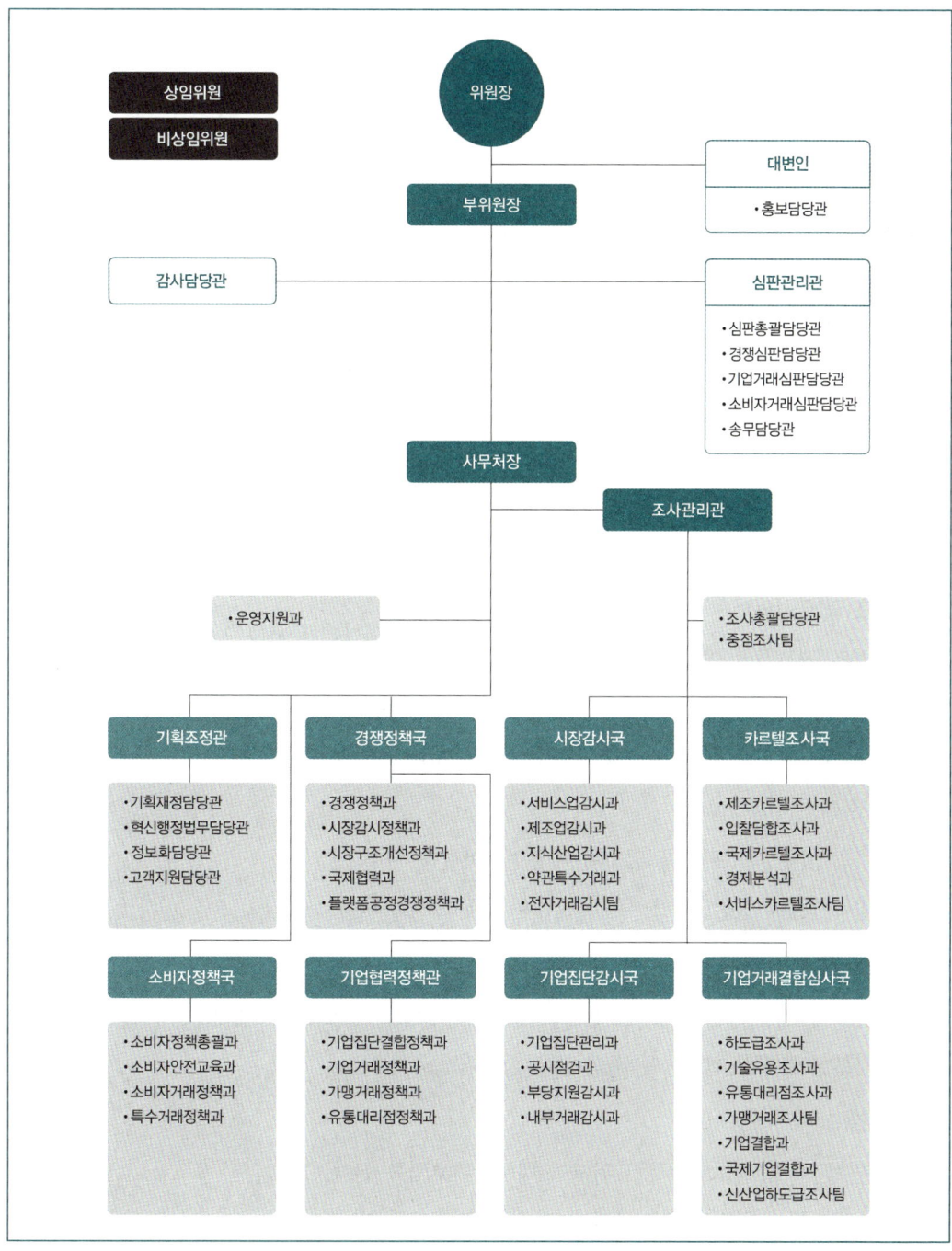

04 주요 정부조직 개편

1. 박근혜 정부
(1) **신설 또는 부활**: 미래창조과학부(현재는 폐지), 해양수산부
(2) **개편**: 식품의약품안전청 → 식품의약품안전처

2. 문재인 정부
(1) **신설 또는 부활**: 행정안전부, 소방청, 해양경찰청, 과학기술정보통신부
(2) **개편**: 중소기업청 → 중소벤처기업부

3. 윤석열 정부
(1) **신설 또는 부활**: 외교부 소속 재외동포청, 과학기술정보통신부 소속 우주항공청
(2) **개편**: 국가보훈처 → 국가보훈부

05 정부조직법

정부조직법은 대통령과 국무총리 및 행정각부 등에 관한 사항을 규정하고 있다.

1. 제11조(대통령의 행정감독권)
대통령은 정부의 수반으로서 법령에 따라 모든 중앙행정기관의 장을 지휘·감독한다.

2. 제12조(국무회의)
(1) 대통령은 국무회의 의장으로서 회의를 소집하고 이를 주재한다.
(2) 의장이 사고로 직무를 수행할 수 없는 경우에는 부의장인 국무총리가 그 직무를 대행한다.
  국무회의는 국가의 중요 정책이 전 정부적 차원에서 심의하는 역할을 수행한다.

3. 제14조(대통령비서실)
(1) 대통령의 직무를 보좌하기 위하여 대통령비서실을 둔다.
(2) 대통령비서실에 실장 1명을 두되, 실장은 정무직으로 한다.

4. 제15조(국가안보실)
(1) 국가안보에 관한 대통령의 직무를 보좌하기 위하여 국가안보실을 둔다.
(2) 국가안보실에 실장 1명을 두되, 실장은 정무직으로 한다.

5. 제16조(대통령경호처)
(1) 대통령 등의 경호를 담당하기 위하여 대통령경호처를 둔다.
(2) 대통령경호처에 처장 1명을 두되, 처장은 정무직으로 한다.

6. **제17조(국가정보원)**

   국가안전보장에 관련되는 정보·보안에 관한 사무를 담당하기 위하여 대통령 소속으로 국가정보원을 둔다.

7. **제18조(국무총리의 행정감독권)**

   (1) 국무총리는 대통령의 명을 받아 각 중앙행정기관의 장을 지휘·감독한다.

   (2) 국무총리는 중앙행정기관의 장의 명령이나 처분이 위법 또는 부당하다고 인정될 경우에는 대통령의 승인을 받아 이를 중지 또는 취소할 수 있다.

8. **제19조(부총리)**

   (1) 부총리는 기획재정부장관과 교육부장관이 각각 겸임한다.

   (2) 기획재정부장관은 경제정책에 관하여 국무총리의 명을 받아 관계 중앙행정기관을 총괄·조정한다.

   (3) 교육부장관은 교육·사회 및 문화 정책에 관하여 국무총리의 명을 받아 관계 중앙행정기관을 총괄·조정한다.

9. **제20조(국무조정실)**

   각 중앙행정기관의 행정의 지휘·감독, 정책 조정 및 사회위험·갈등의 관리, 정부업무평가 및 규제개혁에 관하여 국무총리를 보좌하기 위하여 국무조정실을 둔다.

10. **제21조(국무총리비서실)**

    (1) 국무총리의 직무를 보좌하기 위하여 국무총리비서실을 둔다.

    (2) 국무총리비서실에 실장 1명을 두되, 실장은 정무직으로 한다.

11. **제22조의3(인사혁신처)**

    공무원의 인사·윤리·복무 및 연금에 관한 사무를 관장하기 위하여 국무총리 소속으로 인사혁신처를 둔다.

12. **제23조(법제처)**

    국무회의에 상정될 법령안·조약안과 총리령안 및 부령안의 심사와 그 밖에 법제에 관한 사무를 전문적으로 관장하기 위하여 국무총리 소속으로 법제처를 둔다.

13. **제25조(식품의약품안전처)**

    (1) 식품 및 의약품의 안전에 관한 사무를 관장하기 위하여 국무총리 소속으로 식품의약품안전처를 둔다.

    (2) 식품의약품안전처에 처장 1명과 차장 1명을 두되, 처장은 정무직으로 하고, 차장은 고위공무원단에 속하는 일반직공무원으로 보한다.

14. 제26조(행정각부)

(1) 대통령의 통할하에 다음의 행정각부를 둔다.

(2) 행정각부에 장관 1명과 차관 1명을 두되, 장관은 국무위원으로 보하고, 차관은 정무직으로 한다. 다만, 기획재정부·과학기술정보통신부·외교부·문화체육관광부·산업통상자원부·보건복지부·국토교통부에는 차관 2명을 둔다.

15. 제27조(기획재정부)

(1) 기획재정부장관은 중장기 국가발전전략수립, 경제·재정정책의 수립·총괄·조정, 예산·기금의 편성·집행·성과관리, 화폐·외환·국고·정부회계·내국세제·관세·국제금융, 공공기관 관리, 경제협력·국유재산·민간투자 및 국가채무에 관한 사무를 관장한다.

(2) 기획재정부에 차관보 1명을 둘 수 있다.

(3) 내국세의 부과·감면 및 징수에 관한 사무를 관장하기 위하여 기획재정부장관 소속으로 국세청을 둔다.

(4) 국세청에 청장 1명과 차장 1명을 두되, 청장은 정무직으로 하고, 차장은 고위공무원단에 속하는 일반직공무원으로 보한다.

(5) 관세의 부과·감면 및 징수와 수출입물품의 통관 및 밀수출입단속에 관한 사무를 관장하기 위하여 기획재정부장관 소속으로 관세청을 둔다.

(6) 관세청에 청장 1명과 차장 1명을 두되, 청장은 정무직으로 하고, 차장은 고위공무원단에 속하는 일반직공무원으로 보한다.

(7) 정부가 행하는 물자(군수품을 제외한다)의 구매·공급 및 관리에 관한 사무와 정부의 주요시설공사계약에 관한 사무를 관장하기 위하여 기획재정부장관 소속으로 조달청을 둔다.

(8) 조달청에 청장 1명과 차장 1명을 두되, 청장은 정무직으로 하고, 차장은 고위공무원단에 속하는 일반직공무원으로 보한다.

(9) 통계의 기준설정과 인구조사 및 각종 통계에 관한 사무를 관장하기 위하여 기획재정부장관 소속으로 통계청을 둔다.

(10) 통계청에 청장 1명과 차장 1명을 두되, 청장은 정무직으로 하고, 차장은 고위공무원단에 속하는 일반직공무원으로 보한다.

16. 제28조(교육부)

(1) 교육부장관은 인적자원개발정책, 학교교육·평생교육, 학술에 관한 사무를 관장한다.

(2) 교육부에 차관보 1명을 둘 수 있다.

17. 제29조(과학기술정보통신부)

(1) 과학기술정보통신부장관은 과학기술정책의 수립·총괄·조정·평가, 과학기술의 연구개발·협력·진흥, 과학기술인력 양성, 원자력 연구·개발·생산·이용, 국가정보화 기획·정보보호·정보문화, 방송·통신의 융합·진흥 및 전파관리, 정보통신산업, 우편·우편환 및 우편대체에 관한 사무를 관장한다.

(2) 과학기술정보통신부에 과학기술혁신사무를 담당하는 본부장 1명을 두되, 본부장은 정무직으로 한다.

18. 제30조(외교부)

(1) 외교부장관은 외교, 경제외교 및 국제경제협력외교, 국제관계 업무에 관한 조정, 조약 기타 국제협정, 재외국민의 보호·지원, 재외동포정책의 수립, 국제정세의 조사·분석에 관한 사무를 관장한다.

(2) 외교부에 차관보 1명을 둘 수 있다.

(3) 재외동포에 관한 사무를 관장하기 위하여 외교부장관 소속으로 재외동포청을 둔다.

(4) 재외동포청에 청장 1명과 차장 1명을 두되, 청장은 정무직으로 하고, 차장은 고위공무원단에 속하는 일반직공무원 또는 외무공무원으로 보한다.

19. 제31조(통일부)

통일부장관은 통일 및 남북대화·교류·협력에 관한 정책의 수립, 통일교육, 그 밖에 통일에 관한 사무를 관장한다.

20. 제32조(법무부)

(1) 법무부장관은 검찰·행형·인권옹호·출입국관리 그 밖에 법무에 관한 사무를 관장한다.

(2) 검사에 관한 사무를 관장하기 위하여 법무부장관 소속으로 검찰청을 둔다.

21. 제33조(국방부)

(1) 국방부장관은 국방에 관련된 군정 및 군령과 그 밖에 군사에 관한 사무를 관장한다.

(2) 국방부에 차관보 1명을 둘 수 있다.

(3) 징집·소집 그 밖에 병무행정에 관한 사무를 관장하기 위하여 국방부장관 소속으로 병무청을 둔다.

(4) 병무청에 청장 1명과 차장 1명을 두되, 청장은 정무직으로 하고, 차장은 고위공무원단에 속하는 일반직공무원으로 보한다.

(5) 방위력 개선사업, 군수물자 조달 및 방위산업 육성에 관한 사무를 관장하기 위하여 국방부장관 소속으로 방위사업청을 둔다.

(6) 방위사업청에 청장 1명과 차장 1명을 두되, 청장은 정무직으로 하고, 차장은 고위공무원단에 속하는 일반직공무원으로 보한다.

22. 제34조(행정안전부)

(1) 행정안전부장관은 국무회의의 서무, 법령 및 조약의 공포, 정부조직과 정원, 상훈, 정부혁신, 행정능률, 전자정부, 정부청사의 관리, 지방자치제도, 지방자치단체의 사무지원·재정·세제, 낙후지역 등 지원, 지방자치단체간 분쟁조정, 선거·국민투표의 지원, 안전 및 재난에 관한 정책의 수립·총괄·조정, 비상대비, 민방위 및 방재에 관한 사무를 관장한다.

(2) 국가의 행정사무로서 다른 중앙행정기관의 소관에 속하지 아니하는 사무는 행정안전부장관이 이를 처리한다.

(3) 행정안전부에 재난안전관리사무를 담당하는 본부장 1명을 두되, 본부장은 정무직으로 한다.

(4) 행정안전부에 차관보 1명을 둘 수 있다.

(5) 치안에 관한 사무를 관장하기 위하여 행정안전부장관 소속으로 경찰청을 둔다.

(6) 소방에 관한 사무를 관장하기 위하여 행정안전부장관 소속으로 소방청을 둔다.

23. 제35조(국가보훈부)

국가보훈부장관은 국가유공자 및 그 유족에 대한 보훈, 제대군인의 보상·보호, 보훈선양에 관한 사무를 관장한다.

24. 제36조(문화체육관광부)

(1) 문화체육관광부장관은 문화·예술·영상·광고·출판·간행물·체육·관광, 국정에 대한 홍보 및 정부발표에 관한 사무를 관장한다.

(2) 문화체육관광부에 차관보 1명을 둘 수 있다.

(3) 문화재에 관한 사무를 관장하기 위하여 문화체육관광부장관 소속으로 문화재청을 둔다.

(4) 국가유산청에 청장 1명과 차장 1명을 두되, 청장은 정무직으로 하고, 차장은 고위공무원단에 속하는 일반직공무원으로 보한다.

25. 제37조(농림축산식품부)

(1) 농림축산식품부장관은 농산·축산, 식량·농지·수리, 식품산업진흥, 농촌개발 및 농산물 유통에 관한 사무를 관장한다.

(2) 농림축산식품부에 차관보 1명을 둘 수 있다.

(3) 농촌진흥에 관한 사무를 관장하기 위하여 농림축산식품부장관 소속으로 농촌진흥청을 둔다.

(4) 농촌진흥청에 청장 1명과 차장 1명을 두되, 청장은 정무직으로 하고, 차장은 고위공무원단에 속하는 일반직공무원으로 보한다.

(5) 산림에 관한 사무를 관장하기 위하여 농림축산식품부장관 소속으로 산림청을 둔다.

(6) 산림청에 청장 1명과 차장 1명을 두되, 청장은 정무직으로 하고, 차장은 고위공무원단에 속하는 일반직공무원으로 보한다.

26. 제38조(산업통상자원부)

(1) 산업통상자원부장관은 상업·무역·공업·통상, 통상교섭 및 통상교섭에 관한 총괄·조정, 외국인 투자, 중견기업, 산업기술 연구개발정책 및 에너지·지하자원에 관한 사무를 관장한다.

(2) 산업통상자원부에 통상교섭사무를 담당하는 본부장 1명을 두되, 본부장은 정무직으로 한다.

(3) 산업통상자원부에 차관보 1명을 둘 수 있다.

(4) 특허·실용신안·디자인 및 상표에 관한 사무와 이에 대한 심사·심판사무를 관장하기 위하여 산업통상자원부장관 소속으로 특허청을 둔다.

(5) 특허청에 청장 1명과 차장 1명을 두되, 청장은 정무직으로 하고, 차장은 고위공무원단에 속하는 일반직공무원으로 보한다.

27. 제39조(보건복지부)

(1) 보건복지부장관은 생활보호·자활지원·사회보장·아동(영·유아 보육을 포함한다)·노인·장애인·보건위생·의정(醫政) 및 약정(藥政)에 관한 사무를 관장한다.

(2) 방역·검역 등 감염병에 관한 사무 및 각종 질병에 관한 조사·시험·연구에 관한 사무를 관장하기 위하여 보건복지부장관 소속으로 질병관리청을 둔다.

(3) 질병관리청에 청장 1명과 차장 1명을 두되, 청장은 정무직으로 하고, 차장은 고위공무원단에 속하는 일반직공무원으로 보한다.

28. 제40조(환경부)

(1) 환경부장관은 자연환경, 생활환경의 보전, 환경오염방지, 수자원의 보전·이용·개발 및 하천에 관한 사무를 관장한다.

(2) 기상에 관한 사무를 관장하기 위하여 환경부장관 소속으로 기상청을 둔다.

(3) 기상청에 청장 1명과 차장 1명을 두되, 청장은 정무직으로 하고, 차장은 고위공무원단에 속하는 일반직공무원으로 보한다.

29. 제41조(고용노동부)

고용노동부장관은 고용정책의 총괄, 고용보험, 직업능력개발훈련, 근로조건의 기준, 근로자의 복지후생, 노사관계의 조정, 산업안전보건, 산업재해보상보험과 그 밖에 고용과 노동에 관한 사무를 관장한다.

30. 제42조(여성가족부)

여성가족부장관은 여성정책의 기획·종합, 여성의 권익증진 등 지위향상, 청소년 및 가족(다문화가족과 건강가정사업을 위한 아동업무를 포함한다)에 관한 사무를 관장한다.

31. 제43조(국토교통부)

(1) 국토교통부장관은 국토종합계획의 수립·조정, 국토의 보전·이용 및 개발, 도시·도로 및 주택의 건설, 해안 및 간척, 육운·철도 및 항공에 관한 사무를 관장한다.

(2) 국토교통부에 차관보 1명을 둘 수 있다.

32. 제43조(해양수산부)

⑴ 해양수산부장관은 해양정책, 수산, 어촌개발 및 수산물 유통, 해운·항만, 해양환경, 해양조사, 해양수산자원개발, 해양과학기술연구·개발 및 해양안전심판에 관한 사무를 관장한다.

⑵ 해양에서의 경찰 및 오염방제에 관한 사무를 관장하기 위하여 해양수산부장관 소속으로 해양경찰청을 둔다.

33. 제44조(중소벤처기업부)

중소벤처기업부장관은 중소기업 정책의 기획·종합, 중소기업의 보호·육성, 창업·벤처기업의 지원, 대·중소기업 간 협력 및 소상공인에 대한 보호·지원에 관한 사무를 관장한다.

06 우리나라의 정부조직도(19부 3처 20청 7위원회, 2원 4실 1처)

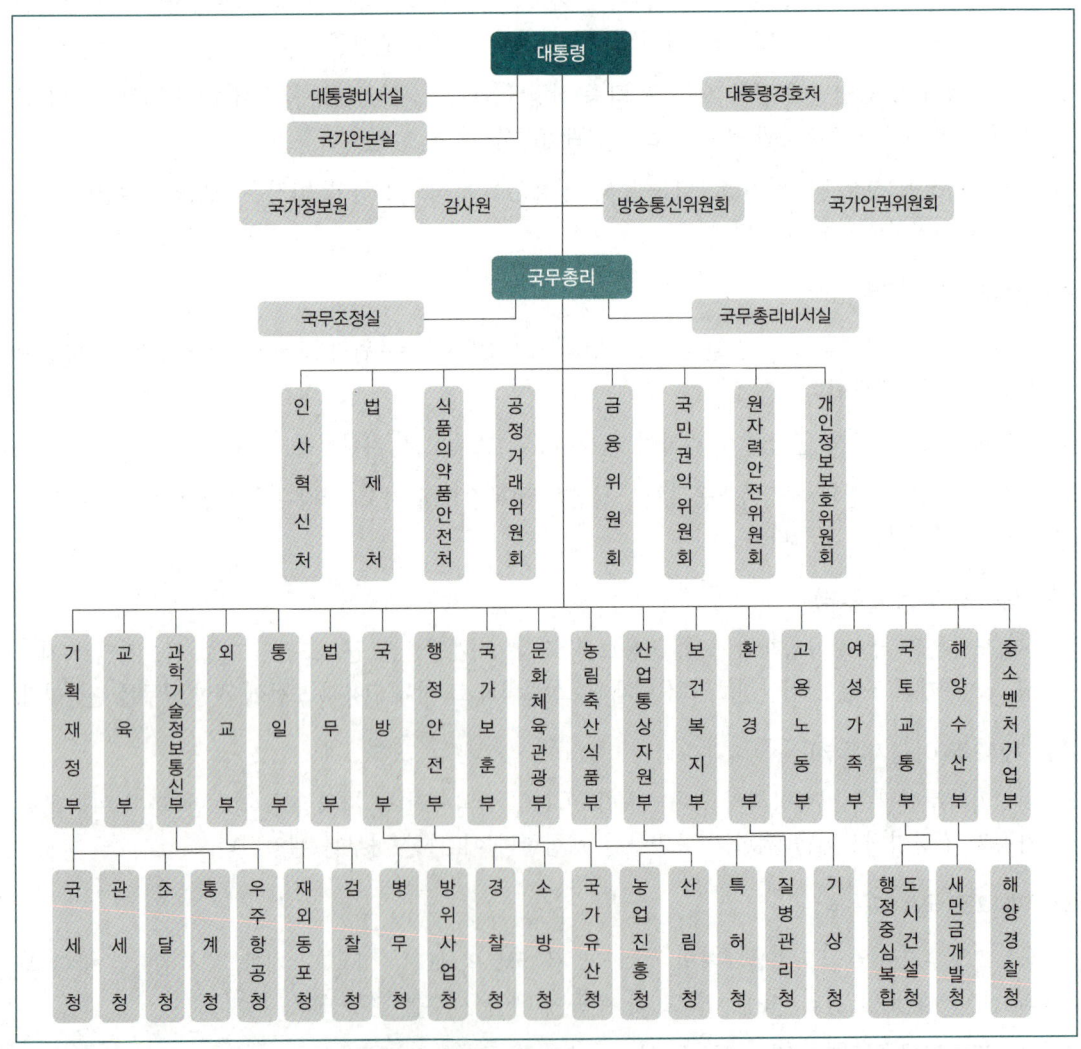

기출문제 학습

01 (㉠ 보조기관 / ㉡ 보좌기관)이 (㉠ 보조기관 / ㉡ 보좌기관)보다 더 현실적이고 보수적인 속성을 가질 가능성이 높다. 14. 지방 7

02 위원회 조직의 의사결정은 (㉠ 신속하고 합의가 용이하다. / ㉡ 시간과 비용이 많이 소요된다.) 12. 지방 9

03 의결위원회는 의사결정의 (㉠ 구속력과 집행권 둘 다 / ㉡ 구속력만 / ㉢ 집행권만 / ㉣ 자문역할만) 가진다. 18. 서울 9

04 우리나라 행정기관 소속 위원회는 관련분야 전문지식이 있는 (㉠ 외부전문가만으로 / ㉡ 내·외부 전문가로) 구성한다. 15. 지방 9

05 소청심사위원회는 (㉠ 자문위원회 / ㉡ 행정위원회)이다. 13. 국가 7

06 국민권익위원회는 (㉠ 자문위원회 / ㉡ 행정위원회)이다. 19. 국가 9

07 위원회 조직은 의사결정에 대한 책임성 확보가 (㉠ 용이하고 / ㉡ 어렵고), 신중하고 공정한 의사결정으로 인해 결정비용이 (㉠ 많이 든다. / ㉡ 적게 든다.) 18. 국가인사 7

08 ① 중앙행정기관과 ② 소속기관으로 분류하면? 18. 국가 7
(㉠ 지방자치인재개발원 / ㉡ 공정거래위원회 / ㉢ 특허청 / ㉣ 국가기록원 / ㉤ 국립중앙박물관 / ㉥ 문화재청)

09 (㉠ 하부기관 / ㉡ 부속기관)이란 행정권의 직접적인 행사를 임무로 하는 기관에 부속하여 그 기관을 지원하는 행정기관을 말한다. 18. 국가 9

10 정부조직법상 특허청은 (㉠ 기획재정부장관 / ㉡ 산업통상자원부장관) 소속이다. 18. 지방 9

11 식품의약품안전처는 (㉠ 국무총리 / ㉡ 보건복지부) 소속이다. 25. 국가 9

12 정무직 공무원에 해당하지 않는 것은 (㉠ 감사원 사무차장 / ㉡ 헌법재판소 사무차장 / ㉢ 국무총리실 사무차장 / ㉣ 국가정보원 차장)이다. 19. 국가 7

정답 1.㉠,㉡ 2.㉡ 3.㉢ 4.㉡ 5.㉡ 6.㉡ 7.㉡,㉠ 8.①-㉡,㉢,㉣,㉥ ②-㉠,㉣,㉤ 9.㉡ 10.㉡ 11.㉠ 12.㉠

Theme 17 공기업

01 공기업

1. 공기업(公企業)이란?

공기업은 단어 그대로 풀이하면 공공성을 가진 기업이다. 공기업의 의미는 학자에 따라서 달리 설명될 수 있고, 우리나라 관련 법령을 살펴보면 다음과 같다.

(1) 「공공기관의 운영에 관한 법률」에 따르면, 공공기관을 정부가 출연하거나 정부로부터 지원받는 기관 등을 공공기관이라고 한다.

(2) 「책임운영기관의 설치·운영에 관한 법률」에 따르면, 공공성(公共性)을 유지하면서도 경쟁 원리에 따라 운영하는 것이 바람직한 기관을 책임운영기관으로 정의하고 있다.

(3) 「지방공기업법」에 따르면, 지방자치단체가 직접 설치·경영하거나, 법인을 설립하여 경영하는 기업으로, 지방공기업은 경제성과 공공복리를 증대하도록 운영하여야 한다고 규정하고 있다.

정리해 보면 공기업은 공공성 측면에서 민영화하지 않고 정부가 출연하거나 직접 설치·운영 하면서, 성과와 경제성 등도 강조하고 있다.

2. 설립이유

공기업은 공공수요가 있으나 민간부문의 자본이 부족한 경우, 시장에서 독점성이 나타나는 경우 등 설립이 정당화된다. 다만, 전통적인 자본주의적 사기업 질서에 반하여 사회주의적 간섭을 하는 것으로 볼 수 있다.

3. 공기업의 구분

공기업은 이론상 정부부처형, 주식회사형, 공사형으로 구분될 수 있다. 우리나라 법·제도와 비교해 보면 정부부처형은 정부기업과 책임운영기관이 해당하고, 주식회사형과 공사형은 공공기관이 해당한다.

이론상 구분	우리나라 법·제도
정부부처형	정부기업, 책임운영기관
주식회사형	공공기관(공기업*, 준정부기관 등)
공사형	

「공공기관의 운영에 관한 법률」에 따른 공공기관 중 공기업을 의미한다.

(1) **정부부처형**

정부조직법 등의 영향을 받는 정부기관으로써 구성원의 신분은 공무원이며, 정부기업 및 책임운영기관이 해당한다.

(2) **주식회사형과 공사형**

주식회사형과 공사형은 직원의 신분은 회사원이므로 일반행정기관에 적용되는 조직·인사 원칙이 적용되지 않는다.

① 주식회사형

정부가 주식의 전부 또는 일부를 소유하여 회사의 관리에 참여하는 형태로 한국전력공사 등이 해당한다.

② 공사형

원칙적으로 정부가 전액 투자하는 정부소유의 기업으로 한국조폐공사 등이 해당한다.

02 정부기업(정부기업예산법)

1. 정부기업이란?

기업형태로 운영하는 우편사업, 우체국예금사업, 양곡관리사업 및 조달사업을 말한다. 예컨대 우체국 직원은 대부분 공무원 신분이지만, 민간기업과 같이 우편 요금을 받거나 예금 및 보험 판매 등의 사업을 한다.

2. 특별회계 설치

각 사업별로 특별회계를 설치하고, 정부기업의 경영을 합리화하고 운영의 투명성을 제고해야 한다.

03 책임운영기관(책임운영기관의 설치 및 운영에 관한 법률)

1. 책임운영기관이란?

기관장에게 기관 운영의 자율성을 보장하고 기관 운영 성과에 대해 책임을 지도록 하는 기관으로, 공공성이 크기 때문에 민영화하기 어려운 업무를 정부가 직접 수행하기 위해 고안된 것이다. 1988년 영국에서 국방·보건·교도소 등 140여 개의 부서를 '집행기관(Executive Agency)'으로 지정하면서 시작되었고, 우리나라는 「책임운영기관의 설치·운영에 관한 법률」이 1999년 제정되어 2000년에 국립중앙과학관 등 10개 기관을 책임운영기관으로 지정하였다.

2. 책임운영기관의 설치 및 운영에 관한 법률(주무부처: 행정안전부)

(1) 목적

책임운영기관의 조직·인사·예산·회계 등에 관한 특례를 규정함으로써 행정 운영의 효율성과 행정 서비스의 질적 향상을 도모한다.

(2) 책임운영기관의 정의

① 정부가 수행하는 사무 중 공공성을 유지하면서도 경쟁 원리에 따라 운영하는 것이 바람직하거나 전문성이 있어 성과관리를 강화할 필요가 있는 사무에 대하여 책임운영기관의 장에게 행정 및 재정상의 자율성을 부여하고 그 운영 성과에 대하여 책임을 지도록 하는 행정기관이다.

② 책임운영기관의 구분
  ㉠ 소속책임운영기관: 중앙행정기관의 소속기관으로서 대통령령으로 설치된 기관
  ㉡ 중앙책임운영기관: 청으로서 대통령령으로 설치된 기관(특허청)

③ **사무성격에 따른 구분**
조사연구형 책임운영기관, 교육훈련형 책임운영기관, 문화형 책임운영기관, 의료형 책임운영기관, 시설관리형 책임운영기관으로 구분된다.

(3) **기관장의 임용**
① 소속중앙행정기관의 장은 공개모집 절차에 따라 행정이나 경영에 관한 지식·능력 또는 관련 분야의 경험이 풍부한 사람 중에서 임기제공무원으로 임용한다.
② 기관장의 근무기간은 5년의 범위에서 소속중앙행정기관의 장이 정하되, 최소한 2년 이상으로 하여야 한다.

(4) **채용 및 정원**
직원의 임용시험은 책임운영기관의 장이 담당하고, 총정원은 대통령령으로 정한다.

(5) **종합평가**
행정안전부장관 소속의 책임운영기관운영위원회는 책임운영기관제도의 운영과 개선, 기관의 존속 여부 판단 등을 위하여 책임운영기관에 대한 종합평가를 한다.

구분		소속책임운영기관	중앙책임운영기관
조사연구형 기관	조사 및 품질관리형기관	국립종자원, 화학물질안전원, 국립해양측위정보원 등	
	연구형 기관	국립재난안전연구원, 국립과학수사연구원, 국립소방연구원 등	
교육훈련형 기관		국립국제교육원, 통일교육원 등	
문화형 기관		국립중앙과학관, 국립과천과학관, 국립중앙극장 등	
의료형 기관		국립정신건강센터, 국립나주병원 등	
시설관리형 기관		해양경찰정비창, 국방전산정보원 등	
기타 유형의 기관		고용노동부고객상담센터, 국세상담센터 등	특허청

04 공공기관(공공기관의 운영에 관한 법률)

1. 목적
공공기관의 운영에 관한 기본적인 사항과 자율경영 및 책임경영체제의 확립에 관하여 필요한 사항을 정하여 경영을 합리화하고 운영의 투명성을 제고한다.

2. 적용 대상
기획재정부장관이 지정·고시된 공공기관에 대하여 적용된다.

3. 자율적 운영의 보장
정부는 공공기관의 책임경영체제를 확립하기 위하여 공공기관의 자율적 운영을 보장해야 한다.

4. 공공기관

기획재정부장관은 국가·지방자치단체가 아닌 법인·단체 또는 기관으로서, 다른 법률에 따라 직접 설립되고 정부가 출연한 기관, 정부지원액이 총수입액의 2분의 1을 초과하는 기관 등을 공공기관으로 지정할 수 있다.

🔍 다만, 구성원 상호 간의 상호부조·복리증진·권익향상 또는 영업질서 유지 등을 목적으로 설립된 기관, 지방자치단체가 설립하고 그 운영에 관여하는 기관, 한국방송공사, 한국교육방송공사는 공공기관으로 지정할 수 없다.

5. 공공기관의 구분

기획재정부장관은 공공기관을 공기업·준정부기관과 기타공공기관으로 구분하여 지정하되, 공기업과 준정부기관은 직원 정원이 300인 이상 & 총수입액이 200억원 이상 & 자산규모가 30억원 이상인 공공기관 중에서 지정한다.

구분	공공기관				
기준	직원 정원이 300인 이상 & 총수입액이 200억원 이상 & 자산규모가 30억원 이상				기타 공공기관
기준	자체수입액이 총수입액의 2분의 1 이상 (기금을 관리하거나 기금의 관리를 위탁받은 공공기관의 경우 100분의 85)		자체수입액이 총수입액의 2분의 1 미만		
구분	공기업		준정부기관		
기준	자산규모 2조 이상 & 총수입액 중 자체수입액이 100분의 85 이상	자산규모 또는 자체수입이 해당 비율 미만인 경우	기금을 관리하거나 기금의 관리를 위탁	기금 이외	
구분	시장형 공기업	준시장형 공기업	기금관리형 준정부기관	위탁집행형 준정부기관	

6. 임원

(1) 공기업·준정부기관에 임원으로 기관장을 포함한 이사와 감사를 둔다.

(2) 공기업의 장은 임원추천위원회가 복수로 추천하여 운영위원회의 심의·의결을 거친 사람 중에서 주무기관의 장의 제청으로 대통령이 임명한다. 다만, 총수입액이 1천억원 미만이거나 직원 정원이 500명 미만인 공기업의 장은 임원추천위원회가 복수로 추천하여 운영위원회의 심의·의결을 거친 사람 중에서 주무기관의 장이 임명한다.

(3) 공기업의 상임이사는 공기업의 장이 임명한다. 다만, 감사위원회의 감사위원이 되는 상임이사는 대통령 또는 기획재정부장관이 임명한다.

(4) 공기업의 감사는 임원추천위원회가 복수로 추천하여 운영위원회의 심의·의결을 거친 사람 중에서 기획재정부장관의 제청으로 대통령이 임명한다.

7. 공공기관 지정현황(2025. 1. 31. 기준)

공기업·준정부기관과 기타공공기관의 지정, 지정해제와 변경지정 등을 심의·의결하기 위하여 기획재정부장관 소속하에 공공기관운영위원회를 두며, 위원장은 기획재정부장관이 된다.

(1) **공기업** (32개)
  ① **시장형 공기업**(14개)
     한국가스공사, 한국석유공사, 한국전력공사, 인천국제공항공사, 한국도로공사 등
  ② **준시장형 공기업**(17개)
     한국조폐공사, 한국마사회, 한국토지주택공사 등
(2) **준정부기관**(57개)
  ① **기금관리형**(12개)
     예금보험공사, 국민연금공단, 신용보증기금, 공무원연금공단 등
  ② **위탁집행형**(45개)
     한국농어촌공사, 한국연구재단, 한국도로교통공단, 한국소비자원 등
(3) **기타공공기관**(243개)
     국립중앙의료원 등

05 주주(Shareholder) 자본주의 모델과 이해관계자(Stakeholder) 자본주의 모델

공공기관의 기업지배 주체로서 핵심적인 역할을 누가 수행하는지에 따라 주주 자본주의 모델과 이해관계자 자본주의 모델로 구분된다.

구분	주주 자본주의 모델	이해관계자 자본주의 모델
기업의 본질	주주 주권주의 (주주가 기업의 주인)	기업공동체주의 (기업은 하나의 공동체)
경영목표	주주이익 극대화	이해관계자들의 이익 극대화
경영상의 문제점과 원인	대리인 문제, 주주의 통제와 부족	이해관계자의 참여 부재, 이해관계자들의 이해관계 반영 실패
기업규율 방식	이사회의 경영감시, 시상에 의한 규율	조직에 의한 통제, 주거래은행의 경영감시 및 통제, 이해관계자의 경영 참여
기업성과 측정 방법	기업의 시장가치(주식가격)	기업의 시장가치, 고용 관계, 공급자와 구매자와의 거래관계 등
근로자 경영 참여	종업원지주제, 연금펀드를 통해 지분 참여	이사회를 통한 근로자의 경영 참여, 공동결정제도
기업의 사회적 책임	주주이익 우선주의, 경제적 가치 추구, 단기업적주의	기업의 사회적 책임과 이해관계자 전체 이익 추구, 장기적 성장 촉진

기출문제 학습

01 주식회사형 공기업은 일반행정기관에 적용되는 조직·인사 원칙이 (㉠ 적용된다. / ㉡ 적용되지 않는다.)
21. 국가 9

02 (㉠ 공공기관의 운영에 관한 법률 / ㉡ 정부기업예산법 / ㉢ 예산회계법 / ㉣ 정부산하기관관리기본법)은 우편사업, 우체국예금사업, 양곡관리사업, 조달사업을 수행하기 위한 특별회계예산의 운영에 관한 사항을 규정하고 있다. 17. 지방 9

03 정부 부처 형태의 공기업은 (㉠ 한국연구재단 / ㉡ 국립중앙극장 / ㉢ 한국소비자원 / ㉣ 한국철도공사)이다. 19. 국가 9

04 책임운영기관은 (㉠ 공공기관의 운영에 관한 법률 / ㉡ 책임운영기관의 설치·운영에 관한 법률)상 종합평가의 대상이다. 24. 지방 7

05 책임운영기관에 두는 공무원의 총정원 한도는 (㉠ 대통령령 / ㉡ 총리령)으로 정하며, 이 경우 고위공무원단에 속하는 공무원의 정원은 (㉠ 대통령령 / ㉡ 총리령 또는 부령)으로 정한다. 19. 국가 9

06 '공공기관 운영에 관한 법률'에 따라, 기획재정부장관은 지방자치단체가 설립하고 그 운영에 관여하는 기관을 공공기관으로 (㉠ 지정할 수 없다. / ㉡ 지정할 수 있다.) 18. 국가 7

07 '공공기관의 운영에 관한 법률'에 따라, 기획재정부장관은 매년 직원 정원 (㉠ 500인 / ㉡ 300인 / ㉢ 100인) 이상 & 총수입액이 200억원 & 자산규모 30억원 이상인 공공기관 중에서 공기업과 준정부기관을 지정한다. 17. 국가 7

08 '공공기관의 운영에 관한 법률'의 적용을 받는 공기업의 상임이사(상임감사위원 제외)에 대한 원칙적인 임명권자는 (㉠ 대통령 / ㉡ 주무기관의 장 / ㉢ 해당 공기업의 장 / ㉣ 기획재정부장관)이다. 11. 지방 9

09 기획재정부장관은 공공기관 경영평가에서 3년 연속 최하등급을 받은 공기업에 대해 '공공기관의 운영에 관한 법률'상 (㉠ 민영화하여야 한다. / ㉡ 임명권자에게 기관장·상임이사의 해임을 건의하거나 요구할 수 있다.) 17. 지방 9

10 공공기관운영위원회는 (㉠ 행정안전부장관 / ㉡ 기획재정부장관)이 위원장이 된다. 25. 국가 9

11 '공공기관 운영에 관한 법률'에 따라 기관유형과 그 사례를 연결하면? 17. 국가 9, 14. 서울 9

〈기관유형〉
① 시장형 공기업 / ② 준시장형 공기업 / ③ 기금관리형 준정부기관 / ④ 위탁집행형 준정부기관 / ⑤ 기타공공기관

〈사례〉
㉠ 국민연금공단, 예금보험공사, 공무원연금공단
㉡ 한국조폐공사, 한국마사회, 한국토지주택공사
㉢ 한국농어촌공사, 한국연구재단, 도로교통공단, 한국소비자원
㉣ 인천국제공항공사, 한국가스공사
㉤ 국립중앙의료원

12 (㉠ 주주 / ㉡ 이해관계자) 자본주의 모델에서 근로자의 경영 참여는 종업원 지주제도 등을 통해서 이루어지며 단기 업적주의를 추구한다. 23. 지방 7

정답 1.㉡ 2.㉡ 3.㉡ 4.㉡ 5.㉠,㉡ 6.㉠ 7.㉡ 8.㉡ 9.㉡ 10.㉡ 11. ①-㉣ ②-㉡ ③-㉠ ④-㉢ ⑤-㉤ 12.㉠

Theme 18 조직의 목표

01 조직목표의 기능

우리나라 인사혁신처는 국정과제와 관련된 목표로 '직무중심의 공정한 인사시스템 확립과 소신껏 일할 수 있는 여건 조성 등으로 일 잘하는 공직사회 구현'을 정하고 있다. 이는 인사혁신처라는 조직이 존재하는 근거이자, 조직의 활동 방향이다. 이를 통해 조직 구성원들이 일체감을 느끼며, 구성원들의 동기를 유발한다. 또한 조직의 구조와 과정을 설계하는 준거를 제공하고 성과를 평가하는 기준이 되기도 한다.

02 조직목표의 모호성

1. 의미

조직원들이 조직목표를 여러 가지로 받아들이고 해석하는 것을 의미한다. 행정조직의 경우 공익을 추구하므로 민간기업에 비해 목표가 추상적인 경우가 많다.

2. 종류

(1) **사명 이해 모호성**(Mission Comprehension Ambiguity)

목표가 모호해 조직원이 조직의 사명을 이해하고 설명하고 의사소통하는 과정에서 자신의 업무가 무엇인지를 각자 다르게 이해하는 것을 말한다.

(2) **지시적 모호성**(Directive Ambiguity)

어떤 조직의 사명이나 일반적 목표들을 그 사명을 달성하기 위한 구체적 행동지침으로 전환하는 데 발생하는 다양한 경쟁적인 해석의 정도를 의미한다.

(3) **평가적 모호성**(Evaluative Ambiguity)

어떤 조직의 사명을 얼마나 달성했는지 평가하는 데 발생하는 경쟁적 해석의 정도를 말한다.

(4) **우선순위 모호성**(Priority Ambiguity)

다수의 조직목표 중 우선순위를 선정하고 평가하는 데 발생하는 경쟁적 해석의 정도를 말한다.

03 조직목표의 변동

1. 목표 간의 비중 변동

여러 개의 조직목표가 있는 경우 상대적인 비중을 변화시키는 것이다.

2. 목표의 다원화 또는 확대

조직목표 달성이 어려울 때 기존 목표에 새로운 목표를 추가하거나 기존 목표의 범위가 넓어지는 것이다.

3. 목표의 승계
본래 조직목표를 완전히 달성하거나 달성할 수 없을 때, 같은 유형의 다른 목표로 교체하는 것이다.

4. 목표의 전환과 대치
본래 조직목표 달성이 어려울 때 기존 목표를 새로운 목표로 전환하는 것이다. 목표의 전환과 대치는 유사한 의미로 사용되나, 목표의 대치는 원래의 목표가 수단으로 뒤바뀌는 것으로 미헬스(Michels)의 '과두제의 철칙(Iron Law of Oligarchy)'에 가장 부합하는 조직목표 변동이다.

04 조직의 효과성 평가모형: 퀸과 로보그 모형

조직의 효과성(effectiveness)을 판단하는 기준은 다양하다. 스콧(Scott)이 주장하는 것과 같이 능률성(투입 대비 산출 비율)으로 판단할 수도 있고, 조직 유지를 위한 활동까지 고려한다면 조직 구성원의 사기(Morale)와 응집력(Cohesion)도 중요하다. 또한 조직 내·외 이해관계자 및 고객요구를 만족시키는 정도로 평가할 수도 있다. 조직의 효과성을 평가하는 다양한 모형 중에서 퀸과 로보그의 경쟁가치모형이 대표적이다.

1. 경쟁가치 접근(Competing Values Approach)

퀸과 로보그(Quinne & Rohrbaugh)의 경쟁가치모형은 상반되는 가치, 즉 조직이 내부와 외부 중 어디에 초점을 두는가, 조직구조가 안정성(통제)과 유연성(유동성) 중 무엇을 강조하는가에 따라 4가지 모형으로 구분하였다.

초점 구조	내부	외부
유연성	인간관계모형 • 목표: 인적자원 개발 • 수단: 응집성, 사기 • 관계지향문화(집단문화)	개방체제모형 • 목표: 성장과 자원확보 • 수단: 유연성, 외부평가 　🔍 창업단계에 적합 • 혁신지향문화(발전문화)
통제	내부과정모형 • 목표: 안정성과 균형 • 수단: 정보관리와 의사소통 • 위계지향문화(위계문화)	합리적 목표모형 • 목표: 생산성과 능률성, • 수단: 계획과 목표 설정 • 과업지향문화(합리문화)

2. 경쟁가치

(1) 유연성(Flexibility)과 통제(Control)

유연성은 조직의 혁신과 변화를 고려하는 관점으로 다양성, 개인의 주도성, 조직의 적응성을 강조한다. 반면에 통제는 질서와 통제를 고려하는 관점으로 권한, 구조, 조정을 강조한다.

(2) 내부(Internal)와 외부(External)적 관점

내부적 관점은 구성원의 발전을 강조하는 관점으로, 조직을 사회기술적 시스템으로 본다. 이 시스템 안의 구성원은 고유한 감정, 선호와 비선호를 지니고 있으며, 배려, 적절한 정보 제공, 안정적인 근무 환경을 필요로 한다. 반면에 외부적 관점은 조직 자체를 강조하는 것으로 조직은 과업을 수행하고 자원을 획득하는 것을 궁극적인 목표로 하는 논리적으로 설계된 도구로 본다. 이 관점에서는 변화하는 환경 속에서 조직의 전반적인 경쟁력에 중점을 둔다.

3. 4가지 모형과 조직문화

(1) 인간관계모형(Human Relations Model)

조직의 내부의 초점을 두며 유연성을 강조하는 모형이다. 이 모형에서는 조직 구성원의 응집성과 사기를 수단으로 강조하고, 인적자원 개발을 목표로 둔다. 이러한 가치를 가진 조직의 문화는 관계지향문화(집단문화)이다.

(2) 개방체제모형(Open System Model)

조직의 외부에 초점을 두며 유연성을 강조하는 모형이다. 이 모형에서는 조직 자체의 유연성과 외부로부터의 평가를 수단으로 강조하고, 성장과 자원확보를 목표로 둔다. 이러한 가치를 가진 조직의 문화는 혁신지향문화(발전문화)이다.

(3) 내부과정모형(Internal Process Model)

조직의 내부의 초점을 두며 통제를 강조하는 모형이다. 이 모형에서는 정보관리와 의사소통을 수단으로 강조하고, 안정성과 통제를 목표로 둔다. 이러한 가치를 가진 조직의 문화는 위계지향문화(위계문화)이다.

(4) 합리적 목표모형(Rational Goal Model)

조직의 외부에 초점을 두며 통제를 강조하는 모형이다. 이 모형에서는 기획과 목표 설정을 수단으로 강조하고, 생산성과 능률성을 목표로 둔다. 이러한 가치를 가진 조직의 문화는 과업지향문화(합리문화)이다.

4. 조직의 성장·발전과 조직문화

조직이 성장·발전함에 따라, 동일한 조직이라도 효과성을 평가하는 기준이 달라질 수 있다. 조직의 초기에는 과업지향, 안정기에는 위계지향 또는 관계지향, 성숙기나 쇠퇴기에는 혁신지향 문화가 중요해진다.

05 미션, 비전, 핵심가치

1. 미션

조직이 계획이나 활동을 통해서 달성하고자 하는 결과물로써 조직이 존재하는 이유이다.

2. 비전

조직이 추구하고자 하는 바람직한 미래의 모습을 말한다.

3. 전략
추상적인 비전을 달성하기 위한 구체적인 방법들을 의미한다.

4. 핵심가치
미션과 비전을 달성하는 과정에서 '어떻게 행동하여야 하는가?'에 대한 기준이다.

국가정보원의 미션·비전·전략·핵심가치

미션	국가안전보장
비전	국가와 국민 앞에 자랑스러운 초일류정보기관
전략	선제적 예측·능동적 대응의 안보 수호자, 혁신·협업으로 성과창출, 끝없이 도전하는 프로요원
핵심가치	애국심, 탁월함, 책임, 헌신, 자부심, 창의성, 신뢰

기출문제 학습

01 조직목표는 조직이 존재하는 정당성의 근거가 될 수 (㉠ 있다. / ㉡ 없다.) 21. 국가 9

02 미헬스(Michels)의 '과두제의 철칙(iron law of oligarchy)' 현상에 가장 부합하는 조직목표 변동 유형은 [㉠ 목표 대치(displacement) / ㉡ 목표 확대(expansion) / ㉢ 목표 추가(multiplication) / ㉣ 목표 승계(succession)]이다. 17. 국가 7

03 조직 목표의 [㉠ 전환(diversion) / ㉡ 승계(succession)]는 애초에 설정된 목표를 달성할 수 없거나 목표가 완전히 달성된 경우, 같은 유형의 다른 목표로 교체되는 것을 말한다. 18. 지방 7

04 퀸과 로보그의 경합가치모형에서 조직의 외부에 초점을 두고 통제를 강조하는 경우 (㉠ 성장, 자원확보를 / ㉡ 생산성, 능률성을) 목표로 한다. 14. 서울 7

05 퀸과 로보그의 경합가치모형에서 조직의 내부에 초점을 두고 유연성을 강조하는 경우 (㉠ 인적자원개발 / ㉡ 안정성, 균형)을 목표가치로 한다. 17. 지방 7

06 퀸과 로보그의 경합가치모형에서 조직의 성장과 자원획득의 목표를 강조하는 관점은 (㉠ 개방체제 / ㉡ 내부과정 / ㉢ 인간관계 / ㉣ 합리적 목표) 관점이다. 18. 서울추가 7

07 조직목표의 모호성과 관련하여, (㉠ 평가적 모호성 / ㉡ 우선순위 모호성)은 다수의 조직목표 중 우선순위를 선정하고 평가하는 데 발생하는 경쟁적 해석의 정도를 의미한다. 16. 서울 7

정답 1. ㉠ 2. ㉠ 3. ㉡ 4. ㉠ 5. ㉠ 6. ㉠ 7. ㉡

Theme 19 관리과정

🔍 관리과정이란 조직의 목표를 성취해 나가는 과정을 말한다.

01 목표관리

1. 의미

목표관리(MBO, Management by Objectives)는 조직단위와 구성원들의 단기적 목표를 명확하게 설정하고, 그에 따라 생산활동을 수행하도록 하고 그 결과를 평가·환류하는 관리체계이다. 예컨대 민원을 담당하는 공무원이, 관리자와 협의하여 현재 90%인 민원 만족도를 6개월 이내에 95%까지 올리는 것을 목표로 정했다. 6개월 후 민원 만족도를 확인하였더니 95% 이상으로 상승하여서 해당 공무원의 연봉이 상승하였다.

2. 구성요소

(1) 목표의 설정

계량적으로 측정하기 용이한 단기적·가시적 목표를 설정한다.

(2) 참여

개별구성원은 수행해야할 목표 설정과정에 참여하는 상향식 접근이다.

(3) 평가 및 환류의 강조

과정과 결과에 대한 평가 및 환류를 통한 개인의 직무수행능력을 향상한다.

02 성과관리

1. 의미

성과관리(PM, Performance Management)는 성과 중심의 관리라는 측면에서 목표관리와 유사하다. 하지만 개별구성원이 관리자와 함께 목표를 정하는 목표관리와 달리, 조직의 비전과 목표로부터 이를 달성하기 위한 부서단위의 목표와 성과지표, 개인단위의 목표와 지표를 제시하는 하향식 접근방법이다.

03 총체적 품질관리

1. 의미

총체적 품질관리(TQM, Total Quality Management)에서 총체적(Total)은 고객의 수요와 만족도 등 모든 측면에서, 품질(Quality)은 고객의 기대를 넘어선 수준을, 관리(Management)는 무결점을 향한 품질개선을 지속적으로 추진하는 전략을 의미한다.

2. 특징

고객중심적 서비스와 서비스품질의 제고, 장기적 관점 강조, 서비스 제공 이전의 품질관리 체계 강조, 팀워크 강조, 구성원들 사이에 개방적이고 신뢰하는 관계 설정, 과학적 품질관리기법의 활용, 총체적 적용(조직활동 전체에 적용), 분권적 조직구조 등을 특징으로 한다.

3. 전통적 관리 VS 총체적 품질관리

전통적 관리	총체적 품질관리
관리자·전문가에 의한 고객의 수요결정	산출에 관한 결정을 고객이 주도
기준범위 내의 결점 용인	무결점을 향한 지속적 개선
직감에 따른 의사결정	과학적 품질관리기법
사후적 통제	예방적 통제
단기적 관점	장기적 관점
계서적 조직구조	분권적 조직구조

4. 총체적 품질관리와 목표관리

(1) 공통점
Y이론적 인간관, 분권적 조직관리

(2) 차이점
① 총체적 품질관리는 팀 단위의 활동을 바탕으로, 목표관리는 개별 구성원의 활동을 바탕으로 한다.
② 총체적 품질관리는 고객만족도 중심의 대응성, 목표관리는 조직 내부 성과의 효율성에 초점을 둔다.

04 균형성과표

1. 의미

균형성과표(BSC, Balanced Score Card)는 하버드 대학교의 캐플런과 노턴(Robert S. Kaplan & David P. Norton) 교수가 고안하였다. 이들은 그동안의 조직의 성과평가가 재무적 관점에만 치우쳐 있다는 점을 지적하면서, 여기에 비재무적 관점을 포함할 것을 주장하였다. 예컨대 기업의 매출액뿐만 아니라 고객만족도 등도 기업의 성과평가에 포함되어야 한다는 것이다.

2. 4대 관점

4대 관점은 재무적 관점과 비재무적 관점인 고객 관점, 내부프로세스 관점, 학습과 성장 관점을 의미한다. 각 관점 간의 균형을 중시하며 4대 관점뿐만 아니라 조직의 특성에 따라서 5대 관점이나 6대 관점으로 구분하는 것도 가능하다.

■ 비전·전략과 4대 관점 간의 관계

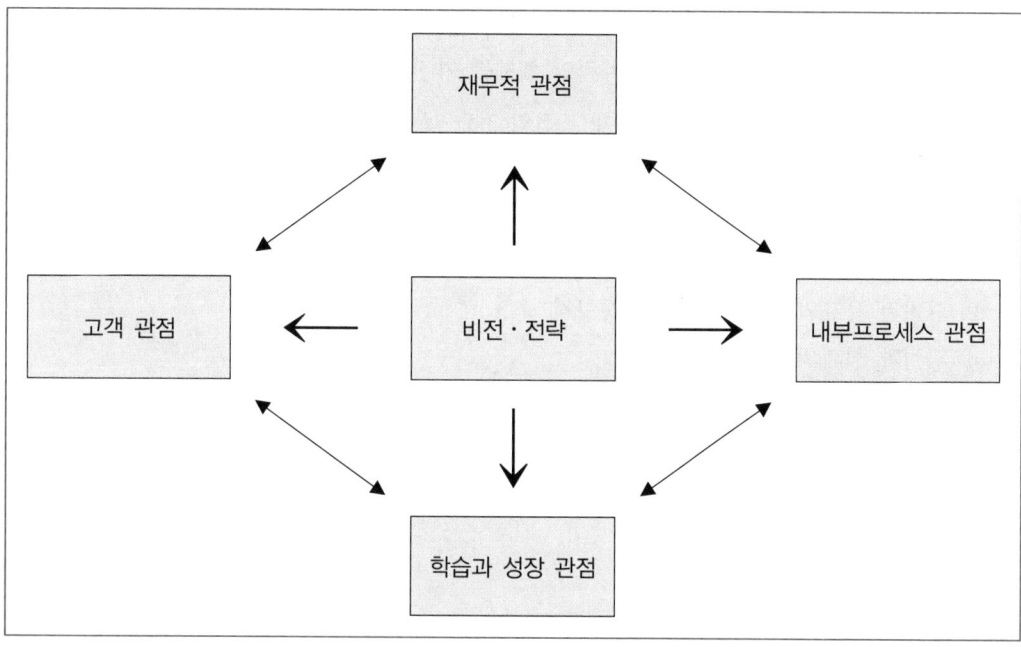

(1) **재무적 관점**(Financial Perspective)
   ① 정부는 수입이나 매출액을 높이는 기업이 아니므로, 재무적 관점은 공공부문보다는 민간부문에서 특히 중시하는 후행지표이다. 후행지표라는 것은 이후에 나타나는 지표라는 의미로, 비재무적 관점인 고객의 만족도나 구성원 들의 능력이 높으면 이후에 재무적 관점인 매출 등이 상승한다.
   ② **성과지표**: 매출, 자본수익률, 예산 대비 차이 등

(2) **고객 관점**(Customer Perspective)
   ① 많은 기업들이 고객 중심의 서비스를 강조하고 있다. 공공부문에서는 행정서비스 만족도를 제고하기 위한 노력으로서, 고객을 정의하기 쉽지 않다는 한계가 있으나 지방자치단체와 공공기관 등에서 활용하고 있다.
   ② **성과지표**: 고객만족도, 정책순응도, 민원인의 불만율, 신규 고객의 증감 등

(3) **내부프로세스 관점**(Internal Business Perspective)
   ① 고객의 만족과 조직의 재무적 목표를 달성에 가장 큰 영향을 주는 조직 내부적 과정에 초점을 두는 관점이다.
   ② **성과지표**: 의사결정의 시민참여, 적법한 절차, 커뮤니케이션 구조, 공개 등

(4) **학습과 성장 관점**(Learning and Growth Perspective)
   ① 조직의 장기적 성장과 개선을 위하여 갖추어야 할 기반(Infrastructure) 관련된 관점으로, 민간부문과 공공부문이 큰 차이를 둘 필요가 없는 부분이다.
   ② **지표**: 구성원의 역량, 학습동아리 수, 내부 제안 건수, 직무만족도 등

3. 특징

(1) 조직의 비전과 목표, 전략으로부터 도출된 성과지표의 집합체로써 추상성이 높은 비전에서부터 구체적인 성과지표로 이어지는 위계적인 체제를 가진다.

(2) 의사소통의 도구로 조직구성원들에게 조직의 전략 목표를 달성하기 위해 필요한 성과가 무엇인지 알려주므로, 조직의 목표를 달성하기 위한 조직 구성원 간 의사소통의 도구이다.

(3) 통합적 균형을 강조한다.
   ① 재무적 관점과 비재무적 관점의 통합적 균형
   ② 단기적 목표와 장기적 목표의 통합적 균형
   ③ 과정과 결과의 통합적 균형
   ④ 조직내부와 외부의 통합적 균형

(4) BSC의 기본틀은 성과관리 체계로 이전의 관리 방식인 TQM이나 MBO와 크게 다르지 않고, 다만 거기에서 진화된 종합모형이라고 평가받는다.

05 전략적 관리

1. 의미

전략적 관리(SM, Strategic Management)는 장기적 관점에서 계획기간을 설정하고, 목표지향적인 개혁적 관리기법이다.

2. 특징

개혁목표지향, 장기적 시간관, 환경분석, 조직역량분석, 전략개발, 조직활동 통합 등이 특징이다.

3. SWOT 분석

조직 내적 특성과 외부 환경의 조합에 따른 맞춤형 대응전략 수립에 도움이 되며, 조직 외부환경은 기회와 위협으로, 조직 내부 자원·역량은 강점과 약점으로 구분하였다.

내부 자원·역량 외부 환경	강점(Strength)	약점(Weakness)
기회(Opportunity)	SO 전략(공격적 전략) 강점을 기반으로 기회 활용	WO 전략(방향전환 전략) 약점을 보완하여 기회 활용
위협(Threat)	ST 전략(다양화 전략) 강점을 기반으로 위기 극복	WT 전략(방어적 전략) 약점을 보완하여 위기 극복

06 기획과 전략적 기획

1. 기획(Planning)

미래의 바람직한 상태(목표)를 정하고 그것을 달성하기 위해 해야 할 일을 결정하는 것으로, 안정적인 정치와 경제 등의 환경 속에서 그 유용성이 높다. 정책결정에 비해서 훨씬 미래지향적이고 국가의 개입을 요구하는 통합성과 강제성이 강하다. 하이에크는 기획을 '노예로의 길'로 표현하여 자유민주주의를 훼손한다고 보았으나, 파이너는 기획을 통해 국민의 복지와 자유를 증진시킬 수 있다고 하여 자유민주주의와 양립 가능하다고 보았다.

2. 전략적 기획(Strategic Planning)

전통적 기획에 비해서 급변하는 환경과 조직 내부 상황을 분석하여, 조직의 미션과 비전을 달성하기 위한 우선순위가 높은 전략에 집중한다. 급속한 기술발전과 불확실한 미래에보다 자주적으로 대응하기 위한 전략을 만드는 과정을 말한다. 정부는 민간보다 자원과 능력의 한계 등으로 제한적으로 활용한다.

> **전략기획 수립과정**
>
> 1. 미션과 비전의 확인 → 2. 내·외 환경분석(SWOT) → 3. 전략적 이슈 결정 → 4. 전략형성 → 5. 보고서 작성 및 제출

• **기출문제 학습** •

01 목표관리제(MBO)는 (㉠ 중·장기목표 / ㉡ 단기목표)를 강조하고, 목표의 (㉠ 계량적, 측정의 용이성 / ㉡ 정성적, 주관적 성격)이 강조된다. 22. 국가 9

02 [㉠ 균형성과표(BSC) / ㉡ 목표관리(MBO)]는 상향식 접근방법에 기초해 공무원의 개인별 실적평가를 중시한다. 18. 지방 7

03 성과주의에 입각한 성과관리는 목표성취도에 유인기제를 연결하기 때문에 관리대상자들이 성과목표를 (㉠ 높게 / ㉡ 낮게) 설정하는 행동 경향을 보인다. 13. 지방 7

04 TQM의 관심은 (㉠ 내향적 / ㉡ 외향적)이어서 고객의 필요에 따라 목표를 설정하는 것을 강조한다. 14. 지방 7

05 전통적 관리체제는 낮은 성과의 원인을 관리자 책임으로 간주하는 데 비해 TQM은 낮은 성과를 (㉠ 근로자 개인책임 / ㉡ 조직의 총체적 책임)으로 간주한다. 18. 서울 9

06 TQM이 (㉠ 팀 단위의 활동 / ㉡ 개별 구성원의 활동)을 바탕으로 한다면, MBO는 (㉠ 팀 단위의 활동 / ㉡ 개별 구성원의 활동)을 바탕으로 한다. 17. 서울 9

07 ① 균형성과지표(BSC)는 조직의 (㉠ 내부보다 외부요소 / ㉡ 외부보다 내부요소 / ㉢ 내부와 외부 요소의 조화)를 중시한다.
② 균형성과지표(BSC)는 성과관리의 (㉠ 과정보다 결과를 / ㉡ 결과보다 과정을 / ㉢ 결과와 과정의 균형을) 중시한다. 15. 국가 9

08 균형성과표(BSC)와 관련하여, (㉠ 고객관점 / ㉡ 내부프로세스 관점)의 대표적 성과지표에는 정책순응도, 고객만족도 등이 있다. 16 인사조직 7

09 고객 관점에서 성과지표를 고르면? 21. 지방 9
(㉠ 시민참여 / ㉡ 적법절차 / ㉢ 직무만족도 / ㉣ 정책 순응도 / ㉤ 공개)

10 균형성과표(BSC)는 (㉠ 비재무적 지표보다는 재무적 지표를 / ㉡ 재무적 지표보다는 비재무적 지표를 / ㉢ 비재무적 지표와 재무적 지표의 균형을) 강조한다. 16. 서울 7

11 BSC 성과지표와 관련하여 매출, 자본 수익률, 예산 대비 차이 등은 (㉠ 선행지표 / ㉡ 후행지표)이다. 14. 지방 9

12 BSC는 (㉠ 고객의 중요성을 강조하지만, 이해당사자들에 대한 의사소통 채널에 대해서는 관심의 정도가 낮아 한계로 지적되고 있다. / ㉡ 의사소통의 도구로 조직구성원들에게 조직의 전략 목표를 달성하기 위해 필요한 성과가 무엇인지 알려 준다.) 19. 서울추가 7

13 SWOT 분석과 관련하여, (㉠ SO / ㉡ ST / ㉢ WO / ㉣ WT)를 고려한 방어적 전략이라고 볼 수 있다. 17. 국가 7

정답 1.㉡, ㉠ 2.㉡ 3.㉡ 4.㉡ 5.㉡ 6.㉠, ㉡ 7.①-㉢ ②-㉢ 8.㉠ 9.㉣(㉠, ㉡, ㉤: 내부프로세스 관점, ㉢: 학습과 성장 관점)
10.㉢ 11.㉡ 12.㉡ 13.㉣

Theme 20 조직개혁 또는 행정개혁

01 조직개혁이란?

1. 의미

조직을 개선하기 위한 인위적·의식적·계획적인 노력을 말한다. 일반적으로 개혁의 방향은 외부자에 의해서, 세부적인 내용은 내부자에 의해서 이루어진다.

2. 특징

(1) **포괄적 연관성**

조직관리의 기술적인 속성과 함께 권력투쟁, 타협, 설득이 병행되는 정치적·사회심리적 과정으로, 행정 내부에서만 이루어지는 것이 아니라 행정 외부의 정치 세력들과 상호 연결되어 있다.

(2) **동태성**

시간의 흐름에 따라 일어나는 현상으로 반드시 의도한 결과만을 초래하는 것이 아니라 의도하지 않는 결과를 초래할 수도 있으며, 부작용과 저항, 나아가 개혁의 실패까지도 나타날 수 있다.

(3) **지속성**

새로운 개혁 조치들이 개혁집단에 의해 주도되어 집행되는 연속적인 과정으로, 제도로서 정착되기 위해서는 장기적이고 지속적인 노력이 필요하다.

(4) **목표지향성**

설정된 목표를 달성하기 위한 인위적·의식적·계획적인 과정이다.

> **레빈(Kurt Levin)의 조직변화 이론**
>
> 1. **해빙(Unfreezing)**: 조직구성원들이 현재의 업무수행방식은 부적합하다고 인정하게 되어 변화의 필요성을 인정하는 단계
> 2. **변화(Moving)**: 원하는 새로운 업무수행방식을 채택
> 3. **재동결(Refreezing)**: 새로운 업무수행방식이 제도화되어 지속되는 단계

02 조직개혁의 접근방법

1. 구조적 접근

명령계통 수정, 통솔의 범위 조정, 분권화 수준 조정, 규모의 축소 또는 확대, 권한 배분의 수정, 작업집단의 재설계 등 조직의 구조적 요인을 대상으로 하는 접근방법이다.

2. 과정적·기술적 접근

의사전달, 정보관리, 의사결정, 통제 및 이와 관련된 기술을 개혁하는 것으로 조직 내의 과정 또는 일의 흐름을 개선하는 접근방법이다.

3. 행태적 접근

조직 내의 인간의 태도와 행동을 개선하려는 것으로, 행태적 접근방법 중 하나인 조직발전은 의식적인 개입을 통해서 조직 전체의 임무수행을 효율화하려는 계획적이고 지속적인 개혁활동이다.

4. 문화적 접근

행정문화를 개혁함으로써 행정체제의 보다 근본적이고 장기적인 개혁을 성취하려는 접근방법이다.

5. 사업(산출)중심적 접근

조직의 사업 또는 산출의 양과 질을 개선하는 것을 목표로 하는 접근방법이다.

6. 통합적 접근(체계적이고 종합적인 접근)

구조와 인간, 환경의 문제를 체제로 파악하고 상호관련성을 고려하는 접근방법이다.

7. 리엔지니어링(BPR, Business Process Reengineering)

조직의 능률성과 효과성을 개선하기 위하여, 고객을 중심으로 완전히 새롭게 생각하고 핵심 업무 프로세스를 급진적으로 변화시키는 전략이다. 해머(Michale Hammer)는 결과를 중심으로 조직화하고, 의사결정의 분권화를 강조하였다.

03 조직개혁의 저항과 극복

1. 저항의 요인

개혁에 대한 조직 간 갈등, 현상유지적 조직문화 등이 해당한다.

2. 저항의 극복

(1) 강제적 방법

구성원들에 대해 직접적인 위협이나 권력행위를 통해 저항을 극복하는 전략으로, 근본적으로 해결하기보다는 단기적으로 또는 피상적으로 해결하는 방법으로, 장래에 더 큰 저항을 야기할 위험이 있다. 명령, 제재, 긴장조성, 권력구조 개편 등의 수단을 사용한다.

(2) 공리적·기술적 방법

보상을 제공하여 저항을 극복하는 전략으로 개혁의 시기조절, 경제적 손실에 대한 보상, 임용상 불이익 방지, 개혁이 가져오는 가치와 개인적 이득의 실증 등이 해당한다.

(3) 규범적·사회적 방법

구성원들의 인식이나 가치관을 변화시키는 전략으로 개혁지도자의 신망 개선, 의사전달과 참여의 활성화, 사명감 고취와 자존적 욕구의 충족, 교육훈련, 자기 개발 기회 제공 등이 해당한다. 행정개혁의 저항을 극복하는 가장 근본적인 방법은 규범적·사회적 방법이다.

04 조직발전

1. 의미

조직발전(OD, Organization Development)은 조직개혁의 행태적 접근방법으로, 문제해결 역량을 개선하려는 지속적이고 장기적 노력이 필요하며, 조직 내·외부의 컨설턴트를 참여시켜 개혁추진자를 맡게 해야 한다.

2. 조직발전 기법

(1) **실험실 훈련**(Laboratory Training) = **감수성 훈련 또는 T-집단 훈련**

피훈련자간의 자유로운 토론을 통해 자기에 대한 인식과 타인에 대한 이해의 기회를 갖게 하여, 태도와 행동의 변화를 가져오고 궁극적으로 대인관계기술을 향상시키는 교육이다.

(2) **직무풍요화**(Job Enrichment)

직무를 맡는 사람의 책임성과 자율성을 높이고, 직무수행에 관한 환류가 원활히 이루어지도록 직무를 재설계하는 방법으로써, 수직적 전문화의 수준이 낮아진다.

(3) **직무확장**(Job Enlargement)

기존의 직무에 수평적으로 연관된 직무요소 또는 기능들을 추가하는 수평적 직무재설계 방법으로써, 수평적 전문화의 수준이 낮아진다.

기출문제 학습

01 행정혁신은 생태적 속성을 지닌 (㉠ 연속적 / ㉡ 비연속적) 과정으로, 새로운 개혁 조치들이 개혁집단에 의해 주도되어 집행되는 제도로서 정착되기 위해서는 (㉠ 단기적이고 집약적인 / ㉡ 장기적이고 지속적인) 노력이 필요하다. 12. 국가 7

02 조직발전은 (㉠ 과정 지향적이며 아래로부터의 자율적이고 자발적인 접근방법 / ㉡ 조직 전체의 변화를 추구하는 계획적·의도적 개입방법)이다. 16. 국가인사 7

03 행정개혁과 관련하여, [㉠ 사업(산출)중심적 / ㉡ 구조적] 접근방법은 분권화의 확대, 권한 재조정, 명령계통 수정 등에 관심을 갖는다. 15. 국가 9

04 행정개혁에 대한 저항을 극복하는 전략으로 경제적 손실 보상, 임용상 불이익 방지는 (㉠ 규범적·사회적 전략 / ㉡ 공리적·기술적 전략)이고, 개혁지도자의 신망 개선, 의사전달과 참여의 원활화, 사명과 고취, 교육훈련과 자기개발 기회 제공은 (㉠ 규범적·사회적 전략 / ㉡ 공리적·기술적 전략)이다. 21. 국가 7

05 행정개혁에 대한 저항을 가장 근본적으로 해결하는 방법은 (㉠ 강제적 / ㉡ 공리적·기술적 / ㉢ 규범적·사회적) 방법이다. 15. 지방 7

정답 1. ㉠, ㉡ 2. ㉡ 3. ㉡ 4. ㉡, ㉠ 5. ㉢

PART 03 조직 연습문제

01 조직구성의 원리에 대한 설명으로 옳지 않은 것은?

① 계층제의 원리는 조직 내의 권한과 책임 및 의무 정도가 상하(수직적)의 계층에 따라 달라지도록 조직을 설계하는 것이다.
② 분업의 원리에 따르면 전문화가 되면 될수록 행정능률은 올라간다.
③ 명령통일의 원리는 한 사람에게만 보고하고 지시를 받아야 한다는 원리이다.
④ 부성화의 원리는 조직의 전체 목표를 달성하기 위한 부서 간 협력과 통합의 질을 의미한다.

02 동기유발이론 중 스키너(Skineer)의 강화이론에 대한 설명으로 옳지 않은 것은?

① 과정이론에 속하며 행태변화에 초점을 둔 행태주의자들의 동기이론이다.
② 고정간격 강화는 규칙적인 시간간격으로 강화 요인을 제공하는 것으로, 매월 20일 봉급을 주는 것을 예로 들 수 있다.
③ 고정비율 강화는 성과급제와 같이 행동의 일정 비율에 의해 강화 요인을 제공하는 것이다.
④ 보상의 공정성에 대한 개인의 만족감을 주요변수로 삼아 기대이론을 보완하였다.

03 현대적 조직이론과 관련된 설명으로 옳지 않은 것은?

① 상황적응적 접근방법은 연구대상이 될 변수를 한정하고 복잡한 상황적 조건들을 유형화함으로써 분석의 틀을 단순화한다.
② 조직군 생태이론은 조직군을 분석단위로 하며, 개별 조직은 외부환경의 선택에 좌우되는 수동적인 존재로 본다.
③ 자원의존이론에 따르면 조직은 자원을 획득하는 데 있어 그 환경에 의존하는 수동적인 존재로 본다.
④ 혼돈이론에 따르면 행정조직은 개인과 집단 그리고 환경적 세력이 상호작용하는 복잡한 체계이다.

04 우리나라 「공공기관의 운영에 관한 법률」에 대한 설명으로 옳은 것은?

① 기획재정부장관은 국가·지방자치단체가 아닌 법인·단체 또는 기관으로서, 다른 법률에 따라 직접 설립되고 정부가 출연한 기관, 정부지원액이 총수입액의 2분의 1을 초과하는 기관 등을 공공기관으로 지정할 수 있다.
② 공기업은 자체수입액이 총수입액의 2분의 1 미만인 경우에 지정할 수 있다.
③ 시장형 공기업은 자산규모가 2조 원 이상이고, 총수입액 중 자체수입액이 100분의 50 이상인 공기업이다.
④ 공기업의 감사위원회의 감사위원이 되는 상임이사는 공기업의 장이 임명한다.

05 탈관료제 모형에 대한 설명으로 옳지 않은 것은?

① 견인이론: 조직 내 자유로운 업무분위기 선호, 직무수행과 욕구충족의 조화, 조직의 분화보다는 통합 강조, 일의 흐름을 중시 등을 중시한다.
② 매트릭스 조직: 기능(functional) 중심의 수평적 계층구조와 사업(project) 중심의 수직적 조직구조를 결합한 조직이다.
③ 네트워크 조직: 각기 높은 독자성을 지닌 조직 단위나 조직들 간에 협력적 연계를 통해 구성된 조직이다.
④ 학습조직: 불확실한 환경에서 조직 스스로 문제 해결을 할 수 있도록 조직구성원에게 권한과 학습기회를 제공한다.

06 동기부여이론의 양대 이론이라고 할 수 있는 과정이론과 내용이론에 대한 설명으로 가장 적절하지 않은 것은?

① 내용이론의 범주로 분류되는 것으로는 합리적 또는 경제적 인간모형, 사회적 인간모형을 들 수 있다.
② 내용이론은 주로 어떤 요인이 동기 유발을 하는가에 관심이 있다.
③ 과정이론은 인간의 행동이 어떻게 동기 유발이 되는가에 중점을 둔다.
④ 내용이론의 범주로 분류되는 것으로는 머슬로(Maslow)의 욕구계층이론, 맥그리거(Mcgregor)의 X·Y이론, 로크(Locke)의 목표설정이론을 들 수 있다.

07 조직 내 의사전달과 관련한 내용으로 옳지 않은 것은?

① 공식적 의사전달은 의사소통이 객관적이다.
② 공식적 의사전달은 책임소재가 명확하다.
③ 비공식적 의사전달은 조정과 통제가 용이하다.
④ 비공식적 의사전달은 수직적 계층에서 상관의 권위를 손상시킬 수 있다.

08 블라우 & 스콧(Blau & Scott)의 조직유형 분류에 대한 설명으로 옳은 것은?

① 비용부담자를 중심으로 조직유형을 분류하였다.
② 호혜조직은 기업체, 은행 등을 예로 들 수 있다.
③ 봉사조직은 병원, 학교 등을 예로 들 수 있다.
④ 공익조직은 정당, 노조 등을 예로 들 수 있다.

09 토마스(Thomas)의 갈등해소 방안에 대한 설명으로 옳지 않은 것은?

① 타협 : 자신과 상대방의 이익을 중간 정도 만족시키는 방안
② 경쟁 : 자신과 상대방의 이익을 모두 만족시키는 방안
③ 순응 : 자신의 이익을 희생하면서 상대방의 이익을 만족시키는 방안
④ 회피 : 자신의 이익이나 상대방의 이익 모두에 무관심한 방안

10 피들러의 상황적합적 리더십에 대한 설명으로 옳지 않은 것은?

① LPC(가장 좋아하지 않는 동료)를 비교적 부정적으로 평가한 사람은 인간관계지향적 리더십 유형이라고 볼 수 있다.
② 가장 유리하거나 가장 불리한 조건(상황)에서는 과업중심적 리더십이 효과적이다.
③ 명확한 과업구조는 유리한 상황변수에 해당한다.
④ 리더십의 효과성을 제고하기 위해서는 리더의 스타일을 정확히 파악하고 상황에 맞춰 리더를 배치하는 것이 필요하다.

정답 및 해설

01 ▶ ④
조정의 원리에 대한 설명이다. 부성화의 원리는 한 조직 내에서 유사한 업무를 묶어 여러 개의 하위기구를 만들 때 활용되는 원리이다.

02 ▶ ④
보상의 공정성에 대한 개인의 만족감을 주요변수로 삼아 기대이론을 보완한 것은 포터와 롤러의 성과·만족이론에 대한 설명이다.

03 ▶ ③
자원의존이론에 따르면 조직은 자원을 획득하는 데 있어 그 환경에 의존하지만, 조직이 주도적·능동적으로 환경에 대처하며 그 환경을 조직에 유리하도록 관리한다.

04 ▶ ①
② 공기업은 자체수입액이 총수입액의 2분의 1 이상인 경우에 지정할 수 있다.
③ 시장형 공기업은 자산규모가 2조 원 이상이고, 총수입액 중 자체수입액이 100분의 85 이상인 공기업이다.
④ 공기업의 감사위원회의 감사위원이 되는 상임이사는 대통령 또는 기획재정부장관이 임명한다.

05 ▶ ②
매트릭스 조직은 기능(functional) 중심의 수직적 계층구조와 사업(project) 중심의 수평적 조직구조를 결합한 조직이다.

06 ▶ ④
목표설정이론은 과정이론에 해당한다.

07 ▶ ③
비공식적 의사전달은 조정과 통제가 어렵다.

08 ▶ ③
① 수혜자를 중심으로 조직유형을 분류하였다.
② 호혜조직은 정당, 노조 등을 예로 들 수 있다.
④ 공익조직은 행정기관을 예로 들 수 있다.
• 블라우 & 스콧(Blau & Scott)의 조직유형

조직유형	수혜자	예
호혜조직	구성원	정당, 노조
기업조직	소유주	기업체, 은행
봉사조직	고객	병원, 학교
공익조직	일반국민	행정기관

09 ▶ ②
• 경쟁이 아니라 협동에 대한 설명이다.
• 토마스(Thomas)의 갈등해소 방안

회피	자신의 이익이나 상대방의 이익 모두에 무관심한 방안
경쟁	상대방의 이익을 희생해 자신의 이익을 추구하는 방안
순응	자신의 이익을 희생하면서 상대방의 이익을 만족시키는 방안
협동	자신과 상대방의 이익을 모두 만족시키는 방안
타협	자신과 상대방의 이익을 중간 정도 만족시키는 방안

10 ▶ ①
LPC(가장 좋아하지 않는 동료)를 비교적 부정적으로 평가한 사람은 과업지향적 리더십 유형이라고 볼 수 있다.

MEMO

 김재준 단권화 행정학

Theme 01 인사행정의 발달
Theme 02 고위공무원단
Theme 03 중앙인사기관
Theme 04 우리나라 공무원의 종류
Theme 05 계급제와 직위분류제
Theme 06 공무원의 임용과 시험
Theme 07 공무원 교육훈련
Theme 08 근무성적평정
Theme 09 공무원 보수

Theme 10 공무원 연금
Theme 11 공무원 단체활동
Theme 12 공무원 행동규범
Theme 13 공무원 부패
Theme 14 공무원 징계
Theme 15 소청제도
Theme 16 기타 사항
• PART 4 인사행정 연습문제

04

인사행정

PART 04 인사행정

제4편 인사행정

Theme 01 인사행정의 발달

01 직업공무원제

1. 의미

직업공무원제(Career Civil Service System)는 유능하고 젊은 사람을 실적*에 따라 채용하여 장
<small>실적은 능력, 자격, 성과 등을 의미하지만 가장 보편적인 방법은 필기시험이다.</small>
기 근무를 장려하고 공직을 전문 직업분야로 인식하게 하는 제도로, 절대왕정시기의 관료제에 연원을 두고 있다.

2. 특징

(1) **폐쇄형 충원 및 계급제**

조직의 중·상위 계급보다는 최하위 계급으로 채용하여 상위 계급으로 승진하는 폐쇄형 임용*
및 계급제에 입각해 있다. <small>우리나라의 공무원 충원은 9급공개경쟁채용시험을 통한 신규채용 비중이 높다.</small>

(2) **신분보장**

공무원의 신분보장을 통해 행정의 안정성과 계속성을 보장할 수 있지만, 환경적 요청에 민감하지 못하고 특권집단화될 염려가 있다. 즉 정권이 바뀌더라도 공무원은 바뀌지 않기 때문에 행정의 안정성과 계속성이 보장되지만, 공무원이 시민들의 요구를 들어주지 않더라도 교체하기 어렵다.

(3) **일반행정가 양성**

장기 근무를 하면서 다양한 경험을 쌓는 일반행정가 양성에 유리하지만 행정의 전문성 저하를 가져올 수 있다.

(4) **채용 시 발전가능성과 잠재력**

채용 당시의 직무수행 능력보다는 장기적인 발전가능성이나 잠재력이 더 중요하므로, 채용 후 교육훈련과 경력 발전 등이 필요하다.

3. 제도가 수립되기 위한 조건

공직에 대한 높은 사회적 평가, 공무원 인력계획에 대한 장기적인 계획 수립, 유능하고 젊은 사람의 실적에 의한 채용, 능력 발전의 공정한 기회제공, 신분보장·적절한 보수·연금 등이 필요하다.

4. 단점의 보완

직업공무원제의 신분보장으로 인해 발생하는 문제는 개방형 인사제도, 계약제 임용제도, 계급정년제 등의 도입으로 보완할 수 있다.

02 엽관제 또는 엽관주의

1. 의미

엽관제(Spoils System)는 정당에 대한 충성도와 공헌도를 공직임용의 기준으로 삼는 제도이다. 예컨대 대통령 선거운동에 참여하여 해당 대통령의 당선에 크게 기여한 사람을 장관으로 임명한다. 미국의 엽관주의는 19세기 초반 서부 개척민의 지지를 받아 당선된 잭슨(Jackson) 대통령이 연방정부의 공직을 독점하고 있던 동부의 귀족계층 출신 대신에 자신의 지지자로 충원하면서 공식화되었다. 전리품(Spoils)으로 표현되는데, 이는 선거에서 승리한 정당이 관직을 승자의 전리품으로 보기 때문이다.

2. 특징

(1) 정권 창출에 기여한 사람이면 누구나 관료로 임명될 수 있다는 것은 공직은 특별한 전문성이 없어도 수행이 가능하다는 것이다. 즉 공직의 일은 건전한 상식과 인품을 가진 일반 대중 누구나 수행할 수 있는 것이라고 전제한다.

(2) 집권한 정당에 의해서 관료가 임명되므로 정당과 관료 집단의 동질성이 확보되고, 관료의 충성심 확보가 용이하므로 지도자의 국정지도력이 강화된다.

(3) 관료를 임명한 정당이 다음 선거에서 패배하면 임명되었던 관료들도 함께 교체되므로 관료들도 정치적 책임을 진다. 따라서 관료의 국민에 대한 대응성도 높아진다.

(4) 민주정치의 발달과 행정의 민주화에 공헌하는 장점이 있어 오늘날에도 부분적으로 남아 있다. 미국의 엽관제 역사에서 보듯이 특정 계층이 차지하고 있던 공직을 일반 대중에게 공개하였기 때문에 민주화에 기여했다는 것이다. 우리나라도 정무직 및 개방형 임용 등 엽관주의적 공직 임용이 공식적으로 허용되고 있다.

3. 단점 및 폐해

(1) 정권 교체 시 대규모 인력이 교체되므로 행정의 안정성 및 지속성을 확보하기 어렵다.

(2) 전문성이 없는 사람이 관료로 임명될 수 있어 행정의 전문성이 떨어지고, 관료를 집권 정당이 임명하므로 관료의 정치적 중립성이 저해된다.

(3) 매관매직, 혈연·지연을 통한 정실임용(인사권자와의 개인적 신임이나 친분관계를 기준으로 채용) 등 부정부패가 발생할 수 있고, 관직 남설로 재정적 낭비를 초래할 수 있다.

03 실적제 또는 실적주의

1. 의미

실적제(Merit System)는 개인의 능력이나 자격, 적성에 기초한 실적을 임용기준으로 삼는 제도로 공직취임의 기회균등, 신분보장과 정치적 중립, 실적에 의한 임용을 주요 구성요소로 한다. 영국은 1870년 추밀원령을 통해 실적주의를 확립하였다. 미국은 1881년 가필드(Garfield) 대통령이 엽관주의 추종자에 의해 암살되고, 엽관제의 폐해로 인하여 많은 지식인들이 분노하여 진보주의(Progressive) 운동이 전개되었다. 이에 따라 1883년 공개경쟁채용시험, 독립적 인사위원회 설치, 공무원의 정치활동 금지 등을 내용으로 하는 펜들턴법(Pendleton Act)이 제정하면서 확립하였다.

2. 특징

(1) 엽관주의의 폐해와 급격한 경제발전으로 행정기능이 양적으로 확대되고 질적으로 복잡해짐에 따라, 관료들의 전문적 지식과 기술이 필요하게 되어 그 정당성이 강화되었다. 즉 정부의 역할 확대라는 행정국가 현상의 등장은 실적주의 수립의 환경적 기반을 제공한다.

(2) 관료의 채용을 집권 정당이 아닌 독립된 중앙인사기관이 담당하므로, 중앙인사기관의 권한과 기능이 강화되었다.

(3) 관료는 신분을 보장받기 때문에 자의적인 제재로부터 적법절차에 의해 구제받을 권리를 보장받는다.

(4) 실적제 도입 초기 반엽관주의 및 정치적 중립에 집착하여, 인사운용이 소극적·경직적 경향이 있다.

(5) 필기시험 등 실적에 따라 채용한다고 하지만, 현실적으로 사회적 약자의 공직 진출을 제약할 수 있다는 점이 한계이다. 즉 사회적 약자는 교육받을 기회가 부족하여 공개경쟁채용시험을 통과하기 어려울 수 있다.

04 대표관료제

1. 의미

대표관료제(Representative Bureaucracy)는 영국학자 킹슬리(Kingsley, 1944년)가 처음 사용한 용어로 정부 관료제 구성에서 사회 내 주요 세력의 분포(인종·성별·계층·지역 등)를 반영할 것을 제안하였는데, 정부관료제 내에 민주적 가치를 주입하려는 의도에서 발달하였다. 예컨대 특정 국가의 인구 중에서 백인이 50%이고 흑인이 50%라면, 관료도 백인 50%와 흑인 50%의 비율로 채용해야 한다는 것이다. 국민을 대표할 수 있는 민주적 관료조직이라는 의미에서 대표관료제라고 부르는 것이다. 크랜츠(Kranz)는 이 제도의 개념을 비례대표(Proportional Representation)*로

*관료제 내의 직무 분야와 계급의 구성 비율까지도 총인구 비율에 맞추어 구성하는 것을 말한다.

까지 확대하고 있다. 또한 라이퍼(Riper)는 이 제도의 개념을 확대해 사회적 특성(직업, 사회계층, 지역 등) 외에 사회적 가치[사조(ethos)나 태도 등]도 포함시키고 있다.

2. 특징

(1) 실적주의의 폐단(형식적 기회균등) 보완과 임명직 관료집단이 민주적 방법으로 행동하도록 하기 위한 방안이다. 실질적 기회균등의 보장과 사회적 형평성을 제고하여 국민대표성과 대응성을 높일 수 있다.

(2) 대표성을 지닌 관료집단 사이의 견제와 균형을 통해 국민의 의사를 균형 있게 대변하여 관료제 내부 통제를 강화한다. 또한 다양한 계층을 공직에 입문시켜 공직구성의 다양성과 다양한 관리기법을 촉진한다.

(3) 사회경제적 인구구성을 반영하여 해당 관료가 출신집단에 책임성을 질 수 있도록 한다. 소극적(피동적) 대표성이 적극적(능동적) 대표성을 보장한다는 전제, 즉 관료들은 누구나 자신의 사회적 배경의 가치나 이익을 정책과정에 반영시키려고 노력한다는 점을 전제한다.

소극적(대표성)	→	적극적(능동적) 대표성
관료를 사회·경제적 배경에 따라 채용		채용된 관료가 출신집단의 가치나 이익을 정책에 반영

(4) 우리나라는 대표관료제 성격의 균형인사정책(장애인 채용목표제, 지역인재 할당제, 여성관리자 임용목표제, 저소득층 채용목표제, 양성채용목표제 등)을 도입하고 있다.

3. 단점 및 비판

(1) 현대 인사행정의 기본 원칙인 실적제의 훼손과 능률성을 저하시키고, 역차별로 인한 사회분열 가능성이 있다.

(2) 임용 이후의 사회화를 통한 동질화 가능성을 간과하고 있다. 즉 관료가 된 후 출신 집단의 이익보다는 관료조직 자체의 이익을 추구할 수 있다.

(3) 공무원의 정치적 중립 윤리와 상호 모순되고, 출신 집단별 집단이기주의화 가능성이 있다.

05 기타 논의

1. 연공주의와 성과주의

(1) **연공주의**

개인의 성과와 능력보다는 태도와 근속연수를 강조한다. 장기근속으로 조직에 대한 공헌도를 높이고, 계층적 서열구조 확립으로 조직 내 안정감을 높인다.

(2) **성과주의**

개인의 태도와 근속연수보다 성과와 능력을 강조한다. 개인의 성과에 따른 적절한 보상을 통해 사기를 높이고, 조직 내 경쟁을 통해서 개인의 역량 개발에 기여한다.

2. 전략적 인적자원 관리

(1) 장기적이며 목표·성과 중심적으로 인적자원을 관리한다.

(2) 인사업무 책임자가 조직 전략 수립에 적극 관여한다.

(3) 조직의 전략 및 성과와 인적자원관리 활동 간의 연계에 중점을 둔다.

3. 다양성 관리

(1) 다양성 관리는 내적·외적 차이를 가진 다양한 조직구성원을 공평하고 효율적으로 활용하기 위한 체계적인 인적자원관리 과정으로, 오늘날 개인의 성격·가치관의 차이와 같은 내면적 다양성의 중요성이 커지고 있다.

(2) 균형인사정책*, 일과 삶 균형정책은 다양성의 관리 방안으로 볼 수 있고, 대표관료제를 통한 조직 내 다양성 증대는 실적주의와 충돌할 가능성이 있다.
   균형인사정책은 대표관료제에 비해 여성, 장애인, 지방 인재 등 상대적으로 사회적 소외집단에 대한 배려를 강조한다.

(3) 우리나라의 균형인사 정책은 미국의 적극적 조치*(Affirmative Action)의 관점에서 이해할 수 있다.
   고용상의 차별을 받아오던 소수집단에 대한 우대정책

(4) 문화적 동화주의에 근거한 멜팅팟(Melting Pot) 접근과 문화적 다원주의에 근거한 샐러드 볼(Salad Bowl) 접근이 있다.

• 기출문제 학습 •

01 직업공무원제는 공무원의 일체감과 단결심 및 공직에 헌신하려는 정신을 강화하는 데 (㉠ 불리한 / ㉡ 유리한) 제도이다. 21. 국가 7

02 직업공무원제도는 (㉠ 외부환경에 대한 적극적 대응과 새로운 지식 및 기술 도입이 활성화되어 행정의 전문성을 강화한다. / ㉡ 외부환경에 대한 적응성과 행정의 전문성이 약화될 수 있다.) 24. 국가 7

03 직업공무원제의 특징이 아닌 것은 (㉠ 직무급 중심 보수체계 / ㉡ 능력발전의 기회 부여 / ㉢ 폐쇄형 충원)이다. 22. 국가 9

04 (㉠ 계급정년제의 도입을 / ㉡ 정치적 중립의 강화를) 통해 직업공무원제의 단점을 보완할 수 있다. 20. 지방 9

05 엽관제에 관한 설명에 해당하는 것은? 21. 국가 7, 18. 서울 7
① 부정부패를 방지하기가 (㉠ 쉽다. / ㉡ 어렵다.)
② 행정의 안정성과 지속성을 확보하기 (㉠ 쉽다. / ㉡ 어렵다.)
③ 정부 관료제의 민주화에 기여(㉠ 한다. / ㉡ 안 한다.)
④ 정치적 책임을 확보하기 (㉠ 용이하다. / ㉡ 어렵다.)
⑤ 직업공무원제 정착에 도움이 (㉠ 된다. / ㉡ 안 된다.)
⑥ 공무원들의 충성심을 확보하기 (㉠ 용이하다. / ㉡ 어렵다.)

06 ① 엽관주의는 실적 이외의 요인을 고려하여 임용하는 방식으로 (㉠ 정치적 요인 / ㉡ 혈연·지연) 등이 포함된다.
② 엽관주의는 (㉠ 정실임용에 기초하고 있기 때문에 초기부터 민주주의의 실천원리와는 거리가 멀었다. / ㉡ 민주정치의 발달과 행정의 민주화에 공헌한 측면이 있다.)
③ (㉠ 실적주의 / ㉡ 엽관주의)는 국민에 대한 관료의 대응성을 높일 수 있다는 장점이 있다.
④ (㉠ 실적주의 / ㉡ 엽관주의)는 공직 임용에 대한 기회의 균등을 보장한다. 21. 지방 9, 14. 국가 9

07 ① 가필드 대통령 암살사건은 미국에서 엽관주의가 (㉠ 확대되는 / ㉡ 쇠퇴하는) 결정적 계기로 작용하였다.
② 엽관주의는 선거를 통해 집권한 정당에 정부관료제를 예속시킴으로써 정당정치의 발전에 기여 (㉠ 한다. / ㉡ 안한다.)
③ 엽관주의는 정권교체 시 대규모 인력이 교체되므로 행정의 효율성 제고에 (㉠ 유리 / ㉡ 불리)하다. 18. 국가 7

08 (㉠ 엽관주의 / ㉡ 실적주의) 인사는 행정에 대한 민주적 통제를 강화한다. 24. 국가 7, 15. 서울 9

09 (㉠ 엽관제 / ㉡ 실적제)는 전문성을 통한 행정의 효율성 제고와 정부관료의 역량 강화에 기여한 것으로 평가된다. 22. 국가 7

10 실적주의 도입은 중앙인사기관의 권한과 기능을 (㉠ 집중 / ㉡ 분산)시키는 결과를 가져왔다. 19. 지방 7

11 (㉠ 대표관료제 / ㉡ 실적주의)는 엽관주의의 폐단을 시정하기 위해 등장하였다. 17. 국가 9

12 실적주의는 (㉠ 대표관료제를 비판하면서 / ㉡ 엽관주의의 폐해를 계기로) 등장하였다. 21. 지방 7

13 (㉠ 엽관주의 / ㉡ 실적주의)는 공개경쟁시험, 신분보장, 정치적 중립이 핵심적인 요소이다. 24. 국가 9

14 미국 펜들턴법의 주요 내용에는 (㉠ 고위공무원단 신설 / ㉡ 공개경쟁채용시험 실시 / ㉢ 실적제보호위원회 설치 / ㉣ 독립적인 인사위원회 설치)가 있다. 18. 국가 7

15 대표관료제는 현대 인사행정의 기본 원칙인 실적주의를 (㉠ 강화한다. / ㉡ 약화시킨다.) 14. 지방 9

16 대표관료제는 관료들의 객관적 책임을 매우 (㉠ 현실적 / ㉡ 비현실적)이라고 주장한다. 10. 지방 7
🔍 객관적 책임은 제도적으로 누구에게 어떤 책임을 지는지를 의미하는데, 예컨대 우리나라 헌법은 '공무원은 국민에 대하여 책임을 진다'로 정하고 있다. 반면에 주관적 책임은 공무원 스스로가 누구에게 어떤 책임을 지는지를 의미하는데, 주로 개인의 성장배경이나 사회화 과정에서 형성된다.

17 대표관료제는 관료들이 (㉠ 출신 집단의 가치와 이익을 반영할 것이라는 / ㉡ 출신 집단의 이익과 무관하게 전체적 이익에 봉사할 것이라는) 가정에 기반하고 있다. 10. 지방 9

18 대표관료제는 킹슬리가 처음 사용한 용어로서 (㉠ 엽관주의 / ㉡ 실적주의) 인사제도의 폐단을 극복하기 위해 등장하였다. 15. 국가 7

19 ① (㉠ 엽관주의 / ㉡ 실적주의)는 공무원 신분보장을 통해 행정의 안전성과 계속성을 보장한다.
② (㉠ 대표관료제 / ㉡ 엽관주의)는 정당의 대중화와 정당정치 발달에 기여한다. 13. 지방 7

20 인사행정제도에 대한 설명으로 옳은 것은? 17. 서울 9
① 직업공무원제는 장기근무를 장려하고 행정의 계속성과 일관성을 유지하는 데 긍정적인 제도로 (㉠ 개방형 / ㉡ 폐쇄형) 인사제도 및 (㉠ 일반행정가 / ㉡ 전문행정가)주의에 입각하고 있다.
② 실적주의는 개인의 능력이나 자격, 적성에 기초한 실적을 임용기준으로 삼는 인사행정제도로 정치지도자들의 (㉠ 행정 통솔력을 강화시키는 데 기여한다. / ㉡ 공무원에 대한 통제력 확보가 어렵다.)
③ 대표관료제는 전체 국민에 대한 정부의 대응성을 향상시키고, (㉠ 실적주의를 강화하여 / ㉡ 사회경제적 여건이 불리한 계층에 대한 공직진출을 보장하여) 행정의 (㉠ 능률성 / ㉡ 형평성)을 향상시키는 장점이 있다.

21 균형인사정책은 대표관료제의 단점, 즉 소외집단에 대한 배려가 다른 집단에 대한 역차별을 불러올 (㉠ 가능성을 낮추는 데 기여할 수 있다. / ㉡ 수 있다.) 19. 서울추가 7

22 균형인사정책, 일과 삶 균형정책은 다양성 관리의 방안으로 볼 수 (㉠ 없다. / ㉡ 있다.) 21. 국가 7

23 공무원의 정치적 중립이 요구되는 근거로, (㉠ 정치적 무관심화를 통한 직무수행의 능률성 확보를 위해 필요하다. / ㉡ 행정의 계속성과 전문성을 확보하기 위해 필요하다.) 12. 국가 9

24 (㉠ 전통적인 연공주의 인적자원관리 / ㉡ 성과주의 인적자원관리)의 특징으로, 형식요건을 중시하고 규격화된 임용방식을 확대한다. 16. 국가 7

25 전략적 인적자원관리는 (㉠ 개인의 욕구는 조직의 전략적 목표달성을 위해 희생해야 한다 / ㉡ 장기적이며 목표·성과 중심적으로 인적자원을 관리한다)는 입장이다. 17. 국가 9

정답 1.㉡ 2.㉡ 3.㉠ 4.㉠ 5.①-㉡ ②-㉡ ③-㉠ ④-㉠ ⑤-㉡ ⑥-㉠ 6.①-㉡ ②-㉡ ③-㉡ ④-㉠ 7.①-㉡ ②-㉠ ③-㉡ 8.㉠ 9.㉡ 10.㉠ 11.㉠ 12.㉡ 13.㉡ 14.㉡,㉢ 15.㉡ 16.㉡ 17.㉡ 18.㉡ 19.①-㉡ ②-㉡ 20.①-㉡,㉠ ②-㉠,㉡ 21.㉡ 22.㉡ 23.㉡ 24.㉠ 25.㉡

Theme 02 고위공무원단

01 의미
고위공무원단은 국가의 고위공무원을 범정부적 차원에서 효율적으로 관리하기 위하여 하나의 풀(pool)로 운영하는 제도이다.

02 미국의 고위공무원단제도
카터 행정부 시기인 1978년 공무원제도개혁법의 개정에 따라 탄생된 SES(Senior Executive Service)가 시초이며, 엽관주의적 요소도 포함된다.

03 우리나라 고위공무원단제도

1. 도입
노무현 정부 시기인 2006년 7월 고위공무원단 인사규정이 시행되면서 시작되었다.

2. 충원
개방형직위(20%), 공모직위(30%), 자율임용(50%)으로 충원한다.

3. 관리
근무성적평정은 '성과계약 등 평가'(성과관리 강화), 보수는 전년도 근무성과에 따라 직무성과급적 연봉제가 적용된다.

4. 대상
(1) 중앙행정기관의 실장·국장 및 이에 상당하는 보좌기관 등이 대상이다.
(2) 일반직 공무원뿐만 아니라 외무직 공무원 및 국가공무원으로 보하는 지방자치단체 및 지방교육행정기관의 국가고위직 공무원(부단체장, 부교육감 등)도 포함된다. 단 지방공무원은 적용대상이 아니다.

5. 특징
(1) 고위직의 개방 확대 및 책임성 확대, 민간전문가의 고위직 임용가능성이 증가한다.
(2) 고위공무원단에 속하는 일반직공무원은 소속 장관의 제청으로 인사혁신처장과 협의를 거친 후에 국무총리를 거쳐 대통령이 임용하되, 고위공무원단에 속하는 일반직공무원의 경우 소속 장관은 해당 기관에 소속되지 아니한 공무원에 대하여도 임용제청할 수 있다.

⑶ 고위공무원단 소속 공무원도 신분보장(1급 또는 가장 높은 직무등급을 받는 고위공무원 제외)을 받으나, 적격심사를 통해 부적격자는 직권면직이나 강임이 가능하므로 신분보장이 약화되었다고 볼 수 있다.

⑷ 2009년 5등급에서 현재의 2등급(가급, 나급)으로 변경되었다.

⑸ 고위공무원단 직위로 승진용임은 <u>고위공무원단 후보자</u>* 중에서 승진심사를 거쳐야 한다.

역량평가를 통과한 3급 공무원, 4급 공무원 중 해당 계급에서 5년 이상 재직한 사람 등이 포함된다.

> **역량평가**
> 1. 고위공무원으로서 요구되는 역량을 구비했는지를 검증하는 제도이다.
> 2. 일종의 사전적 검증장치로 단순한 근무실적 수준을 넘어 공무원에게 요구되는 해당업무 수행을 위한 충분한 능력을 보유하고 있는지에 대한 평가를 목적으로 한다.
> 3. 다양한 평가기법을 활용하여 실제 업무와 유사한 모의상황에서 나타나는 평가 대상자의 행동 특성을 다수의 평가자가 합의하여 평가한다.
> 4. 미래 행동에 대한 잠재력을 측정하는 것이며, 성과에 대한 외부변수를 통제함으로써 객관적 평가가 가능하다.
> 5. 고위공무원단 역량평가 대상은 문제인식, 전략적 사고, 성과지향, 변화관리, 고객만족, 조정·통합이다.

기출문제 학습

01 우리나라의 경우 (㉠ 노무현 정부 / ㉡ 이명박 정부) 시기인 (㉠ 2006년 7월 / ㉡ 2008년 7월)에 고위공무원단 제도를 도입하였다. 14. 지방 9

02 고위공무원단 직위 총수의 (㉠ 20% / ㉡ 30%)인 (㉠ 공모직위 / ㉡ 개방형 직위)는 민간과 경쟁하는 직위이다. 16. 국가인사 7

03 고위공무원단제도와 관련하여 17. 국가 7
① 제도 도입 전보다 고위공무원의 신분보장이 (㉠ 강화되었다. / ㉡ 약화되었다.)
② 고위공무원단 직무 등급이 2009년 (㉠ 2등급에서 5등급으로 / ㉡ 5등급에서 2등급으로) 변경됨에 따라 계급중심의 인사관리로 회귀할 가능성이 높아졌다.
③ 고위공무원단의 구성은 소속 장관별로 개방형직위 (㉠ 20% / ㉡ 30%), 공모직위 (㉠ 20% / ㉡ 30%), 기관자율 직위 50%로 이루어져 있다.

04 고위공무원단은 중앙행정기관과 지방자치단체의 실장·국장·부단체장 및 이에 상당하는 보좌기관에 임용되어 재직 중이거나 파견·휴직 등으로 인사관리되고 있는 (㉠ 국가공무원과 지방공무원 / ㉡ 국가공무원)을 말한다. 17. 국가 9

05 국가공무원으로 보하는 부시장, 부지사, 부교육감 등은 고위공무원단에 (㉠ 포함된다. / ㉡ 포함되지 않는다.) 11. 지방 9

06 고위공무원단에 속하는 일반직 공무원의 임용권은 (㉠ 각 부처의 장관 / ㉡ 대통령)이 가진다. 16. 국가 9

07 고위공무원단에 속하는 일반직 공무원의 경우 소속 장관은 해당 기관에 소속되지 아니한 공무원에 대하여 임용제청을 할 수 (㉠ 있다. / ㉡ 없다.) 16. 지방 9

08 고위공무원단제도는 (㉠ 성과와 책임 / ㉡ 계급) 중심의 인사관리를 강조한다. 21. 지방 9

정답 1. ㉠, ㉠ 2. ㉠, ㉡ 3. ①-㉡ ②-㉡ ③-㉠, ㉡ 4. ㉡ 5. ㉠ 6. ㉡ 7. ㉠ 8. ㉠

Theme 03 중앙인사기관

01 중앙인사기관의 형태

중앙인사기관의 의사결정방법과 행정부 수반(대통령)으로부터 독립적인지 여부에 따라서 4가지 형태로 구분할 수 있다.

의사결정방법 독립성	합의(위원회)	단독(부처)
독립	독립합의형	독립단독형
비독립	비독립합의형	비독립단독형

1. 독립합의형

(1) 행정부 수반으로부터 독립적으로 업무를 수행하고, 복수 위원들 간의 합의에 의한 결정방식으로 결정의 신중함과 다양한 이익집단의 요구를 수용할 수 있다. 독립적으로 운영되므로 인사행정의 정치적 중립성과 공정성 확보가 용이하여 실적제를 발전시키는 데 유리하다.

(2) 1883년 펜들턴(Pendleton)법에 의해 창설되어 1978년까지 존속했던 미국의 연방인사위원회, 미국의 실적제보호위원회(공무원 소청심사 기능), 일본의 인사원 등이 독립합의형에 해당한다.

2. 비독립단독형

(1) 인사기관의 장이 단독으로 결정하므로 의사결정이 신속하고 책임소재가 명확하지만, 기관장의 잦은 교체 발생 시 인적자원을 안정적·합리적으로 관리하기 어렵다. 행정수반이 인사관리에 직접적인 책임을 지며, 인사기관의 장은 행정수반을 보좌하여 집행업무를 담당한다.

(2) 우리나라 인사혁신처, 미국 인사관리처(전반적 인사행정 기능), 영국 내각사무처(공무원 장관실), 일본 총무성 등이 비독립단독형에 해당한다.

3. 비독립합의형

2008년까지 존속했던 우리나라의 중앙인사위원회 등이 비독립합의형에 해당한다.

4. 독립단독형

미국의 특별법무관실(내부고발자 보호 기능) 등이 독립단독형에 해당한다.

02 우리나라 중앙인사관장기관

1. 중앙인사관장기관

국가공무원법 제6조에 따라 인사혁신처장, 국회사무총장, 법원행정처장, 헌법재판소사무처장, 중앙선거관리위원회사무총장이 우리나라의 중앙인사관장기관이다.

2. 중앙인사기관의 변천

(1) 고시위원회와 총무처(1948년)

(2) 국무원 사무국(1955년)

(3) 국무원 사무처(1960년)와 내각 사무처(1961년)

(4) 총무처(1963년)

(5) 행정자치부(1998년)

(6) 중앙인사위원회와 행정자치부(1999년)

(7) 중앙인사위원회(2004년)

(8) 행정안전부(2008년)

(9) 안전행정부(2013년)

(10) 인사혁신처(2014년~)

03 중앙인사기관의 기능

1. **준입법기능**: 법률의 범위 안에서 규칙을 제정한다.

2. **준사법기능**: 공무원에 대한 징계처분 등을 구제하기 위하여 소청제도를 운영한다.

3. **집행기능**: 공무원의 채용 및 교육훈련 등을 실시한다.

4. **감사기능**: 각 행정기관이 인사관련 규정을 준수하는지 점검한다.

5. **보좌기능**: 인사행정에 관하여 행정수반에 보고 및 권고 등을 수행한다.

• 기출문제 학습 •

01 중앙인사기관의 형태 중 (㉠ 독립합의형 / ㉡ 비독립단독형)은 한 명의 인사기관의 장이 조직을 관장하고 행정수반의 지휘 아래 놓이게 된다. 21. 지방 7

02 2022년 현재 우리나라 중앙인사기관은 (㉠ 비독립단독형 / ㉡ 독립합의형)이므로, 인사에 대한 의사결정이 (㉠ 신중하고 / ㉡ 신속하고) 책임소재가 (㉠ 명확하다. / ㉡ 불분명하다.) 14. 국가 9

03 인사기관 유형 중 (㉠ 비독립단독형 / ㉡ 독립합의형)은 일상적 행정의 필요성과 변화에 신축적으로 대응할 수 있다. 16. 국가인사 7

04 독립단독형은 독립합의형과 비독립단독형의 절충적 성격을 가진 형태로서 대표적인 예는 미국의 (㉠ 인사관리처 / ㉡ 특별법무관실)이 있다. 16. 지방 9

05 국가공무원법상 중앙인사관장 기관은 (㉠ 헌법재판소사무처장 / ㉡ 감사원 사무총장)이다. 20. 서울 9

정답 1. ㉡ 2. ㉠, ㉡, ㉠ 3. ㉠ 4. ㉡ 5. ㉠

Theme 04 우리나라 공무원의 종류

01 우리나라 공무원의 분류

1. 경력직 공무원

경력직 공무원이란 실적과 자격에 따라 임용되고 그 신분이 보장되며 평생 동안[근무기간을 정하여 임용하는 공무원(임기제 공무원)의 경우에는 그 기간 동안을 말한다] 공무원으로 근무할 것이 예정되는 공무원이다.

(1) **일반직 공무원**
  ① 행정·과학기술직군으로 분류되는 공무원: 1~9급 및 고위공무원
  ② 특수 업무 분야에 종사하는 공무원: 직무의 특성·난이도 및 직무에 요구되는 숙련도 등에 따라 가군, 나군 및 다군으로 직위가 구분되는 전문경력관
  ③ 연구·지도·특수기술 직렬의 공무원: 연구관, 연구사, 의무, 약무, 수의, 간호, 보건진료
  ④ 인사관리의 효율성·기관 성과를 높이기 위한 기관에 속한 공무원: 우정공무원
  ⑤ 전문지식·기술이 요구되거나 임용관리에 특수성이 요구되는 업무를 담당하게 하기 위하여 경력직 공무원을 임용할 때에 일정기간을 정하여 근무하는 공무원: 임기제 공무원(일반임기제, 전문임기제, 한시임기제)
  ⑥ 전보의 범위가 특정 전문분야로 제한되어 인사관리되는 공무원: 전문직 공무원(수석전문관, 전문관)

(2) **특정직 공무원**

특수 분야의 업무를 담당하는 공무원으로서 다른 법률에서 특정직 공무원으로 지정하는 공무원으로 경찰, 군무원, 군인, 법관, 검사, 외무공무원, 소방, 교육, 헌법재판소 헌법연구관, 국가정보원의 직원, 경호공무원, 교원 및 조교 등이다.

⊕ 제주특별자치도 소속 자치경찰공무원, 공립대학에 근무하는 교육공무원, 교육감 소속의 교육공무원은 지방공무원에 해당한다.

2. 특수경력직 공무원

경력직 공무원 외의 공무원으로 실적제의 획일적 적용을 받지 않고, 신분보장이 되지 않는다.

(1) **정무직 공무원**
  ① 선거로 취임하거나 임명할 때 국회의 동의가 필요한 공무원: 대통령, 국회의원, 단체장, 교육감, 지방의회 의원, 국무총리, 감사원장, 헌법재판소장 등
  ② 고도의 정책결정 업무를 담당하거나 이러한 업무를 보조하는 공무원: 감사원 감사위원 및 사무총장, 민정수석비서관, 중앙선거관리위원회 상임위원·사무총장·사무차장, 헌법재판소 사무차장, 국무조정실장 및 차장, 국가정보원 차장 등 장관 및 차관급 공무원

(2) 별정직 공무원

비서관·비서 등 보좌업무 등을 수행하거나 특정한 업무 수행을 위하여 법령에서 별정직으로 지정하는 공무원: 국회수석전문위원, 국회의원 비서관 등

구분	국가공무원		지방공무원	
법적근거	국가공무원법, 헌법기관 규칙 등		지방공무원법, 지방자치법, 조례 등	
임용권자	대통령, 장관, 국회의장, 대법원장, 중앙선거관리위원장, 헌법재판소장 등		지방자치단체의 장	
보수재원	국비		지방비	
공무원 구분	경력직 공무원	일반직	경력직 공무원	일반직
		특정직		특정직
	특수경력직 공무원	정무직	특수경력직 공무원	정무직
		별정직		별정직

🔍 임용권자에 따라 국가공무원(중앙정부)과 지방공무원(지방자치단체)으로 나누어진다.

02 전문경력관제도

소속 장관은 해당 기관의 일반직 공무원 직위 중 순환보직이 곤란하거나 장기 재직 등이 필요한 특수업무 분야의 직위를 전문경력관 직위로 지정할 수 있다. 예컨대 관세청은 X-Ray 검색·판독 및 탐지 조사 업무를 전문경력관으로 채용하고 있다. 임용권자는 전직시험을 거쳐 전문경력관을 다른 일반직 공무원으로 전직시킬 수 있으며, 직무의 특성·난이도 및 직무에 요구되는 숙련도 등에 따라 가, 나군 및 다군으로 구분된다.

기출문제 학습

01 특정직 공무원만 모두 고르면 (㉠ 국가인권위원회 상임위원 / ㉡ 검사 / ㉢ 헌법재판소의 헌법연구관 / ㉣ 도지사의 비서 / ㉤ 국가정보원 직원)이다. 19. 지방 7

02 지방공무원법상 특정직 지방공무원에 해당하지 않는 것은 (㉠ 지방의회 전문위원 / ㉡ 교육감 소속의 교육전문직원 / ㉢ 자치경찰공무원)이다. 18. 지방 9

03 지방공무원법상 특정직 공무원이 아닌 것은 (㉠ 기술에 대한 업무를 담당하는 공무원 / ㉡ 공립대학 및 전문대학에 근무하는 교육공무원 / ㉢ 자치경찰공무원)이다. 19. 서울 7

04 경력직 공무원에 해당하지 않는 것은 (㉠ 특정직 공무원 / ㉡ 경찰공무원과 소방공무원 / ㉢ 별정직 공무원)이다. 12. 서울 9

05 (㉠ 경력직 / ㉡ 특수경력직) 공무원은 실적과 자격에 의해 임용되고 신분이 보장된다. 21. 지방 9

06 국가공무원법상 행정 각 부의 차관은 (㉠ 경력직 / ㉡ 특수경력직) 공무원 중 (㉠ 일반직 / ㉡ 별정직 / ㉢ 정무직 / ㉣ 특정직) 공무원이다. 16. 국가 7

07 (㉠ 정무직 공무원은 / ㉡ 직업관료는) 직업적 전문성에 따라 정책문제를 바라보고, (㉠ 정무직 공무원은 / ㉡ 직업관료는) 정치적 이념에 따라 정책 문제를 정의한다. 17. 지방 9

08 국가공무원법에 따라 별정직 공무원의 근무상한연령은 (㉠ 65세 / ㉡ 60세)이다. 20. 국가 9

09 전문경력관은 (㉠ 일반직 공무원과 같은 계급 구분과 직군 및 직렬의 분류를 적용한다. / ㉡ 직무분야가 특수한 직위에 임용되는 일반직 공무원을 말한다.) 전문경력관을 다른 일반직공무원으로 전직시킬 수는 (㉠ 있다. / ㉡ 없다.) 22. 국가 7, 20. 국가 9, 18. 국가 9

정답 1. ㉡,㉢,㉤ 2. ㉠ 3. ㉠ 4. ㉢ 5. ㉠ 6. ㉡,㉢ 7. ㉡,㉠ 8. ㉠ 9. ㉡,㉠

Theme 05 계급제와 직위분류제

01 계급제

1. 의미

계급제(Rank Classification)는 개별 공무원의 자격과 능력을 기준으로 계급을 설정하고 이에 따라 공직을 분류하는 것으로, 정치적 민주화가 꽃을 피우기 훨씬 전부터 국가 체계를 유지하기 위한 공직 분류체계의 기본 틀로 형성되었다. 동일한 계급의 공무원이면 담당하는 직무와 무관하게 동일한 능력과 자격을 갖춘 것으로 본다. 예컨대 동일한 근무연수의 5급 공무원은 현재 어떤 일을 하는지에 관계없이 기본적으로 동일한 보수를 받는다.

2. 특징

(1) 폐쇄형 충원과 신분보장을 통한 직업공무원제를 확립하고, 순환보직은 다양한 업무경험 및 경력 발전을 통해 일반행정가 양성에 유리하다.

(2) 조직 내에서 수평적 이동이 용이하여 유연한 인사행정과 공무원 간 협력이 잘 이루어지는 반면에 해당 직무에 적임자의 임용이 보장이 되지 않는다.

(3) 계급 간 승진이 어려워 한정된 계급 범위에서만 승진이 가능하고, 계급을 신분과 동일시하려는 경향이 있다.

02 직위분류제

1. 의미

직위(Position)란 한 사람의 근무를 요하는 직무와 책임을 의미하며, 직위분류제(Position Classification)는 직무와 그 직무수행에 수반되는 책임을 기준으로 분류하는 것을 말한다.

2. 특징

(1) 특정 직무에 대한 능력과 전문성을 갖춘 사람을 임용 대상으로 하기 때문에, 전문행정가 양성에 유리하며 직무 한계와 책임 소재가 명확하다.

(2) 상대적으로 직업훈련의 필요성이 계급제보다 덜하고 교육훈련 수요 파악이 용이한 반면에 조직 내 인력 배치의 신축성이 부족하여 인적자원 활용에 제약이 크다는 비판이 있다.

(3) 과학적 관리론, 보수의 형평성(동일직무에 대한 동일보수의 원칙을 반영한 직무급체계가 확립), 실적주의와 개방형 인사의 엽관제 요소를 모두 가진다.

(4) 조직개편이나 직무의 불필요성 등으로 직무 자체가 없어진 경우, 그 직무 담당자는 원칙적으로 퇴직의 대상이 된다.

   ⊕ 우리나라는 계급제를 기본으로 직위분류제적인 요소를 가미하고 있다.

03 직위의 분류 단계(직무조사 → 직무분석 → 직무평가 → 직급명세서 작성 → 정급)

1. 직무조사
분류될 직위의 직무에 대한 객관적인 정보수집 단계로, 직무자료 수집방법에는 관찰, 면접, 설문지, 일지기록법 등이 활용된다.

2. 직무분석
직무조사에서 얻은 정보를 바탕으로 직무를 종류별로 구분하는 단계이다.

(1) **직군**
직무의 성격이 유사한 직렬의 군으로 행정직군, 과학·기술직군 등이 있다.

(2) **직렬**
직무의 종류가 유사하고 그 책임과 곤란성의 정도가 서로 다른 직급의 군으로, 행정직렬, 세무직렬, 관세직렬, 교정직렬 등이 있다.

(3) **직류**
같은 직렬 내에서 담당 분야가 같은 직무의 군으로 일반행정직류, 법무행정직류, 국제통상직류 등이 있다.

3. 직무평가
직무의 난이도와 책임의 경중에 따라 직위의 상대적 수준과 등급을 구분하는 단계로, 개인에게 공정한 보수를 제공하는 데 필요한 작업이다.

4. 직급명세서 작성
분류한 직위의 직급 명칭, 직무 개요 등을 기술하는 단계이다.

5. 정급
직위를 직급 또는 직무등급에 배정하는 것을 말한다.

국가공무원법 제5조(정의)
1. "직위(職位)"란 1명의 공무원에게 부여할 수 있는 직무와 책임을 말한다.
2. "직급(職級)"이란 직무의 종류·곤란성과 책임도가 상당히 유사한 직위의 군을 말한다.
3. "정급(定級)"이란 직위를 직급 또는 직무등급에 배정하는 것을 말한다.
4. "강임(降任)"이란 같은 직렬 내에서 하위 직급에 임명하거나 하위 직급이 없어 다른 직렬의 하위 직급으로 임명하거나 고위공무원단에 속하는 일반직공무원을 고위공무원단 직위가 아닌 하위 직위에 임명하는 것을 말한다.
5. "전직(轉職)"이란 직렬을 달리하는 임명을 말한다.
6. "전보(轉補)"란 같은 직급 내에서의 보직 변경 또는 고위공무원단 직위 간의 보직 변경을 말한다.
7. "직군(職群)"이란 직무의 성질이 유사한 직렬의 군을 말한다.
8. "직렬(職列)"이란 직무의 종류가 유사하고 그 책임과 곤란성의 정도가 서로 다른 직급의 군을 말한다.
9. "직류(職類)"란 같은 직렬 내에서 담당 분야가 같은 직무의 군을 말한다.
10. "직무등급"이란 직무의 곤란성과 책임도가 상당히 유사한 직위의 군을 말한다.

◈ 직무의 종류·성질과 직무의 곤란도·책임도·자격요건

직무분석	직무의 종류·성질 = 직무분석					
	직군	행정직군		과학·기술직군		관리운영직군
	직렬	행정직렬	세무직렬 ...	공업직렬	농업직렬 ...	...
	직류	일반행정직류	법무행정직류 ...	...	...	...
직무평가						
곤란도· 책임도· 자격요건(등급) = 직무평가		3급(부이사관) 4급(서기관) 5급(사무관) 6급(주사) 7급(주사보) 8급(서기) 9급(서기보)	...	3급(부이사관) 4급(서기관) 5급(사무관) 6급(주사) 7급(주사보) 8급(서기) 9급(서기보)		...

04 직무평가방법

1. 비계량적인 방법

(1) 서열법(Job Ranking) = 상대평가

① 비계량적인 방법을 통해 직무기술서의 정보를 검토한 후 직무 상호 간에 직무전체의 중요도를 종합적으로 비교한다.

② 예컨대 해당직위에 대해 잘 아는 분류담당자가 직위 A, B, C, D의 서열을 A, B, C, D 순으로 나열한 후 A = 1등급, B = 2등급, C = 3등급, D = 4등급 직무로 평가하였다.

◈ 서열법 관련 기출문제

> 저는 각 답안지를 직관으로 평가하면서 우수한 순서대로 나열해 놓은 후 학점을 줍니다. 구체적으로 어떤 기준에서 그렇게 학점을 주었냐고 하면 금방 답하기는 어렵지만, 어쨌든 이 과정에서 중요한 것은 상대성입니다.

(2) 분류법(Classification) = 절대평가

① 직무 전체를 종합적으로 판단해 미리 정해 놓은 등급기준표와 비교해가면서 등급을 결정하는 방법이다.

② 예컨대 해당 직위에 대해 잘 아는 분류담당자가 등급기준표와 비교하여 A = 3등급, B = 2등급, C = 5등급, D = 2등급으로 평가하였다.

◈ 등급기준표 예시

1등급	고도의 전문적이고 종합적인 판단이 필요한 업무
2등급	전문지식뿐만 아니라 조직관리 능력이 필요한 업무
3등급	해당분야에 전문지식이 필요한 업무
4등급	간단한 PC활용능력이 필요한 업무
5등급	단순 업무

2. 계량적인 방법

(1) **점수법**(Point Method) = **절대평가**

① 직무평가표에 따라 직무의 세부 구성요소를 구분한 후 요소별 가치를 점수화하여 측정하는데, 요소별 점수를 합산한 총점이 직무의 상대적 가치를 나타낸다.

② 예컨대 해당 직위에 대해 잘 아는 분류담당자가 직무평가기준표에 따라서 A 직위의 평가요소별 평가를 하였더니 A 직위는 기술 = 2점, 노력 = 4점, 책임성 = 3점으로 평가되어 총점은 9점이 되었고, 9점은 등급기준표에 따라 4등급에 해당하여 A 직위를 4등급으로 평가하였다.

◈ 직무평가기준표 예시

평가요소	단계별 점수				
기술	1	2	3	4	5
노력	1	2	3	4	5
책임성	1	2	3	4	5

◈ 등급기준표 예시

등급	1등급	2등급	3등급	4등급	5등급
총점	14점 이상	12 ~ 13점	10 ~ 11점	8 ~ 9점	7점 이하

(2) **요소비교법**(Factor Comparison) = **상대평가**

① 대표가 될만한 직무들을 선정하여 기준 직무(Key Job)로 정해놓고 각 요소별로 평가할 직무와 기준 직무를 비교해가며 점수를 부여하는 방법이다.

② 가장 늦게 고안된 방법으로 점수법에서 평가요소의 비중결정과 단계구분에 따른 점수부여의 임의성을 극복하기 위하여 개발되었다.

③ 예컨대 해당 직위에 대해 잘 아는 분류담당자가 A 직위의 기술은 3위, 노력은 3위, 책임성은 4위로 평가한 후 요소보수를 합산하였더니 250이었다. 마찬가지로 B, C, D 직위의 요소 보수를 합산하였더니 B = 575, C = 600, D = 325가 되었다. 요소 보수 총합의 상대적 순서(C > B > D > A)에 따라 C = 1등급, B = 2등급, D = 3등급, A = 4등급으로 평가하였다.

보수배분 예시

평가요소 기준직무	기술 서열	기술 요소보수	노력 서열	노력 요소보수	책임성 서열	책임성 요소보수
가	1	200	2	75	3	200
나	2	150	3	50	4	100
다	3	100	4	25	1	400
라	4	50	1	100	2	300

평가요소별 보수 배분 예시

평가요소 평가직위	기술 서열	기술 요소보수	노력 서열	노력 요소보수	책임성 서열	책임성 요소보수
A	3	100	3	50	4	100
B	2	150	4	25	1	400
C	1	200	1	100	2	300
D	4	50	2	75	3	200

A의 요소보수 총합 = 100 + 50 + 100 = 250, B의 요소보수 총합 = 150 + 25 + 400 = 575

C의 요소보수 총합 = 200 + 100 + 300 = 600, D의 요소보수 총합 = 50 + 75 + 200 = 325

• 기출문제 학습 •

01 계급제는 직위분류제에 비해 분류 구조와 보수 체계가 (㉠ 단순 / ㉡ 복잡)하고 융통성이 (㉠ 있어 / ㉡ 없어) 인력 활용성이 (㉠ 높다. / ㉡ 낮다.) 16. 서울 7

02 계급제는 행정의 전문성을 (㉠ 제고할 수 있다. / ㉡ 제고하기 어렵다.) 17. 국가 9

03 (㉠ 계급제 / ㉡ 직위분류제)는 공무원의 신분보장과 직업공무원제를 확립하는 데 용이하다. 11. 국가 7

04 (㉠ 계급제 / ㉡ 직위분류제)는 직무의 속성을 중심으로 공직을 분류하는 제도이다. 23. 지방 9

05 (㉠ 계급제 / ㉡ 직위분류제)는 조직 간의 일반적 의사소통이 잘 이루어지지 않으나, (㉠ 계급제 / ㉡ 직위분류제)는 다른 집단이나 조직들과의 일반적 의사소통이 원활하다. 16. 국가 7

06 (㉠ 계급제 / ㉡ 직위분류제)에서는 공직 내부에서 수평적 이동 시 인사배치의 유연함과 신축성이 있다. 23. 지방 7

07 (㉠ 계급제 / ㉡ 직위분류제)는 보직 관리 범위를 제한하여 공무원의 시야를 좁게 만드는 측면이 있다. 22. 지방 7

08 직위분류제의 단점은 (㉠ 행정의 전문성 결여 / ㉡ 조직 내 인력 배치의 신축성 부족)이다. 20. 지방 9

09 (㉠ 계급제 / ㉡ 직위분류제) 하에서는 공무원 간의 협력이 원활하게 이루어지기 어렵다. 14. 서울 7

10 직위분류제의 출발에 영향을 미친 것을 모두 고르면 (㉠ 과학적 관리론 / ㉡ 종신고용보장 / ㉢ 보수의 형평성 요구 / ㉣ 실적주의 요구)이다. 13. 국가 7

11 직위분류제는 특정 직위에 맞는 사람을 배치하는 제도이기 때문에 직위나 직무의 변화 상황에 신속히 (㉠ 대처할 수 있는 상황적응적인 인사제도라 할 수 있다. / ㉡ 대응하기 어렵다.) 15. 국가 7

12 (㉠ 직렬 / ㉡ 직급)은 직무의 종류가 유사하고 곤란도·책임도가 서로 다른 군을 의미한다. 11. 국가 9

13 직위분류제 분류 구조와 관련된 개념을 연결하면? 13. 지방 7
(㉠ 직위 / ㉡ 등급 / ㉢ 직류 / ㉣ 직군)

> ① 한 사람의 공무원에게 부여할 수 있는 직무와 책임
> ② 직무의 종류는 다르지만, 그 곤란성·책임수준 및 자격 수준이 상당히 유사하여 동일한 보수를 지급할 수 있는 모든 직위를 포함하는 것
> ③ 직렬 내에서 담당분야가 동일한 직무의 군
> ④ 직무의 성질이 유사한 직렬의 군

14 (㉠ 직위 / ㉡ 등급)의 예시 : 관리관, 이사관, 서기관 16. 서울 9

15 강임의 경우, 같은 직렬의 하위 직급이 없는 경우 다른 직렬의 하위 직급으로는 이동할 수 (㉠ 있다. / ㉡ 없다.) 24. 지방 9

16 직무의 곤란성과 책임을 기준으로 상대적 가치를 결정하고, 서열법, 분류법, 점수법 등을 활용하여 개인에게 공정한 보수를 제공하는 데 필요한 작업은 (㉠ 직무평가 / ㉡ 직무분석 / ㉢ 정급 / ㉣ 직급조사)이다. 20. 국가 9

17 (㉠ 직무자료 수집 / ㉡ 직무평가) 방법에는 관찰, 면접, 설문지, 일지기록법 등이 활용된다. 20. 국가 7

18 직무평가방법에 대한 설명 : 16. 국가 9
① (㉠ 서열법 / ㉡ 분류법 / ㉢ 점수법 / ㉣ 요소비교법)은 직무 전체를 종합적으로 판단해 미리 정해 놓은 등급기준표와 비교해가면서 등급을 결정한다.
② (㉠ 서열법 / ㉡ 분류법 / ㉢ 점수법 / ㉣ 요소비교법)은 대표가 될만한 직무들을 선정하여 기준 직무로 정해놓고 각 요소별로 평가할 직무와 기준 직무를 비교해가며 점수를 부여한다.
③ (㉠ 서열법 / ㉡ 분류법 / ㉢ 점수법 / ㉣ 요소비교법)은 비계량적 방법을 통해 직무기술서의 정보를 검토한 후 직무 상호 간에 직무 전체의 중요도를 종합적으로 비교한다.
④ (㉠ 서열법 / ㉡ 분류법 / ㉢ 점수법 / ㉣ 요소비교법)은 직무평가표에 따라 직무의 세부 구성요소들을 구분한 후 요소별 가치를 점수화하여 측정하는데, 요소별 점수를 합산한 총점이 직무의 상대적 가치를 나타낸다.

19
> 저는 각 답안지를 직관으로 평가하면서 우수한 순서대로 나열해 놓은 후 학점을 줍니다. 구체적으로 어떤 기준에서 그렇게 학점을 주었냐고 하면 금방 답하기는 어렵지만, 어쨌든 이 과정에서 중요한 것은 상대성입니다.

(㉠ 분류법 / ㉡ 서열법 / ㉢ 요소비교법 / ㉣ 점수법) 17. 국가 7

20 직무평가방법에는 계량적 방법과 비계량적 방법이 있으며, (㉠ 분류법 / ㉡ 서열법 / ㉢ 요소비교법 / ㉣ 점수법)이 전자에 해당되고 (㉠ 분류법 / ㉡ 서열법 / ㉢ 요소비교법 / ㉣ 점수법)이 후자에 해당된다. 17. 서울 7

21 수법은 직무와 관련된 평가요소를 선정하고 각 요소별로 중요도를 부여하는 과정에서 계량화를 (㉠ 통해 명확하고 객관적인 이론적 증명이 가능하다. / ㉡ 추구하지만 객관성을 증명하기 어렵다.)
24. 지방 9

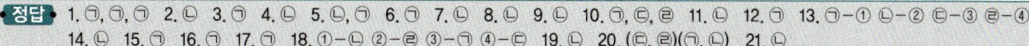

Theme 06 ▶ 공무원의 임용과 시험

01 공무원의 임용

1. 임용이란?

「공무원임용령」에 따르면 "임용"이란 신규채용, 승진임용, 전직(轉職), 전보, 겸임, 파견, 강임(降任), 휴직, 직위해제, 정직, 강등, 복직, 면직, 해임 및 파면을 말한다.

2. 임용의 원칙

공무원의 임용은 시험성적·근무성적, 그 밖의 능력의 실증에 따라 행한다. 다만, 국가기관의 장은 대통령령등으로 정하는 바에 따라 장애인·이공계전공자·저소득층·다자녀양육자 등에 대한 채용·승진·전보 등 인사관리상의 우대와 실질적인 양성 평등을 구현하기 위한 적극적인 정책을 실시할 수 있다.

3. 시간선택제채용 공무원제도

주당 15시간 이상 35시간 이하를 근무하는 일반직 공무원을 채용하는 제도로, 유연근무제와 정부의 일자리 나누기 정책의 일환으로 2014년 국가, 지방직 공무원 시험부터 실시하였다. 시간선택제채용공무원을 통상적인 근무시간 동안 근무하는 공무원으로 임용하는 경우 어떠한 우선권도 인정하지 않는다.

4. 외국인의 임용

국가기관의 장은 국가안보 및 보안·기밀에 관계되는 분야를 제외하고 외국인을 공무원으로 임용할 수 있다.

5. 지역 인재의 추천 채용 및 수습근무

임용권자는 우수한 인재를 공직에 유치하기 위하여 학업 성적 등이 뛰어난 고등학교 이상 졸업자나 졸업 예정자를 추천·선발하여 3년의 범위에서 수습으로 근무하게 하고, 그 근무기간 동안 근무성적과 자질이 우수하다고 인정되는 자는 6급 이하의 공무원으로 임용할 수 있다.

6. 근무기간을 정하여 임용하는 공무원(임기제공무원)

임용권자는 전문지식·기술이 요구되거나 임용관리에 특수성이 요구되는 업무를 담당하게 하기 위하여 경력직공무원을 임용할 때에 일정기간을 정하여 근무하는 공무원을 임용할 수 있다.

7. 차별금지

국가기관의 장은 소속 공무원을 임용할 때 합리적인 이유 없이 성별, 종교 또는 사회적 신분 등을 이유로 차별해서는 아니 된다.

8. 결원 보충 방법

국가기관의 결원은 신규채용·승진임용·강임·전직 또는 전보의 방법으로 보충한다.

9. 시보 임용

(1) 시보 임용은 공무원으로서 적격성 여부를 판단하는 선발과정의 일부로써, 시보 임용기간 동안 시보공무원에게 행정실무의 습득기회를 제공한다.

(2) 시보 기간 중 근무성적·교육훈련성적이 좋으면 정규공무원으로 임용되고, 근무성적·교육훈련성적이 나쁘거나 공무원으로서의 자질이 부족하다고 판단되는 경우에는 면직시킬 수 있다.

⊕ 채용후보자 → 시보 임용 → 정규 공무원 임용

(3) **시보 기간**

5급 공무원 신규 채용: 1년, 6급 이하의 공무원 신규 채용: 6개월

⊕ 대통령령등으로 정하는 경우에는 시보 임용을 면제하거나 그 기간을 단축할 수 있다. 휴직한 기간, 직위해제 기간 및 징계에 따른 정직이나 감봉 처분을 받은 기간은 제1항의 시보 임용 기간에 넣어 계산하지 아니한다.

(4) 임용권자는 시보임용 기간 중에 있는 공무원의 근무상황을 지도·감독한다.

10. 임용권자

행정기관 소속 5급 이상 공무원 및 고위공무원단에 속하는 일반직공무원은 소속 장관의 제청으로 인사혁신처장과 협의를 거친 후에 국무총리를 거쳐 대통령이 임용한다. 이외에는 소속 장관이 소속 공무원에 대하여 모든 임용권을 가진다.

11. 결격사유

다음의 어느 하나에 해당하는 자는 공무원으로 임용될 수 없다.

(1) 피성년후견인

(2) 파산선고를 받고 복권되지 아니한 자

(3) 금고 이상의 실형을 선고받고 그 집행이 끝나거나(집행이 끝난 것으로 보는 경우를 포함한다) 집행이 면제된 날부터 5년이 지나지 아니한 자

(4) 금고 이상의 형의 집행유예를 선고받고 그 유예기간이 끝난 날부터 2년이 지나지 아니한 자

(5) 금고 이상의 형의 선고유예를 받은 경우에 그 선고유예 기간 중에 있는 자

(6) 법원의 판결 또는 다른 법률에 따라 자격이 상실되거나 정지된 자

(7) 공무원으로 재직기간 중 직무와 관련하여 「형법」에 따라 횡령과 배임으로 300만원 이상의 벌금형을 선고받고 그 형이 확정된 후 2년이 지나지 아니한 자

(8) 성폭력 등의 죄를 범한 사람으로서 100만원 이상의 벌금형을 선고받고 그 형이 확정된 후 3년이 지나지 아니한 사람

(9) 미성년자 또는 아동·청소년대상 성범죄를 범한 사람으로 그 형이 확정된 날부터 20년이 지나지 아니한 사람

(10) 징계로 파면처분을 받은 때부터 5년이 지나지 아니한 자

(11) 징계로 해임처분을 받은 때부터 3년이 지나지 아니한 자

02 폐쇄형 VS 개방형 임용제도

1. 폐쇄형 임용제도
조직의 최하위 계층으로만 임용하는 방법이다. 폭넓은 지식을 갖춘 일반행정가를 육성하는 데 효과적이며, 공무원의 신분보장이 강화됨으로써 행정의 안정성이 유지된다. 조직에 대한 소속감과 사기가 높으며, 재직자의 승진과 경력발전의 기회가 많다.

2. 개방형 임용제도
외부전문가나 경력자를 조직의 중·상위 직위로 곧바로 채용하는 방법이다. 외부의 새로운 지식과 기술, 아이디어를 수용해 공직사회의 침체를 막고 행정의 효율성을 높이는 데 유리하다. 일반적으로 직위분류제에 바탕을 두고 있기 때문에 전문가 중심의 인력구조를 선호한다. 기존 내부 관료들에게 전문성 축적에 대한 자극을 줄 수 있지만, 기존 관료들에게 승진 기회가 축소될 수 있다는 불안감을 주고 사기를 저하시킬 수 있다. 또한 전문가나 경력자를 채용하기보다는 정실주의로 전락할 가능성이 있다.

3. 우리나라의 개방형 임용제도 (개방형 직위 및 공모 직위의 운영 등에 관한 규정)

(1) **개방형 직위**
① 전문성이 특히 요구되거나 효율적인 정책 수립을 위하여 필요하다고 판단되어, 공직 내부나 외부에서 적격자를 임용할 필요가 있는 직위에 활용된다.
② 소속장관은 고위공무원단 및 과장급 직위 총수의 20% 범위에서 개방형 직위를 지정한다.
③ 개방형 직위 중 공직 외부의 경험과 전문성을 적극 활용할 필요가 있는 직위(경력개방형)는 공직 외부에서만 적격자를 선발한다.

(2) **공모 직위**
① 효율적인 정책 수립 또는 관리를 위하여 해당 기관 내부 또는 외부의 공무원 중 선발하는 제도이다.
② 소속 장관은 공모직위는 고위공무원단 30%, 과장급 직위 총수의 20% 범위에서 지정한다. 또한 과장급직위나 소속 기관의 실장·국장 밑에 두는 보조기관 또는 이에 상응하는 직위의 효율적인 업무 수행을 지원하기 위하여 4급 및 5급 경력직공무원 또는 이에 상당하는 공무원으로 임명할 수 있는 직위(이하 "담당급직위"라 한다)를 공모 직위로 지정한다.

⊕ 공무원이 개방형 직위나 공모 직위를 통해 임용된 경우 임용기간 만료 후 원소속으로 복귀가 가능하다.

03 인사이동

1. **승진**: 일반적으로 직무의 곤란도와 책임의 증대를 의미하며 보수의 증액을 수반한다.

2. **전직**: 직렬을 달리하는 임명을 말하는 것으로 원칙적으로 전직시험을 거쳐야 한다. 예컨대 세무 9급에서 행정 9급으로 변경하는 것이다.

3. **전보**: 같은 직급 내에서의 직위 등을 변경하는 것이다.

> ◈ **배치전환**
>
> 동일 계급 내의 수평적 인사이동으로 '전직과 전보'를 의미하는데, 선발에서의 불완전성을 보완하여 개인의 능력 촉진, 조직 구조 변화에 따른 저항을 줄이고 비용을 절감, 부서 간 업무 협조 유도, 구성원 간 갈등 해소 등이 목적이다.

4. **전입·전출**: 인사 관할을 달리하는 기관 사이의 수평적 인사이동이다.

   > **국가공무원법 제28조의2(전입)** 국회, 법원, 헌법재판소, 선거관리위원회 및 행정부 상호 간에 다른 기관 소속 공무원을 전입하려는 때에는 시험을 거쳐 임용하여야 한다. 이 경우 임용 자격 요건 또는 승진소요최저연수·시험과목이 같을 때에는 대통령령등으로 정하는 바에 따라 그 시험의 일부나 전부를 면제할 수 있다.

5. **승급**: 계급이나 직책의 변동을 수반하지 않는, 보수 인상으로 호봉 상승이라고 불린다.

6. **겸임**: 필요한 인력을 확보할 준비가 안 된 경우나 교육훈련 기관의 교관 요원을 임용하는 경우 등을 말한다.

   > **국가공무원법 제32조의3(겸임)** 경력직공무원을 대학 교수 등 특정직공무원이나 특수 전문 분야의 일반직공무원 또는 대통령령으로 정하는 관련 교육·연구기관, 그 밖의 기관·단체의 임직원과 서로 겸임하게 할 수 있다. 원칙적으로 2년으로 하되, 2년 연장이 가능하다.

7. **특별승진임용 또는 일반승진시험 우선 응시**

   청렴하고 투철한 봉사 정신으로 직무에 모든 힘을 다하며 공무 집행의 공정성을 유지하고 깨끗한 공직 사회를 구현하는 데 다른 공무원의 귀감이 되는 경우에 부여된다.

8. **육아휴직 제도**

   만 8세 이하(취학 중인 경우에는 초등학교 2학년 이하)의 자녀를 양육하기 위하여 필요하거나 여성공무원이 임신 또는 출산하게 되어 휴직을 원하면 대통령령으로 정하는 특별한 사정이 없으면 휴직을 명하여야 한다.

9. **인사교류**

   인사혁신처장은 행정기관 상호간, 행정기관과 교육·연구기관 또는 공공기관 간에 인사교류가 필요하다고 인정하면 인사교류계획을 수립하고, 국무총리의 승인을 받아 이를 실시할 수 있다.

10. **파견근무**

    국가기관의 장은 국가적 사업의 수행 또는 그 업무 수행과 관련된 행정 지원이나 연수, 그 밖에 능력 개발 등을 위하여 필요하면 소속 공무원을 다른 국가기관·공공단체·국내외의 교육기관·연구기관, 그 밖의 기관에 일정 기간 파견근무하게 할 수 있으며, 국가적 사업의 공동 수행 또는 전문성이 특히 요구되는 특수 업무의 효율적 수행 등을 위하여 필요하면 국가기관 외의 기관·단체의 임직원을 파견받아 근무하게 할 수 있다.

04 국회 인사청문제도

국무위원 등 임명되는 국가의 주요 공직자는 국회의 인사청문을 거치게 된다.

1. 인사청문특별위원회의 심사대상

(1) 헌법에 따라 그 임명에 국회의 동의가 필요한 대법원장·헌법재판소장·국무총리·감사원장 및 대법관에 대한 임명동의안

(2) 헌법에 따라 국회에서 선출하는 헌법재판소 재판관 및 중앙선거관리위원회 위원에 대한 선출안

🔍 헌법재판소는 법관의 자격을 가진 9인의 재판관으로 구성하며, 재판관은 대통령이 임명한다. 재판관 중 3인은 국회에서 선출하는 자를, 3인은 대법원장이 지명하는 자를 임명한다. 중앙선거관리위원회는 대통령이 임명하는 3인, 국회에서 선출하는 3인과 대법원장이 지명하는 3인의 위원으로 구성한다.

2. 소관 상임위원회의 심사대상

(1) 대통령이 임명하는 헌법재판소 재판관, 중앙선거관리위원회 위원, 국무위원, 방송통신위원회 위원장, 국가정보원장, 공정거래위원회 위원장, 금융위원회 위원장, 국가인권위원회 위원장, 고위공직자범죄수사처장, 국세청장, 검찰총장, 경찰청장, 합동참모의장, 한국은행 총재, 특별감찰관 또는 한국방송공사 사장의 후보자

(2) 대통령당선인이 「대통령직 인수에 관한 법률」 제5조 제1항에 따라 지명하는 국무위원 후보자

(3) 대법원장이 지명하는 헌법재판소 재판관 또는 중앙선거관리위원회 위원의 후보자

🔍 소관 상임위원회가 경과 보고서를 채택하지 않더라도, 대통령이 후보자를 임명하는 것을 막을 수 없다.

05 채용시험의 타당성과 신뢰도

🔍 채용시험은 타당성, 신뢰성, 난이도, 객관성, 실용성 등을 갖추어야 하며 그 중에서 타당성과 신뢰성이 출제 포인트이다.

1. 타당성과 신뢰성의 관계

타당성은 시험과 기준(근무성적, 결근율, 이직률)의 관계를 의미하고, 신뢰성은 시험 그 자체의 문제이다.

2. 타당성의 종류

(1) 기준타당성

① 어떤 개념의 측정지표와 이미 타당성이 검증된 다른 기준과의 상관성 정도를 의미한다.
② 예컨대 공무원 시험성적(측정지표)과 임용 후 근무성적(기준) 간의 상관관계를 비교한다.
③ 시점에 따른 기준 타당도의 평가
  ㉠ 동시적 타당성: 현직 공무원을 대상으로 시험을 실시한 결과 근무실적이 좋은 재직자가 시험성적도 좋은 경우 동시적 타당성이 높다.
  ㉡ 예측적 타당성: 시험합격자를 대상으로 시험성적과 일정기간을 기다려야 나타나는 근무실적을 시차를 두고 수집하여 비교한다.

(2) 내용타당성

① 직무에 정통한 전문가 집단이 시험의 구체적 내용이나 항목이 직무의 성공적 임무수행에 얼마나 적합한지를 판단하여 검증한다.
② 측정지표가 지표의 모집단을 대표하고 있는 정도로, 시험문제와 직무수행에 필요한 능력요소의 부합정도를 의미한다.

(3) 구성타당성

① 추상적인 개념과 측정지표 간의 일치 정도로, 이론적으로 추정한 능력요소와 시험문제의 부합정도를 의미한다.
② 예컨대 추상적인 개념인 '창의성'과 이를 측정하기 위한 측정지표인 '시험문제' 간의 부합정도가 높으면 구성타당도는 높다.
③ 구성타당성의 종류
  ㉠ 수렴적 타당성
    동일한 개념을 다른 측정방법으로 측정했을 때 측정된 값 간의 상관관계를 비교하는 것으로, 예컨대 수학능력 측정을 위한 객관식 시험과 주관식 시험의 결과를 비교한다.
  ㉡ 차별적 타당성
    서로 다른 이론적 구성개념을 나타내는 측정지표 간의 관계를 의미하며, 서로 다른 구성개념을 측정하는 지표 간의 상관관계가 낮을수록 차별적 타당성이 높다.

3. 신뢰성

시험문제의 내적 일관성과 시험내용의 동질성을 확인하기 위한 것으로, 재시험법, 동질이형법(복수양식법), 이분법(반분법) 등이 있다.

(1) 재시험법

같은 시험을 같은 집단에 시간 간격을 두고 두 번 실시하여 성적을 비교한 결과 비슷한 성적 분포를 이루면 신뢰도가 높다.

(2) 동질이형법

내용과 난이도에 있어 동질적인 A, B책형 시험을 보게 한 후 두 책형의 성적 간 상관관계를 분석하여 비슷한 성적 분포를 이루면 신뢰도가 높다.

(3) 이분법

하나의 측정도구(시험문제)를 반으로 나누어 측정한 후 두 성적 간 상관관계를 분석하여 비슷한 성적 분포를 이루면 신뢰도가 높다.

06 기타 사항

1. 공무원 경력개발 시 준수해야 할 기본사항(경력개발 프로그램)

(1) **적재적소의 원칙**

조직 내에 있는 직무의 자격·능력요건과 공무원의 적성·능력에 대한 정보를 충분히 파악 후 적합한 인력을 배치한다.

(2) **인재양성의 원칙**

조직 내부에서 필요한 인재를 양성한다.

(3) **직무중심의 원칙**

직급보다 직무중심으로 직무에서 요구되는 역량의 개발이 중심이 된다.

(4) **승진(보직) 경로의 원칙**

조직 내의 모든 직위를 수 개의 전문 분야와 공통 분야로 구분하고, 특정 공무원의 경력·전공 등을 종합적으로 고려하여 전문 분야를 지정한다.

2. 「공무원임용시험령」상의 면접시험 평정요소

소통·공감, 헌신·열정, 창의·혁신, 윤리·책임

🔍 시험실시기관의 장이 필요하다고 인정하는 경우 평정요소를 추가할 수 있다.

• 기출문제 학습 •

01 우리나라의 시간선택제 공무원제도에 대한 설명은? 17. 지방 7
① (㉠ 2013년에 국가공무원, 2015년에 지방공무원 / ㉡ 2014년에 국가공무원, 지방공무원) 시험이 최초로 실시되었다.
② 주당 근무시간은 (㉠ 15시간 이상 35시간 이하로 / ㉡ 40시간으로) 한다.
③ 유연근무제도의 일환으로 도입되었으며, 기관 사정이나 정부의 일자리 나누기 정책구현 등을 위해서 (㉠ 활용된다. / ㉡ 활용되지 않는다.)

02 국가공무원법 상 파산선고를 받고 (㉠ 복권되면 / ㉡ 복권된 때부터 5년이 지나야) 임용될 수 있다. 24. 지방 7

03 (㉠ 개방형 / ㉡ 폐쇄형) 인사제도는 외부전문가나 경력자에게 공직을 개방하여 새로운 지식과 기술, 아이디어를 수용해 공직사회의 침체를 막고 행정의 효율성을 높이는 데 유리하다. 21. 국가 7

04 개방형 인사제도는 (㉠ 일반행정가 / ㉡ 전문행정가)를 육성하는 데에 효과적이다. 15. 지방 9

05 개방형 인사관리는 정치적 리더십의 요구에 따른 고위층의 조직 장악력(㉠ 의 약화를 초래한다. / ㉡ 을 강화한다.) 14. 서울 9

06 (㉠ 개방형 / ㉡ 폐쇄형)은 조직에 대한 소속감이 높고 공무원의 사기가 높다. 17. 지방 7

07 (㉠ 전직은 / ㉡ 전보는) 같은 직급 내에서의 보직 변경 또는 고위공무원단 직위 간의 보직 변경을 말한다. 25. 국가 9

08 공무원을 수직적으로 이동시키는 내부 임용의 방법으로 (㉠ 전직 / ㉡ 전보 / ㉢ 승진)이 있다. 15. 국가 9

09 (㉠ 전직은 / ㉡ 전보는) 동일한 직렬·직급 내에서 직위를 바꾸는 것을 의미한다. 16. 국가인사 7

10 같은 직급 내에서 직위 등을 변경하는 전보는 (㉠ 수평적 / ㉡ 수직적) 인사이동에 해당하며, 전보가 제한되는 기간이나 범위를 (㉠ 두고 있다. / ㉡ 두고 있지 않다.) 20. 국가 9

11 (㉠ 기준타당성 / ㉡ 신뢰성)은 시험성적과 본래 시험으로 예측하고자 했던 기준 사이에 얼마나 밀접한 상관관계가 있는가를 검증한다. 22. 지방 7

12 (㉠ 기준타당성 / ㉡ 신뢰성) - 소방직 시험에 합격한 사람들에게 3개월 뒤 같은 문제로 시험을 보게 하여 두 점수 간의 상관관계를 분석한다. 14. 지방 7

13 추상적 개념과 측정지표 간의 일치 정도를 (㉠ 구성개념 타당성 / ㉡ 기준타당성)이라 한다. 12. 지방 7

14 ① (㉠ 기준타당성 / ㉡ 시험의 신뢰성)은 시험과 기준의 관계이며, 재시험법은 시험의 (㉠ 종적 / ㉡ 횡적) 일관성을 조사하는 것이다.
② (㉠ 동시적 타당성 / ㉡ 예측적 타당성) 검증에서는 시험합격자를 대상으로 시험성적과 일정기간을 기다려야 나타나는 근무실적을 시차를 두고 수집하여 비교하는 것이다.
③ 현재 근무하고 있는 재직자에게 시험을 실시한 결과 근무실적이 좋은 재직자가 시험성적도 좋았다면, 그 시험은 (㉠ 구성적 타당성 / ㉡ 기준타당성)을 갖추었다고 인정할 수 있다. 17. 지방 7

15 공무원 경력개발 시 준수해야 할 기본 원칙에 해당되지 않는 것은 (㉠ 적재적소의 원칙 / ㉡ 직급중심의 원칙 / ㉢ 인재양성의 원칙 / ㉣ 자기주도의 원칙)이다. 14. 지방 7

16 공무원임용시험령상의 면접시험 평정요소가 아닌 것은 (㉠ 소통·공감 / ㉡ 직장인으로서의 대인관계 능력 / ㉢ 헌신·열정 / ㉣ 창의·혁신 / ㉤ 윤리·책임)이다. 14. 국가 9

17 신규 채용되는 공무원의 경우 시보 임용을 (㉠ 면제하거나 그 기간을 단축할 수 없다. / ㉡ 대통령령등으로 정하는 경우에는 시보 임용을 면제하거나 그 기간을 단축할 수 있다.) 23. 지방 7

정답 1.①-㉡ ②-㉠ ③-㉠ 2.㉠ 3.㉠ 4.㉡ 5.㉠ 6.㉠ 7.㉡ 8.㉢ 9.㉡ 10.㉠,㉠ 11.㉠ 12.㉡ 13.㉠
14.①-㉠,㉠ ②-㉡ ③-㉡ 15.㉡ 16.㉡ 17.㉡

Theme 07 공무원 교육훈련

01 공무원 교육훈련의 종류

1. 현장교육(On-The-Job-Training 또는 '직장 내 교육훈련')

피훈련자가 실제 직무를 수행하면서 직무수행에 관한 지식과 기술을 배우는 방법으로, 감독자의 능력과 기법에 따라 훈련성과가 달라지며 많은 사람을 동시에 교육하기 어렵다.

(1) **실무지도**

일상근무 중에 상관이 부하에게 직무수행에 관한 기술을 가르쳐 주거나 질문에 답하는 것이다.

(2) **직무순환**

여러 분야의 직무를 직접 경험하여 조직의 전반적인 업무를 익히게 하는 것이다.

(3) **임시배정**

특수 직위 등에 잠시 배정하여 경험을 쌓게 하여 앞으로 맡게 될 임무에 대비하게 하는 것이다.

(4) **실무수습**

조직의 특정분야에 대한 이해와 함께 간단한 업무를 경험할 수 있는 기회를 제공하는 것이다.

2. 교육원 훈련(Off-The-Job-Training)

(1) **감수성 훈련(Sensitivity Training) = T집단 훈련 또는 실험실 훈련**

조직발전(OD) 기법으로 비정형적 경험을 통해서 피훈련자간의 자유로운 토론을 통해 자기에 대한 인식과 타인에 대한 이해의 기회를 갖게 하여, 태도와 행동의 변화를 가져오고 궁극적으로 대인관계기술을 향상시키는 교육이다.

(2) **액션러닝(Action Learning)**

교육 참가자들을 소그룹 규모의 팀으로 구성해 개인, 그룹 또는 조직에 중요한 의미가 있는 실제 현안 문제를 해결하면서 동시에 문제 해결 과정에 대한 성찰을 통해 학습하도록 지원하는 교육방식이다. 우리나라 정부 부문에는 2005년부터 고위공직자에 대한 교육훈련 방법으로 도입되었다.

(3) **프로그램화 학습**

일련의 질의와 응답을 통해 학습이 가능하도록 진도별 학습지침을 제공하는 책자나 컴퓨터 프로그램을 이용하는 교육이다.

(4) **사례연구(Case study)**

실제 조직생활에서 경험한 사례 또는 가상의 시나리오를 가지고 문제해결 방식을 학습하는 교육이다.

(5) **역할연기(Role playing)**

주어진 사례나 문제에서 어떠한 역할을 실제로 연기해 보고 당면한 문제를 체험해 보는 교육으로서, 보통 자신과 반대되는 입장의 역할이 부여된다.

(6) **모의연습**(Simulation)

피훈련자가 가상의 상황에 대처하도록 하는 훈련 방법으로 사례연구, 역할연기, 감수성훈련 등이 포함될 수 있다.

(7) **서류함기법**(In Basket)

피훈련자가 다양한 형식(메모, E-mail, 문서 등)으로 제시된 문제들을 노트에 기재하는 형식으로 해결하는 교육이다. 주어진 시간내에 여러 가지 문제들을 처리해야 하며, 처리과정과 결과에 대한 사후 인터뷰를 통해 역량을 확인한다.

02 교육훈련 목적에 따른 분류

1. **지식의 습득**: 강의, 토론회, 사례연구, 시찰, 시청각교육 등

2. **기술의 연마**: 사례연구, 모의연습, 현장훈련, 전보·순환보직, 실무수습 등

3. **태도나 행동의 변화**: 사례연구, 역할연기, 감수성 훈련, 회의 등

03 공무원 교육훈련에 대한 저항

1. **교육받는 공무원 차원**

(1) 교육훈련 결과의 인사관리 반영 미흡

(2) 교육훈련 발령을 불리한 인사조치로 이해하는 경향

(3) 장기간의 훈련인 경우 복귀 시 보직 문제에 대한 불안감

2. **조직차원**

조직성과의 저하 및 훈련비용 발생

04 역량기반 교육훈련(CBS : Competency-Based Curriculum)

1. **역량이란?**

맥클랜드(McClelland)는 우수성과자의 인사 관련 행태를 역량으로 규정하였다. 역량모델은 전체 구성원에게 적용되는 공통역량, 원활한 조직운영을 위한 관리역량, 전문적 직무수행을 위한 직무역량으로 구성된다. 역량교육은 피교육자의 능력을 정확히 진단하여 부족한 부분(gap)을 보충할 수 있다.

2. 역량기반 교육훈련의 종류

(1) **액션러닝**(Action Learning)

소규모로 구성된 그룹이 실질적인 업무현장의 문제를 해결해 내고 그 과정에서 성찰을 통해 학습하도록 하는 행동학습(Learning by Doing) 교육훈련으로서, 주로 관리자훈련에 사용하며 미국 GE, 삼성 등 국내 대기업도 도입하였다.

(2) **학습조직**(Learning Organization)

학습조직은 정보화시대에 관료제모형의 대안으로서, 조직구성원들 함께 배우고 변화하는 조직학습에 유리한 조건을 구비한 조직이다.

⊕ 학습조직은 Part 3.-Theme 14. 탈관료제(애드호크라시) 참조

(3) **멘토링**(Mentioring)

경험이 많은 멘토가 멘티를 일대일로 지도하여 역량을 향상시키는 방식이다.

(4) **워크아웃 프로그램**(Work-Out Program)

1980년대 미국의 GE사에 의해 개발된 것으로 조직의 직급이나 기능 등의 장벽을 제거하고, 구성원들의 참여를 통한 혁신, 리더의 신속한 의사결정 등을 향상시키는 방식이다.

• 기출문제 학습 •

01 평상시 근무하면서 일을 배우는 직장 내 교육훈련방법으로 가장 옳지 않은 것은 (㉠ 실무지도 / ㉡ 인턴십 / ㉢ 직무순환 / ㉣ 감수성 훈련)이다. 15. 서울 7

02 (㉠ 직장 내 훈련 / ㉡ 모의연습)은 감독자의 능력과 기법에 따라 훈련성과가 달라지며 많은 사람을 동시에 교육하기 어렵다. 19. 국가 7

03 감수성 훈련은 (㉠ 태도와 가치관의 변화를 통해 대인관계기술을 향상시키는 것이다. / ㉡ 지식기술의 변화를 도모하는 것이 주된 목적이다.) 17. 국가 7

04 (㉠ 역할연기 / ㉡ 감수성훈련 / ㉢ 액션 러닝 / ㉣ 서류함기법)은 교육 참가자들을 소그룹 규모의 팀으로 구성해 개인, 그룹 또는 조직에 중요한 의미가 있는 실제 현안 문제를 해결하면서 동시에 문제 해결 과정에 대한 성찰을 통해 학습하도록 지원하는 교육방식이다. 우리나라 정부 부문에는 2005년부터 고위공직자에 대한 교육훈련 방법으로 도입되었다. 24. 국가 9

05 서로 모르는 사람 10명 내외로 소집단을 만들어 허심탄회하게 자신의 느낌을 말하고 다른 사람이 자신을 어떻게 생각하는지를 귀담아 듣는 방법으로 훈련을 진행하기 위한 전문가의 역할이 요구된다.

(㉠ 역할연기 / ㉡ 직무순환 / ㉢ 감수성 훈련 / ㉣ 프로그램화 학습) 19. 국가 9

06 ① 역량기반 교육훈련은 [㉠ 직무분석으로 도출된 직무명세서를 바탕으로 교육과정을 설계하는 직무지향적 교육훈련 방법이다. / ㉡ 피교육자의 능력을 정확히 진단하여 부족한 부분(gap)을 보충하는 교육훈련이다.]
② 역량모델은 전체구성원에게 적용되는 공통역량, 원활한 조직운영을 위한 (㉠ 관리역량 / ㉡ 직무역량), 전문적 직무수행을 위한 (㉠ 관리역량 / ㉡ 직무역량)으로 구성된다. 17. 국가추가 7

07 공무원 교육훈련 방법 중 (㉠ 강의 / ㉡ 토론회 / ㉢ 시찰 / ㉣ 시청각교육 / ㉤ 감수성 훈련 / ㉥ 사례연구) 등은 태도나 행동의 변화를 주된 목적으로 한다. 16. 지방 7

08 공무원 교육훈련에 대한 저항 이유 중 저항주체가 다른 하나는 (㉠ 교육훈련 결과의 인사관리 반영 미흡 / ㉡ 교육훈련 발령을 불리한 인사조치로 이해하는 경향 / ㉢ 장기간의 훈련인 경우 복귀 시 보직문제에 대한 불안감 / ㉣ 조직성과의 저하 및 훈련비용의 발생)이다. 15. 지방 9

정답 1.㉣ 2.㉠ 3.㉠ 4.㉢ 5.㉢ 6.①-㉡ ②-㉠,㉡ 7.㉤,㉥ 8.㉣

Theme 08 근무성적평정

01 근무성적평정 개요

공무원은 성과 등에 대하여 평가를 받게 되는데 이를 근무성적평정이라고 하고, 이를 통해 보수와 승진 등의 인사행정에 반영할 수 있다.

02 근무성적평정 방법

1. 도표식 평정척도법(Graphic Rating Scale)

(1) 다수의 평정요소와 평정요소별 수준을 나타내는 등급으로 구성된 평정표로 평가하는 방법으로 평작성이 빠르고 쉬우며 경제적이다.

(2) 평정요소와 등급의 추상성이 높기 때문에 평정자의 자의적 해석에 의한 평가가 이루어지기 쉽다.

(3) 연쇄화, 관대화, 집중화가 나타나기 쉽다.

※ 도표식 평정척도 예시

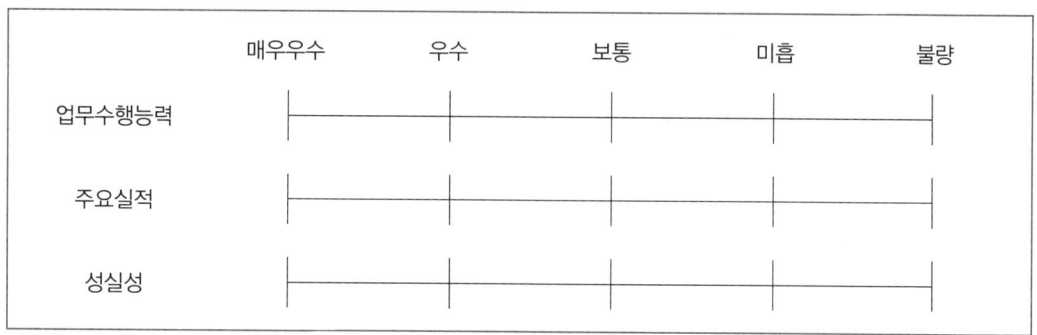

2. 강제배분법(Forced Distribution)

(1) 피평가자들의 성적분포가 과도하게 집중되는 것을 방지하기 위해 등급별로 비율을 정하여 준수하도록 하는 방법으로, 예컨대 행정학 수강생의 학점 배분을 A(10%), B(20%), C(40%), D(20%), F(10%)로 강제배분할 수 있다.

(2) 평정자가 미리 정해진 비율에 따라 평정대상자를 각 등급에 분포시키고, 그 다음 역으로 등급에 해당하는 점수를 부여하는 역산식 평정을 할 가능성이 높다. 또한 평정대상 다수가 우수한 경우에도 일정한 비율의 인원은 하위 등급을 받을 수 있다는 단점이 있다.

3. 산출기록법(Production Records)

(1) 시간당 수행한 공무원의 업무량을 전체 평정기간 동안 계속적으로 조사해 평균치를 측정하거나, 일정한 업무량을 달성하는 데 소요된 시간을 계산해 그 성적을 평정하는 방식이다.

(2) 예컨대 작업시간과 업무량 측정이 용이한 속기사 등에 대한 평가에 적용가능하다.

4. **서열법**(Ranking Method)

    피평정자 간의 근무성적을 비교하는 방법으로 쌍쌍비교법(Paired Comparison Method), 대인비교법* (Man to Man Comparision) 등이 있으며 다른 집단과 비교할 수 있는 객관적인 자료는 제시하지 못한다.

    > *평정기준으로 구체적인 인물을 활용한다는 점에서 평정의 추상성을 극복하는 방법이다.

5. **목표관리제 평정법**(MBO Management by Objectives)

    참여를 통한 명확한 목표의 설정과 개인과 조직 간 목표의 통합을 추구하고, 그 결과를 보상에 반영하는 방법으로 개인 간 비교는 어렵다.

6. **체크리스트 평정법**(Check List)

    (1) 평정자가 평정표(평정서)에 나열된 평정요소에 대한 설명 또는 질문을 보고 피평정자에게 해당하는 것을 골라 표시하는 방법이다.

    (2) 평정요소에 관한 평정항목 만들기가 힘들 뿐만 아니라, 질문 항목이 많을 경우 평정자가 곤란을 겪게 된다.

    ◈ 체크리스트 평정법 예시

구분	예	아니오
1. 담당업무를 90% 이상 달성했다.		
2. 무단결근 경험이 있다.		
3. 징계를 받은 적이 있다.		

7. **중요사건기록법**(Critical Incident Method)

    피평정자의 근무실적에 큰 영향을 주는 사건들을 평정자로 하여금 기술하게 하는 방법으로, 평정자가 중요하게 생각하는 훌륭하거나 나쁜 행동을 대표하는 이례적인 행동이 강조될 위험이 있다.

    ◈ 중요사건기록법 예시

    1. 부서 업무에 대해서 협력을 잘한다.
    2. 상사가 지시한 업무에 대해 불쾌감을 표시한다.

8. 행태기준척도법(Behaviorally Anchord Rating Scales)

선정된 주요 과업 분야에 대해서 가장 이상적인 과업수행 행태에서부터 가장 바람직하지 못한 과업수행 행태까지를 몇 개의 등급으로 구분하고, 등급마다 중요 행태를 명확하게 기술하고 점수를 할당하는 방법으로 도표식 평정척도법에 중요사건기록법을 가미하였다.

행태기준척도법 예시

점수	행태 유형
〈문제해결을 위한 노력〉	
3점	동료·상사·전문가들과 폭넓게 상의하여 해결
2점	독단적으로 해결
1점	문제해결을 회피하거나 지연

9. 행태관찰척도법(Behavioral Observation Scales)

성과와 관련된 직무행태를 관찰하여 활동의 발생빈도를 측정하는 방법이다.

행태관찰척도법 예시

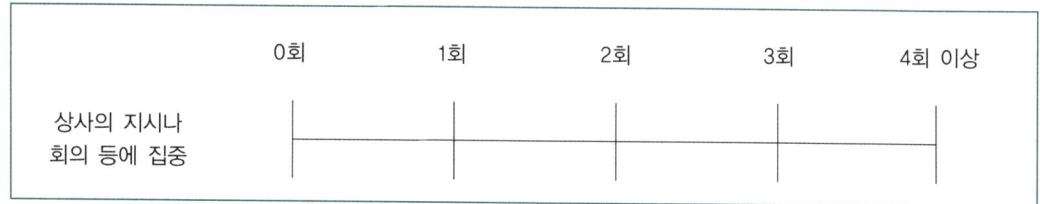

10. 강제선택법

2개 또는 4~5개 항목으로 구성된 각 기술항목의 조 중에서 피평정자의 특성에 가까운 것을 강제적으로 선택하게 하는 방법이다. 강제선택식 체크리스트 평정법이라고도 부른다.

11. 가감점수법

피평정자의 우수한 직무 수행에 대해서는 가점을 주고, 과오나 실패에 대해서는 감점하여 평가하는 방법이다.

03 근무성적평정자에 따른 구분

자기평정법, 동료평정법, 감독자평정법, 부하평정법, 다면평정법으로 구분한다.

04 평정의 오류

1. **연쇄효과**(Halo Effect, 후광효과)

    평정자가 가장 중요시하는 하나의 평정요소에 대한 평가 결과가 다른 평정요소에도 영향을 미치는 오류로, 예컨대 A과장은 B직원이 성실하다는 이유로, 청렴하고 창의적이라고 평정하는 경우를 말한다. 도표식 평정척도법에서 자주 발생하며 피평가자별이 아닌 평정요소별 평정을 완화방법으로 고려할 수 있다.

2. **총계적 오류**(Total Error)

    평정자의 평정기준이 일정하지 않아 관대화 및 엄격화 경향이 불규칙하게 나타나는 오류이다.

3. **규칙적 또는 일관적 오류**(Systematic Error)

    평정자의 기준이 다른 사람보다 높거나 낮은 데서 비롯되며, 언제나 좋은 점수 또는 나쁜 점수를 주는 오류이다.

4. **관대화 경향**(Tendency of Leniency)

    평정대상자와의 불편한 인간관계를 피하려는 동기(비공식 집단적 유대 등)로부터 유발되는 것으로, 평가 결과의 분포가 우수한 쪽에 집중되는 경향이다.

5. **엄격화 경향**(Tendency of Strictness)

    평가 결과의 분포가 낮은 쪽에 집중되는 경향이다.

6. **집중화 경향**(Central Tendency)

    평정자가 모든 피평정자에게 대부분 중간 수준의 점수를 주는 경향이다. 평정자가 피평정자를 잘 모르는 경우 집중화 경향이 발생할 수 있다.

    ⊕ 관대화, 엄격화, 집중화 경향은 강제배분법을 통해 해결할 수 있다.

7. **선입견**(Personal Bias)**에 의한 오류**(유형화의 착오 또는 집단적 오류)

    평정요소와 관계없이 성별·출신학교·출신지방·종교·연령 등에 대해 평정자가 가지는 편견이 평정에 영향을 미치는 것을 의미한다. 선입견에 의한 오류 중에서 피평정자의 배경이나 피평정자가 속해 있는 집단의 특성을 피평정자 개인의 특성으로 간주해버리는 고정관념에 의한 오류[상동적 오차(Error of Stereotyping)]가 대표적이다.

    ◈ 선입견에 의한 오류 예시

    > 국내 최고 대학을 졸업했기 때문에 일을 잘했을 것이라고 생각하여 피평정자에게 높은 근무성적평정 등급을 부여하였다.

8. 시간적 오류

근무평가 대상기간 초기의 업적에 영향을 크게 받는 첫머리 효과(Primacy Effect)와 최근 실적을 중심으로 평가하는 근접 또는 막바지 효과(Recency Effect)가 있다. 첫머리 효과와 근접 효과에 의한 오류는 전체 기간의 실적을 같은 비중으로 평가하지 못할 때 발생하며 중요사건기록법을 완화방법으로 고려할 수 있다.

> **근접 효과에 의한 오류 예시**
>
> 평소 A직원은 성실히 근무해 왔지만, 평정기간 직전의 결근으로 인하여 근무태도가 불량한 것으로 평정하였다.

9. 대비오류(Contrast Error)

평정자가 피평정자를 바로 이전의 피평정자와 비교함으로써 발생하는 오류이다. 예컨대 면접관이 바로 이전의 우수한 지원자를 평가 후 보통의 지원자를 평가할 경우 실제보다 낮게 평가하기 쉽다.

10. 논리적 오류(Logical Error)

논리적 상관관계에 의한 오류이다. 예컨대 작업량이 많더라도 숙련도가 낮을 수 있는데, 숙련도가 높다고 판단할 수 있다.

11. 투사(Projection)

자신의 감정이나 특성을 다른 사람에게 투사 또는 전가하는 데서 오는 오류이다. 예컨대 자신이 누군가를 싫어하면 그 사람도 자신을 싫어한다고 생각한다는 것이다. 평정의 오류와 관련해서는 평정자는 자신과 유사한 피평정자에게 높은 평점을 줄 가능성이 높다.

12. 근본적 귀속의 오류와 이기적 귀속의 오류

(1) **근본적 귀속의 오류(Fundamental Attribution Error)**

타인의 실패를 평가할 때 상황적 요인은 낮게 평가하고 개인적 요인을 높게 평가하는 오류이다. 예컨대 공무원 시험에 불합격한 수험생을 평가할 때, 실제로 그해 경쟁률이 유독 높아서 불합격하였는데 수험생 개인의 노력이 부족하여 불합격한 것으로 평가한다.

(2) **이기적 귀속의 오류(Self-Serving Error)**

자신의 실패를 평가할 때 상황적 요인은 높게 평가하고 개인적 요인을 낮게 평가하는 오류이다. 예컨대 공무원 시험에 불합격한 자신을 평가할 때, 실제로 개인의 노력이 부족하여 불합격하였는데 경쟁률이 높아서 불합격한 것으로 평가한다.

05 우리나라 근무성적평정제도(공무원 성과평가 등에 관한 규정)

1. 목적

공무원의 능력과 성과를 향상시켜 성과 중심의 인사제도를 구성한다.

2. 근무성적평정의 종류

(1) **4급 이상**(고위공무원단 포함): 성과계약 등 평가(연 1회, 12. 31. 기준)

> **직무성과계약제**(Performance Agreement)
>
> 우리나라 성과계약 등 평가는 직무성과계약제에 해당하는데 주로 개인의 성과평가제도로 하향식으로 계약이 체결된다. 조직의 미션과 전략목표를 우선 설정 후 이와 연계된 관리자들의 성과 목표 및 평가지표를 설정하여 계약한다.

(2) **5급 이하**(연 2회): 근무성적평가(연 2회, 6. 30. / 12. 31. 기준)

3. 평가자 및 확인자(이중평정제)

(1) **평가자**: 평가대상자의 상급 또는 상위 감독자

(2) **확인자**: 평가자의 상급 또는 상위 감독자

4. 근무성적평가의 평가항목 등

(1) 근무성적평가의 평가항목은 근무실적과 직무수행능력으로 하되, 소속 장관이 필요하다고 인정하는 경우에는 인사혁신처장이 정하는 범위에서 직무수행태도(10% 이내) 또는 부서 단위의 운영평가 결과를 평가항목(30% 이내)에 추가할 수 있다.

(2) 근무성적평가는 직급별로 구성한 평가 단위별로 실시하되, 소속 장관은 직무의 유사성 및 직급별 인원수 등을 고려하여 평가단위를 달리 정할 수 있다.

5. 성과면담 등

평가자는 근무성적평정이 공정하고 타당하게 실시될 수 있도록 하기 위하여, 근무성적평정 대상 공무원과 성과면담을 실시하여야 한다.

06 다면평가제도(집단평정법)

1. 의미

(1) 여러 사람을 평정자로 활용함으로써 소수 평정자의 주관과 편견, 그리고 그들 간의 개인 편차를 줄여 공정성을 높일 수 있는 제도이다.

(2) 우리나라의 경우 소속 장관은 소속 공무원에 대한 능력개발 및 인사관리 등을 위하여 해당 공무원의 상급 또는 상위 공무원, 동료, 하급 또는 하위 공무원 및 민원인(고객) 등에 의한 다면평가를 실시할 수 있다.

(3) 다면평가의 평가자 집단은 다면평가 대상 공무원의 실적·능력 등을 잘 아는 업무 관련자로 구성하되, 소속 공무원의 인적 구성을 고려하여 공정하게 대표되도록 구성되어야 한다.

2. 특징

(1) 입체적·다면적 평가를 통해 평가의 객관성과 공정성, 신뢰성, 수용성을 높일 수 있다.

(2) 조직 내 원활한 인간관계를 증진시키려는 동기부여를 통해 업무의 효율성과 상호 간 이해의 폭을 높일 수 있다.

(3) 계층구조의 완화와 팀워크가 강조(팀워크 발전)되는 새로운 조직유형에 적합한 평가제도이다.

(4) 평가결과의 환류를 통하여 평가대상자의 자기역량 강화에 활용할 수 있다.

(5) 평가항목을 부처별, 직급별, 직종별 특성에 따라 다양하게 설계하는 것이 바람직하다.

(6) 공무원의 국민에 대한 충성심 강화에 기여(민원인으로부터 평가)하고, 평정에 대한 관심과 지지를 향상시킬 수 있다.

(7) 우리나라는 다면평정결과를 역량개발, 교육훈련, 승진, 전보, 성과급 지급 등에 활용 가능하고, 다면평가의 결과는 해당 공무원에게 공개할 수 있다.

3. 단점

(1) 능력보다는 인간관계에 따른 친밀도로 평가가 이루어져 상급자가 업무추진보다는 부하의 눈치를 의식하는 행정이 이루어질 가능성이 높다. 즉, 피평가자를 업무목표의 성취보다 원만한 대인관계 유지에 급급하도록 만들 우려가 있다.

(2) 참여의 범위가 지나치게 확대될 경우 피평가자를 잘 모르는 상태에서 평가가 진행될 수 있다.

• 기출문제 학습 •

01 도표식 평정척도법은 (㉠ 근무성적을 객관적 사실에 기초하여 평가하므로 평정자의 편견이 개입할 가능성이 작다. / ㉡ 평정요소와 등급의 추상성이 높기 때문에 평정자의 자의적 해석에 의한 평가가 이루어지기 쉽다.) 22, 23. 지방 7

02 (㉠ 중요사건기록법 / ㉡ 체크리스트법)은 피평정자의 근무실적에 큰 영향을 주는 사건들을 평정자로 하여금 기술하게 하는 방법이다. 15. 지방 7

03 목표관리제 평정법은 평정에 대한 개인 간 비교가 (㉠ 용이하다. / ㉡ 어렵다.) 16. 국가인사 7

04 국내 최고 대학을 졸업했기 때문에 일을 잘했을 것이라고 생각하여 피평정자에게 높은 근무성적평정을 부여할 경우, 평정자가 범하는 오류는 (㉠ 첫머리효과 / ㉡ 엄격화 경향 / ㉢ 집중화 경향 / ㉣ 선입견)(으)로 인한 오류이다. 20. 지방 9

05 평정자인 A 팀장은 피평정자인 B 팀원이 성실하다는 것을 이유로 창의적이고, 청렴하다고 평정하였다. A 팀장이 범한 오류에 가장 가까운 것은 (㉠ 연쇄효과 / ㉡ 근접효과 / ㉢ 관대화 경향 / ㉣ 선입견과 편견)이다. 10. 국가 9

06 근무성적평정 시 어떤 평정자가 다른 평정자보다 언제나 좋은 점수 또는 나쁜 점수를 주는 오류는 (㉠ 엄격화 경향 / ㉡ 규칙적 오류 / ㉢ 총계적 오류 / ㉣ 선입견에 의한 오류)이다. 18. 지방 7, 11. 지방 9

07 근무성적평정상의 오류 중 평가자가 일관성 있는 평가기준을 갖지 못하여 관대화 및 엄격화 경향이 불규칙하게 나타나는 것은 (㉠ 연쇄효과 / ㉡ 규칙적 오류 / ㉢ 집중화 경향 / ㉣ 총계적 오류)이다. 18. 국가 9

08 강제배분법은 역산식 평정 (㉠ 가능성이 있다. / ㉡ 이 불가능하다.) 23. 국가 7

09 [㉠ 근접효과(recency effect) / ㉡ 첫머리 효과(primacy effect)]는 최초의 근무성적에 대한 평정자의 인식이 전체 기간의 평정에 영향을 미치는 현상이다. 25. 국가 9

10 관대화 경향은 비공식 집단적 유대 때문에 발생하며 (㉠ 평정결과의 공개를 / ㉡ 강제배분법을) 완화 방법으로 고려할 수 있다. 21. 국가 9

11 근무성적평정의 오류 중 관대화 경향, 엄격화 경향, 집중화 경향을 방지할 수 있는 방법 중 가장 효과적인 것은 (㉠ 서술적 보고법 / ㉡ 강제배분법 / ㉢ 연공서열법 / ㉣ 가점법)이다. 19. 국가 9, 16. 서울 9

12 '공격적인 성격의 소유자는 다른 사람도 공격적으로 보기 쉽다.'와 관련된 지각오류는 [㉠ 대조효과(contrast effect) / ㉡ 투사(projection)]이다. 24. 국가 7

13 (㉠ 근무성적평가제도 / ㉡ 성과계약 등 평가)는 4급 이상 고위공무원단을 대상으로 시행한다. 16. 서울 9

14 근무성적평정 요소 중 직무수행태도는 (㉠ 10% / ㉡ 20%) 이내로 하여야 한다. 10. 지방 7

15 ① 근무성적평가제는 (㉠ 매년 말일을 기준으로 연 1회 / ㉡ 매년 6월 30일과 12월 31일을 기준으로 연 2회) 평가가 실시된다.
② 근무성적평가제는 공정한 평가를 위해 (㉠ 평가자는 피평가자와 성과면담을 실시하여야 한다. / ㉡ 평가자와 피평가자의 사전 협의가 금지된다.) 17. 서울 9

16 ① 일반직 공무원의 근무성적평정은 크게 (㉠ 4급 / ㉡ 5급) 이상을 대상으로 하는 '성과계약 등 평가'와 (㉠ 5급 / ㉡ 6급) 이하를 대상으로 하는 '근무성적평가'로 구분된다.
② (㉠ 근무성적평가제 / ㉡ 성과계약 등 평가)는 매년 12월 31일을 기준으로 연 1회 실시한다.
③ 역량평가제도는 (㉠ 5급 신규 임용자가 / ㉡ 고위공무원단 후보자가 되기 위해) 업무수행에 필요한 충분한 역량을 보유하고 있는지를 평가한다. 17. 국가 7

17 직무성과계약제는 주로 (㉠ 개인의 성과평가제도 / ㉡ 조직 전반의 성과관리)를 중심으로 한다. 17. 서울 7

18 ① 근무성적평가 결과는 승진 및 보직관리에 (㉠ 이용되지 않고 / ㉡ 이용되고) 성과급 지급에 활용된다.
② 다면평가를 계서적 문화가 강한 조직에 적용할 경우 상급자와 하급자 간의 갈등을 (㉠ 최소화할 수 있다. / ㉡ 발생시킬 수 있다.) 15. 국가 7

19 ① 역량평가제의 역량은 조직의 (㉠ 고성과자 / ㉡ 평균적인 성과자)의 행동특성과 태도를 의미한다.
② 고위공무원단 후보자가 되기 위해서는 (㉠ 역량교육을 이수/ ㉡ 역량평가를 통과)해야 한다. 18. 지방 9

20 다면평가제도는 상급자가 (㉠ 직원들을 의식하지 않고 강력하게 업무를 추진할 수 있다. / ㉡ 업무 추진보다는 직원들의 눈치를 의식하게 될 수 있다.) 10. 국가 7

21 다면평가제도는 평가대상자의 동료와 부하를 (㉠ 제외하고 / ㉡ 포함하여) 다양한 측면에서 평가한다. 13. 지방 9

22 다면평가제도는 다수의 평가자가 참여해 (㉠ 합의 / ㉡ 개별적 평가)를 통해 평가 결과를 도출하는 체계이다. 17. 서울 9

23 우리나라에서는 다면평가제에서 평가자를 행정기관 (㉠ 및 고객 등 외부자를 포함한다. / ㉡ 내부자에 국한한다.) 17. 국가 9, 13. 지방 7

정답 1. ㉡ 2. ㉠ 3. ㉡ 4. ㉣ 5. ㉠ 6. ㉡ 7. ㉣ 8. ㉠ 9. ㉡ 10. ㉡ 11. ㉡ 12. ㉡ 13. ㉡ 14. ㉠ 15. ①-㉡ ②-㉠
16. ①-㉠, ㉡ ②-㉡ ③-㉡ 17. ㉠ 18. ①-㉡ ②-㉡ 19. ①-㉠ ②-㉡ 20. ㉡ 21. ㉡ 22. ㉠ 23. ㉠

Theme 09 공무원 보수

01 공무원 보수 관련 용어

1. 보수의 결정

(1) **국가공무원법 제46조**
① 보수는 직무의 곤란성과 책임의 정도에 맞도록 계급별·직위별 또는 직무등급별로 정한다.
② 보수는 일반의 표준 생계비, 물가 수준, 그 밖의 사정을 고려하여 정하되 민간 부문의 임금 수준과 적절한 균형을 유지하도록 노력하여야 한다.
③ 경력직공무원 간의 보수 및 경력직공무원과 특수경력직공무원 간의 보수는 균형을 도모해야 한다.

(2) **공무원보수규정 제4조**
"보수"란 봉급과 그 밖의 각종 수당을 합산한 금액을 말한다. 다만, 연봉제 적용대상 공무원은 연봉과 그 밖의 각종 수당을 합산한 금액이다.

2. 관련 용어

(1) **실적급**(Merit Pay, 성과급)
개인이나 집단의 근무실적에 따른 보수를 말한다.

(2) **생활급**(Cost of Living)
생계비를 기준으로 하는 보수로서 공무원과 그 가족이 기본적인 생활을 보장하기 위한 것이다.

(3) **연공급**(Seniority-Based Pay, 근속급)
근속연수와 같은 인적 요소를 기준으로 하는 보수이다.

(4) **직능급**(Ability-Based Pay) VS **직무급**(Job-Based Pay)
직무수행능력에 따른 보수 VS 직무의 난이도와 책임에 따라 결정되는 보수

3. 연봉제

(1) **연봉제 종류**

구분	적용대상 공무원
고정급적 연봉제	정무직 공무원
직무성과급적 연봉제	고위공무원단에 속하는 공무원(대통령경호처 직원 중 별정직공무원은 호봉제를 적용)
성과급적 연봉제	1~5급 이상 공무원, 전문경력관 가군, 연구관, 지도관, 치안정감부터 경정까지에 해당하는 경찰공무원, 소방정감부터 소방령까지에 해당하는 소방공무원, 국립대학의 교원(국립대학의 장은 제외한다), 임기제공무원(한시임기제공무원은 제외한다)

① 고정급적 연봉제

고정된 금액의 연봉으로 대통령, 국무총리, 각부 장·차관 등은 직무나 성과에 관련없이 일정한 금액의 연봉을 받는다.

② 직무성과급적 연봉제 = 기본연봉(기준급 + 직무급) + 성과연봉

담당하는 직무, 전년도 성과, 개인의 경력 및 누적성과를 반영한 연봉이다.
 ㉠ 기준급: 개인의 경력 및 누적성과를 반영하여 책정되는 기본급여
 ㉡ 직무급: 직무의 곤란성·책임정도를 반영하여 직무등급(가, 나)에 따라 책정
 ㉢ 성과연봉: 업무실적에 따라 평가등급별로 차등 지급

③ 성과급적 연봉제 = 기본연봉 + 성과연봉

개인의 경력 및 누적성과와 전년도 성과를 반영한 연봉이다.

(2) 특징

① 실적주의 및 직위분류제를 강화시키지만 직업공무원제 및 계급제를 약화시킬 수 있다.
② 관료제 내부의 공동체의식이나 팀정신을 약화시킨다.
③ 우리나라의 경우 연봉액을 1년 단위로 책정하여 12개월로 나누어서 지급한다.

4. 성과상여금제

6급 이하 공무원에 대해서는 호봉제 하에서 성과에 따라 급여를 차등지급하는 제도이다.

02 총액인건비제도

1. 의미

예산 당국은 행정기관별 인건비 예산의 총액만을 관리하고, 각 행정기관이 인건비 한도에서 인력의 규모와 종류를 결정하는 제도이다. 예컨대 A 기관은 9급 20명, 8급 15명, 7급 15명, 6급 10명, 5급 10명이 정원이다. 이는 A 기관이 자율적으로 정한 것이 아니라 행정안전부 등이 정해준 것이다. A 기관이 총액인건비제도를 운영하면, 인건비 총액 내에서 고위직을 줄이고 하위직을 늘리는 등 기관의 상황에 맞춰서 조절할 수 있다. 총액인건비제도는 2007년 노무현 정부에서 전 중앙행정기관을 대상으로 도입하였다.

> 행정기관의 조직과 정원에 관한 통칙 제29조(총액인건비제의 운영에 관한 특례) ① 중앙행정기관의 조직 및 정원 운영의 자율성을 보장하고 합리화를 도모하기 위하여 행정안전부장관이 지정하는 중앙행정기관의 경우 중앙행정기관별 인건비 총액의 범위안에서 조직 또는 정원을 운영하는 총액인건비제를 운영할 수 있다.

2. 특징

(1) 정원 및 보수 등의 관리에 대한 각 부처의 자율성 확대를 하고, 성과에 대한 책임을 지게 한다. 이는 신공공관리적 시각이 반영되었다고 볼 수 있다.

(2) 각 행정기관은 국 아래에 두는 보조기관에 대한 기구 설치 및 인건비 배분의 자율성을 보유하며, 성과상여금에 대해서는 증액만 가능하다.
(3) 고위직 위주로 운영하면 직급 인플레이션이 발생할 수 있다.
(4) 책임운영기관도 「책임운영기관의 설치·운영에 관한 법률 시행령」에 따라 인건비 총액의 범위에서 조직·정원 및 보수의 결정에 자율성을 부여하는 총액인건비제를 운영할 수 있다.

기출문제 학습

01 현행 법령상 공무원의 (㉠ 호봉 간 승급에 필요한 기간은 1년이며, 직종별 구분 없이 하나의 봉급표가 적용된다. / ㉡ 공무원의 직종별 다양한 봉급표가 적용되고 승급기간 또한 상이하다.) 20. 지방 7

02 (㉠ 계급제 / ㉡ 직위분류제)에서의 보수는 직무급이 특징이다. 25. 국가 9

03 '공무원보수규정'상 (㉠ 직무성과급적 연봉제는 고위공무원단에 속하는 모든 공무원에 대하여 적용된다. / ㉡ 대통령경호처 직원 중 고위공무원단에 속하는 별정직 공무원에 대해서는 호봉제를 적용한다.) 17. 지방 9

04 고정급적 연봉에는 (㉠ 기본연봉과 성과연봉으로 구성된다. / ㉡ 기본연봉으로만 구성된다.) 16. 지방 7

05 연봉제는 실적주의 및 직위분류제를 (㉠ 강화한다. / ㉡ 약화시킨다.) 11. 지방 7

06 총액인건비제도는 (㉠ 김대중 정부 / ㉡ 노무현 정부 / ㉢ 이명박 정부)에 도입되었다. 20. 국가 7

07 책임운영기관은 총액인건비제도를 운영할 수 (㉠ 있다. / ㉡ 없다.) 24. 지방 7

08 총액인건비제도는 일반적으로 (㉠ 기구·정원 조정에 대한 재정당국의 중앙통제는 그대로 둔다. / ㉡ 기구·정원에 대한 각 부처의 자율성을 확대한다.) 18. 국가 7

정답 1. ㉡ 2. ㉡ 3. ㉡ 4. ㉡ 5. ㉠ 6. ㉡ 7. ㉠ 8. ㉡

Theme 10 공무원 연금

01 연금재정의 확보와 관리 방식

1. 기금제(적립방식) VS 비기금제(부과방식)

(1) **기금제**

기금운용과 투자를 통해 나오는 이자와 사업수익을 통해 연금을 지급하는 방식으로 우리나라와 미국 등이 채택하고 있다. 연금지급을 위하여 별도의 기금을 운영하므로, 운영·관리 비용이 많이 소요된다.

   🔍 기금은 별도의 자금을 모아둔다는 의미인데, 자세한 내용은 Part 5. 재무에서 학습하게 된다.

(2) **비기금제**

적립된 기금 없이 연금급여가 발생할 때마다 필요한 재원을 조달하여 지급하는 방식으로, 영국과 프랑스 등이 채택하고 있다. 세출예산 등을 재원으로 연금을 지급하므로, 안정적인 연금지급이 어렵다.

2. 기여제 VS 비기여제

연금재원을 공무원이 공동부담하는지 여부에 따라 기여제(공동부담)와 비기여제(정부만 부담)로 구분된다.

02 우리나라 공무원의 연금

1. 개요

(1) 최초의 공적 연금제도로서, 1960년 공무원연금법 제정으로 직업공무원을 대상으로 하는 특수직역 연금제도이다.

(2) 공무원연금제도는 인사혁신처가 관장하고 그 집행은 공무원연금공단에서 담당하고 있으며, 기금제이면서 기여제로 운영하고 있다.

(3) 정부와 공무원이 함께 부담하는 사회보험 원리와 부족액을 재정으로 보존하는 부양 원리가 혼합되어 있다.

2. 공무원연금법

(1) **적용대상**

국가공무원법, 지방공무원법, 그 밖의 법률에 따른 공무원(시간제공무원 포함)을 포함하되, 군인과 선거에 의하여 취임하는 공무원은 제외된다.

(2) **기여금**: 납부기간은 최대 36년, 납부액은 기준소득월액의 9%

(3) **연금지급**: 10년 이상 재직하고 <u>65세가 되었을 때</u>*

                2033년까지 60 → 65세로 단계적으로 상향

(4) **연금지급액**: 평균기준소득월액(재직기간 전체 평균) × 재직기간 × 1.7%*
2035년까지 1.9% → 1.7%로 단계적으로 인하

(5) **퇴직급여 종류**: 퇴직연금, 퇴직연금일시금, 퇴직연금공제일시금, 퇴직일시금

• 기출문제 학습 •

01 (㉠ 기여제 / ㉡ 비기여제)는 정부가 연금재원의 전액을 부담하는 제도이다. 19. 국가 7

02 공무원 연금제도 중 (㉠ 기금제 / ㉡ 비기금제)는 운영·관리 비용이 적게 든다는 장점이 있다. 11. 국가 7

03 공무원연금법상 공무원연금 대상에서 (㉠ 군인, 공무원 임용 전의 견습직원 등이 포함된다. / ㉡ 국가공무원법, 지방공무원법, 그 밖의 법률에 따른 공무원(시간제공무원 포함)을 포함하되, 군인과 선거에 의하여 취임하는 공무원은 제외된다.) 16. 국가 7

04 공무원연금법은 (㉠ 국가공무원과 지방공무원 모두 적용을 받는다. / ㉡ 국가공무원만 적용을 받는다. / ㉢ 지방공무원만 적용을 받는다.) 14. 국가 7

05 ① 기여금 납부기간은 (㉠ 30년 / ㉡ 36년)을 초과하지 않는다.
② 퇴직급여 산정에 있어서 소득의 평균기간은 (㉠ 퇴직 전 5년 / ㉡ 재직기간 전체)이다. 13. 국가 9

정답 1. ㉡ 2. ㉡ 3. ㉡ 4. ㉠ 5. ①-㉡ ②-㉡

Theme 11 공무원 단체활동

01 공무원의 노동조합 설립 및 운영에 관한 법률

1. 제1조(목적)
이 법은 공무원의 노동기본권을 보장하기 위하여 공무원의 노동조합 설립 및 운영 등에 관한 사항을 정함을 목적으로 한다.

2. 제2조(정의)
이 법에서 "공무원"이란 「국가공무원법」 및 「지방공무원법」에서 규정하고 있는 공무원을 말하고, 사실상 노무에 종사하는 공무원*과 「교원의 노동조합 설립 및 운영 등에 관한 법률」의 적용을 받는 교원인 공무원은 제외한다.

*과학기술정보통신부 소속 현업기관의 작업 현장에서 노무에 종사하는 공무원(집배원 등)을 말한다.

3. 제4조(정치활동의 금지)
노동조합과 그 조합원은 정치활동을 하여서는 아니 된다.

4. 제5조(노동조합의 설립)
노동조합을 설립하려는 사람은 고용노동부장관에게 설립신고서를 제출해야 한다.

5. 제6조(가입 범위)

(1) **일반직공무원**

(2) **특정직공무원** 중 외무영사직렬·외교정보기술직렬 외무공무원, 소방공무원 및 교육공무원(다만, 교원은 제외한다)

(3) **별정직공무원**

(4) **가입 불가능 공무원**
  ① 인사·보수에 관한 업무를 수행하는 공무원 등 노동조합과의 관계에서 행정기관의 입장에서 업무를 수행하는 공무원
  ② 교정·수사, 노동관계의 조정·감독 및 지휘·감독권을 행사하거나 다른 공무원의 업무를 총괄하는 공무원

6. 제7조(노동조합 전임자의 지위)

(1) 공무원은 임용권자의 동의를 받아 노동조합으로부터 급여를 지급받으면서 노동조합의 업무에만 종사할 수 있다.

(2) 전임자에 대하여는 그 기간 중 휴직명령을 하여야 한다.

7. **제8조(교섭 및 체결 권한 등)**

   (1) 보수·복지, 그 밖의 근무조건에 관한 사항이 교섭의 대상이고, 정책결정에 관한 사항 등 근무조건과 직접 관련되지 아니하는 사항은 교섭의 대상이 될 수 없다.

   (2) 정부교섭대표가 아닌 관계 기관의 장으로 하여금 교섭에 참여하게 할 수 있고, 다른 기관의 장이 관리하거나 결정할 권한을 가진 사항에 대하여는 해당 기관의 장에게 교섭 및 단체협약 체결 권한을 위임한다.

8. **제10조(단체협약의 효력)**

   단체협약의 내용 중 법령·조례 또는 예산에 의하여 규정되는 내용과 법령 또는 조례에 의하여 위임을 받아 규정되는 내용은 단체협약으로서의 효력이 없다.

9. **제11조(쟁의행위의 금지)**

   노동조합과 그 조합원은 파업, 태업 또는 그 밖에 업무의 정상적인 운영을 방해하는 일체의 행위를 하여서는 아니 된다.

10. **제12조(조정신청 등)**

    (1) 제8조에 따른 단체교섭이 결렬된 경우에는 당사자 어느 한쪽 또는 양쪽은 중앙노동위원회에 조정을 신청할 수 있다.

    (2) 조정은 조정신청을 받은 날부터 30일 이내에 마쳐야 하되, 당사자들이 합의한 경우에는 30일 이내의 범위에서 조정기간을 연장할 수 있다.

11. **제17조(다른 법률과의 관계)**

    이 법의 규정은 공무원이 「공무원직장협의회의 설립·운영에 관한 법률」에 따라 직장협의회를 설립·운영하는 것을 방해하지 아니한다.

02 기타 관련법

1. 공무원직장협의회의 설립·운영에 관한 법률

(1) **가입대상**: 일반직공무원, 외무영사직렬·외교정보기술직렬 외무공무원, 경찰공무원, 소방공무원

(2) **가입불가**
   ① 업무의 주된 내용이 지휘·감독권을 행사하거나 다른 공무원의 업무를 총괄하는 업무에 종사하는 공무원
   ② 업무의 주된 내용이 인사, 예산, 경리, 물품출납, 비서, 기밀, 보안, 경비 및 그 밖에 이와 유사한 업무에 종사하는 공무원

(3) 중앙정부·지방자치단체 및 그 하부기관에 근무하는 공무원은 직장협의회를 설립할 수 있으며, 하나의 기관에는 하나의 협의회만을 설립할 수 있다.

2. 국가공무원법 제66조

사실상 노무에 종사하는 공무원으로, 노동조합에 가입된 자가 조합 업무에 전임하려면 소속 장관의 허가를 받아야 한다.

03 공무원 단체활동 제한론

실적주의 원칙의 침해 우려, 공무원의 정치적 중립 훼손, 보수 인상 등 복지 요구 확대는 국민 부담으로 이어질 수 있다.

• 기출문제 학습 •

01 공무원 단체활동 제한론의 근거로 (㉠ 실적주의 원칙을 침해할 우려가 있다. / ㉡ 공직 내 의사소통을 악화시킨다.) 13. 국가 9

02 공립초등학교 교사는 (㉠ '공무원의 노동조합 설립 및 운영 등에 관한 법률'에서 규정하고 있는 공무원에 해당한다. / ㉡ 다른 법률의 적용을 받는다.) 16. 국가인사 7

03 '공무원의 노동조합 설립 및 운영 등에 관한 법률'상 인사 및 보수에 관한 업무를 수행하는 6급 일반직 공무원은 노동조합에 가입할 수 (㉠ 있다. / ㉡ 없다.) 17. 국가인사 7

04 '공무원의 노동조합 설립 및 운영 등에 관한 법률'상 단체교섭 대상은 (㉠ 조합원의 보수에 관한 사항 / ㉡ 기관의 조직 및 정원에 관한 사항)이다. 17. 국가 7

정답 1. ㉠ 2. ㉡ 3. ㉡ 4. ㉠

Theme 12 공무원 행동규범

01 국가공무원법

1. **제1조**(목적)

    이 법은 각급 기관에서 근무하는 모든 국가공무원에게 적용할 인사행정의 근본 기준을 확립하여 그 공정을 기함과 아울러 국가공무원에게 국민 전체의 봉사자로서 행정의 민주적이며 능률적인 운영을 기하게 하는 것을 목적으로 한다.

2. **제55조**(선서)

    공무원은 취임할 때에 소속 기관장 앞에서 대통령령(조례)등으로 정하는 바에 따라 선서(宣誓)를 하되, 불가피한 사유가 있으면 취임 후에 선서하게 할 수 있다.

3. **제56조**(성실 의무)

    모든 공무원은 법령을 준수하며 성실히 직무를 수행하여야 한다.

4. **제57조**(복종의 의무)

    공무원은 직무를 수행할 때 소속 상관의 직무상 명령에 복종하여야 한다.

5. **제58조**(직장 이탈 금지)

    (1) 공무원은 소속 상관의 허가 또는 정당한 사유가 없으면 직장을 이탈하지 못한다.

    (2) 수사기관이 공무원을 구속하려면 그 소속 기관의 장에게 미리 통보하여야 하지만, 현행범은 예외이다.

6. **제59조**(친절·공정의 의무)

    공무원은 국민 전체의 봉사자로서 친절하고 공정하게 직무를 수행하여야 한다.

7. **제59조의2**(종교중립의 의무)

    공무원은 종교에 따른 차별 없이 직무를 수행하여야 하고, 소속 상관이 이에 위배되는 직무상 명령을 한 경우에는 이에 따르지 아니할 수 있다.

8. **제60조**(비밀 엄수의 의무)

    공무원은 재직 중은 물론 퇴직 후에도 직무상 알게 된 비밀을 엄수하여야 한다.

9. **제61조**(청렴의 의무)

    (1) 공무원은 직무와 관련하여 직접적이든 간접적이든 사례·증여 또는 향응을 주거나 받을 수 없다.

    (2) 공무원은 직무상의 관계가 있든 없든 그 소속 상관에게 증여하거나 소속 공무원으로부터 증여를 받아서는 아니 된다.

10. 제62조(외국 정부의 영예 등을 받을 경우)
공무원이 외국 정부로부터 영예나 증여를 받을 경우에는 대통령의 허가를 받아야 한다.

11. 제63조(품위 유지의 의무)
공무원은 직무의 내외를 불문하고 그 품위가 손상되는 행위를 하여서는 아니 된다.

12. 제64조(영리 업무 및 겸직 금지)
공무원은 공무 외에 영리를 목적으로 하는 업무에 종사하지 못하며 소속 기관장의 허가 없이 다른 직무를 겸할 수 없다.

13. 제65조(정치 운동의 금지)
(1) 공무원은 정당이나 그 밖의 정치단체의 결성에 관여하거나 이에 가입할 수 없다.

(2) 공무원은 선거에서 특정 정당 또는 특정인을 지지 또는 반대하기 위한 다음의 행위를 하여서는 아니 된다.
  1. 투표를 하거나 하지 아니하도록 권유 운동을 하는 것
  2. 서명 운동을 기도(企圖)·주재(主宰)하거나 권유하는 것
  3. 문서나 도서를 공공시설 등에 게시하거나 게시하게 하는 것
  4. 기부금을 모집 또는 모집하게 하거나, 공공자금을 이용 또는 이용하게 하는 것
  5. 타인에게 정당이나 그 밖의 정치단체에 가입하게 하거나 가입하지 아니하도록 권유 운동을 하는 것

(3) 공무원은 다른 공무원에게 이러한 행위를 하도록 요구하거나, 정치적 행위에 대한 보상 또는 보복으로서 이익 또는 불이익을 약속하여서는 아니 된다.

🔍 미국은 해치법(Hatch Act)을 통해 공무원의 정치활동을 제한하고 있다.

> **공무원의 정치적 중립**
>
> 1. 공무원의 정치적 중립의 필요성
>   정치적 개입에 의한 부정부패 방지, 행정의 안정성과 전문성 제고, 공무원 집단의 정치세력화 방지, 직업공무원제 확립, 국민 전체의 이익을 위해 공평무사하게 봉사, 공명선거를 통해 민주적 기본질서 제고
> 2. 단점
>   공무원의 정치적 기본권 제약

14. 제66조(집단 행위의 금지)
(1) 공무원은 노동운동이나 그 밖에 공무 외의 일을 위한 집단 행위를 하여서는 아니 된다. 다만, 사실상 노무에 종사하는 공무원은 예외로 한다.

(2) 사실상 노무에 종사하는 공무원으로, 노동조합에 가입된 자가 조합 업무에 전임하려면 소속 장관의 허가를 받아야 한다.

02 공직자윤리법

1. **제1조**(목적)

   공직자 및 공직후보자의 재산등록, 등록재산 공개 및 재산형성과정 소명과 공직을 이용한 재산취득의 규제, 공직자의 선물신고 및 주식백지신탁, 퇴직공직자의 취업제한 및 행위제한 등을 규정함으로써 공직자의 부정한 재산 증식을 방지하고, 공무집행의 공정성을 확보하는 등 공익과 사익의 이해충돌을 방지하여 국민에 대한 봉사자로서 가져야 할 공직자의 윤리를 확립함을 목적으로 한다.

2. **제2조의2**(이해충돌 방지 의무)

   … 직무가 공직자의 재산상 이해와 관련되어 공정한 직무수행이 어려운 상황이 일어나지 아니하도록 노력하여야 한다.

   > **이해충돌**
   > 1. 이해충돌은 그 특성에 따라 실제적(현재 및 과거에 발생한 이해충돌), 외견적(공무원의 사익이 공적 의무의 수행에 영향을 미치는 가능성이 있는 상태이지만, 부정적 영향이 현재화된 것은 아닌 상태), 잠재적(공무원이 미래에 공적 책임에 관련되는 일에 연루되는 경우 발생) 형태로 분류할 수 있다.
   > 2. 예컨대 이해충돌 회피에 있어서는 '어느 누구도 자신이 연루된 사건의 재판관이 되어서는 안 된다'라는 원칙이 적용된다.
   > 3. 우리나라는 2021년 5월 「공직자의 이해충돌 방지법」을 제정하였고, 이 법에 따라 위반행위는 위반행위가 발생한 공공기관 또는 그 감독기관, 감사원 또는 수사기관, 국민권익위원회에 신고할 수 있다.

3. **제3조**(등록의무자)

   정무직공무원, 4급 이상 공무원, 세무·감사·건축·토목·환경·식품위생분야의 대민업무 담당부서 공무원은 7급 이상, 국립대학교의 학장, 총경 이상의 경찰공무원과 소방정 이상의 소방공무원, 교육감 및 교육장, 법관 및 검사, 헌법재판소 헌법연구관, 대령 이상의 장교 및 이에 상당하는 군무원 등이다.

4. **제4조**(등록대상재산)

   본인, 배우자(사실상의 혼인관계에 있는 사람을 포함), 본인의 직계존속·직계비속(다만, 혼인한 직계비속인 여성과 외증조부모, 외조부모, 외손자녀 및 외증손자녀는 제외) 등의 재산이 포함된다.

5. **제5조**(재산의 등록기관과 등록시기 등)

   공직자는 등록의무자가 된 날부터 2개월이 되는 날이 속하는 달의 말일까지 재산등록을 해야 한다.

6. **제10조**(등록재산의 공개)

   정무직 공무원 및 1급 상당 공무원 등이 해당된다.

7. **제14조**(주식의 매각 또는 신탁 및 심사 등)

   (1) 직무관련성 있는 주식은 매각, 신탁 또는 투자신탁에 관한 계약의 체결을 해야 하는데, 매각 혹은 백지신탁해야 하는 주식의 하한가액은 3천만원이다.

   (2) 공개대상자등 또는 그 이해관계자는 신탁재산의 관리·운용·처분에 관여하지 아니한다.

(3) 재산공개 대상자의 주식의 직무관련성을 심사·결정하기 위하여 인사혁신처에 주식백지신탁 심사위원회를 둔다.

(4) 주식백지신탁의 수탁기관은 신탁재산을 관리·운용·처분한 내용을 관할 공직자윤리위원회에 보고하여야 한다.

8. **제15조**(외국 정부 등으로부터 받은 선물의 신고)

공무원(지방의원 포함) 또는 공직유관단체의 임직원(가족 포함)은 그 직무와 관련하여 외국인(외국 정부)에게 미국화폐 100달러 이상이거나 국내 시가로 10만원 이상인 선물을 받으면 지체 없이 소속 기관·단체의 장에게 신고하고 그 선물을 인도하여야 한다.

9. **제17조**(퇴직공직자의 취업제한)

취업심사대상자(재산등록의무자 등)는 퇴직일부터 3년간, 퇴직 전 5년 동안 소속하였던 부서 또는 기관의 업무와 취업심사대상기관 간에 밀접한 관련성이 없어야 한다.

10. **제18조의4**(퇴직공직자 등에 대한 행위제한) **제2항**

재직자는 퇴직공직자로부터 직무와 관련한 청탁 또는 알선을 받은 경우 이를 소속 기관의 장에게 신고하여야 한다.

11. **제19조의2**(취업 및 업무취급제한 위반 여부 확인방법 등)

취업심사대상자가 퇴직한 경우에는 그 퇴직 후 3년 동안 관련 취업심사대상기관에의 취업 여부를 확인 등을 해야 한다.

03 부패방지 및 국민권익위원회의 설치와 운영에 관한 법률

1. **제1조**(목적)

이 법은 국민권익위원회를 설치하여 고충민원의 처리와 이에 관련된 불합리한 행정제도를 개선하고, 부패의 발생을 예방하며 부패행위를 효율적으로 규제함으로써 국민의 기본적 권익을 보호하고 행정의 적정성을 확보하며 청렴한 공직 및 사회풍토의 확립에 이바지함을 그 목적으로 한다.

2. **제8조**(공직자 행동강령)

공직자가 준수하여야 할 행동강령은 … 공직유관단체의 내부규정으로 정한다.

3. **제56조**(공직자의 부패행위 신고의무)

공직자는 … 지체 없이 이를 수사기관·감사원 또는 위원회에 신고하여야 한다.

4. **제56조**(공직자의 부패행위 신고의무) **제7항**

위원회는 접수된 신고사항을 그 접수일부터 60일 이내에 처리하여야 한다. 다만 신고내용의 특정에 필요한 사항을 확인하기 위한 보완 등이 필요하다고 인정되는 경우에는 그 기간을 30일 이내에서 연장할 수 있다.

5. **제62조**(불이익조치 등의 금지)＝**내부고발자 보호**

   누구든지 신고자에게 … 불이익조치를 하여서는 아니 된다.

6. **제72조**(감사청구권)

   18세 이상의 국민은 공공기관의 부패행위에 대해 국민의 연서로 감사원에 감사청구가 가능하다.

7. **제82조**(비위면직자 등의 취업제한)

   부패행위로 당연퇴직·파면·해임된 경우에는 퇴직일로부터 5년 동안 취업제한기관에 취업할 수 없다.

04 공무원 행동강령(대통령령)

행동강령

1. 행동강령은 공무원에게 기대되는 바람직한 가치판단이나 의사 결정을 담고 있으며, 공무원이 준수해야 할 행동기준으로 작용한다.
2. OECD 국가들의 행동강령은 1990년대부터 집중적으로 제정되었으며, 법률·내부지침 등 다양한 형태로 규정되어 있다.

1. **제1조**(목적)

   이 영은 「부패방지 및 국민권익위원회의 설치와 운영에 관한 법률」 제8조에 따라 공무원이 준수하여야 할 행동기준을 규정하는 것을 목적으로 한다.

2. **제2조**(정의)

   (1) **직무관련자**: 민원을 신청하는 중이거나 신청하려는 것이 명백한 개인 또는 법인·단체 등 공무원의 소관 업무와 관련되는 자이다.

   (2) **직무관련공무원**: 공무원의 소관 업무와 관련하여 직무상 명령을 받는 하급자 등 공무원의 직무수행과 관련하여 이익 또는 불이익을 직접적으로 받는 다른 공무원이다.

   (3) **금품등**: 금전, 유가증권, 부동산, 음식물, 주류, 숙박, 채무면제, 취업 제공 등 그 밖의 유형·무형의 경제적 이익을 말한다.

3. **제3조**(적용 범위)

   이 영은 국가공무원(국회, 법원, 헌법재판소 및 선거관리위원회 소속의 국가공무원은 제외한다)과 지방공무원(지방의회의원은 제외한다)에게 적용한다.

4. **제14조**(금품등의 수수 금지)

   공무원은 … 그 명목에 관계없이 동일인으로부터 1회에 100만원 또는 매 회계연도에 300만원을 초과하는 금품 등을 받거나 요구 또는 약속해서는 아니 된다.

5. **제24조**(기관별 행동강령의 운영 등)

    중앙행정기관의 장등은 이 영의 시행에 필요한 범위에서 해당 기관의 특성에 적합한 세부적인 기관별 공무원 행동강령을 제정하여야 한다.

6. **기타 조항**

    사적 이해관계의 신고 등, 직무 관련 영리행위 등 금지, 가족 채용 제한, 인사 청탁 등의 금지, 알선·청탁 등의 금지, 외부강의 등의 사례금 수수 제한 등을 규정하고 있다.

05 「부정청탁 및 금품등 수수의 금지에 관한 법률」(일명 김영란법)

1. **제5조**(부정청탁의 금지)

    누구든지 직접 또는 제3자를 통하여 직무를 수행하는 공직자등에게 부정청탁을 해서는 아니 된다.

    ⊕ 공개적으로 공직자 등에게 특정한 행위를 요구하는 것은 부정청탁에 포함되지 않는다.

2. **제8조**(금품등의 수수 금지)

    (1) **제1항**: 공직자등은 직무 관련 여부 및 기부·후원·증여 등 그 명목에 관계없이 동일인으로부터 1회에 100만원 또는 매 회계연도에 300만원을 초과하는 금품등을 받거나 요구 또는 약속해서는 아니 된다(벌금 부과).

    (2) **제2항**: 공직자등은 직무와 관련하여 대가성 여부를 불문하고 제1항에서 정한 금액 이하의 금품등을 받거나 요구 또는 약속해서는 아니 된다(과태료 부과).

    ◈ 음식물·경조사비·선물 등의 가액 범위

    - **음식물**: 5만원
    - **경조사비**: 축의금·조의금은 5만원. 다만, 축의금·조의금을 대신하는 화환·조화는 10만원으로 한다.
    - **선물**: 5만원. 다만, 농수산물 및 농수산가공품과 농수산물·농수산가공품 상품권*은 15만원(설날·추석 전 24일부터 설날·추석 후 5일까지는 30만원)으로 한다.

    *유가증권 중 상품권은 선물에 포함

06 공무원 헌장(대통령훈령)

1. 우리는 자랑스러운 대한민국의 공무원이다.

2. 우리는 헌법이 지향하는 가치를 실현하며 국가에 헌신하고 국민에게 봉사한다.

3. 우리는 국민의 안녕과 행복을 추구하고 조국의 평화 통일과 지속 가능한 발전에 기여한다.

4. 이에 굳은 각오와 다짐으로 다음을 실천한다.

(1) 하나. 공익을 우선시하며 투명하고 공정하게 맡은 바 책임을 다한다.
(2) 하나. 창의성과 전문성을 바탕으로 업무를 적극적으로 수행한다.
(3) 하나. 우리 사회의 다양성을 존중하고 국민과 함께 하는 민주 행정을 구현한다.
(4) 하나. 청렴을 생활화하고 규범과 건전한 상식에 따라 행동한다.

07 더러운 손의 딜레마(The Problem of Dirty Hands)

공직자는 옳은 일을 하기 위해 비도덕적인 행위를 하는 상황에 놓이기도 한다. 왈처(Walzer)가 제시한 이 개념은 공직을 통해 대표성을 지닌 개인이 국가나 공동체의 대의를 위해, 개인의 가치관이나 윤리관에서는 수용할 수 없는 결정을 내려야 하는 문제상황을 의미한다.

기출문제 학습

01 이해충돌 방지 의무, 등록재산의 공개는 (㉠ 국가공무원법 / ㉡ 공직자윤리법)에 규정하고 있다. 24. 지방 9

02 「국가공무원법」상 공무원이 소속 상관에게 직무상 관계없는 (㉠ 증여는 가능하다. / ㉡ 증여라도 할 수 없다.) 20. 지방 7

03 「국가공무원법」상 (㉠ 투표권 행사여부에 대하여 사적 견해를 제시하는 것 / ㉡ 타인에게 정당이나 그 밖의 정치단체에 가입하도록 권유운동을 하는 것)을 금지하고 있다. 12. 지방 7

04 「국가공무원법」상 사실상 노무에 종사하는 공무원은 (㉠ 다른 공무원에 비해 비교적 자유로운 노조 활동이 보장된다. / ㉡ 노동운동이나 그 밖에 공무 외의 일을 위한 집단 행위를 하여서는 아니된다.) 24. 국가 7

05 (㉠「공무원 헌장」/ ㉡「국가공무원법」)은 공무원이 실천해야 하는 가치로 공익을 명시하고 있다. 19. 국가 9

06 공무원의 정치적 중립은 공무원의 정치적 기본권을 (㉠ 강화한다. / ㉡ 약화한다.) 22. 국가 9

07 「공직자의 이해충돌 방지법」의 위반행위는 감사원, 수사기관, 국민권익위원회 등에 신고할 수 있으나 위반행위가 발생한 기관(㉠ 은 제외된다. / ㉡ 도 포함한다.) 23. 국가 9

08 「공직자윤리법」의 내용으로 옳지 않은 것은 (㉠ 이해충돌 방지 의무 / ㉡ 정무직 공무원 등의 재산등록 의무 / ㉢ 외국정부 등으로부터 받은 선물의 신고 / ㉣ 비위면직자의 취업제한)이다. 15. 서울 7

09 「공직자윤리법」상 공무원(㉠ 지방의회의원을 포함 / ㉡ 지방의회의원은 제외)은 그 직무와 관련하여 외국인으로부터 국내 시가 10만원 이상의 선물을 받으면 (㉠ 지체 없이 소속 기관·단체의 장에게 신고하고 인도하여야 한다. / ㉡ 돌려주어야 한다.) 20. 국가 7, 19. 지방 7

10 「공직자윤리법」과 그 시행령에 근거하여 재산등록 의무를 갖는 공무원이 아닌 것은 (㉠ 건축·토목·환경·식품위생 분야의 대민 관련 인·허가 담당 지방자치단체 소속 7급 일반직 공무원 / ㉡ 예산의 편성 및 심사를 담당하는 지방자치단체 소속 7급 일반직 공무원 / ㉢ 조세의 부과·징수·조사 및 심사를 담당하는 지방자치단체 소속 7급 일반직 공무원 / ㉣ 감사원 소속 7급 일반직 공무원 / ㉤ 총경 이상의 경찰공무원 / ㉥ 소방정 이상의 소방공무원)이다. 20. 국가 7, 10. 지방 7

11 「공직자윤리법」에서는 퇴직공직자의 취업제한 및 행위제한 등을 규정하고 있는데, 취업심사대상자는 퇴직일로부터 (㉠ 2년 / ㉡ 3년 / ㉢ 5년)간 퇴직 전 (㉠ 3년 / ㉡ 5년) 동안 소속하였던 부서 또는 기관의 업무와 밀접한 관련성이 있는 취업제한기관에 취업할 수 없다. 21. 지방 7, 18. 서울 9

12 주식백지신탁제도라 함은 공직자의 재산과 그가 담당하는 직무 사이에 발생하는 (㉠ 이념갈등 / ㉡ 이해충돌 / ㉢ 민간위탁 / ㉣ 부정청탁)을 사전에 회피하기 위한 제도로 (㉠ 공직자윤리법 / ㉡ 부패방지 및 국민권익위원회의 설치와 운영에 관한 법률)에 규정되어 있다. 20. 국가 7, 17. 국가 9

13 백지신탁-이해충돌이 존재하는 주식을 신탁회사에서 (㉠ 해당 공직자의 의견을 반영해 이해충돌이 없는 주식으로 변경 / ㉡ 해당 공직자는 해당 주식에 관리·운영·처분에 관여하지 못하게) 하는 제도이다. 23. 국가 7

14 (㉠ 공직자윤리법 / ㉡ 국가공무원법)의 목적은 국민 전체의 봉사자로서 행정의 민주성과 능률성을 확립하는 것이다. 24. 국가 7

15 공직자 행동강령은 공무원이 준수하여야 할 행동기준으로 (㉠ 국가공무원법 / ㉡ 부패방지 및 국민권익위원회의 설치와 운영에 관한 법률 제8조)에 근거한다. 18. 국가 7

16 보기에서 ① 「국가공무원법」, ② 「공직자윤리법」, ③ 「부패방지법」에서 규정하는 내용을 각각 모두 고르면? 21. 국가 9, 16. 국가 7, 12. 국가 9
(㉠ 품위 유지의 의무 / ㉡ 재산 등록 및 공개의 의무 / ㉢ 선물신고 / ㉣ 퇴직공직자의 취업제한 / ㉤ 내부고발자 보호 / ㉥ 비위면직자의 취업제한 / ㉦ 부패행위 신고의무 / ㉧ 복종의 의무 / ㉨ 성실 의무)

17 우리나라 공무원 행동강령은 법원, 헌법재판소, 선거관리위원회 소속 공무원에게도 (㉠ 적용된다. / ㉡ 적용되지 않는다.) 24. 지방 7

18 「부정청탁 및 금품등 수수의 금지에 관한 법률」상 공개적으로 공직자 등에게 특정한 행위를 요구하는 행위는 부정청탁에 (㉠ 해당한다. / ㉡ 해당하지 않는다.) 17. 국가 9

19 「부정청탁 및 금품등 수수의 금지에 관한 법률」상 공직자 등이 직무와 관련하여 대가성 여부를 불문하고 1회 100만원 이하의 금품을 수수하는 경우 (㉠ 형사 처벌을 / ㉡ 과태료를 부과)할 수 있다. 18. 서울추가 7

20 「부정청탁 및 금품등 수수의 금지에 관한 법률 시행령」상 음식물, 선물, 경조사비의 가액범위는 각각 (㉠ 3, 5, 10만 원 / ㉡ 5, 5, 5만 원)이다. 18. 지방 9

21 행정윤리와 관련하여, [㉠ 행정윤리는 특정 시점이나 사실과 관계없이 규범성과 당위성을 가지고 작동되어야 한다. / ㉡ OECD는 정부의 '신뢰적자(confidence deficit)' 문제를 해결하기 위한 방안으로 윤리의 확보를 제시하고 있다.] 14. 지방 7

정답 1. ㉡ 2. ㉡ 3. ㉠ 4. ㉡ 5. ㉠ 6. ㉡ 7. ㉡ 8. ㉣ 9. ㉠, ㉡ 10. ㉡ 11. ㉡, ㉡ 12. ㉡, ㉠ 13. ㉡ 14. ㉡ 15. ㉡ 16. ①-(㉠, ㉧, ㉨) ②-(㉡, ㉢, ㉣) ③-(㉤, ㉥, ㉦) 17. ㉠ 18. ㉡ 19. ㉡ 20. ㉡ 21. ㉡

Theme 13 공무원 부패

01 부패발생 원인에 대한 접근방법

1. 체제론적 접근

부패는 관료 개인의 속성, 제도, 사회문화적 환경 등의 여러 요인이 복합적으로 작용한 결과이다.

2. 사회문화적 접근

부패는 공식적인 법규나 규범보다는 관습과 같은 사회문화적 환경에 의해 유발된다.

3. 제도적 접근

부패는 현실과 괴리된 법령의 이중적인 규제 기준과 모호한 법규정, 적절한 통제장치의 미비 등에 의해 발생한다.

4. 도덕적 접근

부패는 관료 개인의 윤리 의식과 자질 문제로 발생한다.

5. 권력문화적 접근

부패는 과도한 권력집중과 이로 인한 권력남용으로 발생한다.

6. 구조적 접근

부패는 공무원의 잘못된 의식구조에 의해 발생한다.

7. 시장·교환적 접근

부패는 정치·경제 엘리트 간의 야합과 이권개입으로 발생한다.

02 부패의 유형

1. 사기형 부패

공금횡령, 개인적인 이익의 편취, 회계부정 등의 부패를 말한다.

2. 일탈형 부패

무허가 업소를 단속하던 단속원이 정상적인 단속활동을 수행하다가 금품을 제공하는 특정 업소에 대해서 단속을 하지 않는 것 등이다.

3. 제도화된 부패

(1) 부패저항자에 대한 제재와 보복, 부패행위자에 대한 보호와 관대한 처분, 실제로 지켜지지 않는 반부패 행동규범의 대외적 표방, 부패의 타성화 등을 특징으로 한다.

(2) 예컨대 인·허가와 관련된 업무를 처리할 때 이른바 '급행료'를 지불하는 것을 당연시하는 부패를 말한다.

4-1. 백색부패(부패의 범주에 포함)

선의의 부패로, 금융위기가 심각함에도 불구하고 국민들의 동요나 기업의 활동이 위축되는 것을 막기 위해 공직자가 거짓말을 하는 행위 등이다.

4-2. 회색부패

법에 규정하기는 곤란하여 윤리강령에 규정하는 부패('과도한 선물의 수수' 등) 등이다. 사회체제에 파괴적 영향을 미칠 잠재성이 있음에도 불구하고, 일부 집단은 처벌을 원하는 반면, 다른 집단은 처벌을 원하지 않는다.

4-3. 흑색부패

형법, 공직자윤리법, 부패방지 및 국민권익위원회의 설치와 운영에 관한 법률 등에 규정되는 위법한 사익추구행위 등이다.

03 부패의 분류

1. 거래 VS 비거래

(1) 거래형 부패

공무원이 금전적 이득을 얻기 위해 뇌물을 주고받는 경우이다.

(2) 비거래형 부패

거래 당사자가 없이 공금 횡령, 개인적 이익 편취, 회계 부정 등이 공무원에 의해 일방적으로 발생한다.

2. 개인 VS 조직

(1) 개인적 부패

공무원 개인이 직무를 수행하면서 공금을 횡령하는 등의 행위이다.

(2) 조직적 부패

조직적으로 이루어지는 부패로 외부에 잘 드러나지 않는다.

3. 생계 VS 권력

(1) 생계형 부패

생계유지를 목적으로 하는 부패이다.

(2) 권력형 부패

정치인이나 고위공무원이 자신의 권력을 남용해 사적 이익을 추구하는 부패이다.

04 부패의 통제

1. 계층제는 공식적 행정통제 방법이다.

2. 우리나라는 공공기관의 부패행위에 대해 국민감사청구제를 시행(감사원에 청구)하고 있다.

3. 우리나라는 '모든 국민의 공공기관 부패방지 시책에 대한 협력의무'를 법률로 규정하고 있다.

05 관련 용어

1. 비윤리적 행위
공무원들이 친구 등에 호의를 베풀거나 자신의 경제적 이익을 위해 어떤 결정을 내리는 행위를 말한다.

2. 부정행위
공무원들이 고속도로 통행료를 착복하거나, 공공기금을 횡령하는 행위 등이다.

3. 행정권 오용행위
입법의도의 편향된 해석으로 인하여, 정부가 환경보호 의견을 무시한 채 개발업자나 목재 회사 측의 편을 들어 벌목을 허용하는 행위 등이다.

4. 무사안일
공무원들이 부여된 재량권을 행사하지 않고 적극적인 조치를 하지 않는 행위 등이다.

• 기출문제 학습 •

01 부패의 원인에 관한 (㉠ 사회문화적 / ㉡ 제도적 / ㉢ 체제론적 / ㉣ 도덕적) 접근방법에 따르면 부패는 관료 개인의 윤리의식과 자질로 인하여 발생한다. 20. 지방 7

02 문화적 특성, 제도상 결함, 구조상 모순 그리고 공무원의 부정적 행태 등 다양한 요인에 의해 공무원 부패가 발생한다고 보는 접근방법은 공무원 부패에 대한 다양한 접근방법 중 (㉠ 사회문화적 / ㉡ 제도적 / ㉢ 체제론적 / ㉣ 도덕적) 접근방법이다. 09. 지방 7

03 인·허가 업무처리 시 소위 '급행료'를 당연하게 요구하는 행위를 (㉠ 일탈형 부패 / ㉡ 제도화된 부패) 라고 한다. 25. 국가 9, 22. 국가 7

04 금융위기가 심각함에도 불구하고 국민들의 동요나 기업 활동의 위축을 막기 위해 공직자가 거짓말을 하는 것은 (㉠ 백색부패 / ㉡ 회색부패)에 해당한다. 17. 서울 9, 12. 지방 7

05 제도화된 부패의 특징이 아닌 것은 (㉠ 공식적 행동규범을 준수하려는 성향의 일상화 / ㉡ 실제로 지켜지지 않는 반부패 행동규범의 대외적 표방)이다. 13. 국가 7

06 공금횡령은 (㉠ 거래형 부패 / ㉡ 사기형 부패)에 해당한다. 14. 국가 7

07 ① 공무원이 정상적인 단속활동을 수행하다가 금품을 제공하는 특정 업소를 단속하지 않는 경우는 (㉠ 일탈형 부패 / ㉡ 생계형 부패)의 사례이다.
② 거래당사자 없이 공금 횡령, 개인적 이익 편취, 회계 부정 등이 공무원에 의해 일방적으로 발생하는 것은 (㉠ 거래형 부패 / ㉡ 비거래형 부패)이다. 18. 국가 9

08 공공기관의 부패행위에 대해 (㉠ 감사원 / ㉡ 국민권익위원회)에 감사를 청구할 수 있는 국민감사청구 제도가 시행되고 있다. 16. 지방 7

09 (㉠ 행정권 오용행위 / ㉡ 회색부패)와 관련하여 '입법의도의 편향된 해석'이란 정부가 환경보호 의견을 무시한 채 관련 법규에서 개발업자나 목재 회사 측의 편을 들어 벌목을 허용하는 등의 행위를 말한다. 12. 국가 7

정답 1. ㉣ 2. ㉢ 3. ㉡ 4. ㉠ 5. ㉠ 6. ㉡ 7. ①-㉠ ②-㉡ 8. ㉠ 9. ㉠

Theme 14 공무원 징계

01 공무원 징계의 종류(6종류)

징계의 종류		징계의 효력
중징계	파면	• 신분박탈, 5년간 공직임용제한 • 재직기간이 5년 미만인 사람의 퇴직급여: 4분의 1 감액 • 재직기간이 5년 이상인 사람의 퇴직급여: 2분의 1 감액

	해임	• 신분박탈, 3년간 공직임용제한
		• 금품 및 향응 수수, 공금의 횡령·유용으로 해임된 경우
		  1. 재직기간이 5년 미만인 사람의 퇴직급여: 8분의 1 감액
		  2. 재직기간이 5년 이상인 사람의 퇴직급여: 4분의 1 감액

	강등	• 1계급 아래로 직급을 내리고, 공무원신분은 보유하나 3개월간 직무에 종사하지 못하며 그 기간 중 보수는 전액 감액 • 징계처분 집행이 끝난 날부터 18개월 동안 승진임용 또는 승급할 수 없음.
	정직	• 1개월 이상 3개월 이하의 기간으로 하고, 정직 처분을 받은 자는 그 기간 중 공무원의 신분은 보유하나 직무에 종사하지 못하며 보수는 전액 감액 • 징계처분 집행이 끝난 날부터 18개월 동안 승진임용 또는 승급할 수 없음.
경징계	감봉	• 1개월 이상 3개월 이하의 기간 동안 보수의 3분의 1을 감액 • 징계처분 집행이 끝난 날부터 12개월 동안 승진임용 또는 승급할 수 없음.
	견책	• 전과(前過)에 대하여 훈계하고 회개하게 함. • 징계처분 집행이 끝난 날부터 6개월 동안 승진임용 또는 승급할 수 없음.

🔍 관련 법령: 국가공무원법, 공무원연금법, 공무원임용령, 공무원보수규정

02 징계와 혼선을 주는 용어(징계 ×)

1. 강임(국가공무원법 제73조의4)

임용권자는 직제 또는 정원의 변경이나 예산의 감소 등으로 직위를 내린다.

🔍 강임된 사람에게는 강임된 봉급이 강임되기 전보다 많아지게 될 때까지는 강임되기 전의 봉급에 해당하는 금액을 지급한다.

2. 직권면직(국가공무원법 제70조)

임용권자는 공무원이 다음의 어느 하나에 해당하면 직권으로 면직시킬 수 있다.

(1) 직제와 정원의 개폐 또는 예산의 감소 등에 따라 폐직 또는 과원이 되었을 때

(2) 휴직 기간이 끝나거나 휴직 사유가 소멸된 후에도 직무에 복귀하지 아니하거나 직무를 감당할 수 없을 때

(3) 직무수행 능력이 부족하거나 근무성적이 극히 나쁜 것을 이유로 직위해제를 받은 공무원이 직위해제 기간에 능력의 향상을 기대하기 어렵다고 인정된 때

(4) 전직시험에서 세 번 이상 불합격한 자로서 직무수행 능력이 부족하다고 인정된 때
(5) 병역판정검사·입영 또는 소집의 명령을 받고 정당한 사유 없이 이를 기피하거나 군복무를 위하여 휴직 중에 있는 자가 군복무 중 군무(軍務)를 이탈하였을 때
(6) 해당 직급·직위에서 직무를 수행하는데 필요한 자격증의 효력이 없어지거나 면허가 취소되어 담당 직무를 수행할 수 없게 된 때
(7) 고위공무원단에 속하는 공무원이 적격심사 결과 부적격 결정을 받은 때

3. 직위해제(국가공무원법 제73조의3)
직무수행 능력이 부족하거나 근무성적이 극히 나쁜 자, 파면·해임·강등 또는 정직에 해당하는 징계 의결이 요구 중인 자, 형사 사건으로 기소된 자, 고위공무원단에 속하는 일반직공무원으로서 적격심사를 요구받은 자 등에 대해서 직위를 부여하지 아니할 수 있다. 직위해제 사유가 소멸되면 임용권자는 지체 없이 직위를 부여하여야 하며, 현실적으로 징계처분의 수단으로 남용되기도 한다.

4. 휴직
공무원으로서의 신분을 보유하게 하면서 직무담임을 일시적으로 해제하는 것으로서 임용권자가 직권으로 휴직을 명하는 직권휴직과 본인의 원에 따라 휴직을 명하는 청원휴직이 있다. 임용권자는 신체·정신상의 장애로 장기 요양이 필요할 때, 병역 복무를 마치기 위하여 징집 또는 소집되는 경우 등에 해당할 경우 본인의 의사에도 불구하고 휴직을 명하여야 한다.

03 징계절차

1. 국가공무원 징계절차
(1) **징계의결 등의 요구**: 5급 이상 공무원등에 대해서는 소속 장관이, 6급 이하 공무원등에 대해서는 해당 공무원의 소속 기관의 장 또는 소속 상급기관의 장이 관할 징계위원회에 징계의결 등을 요구하여야 한다.
(2) **징계처분 등**: 징계위원회의 의결을 거쳐 징계위원회가 설치된 소속 기관의 장이 하되, 국무총리 소속으로 설치된 징계위원회에서 한 징계의결 등에 대하여는 중앙행정기관의 장이 한다. 다만, 파면과 해임은 징계위원회의 의결을 거쳐 각 임용권자 또는 임용권을 위임한 상급 감독기관의 장이 한다.
(3) **징계위원회**
  ① 보통징계위원회(6급 이하)
    ㉠ **설치**: 중앙행정기관에 두며, 중앙행정기관의 장이 필요하다고 인정할 때는 그 소속기관에도 설치할 수 있다.
    ㉡ **구성**: 위원장 1명을 포함하여 9명 이상 15명 이하의 공무원위원과 민간위원으로 구성하되, 이 경우 민간위원의 수는 위원장을 제외한 위원 수의 2분의 1 이상이어야 한다.

ⓒ 회의: 위원장과 위원장이 회의마다 지정하는 6명의 위원으로 구성하되, 이 경우 민간위원이 4명 이상 포함되어야 한다.

② 중앙징계위원회(5급 이상)
  ㉠ 설치: 국무총리 소속
  ㉡ 구성: 위원장 1명을 포함하여 17명 이상 33명 이하의 공무원위원과 민간위원으로 구성하되, 이 경우 민간위원의 수는 위원장을 제외한 위원 수의 2분의 1 이상이어야 한다.
  ㉢ 회의: 위원장과 위원장이 회의마다 지정하는 8명의 위원으로 구성하되, 이 경우 민간위원이 5명 이상 포함되어야 한다.

③ 징계위원회는 위원 5명 이상의 출석과 출석위원 과반수의 찬성으로 의결하되, 의견이 나뉘어 출석위원 과반수의 찬성을 얻지 못한 경우에는 출석위원 과반수가 될 때까지 징계 등 혐의자에게 가장 불리한 의견에 차례로 유리한 의견을 더하여 가장 유리한 의견을 합의된 의견으로 본다.

2. 지방공무원 징계절차

징계처분 등은 인사위원회의 의결을 거쳐 임용권자가 한다.

기출문제 학습

01 정직은 징계처분의 일종으로 사유에 따라 1개월 이상 3개월 이하의 기간이 적용되며, 정직 기간 중에는 보수의 (㉠ 1/3 / ㉡ 1/2 / ㉢ 2/3 / ㉣ 전액) 감하도록 되어 있다. 24. 국가 7, 22. 국가 9

02 (㉠ 강임 / ㉡ 강등)은 1계급 아래로 직급을 내리고 공무원 신분은 보유하나 3개월간 직무에 종사하지 못하며 그 기간 중 보수는 전액을 감한다. 15. 지방 7

03 금품 및 향응 수수, 공금횡령・유용으로 징계 해임된 5년 이상 재직한 자의 퇴직급여는 (㉠ 1/2 감액 / ㉡ 1/4 감액 / ㉢ 1/8감액 / ㉣ 감액 ×)하고 지급한다. 13. 국가 7

04 감봉은 1개월 이상 3개월 이하의 기간 동안 보수의 (㉠ 전액 / ㉡ 2/3 / ㉢ 1/3)을 감한다. 18. 국가 9

05 (㉠ 강임과 직위해제는 / ㉡ 직위해제는 징계에 해당하고, 강임만 / ㉢ 강임만 징계에 해당하고, 직위해제만) 징계에 해당하지 않는다. 18. 지방 9

06 징계로 (㉠ 파면 / ㉡ 해임)처분을 받은 때부터 5년이 지나지 아니한 자는 공무원으로 임용될 수 없고, (㉠ 파면 / ㉡ 해임)처분을 받은 때부터 3년이 지나지 아니한 자는 공무원에 임용될 수 없다. 19. 지방 7, 14. 국가 7

07 2019년 10월 13일에 공무원으로서 징계로 파면처분을 받은 丙은 2022년 10월 14일 기준, 「국가공무원법」상 공무원으로 임용될 수 (㉠ 있다. / ㉡ 없다.) 22. 국가 7

08 중앙징계위원회의 회의는 위원장과 위원장이 회의마다 지정하는 8명의 위원으로 구성하며, 이 경우 (㉠ 공무원 / ㉡ 민간위원)이 5명 이상 포함되어야 한다. 17. 국가인사 7

09 직위해제 (㉠ 처분을 받은 공무원은 잠정적으로 공무원 신분이 상실된다. / ㉡ 는 직무수행 능력이 부족하거나 근무성적이 극히 나쁜 자에 대해서도 가능하다.) 23. 국가 9

정답 1. ㉣ 2. ㉡ 3. ㉡ 4. ㉢ 5. ㉠ 6. ㉠,㉡ 7. ㉠,㉡ 8. ㉡ 9. ㉡

Theme 15 소청제도

🔍 소청이란 행정기관 소속 공무원의 징계처분, 그 밖에 그 의사에 반하는 불리한 처분이나 부작위에 대하여 심사·결정하는 것이다.

01 소청심사위원회 설치

1. 국가공무원법 제9조

인사혁신처에 소청심사위원회를 설치하고, 국회사무처, 법원행정처, 헌법재판소사무처 및 중앙선거관리위원회사무처는 별도로 소청심사위원회를 둔다.

2. 지방공무원법 제13조

시·도에 지방소청심사위원회 및 교육소청심사위원회를 둔다.

구분		대상 공무원	소청심사 기관
행정부	국가 공무원	일반직, 외무, 소방, 경찰 등 🔍 검사는 소청제도 없음.	인사혁신처 소청심사위원회
		교원	교원소청심사위원회
	지방 공무원	일반	시·도 지방공무원 소청심사위원회
		지방직 교육직렬	교육소청심사위원회

국회(국회사무처), 법원(법원행정처), 헌법재판소(헌법재판소사무처), 중앙선관위(중앙선거관리위원회사무처)

🔍 특수경력직 공무원은 원칙적으로 소청대상에 포함되지 않는다.

02 심사대상

1. 행정기관 소속 공무원의 징계처분, 그 밖에 <u>그 의사에 반하는 불리한 처분이나 부작위</u>*가 대상이다.
   강임, 휴직, 직위해제, 면직, 전보, (불문) 경고 등은 포함되고, 승진탈락은 포함되지 않는다.
2. 인사혁신처에 설치된 소청심사위원회는 특정직 공무원의 소청을 심사·결정할 수 있다.

03 위원 구성

인사혁신처에 설치된 소청심사위원회는 위원장 1명을 포함한 5명 이상 7명 이하의 상임위원과 상임위원 수의 2분의 1 이상인 비상임위원으로 구성하고, 위원장은 정무직이다.

04 위원 제외 대상

「정당법」에 따른 정당의 당원, 「공직선거법」에 따라 실시하는 선거에 후보자로 등록한 자 등은 제외된다.

05 소청심사위원회 결정

재적 위원 3분의 2 이상의 출석과 출석 위원 과반수의 합의로 결정하며, 징계처분 또는 징계부과금 부과처분*의 경우 원징계처분보다 무거운 결정을 하지 못한다.

예컨대 공무원이 뇌물로 100만 원을 받았다면, 뇌물로 받은 금액의 2배인 200만 원을 징계부과금 부과처분을 한다.

06 결정의 효력

소청심사위원회의 결정은 처분 행정청을 기속한다.

07 결정기한

소청심사청구를 접수한 날부터 60일 이내, 불가피하다고 인정되면 30일을 연장할 수 있다.

08 행정소송과의 관계

처분, 그 밖에 본인의 의사에 반한 불리한 처분이나 부작위(不作爲)에 관한 행정소송은 소청심사위원회의 심사·결정을 거치지 아니하면 제기할 수 없다.

• 기출문제 학습 •

01 (㉠ 인사혁신처 / ㉡ 중앙선거관리위원회사무처)에 설치된 소청심사위원회는 중앙선거관리위원회 소속 공무원의 소청을 심사한다. 16. 국가인사 7

02 「국가공무원법」상 소청심사위원회를 둘 수 없는 기관은 (㉠ 행정안전부 / ㉡ 국회사무처 / ㉢ 법원행정처)이다. 18. 지방 7

03 검사는 (㉠ 법무부 소청심사위원회가 관할 소청심사기관이다. / ㉡ 소청제도가 없다.) 24. 국가 9

04 소청대상에는 (㉠ 징계처분만 / ㉡ 징계처분, 그 밖에 그 의사에 반하는 불리한 처분만 / ㉢ 징계처분, 그 밖에 그 의사에 반하는 불리한 처분이나 부작위를) 포함한다. 18. 국가인사 7

05 '승진 탈락'은 그 밖에 그 의사에 반하는 불리한 처분(㉠ 으로 소청대상이다. / ㉡ 에 해당하지 않아 소청대상이 아니다.) 14. 서울 7

06 인사혁신처에 설치된 소청심사위원회는 위원장 1명을 포함한 5명 이상 7명 이내의 상임위원으로 구성하고, (㉠ 필요시에만 / ㉡ 상임위원 수의 1/2 이상인) 비상임위원으로 구성한다. 14. 국가 7

07 소청심사위원회의 결정은 (㉠ 처분청만 / ㉡ 처분청과 소청인 모두를) 기속한다. 23. 국가 7

정답 1.㉡ 2.㉠ 3.㉡ 4.㉢ 5.㉠ 6.㉡ 7.㉠

Theme 16 기타 사항

01 계급정년제도

공무원이 일정한 기간 동안 승진하지 못하고 동일한 계급에 머물러 있으면, 그 기간이 만료된 때에 그 사람을 자동적으로 퇴직시키는 제도이다. 인적자원의 유동률을 높여 국민에게 공직 기회를 확대할 수 있고, 공무원의 교체를 촉진하여 낡은 관료문화 타파에 기여한다.

02 공무원 신분보장(국가공무원법 제68조)

공무원은 형의 선고, 징계처분 또는 이 법에서 정하는 사유에 따르지 아니하고는 본인의 의사에 반하여 휴직·강임 또는 면직을 당하지 아니한다. 다만, 1급 공무원과 직무등급이 가장 높은 등급의 직위에 임용된 고위공무원단에 속하는 공무원은 그러하지 아니한다.

03 공무원의 승진

1. 승진후보자 명부의 작성 및 평점 등

(1) 임용권자는 1월 31일과 7월 31일을 기준으로 승진임용에 필요한 요건을 갖춘 5급 이하 공무원을 대상으로 승진임용예정 직급별로 승진후보자 명부를 작성하여야 한다.

(2) 임용권자는 근무성적평가 점수의 반영비율은 90퍼센트, 경력평정점의 반영비율은 10퍼센트로 하여 승진후보자 명부를 작성하되, 근무성적평가 점수의 반영비율은 95퍼센트까지 가산하여 반영할 수 있고, 경력평정점의 반영비율은 5퍼센트까지 감산하여 반영할 수 있다.

2. 일반직 공무원의 승진 최저연수

9 → 8 → 7 → 6급(각 1년), 6 → 5급(2년), 5 → 4 → 3급(각 3년)

3. 근속승진

6, 7 또는 8급의 정원이 없는 경우에도 근속승진인원만큼 상위직급에 결원이 있는 것으로 보고 승진임용하는 제도이다.

4. 공개경쟁승진

5급으로의 승진에 적용되며, 기관 구분 없이 승진 자격을 갖춘 6급 공무원을 대상으로 하는 공개경쟁승진시험의 성적에 의해 결정한다.

5. 특별승진

민원봉사대상 수상자, 직무수행능력 우수자, 제안채택 시행자, 명예퇴직자, 공무사망자 등을 대상으로 일정요건을 충족하는 경우 승진임용하거나, 승진심사 또는 승진시험에 응시할 수 있도록 하는 제도이다.

6. 승진적체 완화를 위한 제도

대우공무원, 필수 실무요원제, 복수직급제 등이 해당한다.

04 고충처리제도

1. 고충처리대상 및 절차

(1) 공무원은 누구나 인사・조직・처우 등 직무 조건과 관련된 신상 문제와 성폭력범죄・성희롱 및 부당한 행위 등으로 인한 신상 문제와 관련된 고충의 처리를 요구할 수 있다.

(2) 고충심사위원회가 청구서를 접수한 때에는 30일 이내에 고충심사에 대한 결정을 해야 하고, 부득이하다고 인정되는 경우에는 고충심사위원회의 의결로 30일의 범위에서 그 기한을 연기할 수 있다.

2. 고충심사위원회

(1) 중앙고충심사위원회

① 5급 이상 공무원 및 고위공무원단에 속하는 일반직 공무원의 고충을 심사하기 위하여 인사혁신처에 설치된 소청심사위원회가 관장한다. 즉 소청심사위원회의 상임위원과 비상임위원이 중앙고충심사위원회의 위원이다.

② 중앙고충심사위원회의 결정은 위원 3분의 2 이상의 출석과 출석위원 과반수의 합의로 결정한다.

(2) 보통고충심사위원회

① 6급 이하 공무원・연구사・지도사 또는 이에 상당하는 일반직 공무원의 신규채용에 관한 임용권자 단위로 설치한다.

② 위원장 1명을 포함하여 7명 이상 15명 이하의 공무원위원과 민간위원으로 구성하고, 민간위원의 수는 위원장을 제외한 위원 수의 2분의 1 이상이어야 한다.

③ 고충심사에 대한 결정은 위원 5명 이상의 출석과 출석위원 과반수의 합의로 결정한다.

3. 고충처리제도와 소청심사제도

양자 모두 공무원의 권익보호를 위한 제도이다. 고충심사위원회 결정은 권고사항으로 관계기관 장을 기속하지는 않지만, 소청심사위원회의 결정은 관계기관 장을 기속한다.

05 공무원 제안 규정

공무원이 우수한 제안을 제출한 경우 특별승진이나 특별승급, 상여금 지급 등의 인센트브를 제공하는 제도이다. 행정절차의 간소화, 경비 절감 등에 기여하고, 공무원의 창의력, 문제해결능력, 참여의식을 제고한다.

06 유연근무제

공무원의 근무방식과 형태를 개인·업무·기관특성에 따라 선택할 수 있는 제도로, 국가공무원 복무·징계 관련 예규상 탄력근무제와 원격근무제로 구분한다. 공무원은 일반적으로 오전 9시에 출근하여 오후 6시에 퇴근하는데, 점심시간 1시간을 제외하고 1일 8시간 근무한다. 주 5일 근무하면 주 40시간 근무하게 된다.

1. 탄력근무제
전일제 근무를 지키되 근무시간, 근무일수를 자율 조정할 수 있는 제도이다.

2. 원격근무제
직장 외의 장소에서 정보통신망을 이용하여 근무하는 제도로, 재택근무와 스마트 워크 근무형으로 구분된다.

◈ 국가공무원 복무·징계 관련 예규

유형		활용방법
탄력 근무제		▶주 40시간 근무하되, 출퇴근시각·근무시간·근무일을 자율 조정
	시차 출퇴근형	▶기본개념: 1일 8시간 근무체제 유지, 출퇴근시간 자율 조정 ▶실시기간: 1일 이상 ▶신청시기: 당일까지 신청하되, 당일 24시까지 부서장 승인 ▶출근유형: 가급적 07:00 ~ 10:00까지로 30분 단위로 하되 필요시 탄력적으로 운영 가능
	근무시간 선택형	▶기본개념: 일 8시간에 구애받지 않음(일 4 ~ 12시간 근무), 주 5일 근무 준수 ▶실시기간: 1주 이상으로 하되 당일 신청시 2일 이상 ▶신청시기: 당일까지 신청하되, 당일 24시까지 부서장 승인 ▶근무가능 시간대는 06:00 ~ 24:00로 하되 1일 최대 근무시간은 12시간
	집약 근무형	▶기본개념: 일 8시간에 구애받지 않음(일 4 ~ 12시간 근무), 주 3.5 ~ 4일 근무 ▶실시기간: 1주일 이상 ▶신청시기: 실시 전일까지 ▶근무가능 시간대는 06:00 ~ 24:00로 하되 1일 최대 근무시간은 12시간 ▶정액급식비 등 출퇴근을 전제로 지급되는 수당은 출근하는 일수만큼만 지급
	재량 근무형	▶기본개념: 출퇴근 의무 없이 프로젝트 수행으로 주 40시간 인정 ▶실시기간: 기관과 개인이 합의 ▶신청시기: 수시 ▶고도의 전문적 지식과 기술이 필요해 업무수행 방법이나 시간 배분을 담당자의 재량에 맡길 필요가 있는 분야
원격 근무제		▶특정한 근무장소를 정하지 않고 정보통신망을 이용하여 근무
	재택 근무형	▶기본개념: 사무실이 아닌 자택에서 근무 ▶실시기간: 1주일 이상 ▶신청시기: 실시 전일까지 ▶초과근무: 사전에 부서장의 긴급 초과 근무명령을 받은 경우에만 예외적으로 인정
	스마트 워크 근무형	▶기본개념: 자택 인근 스마트워크센터 등 별도 사무실에서 근무 ▶실시기간: 1일 이상 ▶신청시기: 당일까지 신청하되, 당일 24시까지 부서장 승인 ▶사전에 부서장 승인시에만 초과근무 인정

• 기출문제 학습 •

01 계급정년제도는 (㉠ 공무원의 교체를 촉진하여 낡은 관료문화 타파에 기여할 수 있다. / ㉡ 공무원의 직업적 안정성을 확보할 수 있다.) 17. 국가추가 9

02 우리나라 1급 공무원과 직무등급이 가장 높은 등급의 직위에 임용된 고위공무원단에 속하는 공무원은 국가공무원법 (㉠ 제68조에 따라 의사에 반하는 신분 조치를 당하지 아니한다. / ㉡ 제68조 단서조항에 따라 본인 의사에 반하는 신분 조치를 당할 수 있다.) 11. 지방 7

03 (㉠ 고충심사위원회와 소청심사위원회의 결정 / ㉡ 소청심사위원회의 결정)은 관계기관의 장을 기속한다. 15. 지방 9

04 중앙고충심사위원회가 청구서를 접수한 때에는 30일 이내에 고충심사에 대한 결정을 해야 하고 그 결정은 (㉠ 위원 과반수의 출석과 과반수의 합의에 의한다. / ㉡ 위원 3분의 2 이상의 출석과 출석 위원 과반수의 합의에 의한다.) 21. 지방 7

05 ① 「공무원 제안 규정」상 우수한 제안을 제출한 공무원에게 인사상 특전을 부여할 수 있고, 상여금 (㉠ 은 지급할 수 없다. / ㉡ 도 지급할 수 있다.)
② 우리나라는 공무원의 고충을 심사하기 위하여 (㉠ 행정안전부 / ㉡ 중앙인사관장기관)에 중앙고충심사위원회를 둔다. 17. 지방 9

06 재택근무자의 재택근무일에 (㉠ 시간외근무수당 실적분과 정액분을 모두 지급하여야 한다. / ㉡ 사전에 부서장의 긴급초과 근무명령을 받은 경우에만 예외적으로 인정한다.) 18. 지방 9

정답 1. ㉠ 2. ㉡ 3. ㉡ 4. ㉡ 5. ①-㉡ ②-㉡ 6. ㉡

PART 04 인사행정 연습문제

01 고위공무원단 제도에 대한 설명으로 옳지 않은 것은?
① 미국의 경우 카터 행정부 시기인 1978년 공무원제도개혁법 개정에 따라 탄생된 SES(Senior Excutive Service)가 시초이며, 엽관주의제적 요소가 포함되어 있다.
② 일반직 공무원뿐만 아니라 외무직 공무원 및 국가공무원으로 보하는 지방자치단체 및 지방교육 행정기관의 국가고위직 공무원(부단체장, 부교육감 등)도 포함된다.
③ 고위직의 개방 확대 및 책임성 확대, 민간전문가의 고위직 임용가능성이 증가하였다.
④ 고위공무원단에 속하는 모든 일반직 공무원의 신규채용 임용권은 주무장관이 가진다.

02 다음 중 경력직 공무원에 해당하지 않는 것은?
① 외무공무원
② 군무원
③ 소방공무원
④ 국회의원 비서관

03 인사이동과 관련된 설명으로 옳은 것은?
① 승진은 계급이나 직책의 변동을 수반하지 않는 보수 인상을 의미한다.
② 전직은 상이한 직렬의 동일한 계급 또는 등급으로 직위 변경을 의미한다.
③ 전보는 인사 관할을 달리하는 기관 사이의 수평적 인사이동을 의미한다.
④ 승급은 일반적으로 직무의 곤란도와 책임의 증대를 의미하며 보수의 증액을 수반한다.

04 중앙인사기관에 대한 설명으로 옳은 것은?
① 1883년 펜들턴(Pendleton)법에 의해 창설된 미국의 연방인사위원회는 독립합의형 중앙인사기관이다.
② 현재 우리나라의 인사혁신처장, 국회사무총장, 법원행정처장, 헌법재판소사무처장, 중앙선거관리위원회사무총장이 정부조직법에서 정하고 있는 중앙인사관장기관이다.
③ 비독립단독형은 인사행정의 정치적 중립성을 보장하여 실적제를 발전시키는 데 유리하다.
④ 우리나라 인사혁신처는 집행기능만을 수행한다.

05 우리나라 인사청문제도에 대한 설명으로 옳지 않은 것은?
① 국회의 인사청문회는 인사청문특별위원회와 소관상임위원회로 구분된다.
② 진행은 원칙적으로 공개되어야 하나, 예외적으로 공개하지 않을 수 있다.
③ 소관상임위원회가 경과 보고서를 채택하지 않으면, 대통령은 후보자를 임명할 수 없다.
④ 대법원장·헌법재판소장·국무총리·감사원장 및 대법관과 국회에서 선출하는 헌법재판소 재판관 및 중앙선거관리위원회 위원은 인사청문특별위원회에서 인사청문이 이루어진다.

06 총액인건비제도에 대한 설명으로 옳지 않은 것은?
① 정원관리에 대한 각 부처의 자율성 확대를 목표로 한다.
② 2007년 노무현 정부에서 전 중앙행정기관을 대상으로 도입하였다.
③ 직급조정으로 증감할 운영정원은 공무원 종류별·계급별 기준정원의 5% 범위를 초과할 수 없다.
④ 성과관리와 관리유인체계를 제공하기 위한 신공공관리적 시각이 반영된 제도이다.

07 인사제도와 관련하여 〈보기〉의 ㉠, ㉡에 해당하는 내용은?

〈보기〉
엽관주의 인사는 행정에 대한 민주적 통제를 (㉠)시킨다. 엽관주의의 폐단을 시정하기 위한 실적주의 도입은 중앙인사기관의 권한과 기능을 (㉡)시키는 결과를 가져왔다.

	㉠	㉡
①	강화	집중
②	강화	분산
③	약화	집중
④	약화	분산

08 다음 중 국가공무원법 제6조에 따른 중앙인사관장기관이 아닌 것은?
① 인사혁신처장
② 법원행정처장
③ 감사원장
④ 헌법재판소사무처장

09 다음 〈보기〉는 국가공무원법 제26조의5에서 규정하고 있는 내용이다. 〈보기〉가 설명하는 내용을 고르면?

〈보기〉
임용권자는 전문지식·기술이 요구되거나 임용관리에 특수성이 요구되는 업무를 담당하게 하기 위하여 경력직공무원을 임용할 때에 일정기간을 정하여 근무하는 공무원을 임용할 수 있다.

① 임기제 공무원
② 정무직 공무원
③ 특정직 공무원
④ 별정직 공무원

10 우리나라 소청제도와 관련된 설명으로 옳지 않은 것은?

① 승진 탈락은 불리한 처분에 해당하지 않아 소청대상이 아니다.
② 인사혁신처에 설치된 소청심사위원회는 위원장 1명을 포함한 5명 이상 7명 이하의 상임위원으로 구성하되, 상임위원 수의 1/2 이상은 비상임위원으로 구성한다.
③ 소청심사위원회 위원장은 정무직 공무원이다.
④ 징계처분 또는 징계부과금 부과처분의 경우 원처분보다 무거운 처분을 할 수 있다.

정답 및 해설

01 ▶ ④
고위공무원단에 속하는 모든 일반직 공무원의 신규채용 임용권은 대통령이 가진다.

02 ▶ ④
국회의원 비서관은 특수경력직 공무원에 해당한다.

03 ▶ ②
① 승급은 계급이나 직책의 변동을 수반하지 않는 보수 인상을 의미한다.
③ 전입·전출은 인사 관할을 달리하는 기관 사이의 수평적 인사이동을 의미한다.
④ 승진은 일반적으로 직무의 곤란도와 책임의 증대를 의미하며 보수의 증액을 수반한다.

04 ▶ ①
② 현재 우리나라의 인사혁신처장, 국회사무총장, 법원행정처장, 헌법재판소사무처장, 중앙선거관리위원회사무총장이 국가공무원법에서 정하고 있는 중앙인사관장기관이다.
③ 독립합의형은 인사행정의 정치적 중립성을 보장하여 실적제를 발전시키는 데 유리하다.
④ 우리나라 인사혁신처는 준입법, 준사법, 집행, 감사, 보좌 기능을 수행한다.

05 ▶ ③
소관상임위원회가 경과 보고서를 채택하지 않더라도 대통령은 후보자를 임명할 수 있다.

06 ▶ ③
직급조정으로 증감할 운영정원은 공무원 종류별·계급별 기준정원의 7% 범위를 초과할 수 없다.

07 ▶ ①

08 ▶ ③
인사혁신처장, 국회사무총장, 법원행정처장, 헌법재판소사무처장, 중앙선거관리위원회사무총장이 국가공무원법에 따른 중앙인사관장기관이다.

09 ▶ ①

10 ▶ ④
징계처분 또는 징계부과금 부과처분의 경우 원처분보다 무거운 처분을 할 수 없다.

 김재준 단권화 행정학

Theme 01 재무행정 개요
Theme 02 국가재정법 총칙
Theme 03 국가재정법 예산총칙
Theme 04 우리나라 예산안의 편성
Theme 05 예산(안)의 심의
Theme 06 우리나라 예산의 집행
Theme 07 우리나라 예산의 결산
Theme 08 기금
Theme 09 성과관리
Theme 10 재정건전화
Theme 11 보칙

Theme 12 예산
Theme 13 예산의 원칙
Theme 14 우리나라 예산의 신축성
Theme 15 예산결정이론
Theme 16 재정정책을 위한 예산
Theme 17 예산의 분류
Theme 18 예산제도
Theme 19 재정개혁
Theme 20 지출충당
Theme 21 정부회계
• PART 5 재무 연습문제

05

재무

PART 05 재무

제5편 재무

Theme 01 재무행정 개요

01 재무행정이란?

1. 재정의 의미

모든 활동에는 지출이 발생하고 수입이 필요하다. 예컨대 공무원 시험 준비를 하더라도, 시험 준비 기간 동안 '의식주' 해결은 물론이고, 교재·강의수강 등 '지출'이 발생하고, 이를 충당하기 위해 부모님으로부터 지원, 아르바이트 등 '수입'이 필요하다. 마찬가지로 정부에서 도서관 건립, 도로 개설 등 사회기반시설을 공급하거나 각종 행정서비스 제공 등 정부가 하고자 하는 모든 활동도 지출이 발생하고 이를 위한 수입이 필요하다. 재무행정은 이러한 정부 활동에 필요한 재원조달 및 지출 활동, 즉 정부 재정에 관한 분야이다. 재정은 예산과 기금으로 구분할 수 있는데, 예산과 기금의 기본적인 개념을 정확하게 이해하여야 이후에 논의될 다양한 주제들을 이해할 수 있다.

2. 예산(Budget)

(1) 예산이란?

예산은 한 <u>회계연도(Fiscal Year)</u>*의 수입과 지출에 대한 계획으로 볼 수 있다. 예산은 해당 회계

> *우리나라 정부의 회계연도는 매년 1월 1일에 시작하여 12월 31일에 종료한다. 미국 연방정부는 매년 10월 1일 시작하여 다음 해 9월 30일에 종료한다.

연도가 시작하기 전에 '미리' 확정되어야 한다. 우리나라는 회계연도의 시작이 1월 1일이니, 한 해 전에 확정되어야 한다는 것이다. 예컨대 2026년의 예산은 2025년에 확정되어야 한다. 정부 입장에서 수입은 조세수입과 세외수입(세금 외의 각종 수입)이 있는데, 수입에 대한 계획은 수입에 대한 예측을 정확하게 하는 것과 관련이 있다. 2026년에 조세수입과 세외수입을 2025년에 예측해서 작성해야 하기 때문이다. 지출에 대한 계획은 외교, 국방, 복지 등 다양한 분야별로 한정된 재원을 배분하는 것이다. 지출 총액이 수입 총액을 넘어가지 않도록 해야 하지만, 경제 상황 등에 따라서 국채 발행 등을 통해서 충당할 수 있다. 물론 국채 발행은 정부의 부채에 해당하므로, 수입보다 지출이 지속적으로 많으면 국가의 재정건전성은 나빠진다. 예산 중 수입은 '세입예산'이라고 하고, 지출은 '세출예산'이라고 하며 이를 합쳐서 '세입·세출예산'이라고 한다. 다음 예시는 세입과 세출을 각각 150억 원으로 편성한 경우이다.

◈ 세입·세출예산 예시

2026년 예산	
세입예산	세출예산
• 조세수입: 100억 원 • 세외수입: 50억 원	• 외교: 50억 원 • 국방: 50억 원 • 복지: 50억 원
세입 총액: 150억 원	세출 총액: 150억 원

(2) 일반회계와 특별회계

사람들은 주로 사용하는 계좌가 있고, 특별한 목적을 위해서 별도로 계좌를 만들기도 한다. 주로 사용하는 계좌는 월급, 투자수익 등 각종 수입 등이 들어오고 여기서부터 쇼핑, 월세 등 각종 지출이 이루어진다. 반면에 친구들과 모임에 사용할 계좌를 별도로 만들기도 한다. 이 계좌에 매월 1만 원씩 내기로 하고, 모임이 있을 때 식사비용 등으로 지출하기로 한다. 별도의 계좌를 만들어 두는 것은 모임에 필요한 비용을 충당하기 위한 것이다. 정부도 특정한 사업을 운영할 때 수입과 지출을 별도로 하는 특별회계를 설치한다. 반면에 일반회계는 다양한 수입과 다양한 지출이 이루어진다. 다음 그림과 같이 특별회계에 들어온 세외수입 수입 10억 원은 균형발전 사업으로 사용된다. 즉 특정한 수입과 특정한 지출이 이어져 있다. 특별회계가 있는 사업은 다른 사업들과 우선순위 경쟁하지 않으므로 해당 사업의 재원을 안정적으로 확보할 수 있다. 일반회계의 수입은 전체 140억 원이고, 이 수입은 다양한 사업으로 지출된다. 재원의 한도가 140억 원이므로 후 순위 사업에는 지출하지 못할 수도 있다. 다음 그림에서 경제와 관련된 사업이 후 순위이면, 해당 사업은 진행하지 못한다.

◈ 일반회계와 특별회계의 구분

2026년 예산				
세입예산			세출예산	
일반회계	• 조세수입: 100억 원 • 세외수입: 40억 원	140억 원	일반회계	• 외교: 50억 원 • 국방: 50억 원 • 복지: 40억 원 • 경제: ~~10억 원~~
A특별회계	세외수입: 10억 원	→	A특별회계	균형발전: 10억 원
세입 총액: 150억 원			세출 총액: 150억 원	

(3) 예산의 주기(3년)

예산은 편성 → 집행 → 결산이라는 3년의 주기를 가진다.

① **예산안의 편성 및 심의·확정**

예산은 수입과 지출에 대한 계획을 미리 세워둔 것이라고 설명하였다. 예컨대 2026년 예산은 2025년에 확정되었을 것이다. 이러한 계획을 만드는 것을 '예산안'의 편성이라고 하는데, 예산안의 편성은 정부(행정부)가 한다. 여기서 '안'이라는 단어는 예산이 확정되지 않았기 때문이다. 정부가 편성한 예산안은 국회로 제출하는데, 국회에서 심의하여 의결하면 확정된다. 확정된 예산을 '본예산' 또는 '당초예산'이라고 한다. 정리하면 예산안의 편성은 정부가 하고 이에 대한 심의·의결하여 확정하는 것은 국회가 한다.

② **예산의 집행**

2026년 예산이 확정되었다는 것은 2026년 1월 1일부터 2026년 12월 31일까지의 수입과 지출활동이 확정되었다는 것이다. 정부는 2026년 1월 1일부터 확정된 예산에 따라서 세금을 걷어드리고 외교, 국방 등의 사업에 지출 활동을 집행하면 된다.

③ **예산의 결산**

2027년이 되면 2026년 예산이 계획대로 잘 집행되었는지를 확인하는 과정을 거치는데 이를 예산의 결산이라고 한다.

(4) **예산 주기의 중복**

2025년을 기준으로 생각해 보면, 2026년 예산의 편성 및 심의·확정, 2025년 예산의 집행, 2024년 예산의 결산이 동시에 진행된다. 이러한 중복적인 상황으로 인하여 2026년 예산을 편성할 때 2024년 성과를 제대로 반영하기 어려울 수 있다.

◈ 예산 주기의 중복 예시

2024년	2025년	2026년
· 2025년 예산의 편성 · 2024년 예산의 집행 · 2023년 예산의 결산	· 2026년 예산의 편성 · 2025년 예산의 집행 · 2024년 예산의 결산	· 2027년 예산의 편성 · 2026년 예산의 집행 · 2025년 예산의 결산

3. 기금(Fund)

예산은 한 회계연도 동안의 수입으로 지출을 충당한다. 그런데 계획대로 수입이 충분하지 못하면 지출하기 어렵다. 예컨대 연금을 예산으로 지급한다면, 세금이 충분히 걷히지 못하면 연금을 충분히 지급하기 어렵다. 기금은 연금 지급 등 특정한 목적을 위해서 자금을 어느 정도 모아둔 상태에서 수입과 지출활동을 한다. 연금을 지급하기 위해서 100억 원 정도의 자금을 모아두었다면, 올해 연금 수입이 10억 원이라도 연금 지출을 20억 원 할 수 있다. 물론 지출이 수입보다 10억 원 많기 때문에 연금 규모는 90억 원으로 감소한다. 일시적인 수입 부족이 발생하더라도 안정적으로 지출을 유지할 수 있지만 지속적인 수입 부족은 기금의 고갈로 이어질 수 있다. 공무원연금이나 국민연금을 개혁하자는 논의는 지출이 수입보다 지속적으로 많아 기금이 고갈될 수 있으니, 연금 수입을 늘리고 지출을 줄이자는 것이다.

4. 우리나라 재정

학자들은 예산과 재정을 구분하지 않고 사용하기도 하지만, 우리나라 국가재정법은 재정을 예산과 기금을 포괄하는 개념으로 정하고 있다.

◈ 우리나라 재정 구성(출처: 기획재정부)

재정						
국가재정 (중앙정부 재정)			지방재정			지방교육 재정
예산		기금	예산		기금	예산
일반 회계	특별 회계		일반 회계	특별 회계		교육비특별회계

02 예산

1. 의미

일정기간 동안의 정부의 수입(세입예산)과 지출(세출예산)에 관한 계획 또는 한 회계연도에서 국가의 수입과 지출의 실적을 예정적 계수로서 표시하는 행위를 말한다.

⊕ 회계연도 독립의 원칙: 각 회계연도의 경비는 그 연도의 세입 또는 수입으로 충당해야 한다.

2. 일반회계

조세수입 등을 주요 세입으로 하여 국가의 일반적인 세출에 충당하기 위하여 설치한다.

3. 특별회계

(1) 설치사유

국가에서 특정한 사업을 운영하고자 할 때, 특정한 자금을 보유하여 운용하고자 할 때, 특정한 세입으로 특정한 세출에 충당함으로써 일반회계와 구분하여 회계처리할 필요가 있을 때에 법률로써 설치한다. 예컨대 지방시대 종합계획 및 지역균형발전시책 지원 관련 사업을 효율적으로 추진하기 위하여 지역균형발전특별회계가 「지방자치분권 및 지역균형발전에 관한 특별법」에 따라 설치되어 있다.

① 국가에서 특정한 목적의 사업을 운영하는 경우
  ㉠ 정부기업 4개(양곡, 조달, 우편사업, 우체국예금)
  ㉡ 책임운영기관 특별회계 1개
② 특정한 세입으로 특정한 세출에 충당할 때
  지역균형발전 등 15개

(2) 특징
① 행정부의 자율성 증대를 통해 운영의 효율성을 높일 수 있다.
② 국가재정의 전체적인 관련성을 파악하기 곤란하고, 재정당국이 예산 팽창을 효과적으로 통제하지 못하면 재정 인플레이션 가능성이 있다.
③ 주한 미군기지 이전, 행정중심 복합도시 건설 등 기존의 일반회계에서 처리하기 곤란한 대규모 국책사업 등을 실행하기 위해 운영하고 있다.

03 기금

1. 기금의 설치

기금은 국가가 특정한 목적을 위하여 특정한 자금을 신축적으로 운용할 필요가 있을 때에 한정하여 법률로써 설치한다. 예컨대 「공무원연금법」에 따라 공무원연금기금이 설치되어 있다.

2. 특징

(1) 특정 수입과 지출을 연계한다는 점에서 특별회계와 공통점을 가진다. 예컨대 공무원들이 매달 납부하는 기여금 등이 공무원연금기금의 수입이고, 이 수입을 퇴직공무원의 퇴직연금 등으로 지출한다.

(2) 기여금, 출연금, 부담금 등 다양한 재원이 수입원이 되고, 예산에 비하여 운영의 자율성과 탄력성이 높다.

(3) 예산안과 마찬가지로 기금운영계획안은 국회의 심의·의결을 거쳐 확정되고, 기금관리 장치로 국정감사, 자산운영위원회, 기금운영심의회 등이 있다.

3. 기금의 성격에 따른 분류

(1) **사회보험성 기금**
국민연금기금, 공무원연금기금 등 사회보험에 사용하기 위해 운영하는 기금이다.

(2) **사업성 기금**
주택도시기금, 남북협력기금 등 특정한 목적의 사업을 수행하기 위해 운영하는 기금이다. 예컨대 주택도시기금은 국민주택건설 등 주거복지 증진에 사용된다.

(3) **금융성 기금**
신용보증기금, 기술보증기금, 무역보험기금 등 금융활동을 지원하는 기금이다. 예컨대 신용보증기금은 기업이 부담하는 각종 채무를 보증하는데 사용된다.

(4) **계정성 기금**
외국환평형기금, 공적자금상환기금 등 특정한 자금을 관리하기 위한 기금이다. 예컨대 외국환평형기금은 환율안정을 위해 조성한 기금이다.

04 예산과 기금의 비교

구분	예산		기금(67개)
	일반회계(1개)	특별회계(20개)	
설치사유	국가고유의 일반적 재정활동	특정사업 운영 특정자금 운영 특정세입으로 세출 충당	특정 목적을 위해 특정 자금을 운영
재원 조달 및 운영형태	*공권력에 의한 조세수입과 무상급부 원칙 *조세는 공권력에 의해서 강제로 징수되고, 조세 납부액과 관계없이 혜택을 받는다.	일반회계와 기금의 운영형태 혼재	출연금, 부담금 등 다양한 수입원 융자사업 등 기금 고유사업 수행
확정 절차	부처의 예산 요구 기획재정부 예산안 편성 국회 심의 · 의결 확정	부처의 예산 요구 기획재정부 예산안 편성 국회 심의 · 의결 확정	관리주체가 기금운영계획 수립 기획재정부장관과 협의 · 조정 국회 심의 · 의결 확정
집행	엄격한 통제 목적외 사용 금지 원칙	엄격한 통제 목적외 사용 금지 원칙	합목적성 차원에서 상대적으로 자율성과 탄력성 보장
수입 · 지출	연계 ×	특정수입과 특정지출의 연계	특정수입과 특정지출의 연계
계획 변경	추경예산 편성	추경예산 편성	금융성 외 20% 초과, 금융성 30%초과하는 기금운영계획안 변경 시 국회 심의 · 의결 필요
결산	국회 결산 심의 · 승인	국회 결산 심의 · 승인	국회 결산 심의 · 승인

05 정부의 재정규모

1. 재정규모란?

재정규모는 정부가 어느 정도 재원을 사용하는지 정도를 의미한다. 우리나라의 경우 일반회계, 20개의 특별회계, 67개의 기금의 규모를 모두 더하면 정부 전체의 재정규모가 될 것이다. 또한 전체 '수입'을 기준으로 할 것인지 '지출'을 기준으로 평가할 것인지도 고려되어야 하는데, 재정규모는 지출을 기준으로 평가한다. 정부의 재정규모는 포괄범위 및 회계기준에 따라 총지출 규모, 통합재정규모 등으로 정의될 수 있다.

> 참고
> 2025년 중앙정부 총지출 : 673.3조 원[일반회계(365.3조 원), 특별회계(82.1조 원), 기금(225.9조 원)]

2. 총지출 규모

(1) 국민의 입장에서 느끼는 정부의 지출규모를 뜻하며, 2005년부터 재정운영계획 수립시 정부의 재정규모 통계로 사용하고 있다.

(2) **총지출 규모 = 경상지출 + 자본지출 + 융자지출**

> - **경상지출**: 인건비(공무원 급여), 물건비(사무용품 구입) 등 일상적이고 반복적으로 발생하는 지출을 의미한다.
> - **자본지출**: 도로나 공항 건설 등 자산의 취득이나 시설에 투자하는 지출을 의미한다.
> - **융자지출**: 정부가 중소기업에 기업운영에 필요한 자금 등을 빌려주는 지출을 의미한다.

3. 통합재정

(1) **의미**

재정이 국민 경제에 미치는 효과를 파악하기 용이하게 하기 위해, 국가예산의 세입 세출을 순계 개념으로 파악하여 재정 건전성을 판단하는 것으로 우리나라는 IMF의 권고에 따라 1979년부터 도입하였다. 국가 마다 재정통계를 작성하는 기준이 다르면 국가 간 비교가 어렵기 때문에 IMF에서 통일된 기준을 마련한 것으로 볼 수 있다.

(2) **특징**

① 통합재정의 제도(기관) 범위는 국제통화기금(IMF)의 2001년 정부재정통계(Government Finance Statistics, GFS)에 따라 일반정부(중앙정부, 지방정부, 비영리공공기관)로 공기업은 제외된다.

🔍 일반정부와 공기업은 시장성 여부에 따라 구분되는데, 원가보상률(판매액 ÷ 생산원가)이 50% 이하일 경우 일반정부, 50% 초과일 경우 공기업으로 분류된다.

② 회계·기금 간 내부거래와 보전거래를 세입과 세출에서 각각 제외하므로, 세입·세출을 순계 개념으로 파악한다.

> - **내부거래**: 계좌가 A, B 2개 있다고 가정하자. 월급 100만 원을 A 계좌에 입금 후 A 계좌에서 B 계좌로 이체하였고, B 계좌에서 생활비 등으로 100만 원을 지출하였다. A, B 계좌 각각 100만 원이 입금되고 100만 원씩 출금이 되었으므로 전체 지출 규모가 200만 원이라고 할 수 있을까? 100만 원만 실제 지출이고, 두 계좌 사이의 이체는 실제 지출이나 수입이 아닌 내부거래에 불과하다.
>
>
>
> - **보전거래**: 국채발행, 차입, 채무상환 등 수지차 보전을 위한 거래를 말한다. 예컨대 정부에서 100만 원을 지출했는데, 그중에서 50만 원은 채무를 상환하였다면 실제 지출은 50만 원이다.
> - **순계(Net Total)와 총계(Gross Total)**: 순계는 내부거래 등을 제외한 순수한 거래를 의미하고, 총계는 중복항목을 모두 포함하는 개념이다. 내부거래의 예에서처럼 순계는 100만 원 지출이지만, 총계는 200만 원 지출이 된다.

③ 통합재정규모 : 경상지출 + 자본지출 + 순융자

- 순융자 = 융자지출 − 융자회수, 즉 빌려준 것에서 회수한 금액을 뺀 것이다.

1. 1986년 GFS과 2001년 GFS의 비교

비 교	1986 GFS	2001 GFS
분석 단위	회계단위	제도단위
기록 방식	현금주의	발생주의
제도단위 포괄범위	중앙정부, 지방정부	일반정부[중앙정부, 지방정부, **비영리공공기관(추가)**]
회계단위 포괄범위	일반회계, 특별회계, 사업성 기금 등	일반회계, 특별회계, 사업성 기금, **금융성기금·외평기금 등(추가)**

현재 우리나라에서 국가재정법 제7조 및 동법 시행령 제2조의 국가재정운영계획에 포함되는 중앙정부 통합재정수지는 1986년 GFS에 따라 금융성기금·외국환평형기금을 제외하고 있다. 국가재정법 제9조에 따라 기획재정부에서 매년 발간하고 있는 '한국 통합재정수지'에는 1986년 GFS에 따라 중앙정부 통합재정수지와 2001년 GFS에 따라 일반정부 재정수지도 함께 작성하고 있다.

2. 통합재정수지
   (1) 일반회계, 특별회계 및 기금을 통합한 재정통계로서 순수입에서 순지출을 뺀 금액이다.
   (2) 당해연도 순수한 수입에서 순수한 지출을 차감한 수지로서 일반회계, 특별회계, 기금을 모두 포괄한 수지이지만, 순수한 재정활동을 파악하기 위해 회계·기금 간 내부거래 및 차입·채무상환 등 보전거래는 제외한 것이 특징이다.
   (3) 통합재정수지 = 세입 − (세출 + 순융자)

3. 관리재정수지
   (1) 관리재정수지는 통합재정수지 중 국민연금, 사학연금 등 사회보장성기금 수지를 제외한 재정수지를 말한다.
   (2) 관리재정수지 = 통합재정수지 − 사회보장성기금 수지

06 예산의 주기 : 3년[편성(Y-1), 집행(Y), 결산(Y+1)]

예산의 주기에 따라 세부적인 일정은 다음 표와 같다. 이에 대한 자세한 설명은 Theme 04부터 Theme 07에서 다루게 된다.

1. 예산안 편성 및 본예산 성립(Y-1)

기한	내용	절차					
전년도 12. 31.	국가재정운영계획 수립을 위한 지침	각 중앙관서의 장	← (통보)	기획재정부 장관			정부 (예산안 편성)
1. 31.	중기사업계획 (5회계연도 이상의 신규사업 및 기재부장관이 정하는 사업)	각 중앙관서의 장	→ (제출)	기획재정부 장관			
3. 31.	예산안편성지침 (중앙관서별 지출한도 포함 가능)	각 중앙관서의 장	← (통보)	기획재정부 장관	→ (보고)	예산결산 특별위원회	
5. 31.	예산요구서	각 중앙관서의 장	→ (제출)	기획재정부 장관			
회계연도 개시 120일 전까지	정부예산안(기획재정부 장관이 정부예산안 편성 → 국무회의 심의 → 대통령 승인)	정부	→ (제출)	국회			
	정부의 시정연설 수정예산안 제출할 수 있음(정부 → 국회).						
회계연도 개시 30일 전까지	상임위원회 예비심사 ↓ 예산결산특별위원회(상설위원회) 종합심사 ↓ 본회의 정책질의 및 찬반투표 ↓ 본예산(당초예산) 성립 • 국회는 정부의 동의 없이 정부가 제출한 지출예산 각 항의 금액을 증가하거나 새 비목을 설치할 수 없다. • 예산결산특별위원회는 소관 상임위원회에서 삭감한 세출예산 각 항의 금액을 증가하게 하거나 새 비목을 설치할 경우에는 소관 상임위원회의 동의를 받아야 한다.						국회 (예산안 심의 및 의결)

2. 예산의 집행(Y)

기한	내용	절차				
분기별 구분·작성	예산배정요구서	각 중앙관서의 장	→ (제출)	기획재정부 장관		
	분기별 예산 배정계획 작성 (기획재정부장관 작성 → 국무회의 심의 → 대통령 승인)					
	예산의 배정	각 중앙관서의 장	← (배정)	기획재정부 장관	→ (통지)	감사원
	예산의 재배정	각 중앙관서의 장	→ (재배정)	실무부서		
매년 1월말까지	예산집행지침	각 중앙관서의 장	← (통보)	기획재정부 장관		

3. 결산(Y + 1)

기한	내용	절차				
다음 연도 2월말까지	중앙관서결산보고서의 작성 및 제출	각 중앙관서의 장	→ (제출)	기획재정부 장관		
4. 10.	국가결산보고서의 작성 (기획재정부장관 작성 → 국무회의 심의 → 대통령 승인) 및 제출			기획재정부 장관	→ (제출)	감사원
5. 20.	국가결산보고서 검사 및 송부			기획재정부 장관	← (송부)	감사원
5. 31.	국가결산보고서 제출			정부	→ (제출)	국회
정기회 개최 전까지	결산보고서 심사	국회				

• 기출문제 학습 •

01 (㉠ 예산 / ㉡ 결산)이란 한 회계연도에서 국가의 수입과 지출의 실적을 예정적 계수로 표시하는 행위이다. 09. 국가 9

02 (㉠ 일반회계 / ㉡ 특별회계 / ㉢ 기금)은(는) 국가 고유의 일반적 재정활동을, (㉠ 일반회계 / ㉡ 특별회계 / ㉢ 기금)은(는) 특정한 세입으로 특정한 사업을 운영하기 위해 설치한다. 11. 서울 9

03 특별회계예산에서는 입법부의 예산통제가 (㉠ 용이해 / ㉡ 어려워)진다. 16. 서울 9

04 우리나라 특별회계는 일반회계로부터 전입이 (㉠ 허용 / ㉡ 금지)된다. 14. 지방 9

05 특별회계예산은 국가에서 특정사업을 운영할 때 (㉠ 법률로 / ㉡ 대통령령으로) 설치한다. 12. 서울 9

06 특정한 사업을 운영하기 위한 (㉠ 중앙정부 / ㉡ 지방자치단체)의 특별회계의 일례로 교육비특별회계가 있다. 13. 지방 7

07 특별회계는 국회의 심의 및 의결을 (㉠ 받지 않는다. / ㉡ 받는다.) 23. 지방 9

08 기금은 기금운영계획을 마련하여 국무회의 심의를 거쳐, 국회에 (㉠ 제출할 필요는 없다. / ㉡ 제출하여 심의·의결을 받아야 한다.) 14. 국가 7

09 공무원연금기금은 (㉠ 사회보험성 / ㉡ 사업성) 기금에 해당한다. 25. 국가 9

10 통합재정의 범위에는 (㉠ 일반정부만 / ㉡ 일반정부와 공기업 등 공공부문 전체가) 포함된다. 23. 국가 9

11 통합재정 또는 통합예산은 국가예산의 세입·세출을 (㉠ 총계 / ㉡ 순계) 개념으로 파악한다. 15. 서울 7

12 통합재정은 일반회계, 특별회계, 기금을 모두 포괄하며, 재정활동의 전모를 파악할 수 있도록 융자지출을 통합재정수지의 계산에 (㉠ 포함한다. / ㉡ 포함하지 않는다.) 19. 국가 7

13 실질적인 정부의 총예산 규모를 파악하는 위해서 (㉠ 예산순계 / ㉡ 예산총계) 기준이 유용한다. 16. 국가 7

14 예산의 편성 및 의결, 집행, 그리고 결산 및 회계검사의 단계가 일정한 주기로 반복되는 것을 예산주기 또는 예산순기라고 하는데 우리나라의 경우 통상 (㉠ 1년 / ㉡ 3년)이다. 21. 지방 7

15 예산주기에 비추어 볼 때 2021년 예산에 대한 예산요구서, 대통령의 시정연설, 예산심의 등은 (㉠ 2020년 / ㉡ 2021년 / ㉢ 2022년)에, 예산배정 및 집행 등은 (㉠ 2020년 / ㉡ 2021년 / ㉢ 2022년)에, 감사원의 결산검사 등은 (㉠ 2020년 / ㉡ 2021년 / ㉢ 2022년)에 이루어진다. 21. 국가 9

16 [지출성격] 중앙정부총지출 = (㉠ 경상지출 + 자본지출 + 융자지출 − 융자회수 / ㉡ 경상지출 + 자본지출 + 융자지출) 14. 국가 9

17 [회계성격] 중앙정부총지출 = 일반회계 + 특별회계 + 기금 − [㉠ 내부거래 / ㉡ 보전거래 / ㉢ (내부거래 + 보전거래)] 14. 국가 9

Theme 02 국가재정법 총칙

Theme 02부터 Theme 11까지는 우리나라 「국가재정법」을 중심으로 기술한다.

01 국가재정법 목적

국가의 예산·기금·결산·성과관리 및 국가채무 등 재정에 관한 사항을 정함으로써 효율적이고 성과 지향적이며 투명한 재정운용과 건전재정의 기틀을 확립하고 재정운용의 공공성을 증진한다.

02 독립기관 및 중앙관서

1. "독립기관"이라 함은 국회·대법원·헌법재판소 및 중앙선거관리위원회를 말한다.

2. "중앙관서"라 함은 「헌법」 또는 「정부조직법」 그 밖의 법률에 따라 설치된 중앙행정기관을 말하고, 국회의 사무총장, 법원행정처장, 헌법재판소의 사무처장 및 중앙선거관리위원회의 사무총장은 이 법을 적용할 때 중앙관서의 장으로 본다.

03 국가재정운용계획의 수립

1. 정부는 재정운용의 효율화와 건전화를 위하여 매년 해당 회계연도부터 5회계연도 이상의 기간에 대한 국가재정운용계획을 수립하여 회계연도 개시 120일 전까지 국회에 제출해야 한다.

    🔍 국가재정운용계획은 중·장기적 국가비전과 정책 우선순위를 고려한 계획으로 단년도 예산편성의 기본틀이 된다.

2. 국가재정운용계획에는 재정운용의 기본방향과 목표, 중기 재정전망 및 근거, 의무지출(법률에 따라 지출의무가 발생하고 법령에 따라 지출규모가 결정되는 법정지출 및 이자지출) 통합재정수지*

    통합재성수지 = 통합재정수입 − [통합재정지출 + 순융자(= 융자지출 − 융자회수)]

    [일반회계, 특별회계 및 기금을 통합한 재정통계로서 순(純)수입에서 순지출을 뺀 금액] 등을 포함한다.

    ◈ 국가재정운용계획의 수립 절차

    > 기획재정부장관이 국가재정운영계획의 수립을 위한 지침을 마련하여 각 중앙관서의 장에게 통보(전년도 12월 31일까지, 국가재정법 시행령 제2조) → 각 중앙관서의 장이 중기사업계획 제출(1월 31일까지) → 정부는 이를 토대로 국가재정운영계획 수립

3. **재량지출과 의무지출**

    (1) **재량지출**(Discretionary Spending): 정부부처 운영비 등 예산편성 및 심의과정에서 결정되는 지출이다.

(2) **의무지출**(Mandatory Spending) : 지방이전재원, 이자지출, 국제기구와 체결한 조약에 의한 지출 등 관련 법률에 따라 결정되는 지출이다.

04 전문적인 조사 · 연구기관의 지정 등

기획재정부장관은 예비타당성조사 등을 적정하게 수행하기 위하여 한국개발연구원 및 한국조세재정연구원과 전문 인력 및 조사 · 연구 능력 등을 갖춘 기관을 전문기관으로 지정한다.

05 재정정보의 공표

정부는 예산, 기금, 결산, 국채, 차입금, 국유재산의 현재액, 통합재정수지, 일반정부 및 공공부문 재정통계 등 국가와 지방자치단체의 재정에 관한 중요한 사항을 매년 1회 이상 정보통신매체 · 인쇄물 등 적당한 방법으로 알기 쉽고 투명하게 공표해야 한다.

06 재정정책자문회의 운영

1. 기획재정부장관은 재정운용에 대한 의견수렴을 위하여 각 중앙관서와 지방자치단체의 공무원 및 민간 전문가 등으로 구성된 재정정책자문회를 운영해야 한다.

2. 기획재정부장관은 국가재정운용계획을 수립할 때, 매 회계연도의 예산안을 편성할 때와 기금운용계획안을 마련할 때에는 미리 자문회의의 의견수렴을 거쳐야 한다.

07 업무의 관장 및 출연금

1. 예산, 결산 및 기금에 관한 사무는 기획재정부장관이 관장한다.

2. 각 중앙관서의 장은 예산, 결산 및 기금에 관한 법령을 제정 · 개정 또는 폐지하거나 다른 법령에 규정하고자 하는 때에는 기획재정부장관과 협의하여야 한다.

3. 국가는 국가연구개발사업의 수행, 공공목적을 수행하는 기관의 운영 등 특정한 목적을 달성하기 위하여 법률에 근거가 있는 경우에는 해당 기관에 출연할 수 있다.

≋ **우리나라 중앙예산기관의 변천**

- 1948년: 국무총리 직속 기획처 예산국
- 1954년: 재무부 예산국
- 1961년: 경제기획원 예산국
- 1994년: 재정경제원 예산실
- 1998년: 기획예산위원회와 예산청
- 1999년: 기획예산처 예산실
- 2008년: 기획재정부 예산실

≋ **재무행정 조직의 이원체계와 삼원체계**

1. **이원체계**: (중앙예산기관 + 수입·지출 총괄기관), 중앙은행
2. **삼원체계**: 중앙예산기관, 수입·지출 총괄기관, 중앙은행
   (1) **중앙예산기관**: 예산편성과 집행 총괄
   (2) **수입·지출(국고수지) 총괄기관**
      ① **수입 측면**: 조세 정책 수립, 수입 정책, 징수계획 수립
      ② **지출 측면**: 지출 계획 수립, 자금 배분, 국고금 관리

   🔍 우리나라 기획재정부는 중앙예산기관(기획재정부 예산실)과 수입·지출 총괄기관(기획재정부 세제실과 국고국)이 합쳐진 형태이다. 따라서 기획재정부와 한국은행으로 구성된 이원체계이다.

08 회계·기금 간 여유재원의 전입·전출

정부는 회계 및 기금의 목적 수행에 지장을 초래하지 아니하는 범위 안에서 회계와 기금 간 또는 회계 및 기금 상호 간에 여유재원을 전입 또는 전출하여 통합적으로 활용할 수 있다. 다만, 국민연금기금, 공무원연금기금, 사립학교교직원연금기금 등은 제외된다.

09 특별회계 및 기금의 신설에 관한 심사 및 통합·폐지

1. 특별회계 및 기금의 신설에 관한 심사

(1) 중앙관서의 장이 특별회계 또는 기금을 신설하고자 하는 때에는 해당 법률안을 입법예고하기 전에 신설에 관한 계획서를 기획재정부장관에게 제출하여 타당성에 관한 심사를 요청하여야 한다.

(2) 기획재정부장관은 적합한지 여부를 심사하고, 이 경우 미리 재정정책자문회의에 자문하여야 한다.

❖ **기금**: 1~4호 적합 여부 심사 / **특별회계**: 4~5호 적합 여부 심사

> 1. 부담금 등 기금의 재원이 목적사업과 긴밀하게 연계되어 있을 것
> 2. 사업의 특성으로 인하여 신축적인 사업추진이 필요할 것
> 3. 중·장기적으로 안정적인 재원조달과 사업추진이 가능할 것
> 4. 일반회계나 기존의 특별회계·기금보다 새로운 특별회계나 기금으로 사업을 수행하는 것이 더 효과적일 것
> 5. 특정한 사업을 운영하거나 특정한 세입으로 특정한 세출에 충당함으로써 일반회계와 구분하여 회계처리할 필요가 있을 것

2. 특별회계 및 기금의 통합·폐지

(1) 설치목적을 달성한 경우, 설치목적의 달성이 불가능하다고 판단되는 경우

(2) 유사하거나 중복되게 설치된 경우

(3) 그 밖에 일반회계에서 통합 운용하는 것이 바람직하다고 판단되는 경우

• 기출문제 학습 •

01 국가재정법 제1조에 규정된 재정운영의 목적에 규정되지 않은 것은 (㉠ 형평성 / ㉡ 투명성 / ㉢ 건전성 / ㉣ 성과지향성)이다. 14. 지방 7

02 정부는 재정운용의 효율화와 건전화를 위하여 매년 해당 회계연도부터 (㉠ 5 / ㉡ 10) 회계연도 이상의 기간에 대한 재정운용계획을 수립하여야 한다. 21. 지방 7

03 1961년 (㉠ 재무부 / ㉡ 경제기획원)는(은) 수입·지출의 총괄기능을 담당하였으며, (㉠ 재무부 / ㉡ 경제기획원)는(은) 중앙예산기관의 역할을 담당하였다. 22. 국가 7

04 「국가재정법」에서는 (㉠ 공공부문을 제외한 / ㉡ 공공부문과) 일반정부의 재정통계를 매년 1회 이상 투명하게 공표하도록 규정하고 있다. 23. 국가 7

정답 1. ㉠ 2. ㉡ 3. ㉠, ㉡ 4. ㉡

Theme 03 국가재정법 예산총칙

01 예산의 원칙과 예산총계주의

1. 예산의 원칙
재정건전성의 확보, 국민부담의 최소화, 조세지출의 성과 제고, 예산과정의 투명성과 예산과정에의 국민참여 제고, 예산이 여성과 남성에게 미치는 효과를 평가한다.

2. 예산총계주의
(1) 한 회계연도의 모든 수입을 세입으로 하고, 모든 지출을 세출로 한다.
(2) 예외사항을 제외한 세입과 세출은 모두 예산에 계상해야 한다.

02 국가의 세출재원 및 예산의 구성

1. 국가의 세출재원
국가의 세출은 국채·차입금(외국정부·국제협력기구 및 외국법인으로부터 도입되는 차입자금 포함) 외의 세입을 그 재원으로 하되, 부득이한 경우에는 국회의 의결을 얻은 금액의 범위 안에서 국채 또는 차입금으로써 충당할 수 있다.

2. 예산의 구성
예산은 예산총칙·세입세출예산·계속비·명시이월비 및 국고채무부담행위를 총칭한다.

▲ 국토교통부 예산서 예시

```
2023년도

예  산  서

Ⅰ. 2023년도 예 산 총 칙
Ⅱ. 각   목   명   세   서
    ○ 일           반           회           계
    ○ 교 통 시 설 특 별 회 계
    ○ 에너지및자원사업특별회계
    ○ 혁 신 도 시 건 설 특 별 회 계
    ○ 국 가 균 형 발 전 특 별 회 계
    ○ 자 동 차 사 고 피 해 지 원 기 금
    ○ 주       택       도       시       기       금
Ⅲ. 국 고 채 무 부 담 행 위
Ⅳ. 명   시   이   월   비
Ⅴ. 계           속           비
```

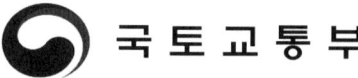

국 토 교 통 부

03 예산총칙의 규정내용

예산총칙에는 세입세출예산·계속비·명시이월비 및 국고채무부담행위에 관한 총괄적 규정을 두는 외에 다음 각호의 사항을 규정하여야 한다.

1. **국채와 차입금의 한도액**(기금운용계획안에 계상된 국채발행 및 차입금의 한도액을 포함한다.)

    ⊕ 기존 국채를 새로운 국채로 대체하기 위하여 한도액을 초과하여 국채를 발행할 수 있고, 이 경우 미리 국회에 이를 보고하여야 한다.

2. **재정증권의 발행과 일시차입금의 최고액**

3. **그 밖에 예산집행에 관하여 필요한 사항**

04 세입세출예산의 구분

1. 세입세출예산은 필요한 때에는 계정으로 구분할 수 있다.

   ◈ 국토교통부 예산서 예시

   ```
   5. 국가균형발전 특별회계 ·········································· 465
     (1) 지역자율 계정 ·············································· 467
         가. 세입 ···················································· 469
         나. 세출 ···················································· 473
     (2) 지역지원 계정 ·············································· 479
         가. 세입 ···················································· 481
         나. 세출 ···················································· 485
     (3) 제주특별자치도 계정 ········································ 553
         가. 세입 ···················································· 555
         나. 세출 ···················································· 559
     (4) 세종특별자치시 계정 ········································ 567
         가. 세입 ···················································· 569
         나. 세출 ···················································· 573
   ```

2. 세입세출예산은 독립기관 및 중앙관서의 소관별로 구분한 후 소관 내에서 일반회계·특별회계로 구분한다.

3. 세입예산은 성질별로 '관·항·목'으로 구분하고, 세출예산은 그 내용을 기능별·성질별 또는 기관별로 '장·관·항·세항·목'으로 구분한다.

   🔍 세출예산은 좀 더 세부적으로 장(분야)·관(부문)·항(프로그램)·세항(단위사업)·세세항(세부사업)·목·세목으로 분류하기도 한다.

   ◈ 국토교통부의 세입세출예산 예시

   • 세입예산

   일반회계/국토교통부 [단위 : 천원, %]

관	항	목	2022년 예산(A)	2023년 예산(B)	증감(C=B-A)	증감율(C/A)
[합 계]			160,242,000	175,100,000	14,858,000	9.3
11 재산수입			5,981,000	15,666,000	9,685,000	161.9
	51 관유물대여료		2,009,000	2,051,000	42,000	2.1
		511 토지대여료	1,754,000	1,788,000	34,000	1.9
		512 건물대여료	241,000	248,000	7,000	2.9
		513 기타관유물대여료	14,000	15,000	1,000	7.1

• 세출예산

일반회계/국토교통부　　　　　　　　　　　　　　　　　　　　　　　　　　[단위 : 천원, %]

분야 부문 프로그램 단위사업 세부사업 목 세목	2022년 예산(A)	2023년 예산(B)	증감(C=B-A)	증감율(C/A)
[합　계]	21,603,705,910	19,445,889,000	△2,157,816,910	△10.0
080 사회복지	6,644,411,000	7,275,322,000	630,911,000	9.5
081 　기초생활보장	2,181,925,000	2,572,266,000	390,341,000	17.9
1000 　　기초주거생활보장	2,181,925,000	2,572,266,000	390,341,000	17.9
1034 　　　주택정책지원	2,181,925,000	2,572,266,000	390,341,000	17.9
302 　　　　주거급여지원	2,181,925,000	2,572,266,000	390,341,000	17.9
210 　　　　　운영비	247,000	247,000	-	-
210-01 　　　　　　일반수용비	247,000	247,000	-	-
220 　　　　　여비	27,550	27,882	332	1.2
220-01 　　　　　　국내여비	14,250	14,465	215	1.5
220-02 　　　　　　국외업무여비	13,300	13,417	117	0.9

05 예비비

1. 정부는 예측할 수 없는 예산 외의 지출 또는 예산초과지출에 충당하기 위하여 일반회계 예산총액의 100분의 1 이내의 금액을 예비비로 세입세출예산에 계상할 수 있다.

2. 다만, 예산총칙 등에 따라 미리 사용목적을 지정해 놓은 예비비는 본문에도 불구하고 별도로 세입세출예산에 계상할 수 있으나, 공무원의 보수 인상을 위한 인건비 충당 사용목적은 불가능하다.

06 계속비

1. 완성에 수년이 필요한 공사나 제조 및 연구개발사업은 그 경비의 총액과 연부액을 정하여 미리 국회의 의결을 얻은 범위 안에서 수년도에 걸쳐서 지출할 수 있다.

2. 계속비 연한은 그 회계연도부터 5년 이내로 하되, 필요한 경우 예외적으로 10년 이내로 할 수 있고, 기획재정부장관은 필요하다고 인정하는 때에는 국회의 의결을 거쳐 지출연한을 연장할 수 있다.

07 명시이월비

1. 세출예산 중 경비의 성질상 연도 내에 지출을 끝내지 못할 것이 예측되는 때에는 그 취지를 세입세출예산에 명시하여 미리 국회의 승인을 얻은 후 다음 연도에 이월할 수 있다.

2. 각 중앙관서의 장은 명시이월비에 대하여 예산집행상 부득이한 사유가 있는 때에는 사항마다 사유와 금액을 명백히 하여 기획재정부장관의 승인을 얻은 범위 안에서 다음 연도에 걸쳐서 지출하여야 할 지출원인행위를 할 수 있고, 기획재정부장관이 지출하여야 할 지출원인행위를 승인한 때에는 감사원에 통지하여야 한다.

08 국고채무부담행위

1. 국가는 법률에 따른 것과 세출예산금액 또는 계속비의 총액의 범위 안의 것 외에 채무를 부담하는 행위를 하는 때에는 미리 예산으로써 국회의 의결을 얻어야 한다. 또한, 재해복구를 위하여 필요한 때에는 회계연도마다 국회의 의결을 얻은 범위 안에서 채무를 부담하는 행위를 할 수 있다.

2. 국고채무부담행위는 사항마다 그 필요한 이유를 명백히 하고 그 행위를 할 연도 및 상환연도와 채무부담의 금액을 표시하여 한다.

09 성인지 예산서 및 온실가스감축인지 예산서의 작성

1. 성인지 예산서의 작성

(1) 정부는 예산이 여성과 남성에게 미칠 영향을 미리 분석한 보고서(성인지 예산서)를 기획재정부장관과 여성가족부장관이 협의하여 제시한 작성기준 및 방식 등에 따라 각 중앙관서의 장이 작성하여야 한다.

(2) 성인지 예산서에는 성평등 기대효과, 성과목표, 성별 수혜분석 등을 포함하여야 한다.

> ◈ 성인지 예산서 예시
> - **성평등 기대효과**: 저소득 한 부모 가족의 생활 안정 및 자립 역량 강화
> - **성과목표**: 한 부모 가족의 아동양육비 수혜가구 확대
> - **성별 수혜분석**: 한 부모 가족의 아동양육비 지원 사업은 여성이 80%, 남성이 20% 수혜

2. 온실가스감축인지 예산서의 작성

(1) 정부 예산이 온실가스 감축에 미칠 영향을 미리 분석한 보고서(온실가스감축인지 예산서)를 작성하여야 한다.

(2) 온실가스감축인지 예산서에는 온실가스 감축에 대한 기대효과, 성과목표, 효과분석 등을 포함하여야 한다.

• 기출문제 학습 •

01 (㉠ 예비비 / ㉡ 계속비 / ㉢ 예산의 이용과 전용)은 완공에 수년이 소요되는 대규모 공사, 제조, 연구개발 사업의 경우에 총액과 연부금을 정해 인정하는 제도이다. 10. 국가 7

정답 1. ㉡

Theme 04 · 우리나라 예산안의 편성

01 예산안의 편성 절차

국가재정운영계획 수립을 위한 지침 통보 → 중기사업계획 제출 → 예산안편성지침 통보 → 예산요구서 작성 및 제출 → 예산안 편성 → 예산안의 국회제출

1. **국가재정운영계획 수립 지침 통보**(전년도 12월 31일까지 기획재정부장관 → 각 중앙관서의 장)

   기획재정부장관은 국가재정운용계획의 수립을 위한 지침을 마련하여 당해 회계연도의 전년도 12월 31일까지 각 중앙관서의 장에게 통보하여야 한다(국가재정법 시행령 제2조).

   ⊕ 국가재정운용계획은 Top-down 예산제도가 도입되면서 중요해졌다.

   ↓

2. **중기사업계획 제출**(1월 31일까지 중앙관서의 장 → 기획재정부장관)

   각 중앙관서의 장은 매년 1월 31일까지 해당 회계연도부터 5회계연도 이상의 기간 동안의 신규사업 및 기획재정부장관이 정하는 주요 계속사업에 대한 중기사업계획서를 기획재정부장관에게 제출한다.

   ↓

3. **예산안편성지침 통보 및 보고**

   (1) **예산안편성지침 통보**(3월 31일까지 기획재정부장관 → 각 중앙관서의 장)

   ① 기획재정부장관은 국무회의 심의를 거쳐 대통령의 승인을 얻은 다음연도 예산안편성지침을 매년 3월 31일까지 각 중앙관서의 장에게 통보해야 한다.

   ② 예산안편성지침에 중앙관서별 지출한도를 포함하여 통보할 수 있다.

   (2) **예산안편성지침 보고**(기획재정부장관 → 국회 예산결산특별위원회)

   기획재정부장관은 통보한 예산편성지침을 국회 예산결산특별위원회에 보고하여야 한다.

   ↓

4. **예산요구서 작성 및 제출**(5월 31일까지 각 중앙관서의 장 → 기획재정부장관)

   (1) 각 중앙관서의 장은 예산편성지침에 따라 그 소관에 속하는 다음 연도의 세입세출예산·계속비·명시이월비 및 국고채무부담행위 요구서를 작성하여 매년 5월 31일까지 기획재정부장관에게 제출해야 한다.

   (2) 예산요구서에는 대통령령이 정하는 바에 따라 예산의 편성 및 예산관리기법의 적용에 필요한 서류를 첨부해야 하고, 기획재정부장관은 제출된 예산요구서가 예산안편성지침에 부합하지 아니하는 때에는 기간을 정하여 이를 수정 또는 보완하도록 요구할 수 있다.

> ◈ 각 부처의 예산요구(일단 많이 요구하고 보는 경향)에 대한 중앙예산기관의 대응전략

> 1. **한도액 설정법**(fixed-ceiling budgeting) : 각 부처에 예산편성의 자율성을 부여할 수 있고, 중앙예산기관은 예산사정 과정에서 도움을 받을 수 있다.
> 2. **우선순위명시법**(priority listing) : 각 부처가 예산사업 간의 우선순위를 책정함으로써 중앙예산기관이 예산을 사정하는 데 도움을 줄 수 있다.
> 3. **항목별 통제법**(item-item control) : 개별 사업에 대하여 통제하는 방법으로, 전체 사업의 관점에서 개별 사업을 검토하기 힘들다는 문제점이 있다.
> 4. **증감분석법**(increase-decrease analysis) : 기본 예산액에 대한 검토는 제외하고, 증감된 부분에 대해서만 검토한다.

↓

5. 예산안의 편성(기획재정부)

기획재정부장관은 예산요구서에 따라 예산안을 편성하여 국무회의의 심의를 거친 후 대통령의 승인을 얻어야 한다.

↓

6. 예산안의 국회제출(정부 → 국회)

정부는 대통령의 승인을 얻은 예산안을 회계연도 개시 120일 전까지 국회에 제출해야 한다.

⊕ 헌법에 의하면 회계연도 개시 90일 전까지 국회에 제출하도록 되어 있으나, 2016년 국가재정법 개정으로 120일 전까지 제출해야 한다.

> ◈ 예산안의 첨부서류

> 세입세출예산 총계표 및 순계표, 세입세출예산사업별 설명서, 세입예산 추계분석보고서, 계속비 관련, 총사업비 관리대상 사업 관련, 국고채무부담행위 설명서, 성인지 예산서, 조세지출예산서 등

02 예산안 편성 관련 기타사항

1. 수정예산안 제출(정부 → 국회)

정부는 예산안을 국회에 제출한 후 부득이한 사유로 인하여 그 내용의 일부를 수정하고자 하는 때에는 국무회의의 심의를 거쳐 대통령의 승인을 얻은 수정예산안을 국회에 제출할 수 있다.

⊕ 우리나라는 1970년, 1981년, 2009년 회계연도 예산에 대하여 수정예산안을 제출하였다.

2. 총액계상

기획재정부장관은 대통령령으로 정하는 사업으로서 세부내용을 미리 확정하기 곤란한 사업의 경우에는 이를 총액으로 예산에 계상할 수 있다.

3. 예비타당성조사(1999년 도입)

(1) 도입취지
대규모 신규 사업에서 발생할 수 있는 예산 낭비를 방지하고 재정운영의 효율성을 제고하기 위해 도입하였다.

(2) 실시기관 : 기획재정부장관

(3) 대상사업
총사업비가 500억원 이상이고 국가의 재정지원 규모가 300억원 이상인 신규 사업으로 건설공사가 포함된 사업, 정보화 사업, 국가연구개발사업 등이다.

(4) 대상제외
공공청사, 교정시설, 초·중등 교육시설의 신·증축 사업, 국가유산 복원사업, 국가안보와 관계되거나 보안이 필요한 국방 관련 사업 등은 제외된다.

(5) 절차
예산을 편성하기 위하여 미리 예비타당성조사를 실시하고, 그 결과를 요약하여 국회 소관 상임위원회와 예산결산특별위원회에 제출해야 한다.

(6) 조사방법
① 기획재정부장관은 예비타당성조사를 실시하기로 결정한 경우에는 대상 사업의 경제성 및 정책적 필요성을 종합적으로 검토하여, 사업의 추진여부를 결정한다.
② 경제적 타당성의 분석을 위해 수요, 편익, 비용을 추정하고 재무적 평가와 민감도 분석을 시행한다.

4. 감사원 및 독립기관의 예산
정부는 감사원 및 독립기관(국회·대법원·헌법재판소 및 중앙선거관리위원회)의 세출예산요구액을 감액하고자 할 때에는 국무회의에서 감사원장 및 독립기관의 장의 의견을 들어야 한다.

• 기출문제 학습 •

01 기획재정부장관은 대통령의 승인을 얻은 다음연도의 예산안편성지침을 매년 (㉠ 3 / ㉡ 4)월 31일까지 각 중앙관서의 장에게 통보해야 한다. 21. 지방 7

02 예산편성지침은 국무회의 심의를 거쳐 대통령의 승인을 받아야 하고, 예산결산특별위원회에 (㉠ 보고해야 한다. / ㉡ 보고할 필요는 없다.) 15. 국가 9

03 기획재정부는 예비타당성조사를 실시하여 (㉠ 정치·경제적 이해관계가 배제될 수 있도록 / ㉡ 경제성 및 정책적 필요성을 종합적으로 검토하여) 예산배분의 타당성을 검토한다. 22. 지방 7

04 예비타당성 조사는 총사업비 (㉠ 300억원 / ㉡ 500억원) 이상이면서, 국가재정지원이 (㉠ 100억 원 / ㉡ 300억 원) 이상인 신규 사업 중에 일정한 절차를 거쳐 실시한다. 17. 서울 9

05 예비타당성 조사는 (㉠ 기획재정부 / ㉡ 사업 주무 부처)에서 수행한다. 14. 국가 7

06 정부가 (㉠ 헌법재판소 / ㉡ 중앙선거관리위원회 / ㉢ 국민권익위원회 / ㉣ 국가인권위원회)의 세출예산요구액을 감액한 때에는 그 규모 및 이유, 감액에 대한 해당 기관장의 의견을 국회에 제출하여야 한다. 23. 지방 7

정답 1. ㉠ 2. ㉠ 3. ㉡ 4. ㉡,㉡ 5. ㉠ 6. ㉠,㉡

Theme 05 • 예산(안*)의 심의

국회의 심의·확정 이전에는 '예산'이 아니라 '예산안'이 맞지만, 혼용해서 사용하기도 한다.

01 행정부 예산안에 대한 입법부의 예산 심의

역사적으로 왕권을 통제하기 위한 재정통제의 일환으로 등장하였고, 정책 형성과 행정 감독으로 나눌 수 있다. 즉 행정부가 예산안 편성을 통해 정책을 형성하고, 입법부(국회)가 예산의 심의를 통해 감독을 한다. 따라서 예산심의는 국민의 대표기관인 입법부가 행정부를 통제할 수 있는 도구 중 하나로 재정민주주의를 실현하는 중요한 과정으로 입법부의 예산통제는 납세자의 이익을 대변한다.

02 우리나라 예산안 심의의 특징

1. 우리나라는 대통령제를 채택하고 있는 국가로 정부에서 예산안을 편성하면 국회에서 심의한다. 즉 견제와 균형 관계를 이루고 있으므로 의원내각제에 비해 예산안 심의가 상대적으로 엄격하다.
2. 상임위와 예결위 위주로 심사가 이루어지고 본회의의 경우 형식적인 경우가 많다.
3. 국회는 정부의 동의 없이 금액 증가나 새로운 비목을 설치하지 못한다. 즉, 예산안 심의는 감액(정부동의 불필요)이 수월하다.
4. 국회 상임위원회가 소관 부처의 이해관계를 대변하기 쉽다.
5. 예산안과 결산뿐 아니라 관계 법령에 따라 제출·회부된 기금운영계획안도 심사한다.

03 우리나라 예산안 심의 절차

1. 절차

(1) **회계연도 개시 120일 전까지 정부예산안 국회제출**

↓

(2) **정부의 시정연설**(국회법 제84조)

대통령 등은 예산편성과 관련된 경제·재정 정책관련 등과 관련하여 국회 시정연설을 한다.

↓

(3) **상임위원회의 예비심사**

① 소관 부처 장관의 예산안 제안 설명이 포함된다.
② 국회의장이 기간을 정하여 회부한 예산안과 결산에 대하여 상임위원회가 이유 없이 그 기간 내에 심사를 마치지 아니한 때에는 바로 예산결산특별위원회에 회부할 수 있다.

↓ (회부: 사건을 넘김)

(4) 예산결산특별위원회(상설위원회)의 종합심사
① 예산결산특별위원회는 소관 상임위원회의 예비심사 내용을 존중하여야 하며, 소관 상임위원회에서 삭감한 세출예산 각 항의 금액을 증가하게 하거나 새 비목(費目)을 설치할 경우에는 소관 상임위원회의 동의를 받아야 한다.
② 정부의 제안설명 → 전문위원의 검토보고 → 종합정책질의 → 부별 심사 또는 분과위원회 심사 및 찬반토론을 거쳐 표결

↓ (부의: 토의에 붙임)

(5) 본회의
예산결산특별위원회의 종합심사가 완료된 예산안은 본회의에 상정되어 정책질의와 찬반투표를 거쳐 의결된다.

🔍 정기국회 심의를 거쳐 확정된 최초 예산을 본예산 혹은 당초예산이라고 한다.

2. 의결기간
국회는 회계연도 개시 30일 전까지 이를 의결하여야 한다(대한민국헌법 제54조).

▩ **중앙정부와 지방자치단체의 예산안의 제출 및 국회(지방의회) 의결 기간**

중앙정부: 회계연도 개시 120일 전까지 제출 / **국회**: 회계연도 개시 30일 전까지 의결
광역지자체: 회계연도 개시 50일 전까지 제출 / **광역의회**: 회계연도 개시 15일 전까지 의결
기초지자체: 회계연도 개시 40일 전까지 제출 / **기초의회**: 회계연도 개시 10일 전까지 의결

기출문제 학습

01 우리나라는 정치 체계의 성격상 예산심의 과정이 의원내각제에 비해 상대적으로 (㉠ 엄격하다. / ㉡ 엄격하지 않다.) 17. 서울 7

02 우리나라는 예산과정에서 (㉠ 본회의 / ㉡ 상임위원회와 예산결산특별위원회)를 중심으로 예산이 심의된다. 15. 지방 7

03 상임위원회의 예비심사를 거친 예산안은 (㉠ 본회의 / ㉡ 예산결산특별위원회)에 회부된 후 (㉠ 본회의 / ㉡ 예산결산특별위원회) 심사를 거쳐 (㉠ 본회의 / ㉡ 예산결산특별위원회)에 부의된다. 23. 지방 7, 13. 지방 9

04 예산결산특별위원회는 소관 상임위원회의 동의 없이 상임위원회에서 삭감한 세출예산 각 항의 금액을 증액할 수 (㉠ 있다. / ㉡ 없다.) 20. 지방 7, 16. 국가 9

05 예산안을 정부는 국회에 회계연도개시 (㉠ 90 / ㉡ 120 / ㉢ 130)일, 광역지자체는 지방의회에 회계연도개시 (㉠ 40 / ㉡ 50)일, 기초지자체는 지방의회에 (㉠ 30 / ㉡ 40)일 전까지 제출해야 한다. 24. 지방 9, 20. 서울 9, 18. 국가 7

Part 05

정답 1. ㉠ 2. ㉡ 3. ㉡, ㉡, ㉠ 4. ㉡ 5. ㉡, ㉡, ㉡

Theme 06 ▶ 우리나라 예산의 집행

01 예산배정 및 예산집행지침의 통보

1. 예산배정요구서의 제출(각 중앙관서의 장 → 기획재정부장관)

각 중앙관서의 장은 예산이 확정된 후 사업운영계획 및 이에 따른 세입세출예산·계속비와 국고채무부담행위를 포함한 예산배정요구서를 기획재정부장관에게 제출하여야 한다.

↓

2. 예산의 배정(기획재정부장관 → 각 중앙관서의 장)

(1) 예산의 배정은 중앙관서의 장에게 자금을 사용할 수 있는 권한을 부여하는 것으로, 기획재정부장관은 <u>분기별 예산배정계획</u>*을 작성하여 국무회의의 심의를 거친 후 대통령의 승인을 얻어야 한다.
   예산배정요구서를 토대로 기획재정부장관이 분기별 예산배정계획을 하는데, 이는 예산의 조기 소진을 방지하거나 조기 집행을 가능하게 한다.

※ 예산배정의 종류

1. **정기배정**: 분기별 연간 배정계획에 따라 예산을 배정
2. **긴급배정**: 회계연도 개시 전에 예산을 배정(외국에서 지급하는 경비 등)
3. **조기배정**: 경제정책상의 필요에 의하여 사업을 조기에 집행하기 위해 정기배정 계획 자체를 1/4 또는 2/4 분기에 앞당겨 집중배정
4. **당겨배정**: 사업을 집행하면서 계획이나 여건의 변화로 앞당겨 배정
5. **수시배정**: 예산편성시 사업계획이 미확정되는 이유 등으로 수시배정 요구를 받은 것으로, 수시배정 대상사업은 보통 정기배정에서 제외
6. **배정유보**: 경제정책 등의 사유로 그 사업에 대한 예산배정을 유보
7. **감액배정**: 사업계획 변동 등에 따라 감액하여 배정

(2) 기획재정부장관은 각 중앙관서의 장에게 예산을 배정한 때에는 감사원에 통지하여야 한다.

(3) 기획재정부장관은 대통령령으로 정하는 바에 따라 회계연도 개시 전에 예산을 배정할 수 있다.

※ 회계연도 개시 전에 예산을 배정할 수 있는 경비

1. 외국에서 지급하는 경비
2. 선박의 운영·수리 등에 소요되는 경비
3. 교통이나 통신이 불편한 지역에서 지급하는 경비
4. 각 관서에서 필요한 부식물의 매입경비
5. 범죄수사 등 특수활동에 소요되는 경비
6. 여비
7. 경제정책상 조기집행을 필요로 하는 공공사업비
8. 재해복구사업에 소요되는 경비

↓

3. 예산의 재배정(중앙관서의 장 → 각 재무관)
각 중앙관서의 장이 실무부서에게 지출을 할 수 있는 권한을 부여하는 것이다.
🔍 재무관은 계약 등 지출원인행위(계약체결 등), 지출관은 자금의 지급(계좌이체)을 담당한다.

4. 예산집행지침의 통보(기획재정부장관 → 각 중앙관서의 장)
기획재정부장관은 예산집행의 효율성을 높이기 위하여 매년 1월말까지 예산집행에 관한 지침을 작성하여 각 중앙관서의 장에게 통보하여야 한다.

02 예산의 목적 외 사용금지와 예외

1. 예산의 목적 외 사용금지
각 중앙관서의 장은 세출예산이 정한 목적 외에 경비를 사용할 수 없다.

2. 예산의 전용(행정과목 간)
각 중앙관서의 장은 예산의 목적범위 안에서 재원의 효율적 활용을 위하여 대통령령으로 정하는 바에 따라 기획재정부장관의 승인을 얻어 각 세항 또는 목의 금액을 전용할 수 있다.

3. 예산의 이용(입법과목 간)·이체
(1) 각 중앙관서의 장은 예산이 정한 각 기관 간 또는 각 장·관·항 간에 상호 이용(移用)할 수 없다. 다만, 다음 각 호의 어느 하나에 해당하는 경우에 한정하여 미리 예산으로써 국회의 의결을 얻은 때에는 기획재정부장관의 승인을 얻어 이용하거나 기획재정부장관이 위임하는 범위 안에서 자체적으로 이용할 수 있다.
① 법령상 지출의무의 이행을 위한 경비 및 기관운영을 위한 필수적 경비의 부족액이 발생하는 경우
② 환율변동·유가변동 등 사전에 예측하기 어려운 불가피한 사정이 발생하는 경우
③ 재해대책 재원 등으로 사용할 시급한 필요가 있는 경우
④ 그 밖에 대통령령으로 정하는 경우

(2) 기획재정부장관은 정부조직 등에 관한 법령의 제정·개정 또는 폐지로 인하여 중앙관서의 직무와 권한에 변동이 있는 때에는 그 중앙관서의 장의 요구에 따라 그 예산을 상호 이용하거나 이체(移替)할 수 있다.

≋ 이용과 전용

> 이용은 국회에서 승인된 예산 중 (장, 관, 항) 간 울타리를 뛰어넘어 자금을 이전하는 것을 말하며 이를 위해서는 국회의 승인을 받아야 한다. 반면, 전용은 (세항, 목) 간 울타리를 뛰어넘어 자금을 이전하는 것을 말하며 이를 위해서는 국회의 승인을 받을 필요가 없다.

03 예산성과금의 지급 등

각 중앙관서의 장은 예산의 집행방법 또는 제도의 개선 등으로 인하여 수입이 증대되거나 지출이 절약된 때에는 이에 기여한 자에게 성과금을 지급할 수 있으며, 절약된 예산을 다른 사업에 사용할 수 있다. 각 중앙관서의 장은 성과금을 지급하거나 절약된 예산을 다른 사업에 사용하고자 하는 때에는 예산성과금심사위원회의 심사를 거쳐야 한다.

04 세출예산의 이월

이월은 예산을 당해 회계연도에 집행하지 않고 다음 연도에 넘겨 차기 회계연도에 사용하는 것으로 명시이월과 사고이월로 구분된다.

1. 명시이월
세출예산 중 경비의 성질상 연도 내에 지출을 끝내지 못할 것이 예측되는 때에는 그 취지를 세입세출예산에 명시하여 미리 국회의 승인을 얻은 후 다음 연도에 이월하여 사용할 수 있다.

2. 사고이월
연도 내에 지출원인행위를 하고 불가피한 사유로 인하여 연도 내에 지출하지 못한 경비와 지출원인행위를 하지 아니한 그 부대경비, 다음 연도에 재차 이월할 수 없다.

05 총사업비 관리제도(1994년 도입)

1. 각 중앙관서의 장은 2년 이상 소요되는 사업 중 대통령령이 정하는 대규모사업에 대해 사업규모·총사업비·사업기간을 정해 미리 기획재정부장관과 협의해야 한다.

   ◈ 총사업비 규모

   > 1. 총사업비 500억원 이상이고 국가의 재정지원 규모가 300억원 이상인 사업
   >   건설공사가 포함된 사업(건축사업은 제외), 정보화 사업, 그 밖에 사회복지, 보건, 교육, 노동, 문화 및 관광, 환경 보호, 농림해양수산, 산업·중소기업 분야의 사업
   > 2. 200억원 이상
   >   건축사업 또는 연구개발사업

2. 기획재정부장관은 총사업비가 일정 규모 이상 증가하는 등 대통령령이 정하는 요건에 해당하는 사업 및 감사원의 감사결과에 따라 감사원이 요청하는 사업에 대하여는 사업의 타당성을 재조사하고, 그 결과를 국회에 보고하여야 한다.

06 예비비

1. 예비비는 기획재정부장관이 관리하고, 각 중앙관서의 장은 예비비로 사용한 금액의 명세서를 다음 연도 2월말까지 기획재정부장관에게 제출해야 한다.

   ↓

2. 기획재정부장관은 총괄명세서를 작성한 후 국무회의의 심의를 거쳐 대통령의 승인을 얻어야 한다.

   ↓

3. 기획재정부장관은 대통령의 승인을 얻은 총괄명세서를 감사원에 제출해야 한다.

   ↓

4. 정부는 총괄명세서를 다음 연도 5월 31일까지 국회에 제출하여 그 승인을 얻어야 한다.

07 예산총계주의 원칙의 예외

1. 수입대체경비

각 중앙관서의 장은 용역 또는 시설을 제공하여 발생하는 수입과 관련되는 경비*의 경우, 수입이

  *   1. 국가가 특별한 용역 또는 시설을 제공하고 그 제공을 받은 자로부터 비용을 징수하는 경우의 당해 경비
      2. 수입의 범위 안에서 관련경비의 총액을 지출할 수 있는 경우의 당해 경비

예산을 초과하거나 초과할 것이 예상되는 때에는 그 초과수입을 대통령령으로 정하는 바에 따라 그 초과수입에 직접 관련되는 경비 및 이에 수반되는 경비**에 초과지출할 수 있다.

  ** 1. 업무수행과 직접 관련된 자산취득비·국내여비·시설유지비 및 보수비
     2. 일시적인 업무 급증으로 사용한 일용직 임금
     3. 초과수입 증대와 관련 있는 업무를 수행한 직원에게 지급하는 보상적 경비

2. 현물 출자 및 외국차관전대

국가가 현물로 출자하는 경우와 외국차관을 도입하여 전대(轉貸)*하는 경우에는 이를 세입세출

  * 정부가 외국 금융기관 등으로부터 자금을 빌려, 국내 기관 등에 다시 빌려주는 것이다.

예산 외로 처리할 수 있다.

3. 차관물자대(借款物資貸)

전년도 인출예정분의 부득이한 이월 또는 환율 및 금리의 변동으로 인하여 세입이 그 세입예산을 초과하게 되는 때에는 그 세출예산을 초과하여 지출할 수 있다.

4. 전대차관

전대차관을 상환하는 경우 환율 및 금리의 변동, 기한 전 상환으로 인하여 원리금 상환액이 그 세출예산을 초과하게 되는 때에는 초과한 범위 안에서 그 세출예산을 초과하여 지출할 수 있다.

08 보조금의 관리

각 중앙관서의 장은 지방자치단체 및 민간에 지원한 국고보조금의 교부실적과 해당 보조사업자의 보조금 집행실적을 기획재정부장관, 국회 소관 상임위원회 및 예산결산특별위원회에 각각 제출해야 한다.

09 준예산(1960년 도입)

새로운 회계연도가 개시되었는데도 불구하고 예산안이 의결되지 못하면, 정부는 수입과 지출 활동을 하지 못한다는 의미이다. 즉 공무원 월급 지급, 각종 사업 진행 등이 모두 멈춰버린다는 의미인데, 이를 방지하기 위한 제도로 준예산, 가예산, 잠정예산 제도 등이 있다. 미국 연방정부의 셧다운(업무정지) 위기도 예산안 의결이 되지 못하고 있으면 언급된다.

1. 대한민국헌법 제54조 제3항

새로운 회계연도가 개시될 때까지 예산안이 의결되지 못한 때에는 정부는 국회에서 예산안이 의결될 때까지 다음의 목적을 위한 경비는 전년도 예산에 준하여 집행할 수 있다.

(1) 헌법이나 법률에 의하여 설치된 기관 또는 시설의 유지·운영 예 인건비, 관서운영비 등
(2) 법률상 지출의무의 이행 예 교부금 등
(3) 이미 예산으로 승인된 사업의 계속(=계속비)

2. 집행된 예산은 해당 연도의 예산이 확정된 때에는 그 확정된 예산에 따라 집행된 것으로 본다.

◈ 국가별 예산 불성립시 예산집행

구분	기간	국회의결	지출항목	채택국가
준예산	기간 명시 없음.	불필요	한정적	우리나라, 독일
가예산	1개월	필요	전반적	우리나라(1960년 이전), 프랑스
잠정예산	몇 개월	필요	전반적	미국, 일본, 영국, 캐나다

• 기출문제 학습 •

01 국가재정법에 따라 기획재정부장관은 각 중앙관서의 장에게 예산을 배정한 때에는 (㉠ 감사원 / ㉡ 국회)에 통지하여야 한다. 20. 국가 9

02 이용은 (㉠ 장 / ㉡ 관 / ㉢ 항 / ㉣ 세항 / ㉤ 목) 간 울타리를 뛰어넘어 자금을 이전하는 것을 말하며, 국회의 승인(㉠ 이 필요하다. / ㉡ 을 받을 필요가 없다.) 반면, 전용은 (㉠ 장 / ㉡ 관 / ㉢ 항 / ㉣ 세항 / ㉤ 목) 간 울타리를 뛰어넘어 자금을 이전하는 것을 말하며 국회의 승인(㉠ 이 필요하다. / ㉡ 을 받을 필요가 없다.) 16. 지방 7

03 각 중앙관서의 장은 기획재정부장관의 승인을 얻어 각 세항 또는 목의 금액을 자체적으로 (㉠ 전용 / ㉡ 이용)할 수 있다. 19. 서울추가 7

04 예산의 전용을 위해서 정부 부처는 국회의 (㉠ 승인을 미리 받아야 한다. / ㉡ 승인을 받을 필요가 없다.) 19. 국가 9

05 각 중앙관서의 장은 (㉠ 직권으로 / ㉡ 예산성과금심사위원회의 심사를 거쳐) 성과금을 지급할 수 있으며, 절약된 예산을 다른 사업에 사용할 수 (㉠ 있다. / ㉡ 없다.) 21. 지방 7, 14. 서울 9

06 예산의 (㉠ 명시이월 / ㉡ 사고이월)이란 예산 성립 후 연도 내 지출원인행위를 하고 불가피한 사유로 지출하지 못한 경비와 지출원인행위를 하지 아니한 그 부대경비의 금액에 대한 이월을 말한다. 24. 국가 7

07 총사업비관리제도는 (㉠ 소요 기간에 관계없이 / ㉡ 2년 이상 소요되는 사업 중) 고속도로, 국도 등 일정 규모 이상의 대규모 사업의 경우, 사업 규모·총사업비 및 사업기간 등을 정하여 미리 기획재정부장관과 사전협의할 것을 요구한다. 21. 지방 7

08 우리나라는 예산안이 회계연도 개시 전까지 국회에 의결이 되지 못한 경우에 대비하여 (㉠ 준예산 / ㉡ 가예산 / ㉢ 수정예산 / ㉣ 잠정예산)제도를 시행하고 있다. 이는 (㉠ 모든 예산을 / ㉡ 법률상 지출의무의 이행 등에 대해서 한정적으로) 편성 운영할 수 있다. 21. 국가 9, 16. 국가 9

09 준예산은 국회의 의결이 (㉠ 필요 / ㉡ 불필요)하고, 잠정예산은 국회의 의결이 (㉠ 필요 / ㉡ 불필요)하다. 23. 지방 9, 21. 국가 7

정답 1. ㉠ 2. (㉠, ㉡, ㉢), ㉠, (㉣, ㉤), ㉡ 3. ㉠ 4. ㉡ 5. ㉡, ㉠ 6. ㉡ 7. ㉡ 8. ㉠, ㉡ 9. ㉡, ㉠

Theme 07 우리나라 예산의 결산

01 결산의 원칙

정부는 결산이 「국가회계법」에 따라 재정에 관한 유용하고 적정한 정보를 제공할 수 있도록 객관적인 자료와 증거에 따라 공정하게 이루어지도록 하여야 한다.

02 성인지 결산서의 작성

1. 정부는 여성과 남성이 동등하게 예산의 수혜를 받고 예산이 성차별을 개선하는 방향으로 집행되었는지를 평가하는 보고서를 작성하여야 한다.
2. 성인지 결산서에는 집행실적, 성평등 효과분석 및 평가 등을 포함하여야 한다.

03 온실가스감축인지 결산서의 작성

1. 정부는 예산이 온실가스를 감축하는 방향으로 집행되었는지를 평가하는 보고서(온실가스감축인지 결산서)를 작성하여야 한다.
2. 온실가스감축인지 결산서에는 집행실적, 온실가스 감축 효과분석 및 평가 등을 포함하여야 한다.

04 결산절차

1. 중앙관서결산보고서의 작성 및 제출

(1) 각 중앙관서의 장은 「국가회계법」에서 정하는 바에 따라 회계연도마다 작성한 결산보고서를 다음 연도 2월 말일까지 기획재정부장관에게 제출하여야 한다.

(2) 국회의 사무총장, 법원행정처장, 헌법재판소의 사무처장 및 중앙선거관리위원회의 사무총장은 회계연도마다 예비금사용명세서를 작성하여 다음 연도 2월말까지 기획재정부장관에게 제출해야 한다.

↓

2. 국가결산보고서의 작성 및 제출

기획재정부장관은 회계연도마다 중앙관서결산보고서를 통합하여 국가결산보고서를 작성한 후 국무회의의 심의를 거쳐 대통령의 승인을 받아 다음 연도 4월 10일까지 감사원에 제출하여야 한다.

↓

3. 결산검사

감사원은 제출된 국가결산보고서를 검사하고, 그 보고서를 다음 연도 5월 20일까지 기획재정부장관에게 송부해야 한다.

↓

4. 국가결산보고서의 국회제출

정부는 감사원의 검사를 거친 국가결산보고서를 다음 연도 5월 31일까지 국회에 제출해야 한다.

↓

5. 결산의 회부 및 심사

(1) 국회는 제출된 결산보고서를 상임위 예비심사와 예결위 종합심사를 거친 후 본회의에 보고하여 처리한다.

(2) 국회는 결산에 대한 심의·의결을 정기회 개회(정기회는 매년 9월 1일에 집회하되, 그날이 공휴일인 때에는 그 다음 날에 집회) 전까지 완료하여야 한다.

05 결산의 효력

1. 결산 결과 위법하거나 부당한 지출이 확인되더라도 정부활동을 무효나 취소할 수 없다.

2. 결산은 정부의 예산집행의 결과가 정당한 경우 집행 책임을 해제하는 법적효과를 가진다.

> **국회법 제84조제2항** 결산의 심사 결과 위법하거나 부당한 사항이 있는 경우에 국회는 본회의 의결 후 정부 또는 해당 기관에 변상 및 징계조치 등 그 시정을 요구하고, 정부 또는 해당 기관은 시정요구를 받은 사항을 지체 없이 처리하여 그 결과를 국회에 보고하여야 한다.

기출문제 학습

01 기획재정부장관은 국가회계법에 따라 회계연도마다 국가결산보고서를 작성하여 대통령의 승인을 얻어 다음연도 4월 (㉠ 10 / ㉡ 20)일까지 감사원에 제출하여야 한다. 21. 지방 7

02 국회의 결산심사와 관련하여 (㉠ 예산결산특별위원회 위원장 / ㉡ 의장)은 결산을 소관상임위원회에 회부할 때에 심사기간을 정할 수 있다. 13. 국가 7

03 결산은 (㉠ 국무회의 / ㉡ 대통령 / ㉢ 의회) 심의와 (㉠ 국무회의 / ㉡ 대통령 / ㉢ 의회) 승인 후 (㉠ 국무회의 / ㉡ 대통령 / ㉢ 의회) 의결을 거쳐 종료된다. 18. 국가 9

04 결산심의에서 위법하거나 부당한 지출이 (㉠ 지적되면 그 정부활동은 무효나 취소가 된다. / ㉡ 지적되더라도 정부활동이 무효나 취소가 되지는 않는다.) 10. 국가 9

05 결산은 정부의 예산집행의 결과가 정당한 경우 (㉠ 편성 / ㉡ 집행) 책임을 해제하는 법적효과를 가진다. 10. 국가 9

정답 1.㉠ 2.㉡ 3.㉠,㉡,㉢ 4.㉡ 5.㉡

Theme 08 기금

01 원칙

1. 기금관리·운영의 원칙
기금관리주체는 그 기금의 설치목적과 공익에 맞게 기금을 관리·운용하여야 한다.

2. 기금자산운영의 원칙
기금관리주체는 안정성·유동성·수익성 및 공공성을 고려하여 기금자산을 투명하고 효율적으로 운용하여야 한다.

3. 의결권 행사의 원칙
기금관리주체는 기금이 보유하고 있는 주식의 의결권을 기금의 이익을 위하여 신의에 따라 성실하게 행사하고, 그 행사내용을 공시하여야 한다.

02 기금운영계획(예산안편성 절차와 유사점이 많음)

1. 기금운용계획안의 수립

(1) 기금관리주체는 매년 1월 31일까지 해당 회계연도부터 5회계연도 이상의 기간 동안의 신규사업 및 기획재정부장관이 정하는 주요 계속사업에 대한 중기사업계획서를 기획재정부장관에게 제출하여야 한다.

↓

(2) 기획재정부장관은 자문회의의 자문과 국무회의의 심의를 거쳐 대통령의 승인을 얻은 다음 연도의 기금운용계획안 작성지침을 매년 3월 31일까지 기금관리주체에게 통보하고, 국회 예산결산특별위원회에 보고하여야 한다.

(3) 기획재정부장관은 국가재정운용계획과 기금운용계획 수립을 연계하기 위하여 기금운용계획안 작성지침에 기금별 지출한도를 포함하여 통보할 수 있다.

↓

(4) 기금관리주체는 기금운용계획안 작성지침에 따라 다음 연도의 기금운용계획안을 작성하여 매년 5월 31일까지 기획재정부장관에게 제출하여야 한다.

↓

(5) 기획재정부장관은 제출된 기금운용계획안에 대하여 기금관리주체와 협의·조정하여 기금운용계획안을 마련한 후 국무회의의 심의를 거쳐 대통령의 승인을 얻어야 한다.

(6) 기획재정부장관은 기금운용계획안을 조정하는 경우 과도한 여유재원이 운용되고 있는 기금에 대하여는 예산상의 지원을 중단하거나 해당 기금수입의 원천이 되는 부담금 등의 감소를 위한 조치를 취할 것을 기금관리주체에게 요구할 수 있고, 이 경우 기금관리주체가 중앙관서의 장이 아닌 경우에는 그 소관 중앙관서의 장을 거쳐야 한다.

⑺ 기금관리주체 중 중앙관서의 장이 아닌 기금관리주체가 제출·협의 등을 하는 경우 소관 중앙관서의 장을 거쳐야 한다.

   🔍 예컨대 공무원연금기금의 소관 중앙관서는 인사혁신처이고, 관리주체는 공무원연금공단이다.

2. 기금운용계획안의 내용

⑴ 기금운용계획안은 운용총칙과 자금운용계획으로 구성된다.

⑵ 운용총칙에는 기금의 사업목표, 자금의 조달과 운용(주식 및 부동산 취득한도를 포함한다) 및 자산취득에 관한 총괄적 사항을 규정한다.

⑶ 자금운용계획은 수입계획과 지출계획으로 구분하되, 수입계획은 성질별로 구분하고 지출계획은 성질별 또는 사업별로 주요항목 및 세부항목으로 구분하고, 이 경우 주요항목의 단위는 장·관·항으로, 세부항목의 단위는 세항·목으로 각각 구분한다.

3. 기금운용계획안의 국회제출

⑴ 정부는 기금운용계획안을 회계연도 개시 120일 전까지 국회에 제출하여야 한다.

⑵ 기금관리주체는 기금운용계획이 확정된 때에는 기금의 월별 수입 및 지출계획서를 작성하여 회계연도 개시 전까지 기획재정부장관에게 제출하여야 한다.

4. 성인지 기금운용계획서의 작성

⑴ 정부는 기금이 여성과 남성에게 미칠 영향을 미리 분석한 보고서를 작성해야 한다.

⑵ 성인지 기금운용계획서에는 성평등 기대효과, 성과목표, 성별 수혜분석 등을 포함하여야 한다.

5. 온실가스감축인지 기금운용계획서의 작성

⑴ 정부는 기금이 온실가스 감축에 미칠 영향을 미리 분석한 보고서(온실가스감축인지 기금운용계획서)를 작성하여야 한다.

⑵ 온실가스감축인지 기금운용계획서에는 온실가스 감축에 대한 기대효과, 성과목표, 효과분석 등을 포함하여야 한다.

6. 증액 동의

국회는 정부가 제출한 기금운용계획안의 주요항목 지출금액을 증액하거나 새로운 과목을 설치하고자 하는 때에는 미리 정부의 동의를 얻어야 한다.

7. 기금운용계획의 변경

⑴ 기금관리주체는 지출계획의 주요항목 지출금액의 범위 안에서 대통령령으로 정하는 바에 따라 세부항목 지출금액을 변경할 수 있다.

⑵ 기금관리주체(기금관리주체가 중앙관서의 장이 아닌 경우에는 소관 중앙관서의 장을 말한다)는 기금운용계획 중 주요항목 지출금액을 변경하고자 하는 때에는 기획재정부장관과 협의·조정하여 마련한 기금운용계획변경안을 국무회의의 심의를 거쳐 대통령의 승인을 얻은 후 국회에 제출하여야 한다.

(3) 주요항목 지출금액이 다음 각 호의 어느 하나에 해당하는 경우에는 기금운용계획변경안을 국회에 제출하지 아니하고 대통령령으로 정하는 바에 따라 변경할 수 있다.
  ① 금융성 기금 외의 기금은 주요항목 지출금액의 변경범위가 10분의 2 이하
  ② 금융성 기금은 주요항목 지출금액의 변경범위가 10분의 3 이하
  ③ 다른 법률의 규정에 따른 의무적 지출금액, 기금운용계획상 여유자금 운용으로 계상된 지출금액 등

8. 기금운용계획안 등의 첨부서류

기금운용계획안과 기금운용계획변경안을 국회에 제출하는 경우에는 기금조성계획, 추정재정상태표 및 추정재정운영표, 성과계획서, 성인지 기금운용계획서 등을 첨부한다.

03 지출사업의 이월

1. 기금관리주체는 매 회계연도의 지출금액을 이월할 수 없지만, 연도 내에 지출원인행위를 하고 불가피한 사유로 연도 내에 지출하지 못한 금액은 다음 연도에 이월하여 사용할 수 있다.
2. 기금관리주체는 이월하는 때에는 대통령령으로 정하는 바에 따라 이월명세서를 작성하여 다음 연도 1월 31일까지 기획재정부장관과 감사원에 각각 송부하여야 한다.

04 기금의 결산

1. 각 중앙관서의 장은 「국가회계법」에서 정하는 바에 따라 회계연도마다 소관 기금의 결산보고서를 중앙관서결산보고서에 통합하여 작성한 후 기획재정부장관에게 제출하여야 한다.

2. 성인지 기금결산서의 작성

(1) 정부는 여성과 남성이 동등하게 기금의 수혜를 받고 기금이 성차별을 개선하는 방향으로 집행되었는지를 평가하는 보고서를 작성하여야 한다.
(2) 성인지 기금결산서에는 집행실적, 성평등 효과분석 및 평가 등을 포함하여야 한다.

3. 온실가스감축인지 기금결산서의 작성

(1) 정부는 기금이 온실가스를 감축하는 방향으로 집행되었는지를 평가하는 보고서(온실가스감축인지 기금결산서)를 작성하여야 한다.
(2) 온실가스감축인지 기금결산서에는 집행실적, 온실가스 감축 효과분석 및 평가 등을 포함하여야 한다.

05 중장기 기금재정관리계획

연금급여 및 보험사업 수행을 목적으로 하는 기금 또는 채권을 발행하는 기금 중 대통령령으로 정하는 기금의 관리주체는 소관 기금에 관하여 매년 해당 회계연도부터 5회계연도 이상의 기간에 대한 중장기 기금재정관리계획을 수립하고 이를 기획재정부장관에게 제출해야 한다.

06 기금운용심의회

1. 설치
기금관리주체는 기금별로 기금운용심의회를 설치하되, 심의회를 설치할 필요가 없다고 인정되는 기금의 경우에는 기획재정부장관과 협의하여 설치하지 아니할 수 있다.

2. 심의사항
기금운용계획안, 주요항목 지출금액의 변경, 기금결산보고서, 자산운용지침의 제정 및 개정 등을 심의한다.

3. 심의회의 구성
위원장은 기금관리주체의 장이 되며, 위원은 위원장이 위촉하되 학식과 경험이 풍부한 사람으로서 공무원이 아닌 사람을 2분의 1 이상 위촉하여야 한다.

4. 자산운용위원회 설치
기금관리주체는 심의회에 자산운용위원회를 설치하여야 하되, 외국환평형기금이나 기획재정부장관과 협의하여 자산운용위원회를 설치할 필요가 없다고 인정되는 기금의 경우에는 자산운용위원회를 설치하지 아니할 수 있다.

(1) **자산운영위원회 심의사항**: 자산운용 전략에 관한 사항, 자산운용 평가 및 위험관리에 관한 사항 등
(2) **자산운영위원회 위원회 구성**: 기금관리주체의 장이 선임 또는 위촉

07 자산운용 전담부서의 설치 및 자산운용지침의 제정

1. 자산운용 전담부서의 설치

(1) 기금관리주체는 자산운용위원회의 심의를 거쳐 자산운용을 전담하는 부서를 두어야 한다.
(2) 기금관리주체는 자산운용위원회의 심의를 거쳐 자산운용평가 및 위험관리를 전담하는 부서를 두거나 그 업무를 외부 전문기관에 위탁하여야 한다.
(3) **국민연금기금의 자산운용에 관한 특례**: 국민연금기금은 자산운용을 전문으로 하는 법인을 설립하여 여유자금을 운용하여야 한다.

2. 자산운용지침의 제정

(1) 기금관리주체는 자산운용지침을 심의회의 심의를 거쳐 정하고, 이를 14일 이내에 국회 소관 상임위원회에 제출하여야 하고, 자산운용위원회가 설치되어 있는 기금은 심의회의 심의 전에 자산운용위원회의 심의를 거쳐야 한다.

(2) 투자결정 및 위험관리 등에 관련된 기준과 절차에 관한 사항, 투자자산별 배분에 관한 사항 등을 내용으로 한다.

08 기타 내용

1. 기금운용계획의 집행지침
기획재정부장관은 기금운용계획의 집행에 관한 지침을 정할 수 있다.

2. 여유자금의 통합운용
기획재정부장관은 각 기금관리주체가 예탁하는 여유자금을 선정된 금융기관으로 하여금 통합하여 운용하게 할 수 있다.

3. 기금운영의 평가
기획재정부장관은 회계연도마다 전체 기금 중 3분의 1 이상의 기금에 대하여 그 운용실태를 조사·평가하여야 하며, 3년마다 전체 재정체계를 고려하여 기금의 존치 여부를 평가하여야 한다.

4. 국정감사
이 법의 적용을 받는 기금을 운용하는 기금관리주체는 감사의 대상기관으로 한다.

5. 기금자산운용담당자의 손해배상 책임

(1) 기금의 자산운용을 담당하는 자는 고의 또는 중대한 과실로 법령을 위반하여 기금에 손해를 끼친 경우 그 손해를 배상할 책임이 있다.

(2) 공무원이 자산운용을 담당하는 자에게 부당한 영향력을 행사하여 기금에 손해를 끼친 경우 해당 공무원은 연대하여 손해를 배상하여야 한다.

> 공무원이 기금의 자산운용에 영향을 줄 목적으로 직권을 남용하여 기금관리주체, 그 밖에 기금의 자산운용을 담당하는 자에게 부당한 영향력을 행사하는 때에는 5년 이하의 징역, 10년 이하의 자격정지 또는 1천만원 이하의 벌금을 부과한다.

• 기출문제 학습 •

01 정부는 기금운영계획안을 회계연도 개시 (㉠ 60 / ㉡ 90 / ㉢ 120)일 전까지 국회에 제출하여야 한다. 11. 지방 9

02 국가재정법상 일반기금의 경우 주요항목 지출 금액 변경범위가 (㉠ 20 / ㉡ 30)%, 금융성기금의 경우 주요항목 지출 금액 변경범위가 (㉠ 20 / ㉡ 30)%를 초과하면 국회의 의결이 필요하다. 10. 지방 7

03 정부의 기금은 온실가스감축인지 예산제도의 대상에 (㉠ 포함된다. / ㉡ 포함되지 않는다.) 24. 국가 9

정답 1. ㉢ 2. ㉠, ㉡ 3. ㉠

Theme 09 성과관리

01 재정사업의 성과관리

1. 정부는 성과중심의 재정운용을 위하여 다음 각 호의 성과목표관리 및 성과평가를 내용으로 하는 재정사업의 성과관리(이하 "재정사업 성과관리"라 한다)를 시행한다.
(1) **성과목표관리**: 재정사업에 대한 성과목표, 성과지표 등의 설정 및 그 달성을 위한 집행과정·결과의 관리
(2) **성과평가**: 재정사업의 계획 수립, 집행과정 및 결과 등에 대한 점검·분석·평가
2. 재정사업 성과관리의 대상이 되는 재정사업의 기준은 성과관리의 비용 및 효과를 고려하여 기획재정부장관이 정한다. 다만, 개별 법령에 따라 실시되는 평가의 대상은 관계 중앙관서의 장이 별도로 정한다.

02 재정사업 성과관리의 원칙

1. 정부는 재정사업 성과관리를 통하여 재정운용에 대한 효율성과 책임성을 높이도록 노력하여야 한다.
2. 정부는 재정사업 성과관리를 실시할 때 전문성과 공정성을 확보하여 평가결과에 대한 신뢰도를 높이도록 노력하여야 한다.
3. 정부는 재정사업 성과관리의 결과를 공개하여 재정운용에 대한 투명성을 확보하도록 노력하여야 한다.

03 재정사업 성과관리 기본계획의 수립 등

1. 기획재정부장관은 재정사업 성과관리를 효율적으로 실시하기 위하여 5년마다 다음 각 호의 사항을 포함하여 재정사업 성과관리 기본계획을 수립하여야 한다.
(1) 재정사업 성과관리 추진의 기본방향
(2) 재정사업 성과관리의 대상 및 방법에 관한 사항
(3) 재정사업 성과관리 관련 연구·개발에 관한 사항
(4) 재정사업 성과관리 결과의 활용 및 공개에 관한 사항
(5) 재정사업 성과관리 관련 인력 및 조직의 전문성·독립성 확보에 관한 사항
(6) 그 밖에 대통령령으로 정하는 재정사업 성과관리 업무의 발전에 관한 사항

2. 기획재정부장관은 재정사업 성과관리 기본계획에 기초하여 매년 재정사업 성과관리 추진계획을 수립하여야 한다.

3. 기획재정부장관은 재정사업 성과관리 기본계획 및 재정사업 성과관리 추진계획을 수립한 때에는 국무회의에 보고하여야 한다.

04 재정사업 성과관리의 추진체계

1. 각 중앙관서의 장과 기금관리주체는 재정사업 성과관리를 위한 추진체계를 구축하여야 한다.

2. 각 중앙관서의 장은 재정사업 성과관리 중 성과목표관리를 책임지고 담당할 공무원(이하 "재정성과책임관"이라 한다), 재정성과책임관을 보좌할 담당 공무원(이하 "재정성과운영관"이라 한다) 및 개별 재정사업이나 사업군에 대한 성과목표관리를 담당할 공무원(이하 "성과목표담당관"이라 한다)을 지정하여 재정사업 성과목표관리 업무를 효율적으로 수행하도록 하여야 한다.

3. 재정성과책임관, 재정성과운영관 및 성과목표담당관의 역할 등에 관한 구체적인 사항은 기획재정부장관이 정하는 지침으로 정한다.

4. 기획재정부장관은 재정사업 성과목표관리 등을 위하여 대통령령으로 정하는 바에 따라 재정성과평가단을 구성·운영할 수 있다.

05 성과목표관리를 위한 성과계획서 및 성과보고서의 작성

1. 각 중앙관서의 장 및 기금관리주체는 재정사업 성과목표관리를 위하여 매년 예산 및 기금에 관한 성과목표·성과지표가 포함된 성과계획서 및 성과보고서를 작성하여야 한다.

2. 성과목표는 기관의 임무 및 상위·하위 목표와 연계되어야 하며, 성과지표를 통하여 성과목표의 달성 여부를 측정할 수 있도록 구체적이고 결과지향적으로 설정되어야 한다.

3. 성과지표는 명확하고 구체적으로 설정되어야 하며, 성과목표의 달성을 객관적으로 제때에 측정할 수 있어야 한다.

4. 각 중앙관서의 장 및 기금관리주체는 예산안, 수정예산안, 기금운용계획안, 기금운용계획변경안 및 추가경정예산안과 그에 따라 작성된 성과계획서의 사업내용 및 사업비 등이 각각 일치되도록 노력하여야 한다.

5. 기획재정부장관은 성과계획서 및 성과보고서의 작성에 관한 지침을 정하여 각 중앙관서의 장 및 기금관리주체에게 통보하여야 한다.

6. 기획재정부장관은 재정사업 성과목표관리의 원활한 운영을 위하여 성과지표의 개발·보급 등 필요한 조치와 지원을 하여야 한다.

06 성과계획서 및 성과보고서의 제출

각 중앙관서의 장은 예산요구서를 제출할 때 다음 연도 예산의 성과계획서 및 전년도 예산의 성과보고서를 함께 제출하여야 하며, 기금관리주체는 기금운용계획안을 제출할 때 다음 연도 기금의 성과계획서 및 전년도 기금의 성과보고서를 함께 제출하여야 한다.

07 재정사업 성과평가 및 자료제출 등의 요구

1. 재정사업 성과평가 및 자료제출
(1) 기획재정부장관은 대통령령으로 정하는 바에 따라 재정사업에 대한 성과평가를 실시할 수 있다.
(2) 기획재정부장관 및 관계 중앙관서의 장 등은 재정사업 성과평가와 개별 법령에 따라 실시되는 평가의 대상 간 중복이 최소화되도록 노력하여야 한다.

2. 자료제출 등의 요구
기획재정부장관은 재정사업 성과관리를 할 때 필요하다고 인정하는 경우에는 관계 행정기관의 장 등에게 재정사업 성과관리에 관한 의견 또는 자료의 제출을 요구할 수 있다. 이 경우 관계 행정기관의 장 등은 특별한 사유가 없으면 이에 따라야 한다.

08 재정사업 성과관리 결과의 반영 등

1. 기획재정부장관은 매년 재정사업의 성과목표관리 결과를 종합하여 국무회의에 보고하여야 한다.
2. 기획재정부장관은 재정사업의 성과평과 결과를 재정운용에 반영할 수 있다.
3. 중앙관서의 장은 재정사업 성과관리의 결과를 조직·예산·인사 및 보수체계에 연계·반영할 수 있다.
4. 정부는 재정사업 성과관리 결과 등이 우수한 중앙관서 또는 공무원에게 표창·포상 등을 할 수 있다.

09 재정사업 성과관리의 역량강화, 성과정보의 관리 및 공개

1. 재정사업 성과관리의 역량강화
각 중앙관서의 장은 재정사업 성과관리 담당 공무원의 전문성 및 역량이 제고될 수 있도록 교육 프로그램의 개발·운영 등에 노력하여야 하며, 기획재정부장관은 이를 위하여 필요한 지원을 할 수 있다.

2. 성과정보의 관리 및 공개

(1) 기획재정부장관은 재정사업 성과목표관리 및 성과평가 결과 등 성과정보가 체계적으로 관리될 수 있도록 재정사업 성과정보관리시스템을 구축·운영하여야 하며, 성과정보가 공개될 수 있도록 필요한 조치를 마련하여야 한다.

(2) 기획재정부장관은 성과정보의 체계적 관리를 위하여 각 중앙관서의 장에게 소관 재정사업의 성과정보를 생산·관리하도록 요구할 수 있다. 이 경우 각 중앙관서의 장은 특별한 사유가 없으면 이에 따라야 한다.

• 기출문제 학습 •

01 재정운영과 관련하여 성과관리적 요소가 강화된 배경이 아닌 것은 (㉠ 재정지출의 효율화 / ㉡ 재정운용의 투명성 / ㉢ 체계적 성과관리 중요성 증대 / ㉣ 지출의 합법성 제고 및 오류방지 요구 증대)이다.

12. 국가 9

정답 1. ㉣

Theme 10 재정건전화

01 재정건전화를 위한 노력

정부는 건전재정을 유지하고 국가채권을 효율적으로 관리하며 국가채무를 적정수준으로 유지하도록 노력하여야 한다.

02 재정부담을 수반하는 법령의 제정 및 개정

1. 정부는 재정지출 또는 조세감면을 수반하는 법률안을 제출하고자 하는 때에는 법률이 시행되는 연도부터 5회계연도의 재정수입·지출의 증감액에 관한 추계자료와 이에 상응하는 재원조달방안을 그 법률안에 첨부하여야 한다.

2. 각 중앙관서의 장은 입안하는 법령이 재정지출을 수반하는 때에는 대통령령으로 정하는 바에 따라 추계자료와 재원조달방안을 작성하여 입법예고 전에 기획재정부장관과 협의하여야 한다.

03 국세감면의 제한

1. 기획재정부장관은 해당 연도 국세 수입총액과 국세감면액 총액을 합한 금액에서 국세감면액 총액이 차지하는 비율(국세감면율)이 대통령령으로 정하는 비율 이하가 되도록 노력하여야 한다.

2. 각 중앙관서의 장은 새로운 국세감면을 요청하는 때에는 감면액을 보충하기 위한 기존 국세감면의 축소 또는 폐지방안이나 재정지출의 축소방안 등을 작성하여 기획재정부장관에게 제출하여야 한다.

04 추가경정예산안의 편성

예산은 집행되기 한 해 전에 확정된다. 따라서 실제로 집행하다 보면 예산을 편성할 때는 예상하지 못했던 지출을 해야 할 수도 있다. 예컨대 2020년 발생했던 코로나에 대응하기 위하여 방역 활동, 소상공인 지원 등에 재원이 추가로 필요했다. 2020년 예산을 편성하던 2019년에는 전혀 예상하지 못했던 사안으로, 이에 대한 재원은 본예산에는 반영되지 않았을 것이다. 물론 예비비를 활용해서 대응할 수도 있겠지만, 예비비는 일반회계 예산의 100분의 1에 불과하므로 충분하지 못할 수 있다. 따라서 기존에 확정된 본예산에 추가하여 추가경정예산안을 편성하는 것이다. 다만, 예산은 원칙적으로 국회에서 확정된 대로 집행해야 하는 만큼 추가경정예산은 예외적으로만 편성할 수 있고, 국회의 별도로 확정해 주어야 사용할 수 있다. 추가경정예산은 본예산과는 별개로 성립되지만 일단 성립되면 통합하여 운영한다.

1. 정부는 확정된 예산에 변경을 가할 필요가 있는 경우에는 추가경정예산안을 편성할 수 있다.
(1) 전쟁이나 대규모 재해가 발생한 경우
(2) 경기침체, 대량실업, 남북관계의 변화, 경제협력과 같은 대내·외 여건에 중대한 변화가 발생하였거나 발생할 우려가 있는 경우
(3) 법령에 따라 국가가 지급하여야 하는 지출이 발생하거나 증가하는 경우
2. 정부는 국회에서 추가경정예산안이 확정되기 전에 이를 미리 배정하거나 집행할 수 없다.

05 세계잉여금 등의 처리

예산을 편성할 때 예측했던 것보다 경기 호황 등으로 '세입'이 더 많이 발생할 수 있다. '세입'이 '세출'을 충당하고도 남은 것을 세계잉여금이라고 한다.

1. 일반회계 예산의 세입 부족을 보전하기 위한 목적으로 해당 연도에 이미 발행한 국채의 금액 범위에서는 해당 연도에 예상되는 초과 조세수입을 이용하여 국채를 우선 상환할 수 있고, 이 경우 세입·세출 외로 처리할 수 있다.
2. **세계잉여금**: 매 회계연도 세입세출의 결산상 잉여금 중 다른 법률에 따른 것과 이월액을 공제한 금액이다.
(1) 세계잉여금은 교부세의 정산 및 「지방교육재정교부금법」에 따른 교부금의 정산에 사용할 수 있다.
(2) 교부세 및 교부금 정산에 사용한 금액을 제외한 세계잉여금은 100분의 30 이상을 공적자금상환기금에 우선적으로 출연하여야 한다.
(3) 사용하거나 출연한 금액을 제외한 세계잉여금은 100분의 30 이상을 채무*를 상환하는 데 사용하여야 한다. 국채 또는 차입금의 원리금, 국가배상금, 공공자금관리기금의 융자계정의 차입금 등
(4) 사용하거나 출연한 금액을 제외한 세계잉여금은 추가경정예산안의 편성에 사용할 수 있다.
3. 세계잉여금의 사용 또는 출연은 그 세계잉여금이 발생한 다음 연도까지 그 회계의 세출예산과 관계없이 이를 하되, 국무회의의 심의를 거쳐 대통령의 승인을 얻어야 한다.
4. 세계잉여금의 사용 또는 출연은 다른 법률의 규정에도 불구하고 국가결산보고서에 대한 대통령의 승인을 얻은 때부터 할 수 있다.
5. 세계잉여금 중 사용하거나 출연한 금액을 공제한 잔액은 다음 연도의 세입에 이입하여야 한다.
   🔍 세계잉여금만으로 국가의 재정건전성을 파악하기 어렵다.

06 국가채무의 관리

기획재정부장관은 국가의 회계 또는 기금이 부담하는 금전채무에 대하여 다음 각 호의 사항이 포함된 국가채무관리계획을 수립하여야 한다.

1. 전전년도 및 전년도 국채 또는 차입금의 차입 및 상환실적

2. 해당 회계연도의 국채 발행 또는 차입금 등에 대한 추정액

3. 해당 회계연도부터 5회계연도 이상의 기간에 대한 국채 발행 계획 또는 차입 계획과 그에 따른 국채 또는 차입금의 상환 계획

4. 해당 회계연도부터 5회계연도 이상의 기간에 대한 채무의 증감 전망과 근거 및 관리계획

   ⊕ **금전채무**: 국가의 회계 또는 기금이 발행한 채권, 국가의 회계 또는 기금의 차입금, 국가의 회계 또는 기금의 국고채무부담행위 등
   ⊕ **국가채무에 불포함**: 재정증권 또는 한국은행으로부터의 일시차입금, 채권 중 국가의 회계 또는 기금이 인수 또는 매입하여 보유하고 있는 채권, 차입금 중 국가의 다른 회계 또는 기금으로부터의 차입금

07 국가보증채무의 부담 및 관리

1. 국가가 보증채무를 부담하고자 하는 때에는 미리 국회의 동의를 얻어야 한다.

2. 기획재정부장관은 매년 국가보증채무의 부담 및 관리에 관한 국가보증채무관리계획을 작성하여야 한다.

기출문제 학습

01 현행 국가재정법에서 규율하고 있는 제도들 중 재정운용의 건전성 강화 목적과 직접적 관련이 있는 사항들은 (㉠ 성인지 예산서 및 결산서 도입 / ㉡ 예산·기금 지출에 대한 국민감시와 예산성과금 지급 / ㉢ 추가경정예산안 편성의 제한 / ㉣ 세계잉여금 일정 비율의 공적자금 등 상환 의무화 / ㉤ 국가채무관리계획 수립 / ㉥ 국가 보증채무 부담의 국회 사전 동의 / ㉦ 국세 감면의 제한 / ㉧ 재정정보의 연1회 이상 공개 의무화 / ㉨ 법률안 재정 소요 추계제도 / ㉩ 예산, 기금 간 여유재원의 상호 전·출입)이다. 18. 서울 7

02 국가재정법상 국세감면율이란 (㉠ 당해 연도 국세 수입총액 대비 국세감면액 총액의 비율 / ㉡ 당해 연도 국세 수입 총액과 국세감면액 총액을 합한 금액에서 국세감면액 총액이 차지하는 비율)이다. 18. 국가 7

03 국가재정법 제89조의 추가경정예산을 편성할 수 있는 경우가 아닌 것을 모두 고르면? 21. 국가 9, 20. 지방 7, 15. 서울 9

(㉠ 부동산 경기 등 경기부양 / ㉡ 전쟁이나 대규모 자연재해 발생 / ㉢ 경기침체, 대량실업, 남북관계의 변화 등 중대한 변화 발생 / ㉣ 법령에 따라 국가가 지급해야 하는 지출이 발생하거나 증가 / ㉤ 경제협력, 해외원조를 위한 지출을 예비비로 충당해야 할 우려가 있는 경우)

04 추가경정예산은 국회에서 당초예산 확정 (㉠ 전 / ㉡ 후) 편성할 수 있다. 11. 국가 9

05 국가재정법에 추가경정예산은 (㉠ 최소 1회 편성하도록 규정하고 있다. / ㉡ 편성 횟수에 대한 내용은 없다.) 18. 국가 9

06 추가경정예산은 본예산과 별개로 성립하고, 당해 회계연도의 결산에 (㉠ 포함된다. / ㉡ 포함되지 않는다.) 13. 지방 9

07 동일 회계연도 예산의 성립 기준으로 볼 때 시기적으로 빠른 것부터 나열하면 (㉠ 본예산 / ㉡ 수정예산 / ㉢ 추가경정예산)이다. 22. 국가 9

08 세계잉여금에는 일반회계, 특별회계가 포함되고 (㉠ 기금은 제외 / ㉡ 기금도 포함)된다. 세계잉여금으로 국가의 재정 건전성을 파악하기 (㉠ 용이하다. / ㉡ 용이하지 않다.) 20. 국가 9

09 국가채무의 범위는 (㉠ 국가회계법 / ㉡ 국가재정법) 제91조 제2항에 따라 결정된다. 16. 서울 9

정답 1. ㉢, ㉣, ㉥, ㉦, ㉨ 2. ㉡ 3. ㉠, ㉤ 4. ㉡ 5. ㉡ 6. ㉠ 7. ㉡-㉠-㉢ 8. ㉠, ㉡ 9. ㉡

Theme 11 보칙

01 유가증권의 보관 및 장부의 기록과 비치

1. 유가증권의 보관
중앙관서의 장은 법령의 규정에 따르지 아니하고는 유가증권을 보관할 수 없다.

2. 장부의 기록과 비치
기획재정부장관, 중앙관서의 장, 유가증권 보관업무를 위탁받은 한국은행 및 금융기관은 대통령령으로 정하는 바에 따라 장부를 비치하고 필요한 사항을 기록하여야 한다.

02 자금의 보유 및 금전채권 · 채무의 소멸시효

1. 국가는 법률로 정하는 경우에만 특별한 자금을 보유할 수 있다.

2. 금전채권 · 채무의 소멸시효
(1) 금전의 급부를 목적으로 하는 국가의 권리로서 시효에 관하여 다른 법률에 규정이 없는 것은 5년 동안 행사하지 아니하면 시효로 인하여 소멸한다.

(2) 법령의 규정에 따라 국가가 행하는 납입의 고지는 시효중단의 효력이 있다.

03 재정집행의 관리

1. 각 중앙관서의 장과 기금관리주체는 대통령령으로 정하는 바에 따라 사업집행보고서와 예산 및 기금운용계획에 관한 집행보고서를 기획재정부장관에게 제출하여야 한다.

2. 기획재정부장관은 보고서의 내용을 분석하고 예산 및 기금의 집행상황과 낭비 실태를 확인 · 점검한 후 필요한 때에는 필요한 조치를 각 중앙관서의 장과 기금관리주체에게 요구할 수 있다.

04 재정업무의 정보화 및 내부통제

1. 재정업무의 정보화
기획재정부장관은 재정에 관한 업무를 원활하게 수행하기 위하여 정보통신매체 및 프로그램 등을 개발하여 중앙관서의 장이 사용하게 할 수 있고, 이 경우 국가회계업무에 관한 정보통신매체 및 프로그램 등의 개발에 대하여는 감사원과 미리 협의를 하여야 한다.

2. 내부통제
각 중앙관서의 장은 재정관리 · 재원사용의 적정성과 집행과정에서 보고된 자료의 신빙성을 분석 · 평가하기 위하여 소속 공무원으로 하여금 필요한 사항에 관하여 내부통제를 하게 하여야 한다.

05 예산 및 기금운용계획의 집행 및 결산의 감독

기획재정부장관은 예산 및 기금운용계획의 집행 또는 결산의 적정을 도모하기 위하여 소속 공무원으로 하여금 확인·점검하게 하여야 하며, 필요한 때에는 각 중앙관서의 장에게 관련 제도의 개선을 요구하거나 국무회의 심의를 거친 후 대통령의 승인을 얻어 예산 및 기금운용계획의 집행과 결산에 관한 지시를 할 수 있다.

06 예산·기금의 불법지출에 대한 국민감시

1. 국가의 예산 또는 기금을 집행하는 자, 재정지원을 받는 자, 각 중앙관서의 장 또는 기금관리주체와 계약 그 밖의 거래를 하는 자가 법령을 위반함으로써 국가에 손해를 가하였음이 명백한 때에는 누구든지 집행에 책임 있는 중앙관서의 장 또는 기금관리주체에게 불법지출에 대한 증거를 제출하고 시정을 요구할 수 있다.

2. 시정요구를 받은 중앙관서의 장 또는 기금관리주체는 그 처리결과를 시정요구를 한 자에게 통지해야 한다.

3. 중앙관서의 장 또는 기금관리주체는 처리결과에 따라 수입이 증대되거나 지출이 절약된 때에는 시정요구를 한 자에게 예산성과금을 지급할 수 있다.

07 재정 관련 공무원의 교육

기획재정부장관은 재정업무를 담당하는 공무원의 업무전문성 향상을 위하여 대통령령으로 정하는 바에 따라 교육을 실시할 수 있다.

08 벌칙

공무원이 기금의 자산운용에 영향을 줄 목적으로 직권을 남용하여 기금관리주체 그 밖에 기금의 자산운용을 담당하는 자에게 부당한 영향력을 행사한 때에는 5년 이하의 징역, 10년 이하의 자격정지 또는 1천만원 이하의 벌금에 처한다.

• 기출문제 학습 •

01 (㉠ 조세지출예산제도 / ㉡ 예산·기금의 불법지출에 대한 국민감시제도 또는 예산성과금지급제도)는 예산지출을 절약하거나 조세를 통해 국고수입을 증대시킨 경우 그 성과의 일부를 기여자에게 인센티브로 지급하는 제도이다. 17. 서울 7

정답 1. ㉡

Theme 12 예산

우리나라 국가재정법에 따르면 재정이 예산보다 범위가 넓지만, 학문적으로 예산과 재정을 구분 없이 사용하기도 한다. Theme 12부터는 재정과 관련된 이론과 제도의 역사 등에 대해서 다루게 된다.

01 예산의 기능

1. 경제적 기능

머스그레이브(R. A. Musgrave)는 시장실패를 방지하기 위한 재정의 3대 기능을 주장하였다.

(1) **소득 재분배 기능**

세입 면에서 차별 과세하고, 세출 면에서는 사회보장적 지출을 통해 소외계층을 지원한다.

(2) **경제 안정화 기능**

고용, 물가 등과 같은 거시경제 지표들을 안정적으로 조절한다. 시장에 맡기면 경기변동에 따라 실업률이나 물가가 지나치게 상승할 수 있기 때문이다.

(3) **자원 배분 기능**

시장실패를 재정을 통해서 교정하고 사회적 최적 생산과 소비수준이 이루어지도록 한다. 즉 공공재 공급과 사회후생을 향상시킬 수 있다.

2. 정치적 기능

다양한 이해관계의 조정과 타협으로 결정되며 입법부가 행정부를 통제하는 수단이다.

3. 행정관리적 기능

쉬크(Allen Schick)는 예산의 행정관리적 기능으로 통제, 관리, 계획 기능을 강조하였다.

쉬크가 1960년대 논문을 발표할 당시 품목별, 성과주의, 계획예산제도까지 도입이 되었는데, 이에 대한 상세한 내용은 Theme 18. 예산제도에서 다루게 된다.

(1) **통제**: 예산은 배정된 범위에서 지출, 합법적으로 집행, 부정부패를 최소화하여야 한다.

(2) **관리**: 예산운영의 효율성과 효과성을 달성하여야 한다.

(3) **계획**: 목표 설정과 목표를 달성할 수 있는 사업 간의 우선순위를 정하고 이에 대한 예산을 배분하여야 하고, 중·장기적인 영향을 고려하여 예산을 운영한다.

4. 법적 기능

국회의 심의·확정을 거친 예산을 통해 정부에 예산집행 권한을 부여한다.

02 배분기구로서의 예산

1. 예산의 본질적 모습은 예산을 통해 추진하고자 하는 정책과 사업이다. 예컨대 복지정책에 예산을 편성했다면 복지정책을 추진하겠다는 의미이다. 반면에 정부가 청년 지원 정책을 추진하겠다고 발표하였지만, 해당 정책의 예산이 편성되지 않는다면 해당 정책을 추진할 수 없다. 비유하자면 정책이 자동차라면 예산은 자동차를 작동하게 하는 연료와 같은 것이다.
2. 예산에는 정책결정자의 사실과 가치판단이 포함되어 있다. 경제성 등 계량적인 사실도 고려되고, 형평성 등 가치 판단적 요소도 함께 고려하여 예산을 결정하기 때문이다.
3. 공공부문의 희소성은 공공자원을 사용할 수 있는 제약 상태를 반영한 개념이다. 정부는 모든 정책이나 사업을 추진하기에는 예산이 부족하다. 따라서 한정된 범위 안에서 정책이나 사업을 선택하고 우선순위를 정해야 한다.
4. 예산의 거시적 배분은 국가 전체 자원을 민간부문과 공공부문 간의 자원 배분에 관한 결정이고, 미시적 배분은 주어진 예산의 총액 범위 내에서 각 대안 간에 자금을 배분하는 것이다.

03 예산의 형식

1. 법률주의와 예산주의

(1) **법률주의**: 세입·세출예산이 매년 의회에서 법률로써 확정되는 것으로 미국, 영국 등에서 채택하고 있다.

(2) **예산주의**: 법률이 아닌 예산의 형식으로 의회 의결을 받아야 하며, 우리나라 등에서 채택하고 있다.

2. 우리나라의 예산과 법률

(1) 법률안은 국회의원과 정부가 제출할 수 있지만, 예산안은 정부만이 제출할 수 있다.
(2) 발의·제출된 법률안에 대해 국회는 수정할 수 있지만, 예산안의 경우 국회는 정부의 동의 없이 제출된 지출예산 각항의 금액을 증가하거나 새 비목을 설치할 수 없다.
(3) 대통령은 국회가 의결한 법률안에 대해 재의 요구를 할 수 있으나, 국회가 확정한 본예산에 대하여 재의를 요구할 수 없다.
(4) 법률안은 대외적 효력을 인정받기 위해 공포 절차를 거쳐야 하지만 예산안은 국회에서 의결되면 효력을 갖는다.
(5) 일반적으로 법률은 국가기관과 국민에 대해 구속력을 갖지만, 예산은 국가기관만을 구속한다.
(6) 예산은 법률의 개폐가 불가능하고, 법률로 예산을 변경할 수 없다.
(7) 국회는 정부가 제출한 예산안에 대한 심의·의결 자체를 거부할 수 없다.

04 윌다브스키의 예산문화론

윌다브스키(Aaron Wildavsky)는 예산과 관련하여 경제력(Wealth)과 재정예측력(Predictability)에 따라서 네 가지 형태의 예산으로 구분하였다.

구분		경제력	
		높음	낮음
재정 예측력	높음	점증적 예산	세입 예산
	낮음	보충적 예산	반복적 예산

1. **점증적 예산**(Incremental Budgeting)

   비교적 안정적이고 다원화된 사회에서 나타나는 형태로 미국 연방정부 등 선진국(부유한 국가) 중앙정부 등이 해당한다.

2. **세입 예산**(Revenue Budgeting)

   예산 균형에 대한 요구와 세입이 비탄력적인 가난한 미국의 지방정부에서는 수입이 지출을 결정 한다(income determines outgo, 양입제출).

   ⊕ **양입제출**(量入制出) : 수입에 따라 지출을 결정 ↔ **양출제입**(量出制入) : 지출을 정하고 수입을 거둠.

3. **보충적 예산**(Supplemental Budgeting)

   정치적 불안정성 등으로 점증적 예산과 반복적 예산이 교대로 나타난다. 즉, 정치적 불확실성이 없을 때는 점증적 예산이, 불확실성이 발생할 때는 반복적 예산이 나타난다.

4. **반복적 예산**(Repetitive Budgeting)

   후진국(가난한 국가)에서는 지출할 재원이 부족하고 불확실하기 때문에 상황에 따라서 반복적으로 결정한다. 경제력이 낮으면 지출할 돈이 거의 없고, 재정이 불확실하면 현명하게 지출하기 어렵다. 결국 세입이 있을 때마다 추가경정예산 등을 통해서 반복적으로 결정한다.

05 쉬크(Allen Schick)의 예산규범과 자원의 희소성

1. **예산규범**

(1) **총량적 예산규범**(Aggregate Fiscal Discipline) : 재정준칙 등 한 국가의 재정총액을 일정한 한도에서 효과적으로 통제한다.

(2) **배분적 효율성**(Allocative Efficiency) : 정부예산을 국가우선순위에 따라 각 정책분야 간에 전략적으로 배분하여 국가재정의 총량적 효율성을 달성한다.

(3) **운영상 효율성**(Operational Efficiency, 기술적 효율성 또는 생산적 효율성) : 각 사업부문에 투입된 예산으로 공공부문의 산출이 최대한 달성하는 것으로, 관료들의 불용액, 이월 등 재량이 필요하다.

2. 자원(재정)의 희소성

(1) **완화된 희소성**(Relaxed Scarcity): 자원이 충분하여 신규사업도 쉽게 진행할 수 있다.

(2) **만성적 희소성**(Chronic Scarcity): 자원이 조금씩 증가하는 점증적인 상태로, 대부분의 선진국에서 겪는 상황이다.

(3) **급성 희소성**(Acute Scarcity): 자원이 국가의 필수기능 정도만 작동할 수 있을 정도로 부족하다.

(4) **총체적 희소성**(Total Scarcity): 자원이 국가 기능을 유지할 수 없을 정도로 부족한 상태이다. 비현실적 계획과 부정확한 예산 등 재정적 문제를 숨기는 회피형 예산과 행정부패가 발생하기 쉽다.

• 기출문제 학습 •

01 머스그레이브가 주장한 재정의 3대 기능 중 '공공재의 외부효과 및 소비의 비경합성과 비배제성에 기인한 시장실패를 재정을 통해서 교정하고 사회적 최적 생산과 소비수준이 이루어지도록 한다.'라는 내용과 관계 깊은 재정의 기능은 (㉠ 소득 재분배 기능 / ㉡ 경제 안정화 기능 / ㉢ 자원 배분 기능)이다.
15. 서울 7

02 머스그레이브는 (㉠ 정부에 부여된 목적과 자원을 연계하여 소기의 성과를 거둘 수 있도록 관료를 통제해야 한다고 주장한다. / ㉡ 소득 재분배, 경제 안정화, 자원 배분 기능을 주장한다.) 18. 지방 9

03 국가의 예산개혁과 결부시켜 쉬크가 도출한 예산 제도의 주된 지향으로 볼 수 없는 것은 (㉠ 성과 / ㉡ 통제 / ㉢ 기획 / ㉣ 관리) 지향이다. 12. 국가 9

04 예산은 정책결정자의 사실판단에 근거하며, 가치판단이 (㉠ 배제 / ㉡ 포함)되어 있다. 12. 서울 9

05 일반적으로 법률은 국가기관과 국민에 대해 구속력을 갖지만, 예산은 (㉠ 국가기관만을 구속한다. / ㉡ 국가기관과 국민에 대해서도 구속력을 갖는다.) 19. 국가 7

06 우리나라는 미국과 (㉠ 같이 / ㉡ 달리) 예산의 형식으로 통과되어 법률보다 하위의 효력을 갖는다.
11. 지방 9

07 대통령은 국회가 확정한 본예산에 대하여 재의를 요구할 수 (㉠ 있다. / ㉡ 없다.) 17. 지방 9

08 우리나라 예산은 법률의 개폐가 (㉠ 가능하고 / ㉡ 불가능하고), 법률로는 예산을 변경할 수 (㉠ 있다. / ㉡ 없다.) 18. 서울 9

09 월다브스키의 예산과정형태 중에서, 미국의 지방정부에서 많이 발견되는 형태 또는 국가의 경제력은 낮지만 재정 예측력이 높은 경우는 (㉠ 점증 / ㉡ 대체점증 / ㉢ 반복 / ㉣ 세입) 예산이다.
19. 국가 7, 11. 국가 7

10 국회는 정부가 제출한 예산안에 대한 심의·의결 자체를 거부할 수 (㉠ 있다. / ㉡ 없다.) 23. 국가 7

정답 1.㉢ 2.㉡ 3.㉠ 4.㉡ 5.㉠ 6.㉡ 7.㉡ 8.㉡,㉡ 9.㉣ 10.㉡

Theme 13 예산의 원칙

예산을 계획 없이 사용하는 것은 예산 낭비를 초래하기 때문에 통제가 필요하고, 융통성 없이 사용하는 것은 상황 변화에 대응하기 어렵기 때문에 신축성도 필요하다. 따라서 통제와 신축성의 적절한 조화가 필요하다. 예산의 고전적 원칙은 입법부의 통제를 강조하는 관점이고, 현대적 원칙은 행정부의 재량을 강조하는 관점이다.

01 고전적 원칙[노이마르크(Neumark)] : 입법부 우위(통제 위주)

1. **공개성의 원칙**: 모든 예산은 공개되어야 한다.
   ↔ 예외 국방비·국가정보원 예산 등 안보 관련 체제 유지비

2. **명확성(명료성)의 원칙**: 예산의 구조나 과목은 이해하기 쉽고 단순해야 한다.
   ↔ 예외 총액계상예산

   > **국가재정법 제37조(총액계상)** ① 기획재정부장관은 대통령령으로 정하는 사업으로서 세부내용을 미리 확정하기 곤란한 사업의 경우에는 이를 총액으로 예산에 계상할 수 있다.

3. **예산 단일성의 원칙**: 국가의 예산은 하나로 존재해야 한다(단일 회계내에서 정리).
   ↔ 예외 특별회계, 추가경정예산, 기금

   > **국가재정법 제89조(추가경정예산의 편성)** ① … 이미 확정된 예산에 변경을 가할 필요가 있는 경우에는 추가경정예산안을 편성할 수 있다.

4. **예산 총계주의 원칙(완전성의 원칙)**: 한 회계연도의 세입과 세출은 모두 예산에 계상해야 한다.

   > **국가재정법 제17조(예산총계주의)** ① 한 회계연도의 모든 수입을 세입으로 하고, 모든 지출을 세출로 한다.
   > ② 제53조에 규정된 사항을 제외하고는 세입과 세출은 모두 예산에 계상하여야 한다.

   ↔ 예외 수입대체경비, 현물(금전 이외 재산)로 출자, 외국차관의 전대, 차관물자대, 순계예산(징세비 등을 공제하고 순세입만을 계상한 예산), 기금

   > **국가재정법 제53조(예산총계주의 원칙의 예외)**
   > 1. 수입대체경비: 재정운영에서 지출이 직접 수입을 수반하는 경우 그 수입이 확보되는 범위에서 지출할 수 있다.
   > 2. 외국차관의 전대: 정부가 외국 금융기관 등으로부터 자금을 빌려, 국내 기관 등에 다시 빌려주는 것을 말한다.

5. **예산 통일성의 원칙**: 모든 수입은 국고에 편입되고 여기에서부터 지출해야 한다(특정수입과 특정지출의 금지).
   - ↔ **예외** 특별회계, 기금, 목적세, 수입대체경비

6. **사전의결의 원칙**: 회계연도 개시 전에 예산을 확정해야 한다.
   - ↔ **예외** 전용, 사고이월, 준예산, 재정상 긴급명령, 선결처분

   > (1) **전용**
   >   각 중앙관서의 장은 예산의 목적범위 안에서 재원의 효율적 활용을 위하여 대통령령으로 정하는 바에 따라 기획재정부장관의 승인을 얻어 각 세항 또는 목의 금액을 전용할 수 있다.
   > (2) **이월**
   >   연도 내에 지출을 끝내지 못할 것이 예상되거나, 예상치 못한 사유 등이 발생할 때 이월할 수 있다.
   > (3) **준예산**(대한민국헌법 제54조)
   >   새로운 회계연도가 개시될 때까지 예산안이 의결되지 못한 때에는 정부는 국회에서 예산안이 의결될 때까지 다음의 목적을 위한 경비는 전년도 예산에 준하여 집행할 수 있다.
   > (4) **재정상 긴급명령**(대한민국헌법 제76조)
   >   대통령은 내우·외환·천재·지변 또는 중대한 재정·경제상의 위기에 있어서 국가의 안전보장 또는 공공의 안녕질서를 유지하기 위하여 긴급한 조치가 필요하고 국회의 집회를 기다릴 여유가 없을 때에 한하여 최소한으로 필요한 재정·경제상의 처분을 하거나 이에 관하여 법률의 효력을 가지는 명령을 발할 수 있다.
   > (5) **선결처분**(지방자치법 제109조)
   >   지방자치단체의 장은 지방의회에서 의결이 지체되어 의결되지 아니할 때에는 선결처분(先決處分)을 할 수 있다.

7. **정확성(엄밀성)의 원칙**: 예산은 결산과 일치해야 한다.
   - ↔ **예외** 적자 또는 불용액 발생

8. **예산 한정성(한계성)의 원칙**: 예산은 주어진 목적(질적 한정성), 규모(양적 한정성), 시간(회계연도 독립의 원칙)에 따라 집행해야 한다.
   - ↔ (사용목적의 예외): 이용과 전용
   - ↔ (규모의 예외): 예비비, 추가경정예산
   - ↔ (시간의 예외): 이월, 계속비

   > 1. **국가재정법 제46조**(예산의 전용) 및 **제47조**(예산의 이용·이체)
   > 2. **국가재정법 제22조**(예비비): 예측할 수 없는 예산 외의 지출 또는 예산초과지출에 충당할 수 있다.
   > 3. **국가재정법 제23조**(계속비): 완성에 수년이 필요한 공사나 연구개발사업 등을 수년도에 걸쳐서 지출할 수 있다.

02 예산의 현대적 원칙[스미스(Harold D. Smith)] : 행정부 우위(행정부 재량)

1. 보고의 원칙
예산의 편성, 심의, 집행은 공식적인 형식을 가진 재정 보고 및 업무 보고에 기초를 두어야 한다.

2. 책임의 원칙
예산집행 시 합법성, 경제성 등을 추구해야 한다.

3. 계획의 원칙
예산에 사업계획을 충실히 반영해야 한다.

4. 재량의 원칙
예산집행의 재량을 부여해야 한다.

5. 시기 신축성의 원칙
예산집행 시기의 신축성을 부여해야 한다.

6. 다원적 절차의 원칙
예산절차의 다양성을 부여해야 한다.

7 예산관리수단 확보의 원칙
예산 통제와 신축성의 조화를 위한 다양한 관리 수단을 확보해야 한다.

8. 상호교류적 예산기구의 원칙
중앙예산기관(기획재정부)과 기관 내 예산기관은 상호교류·협력해야 한다.

• 기출문제 학습 •

01 (㉠ 통일성의 원칙 / ㉡ 단일성의 원칙)은 회계장부가 하나여야 한다는 원칙이다. 13. 서울 9

02 한 회계연도의 세입과 세출은 모두 예산에 계상되어야 한다는 것은 (㉠ 예산 단일의 원칙 / ㉡ 예산 총계주의 원칙 / ㉢ 예산 통일의 원칙)을 의미한다. 15. 서울 9

03 예산의 (㉠ 이용 / ㉡ 전용)은 사전의결의 원칙 예외에 해당한다. 24. 국가 7

04 (㉠ 수입대체경비 / ㉡ 전대차관)은 국가가 특별한 용역 또는 시설을 제공하고 그 제공을 받은 자로부터 비용을 징수하는 경우의 당해경비로서 기획재정부장관이 정하는 경비를 의미하며, '국가재정법'상 (㉠ 예산총계주의 원칙 / ㉡ 예산 공개의 원칙)의 예외로 규정되어 있다. 16. 국가 9

05 (㉠ 예산 단일의 원칙 / ㉡ 예산 총계주의 원칙 / ㉢ 예산 통일의 원칙)은 모든 수입은 국고에 편입되고 여기에서부터 지출이 이루어져야 한다는 것을 의미한다. 15. 서울 9

06 정부가 특정수입과 특정지출을 직접 연계해서는 안 된다는 (㉠ 사전의결의 / ㉡ 예산 총계주의 / ㉢ 통일성의 / ㉣ 엄밀성의) 원칙이 있다. 16. 지방 7

07 목적세는 (㉠ 단일성의 원칙 / ㉡ 통일성의 원칙)의 예외이다. 13. 지방 9

08 예산 통일성의 원칙의 예외가 아닌 것은? 13. 지방 7
(㉠ 특별회계 / ㉡ 목적세 / ㉢ 계속비 / ㉣ 수입대체경비)

09 (㉠ 특별회계 예산 / ㉡ 기금)은 합목적성 차원에서 (㉠ 특별회계 예산 / ㉡ 기금)보다 자율성과 탄력성이 강하다. 21. 지방 9

10 특별회계는 (㉠ 통일성의 원칙 / ㉡ 한정성의 원칙)이 적용되지 않는다. 20. 지방 7

11 기관 간 이용은 (㉠ 가능하다. / ㉡ 불가능하다.) 21. 국가 7

12 ① 특정 수입과 특정 지출이 연계되어서는 안 된다는 것은 (㉠ 단일성의 원칙 / ㉡ 통일성의 원칙)이다.
② 예산은 주어진 목적·규모 그리고 시간에 따라 집행되어야 한다는 것은 (㉠ 예산총계주의 / ㉡ 한정성) 원칙이다.
③ 예산의 과목은 이해하기 쉽도록 단순해야 한다는 것은 (㉠ 명료성 / ㉡ 통일성) 원칙이다. 15. 지방 9

13 ① 한정성의 원칙의 예외를 모두 고르면 (㉠ 목적세 / ㉡ 예비비 / ㉢ 이용과 전용 / ㉣ 계속비)이고, ② 단일성의 원칙의 예외를 모두 고르면 (㉠ 특별회계 / ㉡ 목적세 / ㉢ 수입대체경비 / ㉣ 기금) 이다. 19. 지방 7

14 자원관리의 효율성과 계획성을 강조하는 현대적 예산제도의 원칙에 해당하지 않는 것은 (㉠ 행정부에 의한 책임부담의 원칙 / ㉡ 예산관리수단 확보의 원칙 / ㉢ 공개의 원칙 / ㉣ 다원적 절차채택의 원칙)이다. 17. 지방 7

15 스미스가 주장한 현대적 예산의 원칙은 (㉠ 사전의결의 원칙 / ㉡ 보고의 원칙 / ㉢ 공개의 원칙 / ㉣ 명료성 원칙)이다. 16. 서울 9

정답 1.㉡ 2.㉡ 3.㉠ 4.㉠,㉠ 5.㉢ 6.㉢ 7.㉡ 8.㉠ 9.㉡,㉠ 10.㉠ 11.㉠ 12.①-㉡ ②-㉡ ③-㉠
13.①-㉡,㉢,㉣ ②-㉠,㉣ 14.㉢ 15.㉡

Theme 14 우리나라 예산의 신축성

01 총액예산

구체적 용도를 제한하지 아니하고 포괄적인 지출을 허용하는 제도로서 지방교부세 등 포괄보조금과 같은 형식이다.

02 이용(입법과목 간)과 전용(행정과목 간)

예산의 목적 외 사용을 허용하여 예산집행의 신축성을 부여하는 것이다.

03 추가경정예산

예산이 성립된 이후 상황 변화로 인해 사업을 변경하거나 새로운 사업을 추진해야 하는 경우 국회의 결을 받아 예기치 못한 사태에 대처한다.

04 계속비

1. 완공에 수년이 소요되는 대규모 공사·제조·연구개발 사업의 경우에 총액과 연부금을 정해 인정하는 제도이다.
2. 지출 기간은 5년 이내이며 필요한 경우 국회의 의결을 얻어 연장할 수 있는데, 매년 연부액은 국회의 의결을 받아야 한다.

05 예산의 이체

기획재정부장관은 정부조직 등에 관한 법령의 제정·개정 또는 폐지로 인하여 중앙관서의 직무와 권한에 변동이 있는 때에는 그 중앙관서의 장의 요구에 따라 그 예산을 상호 이용하거나 이체(移替)할 수 있다.

06 이월

예산을 당해 회계연도에 집행하지 않고 다음 연도에 넘겨 차기 회계연도에 사용하는 것이다.

1. 명시이월

세출예산 중 경비의 성질상 연도 내에 지출을 끝내지 못할 것이 예측되는 때에는 그 취지를 세입세출예산에 명시하여 미리 국회의 승인을 얻은 후 다음 연도에 이월하여 사용할 수 있다.

2. 사고이월

집행과정에서 재해 등의 이유로 불가피하게 다음 연도로 이월된 경비로, 다음 연도에 재차 이월할 수 없다.

07 예비비

예측할 수 없는 예산 외의 지출 또는 예산초과지출에 충당하기 위하여 일반회계 예산 총액의 100분의 1 이내의 금액을 세입세출예산에 계상하는 것이다.

08 국고채무부담행위

1. 국가는 법률에 따른 것과 세출예산금액 또는 계속비 총액의 범위 안의 것 외에 채무를 부담하는 행위를 하는 때에는 미리 예산으로써 국회의 의결을 얻어야 한다. 예컨대 정부가 공공사업을 위해 2년 이상 대지나 건물을 임차계약을 하는 것은 앞으로 정부가 채무를 지게 될 행위이므로 미리 국회로부터 동의를 받아야 한다.

   🔍 국고채무부담행위는 차관, 국공채 등과 같이 국가 채무에 포함된다.

2. 국가가 금전 급부 의무를 부담하는 행위로서 그 채무 이행의 책임은 다음 연도 이후에 부담됨을 원칙으로 하고, 사항마다 필요한 이유를 명백히 하고 그 행위를 할 연도와 상환연도, 채무부담의 금액을 표시해야 한다.

3. 채무를 부담할 권한만 부여받은 것이기 때문에 채무에 대한 지출은 예산에 별도로 반영되어야 한다.

4. 계속비가 공사나 제조 및 연구개발 사업 등 대상이 한정되어 있고, 국고채무부담행위는 대상 경비가 한정되어 있지 않다.

09 수입대체경비

각 중앙관서의 장은 용역 또는 시설을 제공하여 발생하는 수입과 관련되는 경비로서 수입이 예산을 초과하거나 초과할 것이 예상되는 때에는 그 초과수입을 그 초과수입에 직접 관련되는 경비 및 이에 수반되는 경비에 초과지출할 수 있다.

• 기출문제 학습 •

01 예산의 (㉠ 이용 / ㉡ 전용) 제도는 국회의 동의를 구해야 하므로 재정 민주주의 확보에 기여하는 제도적 장치이다. 13. 국가 9

02 예산의 신축성 유지방법 중 '정부조직개편'과 가장 관련이 있는 것은 (㉠ 전용 / ㉡ 이용 / ㉢ 이체 / ㉣ 이월)이다. 12. 지방 7

03 (㉠ 기획재정부장관 / ㉡ 행정안전부장관)은 정부조직 등에 관한 법령의 제정·개정·폐지로 인해 그 직무권한에 변동이 있을 때 (㉠ 행정안전부장관 / ㉡ 그 중앙관서의 장 / ㉢ 기획재정부장관)의 요구에 따라 그 예산을 상호 이용하거나 이체할 수 있다. 15. 지방 7

04 국고채무부담행위는 법률에 의한 것, 세출예산금액, 계속비 범위 (㉠ 이외에 채무를 부담하고자 할 때 사전에 국회의 의결을 얻어야 한다. / ㉡ 의 것에 한하여 사전에 국회의 의결을 얻어 지출할 수 있는 권한이다.) 14. 서울 7

05 예산집행의 시간적 제약을 완화하기 위해 도입한 제도를 모두 고르면 (㉠ 총액계상제도 / ㉡ 이용 / ㉢ 전용 / ㉣ 이월제도 / ㉤ 계속비 제도 / ㉥ 국고채무부담행위)이다. 18. 서울추가 7

06 예산 관련 제도들 중 보기 중 나머지와 다른 것은 (㉠ 예비비와 총액계상경비 / ㉡ 이월과 계속비 / ㉢ 이용과 전용 / ㉣ 배정과 재배정)이다. 14. 국가 9

07 예산집행의 신축성을 보장하기 위한 장치가 아닌 것은 (㉠ 예산총계주의 / ㉡ 예산의 이체와 이월 / ㉢ 예비비 / ㉣ 수입대체경비)이다. 15. 국가 7

08 예산집행의 신축성을 유지하기 위한 제도가 아닌 것은 (㉠ 계속비 / ㉡ 수입대체경비 / ㉢ 예산의 재배정 / ㉣ 예산의 이체)이다. 22. 국가 9

09 국고채무부담행위는 국가가 채무를 부담할 (㉠ 권한만 부여받는 것이다. / ㉡ 권한과 채무의 지출권한을 함께 부여받은 것이다.) 24. 국가 9

10 예비비의 경우, 정부는 예측할 수 없는 예산 외의 지출 또는 예산초과지출에 충당하기 위하여 일반회계 예산총액의 (㉠ 100분의 1 / ㉡ 100분의 5) 이내의 금액으로 세입세출예산에 계상할 수 있다. 24. 지방 9

정답 1. ㉠ 2. ㉢ 3. ㉠, ㉡ 4. ㉠ 5. ㉣, ㉤, ㉥ 6. ㉣ 7. ㉠ 8. ㉢ 9. ㉠ 10. ㉠

Theme 15 · 예산결정이론

🔍 20세기 초 부정부패를 청산하기 위하여 품목별예산제도가 도입되었지만, 어떤 기준으로 예산을 배분해야 하는지에 대한 고민이 부족하였다. 1940년대에 V. O. Key는 '어떤 기준에 따라 예산을 배분할 것인가?'라는 근본적인 질문을 통해 예산결정이론의 필요성을 역설하였다.

01 루이스가 제시한 대안적 예산제도

루이스(V. B. Lewis)는 X달러를 B사업 대신에 A사업에 배분하는 근거, 즉 예산배분결정에 경제학적 접근법을 적용하였다.

1. 상대적 가치
기회비용에 입각한 상대적 가치를 의미하며, 지출로부터 발생하는 편익이 적어도 그 지출의 기회비용은 되어야 한다.

2. 증분분석
한계효용이 체감되기 때문에 예산을 몇 가지 다른 용도로 배분할 때 한계효용이 동일할 수 있도록 예산배분이 이루어져야 한다.

3. 상대적 효과성
공동 목표에 대한 상대적 효과성에 의해서 상대적 가치를 비교할 수 있다.

02 총체주의와 점증주의

1. 총체주의(Synopticism, 합리주의) 관점

(1) 의미

국가 전체적인 관점에서 합리적 분석을 통해 비효율적 예산 배분을 지양, 즉 경제적 합리성을 강조(파레토 최적)한다. 예컨대 쌀 생산을 늘리기 위해서 저수지 건설을 고려할 때, 동일한 비용에 여러 후보지 중에서 가장 많은 쌀을 생산할 수 있는 지역에 저수지를 건설하는 것이다. 따라서 목표-수단 분석이 이루어져야 하므로 예산의 목표가 명확히 주어져야 적용이 가능하고, 목표 간 우선순위도 명확하게 설정해야 한다. 총체주의 관점은 계획예산제도(PPBS)와 영기준 예산제도(ZBB)가 대표적이다.

(2) 한계

지출대안의 탐색과 분석에 소요되는 비용이 높고, 예산담당관이 보수적 성향을 가질 경우 합리적 모형에 따른 예산결정은 현실적으로 힘들어진다. 즉 목표 달성을 위해 필요한 경우 예산 배분을 크게 변경할 수 있어야 하는데, 예산담당관이 보수적 성향이면 예산 배분의 현 상태를 유지하려고 한다.

2. 점증주의(Incrementalism) 관점

(1) 의미

점증주의는 현재의 예산 배분 상태에서 조금씩 변한다고(혹은 전체적으로 조금씩 증가한다고) 보기 때문에 예측가능성이 높다. 예산배분을 둘러싼 이해당사자들의 타협과 상호작용을 통해 갈등을 완화하고 해결한다는 의미에서 정치적 합리성을 강조한다. 따라서 중요한 정치적 가치들이 예산과정에서 고려될 수 있다. 또한 예산과정의 권력의 중심을 입법기관으로 옮겨주기 때문에 입법기관의 지지를 받을 수 있다.

(2) 점증주의 유발요인

관계의 규칙성(중앙관서의 장과 기획재정부, 상임위원회와 예산결산특별위원회의 관계 등), 외부적 요인의 영향 결여(주로 작년 예산에 의해서 영향을 받음), 좁은 역할 범위를 지닌 참여자 간의 협상(국회의원들도 국회 차원에서 예산을 삭감하려고 노력하지 않고 각자 자신의 지역구 예산확보에 노력) 등이 원인이 된다.

(3) 한계

정책기능 약화, 지속적인 예산 증가 가능성, 기득권 세력 옹호 등이 문제가 된다. 본질적인 문제 해결방식이 아닌 현상 유지적·보수적 성향으로 발전을 저해한다. 따라서 행정개혁의 시기에서는 소극적인 측면에서 저항 혹은 관료병리로 평가될 수 있다.

03 루빈의 '실시간 예산운영(Real Time Budgeting)'

루빈(Irene S. Rubin)은 세입, 세출, 균형, 집행, 과정 등과 관련한 의사결정 흐름 개념을 활용하며, 다섯 가지의 의사결정 흐름은 느슨하게 연결된 상호의존성을 가지고 있다.

1. 세입 흐름에서의 의사결정

'누가, 얼마만큼 부담할 것인가'에 관한 의사결정으로 의사결정의 흐름 속에서 설득의 정치가 내재되어 있다.

2. 세출 흐름에서의 의사결정

'누구에게 배분할 것인가'에 관한 의사결정으로서 선택의 정치로 특정 지어지며, 참여자들은 지출의 우선순위가 재조정되기를 바라거나 현재의 우선순위를 고수하려고 노력한다.

3. 예산 균형 흐름에서의 의사결정

'예산 균형을 어떻게 정의할 것인가'에 관한 의사결정으로 제약조건의 정치로서, 예산균형의 결정은 근본적으로 정부의 범위 및 역할에 대한 결정과 연계되어 있다.

4. 예산 집행 흐름에서의 의사결정

예산계획에 따른 집행과 수정 및 일탈의 허용범위, 기술적 성격이 강하고 책임성의 정치로 특징 지어진다.

5. 예산 과정 흐름에서의 의사결정
어떻게 예산을 결정하는가, 누가 예산을 결정하는가의 정치로 특징지어진다.

04 윌로비와 서메이어의 다중합리성모형

1. 배경
윌로비와 서메이어(K. Willoughby & K. Thumaier)는 그들의 저서 '주정부 예산 과정에서 정책과 정치(Policy and Politics in State Budgeting)에서 11개 주정부의 182명의 예산담당자들을 인터뷰 하는 방법으로, 미시적 차원에서 이들의 행태를 연구하였다.

2. 다중합리성(Multiple Rationalities)
예산담당자들은 예산 과정에서 사회적·정치적·법적·경제적·기술적 합리성이라는 다중합리성을 가진다. 이는 디징(Diesing)의 합리성에서 가져온 개념이다.

(1) **효과 결정(Effectiveness Decisions)**
   ① 사회적 합리성(Social Rationality)
   사회전체가 공유하는 규범이나 가치에 기반한 합리성을 의미한다. 예컨대 소방서 예산을 대폭 삭감하는 것은 '안전'이라는 사회의 핵심 가치를 훼손할 수 있다.
   ② 정치적 합리성(Political Rationality)
   예산을 분배할 프로그램이 주지사, 의회 등으로부터 정치적 지원을 받는지를 고려한다.
   ③ 법적 합리성(Legal Rationality)
   연방정부로부터 받는 보조금은 법적으로 사용 용도가 제한될 수 있고, 법적으로 예산을 배분해야 하는 프로그램을 고려해야 한다.

(2) **능률 결정(Efficiency Decisions)**
   ① 경제적 합리성(Social Rationality)
   목표 달성이 극대화 되도록 한정된 예산을 배분하여야 한다. 예컨대 주정부에서 실업자를 훈련시켜 취업시키는 것이 목표라고 하자. 다양한 기관에서 직업훈련 프로그램들을 운영하고 있는데, 취업률을 가장 높일 수 있도록 이들 프로그램에 예산 배분을 적절히 해야 한다는 것이다.
   ② 기술적 합리성(Political Rationality)
   주어진 예산으로 단일 프로그램에 대하여 산출을 극대화하는 것이다. 예컨대 한 명의 교도관이 관리 가능한 범위에서 최대한 많은 수감자를 관리하도록 한다. 예산담당자는 각 기관에서 요구하는 내용이 기술적 합리성 측면에서 문제가 없는지 검토하게 된다.
   🔍 기술적 합리성은 수단적 측면에서 '목표와 수단의 인과관계', 경제적 측면에서 '투입 대비 산출의 극대화'로 구분할 수 있다.

3. 예산 과정에서 단계별 적용되는 합리성

예산담당자들은 사전개발 단계(Predevelopment Phase)에서는 사회적·정치적·법적 합리성을 측면에서 예산 프로그램을 고려하고, 본격적인 예산 개발 단계(Budget Development Phase)에서는 경제적·기술적 합리성을 고려한다.

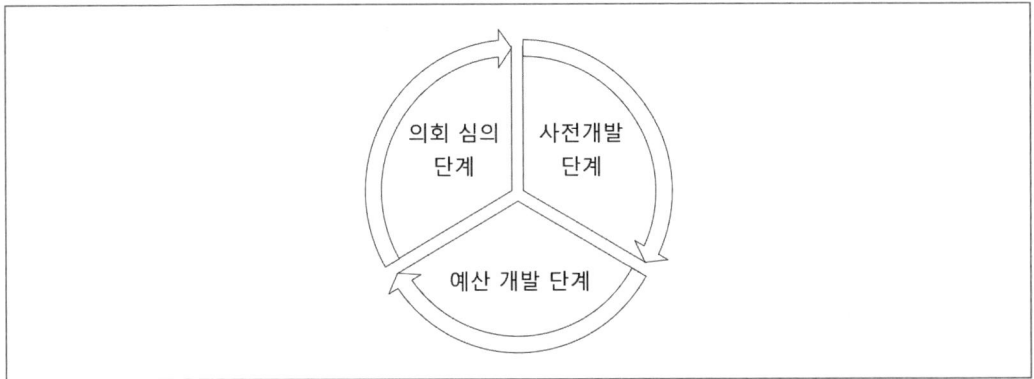

4. 기타 특징

(1) 예산 과정 각 단계에서 예산 활동 및 행태를 구분해야 함을 강조한다.
(2) 다중합리성모형은 킹던의 정책결정모형과 루빈의 실시간 예산운영모형을 통합하고자 하였다.

05 단절균형모형

예산결정의 참여자들이 점증적인 예산결정 행태를 보이다가, 특정 시점이나 상황이 발생하면 자신들의 예산결정 패턴을 급격하게 변화시킨다.

기출문제 학습

01 계획예산제도와 영기준예산제도는 (㉠ 점증주의 / ㉡ 총체주의) 관점을 적용한 대표적인 사례이다. 16. 지방 9

02 예산결정이론의 점증주의에 따르면 (㉠ 합리적·총체적 관점에서 의사결정이 가능하다. / ㉡ 중요한 정치적 가치들을 고려할 수 있다.) 13. 서울 9

03 예산상의 점증주의를 유발하지 않는 것은 (㉠ 관계의 규칙성 / ㉡ 외부적 요인의 영향 결여 / ㉢ '예산 통일의 원칙'의 예외 / ㉣ 좁은 역할 범위를 지닌 참여자 간의 협상)이다. 14. 지방 7

04 (㉠ 총체주의 / ㉡ 점증주의)는 거시적 예산결정과 예산삭감을 설명하기에 적합한 이론이다. 23. 국가 9

05 다중합리모형에 의하면 정부 예산의 성공을 위해서는 예산 과정 각 단계에서 예산 활동 및 행태를 (㉠ 구분해야 한다. / ㉡ 구분해서는 안 된다.) 19. 지방 7

06 루빈의 실시간 예산운영모형에서 (㉠ 예산 균형 / ㉡ 예산 집행) 흐름에서의 의사결정은 기술적 성격이 강하며, 책임성의 정치적 특성을 갖는다. 20. 국가 7

07 루빈의 실시간 예산운영모형에 따르면 예산과정 흐름에서 의사결정은 (㉠ 계획된 대로 수행할 수 있는가 / ㉡ 누가 예산을 결정하는가)에 대한 의사결정이다. 16. 지방 7

08 윌로비와 서메이어의 다중합리성모형은 정부예산의 (㉠ 과정 / ㉡ 결과)론적 접근으로, (㉠ 미시적 / ㉡ 거시적) 수준의 예산상의 의사결정을 설명하고 탐구한다. 19. 서울추가 7

09 (㉠ 니스카넨 / ㉡ 루이스 / ㉢ 윌로비와 서메이어)는 예산분배결정에 경제학적 접근법을 적용하여, '상대적 가치', '증분분석', '상대적 효과성'이라는 세 가지 분석명제를 제시한다. 17. 국가 7

정답 1.㉡ 2.㉡ 3.㉢ 4.㉠ 5.㉠ 6.㉡ 7.㉡ 8.㉠,㉡ 9.㉡

Theme 16 · 재정정책을 위한 예산

01 조세지출예산제도

1. 의미

조세지출예산제도(Tax Expenditure Budget)는 정부가 지역주민에 대해 비과세, 감면, 소득공제, 세액공제, 우대세율, 과세이연 등 세제상 각종 유인장치를 통해 간접적으로 지원해 주는 제도로 세제 지원을 통해 제공한 혜택을 예산지출로 인정한다. 중앙정부는 2011 회계연도 예산안부터 적용되었으며, 지방자치단체는 2010년 제정되어 2011년부터 시행되고 있는 「지방세특례제한법」에 따라 도입되었다.

> 조세특례제한법 제7조(중소기업에 대한 특별세액감면)
> ① 중소기업 중 다음 제1호의 감면 업종을 경영하는 기업에 대해서는 … <u>세액상당액을 감면한다.</u>

2. 특징

(1) 국회 차원에서 법률로서 국세감면의 내역을 통제하고 정책효과를 판단하기 위한 제도이다.
(2) 예산지출이 직접적 예산 집행이라면 조세지출은 세제상의 혜택을 통한 간접지출의 성격을 가지며, 세출예산상의 보조금과 같은 경제적 효과를 초래한다.
(3) 직접 보조금과 대비해 눈에 보이지 않는 숨겨진 보조금이라고 이해할 수 있고, 법률에 따라 집행되기 때문에 경직성이 강하다.
(4) 기획재정부장관은 조세지출의 실적 등을 분석하여 조세지출예산서를 작성하여야 한다.

02 자본예산

1. 의미

자본예산(Capital Budgeting)은 자본적 지출에 대한 예산을 경기침체 시 적자예산, 경기과열 시 흑자예산을 편성하여 균형을 이루게 한다는 논리로, 1930년대 스웨덴에서 최초로 도입되었다. 즉 경기침체 시에는 정부의 수입은 줄어들지만 경기를 부양시키기 위해서 사회간접자본시설 투자 등 자본적 지출을 늘린다는 것이다. 물론 이 과정에서 수입보다 지출이 크게 되므로 적자예산이 된다. 반대로 경기과열 시에는 정부의 수입은 늘어나지만, 경기과열을 완화하기 위해서 정부의 자본적 지출을 줄인다. 즉 수입이 지출보다 늘어나는 흑자예산이 되므로, 경기침체 시 발생했던 적자를 해소할 수 있다.

2. 특징

(1) 장기적 계획에 따라 중장기 예산운영이 가능하고, 부채를 정당화하므로 예산의 적자재정 편성을 가능하게 한다.

(2) 경우에 따라서는 무리한 재정팽창을 유발하여 재정의 안정화 효과를 감소시켜 인플레이션이 조장될 우려가 있으며 재정적자의 은폐수단으로 악용될 우려가 있다.

03 성인지예산

1. 성인지예산(gender budgeting)은 예산 과정에 성 주류화(Gender Mainstreaming)의 적용 및 성인지적 관점에서 출발하였다. 성인지적 관점의 예산 운영은 새로운 재정 운영의 규범이 되고 있다. 1984년 호주에서 처음 도입되었고, 우리나라는 2010 회계연도에 성인지 예산서가 처음으로 국회에 제출되었다.

2. 국가재정법 및 지방재정법에 따라 정부는 예산과 기금이 여성과 남성에게 미칠 영향을 미리 분석한 보고서를 작성하여야 하고, 중앙정부 및 지방자치단체 모두 성인지 예산서와 결산서 작성을 의무화하고 있다. 성인지 예산서에는 성평등 기대효과, 성과목표, 성별수혜분석 등을 포함하고 있고, 성인지 예산서는 정부가 예산안과 함께 국회에 제출해야 하는 첨부서류이다.

• 기출문제 학습 •

01 조세지출예산제도는 (㉠ 세금을 징수하기 / ㉡ 세금을 감면하기) 위한 제도이다. 17. 국가 9

02 조세지출예산제도에서 세금 자체를 부과하지 않는 비과세(㉠ 는 조세지출의 방법으로 볼 수 없다. / ㉡ 도 포함한다.) 20. 지방 9

03 (㉠ 자본예산 / ㉡ 조세지출예산)은 국회 차원에서 조세감면의 내역을 통제하고 정책효과를 판단하기 위한 제도이다. 14. 지방 9

04 조세지출예산제도는 (㉠ 행정부에 의해 탄력적으로 운영될 여지가 많다. / ㉡ 국회 차원에서 국세감면의 내역을 통제하고 정책효과를 판단하기 위한 제도이다.) 11. 서울 7

05 자본예산제도의 특징으로 옳지 않은 것은 (㉠ 재정안정화 효과 증진 / ㉡ 중장기 예산운영 가능 / ㉢ 부채의 정당화 / ㉣ 예산의 적자재정 편성)이다. 16. 서울 7

06 1984년 호주에서 처음 도입된 성인지예산제도는 우리나라의 경우 (㉠ 2010 / ㉡ 2000) 회계연도에 성인지예산서가 처음 국회에 제출되었다. 21. 국가 7

07 성인지 예산제도는 (㉠ 국가 / ㉡ 지방자치단체 / ㉢ 국가와 지방자치단체)에 도입되었다. 11. 지방 7

08 성인지 예산제도는 (㉠ 성 중립적 / ㉡ 성 인지적) 관점에서 출발한다. 12. 지방 9

정답 1. ㉡ 2. ㉡ 3. ㉡ 4. ㉡ 5. ㉠ 6. ㉠ 7. ㉢ 8. ㉡

Theme 17 예산의 분류

01 품목별(성질별) 분류

인건비, 교육훈련비 등 정부가 무엇을 구입하는 데 얼마를 쓰느냐? 즉 공통적인 지출 항목별로 분류하는 방법이다. 사업의 지출성과와 결과에 대한 측정이 곤란하고 예산집행의 신축성을 저해한다.

02 기능별 분류

국방, 교육, 농림수산 등 정부가 무슨 일을 하는 데 얼마를 쓰느냐? 즉 정부활동을 중심으로 분류하는 방법이다. 정부활동의 일반적이며 총체적인 내용을 보여 주어 일반 납세자가 정부의 예산내용을 쉽게 이해할 수 있도록 설계된 분류 방법으로, 시민을 위한 분류라고도 한다. 회계책임이 불명확하다는 단점이 있다.

03 조직(소관)별 분류

행정안전부, 기획재정부 등 누가 얼마를 쓰느냐? 즉 예산을 사용하는 조직별로 분류하는 방법이다. 지출의 목적이나 예산의 성과파악이 어렵다.

기능별 분류 vs 조직별 분류

> 정부기관도 기능에 따라 만들어지기 때문에 특정기관이 특정기능만을 수행하는 경우 기능별 분류와 조직별 분류가 일치하게 되지만, 여러 기관이 하나의 기능에 관여하거나 하나의 기관이 여러 가지 기능에 관여하는 것이 일반적이다.

04 경제성질별 분류

국민경제에 미치는 총체적인 효과가 어떠한가를 기준으로 분류하는 방법이다.

05 프로그램별 분류(프로그램 예산제도*)

프로그램별 분류에 따라 예산을 편성·운영하는 경우 이를 프로그램 예산제도라고 한다.

1. 의미

프로그램은 동일한 정책을 수행하는 단위사업을 묶어, 예산 및 성과관리의 기본단위로, 정책과 성과중심의 예산운영을 위해 설계·도입된 제도이다. 우리나라에서는 중앙정부 2007년, 지방자치단체는 2008년부터 공식적으로 채택하였다.

2. 특징

(1) 프로그램별 분류는 프로그램-단위사업-세부사업 순으로 위계적인 체계를 가지고, 프로그램은 총액배분·자율편성 방식의 한도액 설정 단위가 된다.

> 예컨대 국토교통부의 주택시장안정 및 주거복지 프로그램은 단위사업인 주택가격조사지원, 주택정책지원, 주거환경개선지원으로 구성되어 있으며, 단위사업인 주택가격조사지원은 세부사업인 주택 및 주거동향조사, 주택공시가격조사, 부동산 서비스산업 육성으로 구성되어 있다.

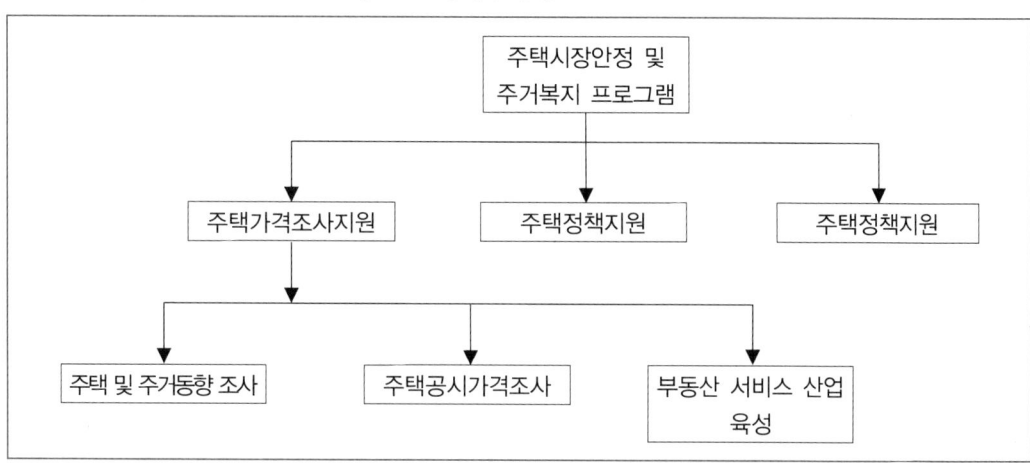

(2) 예산 전 과정을 프로그램 중심으로 구조화하고 성과평가체계와 연계시킨다.
(3) 자원배분의 투명성을 높일 수 있고, 일반 국민이 예산 사업을 쉽게 이해할 수 있다.
(4) 프로그램은 일반회계, 특별회계, 기금이 포괄적으로 표시되어 총체적 재정배분 파악이 가능하다.

06 우리나라 세출예산 예시

국토교통부 세출예산

	입법과목				행정과목		
소관	분야 (장)	부문 (관)	프로그램 (항)	단위사업 (세항)	세부사업 (세세항)	목	세목
국토 교통부	사회복지	주택	주택시장 안정 및 주거복지	주택가격 조사지원	주택 및 주거동향 조사	운영비	일반 수용비
조직별 분류	기능별 분류		프로그램별 분류			품목별 분류	

• 기출문제 학습 •

01 예산의 조직별 분류는 예산지출의 목적을 파악하기 (㉠ 어렵다. / ㉡ 쉽다.) 21. 지방 7

02 정부가 무슨 일을 하는 데 얼마를 쓰느냐?는 (㉠ 기능별 / ㉡ 조직별 / ㉢ 경제 성질별 분류)이다.
22. 지방 7

03 우리나라는 프로그램 예산제도를 지방자치단체는 (㉠ 2004 / ㉡ 2008)년부터, 중앙정부는 (㉠ 2007 / ㉡ 2008)년부터 공식적으로 도입하였다. 16. 국가 7

04 프로그램 예산제도는 [㉠ 세부 업무와 단가를 통해 예산 금액을 산정하는 상향식(bottom up) 방식을 사용한다. / ㉡ 프로그램-단위사업-세부사업 순으로 위계적인 체계를 가진다.] 24. 지방 9

정답 1. ㉠ 2. ㉠ 3. ㉡, ㉠ 4. ㉡

Theme 18 예산제도

品목별(통제) → 성과주의(관리) → 기획예산(기획) → 목표관리(관리, 참여) → 영기준(감축)

01 품목별 예산제도(LIBS, Line-Item Budgeting System)

1. 의미

인건비 교육훈련비 등 지출항목(대상)에 따라 자세히 표기되는 투입중심 예산제도이다. 미국의 정부 운영에 부정부패를 방지하고 행정의 능률을 향상시키기 위해 도입되었고, 현재 우리나라를 비롯하여 많은 국가에서 예산운영의 기초로 활용되고 있다.

2. 특징

재정민주주의 구현에 유리한 통제 지향적이고, 예산심의 및 회계책임을 묻는데 용이하다. 다만, 정부가 수행하는 사업과 그 효과에 대한 명확한 정보를 제공하지 못한다.

02 성과주의 예산제도(PBS, Performance Budgeting System)

1. 의미

예산배정 과정에서 필요 사업량을 제시하여 예산과 사업의 연계를 강조하는 예산제도이다. 제2차 세계대전 이후 미국은 경제발전, 효율성, 공공서비스 개선에 초점을 맞추고 경직적인 관료제의 병리와 국가부채 문제를 해소하기 위해, 대통령 자문기구였던 제1차 후버 위원회의 건의에 따라 1950년 성과주의 예산제도를 도입하였다. 사례로는 미국 테네시 계곡 개발청(TVA) 사업의 예산제도가 있는데, 전통적인 품목별 예산제도를 벗어나 성과 중심의 예산을 운영했기 때문이다.

2. 특징

(1) 거리 청소, 노면 보수 등과 같이 활동 또는 업무단위를 중심으로 예산을 배분하는 것으로 사업의 투입물보다 사업의 수행방식과 성과에 초점을 둔다. 정부의 활동별로 예산이 편성되기 때문에 정부가 무슨 사업을 추진하는지 국민들이 쉽게 이해할 수 있다.

> **예 경찰의 지역순찰 예산**
> - 단위업무(Unit Work) : 지역순찰 1회
> - 단위원가(Unit Cost, 업무단위 1단위를 수행하는 비용) : 10만 원
> - 업무량 : 100회
>   → 지역순찰 예산 = 10만 원 *100회 = 1000만 원
>   → 성과 = 지역순찰 100회

(2) 사업별·활동별로 예산을 편성하고 사업수행의 산출물을 강조하는 관리 지향적 예산제도이다. 다만, 평가 대상 업무 단위가 중간 산출물인 경우가 많아 예산성과의 질적인 측면까지 평가하기 어렵고, 단위업무(Unit Work) 선정과 단위원가(Unit Cost) 계산이 어려울 수 있다.

(3) 단위원가를 근거로 예산을 수립하기 때문에 행정관리에 있어서 능률성을 추구할 수 있고, 사업별로 예산 산출 근거가 제시되므로 예산심의가 용이하다.

(4) 장기적인 계획과의 연계보다는 구체적인 개별사업만을 중시하는 경향이 있어, 사업 간 자원의 최적 배분과 해당 사업의 필요성과 타당성을 알기 어렵다.

03 계획예산제도(PPBS, Planning Programming Budgeting System)

1. 의미

기획과 사업구조화(프로그램), 그리고 예산을 연계시키는 시스템적 예산제도로서, 1961년 미국 케네디 행정부의 국방장관인 맥나마라(McNamara)가 국방부에 최초로 도입하였다. 1965년 존슨 대통령에 의해 연방정부 차원에서 도입되었으나, 닉슨 행정부 등장 시기인 1971년 중단되어 전반적으로 실패한 것으로 평가된다.

◈ 청년 지원을 위한 사업구조화와 기획 및 예산 배정 절차

🔍 예산은 부처 혹은 부서가 아니라 동일한 목표를 가진 사업과 결합되어 배분

1. **사업구조화(프로그래밍)**: 목표 → 단위사업까지 연역적 과정

청년 지원	목표	
↓		
취업 및 창업지원, 주거지원, 생계지원 등	대분류	
↓		↓
취업 지원금, 취업 교육 등	중분류	사업 구조화 (programming)
↓		
청년 취업 지원금, 주택 융자 등(BC 분석) 🔍 공동 목표를 위하여 부처 간 경계를 뛰어넘어 중복·상호 모순되는 사업이 조정됨.	단위사업	

2. **기획**: 사업별 중장기 기간 동안 산출, 소요예산 등 연계계획 마련

청년 취업 지원금	1년차	2년차	3년차	4년차	5년차
산출(청년 수)	10만명	20만명	20만명	20만명	30만명
소요예산	100억원	200억원	200억원	200억원	300억원

3. **예산**: 각 사업에 대한 실제 예산배정

2. 특징

(1) 모든 사업이 목표달성을 위해 유기적으로 연계되어 있어 부처 간의 경계를 뛰어넘는 자원배분의 합리화를 가져올 수 있다. 이를 위하여 계량적인 기법인 체제분석*, 비용편익분석 등을 사용한다.

> 체제분석(System Analysis): 가능한 사업대안 중에서 최적의 사업을 선택하는 방법으로, 문제의 정확한 정의, 대안의 개발, 비용과 효과를 추정하여 의사결정자가 최선의 대안을 선택할 수 있도록 도움을 주는 접근법이다.

사업-재정계획에 따라 장기적인 예산편성으로 목표·계획·사업의 연계성을 높일 수 있으나, 과도한 정보를 필요로 하다는 단점이 있다.
(2) 의사결정이 지나치게 집권화되고(하향식 접근이 원칙) 전문화되어 외부통제 및 사업구조를 작성하는 것이 어렵고, 대중적인 이해가 쉽지 않아 정치적 실현가능성이 낮다. 즉 행정부처 직원들이나 예산결정권을 가지고 있는 의회 의원들도 이해하기 어려워 반대하였다.
(3) 산출물의 개량화 및 여러 사업에 들어가는 간접비(Overhead Cost)의 배분의 어려울 수 있다.

04 목표관리제도(MBO, Management by Objectives)

부서 목표와 예산지출을 연계한 것으로, 단기적인 목표를 설정하고 사람들의 참여를 촉진시킨다. 미국 닉슨 행정부(1973년) 시기 연방 집행 부서에 대한 행정통제를 강화하기 위하여 도입하였다.

05 영기준 예산제도(ZBB, Zero Base Budgeting)

1. 의미

전년도 예산의 답습이 아니라 백지상태에서 모든 사업을 평가하여 우선순위를 정하는 예산제도로 점증주의적 예산편성의 폐단을 시정하고자 개발하였다. 미국의 민간기업 텍사스 인스트루먼트(Texas Instruments)에서 처음 시작되었고, 1970년대 카터 행정부에서 연방정부 차원에서 채택되었다가 1981년 레이건 행정부가 들어서면서 폐기되었다. 우리나라도 1983년부터 부분적으로 도입한 경험이 있다.

2. 특징

(1) 계획예산제도와 같이 합리적 선택을 강조하는 총체주의 방식의 예산제도이다. 따라서 모든 사업이나 대안을 총체적으로 분석하므로, 시간·노력·비용이 과중된다. 하지만 기획예산제도가 집권적·하향적 과정이고, 영기준 예산제도는 예산과정에 대한 관리자 및 실무자의 참여하는 분권적·상향적 과정이다.
(2) 백지상태에서 모든 사업을 다시 평가하므로, 전년도 답습주의로 인한 재정의 경직성을 완화하고 감축관리를 추진할 때 중요하다.

3. 절차

```
                    (4) 각 부처 및 정부차원 통합
                                ↑
        (3) 패키지에 대한 우선순위 부여(부서별 우선순위 결정)
                                ↑
  (2) 의사결정 패키지 작성: 목표, 사업 기술, 비용과 편익, 예산배분 수준(기본, 현재, 개선)
                                ↑
        (1) 의사결정단위(Dicision Unit) 설정: 사업, 부서, 활동 등으로 구분
```

4. 한계

(1) **계산전략의 한계**: 분명한 분석 과정을 통하여 대안을 선택하는 과정을 계산전략이라고 하는데, 우선순위를 정하는 과정에서 모든 이해관계자가 합의하기 어려울 수 있다.

(2) **정보획득의 애로**: 대안 간 우선순위를 정하기 위해서는 충분한 정보가 필요하다.

(3) **경직성 경비의 존재**: 감축 자체가 어려운 경직성 경비가 존재한다.

(4) **비경제적 요인의 존재**: 우선순위를 판단하기 어려운 비경제적인 요인들이 존재한다.

06 일몰법 예산

1. 의미

특정 조직이나 사업에 대해 존속시킬 타당성이 없다고 판명되면 자동적으로 폐지하는 제도이다. 예컨대 「동·서·남해안 및 내륙권 발전 특별법」에 따라 설치된 국토교통부 별도기관인 동서남해안 및 내륙권발전기획단 및 관련 사업과 이에 수반되는 예산은 해당 법률에 근거하여 존속할 수 있다. 다만, 부칙에 해당 법률의 존속 기한이 명시되어 있다.

> **예 동·서·남해안 및 내륙권 발전 특별법**
> 부칙 제2조에 따르면 '이 법은 2030년 12월 31일까지 효력을 가진다.'라고 되어 있어, 입법기관이 부칙 개정을 통해 연장하지 않으면 2030년 12월 31일 이후 자동으로 폐지된다.

2. 특징

사업 시행 후 기존 사업과 지출에 대해 입법기관이 재검토하는데, 우리나라의 경우 국회에서 해당 법률의 연장 여부를 결정한다. 국회에서 별도의 조치가 없으면 자동으로 해당 법률이 폐지되므로, 이와 관련된 정부의 조직이나 사업도 폐지된다.

3. 영기준 vs 일몰법

(1) 둘 다 백지상태에서 사업의 타당성 등을 다시 검토한다는 점에서 공통점을 가진다.
(2) 영기준 예산은 예산편성과 관련되는 행정과정, 일몰법은 예산심의와 관계되는 입법과정이다.
(3) 영기준 예산은 매년 실시되므로 단기적인 성격을, 일몰법은 검토의 주기가 3~7년이므로 장기적인 성격을 가진다.

• 기출문제 학습 •

01 품목별 예산제도는 (㉠ 일에 대한 정보를 제공하며, 세입과 세출의 유기적 연계를 고려한다. / ㉡ 정부가 수행하는 사업과 그 효과에 대한 명확한 정보를 제공하지 못하고, 통제 위주의 경직적 예산이다.) 20. 국가 9

02 품목별 예산제도는 (㉠ 정부 활동에 대한 총체적인 사업계획과 우선순위 결정에 유리하다. / ㉡ 특정 사업의 지출 성과에 대해서는 파악하기 어렵다.) 23. 지방 9

03 품목별 예산제도는 정부활동의 중복방지와 통합, 조정에 (㉠ 유리하다. / ㉡ 불리하다.) 16. 지방 9

04 품목별 예산제도는 회계책임을 명확하게 할 수 (㉠ 있기 / ㉡ 없기) 때문에 예산의 유용이나 남용을 방지할 수 (㉠ 있다. / ㉡ 없다.) 17. 국가추가 7

05 품목별 예산제도는 지출을 통제하고 공무원의 (㉠ 회계적 책임을 확보하는 데 용이하다. / ㉡ 회계책임 확보가 어렵다.) 19. 국가 9

06 계획예산제도(PPBS)는 (㉠ 상향식 / ㉡ 하향식) 접근이 원칙이다. 13. 국가 9

07 성과주의 예산제도는 평가 대상 업무 단위가 중간산출인 경우가 많아 예산성과의 질적인 측면까지 평가(㉠ 할 수 있다. / ㉡ 하기 어렵다.) 18. 서울 7

08 성과주의 예산제도는 업무단위 선정과 단위원가 계산은 (㉠ 용이하다. / ㉡ 어려울 수 있다.) 24. 국가 7

09 (㉠ 성과관리 / ㉡ 계획) 예산제도는 장기적인 기획과 단기적인 예산편성을 유기적으로 연결하여 합리적인 자원 배분을 이루려는 제도이다. 15. 국가 7

10 (㉠ 성과 예산제도 / ㉡ 계획 예산제도 / ㉢ 목표관리 예산제도)는 기획, 사업구조화, 예산을 연계시킨 시스템적 예산제도로, 시간적으로 장기적 사업의 효과가 나올 수 있도록 예산을 뒷받침한 것으로 볼 수 있다. 20. 서울 9

11 (㉠ 영기준 예산제도 / ㉡ 계획 예산제도)는 사업구조를 작성하는 것이 어렵고, 결정구조가 집권화되는 문제가 있다. 또한, 행정부처의 직원들이 복잡한 분석 기법을 이해하기 어렵다. 21. 국가 7

12 (㉠ 영기준 예산제도 / ㉡ 계획 예산제도)는 비용편익 분석과 시스템 분석을 주요 수단으로 활용한다. 16. 서울 7

13 A 예산제도는 당시 미국의 국방장관이었던 맥나마라에 의해 국방부에 처음 도입되었고, 존슨 대통령이 1965년 전 연방정부에 도입하였는데, A 예산제도는 (㉠ 통제 / ㉡ 관리 / ㉢ 기획 / ㉣ 감축)을 강조하였다. 20. 지방 9

14 영기준예산(ZBB)은 합리적 선택을 강조하는 총체주의 방식의 예산제도로 (㉠ 조직구성원의 참여가 상대적으로 높은 분권화된 관리체계를 갖는다. / ㉡ 집권화된 관리체계를 갖기 때문에 예산편성 과정에 소수의 조직구성원만이 참여하게 된다.) 24. 국가 9

15 (㉠ 성과주의 / ㉡ 영기준) 예산제도는 1970년대 미국 연방정부 예산에 도입되었다. 25. 국가 9

16 (㉠ 품목별 / ㉡ 영기준) 예산은 정책결정방식이 분권적·참여적이다. 16. 서울 9

17 (㉠ 영기준 / ㉡ 계획) 예산제도가 단위사업을 사업-재정계획에 따라 장기적인 예산편성 쪽으로 방향을 잡았다면, (㉠ 영기준 / ㉡ 계획) 예산제도는 당해 연도의 예산 제약 조건을 먼저 고려한다. 17. 국가 9

18 (㉠ 품목별 / ㉡ 계획 / ㉢ 목표관리 / ㉣ 성과주의 / ㉤ 영기준) 예산제도의 도입 취지는 불요불급한 지출을 억제하고 감축관리를 지향하는 데 있다. 18. 지방 7

19 사업시행 후 기존 사업과 지출에 대해 입법기관이 재검토하고, 특정 조직이나 사업에 대해 존속시킬 타당성이 없다고 판명되면 자동적으로 폐지하는 제도는 (㉠ 영기준 예산제 / ㉡ 일몰제 / ㉢ 계획예산제 / ㉣ 성과주의 예산제)이다. 17. 지방 7

정답 1. ㉡ 2. ㉡ 3. ㉡ 4. ㉠, ㉠ 5. ㉡ 6. ㉡ 7. ㉡ 8. ㉡ 9. ㉡ 10. ㉡ 11. ㉡ 12. ㉡ 13. ㉢ 14. ㉠ 15. ㉡ 16. ㉡ 17. ㉡, ㉠ 18. ㉤ 19. ㉡

Theme 19 재정개혁

01 현대행정의 재정운영 패러다임 전환

1. 선진국에서는 재정개혁의 영향으로 투입중심에서 성과중심으로 전환이 이루어지고 있다.
2. 아날로그 정보시스템에서 디지털 정보시스템으로 전환이 이루어지고 있다.
3. 과거 행정관료 중심에서 납세자인 시민들이 주체가 되는 방향으로 전환되고 있다.
4. 성인지적 관점의 성인지 예산(gender budgeting)으로 전환되고 있다.

02 신성과주의 예산제도(New Performance Budgeting)

국내 학자에 따라서 1950년대 성과주의 예산제도(PBS)를 '성과예산제도'로 번역하고, 1980년대 이후 신성과주의 예산제도를 '성과주의 예산제도'로 번역하기도 한다. 따라서 영문표기명에 주의하여야 한다.

1. 의미

투입보다는 산출 또는 성과를 중심으로, 20세기 후반부터 주요 국가들이 재정사업의 운영과정이나 기능에 초점을 두고 새로운 성과주의 예산체계를 도입하기 시작하였다. 미국 클린턴 행정부는 결과 지향적 예산제도의 일환으로 GPRA(Government Performance and Results Act)를 도입하였고, 미국 부시 행정부는 PART(Program Assessment Rating Tool)를 도입하였다.

> **우리나라 재정사업 성과관리제도**
>
> 1. **재정성과 목표관리제도**
>   각 부처의 성과계획서 및 성과보고서를 통해 설정된 성과 목표의 달성여부를 모니터링한다.
> 2. **재정사업 평가제도**
>   (1) **재정사업 자율평가제도**
>   예산, 기금이 투입되는 모든 재정사업을 대상으로 하는 부처가 자율적으로 소관사업을 자체평가하고, 기획재정부는 핵심사업을 별도로 산정하여 직접 평가·분석한다.
>   ⊕ 재정사업 자율평가는 미국 관리예산처(OMB)의 PART(Program Assessment Rating Tool)를 우리나라 실정에 맞게 도입한 제도이다.
>   (2) **재정사업 심층평가제도**
>   재정사업자율평가 결과 추가적인 평가가 필요하다고 판단되는 사업, 부처 간 유사·중복 사업 또는 비효율적인 사업 추진으로 예산 낭비의 소지가 있는 사업 등을 대상으로 기획재정부장관이 심층평가한다.

2. 특징

(1) 재정사업의 목표, 결과, 재원을 연계하여 예산은 '성과에 대한 계약'의 개념으로 활용한다. 즉 예산을 배정하는 대신에 해당 사업의 성과를 달성하라는 것이다.

(2) 중간 산출(Outputs)뿐만 아니라 재정사업의 목적 및 효과를 강조한다. 예컨대 경찰관들의 '순찰 횟수'가 산출이라면, 그로 인한 '범죄율 하락'이 목적 및 효과에 해당한다.
(3) 각 부처 재정사업 담당자들에게 동기부여를 강조하고 이들에게 더 많은 권한을 부여하고 성과에 대한 책임을 강조한다.

3. 한계
(1) 성과는 노력 외에도 다양한 환경적 변수들이 작용할 수 있으므로 성과에 대한 책임을 묻기 어려울 수 있다. 예컨대 범죄율을 낮추는 것은 경찰의 노력만으로 결정되는 것은 아니다.
(2) 적절한 목표와 성과기준 설정, 모든 조직에 공통적으로 적용할 수 있는 표준적 성과 측정지표를 개발하기 어렵기 때문에 성과 비교가 어렵다.

03 외국의 재정개혁

1. 영국의 경우 1982년에 재정관리 프로그램(Financial Management Initiative)을 도입하여 개혁을 추진하였다.
2. 호주의 경우 지출통제를 위해서 지출심사위원회(Expenditure Review Committee)를 두어 새로운 정책과 예산을 검토하게 하였다.
3. 뉴질랜드의 경우 1988년에 국가부문법(State Sector Act)을 제정하여 예산개혁을 추진하였다.
4. 영국의 경우 2000년 토니 블레어 정부에서 최고의 가치(Best Value) 프로그램은 공공서비스도 최고의 가치를 지향해야 한다는 공공서비스 개혁을 추진하였다.

04 총괄배정예산(우리나라의 총액배분자율편성예산)

1. 의미
중앙예산기관이 중앙관서별 예산 상한선을 설정해 주고 각 중앙관서는 설정된 예산 상한선 내에서 자율적으로 예산을 편성하는 제도이다. 즉 자금관리의 분권화를 강조하면서, 중앙예산기관이 하향적(Top-Down)으로 각 중앙관서의 지출한도를 설정한다. 기존의 예산편성 방식은 상향식(Bottom-Up)인데, 각 중앙관서에서 예산을 요구하면 중앙예산기관이 재원의 범위에서 우선순위를 결정했기 때문이다.

2. 특징
(1) 한도액의 설정으로 기존의 무분별한 예산 과다요구-대폭삭감 관행을 줄일 수 있다. 예산 상한선 내에서 세부적인 예산편성은 각 중앙관서가 결정하기 때문에 중앙예산기관과 각 중앙관서 사이의 정보의 비대칭성을 완화할 수 있다.

⑵ 각 중앙관서는 예산 총액 한도 내에서 자율성과 책임을 갖게 된다. 각 중앙관서 내 예산담당기관의 예산조정 및 각 중앙관서의 전문성을 활용할 수 있기 때문이다.

⑶ 지출 한도를 설정하기 위해서는 예산운영에 관한 장기적인 전망과 계획이 필요하다.

⑷ 각 중앙관서의 재량이 확대되었지만, 중앙예산기관의 사업별 예산통제 기능은 유지된다. 예컨대 계속사업에 대해서는 각 중앙관서의 자율에 맡기고 신규사업에 대해서만 중앙예산기관이 개입하는 것이다.

🔍 "기획재정부장관은 … 중앙관서별 지출한도를 포함하여 통보할 수 있다"(국가재정법 제29조)

05 지출통제예산(우리나라의 총액계상예산*)

국회, 군무원 행정학 기출문제에서는 '총괄예산'으로 표현하기도 하였다.

개개의 항목에 대한 통제가 아니라 예산 총액만 통제하고 구체적인 항목별 지출에 대해서는 집행부의 재량을 확대하는 예산제도이다.

총액배분자율편성예산 vs 총액계상예산

총액배분자율편성예산은 '편성' 단계, 총액계상예산은 '지출' 단계에서 각 부처의 자율성을 부여한다.

06 디브레인(dBrain)

우리나라의 정부 세입과 예산 편성·집행·평가 등 국가 재정 활동상의 정보를 실시간으로 확인하고 분석할 때 사용하는 디지털 국가 예산회계시스템이다. 노무현 정부 당시(2007년) 재정개혁의 일환으로 구축되어 UN 공공행정상을 수상하는 등 국제적으로 호평을 받았다. 디브레인이 구축됨에 따라 국가 재정의 투명성 상승 및 예산과 결산의 심의가 용이해졌고, 재정당국은 집행 성과와 정보를 바탕으로 합리적 예산 배분이 가능해졌다. 한편 지방자치단체는 e-호조(지방재정관리시스템)을 통해 처리한다.

07 재정준칙

1. 의미

재정준칙(Fiscal Rule)이란 채무(채무 상한선 설정), 수지(재정적자 상한선 설정), 지출(지출 상한선 설정), 수입(수입 상한선 설정) 등에 대한 총량적 목표치에 법적 구속력을 부여하는 것이다.

🔍 우리나라는 국가재정법 개정을 통해 재정준칙을 도입하려는 논의는 있으나, 도입되지 않고 있다.

2. 특징

⑴ 국가채무준칙은 재정 건전성을 확보하기 위해 국가채무 규모에 상한선을 설정한다.

⑵ 재정수지준칙은 경기변동과 무관하게 설정되므로 경제 안정화를 오히려 저해할 수 있다.

(3) 재정지출준칙은 경제성장률이나 재정적자 규모의 예측에 의존하지 않는다는 장점이 있지만, 조세지출을 우회적으로 활용함으로써 재정건전성이 훼손될 가능성이 있다.

08 신임예산

영국과 캐나다에서 사용하는 것으로, 비상시 지출이나 국가의 안전보장 등을 이유로 의회에서 총액만 결정하고 구체적인 용도는 행정부가 결정하여 지출하는 제도이다.

• 기출문제 학습 •

01 예산개혁의 경향은 시대에 따라 (㉠ 통제 / ㉡ 감축 / ㉢ 관리 / ㉣ 기획 / ㉤ 참여) 지향으로 변화해 왔다. 13. 서울 9

02 미국 클린턴 행정부는 결과 지향적 예산제도의 일환으로 [㉠ GPRA(Government Performance and Results Act) / ㉡ PART(Program Assessment Rating Tool)]를 도입하였다. 17. 국가 7

03 재정사업 (㉠ 자율평가 / ㉡ 심층평가) 결과 기획재정부장관이 필요하다고 판단하면 재정사업 (㉠ 자율평가 / ㉡ 심층평가)를 실시할 수 있다. 23. 국가 9

04 외국의 예산개혁과 관련하여, (㉠ 영국 / ㉡ 미국)의 경우 최고의 가치(Best Value) 프로그램에 의해 개혁을 추진하였다. 11. 지방 9

05 총액배분자율편성제도가 도입되어, 기획재정부의 사업별 예산통제 기능(㉠ 이 상실되었다. / ㉡ 은 여전히 유지되고 있다.) 17. 국가추가 7

06 총액배분자율편성제도는 부처별 (㉠ 개별사업을 집중적으로 검토하는 예산편성이다. / ㉡ 예산상한선 내에서 자율적으로 예산을 편성하는 제도이다.) 11. 서울 7

07 총액배분자율편성제도는 부처의 자율성이 (㉠ 높아지는 / ㉡ 낮아지는) 예산제도로 (㉠ 상향식 / ㉡ 하향식) 방식이다. 13. 국가 7

08 총액배분자율편성제도는 [㉠ 각 중앙부처가 소관 정책과 우선순위에 입각해 연도별 재정 규모, 분야별·부문별 / ㉡ 중앙예산기관(기획재정부)이] 지출한도를 제시한다. 18. 지방 9

09 총액배분자율편성제도는 중앙예산기관과 정부부처 사이의 정보의 비대칭성을 (㉠ 완화 / ㉡ 강화)하려는 목적을 갖고 있다. 15. 지방 9

10 2023년 기준 우리나라 국가재정법에는 재정준칙이 규정되어 (㉠ 있다. / ㉡ 있지 않다.) 23. 국가 7

11 dBrain 구축이 완료됨에 따라 (㉠ 총액배분자율편성 예산제도의 도입이 / ㉡ 예산편성, 집행, 결산, 사업관리 등 재정업무 전반의 종합적인 연계 처리가) 가능해졌다. 17. 국가 7

12 (㉠ 재정지출 / ㉡ 재정수입)준칙은 조세지출을 우회적으로 활용함으로써 재정건전성이 훼손될 가능성이 있다. 22. 지방 7

13 집중구매제도와 관련하여, 일괄구매를 통한 구입절차는 (㉠ 단순화될 수 있다. / ㉡ 복잡해질 수 있다.) 12. 지방 7

Theme 20 지출충당

01 조세

1. 장점
(1) 현 세대의 의사결정에 대한 재정부담이 미래세대로 전가되지 않는다.
(2) 납세자인 국민들은 정부 지출을 통제하고, 성과에 대한 직접적인 책임을 요구한다.

2. 단점
(1) 조세를 통해 투자된 자본시설은 대가를 지불하지 않는 자유재(Free Goods)로 인식돼 과다 수요 혹은 과다 지출되는 비효율성의 문제가 발생한다.
(2) 과세의 대상과 세율을 결정하는 법적 절차가 복잡하고 시간이 많이 소요된다.
(3) 미래 세대까지 혜택이 발생하는 자본투자를 조세수입에 의해 충당할 경우 세대 간 비용·편익의 형평성 문제가 발생한다.

3. 국세의 종류

내국세	보통세	직접세	소득세, 법인세, 상속세, 증여세, 종합부동산세
		간접세	부가가치세, 개별소비세, 주세, 인지세, 증권거래세
	목적세		교육세, 농어촌특별세, 교통·에너지·환경세
관세			─

(1) **직접세**: 납세의무자와 조세부담자가 일치해 조세부담이 전가되지 않는 세금
(2) **간접세**: 조세부담을 타인에게 전가하는 세금

02 세외수입(부담금 등)

세외수입이란 대가성 없이 강제로 징수하는 조세수입과 달리 공공서비스 등의 대가로 징수하는 수입이다.

> 참고
> 1. 경상수입: 반복적·규칙적 수입으로 조세, 수수료, 임대료 등이 포함된다.
> 2. 임시수입: 불규칙적인 일시적 수입으로 재산매각수입, 부담금 등이 포함된다.

📚 부담금이란?

1. 중앙행정기관의 장, 지방자치단체의 장, 행정권한을 위탁받은 공공단체 또는 법인의 장 등이 재화 또는 용역의 제공과 관계없이 특정 공익사업과 관련하여 법률에서 정하는 바에 따라 부과하는 <u>조세 외의 금전지급의무</u>*를 말한다.
   - 예 개발이익 환수에 관한 법률에 따른 개발부담금 : 개발사업의 시행이나 토지이용계획의 변경, 그 밖에 사회적·경제적 요인에 따라 정상지가 상승분을 초과하는 경우 부과한다.
2. 특정의 공공서비스를 창출하거나 바람직한 행위를 유도하기 위해 사용한다.
3. 수익자 부담의 원칙이 적용된다.
4. 부담금에 관한 주요 정책과 그 운용방향 등을 심의하기 위하여 기획재정부장관 소속으로 부담금운영심의위원회를 둔다.

03 국가채무

1. 국가재정법 제91조에 따른 채무의 범위

금전채무	• 국가의 회계 또는 기금이 발행한 채권 • 국가의 회계 또는 기금의 차입금 • 국가의 회계 또는 기금의 국고채무부담행위 등
국가채무 불포함	• 재정증권 또는 한국은행으로부터의 일시차입금 • 채권 중 국가의 회계 또는 기금이 인수 또는 매입하여 보유하고 있는 채권 • 차입금 중 국가의 다른 회계 또는 기금으로부터의 차입금

🔍 재정증권 또는 한국은행으로부터의 일시차입금은 해당 회계연도 내에 상환해야 하므로 국가채무에서 제외된다.

🔍 보증채무는 확정채무가 아니므로 채무의 범위에 포함되지 않지만, 정부의 대지급이 확정된 경우 채무에 포함된다. 즉 기업의 채무를 정부가 보증해 주고, 해당 기업이 상환하지 못하는 것이 확정되면 정부가 대신 상환해야 주어야 하므로 정부의 채무에 포함되는 것이다.

2. 국가채무의 성질별 분류

(1) **금융성 채무** : 융자금, 외환자산 매입 등 대응하는 자산의 증가를 동반하므로 별도의 재원을 마련할 필요 없이 자체 상환이 가능한 채무이다. 예컨대 정부가 달러화를 매입하느라 채무가 증가했다면, 채무가 증가한 만큼 자산인 달러화도 늘어난다. 달러화를 다시 매각하면 해당 채무를 상환할 수 있다.

(2) **적자성 채무** : 일반회계 적자 보전 등으로 발생한 것으로 향후 조세 등 별도의 재원을 마련하여 상환하여야 하는 채무이다.

04 국채

채권이란 원금과 일정률의 이자를 지불하겠다는 금융거래상 합의서로, 국채는 국가가 발행한 채권이다. 국채의 종류에는 국고채권, 외국환평형기금채권, 국민주택채권, 재정증권이 있고, 발행 주체에 따라 중앙정부가 발행하는 국채와 지방자치단체가 발행하는 지방채로 구분할 수 있다. 국채 발행을 통한 사회간접자본(SOC) 관련 사업이나 시설로 인해 편익을 보게 될 경우 후세대도 비용을 부담하기 때문에 세대 간 형평성을 높일 수 있다. 반면에 복지정책 등 현세대의 편익을 위한 국채 발행은 후세대에 부담을 넘기는 것으로 세대 간 형평성을 훼손할 수 있다.

• 기출문제 학습 •

01 다음 중 국세에 해당하는 것은 (㉠ 취득세 / ㉡ 자동차세 / ㉢ 종합부동산세 / ㉣ 인지세 / ㉤ 등록면허세 / ㉥ 주세)이다. 18. 국가 7

02 국공채는 사회간접자본 관련 사업이나 시설로 인해 편익을 얻게 될 경우 후세대도 비용을 부담하기 때문에 세대 간 형평성을 (㉠ 향상 / ㉡ 훼손)시킨다. 19. 국가 9

03 「국가재정법」에 따른 국가채무는 국가의 회계가 발행한 채권을 포함하며, 기금이 발행한 채권(㉠ 도 포함된다. / ㉡ 은 제외된다.) 23. 국가 7

정답 1. ㉢, ㉣, ㉥ 2. ㉠ 3. ㉠

Theme 21 정부회계

회계란 조직의 재정활동과 재정상태를 분석·평가하고 그 결과를 보고하는 것이다. 예산이 미래지향적이라면 회계는 과거지향적인 성격을 갖는다.

01 현금주의 VS 발생주의 회계방식

경제적 사건의 인식기준과 관련된 논의로, 예컨대 자동차 구매계약을 1월 5일에 하고 대금 납부는 1월 20일에 했다면 지출은 언제 발생했다고 보아야 할 것인가?

1. 현금주의

(1) 의미

현금이 입금 또는 지급된 시점을 기반으로 기록·보고하는 회계방식이다. 예시에서 대금을 실제로 납부한 1월 20일에 지출이 발생했다고 보는 것이다.

(2) 특징

절차와 운영이 단순하여 이해가 쉽고, 단식부기와 밀접한 관계가 있다.

2. 발생주의

(1) 의미

현금의 수불과는 관계없이 경제적 자원에 변동을 주는 사건이 발생된 시점에 거래를 인식하는 방식으로, 복식부기를 용이하게 한다. 예시에서 자동차 구매계약을 맺은 1월 5일에 지출이 발생했다고 보는 것이다.

(2) 특징

① 정부 재정 건전성 확보에 용이하고 효율성, 투명성, 책임성을 제고한다. 미래에 발생할 수익과 지출 등을 기록하기 때문이다.
② 자산평가, 감가상각, 수익·비용 등을 반영하면서 자의적인 회계처리가 불가피하다.

> **감가상각과 대손상각**
> - **감가상각**: 고정자산에 생기는 가치의 소모를 고정자산의 금액에서 공제함과 동시에 비용으로 계상한다.
> - **대손상각**: 부실화된 자산을 대차대조표의 장부가액(회사 자산)에서 제외한다.

③ 회수 불가능한 부실채권에 대한 정보 왜곡이 발생할 가능성이 있다.
④ 현금주의보다 더 많은 정보를 제공할 수 있기 때문에 성과주의 예산제도에 적합하다.

3. 수정발생주의

수입은 현금주의로, 지출은 발생주의로 기록·보고하는 방식이다.

4. 예시

(1) 정부회계의 '발생주의'는 정부의 수입을 납세고지 시점으로, 정부의 지출을 지출원인행위(예컨대 계약체결) 시점으로 계산하는 방식이다.

(2) 현금주의 회계방식은 손해배상 비용이나 <u>부채성 충당금</u>* 등에 대한 인식이 어려운 반면, 발생주의 회계방식은 미지급 비용과 <u>미수수익</u>** 을 각각 부채와 자산으로 인식한다.

*장래에 예상되는 지출에 대하여 미리 추정하여 부채로 계상
**시간의 경과에 따라 실현되는 수익

02 단식부기 VS 복식부기

1. 단식부기
현금의 수지와 같이 단일 항목의 증감을 중심으로 기록하는 방식이다.

2. 복식부기
하나의 거래를 대차평균의 원리에 따라 차변과 대변에 이중 기록하는 방식으로, 자기검증 기능을 가지고 있어 부정이나 오류 발견이 쉽다. 대차평균의 원리는 자산은 자본과 부채의 합과 같다는 원리이다. 왼쪽을 차변, 오른쪽을 대변이라고 각각 부르는데, 차변과 대변이 일치 여부로 검증을 할 수 있다. 비유하자면 5억 원의 아파트(자산)를 소유하고 있는데, 3억 원은 본인이 모은 돈(자본)으로 충당하였고 나머지 2억 원은 은행에서 빌린 돈(부채)이다.

$$\underset{(차변)}{자산} = \underset{(대변)}{자본 + 부채}$$

(1) **차변에 기록**: 자산증가, 자본감소, 부채감소, 비용발생(=자본감소)

(2) **대변에 기록**: 자산감소, 자본증가, 부채증가, 수익발생(=자본증가)

3. 현금주의 및 발생주의와의 관계
단식부기는 현금주의 회계와 복식부기는 발생주의 회계와 밀접한 관계가 있다.

03 우리나라의 정부회계

1. 발생주의·복식부기 도입
우리나라의 경우 중앙정부와 지방자치단체 모두 발생주의·복식회계 방식을 도입하였다.

2. 재무제표의 구성

(1) **국가회계법 제14조**: 재정상태표, 재정운영표, 순자산변동표

(2) **지방회계법 제15조(주석을 포함한다.)**: 재정상태표, 재정운영표, 순자산변동표

> 1. **재정상태표**: 재정상태표일 현재의 자산과 부채의 명세 및 상호관계 등 재정상태를 나타내는 재무제표로서 자산, 부채 및 순자산으로 구성된다.
> 2. **재정운영표**: 한 회계연도 동안의 거래나 사실이 발생한 기간을 표시한다.
> 3. **순자산변동표**: 한 회계연도 동안의 순자산 변동을 표시한다.
> 4. **주석**: 재무제표에 대한 추가적인 설명이다.

• 기출문제 학습 •

01 정부회계의 '발생주의'는 정부의 수입을 (㉠ 현금수취 / ㉡ 납세고지) 시점으로, 정부의 지출을 (㉠ 현금지불 / ㉡ 지불원인행위) 시점으로 계산하는 방식을 의미한다. 14. 지방 9

02 발생주의 회계제도는 거래나 사건이 발생하는 시점에서 인식하는 것으로 (㉠ 자산, 부채를 / ㉡ 수입, 지출을) 정확하게 측정하기 위한 회계기법이다. 13. 지방 7

03 (㉠ 현금주의 / ㉡ 발생주의)는 현금의 수불과는 관계없이 경제적 자원에 변동을 주는 사건이 발생된 시점에 거래를 인식하는 방식이다. 18. 서울 9

04 (㉠ 현금주의 / ㉡ 발생주의) 회계는 고정자산 등 경제적 자원을 회계과정에서 인식하기 어렵다. 24. 지방 7

05 (㉠ 복식부기 / ㉡ 단식부기)는 상당액의 부채가 존재해도 현금으로 지출되지 않은 경우 재정건전 상태로 결산이 가능하다 12. 국가 7

06 (㉠ 복식부기 / ㉡ 단식부기)는 하나의 거래를 대차평균의 원리에 따라 차변과 대변에 이중 기록하는 방식이다. 18. 서울 9

07 (㉠ 복식부기 / ㉡ 단식부기)는 발생주의 회계와, (㉠ 복식부기 / ㉡ 단식부기)는 현금주의 회계와 서로 밀접한 연계성을 갖는다. 18. 국가 9

08 우리나라 중앙정부 재무제표 구성요소는 (㉠ 재정상태표 / ㉡ 재정운영표 / ㉢ 현금흐름표 / ㉣ 순자산변동표 / ㉤ 재정상태보고서 / ㉥ 현금흐름보고서 / ㉦ 이익잉여금처분계산서)이다. 22. 국가 9, 15. 서울 7

09 우리나라 국가재무제표는 재정상태표에는 (㉠ 현금주의 단식부기 / ㉡ 발생주의 복식부기), 재정운영표에는 (㉠ 현금주의 단식부기 / ㉡ 발생주의 복식부기)가 각각 적용되고 있다. 17. 국가추가 7

정답 1. ㉡, ㉡ 2. ㉠ 3. ㉡ 4. ㉠ 5. ㉡ 6. ㉠ 7. ㉠, ㉡ 8. ㉠, ㉡, ㉣ 9. ㉡, ㉡

PART 05 재무 연습문제

01 우리나라 예산과정에 대한 설명으로 옳지 않은 것은?
① 기획재정부장관은 2021년 예산안편성지침을 2021. 3. 31.까지 각 중앙관서의 장에게 통보해야 한다.
② 예산안편성지침에는 각 중앙관서별 지출한도가 포함될 수 있다.
③ 정부는 대통령의 승인을 얻은 예산안을 회계연도 개시 120일 전까지 국회에 제출해야 한다.
④ 정부는 예산안을 국회에 제출한 후 부득이한 사유로 인하여 그 내용의 일부를 수정하고자 하는 때에는 국무회의의 심의를 거쳐 대통령의 승인을 얻은 수정예산안을 국회에 제출할 수 있다.

02 예산결정과 관련하여 총체주의 관점에 대한 설명이 아닌 것은?
① 계획예산제도(PPBS)와 영기준 예산제도(ZBB)가 대표적이다.
② 목표-수단분석이 이루어져야 하므로 목표가 명확히 주어져야 적용 가능하다.
③ 예산담당관이 보수적 성향을 가질 경우 합리적 모형에 따른 예산결정은 현실적으로 힘들어진다.
④ 경제적 합리성을 강조하고, 중요한 정치적 가치들도 예산과정에 고려할 수 있다.

03 프로그램 예산제도에 대한 설명으로 옳지 않은 것은?
① 프로그램은 동일한 정책을 수행하는 단위사업을 묶는 예산 및 성과관리의 기본단위이다.
② 예산분류(과목) 체계는 분야-부문-프로그램-단위사업-세부사업 등으로 구성된다.
③ 정책과 성과중심의 예산운영을 위해 설계·도입된 제도이다.
④ 일반 국민이 예산 사업을 이해하기 어렵다.

04 재정개혁과 관련된 설명으로 옳지 않은 것은?

① 미국 클린턴 행정부는 결과 지향적 예산제도의 일환으로 GPRA(Government Performance and Results Act)를 도입하였고, 미국 부시 행정부는 PART(Program Assessment Rating Tool)를 도입하였다.
② 우리나라 재정사업 심층평가제도는 예산, 기금이 투입되는 모든 재정사업을 대상으로 부처가 자율적으로 평가하는 제도이다.
③ 영국의 경우 1982년에 재정관리 프로그램(Financial Management Initiative)을 도입해 개혁을 추진하였다.
④ 지출통제예산제도는 구체적인 항목별 지출에 대해서는 집행부에 대한 재량을 확대하는 예산제도이다.

05 다음 〈보기〉에서 설명하는 것은?

〈보기〉
새로운 회계연도가 개시될 때까지 예산안이 의결되지 못한 때에도 각 국가에서는 예산집행이 가능하도록 제도를 운영하고 있다. 미국, 일본 등에서 채택하고 있는 방법으로 사용기간이 정해져 있지 않고, 지출 항목도 한정적이지 않다.

① 준예산 ② 가예산
③ 잠정예산 ④ 본예산

06 국가재정법 제14조에 따라 기획재정부장관은 기금의 신설에 관한 타당성 심사를 하여야 한다. 다음 중 기금의 타당성 심사 기준에 해당하지 않는 것은?

① 부담금 등 기금의 재원이 목적사업과 긴밀하게 연계되어 있을 것
② 특정한 사업을 운영하거나 특정한 세입으로 특정한 세출에 충당함으로써 일반회계와 구분하여 회계처리할 필요가 있을 것
③ 사업의 특성으로 인하여 신축적인 사업추진이 필요할 것
④ 중·장기적으로 안정적인 재원조달과 사업추진이 가능할 것

07 다음 〈보기〉에서 설명하는 내용은?

〈보기〉
완성에 수년이 필요한 공사나 제조 및 연구개발사업은 그 경비의 총액과 연부액을 정하여 미리 국회의 의결을 얻은 범위 안에서 수년도에 걸쳐서 지출할 수 있다.

① 예비비 ② 계속비
③ 명시이월비 ④ 국고채무부담행위

08 예산의 분류에 대한 설명으로 옳지 않은 것은?
① 품목별 분류: 인건비, 교육훈련비 등 공통적인 지출 항목별로 분류하는 방법으로 사업의 지출성과와 결과에 대한 측정에 유리하다.
② 기능별 분류: 국방, 교육, 농림수산 등 정부활동을 중심으로 분류하는 방법으로 정부활동의 일반적이며 총체적인 내용을 보여 주어 일반 납세자가 정부의 예산내용을 이해하기 쉽다.
③ 조직별 분류: 행정안전부·기획재정부 등 예산을 사용하는 조직별로 분류하는 방법으로 지출의 목적이나 예산의 성과파악이 어렵다.
④ 프로그램 예산: 프로그램은 동일한 정책을 수행하는 단위사업을 묶는 예산 및 성과관리의 기본단위로, 예산운영의 초점을 투입중심보다는 성과중심에 둔다.

09 영기준 예산과 일몰법 예산의 공통점과 차이점에 대한 설명으로 옳은 것은?
① 일몰법 예산은 예산편성과 관련되는 행정과정, 영기준 예산은 예산심의와 관련되는 입법과정이다.
② 둘 다 백지상태에서 사업의 타당성 등을 다시 검토한다는 점에서 공통점을 가진다.
③ 영기준 예산은 검토의 주기가 3~7년이므로 장기적인 성격을 가지고, 일몰법 예산은 매년 실시되므로 단기적인 성격을 가진다.
④ 동·서·남해안 및 내륙권 발전 특별법 부칙 제2조에 따르면 '이 법은 2030년 12월 31일까지 효력을 가진다.'라고 되어 있는데 이는 영기준 예산 사례에 해당한다.

10 다음은 총사업비 관리제도에 대한 설명이다. ㉠, ㉡에 들어갈 내용으로 알맞은 것은?

1994년 도입된 총사업비 관리제도에 따르면, 각 중앙관서의 장은 2년 이상 소요되는 사업 중 대통령이 정하는 대규모사업에 대해 사업규모·총사업비·사업기간을 정해 미리 기획재정부장관과 협의해야 한다. 대통령령으로 정하는 대규모 사업이란 건설공사가 포함된 사업(건축사업은 제외), 정보화 사업 등은 총사업비가 (㉠) 이상 & 국가의 재정지원 규모가 300억원 이상, 건축사업 또는 연구개발사업은 총사업비가 (㉡) 이상이다.

	㉠	㉡
①	300억 원	200억 원
②	500억 원	300억 원
③	500억 원	200억 원
④	300억 원	500억 원

정답 및 해설

01 ▶ ①
기획재정부장관은 2021년 예산안편성지침을 2020. 3. 31.까지 각 중앙관서의 장에게 통보해야 한다.

02 ▶ ④
경제적 합리성을 강조하지만, 중요한 정치적 가치들을 예산과정에 고려하기 어렵다.

03 ▶ ④
일반 국민도 예산 사업을 쉽게 이해할 수 있다.

04 ▶ ②
우리나라 재정사업 자율평가제도에 대한 설명이다.

05 ▶ ③

06 ▶ ②
특별회계에 대한 설명이다.

07 ▶ ②

08 ▶ ①
품목별 분류는 사업의 지출성과와 결과에 대한 측정이 어렵다.

09 ▶ ②
① 영기준 예산은 예산편성과 관련되는 행정과정, 일몰법 예산은 예산심의와 관련되는 입법과정이다.
③ 일몰법 예산은 검토의 주기가 3~7년이므로 장기적인 성격을 가지고, 영기준 예산은 매년 실시되므로 단기적인 성격을 가진다.
④ 동·서·남해안 및 내륙권 발전 특별법 부칙 제2조에 따르면 '이 법은 2030년 12월 31일까지 효력을 가진다.'라고 되어 있는데 이는 일몰법 예산 사례에 해당한다.

10 ▶ ③

김재준 단권화 행정학

Theme 01 지방자치의 의의
Theme 02 우리나라의 지방선거
Theme 03 중앙과 지방의 관계
Theme 04 지역사회의 권력구조
Theme 05 지방자치단체의 구조
Theme 06 우리나라의 지방자치단체
Theme 07 우리나라 지방자치단체의 기능과 사무
Theme 08 주민의 참여
Theme 08-1 조례의 제정과 개정·폐지 청구
Theme 08-2 주민의 감사청구
Theme 08-3 주민투표제
Theme 08-4 주민소송제
Theme 08-5 주민소환제
Theme 08-6 주민참여예산제도
Theme 08-7 규칙의 제정과 개정·폐지 의견 제출
Theme 09 자치입법권
Theme 10-1 우리나라의 지방의회 1
Theme 10-2 우리나라의 지방의회 2
Theme 11 지방자치단체의 장
Theme 12 보조기관 등
Theme 13 인사위원회와 소청심사위원회

Theme 14 분쟁조정과 권한쟁의심판
Theme 15 광역행정
Theme 16 국가와 지방자치단체 간의 관계
Theme 17-1 재무(지방자치법 재무)
Theme 17-2 재무(지방재정법 총칙)
Theme 17-3 재무(지방재정법 경비의 부담)
Theme 17-4 재무(지방재정법 예산)
Theme 17-5 재무(지방재정법 재정분석 및 공개)
Theme 18 지방재정 수입도
Theme 18-1 지방재정 수입(자주재원)
Theme 18-2 지방재정 수입(의존재원)
Theme 19 지방채
Theme 20 지방재정력 평가
Theme 21 지방공기업(지방공기업법)
Theme 22 특별지방행정기관
Theme 23 자치경찰
Theme 24 지방교육자치
Theme 25 행정특례
Theme 26 기타 주제
• PART 6 지방자치 연습문제

06

지방자치

PART 06 지방자치

Theme 01 지방자치의 의의

Part 6. 지방자치는 지방직 7급 선택 과목 중 하나인 지방자치론 기출문제도 대폭 포함하였다. 이는 최근 9급, 7급 행정학의 난이도가 높아짐에 따라, 지방자치론에서 출제되던 문제가 포함되기 시작했기 때문이다. 행정학에서 고득점을 목표하는 수험생은 모두 학습하고, 일반적인 수험생은 '지방자치'로 표기된 문제가 많은 부분은 제외하고 학습하는 것이 효율적이다.

01 지방자치란?

지방자치(自治 스스로 다스림)는 지방에서 스스로 다스린다는 의미로, 국가의 통치영역이 미치는 범위 안에서 국가 또는 중앙정부와의 관계 속에서 이루어진다.

02 지방자치와 중앙집권의 장점

1. 지방자치의 장점

(1) **민주주의 훈련**: 지역의 문제에 대해 주민들이 참여하는 과정에서 주민들의 권리와 책임 의식을 고취한다.

(2) **정책실험의 실시**: 국가적 차원에서 새로운 정책을 도입하기 이전에 지방적 차원에서 실험적으로 실시해 볼 수 있다. 예컨대 우리나라는 자치경찰제를 전국적으로 도입하기 이전에 제주특별자치도에서 시범적으로 도입하였다.

(3) **행정의 반응성 제고**: 지방자치단체가 중앙정부보다 지역주민들의 요구에 민감하게 반응한다. 지역주민들의 요구를 들어주지 않는다면 지방자치단체장과 지방의회의원은 다음 선거에서 당선되기 어렵기 때문이다. 반면에 중앙정부에서 설치한 특별지방행정기관(경찰서, 세무서 등)은 지역주민의 요구보다는 중앙정부로부터 통제에 민감하게 반응한다.

(4) **지역실정에 맞는 다양한 공공서비스 제공**: 지방자치단체는 지역주민들에게 필요한 행정서비스를 중앙정부 보다 정확하게 파악하고 제공할 수 있다.

2. 중앙집권의 장점

(1) **국가사무의 통일성**: 외교, 국방, 사법, 국세 등의 사무는 국가적 차원에서 통일성이 필요한 사무이다. 국가사무의 통일성을 확보하기 위해서는 중앙집권이 필요하다.

(2) **규모의 경제**(Economy of Scale) : 생산량이 증가함에 평균 생산 비용이 떨어지는 것을 의미하는데, 국가적 차원에서 행정서비스를 생산한다면 지방자치단체에서 각자 생산하는 것보다 저렴하게 서비스를 공급할 수 있다.

> **지방정부 vs 지방자치단체**
>
> 우리나라의 경우 헌법, 지방자치법 등에서 '지방자치단체'로 표현하고 있으나, 자치권이 강한 미국 등에서는 '지방정부'로 표현하고 있다.

03 자치권

자치권이란 지방자치단체가 스스로 다스리는 권리이다. 자치권의 근원에 따라서 고유권설, 전래권설, 제도적 보장설로 구분할 수 있다.

1. 고유권설(지방권설)

자치권을 국가와 관계없이 인간이 태어나면서부터 천부의 인권을 갖는 것과 것과 마찬가지로 지방자치단체의 고유한 권리로 본다. 따라서 인간의 자연권과 마찬가지로 본래적이고 침해할 수 없는 고유한 권리라고 본다. 고유권설은 절대권력에 대해 우려한 학자들에 의해서 제기되었으나, 절대적 군주정치가 대의제 민주정치로 대체됨에 따라 논거가 취약하게 되었다.

2. 전래권설(국권설)

자치권은 자주적 통일국가의 통치구조의 일환으로 형성된다는 의미에서 국법으로 부여된 권리로 본다. 주로 헤겔(Hegel)의 영향을 받은 독일의 공법학자들에 의하여 주장되었다.

3. 제도적 보장설

자치권은 국가의 통치권에서 나오는 것이라고 하면서도, 헌법에 지방자치의 규정을 둠으로써 지방자치제도가 보장된다고 본다. 지방자치제도에 대한 보장은 지방자치제도의 일반적인 보장이지, 개별적인 지방자치단체의 존립을 계속 보장하는 것은 아니다.

> **대한민국헌법 제8장 지방자치**
> **제117조** ① 지방자치단체는 주민의 복리에 관한 사무를 처리하고 재산을 관리하며, 법령의 범위 안에서 자치에 관한 규정을 제정할 수 있다.
> ② 지방자치단체의 종류는 법률로 정한다.
> **제118조** ① 지방자치단체에 의회를 둔다.
> ② 지방의회의 조직·권한·의원선거와 지방자치단체의 장의 선임방법 기타 지방자치단체의 조직과 운영에 관한 사항은 법률로 정한다.

4. 우리나라의 자치권

(1) **자치입법권** : 지방자치단체는 법령의 범위에서 그 사무에 관하여 조례를 제정할 수 있다.

(2) **자치사법권**: 자치법규 위반행위에 대한 지방자치단체 소속으로 법원을 두고 있지 않다. 즉 자치사법권을 인정하지 않는다.

(3) **자치재정권**: 지방세의 세목 및 부과·징수는 법률로 정한다. 즉 지방자치단체 스스로 자치법규(조례, 규칙)를 통해서 정할 수 없다.

(4) **자치조직권**: 지방자치단체의 조직과 정원 등은 '행정안전부장관의 승인', '대통령령이 정하는 범위에서' 정할 수 있다.

> **지방자치단체의 행정기구와 정원기준에 관한 규정 제4조(기준인건비제 운영)**
> ① 지방자치단체는 기준인건비를 기준으로 기구와 정원을 자율적으로 운영하되, 자율성과 책임성이 조화되도록 운영하여야 한다.
> ② 행정안전부장관은 지방자치단체의 행정수요, 인건비 등을 고려하여 매년 기준인건비를 산정하고 전년도 12월 31일까지 각 지방자치단체의 장에게 통보하여야 한다.
> ③ 제2항의 기준인건비의 구성요소, 산정방법 등 기준인건비의 산정에 관한 구체적인 사항은 행정안전부장관이 정하는 바에 따른다.
> ④ 행정안전부장관은 지방자치단체의 기준인건비 운영에 대한 분석을 실시하고 그 결과를 다음 연도 기준인건비에 반영하는 등 필요한 조치를 할 수 있다.
> ※ '표준운영제 → 총액인건비제 → 기준인건비제'로 변화하면서 자율성이 확대 중이다.

04 지방자치의 계보

1. 단체자치

중앙정부가 지역별로 종합 지방행정기관을 설립 후, 설립한 지방행정기관에 법인격과 일정한 자치권을 부여하는 방식이다. 지방정부는 기존의 지방행정기관과 중앙정부가 부여한 자치정부라는 이중적 지위를 가진다. 따라서 중앙정부의 관리·감독 하에 국가 사무를 처리하고, 자치권의 범위에서 자치사무를 처리한다. 중앙정부의 통치력이 강하거나 지방행정기관이 잘 발달한 국가에서 주로 나타난다.

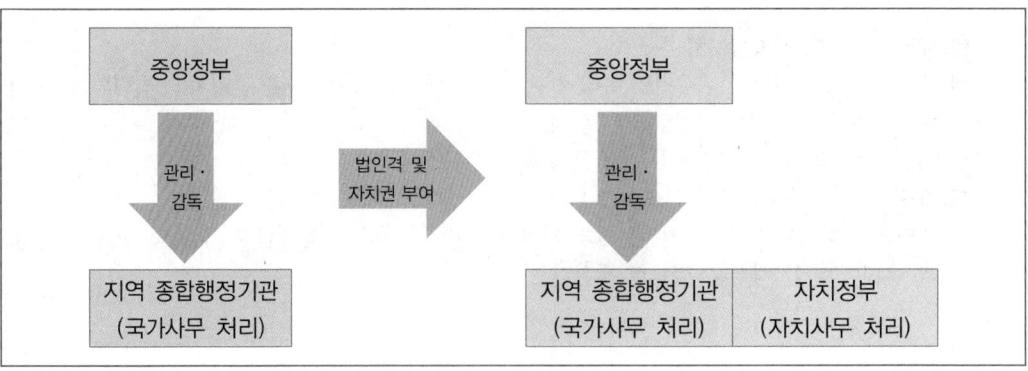

2. 주민자치

지역주민들이 스스로 자치정부를 설립하고 주민의 의사와 책임하에 스스로 그 지역의 공공사무를 처리하는 관점이다. 지방정부는 자치정부로 단일적 지위를 가지며 원칙적으로 자치사무만을 처리한다. 중앙정부의 통치력이 약한 국가에서 주로 나타난다.

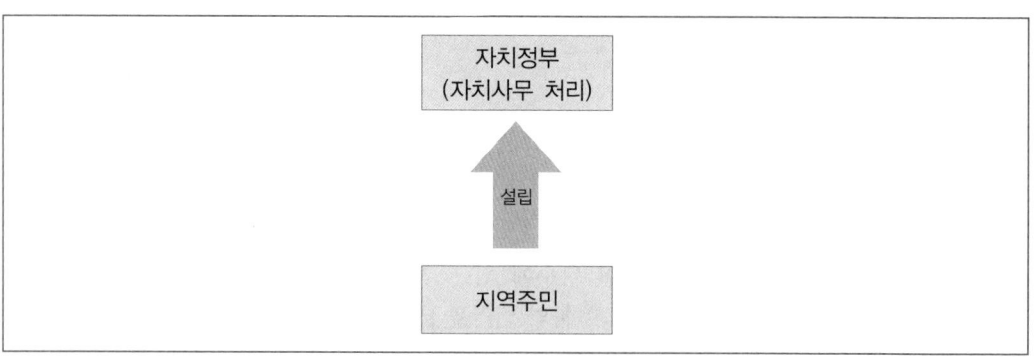

3. 단체자치와 주민자치의 비교

구분	단체자치	주민자치
관점	중앙으로부터 독립 강조	주민의 참여가 중요(정치적 의미가 강함)
해외 사례	독일, 프랑스, 일본, 우리나라	미국, 영국
기관구성	기관대립형	기관통합형
자치권 인식	전래권	고유권
사무구분	자치사무와 위임사무를 구분	자치사무와 위임사무를 구분하지 않음
권한부여	포괄적 위임주의	개별적 지정(수권)주의
중앙정부와 관계	중앙정부와 권력적 감독관계	중앙정부와 기능적 협력관계
지방자치란?	형식적·법제적 요소	내용적·본질적 요소
사무처리 재량의 범위	작음	큼
중앙통제	강함(행정적 통제)	약함(입법·사법적 통제)

🔍 단체자치와 주민자치의 특징을 학자들에 따라 달리 보고 있다. 예컨대, 2021 군무원 행정학 9급 문제에서는 단체자치 관점에서 중앙정부와 지방정부 간의 관계를 '기능적 협력관계'로 출제하였지만 옳은 내용으로 보았다.

05 지방자치와 민주주의의 관계

1. 긍정설

(1) 지방자치가 민주주의의 훈련의 장이다.

(2) 프랑스 학자 토크빌(A. de Toqueville)은 저서 미국의 민주주의(Democracy in America)에서 지방자치와 민주주의의 관계를 긍정적으로 평가하였다.

(3) 제임스 브라이스(James Bryce)는 지방자치는 민주주의를 위해 더 이상 좋을 수 없는 학교이며 민주주의의 성공을 보장받을 수 있는 가장 확실한 보증이라고 하였다.

2. 부정설

(1) 지방자치를 실시한다고 하더라도 실질적 참여는 낮을 수 있다. 우리나라를 포함한 많은 국가에서 지방선거는 중앙선거에 비해 투표율이 낮다.

(2) 무렝(Leo Moulin)과 랑그로드(Georges Langrod)는 중앙집권적인 체계가 민주주의 학습에 더 도움이 된다고 보았다. 지방자치는 실제 참여 기회도 제한적일 뿐만 아니라 지방적 차원의 참여에 불과하다.

(3) 지방정부는 지방의 엘리트들에 의해 장악되는 소수의 전제 가능성이 있다. 콕번(Cynthia Cockburn)은 자본주의 사회에서 국가는 자본주의적 생산양식을 유지할 수 있는 조건을 유지관리하며 지방정부는 이러한 메커니즘의 일부에 불과하다고 보았다.

(4) 지역사회가 동일한 이해관계를 가진 다수에 의한 전제 가능성이 있다. 제임스 메디슨(James Madison)은 집권적 체제인 연방제로 통치의 권역을 넓혀 지방자치로 발생한 다수의 전제를 막자고 주장하였다.

06 지방자치와 효율성의 관계

1. 긍정설

(1) 존 스튜어트 밀(John Stuart Mill)은 지방정부의 의원과 공무원의 질이 다소 떨어진다 해도 지역사회 위주의 행정은 더 좋은 결과로 이어진다고 보았다.

(2) 지역적 문제에 대해 신속하게 정확한 처리가 가능하다. 중앙집권적인 차원에서는 일선관료들이 자신들에게 불리하거나 고위층에게 반하는 정보를 왜곡하는 경향이 있다. 정보의 왜곡은 잘못된 정책으로 이어지게 된다.

(3) 중앙에서 다루게 되면 부처 간 할거주의가 발생할 가능성이 있지만, 지역차원에서는 종합행정이 가능하다.

(4) 주민에 의한 감시 및 시민공동생산(자원봉사, 자율방범 등) 등 지역주민의 생산적 관여를 통한 효율적인 행정 운영이 가능하다. 주민들은 관여를 통해 정치·행정적 효능감을 가질 수 있다.

(5) 다양한 정책 실험 및 지방정부 간 경쟁을 유발하여 효율성 향상이 가능하다.

2. 부정설

(1) 지방자치와 민주주의의 관계를 부정적으로 보았던 랑그로드(Georges Langrod)는 지방자치가 부분의 이익을 추구하게 되어 갈등을 일으킨다고 주장하였다.

⊕ 지방자치와 민주주의의 관계부정설을 제기하는 학자는 '현대사회는 민주적 지방분권보다 능률적 중앙집권화가 더 중요하다'고 주장하였다

(2) 에치오니(Amati Etzioni)는 분권화되고 참여지향적인 조직은 사회정의나 경제발전과 같은 전국적 차원의 문제를 간과하는 경향이 있다고 하였다.

(3) 쓰레기 소각장 설치 사례 등 부정적 외부효과로 인한 지방정부 간 갈등이 발생할 수 있고, 지방정부 간 불필요한 경쟁이 유발된다.

07 지방자치와 지방행정

1. 넓은 의미의 지방행정의 개념은 관치행정, 위임행정, 자치행정 모두를 포함하고 가장 좁은 의미의 지방행정은 자치행정만을 의미한다.

2. 지방자치가 발달한 영·미에서 실시하는 지방행정은 자치행정만을 의미하지만, 우리나라의 경우 자치행정과 위임행정을 포함한다.

3. 지방정부는 지방행정에 한정하지 않고 지방정치, 정책기능까지 포함하는 개념이다.

기출문제 학습

01 지방자치와 민주주의의 관계를 긍정적으로 평가한 학자는 [㉠ 무랭(Leo Moulin)과 랑그로드(Georges Langrod) / ㉡ 토크빌(A. de Toqueville)과 제임스 브라이스(James Bryce)]이다. 19. 서울 지방자치

02 주민자치와 단체자치에 대한 설명 중 옳은 것을 고르면? 20. 지방자치
① (㉠ 주민자치 / ㉡ 단체자치)는 영국을 중심으로 발전하였으며, 정치적 의미의 자치라고 불린다.
② (㉠ 주민자치 / ㉡ 단체자치)는 일정 지역 내의 행정이 주민에 의하여 행해져야 함을 강조하며, 지방자치의 실질적 요소이다.
③ (㉠ 주민자치 / ㉡ 단체자치)는 기초자치단체가 자주적으로 지역의 사무를 처리하는 형태를 뜻하며 법적 의미의 자치라고 한다.

03 (㉠ 주민자치 / ㉡ 단체자치)는 지방자치단체와 주민과의 관계에 중점을 두며 주민의 직접참여를 강조한다. 19. 지방자치

04 지방자치의 의의로 옳지 않은 것은 (㉠ 다양한 정책실험의 실시 / ㉡ 공공서비스 균질화)이다. 15. 서울 9

05 (㉠ 주민자치 / ㉡ 단체자치)의 원리는 주로 영국과 미국에서 발달하였으며, (㉠ 주민자치 / ㉡ 단체자치)의 원리는 주로 독일과 프랑스에서 발달하였다. 18. 서울 9

06 (㉠ 주민자치 / ㉡ 단체자치)에서 중시하는 권리는 주민의 권리(주민참여)이다. 17. 지방자치

07 (㉠ 주민자치 / ㉡ 단체자치)는 국가의 위임사무와 지방자치단체의 자치사무를 구분하지 않는다. 23. 지방자치

08 우리나라 지방자치단체는 자치사법권을 인정하고 (㉠ 있다. / ㉡ 있지 않다.) 12. 지방 9

09 기준인건비제도와 관련하여, (㉠ 지방자치단체의 장은 매년 기준인건비를 산정하여 행정안전부장관의 승인을 받아야 한다. / ㉡ 행정안전부장관은 매년 기준인건비를 산정하여 지방자치단체의 장에게 통보하여야 한다.) 14. 지방자치

10 헌법 (㉠ 제117조 / ㉡ 제118조)에서 의회의 조직 및 권한에 관한 사항을 정하고 있다. 19. 지방자치

11 지방자치단체의 종류는 (㉠ 법령으로 / ㉡ 법률로) 정한다. 지방의회의 조직·권한·의원선거와 지방자치단체의 장의 선임방법, 기타 지방자치단체의 조직과 운영에 관한 사항은 (㉠ 법률로 정한다. / ㉡ 헌법에서 직접 정하고 있다.) 18. 서울 7

정답 1.㉡ 2.①-㉠ ②-㉠ ③-㉡ 3.㉠ 4.㉡ 5.㉠,㉡ 6.㉠ 7.㉠ 8.㉡ 9.㉡ 10.㉡ 11.㉡,㉠

Theme 02 우리나라의 지방선거

01 지방선거의 역사

1. 지방선거와 지방자치법의 제정

(1) 지방자치가 시행되기 위해서 지방주민의 대표를 선출하는 지방선거가 필요하고, 지방자치의 실시 유무는 결국 지방선거의 시행여부와 관련 있다.

(2) 지방행정의 내용을 담은 지방자치법이 1949. 7. 4. 제정되어 1949. 8. 15. 시행되었다.

> **제정 시 지방자치법 주요내용**
> - 지방자치단체는 도와 서울특별시 및 도 아래 시·읍·면
> - 기관구성은 기관대립형
> - 도지사와 서울특별시장은 대통령이 임명하고, 시·읍·면장은 지방의회에서 선출
> - 지방의회의 불신임 의결권과 지방자치단체장의 의회해산권
> - 시·읍·면에 두는 리와 동의 이장과 동장도 주민이 선출

2. 우리나라의 지방선거의 시작

(1) **제1회 지방선거**

1952년 4월 25일 이승만 정부에서 처음으로 시·읍·면 의원을 뽑는 지방선거가 실시되었다. 그 당시 농촌지역은 읍·면이 기초지방정부였다. 1952년 5월 10일 도의회 선거도 실시되었다. 제1회 지방선거는 6.25. 전쟁기간 동안 치러진 선거로 서울시, 경기도 등 일부지역은 실시되지 못했다.

(2) **제2회 지방선거**

1956년 제2회 지방선거는 시·읍·면의회의원, 시·읍·면장 선거와 특별시·도의회의원 선거가 별개로 진행되었다.

🔍 제2회 지방선거에서는 지방자치법(1956. 2. 13.)이 개정되어 시·읍·면장은 직선으로 바뀌고, 지방자치단체장에 대한 불신임권도 삭제되었다.

(3) **제3회 지방선거**

1960년 12월 제3회 지방선거는 제2공화국 최초의 지방선거로, 특별시·도의원 선거, 시·읍·면 의원 선거, 시·읍·면장 선거, 특별시·도지사 선거가 다른 날 각각 진행되었다.

🔍 제3회 지방선거는 1960. 4. 19. 혁명 이후 시작된 제2공화국에서 지방자치법을 개정하면서 단체장과 지방의회의원 선거 모두 직선으로 바뀌었다.

(4) **군사정변**

1961년 5월 16일 군사정변으로 제3공화국이 시작되면서 「지방자치에 관한 임시조치법」이 시행되어 지방자치가 중단되었다. 농촌지역의 선출직이었던 읍·면장은 군수가 임명하고, 군이 지방정부가 되었다. 제4공화국 헌법부칙에서 지방의회는 조국 통일까지 구성하지 않는다고 규정하여 지방자치를 부정하였다.

3. 지방자치의 부활

(1) 1991년 노태우 정부 시기 시·군·구의회의원 선거와 시·도의회의원 선거가 실시되었다.

(2) 1995년 김영삼 정부 시기 지방자치단체장과 지방의회의원을 동시에 뽑는 전국지방동시선거가 시행되었다.

(3) 1995년 치러진 제1회 전국동시지방선거에서는 한시적으로 임기가 3년이었고, 이후 1998년 치러진 제2회 전국동시지방선거부터 4년 단위로 선거가 치러지고 있다.

02 우리나라 지방선거제도

1. 지방의회 및 단체장 선거권

18세 이상으로서 선거인명부작성기준일 현재 다음 각 호의 어느 하나에 해당하는 사람

(1) **거주자 및 거주불명자**: 해당 지방자치단체의 관할 구역에 주민등록이 되어 있는 사람

(2) **재외국민**: 주민등록표에 3개월 이상 계속하여 올라 있고 해당 지방자치단체의 관할구역에 주민등록이 되어 있는 사람

(3) **외국인**: 영주의 체류자격 취득일 후 3년이 경과한 18세 이상 외국인으로서 해당 지방자치단체의 외국인등록대장에 올라 있는 사람

2. 지방의회 및 단체장 피선거권

선거일 현재 계속하여 60일 이상 해당 지방자치단체의 관할구역에 주민등록이 되어 있는 주민으로서 18세 이상의 주민

🔍 외국인에 대해서는 피선거권이 인정되지 않는다.

3. 의원정수

(1) **시·군·구 의회**: 최소 정수는 7인(비례대표 포함)으로 한다.

🔍 의원 정수 산정에 특례 등이 추가적으로 적용될 수 있다.

(2) **시·도 의회**: 시·도별 지역구시·도의원의 총 정수는 그 관할구역 안의 자치구·시·군 수의 2배수로 하되, 인구·행정구역·지세·교통, 그 밖의 조건을 고려하여 100분의 20의 범위에서 조정할 수 있다. 다만, 인구가 5만명 미만인 자치구·시·군의 지역구시·도의원정수는 최소 1명으로 하고, 인구가 5만명 이상인 자치구·시·군의 지역구시·도의원정수는 최소 2명으로 한다. 산정된 의원정수가 19명 미만이 되는 광역시 및 도는 그 정수를 19명으로 한다.

4. 기초 및 광역의회의 비례대표

(1) 기초 및 광역의회의 비례대표 의원은 의원 정수의 100분의 10, 광역의회의 경우 비례대표시·도의원정수가 3인 미만인 때에는 3인으로 한다. 이 경우 단수는 1로 본다.*

소수점 이하는 1로 본다.

(2) 정당이 비례대표지방의회의원선거에 후보자를 추천할 때에는 그 후보자 중 100분의 50 이상을 여성으로 추천하되, 그 후보자명부 순위의 매 홀수에는 여성을 추천하여야 한다.

> **제주특별법에 따라 제주특별자치도의회 의원 정수는 45명**
> - 지역구 32명, 비례대표 8명, 교육의원 5명
> - 특별법에 따라 비례대표는 지역구 의원(교육의원 제외) 정수의 100분의 20 이상, 다른 시·도에서 더 이상 선출하지 않는 교육의원도 지역구를 나누어 5명을 선출한다.

5. 선거구

우리나라 기초의회는 중선거구제(1선거구에 2~4명 당선), 광역의회는 소선거구제(1선거구에 1명 당선)를 채택하고 있다.

중·대선거구와 소선거구의 특징

1. 중·대선거구
   ① 소지역 중심의 정치적 이기주의를 방지할 수 있다.
   ② 조직기반이 강한 지역정치인보다는 정책지향성이 높은 유능한 인사가 당선될 가능성이 더 높다.
   ③ 여성과 소수정당 출신의 후보들을 당선시킬 수 있으므로 지방정부의 대표성을 강화할 수 있다.
   ④ 특정 지역이 아닌, 지역사회 전체의 이익을 골고루 반영할 수 있다.
   ⑤ 소선거구제보다 대선거구제에서는 상대적으로 정치 신인이 당선될 가능성이 높다.
2. 소선거구
   ① 후보자와 유권자의 접촉이 용이하여, 지역주민들의 정치적 소외를 방지할 수 있다.
   ② 대선거구제보다 소선거구제에서는 사표(死票)가 많이 발생한다.

6. 지방선거와 정당공천제

2006년부터 광역·기초 단체장 및 광역·기초 의원 선거 모두 정당공천제가 허용되고 있다. 이와 동시에 비례대표제와 중선거구제가 도입되었다. 다만, 교육감 선거에는 정당공천제가 허용되지 않는다.

(1) 지방선거 정당공천제 찬성 입장
① 정당의 참여가 투표율을 높여 지방정부의 정당성과 대표성을 높일 수 있다
② 정당공천이 지역주민의 후보자 선택을 보다 용이하게 할 수 있다.

(2) 지방선거 정당공천제 반대 입장
① 정당을 매개로 공천비리 등의 부패문제가 발생하게 되어 질이 낮은 인사가 당선될 가능성이 높아진다.
② 정당공천제가 허용될 경우 지역문제가 전국적 이해관계에 따라 영향을 받고 중앙정치에 지방정치가 예속될 수 있다.

7. 임기

(1) 지방의회 의원, 지방자치단체장, 교육감: 4년

(2) 지방자치단체장 및 교육감의 계속 재임은 3기에 한정한다.

• 기출문제 학습 •

01 1949년 지방자치법이 제정되면서 (㉠ 시와 군 / ㉡ 시, 읍, 면) 자치제가 규정되었고, 제2공화국의 지방자치단체의 기관구성형태는 (㉠ 기관통합형 / ㉡ 기관대립형)을 취하였다. 지방자치에 관한 임시조치법이 시행되면서 지방의회는 구성되지 않았고, (㉠ 단체장은 주민직선 으로 선출되었다. / ㉡ 단체장은 임명직으로 전환되었다.) 21. 지방자치

02 지방자치의 역사와 관련하여, 제1차 시·읍·면 의회의원을 뽑는 지방선거는 (㉠ 1948년 / ㉡ 1952년) 실시되었다. (㉠ 1991년 / ㉡ 1995년)에 실시된 지방선거에서 지방의회의원과 지방자치단체장을 선출하였다. 19. 지방자치

03 (㉠ 1956년 / ㉡ 1960년) 서울특별시장은 주민 직선으로 처음 선출되었다. 18. 서울 지방자치

04 지방의회의 지방자치단체장 불신임의결권은 인정된 적이 (㉠ 있다. / ㉡ 없다.) 17. 지방자치

05 (㉠ 대선거구제보다 소선거구제 / ㉡ 소선거구제보다 대선거구제)에서는 상대적으로 정치 신인이 당선될 가능성이 높다. 20. 서울 지방자치

06 현재 지방의회의원과 지방자치단체의 장 피선거권의 하한연령은 (㉠ 25세 / ㉡ 18세)이다. 20. 서울 지방자치

07 재외국민은 주민등록표에 3개월 이상 계속하여 올라와 있고, 관할구역에 (㉠ 주민등록이 되어 있지 않더라도 / ㉡ 주민등록이 되어 있어야만) 선거권이 있다. 19. 서울 지방자치

08 지방선거와 관련하여 자치구·시·군의회의 최소 의원정수는 (㉠ 6인 / ㉡ 7인)이고, (㉠ 2002년 / ㉡ 2006년)부터 모든 지방선거에 정당의 후보자 추천이 허용되었다. 외국인의 경우 (㉠ 영주권을 취득한 날부터 / ㉡ 영주권을 취득한 날부터 3년이 경과한) 18세 이상 외국인으로서 해당 지방자치단체의 외국인등록대장에 올라 있는 사람에게 선거권이 주어진다. 19. 지방자치

09 일정한 자격을 갖춘 외국인인 주민은 지방의회 의원선거에서 (㉠ 선거권과 피선거권을 / ㉡ 선거권만 / ㉢ 피선거권만) 가진다. 17. 지방자치

10 비례대표 광역의회 의원 정수는 지역구 광역의회 의원 정수의 100분의 10으로 하되, 최소 (㉠ 3인 / ㉡ 5인)을 비례대표로 선출한다. 15. 서울 지방자치

11 우리나라는 현재 (㉠ 광역, 기초 단체장 및 의회 의원 선거 모두에 / ㉡ 기초의회 의원 선거를 제외하고) 정당공천제가 허용되고 있다. 18. 서울 7

12 광역의회의 지역구의원 선거는 (㉠ 중선거구제 / ㉡ 소선거구제), 기초의회의 지역구의원 선거는 (㉠ 중선거구제 / ㉡ 소선거구제)를 적용하고 있다. 20. 지방자치

13 (㉠ 소선거구제 / ㉡ 중·대선거구제)는 후보자와 유권자의 접촉이 용이하여, 지역주민들의 정치적 소외를 방지할 수 있다. 16. 서울 지방자치

14 하나의 시·군·자치구의원 지역구에서 선출할 지역구 시·군·자치구의원 정수는 2인 이상 (㉠ 3인 / ㉡ 4인 / ㉢ 5인) 이하이다. 18. 서울 지방자치

Theme 03 ▸ 중앙과 지방의 관계

01 전통이론

1. **동반자형**(Partnership Model): 중앙정부와 지방정부는 대등한 관계
2. **대리인형**(Agent Model): 중앙정부가 지방정부를 완전히 지배·통제

02 연방제 국가 모형: 라이트(D. S. Wright)의 모형

라이트는 미국 연방정부·주정부·지방정부의 관계를 세 가지 형태로 구분하였고, 중첩권위형을 가장 이상적인 모형으로 간주하였다.

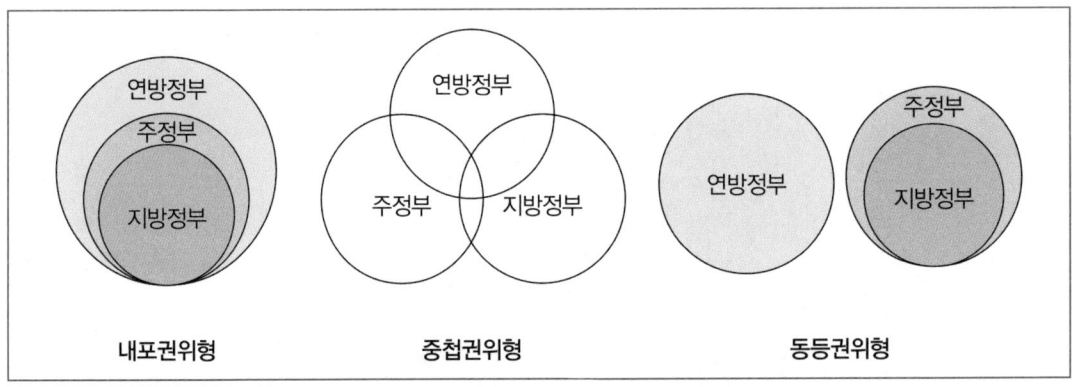

구분 \ 관계	내포권위형 (inclusive authority model)	중첩권위형 (overlapping authority model)	동등(조정)권위형 (coordinate authority model)
관계	지방이 중앙에 완전히 의존(종속)하는 관계	정치적 타협과 협상에 의한 상호의존	독립적 관계
주정부 사무	기관위임사무	고유사무 > 기관위임사무	고유사무
재정·인사	종속	상호교류	독립
정부의 권위	계층적	협상적	독립적

03 단방제 국가 모형: 로즈, 엘코크 등

1. **엘콕**(Howard Elcock)**의 모형**

(1) **대리인 모형**(Agent Model): 중앙정부가 지방정부를 권력적으로 통제하는 수직적 관계로, 지방정부는 중앙정부의 지시를 이행하는 대리인 역할만 한다.

(2) **동반자모형** (Partnership Model): 중앙정부와 지방정부가 공동의 목표를 추구하는 파트너로서, 수평적·협의적 관계이다.

(3) **상호의존모형**(Interdependence Model, 교환모형) : 중앙정부와 지방정부가 자원과 권한을 교환하는 관계로 본다.

2. 로즈(R. A. Rhodes)의 권력의존(Power-Dependence)모형

로즈는 전통이론이 너무 단순하다고 보고 ① 헌법 및 법적 자원, ② 정치적 정당성과 여론을 동원할 수 있는 능력, ③ 조직적 역량, ④ 재정력, ⑤ 지식정보자원이라는 5가지 동원능력을 권력으로 보고 부족한 자원은 다른 정부에 의존하게 된다. 정부 간의 상호작용을 '자원의 교환과정'으로 인식하는데, 중앙정부는 법적 자원, 재정적 자원에서 우위를 점하고 지방정부는 정보자원과 조직자원, 여론을 동원할 수 있는 능력 측면에서 우위를 점하므로 상호의존하게 된다. 즉, 엘콕의 상호의존모형과 유사하다.

3. 챈들러의 지주-마름 모형

(1) 로즈에 이어 챈들러(J. A. Chandler)도 전통적인 대리인형과 동반자형으로는 중앙정부와 지방정부의 관계를 설명할 수 없다고 주장하였다. 챈들러는 중앙정부와 지방정부의 관계가 토지 소유자인 지주와 이를 관리하는 마름(Steward)의 관계와 유사하다고 보았다. 마름은 평소에는 상당한 권한을 행사하지만, 지주는 언제든지 마름의 권한을 빼앗을 수 있다.

(2) 지방정부도 마름과 같이 상당한 권한을 행사하지만 어디까지나 중앙정부가 허용하는 한도 내에서 가능하다. 즉 중앙정부가 회수하고자 한다면 언제든지 회수될 수 있다. 대리인형과 다른 점은 지방정부가 수동적인 것이 아니라 상당한 권한을 행사한다는 점이다.

4. 무라마츠의 모형

무라마츠(Muramatsu)는 일본의 중앙·지방 간 관계를 수직적 통제모형과 수평적 경쟁모형을 제시하였다. 일본의 정부 간 관계가 제도적으로 수직적 행정통제 모형이지만 실제로는 수평적 경쟁모형에 가깝게 운영된다고 주장하였다.

(1) **수직적 통제모형** : 중앙정부가 지방정부에 대해 권력적 수단과 지시·명령에 의해 일방적으로 통제하고 지방정부가 복종하는 형태이다.

(2) **수평적 경쟁모형** : 중앙정부와 지방정부가 정책을 두고 서로 경쟁과 협력하는 관계이다.

04 딜런의 원칙과 쿨리의 원칙

1. 딜런의 원칙(Dillon's Rule)

지방정부는 '주정부의 피조물'로서 주헌법이 부여한 권한만을 행사할 수 있다는 견해로, 엽관주의로 인해 나타난 지방정부의 부패와 무능을 해결하려는 의도를 담고 있다.

🔍 딜런(John Dillon)은 아이오와 주 대법원장이었다.

2. 쿨리의 원칙(Cooley's Doctrine)

지방정부의 자치권은 절대적인 것이며, 주는 이를 앗아갈 수 없다는 견해로, 미국에서 1871년 디트로이트 시와 미시건 주 사이에 벌어진 소송에서 나왔다. 당시 미국의 대다수 주에서 이 독트린은 채택되지 않았다.

🔍 쿨리(Thomas Cooley)는 미시간 주 대법관이었다.

05 해외사례

1. 미국 건국 초기 연방정부와 주 정부가 상호 독자적 관계를 유지하였다.

2. 일본은 메이지유신 이래 강력한 중앙집권적 체제를 유지해 왔으나, 1990년대 '지방분권추진법' 제정과 지방분권추진위원회를 중심으로 지방분권화가 진행 중이다.

3. 영국에서 등장한 월권금지의 원칙에 따르면, 지방정부의 자치권은 수권 받은 범위에서만 허용된다.

4. 프랑스의 근대적 지방제도는 영국보다 먼저 시작하였으나, 분권 및 자치 기능은 영국이 먼저 발달하였다.

06 지방분권과 중앙집권

1. 지방분권의 확대
(1) 내생적 발전전략에 기반한 도시경쟁력 확보가 중요해지고 있다.
(2) 중앙집권체제가 초래하는 낮은 대응성과 구조적 부패 등은 국가 성장의 장애요인으로 작용한다.
(3) 신공공관리론에 근거한 정부혁신이 강조되고 있다.

2. 신중앙집권화
(1) 정보통신기술 및 교통의 발달로 인한 생활권역의 확대, 경제력 및 세원의 편재로 인한 지방자치단체 간 재정력 격차의 확대, 환경문제·보건문제 등 전국적인 문제는 중앙집권적 차원에서 해결이 가능하다.
(2) 기존의 중앙집권이 수직적·관료적 집권이라면, 신중앙집권은 수평적·협동적 집권으로 능률과 민주화의 조화를 도모한다.

3. 신지방분권
(1) 미국은 1960년대 후반부터 신지방분권을 추진하였으며, 닉슨행정부와 레이건행정부를 거쳐 '신연방제'의 이름하에 연방의 권한과 책임을 축소하여 지방정부의 자율성을 높였다.
(2) 영국은 2000년에 런던특별시를 부활시키는 등 신지방분권을 실시하였다.
(3) 신지방분권도 신중앙집권과 동일하게 행정의 민주성과 효율성을 함께 추구한다.

4. 우리나라의 지방분권추진위원회 : 대통령 소속 지방시대위원회

(1) 「지방자치분권 및 지역균형발전에 관한 특별법」 따라, 대통령 소속 지방시대위원회를 설치하고 지방시대 종합계획을 수립한다.

(2) **지방분권 관련 추진위원회 연혁**

지방이양추진위원회(김대중 정부) → 정부혁신지방분권위원회(노무현 정부) → 지방분권촉진위원회(이명박 정부) + 지방행정체제개편추진위원회(이명박 정부) → 지방자치발전위원회(박근혜 정부) → 자치분권위원회(문재인 정부) → 지방시대위원회(윤석열 정부)

• **기출문제 학습** •

01 라이트(Wright)의 정부간 관계론에서 [⊙ 내포권위모형(Inclusive Authority Model) / ⓒ 중첩권위모형(Overlapping Authority Model) / ⓒ 분리권위모형(Separated Authority Model)]에 의하면 연방정부와 주정부 그리고 지방정부가 동시에 경쟁하거나 협력하는 관계를 맺으며, 그 과정에서 합의를 이루고 협력체계를 구축하기 위한 협상이 계속된다. 21. 지방자치

02 라이트(Wright)의 정부 간 관계 모형에서 동등권위형(coordinate model)은 (⊙ 주정부와 지방정부의 자치권은 고유의 권한으로 침해될 수 없는 형태이다. / ⓒ 지방정부가 주정부에 종속되는 형태이다.) 18. 서울 지방자치

03 라이트(D. Wright)의 정부 간 관계모형에 해당하지 않는 것은 [⊙ 분리형(separated model) / ⓒ 내포형(inclusive model) / ⓒ 중첩형(overlapping model) / ⓔ 경쟁형(competitive model)]이다. 11. 지방 9

04 [(⊙ 로즈(Rhodes) / ⓒ 챈들러(J. A. Chandler)]의 지배인 모형에 따르면 지방정부는 중앙정부로부터 어느 정도의 자율성을 가지고 지방을 관리한다. 24. 국가 7

05 로즈(Rhodes)의 권력의존 모형에 따르면 지방정부는 (⊙ 법률적 자원, 정보 자원 / ⓒ 법률적 자원 / ⓒ 정보 자원)에서 우월적 위치를 차지한다. 20. 지방자치

06 로즈(Rhodes)모형에서 지방정부는 중앙정부에 완전히 예속되는 것도 아니고 완전히 동등한 관계가 되는 것도 아닌 상태에서 상호 의존한다. (⊙ 중앙정부 / ⓒ 지방정부)는 법적 자원, 재정적 자원에서 우위를 점하며, (⊙ 중앙정부 / ⓒ 지방정부)는 정보자원과 조직자원의 측면에서 우위를 점한다고 주장하였다. 16. 지방 9

07 (㉠ 딜런의 원칙 / ㉡ 쿨리의 원칙)은 엽관주의로 인해 나타난 지방정부의 부패와 무능을 해결하려는 의도를 담고 있다. 24. 국가 7

08 영국에서 등장한 월권금지의 원칙(ultra vires doctrine)에 따르면, 지방정부의 자치권은 (㉠ 수권 받은 범위에서만 허용된다. / ㉡ 절대적인 권리로서 지방정부가 행하는 어떠한 활동도 존중되어야 한다.) 23. 지방자치

09 지방분권화가 확대되는 이유로 (㉠ 신공공관리론에 근거한 정부혁신이 강조되고 있다. / ㉡ 사회적 인프라가 어느 정도 갖춰진 국가에서는 지역 간 평등한 공공서비스의 수요가 증가하고 있다.) 21. 지방 7

10 지방자치분권 및 지역균형발전을 추진하기 위하여 (㉠ 국무총리 / ㉡ 대통령) 소속으로 지방시대위원회를 둔다. 17. 국가 9

11 신중앙집권화 촉진 요인으로 적절하지 않은 것은 (㉠ 유엔의 '리우선언(1992)'에 따른 환경보존행동계획 / ㉡ 경제력 및 세원의 편재로 인한 지방자치단체 간 재정력 격차의 확대)이다. 12. 국가 7

12 (㉠ 중앙집권 / ㉡ 지방분권)의 장점으로 지방행정의 종합적 처리가 용이해진다. 17. 지방자치

13 자본과 노동의 세계화는 지역경제의 중요성을 부각시키며 (㉠ 신중앙집권화 / ㉡ 신지방분권화)의 동인이 되고 있다. 17. 지방자치

14 미국의 신연방주의(New Federalism)는 (㉠ 신중앙집권 / ㉡ 신지방분권)과 관련이 있다. 23. 지방자치

15 지방분권추진기구를 설치 시기가 이른 것부터 바르게 나열하면? 22. 지방자치

㉠ 지방분권촉진위원회	㉡ 지방이양추진위원회
㉢ 자치분권위원회	㉣ 정부혁신지방분권위원회
㉤ 지방자치발전위원회	㉥ 지방시대위원회

정답 1.㉡ 2.㉡ 3.㉣ 4.㉡ 5.㉡ 6.㉠ 7.㉠ 8.㉠ 9.㉠ 10.㉡ 11.㉠ 12.㉡ 13.㉡ 14.㉡ 15.㉡-㉣-㉠-㉤-㉢-㉥

Theme 04 지역사회의 권력구조

01 성장기구론

1. 성장기구론(Growth Machine Theory)은 지역사회의 정치와 경제를 토지의 가치를 높이고자 하는 토지자산가와 개발관계자들이 주도한다는 이론이다. 토지문제와 개발문제 그리고 이와 연계된 도시의 공간확장문제 등과 관련이 있는데, 토지자산가와 개발관계자들이 스스로 적극적인 역할을 통해 지역사회와 지방정부에 영향을 미친다. 성장기구론은 몰로치(H. Molotch)에 의해 1970년대 중반 제기되었으며 이후 돔호프(W. Domhoff)를 비롯한 많은 연구자들에 의해 확산되었다.

2. 지방정치는 토지자산가와 개발업자 등 토지관련 기업인을 중심으로 한 성장연합과 이를 반대하는 반성장연합의 싸움으로 귀결되는데, 성장연합과 반성장연합의 대결구도에서 대체로 성장연합이 승리하여 권력을 쟁취한다고 보았다.

3. 성장연합은 부동산의 교환가치를 강조하고, 일부 지역주민 및 환경운동단체로 구성된 반성장연합은 부동산의 사용가치를 강조한다.

02 스톤의 레짐이론

1. 스톤(Clarence Stone)의 연구

미국 조지아주 애틀랜타(Atlanta)시 지역사회 및 지방정부 간 관계에 대한 연구를 시작으로 지방정치 권력구조를 설명하는 이론으로 발전하였다. 스톤은 저서 '애틀란타를 통치하는 레짐 정치'(Regime Politics Governing Atlanta)에서 도시 레짐(Urban Regime)을 '통치 결정을 내리고 수행을 하기 위해 공공 부문과 민간 이해관계자 함께 기능하는 비공식적 연합(An urban regime may thus be defined as the informal arrangements by which public bodies and private interests function together in order to be able to make and carry out governing decisions.)'이라고 정의하였다.

(1) 지역의 문제를 자체 능력만으로 해결하기 힘든 지방정부가 기업을 비롯한 민간부문의 주요 주체들(Significant Private Interests)과 연합을 형성하여 지역사회를 이끌어 간다. 지방정부는 충분한 자원과 권위를 확보하기 어렵기 때문에, 공공기관과 필요한 자원을 가진 민간부문 간의 연합이 바람직하다고 보았다.

(2) 민간부문의 주요 주체들은 기업이 될 수도 있고 시민단체, 지식인 집단 등이 될 수 있다. 대체로 인적·물적 자원을 지닌 기업 등 비즈니스 커뮤니티가 그 대상이 된다.

(3) 지방정부와 민간부문의 비공식적 연합(Coalition)은 참여자가 바뀌기도 하지만 안정적으로 유지되는 경향이 있다. 따라서 레짐은 지방정부의 정권이 교체되어도 유지될 수 있다. 또한 특정 세력이나 집단이 지역사회와 지방정부를 주도한다고 설명하는 것이 아니라 여러 형태의 지배 연합 내지는 레짐이 존재할 수 있음을 설명한다.

(4) 레짐은 의도적인 노력에 의해 만들어지며, 레짐 참여자들이 가치와 신념체계(Belief System)까지 공유하는 것은 아니다.
(5) 지역발전이라는 목표를 갖는 도시레짐은 지역 내 네트워크를 형성하고 있는 연합들의 이의제기를 적극적으로 수용하고 균형상태를 유지할 필요가 있다.

2. 스톤이 제시한 네 가지 레짐

	현상유지 (Maintenance) 레짐	개발 (Development) 레짐	중산계층 진보 (Middle Class Progressive) 레짐	하층기회 확장 (Low Class Opportunity Expansion) 레짐
추구하는 가치	현상 유지 (일상적 업무관리)	지역개발(토지이용 및 지역개발을 통한 성장추구)	환경보호, 삶의 질	저소득층 보호, 직업교육

(1) 스톤은 중산계층 진보 레짐과 하층기회 확장 레짐은 미국사회에서 성립하기 어렵다고 보았다. 현상유지 레짐도 사회변화가 심할 경우 발견하기 어렵다고 보았다. 따라서 개발 레짐이 남게되는데, 이는 성장기구론의 주장과 유사해진다.
(2) 성장기구론은 토지자산가와 개발관계자들이 주도적으로 지역사회에 영향을 미친다고 보았지만, 레짐이론은 기업과 비즈니스 커뮤니티가 일정한 정치환경 아래 자연스럽게 지니게 되는 구조적 역량으로 인해 지역사회의 중심이 된다고 보았다.

03 다원주의와 신다원주의

1. 다원주의
지역사회에서 지방정부를 포함해 서로 필요한 자원을 가진 집단들은 연합을 통하여 비교적 안정적으로 지역사회를 이끌어 간다고 본다.

2. 신다원주의
고전적 다원주의와 달리, 기업이나 개발관계자들이 우월적 지위를 가지고 있다고 보았다.

04 엘리트론 & 신엘리트론

1. 엘리트론
헌터(Hunter)와 몰로치(Molotch)는 엘리트론적 관점에서 지역사회의 권력이 지역의 경제엘리트를 중심으로 형성된다고 주장하였다.

2. 신엘리트론
사회적 엘리트들은 무의사결정(non-decision making) 방식에 의하여 자신의 영향력을 행사할 수 있다.

05 피터슨의 도시한계론

엘리트론과 다원론이 도시 내부의 정치적 자율주의에 관심을 관심을 가졌다면, 피터슨(Paul Peterson)은 그의 저서 도시한계론(City Limits)에서 도시 외부의 시장경제의 구조적 요인을 강조하였다. 도시가 생존하기 위해서는 복지정책 등 재분배정책보다는, 기업을 유치하기 위한 발전정책을 선호한다는 것이다.

기출문제 학습

01 지역사회의 권력구조를 설명하는 성장기구론에 따르면, 17. 국가추가 7
① 자기소유의 주택가격 상승을 원하는 주민들이 많을수록 (㉠ 성장연합 / ㉡ 반성장연합)이 더 강한 힘을 발휘하는 경향이 있다.
② 토지문제와 개발문제 그리고 이와 연계된 도시의 공간확장문제 등과 관련이 (㉠ 있다. / ㉡ 없다.)
③ (㉠ 성장연합 / ㉡ 반성장연합)은 일부 지역주민과 환경운동집단 등으로 이루어진다.
④ 성장연합은 반성장연합에 비해서 토지 또는 부동산의 (㉠ 교환가치보다는 사용가치 / ㉡ 사용가치보다는 교환가치)를 중시한다.

02 스톤(Stone)의 도시레짐이론에 따르면 레짐이란 지배적인 의사를 결정하고 이를 수행하기 위해 공공부문과 민간부문이 함께 형성하는 (㉠ 공식적인 / ㉡ 비공식적) 연합이다. 20. 서울 지방자치

03 레짐이론은 다양한 형태의 지배연합 내지는 레짐이 존재할 수 (㉠ 있다는 / ㉡ 없다는) 것을 강조한다.
19. 서울 지방자치

04 스톤(Stone)이 제시한 레짐(regime) 중 도시경관 개선, 재해위험이 있는 골짜기 정비 등 인근 주민들의 정주환경 개선 등과 관련 있는 것은 (㉠ 개발형 레짐 / ㉡ 관리형 레짐 / ㉢ 중산층 진보 레짐 / ㉣ 저소득층 기회확장 레짐)이다. 17. 지방 7

05 레짐은 (㉠ 의도적인 노력으로 / ㉡ 모든 지역사회에 자연스럽게) 형성되며, 참여자들이 가치와 신념 체계까지 (㉠ 공유한다. / ㉡ 공유하는 것은 아니다.) 22. 지방자치

정답 1. ①-㉠ ②-㉠ ③-㉡ ④-㉡ 2. ㉡ 3. ㉠ 4. ㉢ 5. ㉠, ㉡

Theme 05 지방자치단체의 구조

01 단층제와 중층제

1. 자치계층
자치계층은 각 국가의 정치형태, 면적, 인구 등에 따라 다양한 형태를 가지는데, 주민공동체의 정책결정 및 집행의 단위로서 정치적·민주적 가치를 담고 있다.

2. 단층제와 중층제의 비교

(1) **단층제**
  ① 중앙정부 아래에 하나의 자치계층만을 가지고 구조로, 국토가 넓거나 인구가 많은 국가에서 채택하기 곤란하다.
  ② 장점
    ㉠ 중층제가 초래할 수 있는 중복행정과 중복감독으로 인한 지연 및 낭비를 예방할 수 있다.
    ㉡ 중층제보다 행정책임을 명확하게 할 수 있다.
  ③ 단점
    ㉠ 광역행정을 중앙정부가 담당하는 등 중앙집권화의 우려가 크다.
    ㉡ 기초지방자치단체 간 분쟁조정이나 의견 조율에 어려움이 있다.

(2) **중층제**
  ① 중앙정부 아래에 둘 이상의 자치계층을 가지는 구조이다.
  ② 장점
    ㉠ 광역행정수요에 효과적으로 대응할 수 있다.
    ㉡ 중앙정부는 광역지방자치단체에 감독기능을 위임하여 기초지방자치단체에 대한 감독기능을 유지할 수 있다.
    ㉢ 기초자치단체 간 갈등을 광역자치단체가 효율적으로 조정할 수 있다.
  ③ 단점
    ㉠ 광역지방자치단체와 기초지방자치단체 간의 기능배분의 불명확성과 중복행정과 중복감독으로 인한 지연 및 낭비가 발생할 수 있다.
    ㉡ 광역지방자치단체와 기초지방자치단체 간의 행정책임 문제가 발생할 수 있다.
    ㉢ 기초지방자치단체가 광역지방자치단체를 거쳐 중앙정부에 의사전달을 할 경우 시간이 더 소요되고 정보가 왜곡될 수 있다.

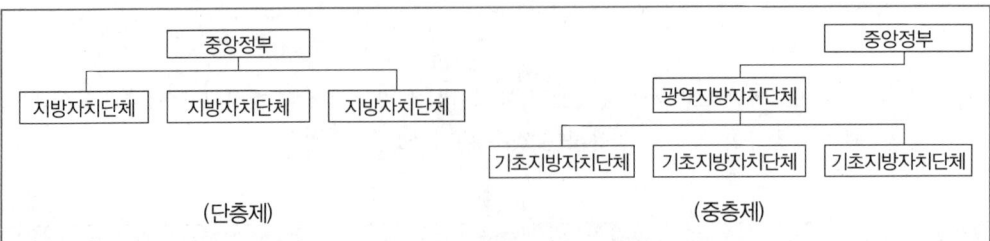

02 지방자치단체의 기관구성

1. 기관통합형

(1) 주민 직선으로 지방의회를 구성하고 의회가 의결과 집행기능을 모두 담당하는 형태로 의원내각제와 비교적 유사하다.

(2) 대의기관에 의한 민주정치와 책임행정의 구현에 적합하여, 지방자치행정에 대한 효율성과 책임성을 확보할 수 있다.

(3) 정책결정과 집행의 유기적 관련성을 제고하여 행정의 안정성과 능률성은 높지만, 지방행정의 권한과 책임이 의회에 집중되어 권력남용의 우려가 있다.

(4) 내각제형과 위원회형
   ① 내각제형(Cabinet)
      영국의 내각제형 또는 의회(Council)형은 주로 다수당 소속의 지방의원들로 구성된 내각이 집행을 담당하고 있다. 유럽의 다른 국가들도 내각 또는 집행위원회 등이 집행을 담당하고 있다.
   ② 위원회형(Commission)
      ㉠ 미국의 위원회형은 기관통합형의 특수한 형태로 볼 수 있는데, 소규모의 지방자치단체에 적합하고 주민직선으로 선출된 위원들(3~7명 정도)이 집행부서의 장을 맡는다.
      ㉡ 미국의 타운미팅(Town Meeting)은 주민이 참여하여 집행위원을 선출하고 이들이 집행위원회를 구성하여 지역사무를 처리하는 형태이다.

◈ 내각제형과 위원회형

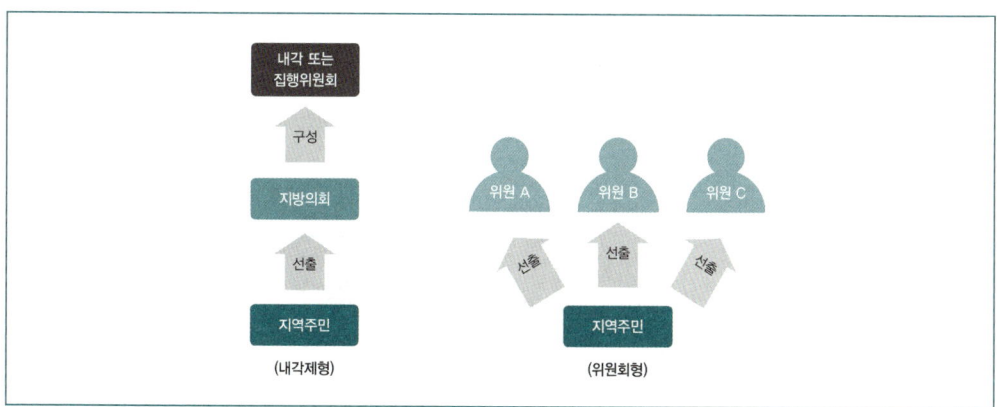

2. 기관대립형 또는 기관분리형

(1) 우리나라가 채택하는 형태로 단체장과 지방의회를 구성하므로 대통령제와 비교적 유사하고, 견제와 균형을 통해 민주적이고 합리적인 지방자치를 실시할 수 있다.

  🔍 지방자치법이 개정·시행(2022. 1. 13.)되면서 따로 법률로 정하는 바에 따라 지방자치단체의 장의 선임방법을 포함한 지방자치단체의 기관구성 형태를 달리할 수 있고, 이 경우 주민투표를 거쳐야 한다.

(2) 세부적으로 '강시장-의회', '약시장-의회' 형태로 구분할 수 있다. 전자의 경우 시장이 강력한 정치적 리더십을 행사는 형태이고, 후자의 경우 의회권한이 상대적으로 높아 일반적으로 의회에서 예산을 편성한다.

(3) 집행기관 전담으로 행정의 전문성 발달에 유리하여 기관통합형에 비해 행정의 전문성이 높을 가능성이 크지만, 집행부와 지방의회의 마찰로 인한 비효율성이 발생할 수 있다.

(4) 지방의회는 주민 이익의 조정과 주민대표성을 중시하고, 집행기관은 합법성, 효율성을 추구한다.

(5) 우리나라(강시장-의회형에 가까움), 일본, 미국의 시장-의회형(Mayor-Council), 영국의 런던광역정부 등이 해당한다.

(6) 강시장-의회-수석행정관형은 행정 전문성을 지닌 수석행정관이 시장을 보좌하는 형태로, 시장의 전문성 저하를 예방하기 위해 도입되었다.

◈ 기관대립형

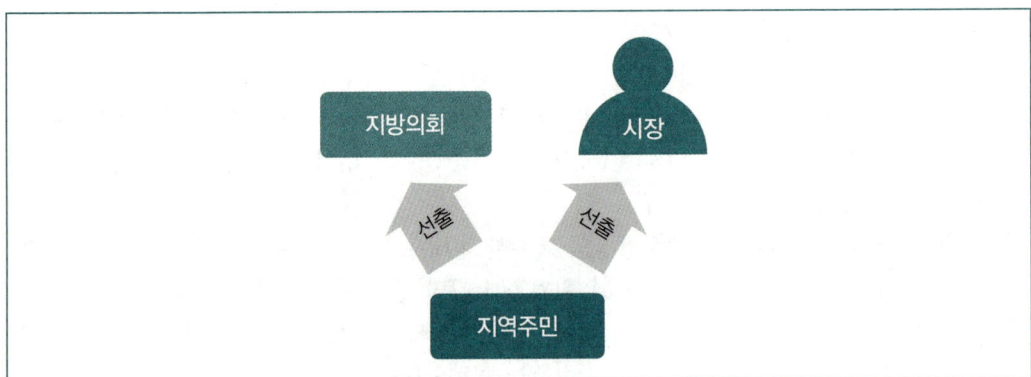

3. 절충형

(1) 미국의 의회-시지배인(Council-Manager) 형태는 시지배인이 실질적인 기능을 수행하고, 의회에서 간접적으로 선출되는 시장은 의례적이고 명목적인 기능을 수행한다.

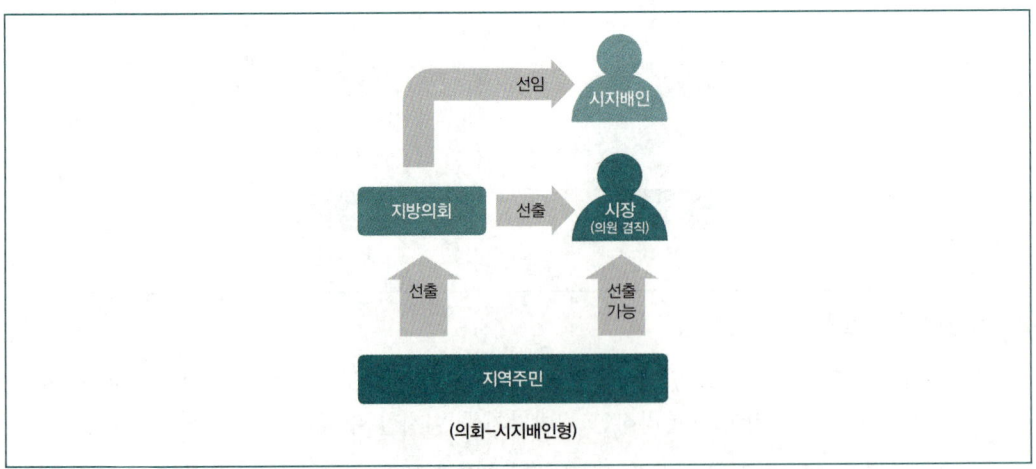

(의회-시지배인형)

🔍 의회-시지배인형을 기관대립형으로 구분하는 학자들도 있다.

(2) 독일의 참사회·이사회형은 지방의회와 집행기관이 분리된 형태이지만 집행기구인 참사회·이사회가 합의제 기관이다. 지방의회로부터 독립된 지위를 가지므로 기관통합형과 구별되며, 집행기관이 합의제 기관이라는 측면에서 기관대립형과도 구별된다.

• 기출문제 학습 •

01 지방자치단체의 기관구성 형태에 대한 설명으로 옳은 것은? 20. 지방자치 7
① 일본의 지방자치단체는 (㉠ 기관통합형 / ㉡ 기관대립형)에 해당한다.
② 기관대립형은 의결기능과 집행기능을 분리하고, 집행기관의 장은 주로 (㉠ 의회에서 선임 / ㉡ 선거로 선출)한다.
③ 위원회 형태의 미국 지방자치단체는 (㉠ 기관통합형 / ㉡ 기관대립형)에 해당한다.

02 중층제에서는 기초자치단체의 의사가 중앙정부에 신속하게 (㉠ 전달될 수 있다. / ㉡ 전달되기 어렵다.) 19. 서울 지방자치

03 지방자치단체의 계층구조는 (㉠ 중층제는 단층제보다 / ㉡ 단층제는 중층제보다) 행정책임을 명확하게 할 수 있다. 11. 국가 9

04 (㉠ 단층제 / ㉡ 중층제)는 업무수행의 신속성을 확보할 수 있다. 17. 서울 지방자치

05 (㉠ 단층제는 중층제 / ㉡ 중층제는 단층제)에 비해 지방정부 간 수직적 분업에 불리하다. 23. 지방자치

06 기관통합형의 집행기관은 기관대립형에 비해 행정의 전문성이 (㉠ 높지 않을 가능성이 크다. / ㉡ 비교적 높게 나타난다.) 19. 지방 7

07 우리나라 지방자치단체의 기관구성은 (㉠ 기관대립형 / ㉡ 기관통합형)으로 의회와 집행기관 간 견제와 균형을 통하여 민주성을 확보할 수 있다. 12. 서울 9, 10. 서울 9

08 우리나라 지방자치단체의 기관구성과 같이 기관대립형(기관분리형)은 집행부와 의회의 기구가 병존함에 따라 비효율성(㉠ 을 줄일 수 있다. / ㉡ 이 발생할 수 있다.) 16. 지방 9

09 지방정부의 기관구성과 관련하여 의회-시지배인 형태에서는 (㉠ 의회가 / ㉡ 시지배인이) 의례적이고 명목적인 기능을 수행한다. 21. 지방 9

10 강시장-의회-수석행정관형은 (㉠ 시장 / ㉡ 지방의회)의 전문성을 강화하기 위한 조치이다. 18. 서울 지방자치

정답 1. ㉡, ㉡, ㉠ 2. ㉡ 3. ㉡ 4. ㉠ 5. ㉠ 6. ㉠ 7. ㉠ 8. ㉡ 9. ㉠ 10. ㉠

Theme 06 우리나라의 지방자치단체

01 지방자치치법의 목적(지방자치법 제1조)

이 법은 지방자치단체의 종류와 조직 및 운영, 주민의 지방자치행정 참여에 관한 사항과 국가와 지방자치단체 사이의 기본적인 관계를 정함으로써 지방자치행정을 민주적이고 능률적으로 수행하고, 지방을 균형 있게 발전시키며, 대한민국을 민주적으로 발전시키려는 것을 목적으로 한다.

02 지방자치단체의 종류(지방자치법 제2조)

1. 특별시, 광역시, 특별자치시, 도, 특별자치도
2. 시, 군, 구

- 지방자치단체인 구는 특별시와 광역시의 관할 구역의 구만을 말하며, 자치구의 자치권의 범위는 법령으로 정하는 바에 따라 시·군과 다르게 할 수 있다.
- 특정한 목적을 수행하기 위하여 필요하면 따로 특별지방자치단체를 설치할 수 있다.

03 지방자치단체의 법인격과 관할(지방자치법 제3조)

1. 지방자치단체는 법인이다.
2. 특별시, 광역시, 특별자치시, 도, 특별자치도(이하 "시·도"라 한다)는 정부의 직할(直轄)로 두고, 시는 도 또는 특별자치도의 관할 구역 안에, 군은 광역시·도 또는 특별자치도의 관할 구역 안에 두며, 자치구는 특별시와 광역시의 관할 구역 안에 둔다. 다만, 특별자치도의 경우에는 법률이 정하는 바에 따라 관할 구역 안에 시 또는 군을 두지 아니할 수 있다.
3. 특별시·광역시 또는 특별자치시가 아닌 인구 50만 이상의 시에는 자치구가 아닌 구를 둘 수 있고, 군에는 읍·면을 두며, 시와 구(자치구를 포함한다)에는 동을, 읍·면에는 리를 둔다.
4. 특별자치시와 관할 구역 안에 시 또는 군을 두지 아니하는 특별자치도의 하부행정기관에 관한 사항은 따로 법률로 정한다.

행정계층	자치계층	광역자치단체 (17개)	서울특별시	광역시(6개)		도, 강원특별자치도, 전북특별자치도(8개)		제주특별자치도	세종특별자치시
		기초자치단체 (228개)	자치구	자치구	군*	시	군	×**** (특별법상 기초자치단체를 두지 않음)	
		행정구, 행정시				**행정구		행정시 (제주시, 서귀포시)	
		읍면동	동	동	읍, 면	읍, 면, 동***	읍, 면	읍, 면, 동	

* 광역시 아래 대부분 자치구이나 예외적으로 군을 두는 경우가 있다(부산광역시 기장군 등).
** 특별시·광역시 또는 특별자치시가 아닌 인구 50만 이상의 시에는 자치구가 아닌 구를 둘 수 있다(수원시 권선구 등).
*** 도농복합형태의 시에서 도시의 형태를 갖춘 지역에는 동을, 그 밖의 지역에는 읍·면을 둔다.

⊕ 1994년 12월 지방자치법 개정으로 직할시에서 광역시로 전환되었다.

04 지방자치단체의 기관구성 형태의 특례(지방자치법 제4조)

지방의회와 집행기관에 관한 이 법의 규정에도 불구하고 따로 법률로 정하는 바에 따라 지방자치단체의 장의 선임방법을 포함한 지방자치단체의 기관구성 형태를 달리 할 수 있다. 지방의회와 집행기관의 구성을 달리하려는 경우에는 「주민투표법」에 따른 주민투표를 거쳐야 한다.

05 지방자치단체의 명칭과 구역(지방자치법 제5조)

1. 지방자치단체의 명칭과 구역은 종전과 같이 하고, 명칭과 구역을 바꾸거나 지방자치단체를 폐지하거나 설치하거나 나누거나 합칠 때에는 법률로 정한다. 다만, 지방자치단체의 구역변경 중 관할구역 경계변경(이하 "경계변경"이라 한다)과 지방자치단체의 한자 명칭의 변경은 대통령령으로 정한다.

2. 다음 각 호의 어느 하나에 해당할 때에는 관계 지방의회의 의견을 들어야 한다. 다만, 「주민투표법」 제8조에 따라 주민투표를 한 경우에는 그러하지 아니하다.
    1. 지방자치단체를 폐지하거나 설치하거나 나누거나 합칠 때
    2. 지방자치단체의 구역을 변경할 때(경계변경을 할 때는 제외한다)
    3. 지방자치단체의 명칭을 변경할 때(한자 명칭을 변경할 때를 포함한다)

3. 「공유수면 관리 및 매립에 관한 법률」에 따른 매립지와 「공간정보의 구축 및 관리 등에 관한 법률」 제2조 제19호의 지적공부(이하 "지적공부"라 한다)에 등록이 누락된 토지가 속할 지방자치단체는 행정안전부장관이 결정한다.

06 지방자치단체의 관할 구역 경계변경 등(지방자치법 제6조)

1. 지방자치단체의 장은 행정안전부장관에게 경계변경에 대한 조정을 신청할 수 있다. 이 경우 지방자치단체의 장은 지방의회 재적의원 과반수의 출석과 출석의원 3분의 2 이상의 동의를 받아야 한다.

2. 행정안전부장관은 경계변경에 대한 조정 신청을 받으면 지체 없이 그 신청 내용을 관계 지방자치단체의 장에게 통지하고, 20일 이상 관보나 인터넷 홈페이지에 게재하는 등의 방법으로 널리 알려야 한다.

07 자치구가 아닌 구와 읍·면·동 등의 명칭과 구역(지방자치법 제7조)

1. 자치구가 아닌 구와 읍·면·동의 명칭과 구역은 종전과 같이 하고, 자치구가 아닌 구와 읍·면·동을 폐지하거나 설치하거나 나누거나 합칠 때에는 행정안전부장관의 승인을 받아 그 지방자치단체의 조례로 정한다. 다만, 명칭과 구역의 변경은 그 지방자치단체의 조례로 정하고, 그 결과를 특별시장·광역시장·도지사에게 보고하여야 한다.

2. 리의 구역은 자연 촌락을 기준으로 하되, 그 명칭과 구역은 종전과 같이 하고, 명칭과 구역을 변경하거나 리를 폐지하거나 설치하거나 나누거나 합칠 때에는 그 지방자치단체의 조례로 정한다.

3. 인구 감소 등 행정여건 변화로 인하여 필요한 경우 그 지방자치단체의 조례로 정하는 바에 따라 2개 이상의 면을 하나의 면으로 운영하는 등 행정 운영상 면[이하 "행정면"(行政面)이라 한다]을 따로 둘 수 있다.

4. 동·리에서는 행정 능률과 주민의 편의를 위하여 그 지방자치단체의 조례로 정하는 바에 따라 하나의 동·리를 2개 이상의 동·리로 운영하거나 2개 이상의 동·리를 하나의 동·리로 운영하는 등 행정 운영상 동(이하 "행정동"이라 한다)·리(이하 "행정리"라 한다)를 따로 둘 수 있다.

08 구역의 변경 또는 폐지·설치·분리·합병 시의 사무와 재산의 승계(지방자치법 제8조)

지방자치단체의 구역을 변경하거나 지방자치단체를 폐지하거나 설치하거나 나누거나 합칠 때에는 새로 그 지역을 관할하게 된 지방자치단체가 그 사무와 재산을 승계한다.

09 사무소의 소재지 및 시·읍의 설치기준(지방자치법 제9조 및 제10조)

1. **사무소의 소재지**
   읍·면·동의 사무소 소재지를 변경하거나 새로 설정하려면 그 지방의회의 재적의원 과반수의 찬성을 받아 조례로 정한다.

2. 시
그 대부분이 도시의 형태를 갖추고 인구 5만 이상이 되어야 한다.

3. 도농(都農) 복합형태의 시
- 시와 군을 통합한 지역
- 인구 5만 이상의 도시 형태를 갖춘 지역이 있는 군
- 인구 2만 이상의 도시 형태를 갖춘 2개 이상의 지역의 인구가 5만 이상인 군. 이 경우 군의 인구가 15만 이상으로서 대통령령으로 정하는 요건을 갖추어야 한다.
- 국가의 정책으로 인하여 도시가 형성되고, 도의 출장소가 설치된 지역으로서 그 지역의 인구가 3만 이상이고, 인구 15만 이상의 도농 복합형태의 시의 일부인 지역

4. 읍
그 대부분이 도시의 형태를 갖추고 인구 2만 이상이 되어야 한다. 다만, 다음 각 호*의 어느 하나에 해당하면 인구 2만 미만인 경우에도 읍으로 할 수 있다.

*군사무소 소재지의 면, 읍이 없는 도농 복합형태의 시에서 그 면 중 1개 면

5. 시·읍의 설치에 관한 세부기준은 대통령령으로 정한다.

• **기출문제 학습** •

01 자치구의 자치권의 범위는 시·군의 경우와 (㉠ 같다. / ㉡ 다르게 할 수 있다.) 13. 국가 9

02 인구 50만명 이상의 시에는 「지방자치법」으로 (㉠ 자치구 / ㉡ 자치구가 아닌 구)를 둘 수 있다. 19, 18, 15. 지방자치

03 지방자치단체의 구역을 변경하기 위해 주민투표를 한 (㉠ 경우에도 관계 지방의회의 의견을 들어야 한다. / ㉡ 경우에는 그러하지 아니하다.) 23. 지방자치

04 지방자치법상 도농 복합형태의 시(市)가 될 수 있는 지역은 인구 (㉠ 4만 / ㉡ 5만)의 도시 형태를 갖춘 지역이 있는 군, 인구 (㉠ 1만 / ㉡ 2만) 이상의 도시 형태를 갖춘 (㉠ 2개 / ㉡ 3개) 이상의 지역의 인구가 (㉠ 4만 / ㉡ 5만)이상인 군, 총인구가 (㉠ 10만 / ㉡ 15만) 이상인 군 등이다. 19. 지방자치

05 시(市)·읍(邑)의 설치에 관한 세부기준은 (㉠ 대통령령으로 / ㉡ 법률로) 정한다. 15. 지방자치

06 세종특별자치시의 관할구역으로 자치구를 둘 수 (㉠ 있다. / ㉡ 없다.) 17. 국가 9

07 지방자치단체의 관할구역 경계 변경은 (㉠ 법률로 / ㉡ 대통령령으로) 정한다. 19. 지방자치

08 지방자치단체의 명칭과 구역은 종전과 같이 하고, 명칭과 구역을 바꾸거나 지방자치단체를 폐지하거나 설치하거나 나누거나 합칠 때에는 (㉠ 법률 / ㉡ 조례)로 정한다. 다만, 지방자치단체의 관할 구역 경계변경과 한자 명칭의 변경은 (㉠ 조례 / ㉡ 대통령령으)로 정한다. 24. 지방 7, 22. 지방자치

09 자치구가 아닌 구와 읍·면·동의 명칭과 구역을 폐지, 설치, 분리, 통합할 때에는 (㉠ 행정안전부장관의 승인을 받아 조례로 / ㉡ 대통령령으로) 정한다. 지방자치단체의 구역을 통합할 때에는 (㉠ 관할하게 된 지방자치단체가 / ㉡ 행정안전부가) 그 사무와 재산을 승계한다. 22. 지방자치, 16. 서울 지방자치

10 행정구의 명칭 변경과 읍·면·동의 구역 변경을 위하여 (㉠ 행정안전부장관의 승인이 필요하다. / ㉡ 시·도지사에게 보고하여야 한다.) 20. 지방자치

11 (㉠ 자치계층 / ㉡ 행정계층)은 (㉠ 자치계층 / ㉡ 행정계층)보다 더 많은 계층 수가 존재하고 있다. 19. 서울 지방자치

12 매립지가 속할 지방자치단체는 (㉠ 해당 지방자치단체가 / ㉡ 행정안전부장관이) 결정한다. 21. 지방자치

13 (㉠ 1994년 / ㉡ 2000년) 지방자치법 개정으로 직할시의 명칭을 광역시로 변경하였다. 19. 지방자치

정답 1. ㉡ 2. ㉡ 3. ㉡ 4. ㉡, (㉡, ㉠, ㉠, ㉡) 5. ㉠ 6. ㉡ 7. ㉠ 8. ㉠, ㉡ 9. ㉠, ㉠ 10. ㉡ 11. ㉡, ㉠ 12. ㉡ 13. ㉠

Theme 07 우리나라 지방자치단체의 기능과 사무

01 사무배분의 기본원칙

1. 보충성의 원칙

(1) 국가는 지역주민생활과 밀접한 관련이 있는 사무는 원칙적으로 시·군 및 자치구의 사무로, 시·군 및 자치구가 처리하기 어려운 사무는 시·도의 사무로, 시·도가 처리하기 어려운 사무는 국가의 사무로 각각 배분하여야 한다.

(2) 기능 배분에 있어 가까운 정부에 우선적 관할권을 부여하고, 민간이 처리할 수 있다면 정부가 관여해서는 안된다.

(3) 가까운 지방정부가 처리할 수 있는 업무에 상급 지방정부나 중앙정부가 관여해서는 안된다.

> **보충성의 원칙**(추가 내용)
>
> 1. 1985년 유럽평의회(Council of Europe)의 유럽지방자치헌장(European Charter of Local Self-Government)에 반영되었고, 독일, 프랑스 등의 국가가 서명하였다.
> 2. 유럽연합체가 지니는 강력한 권력에 대해 각 국가가 견제할 수 있는 데 기여하는 원칙이다.
> 3. 과거 우리나라의 정부혁신지방분권위원회(2003년 참여정부시기 구성)에서 제시한 지방분권추진 3대 원칙(보충성의 원칙, 선분권 후보완의 원칙, 포괄성의 원칙)에 포함되었다.

(4) 보충성의 원칙은 지방정부 우선의 원칙과 기초지방정부 우선의 원칙으로 구분되기도 한다.

2. 비경합성의 원칙(지방자치법 제11조 제1항)

국가는 지방자치단체가 사무를 종합적·자율적으로 수행할 수 있도록 국가와 지방자치단체 간 또는 지방자치단체 상호 간의 사무를 주민의 편익증진, 집행의 효과 등을 고려하여 서로 중복되지 아니하도록 배분하여야 한다.

3. 효율성의 원칙 또는 경제성의 원칙

외부효과 문제의 해결 등 사무에 따라서 기초지방정부보다 광역지방정부나 중앙정부가 담당하는 것이 더 효율적일 수 있다.

4. 포괄성의 원칙(지방자치법 제11조 제3항)

국가가 지방자치단체에 사무를 배분하거나 지방자치단체가 사무를 다른 지방자치단체에 재배분하는 때에는 사무를 배분 또는 재배분 받는 지방자치단체가 그 사무를 자기의 책임하에 종합적으로 처리할 수 있도록 관련 사무를 포괄적으로 배분하여야 한다. 예컨대 도로 유지·보수는 기초자치단체에 배분하고, 도로에 설치되어 있는 가드레일이나 신호등 관리는 광역자치단체로 각각 배분하는 것은 부적절하다.

5. 충분재정의 원칙(자치분권균형발전법 제33조 제3항)

국가는 지방자치단체에 이양한 권한 및 사무가 원활히 처리될 수 있도록 행정적·재정적 지원을 병행하여야 한다.

02 사무처리의 기본원칙(지방자치법 제12조)

1. 지방자치단체는 사무를 처리할 때 주민의 편의와 복리증진을 위하여 노력하여야 한다.

2. 지방자치단체는 조직과 운영을 합리적으로 하고 규모를 적절하게 유지하여야 한다.

3. 지방자치단체는 법령을 위반하여 사무를 처리할 수 없으며, 시·군 및 자치구는 해당 구역을 관할하는 시·도의 조례를 위반하여 사무를 처리할 수 없다.

03 지방자치단체의 사무 범위

1. **사무배분방식**(개별적 배분방식 vs 포괄적 배분방식)

    지방분권화의 세계적 흐름에 따라 지방사무의 배분방식은 포괄적 수권방식 또는 포괄적 예시주의를 취하고 있다. 우리나라도 지방자치법에 따라 포괄적 예시주의*를 취하고 있다.

    > **지방자치법 제13조(지방자치단체의 사무 범위)** ① *지방자치단체는 관할 구역의 자치사무와 법령에 따라 지방자치단체에 속하는 사무를 처리한다.
    > ② 제1항에 따른 *지방자치단체의 사무를 예시하면 다음 각 호와 같다. 다만, 법률에 이와 다른 규정이 있으면 그러하지 아니하다.
    >
    > 1. 지방자치단체의 구역, 조직, 행정관리 등
    >   가. 관할 구역 안 행정구역의 명칭·위치 및 구역의 조정
    >   나. 조례·규칙의 제정·개정·폐지 및 그 운영·관리
    >   다. 산하(傘下) 행정기관의 조직관리
    >   라. 산하 행정기관 및 단체의 지도·감독
    >   마. 소속 공무원의 인사·후생복지 및 교육
    >   바. 지방세 및 지방세 외 수입의 부과 및 징수
    >   사. 예산의 편성·집행 및 회계감사와 재산관리
    >   아. 행정장비관리, 행정전산화 및 행정관리개선
    >   자. 공유재산(公有財産) 관리
    >   차. 주민등록 관리
    >   카. 지방자치단체에 필요한 각종 조사 및 통계의 작성
    >
    > 2. 주민의 복지증진
    >   가. 주민복지에 관한 사업
    >   나. 사회복지시설의 설치·운영 및 관리
    >   다. 생활이 어려운 사람의 보호 및 지원
    >   라. 노인·아동·장애인·청소년 및 여성의 보호와 복지증진
    >   마. 공공보건의료기관의 설립·운영
    >   바. 감염병과 그 밖의 질병의 예방과 방역
    >   사. 묘지·화장장(火葬場) 및 봉안당의 운영·관리

아. 공중접객업소의 위생을 개선하기 위한 지도
자. 청소, 생활폐기물의 수거 및 처리
차. 지방공기업의 설치 및 운영

3. 농림·수산·상공업 등 산업 진흥
가. 못·늪지·보(洑) 등 농업용수시설의 설치 및 관리
나. 농산물·임산물·축산물·수산물의 생산 및 유통 지원
다. 농업자재의 관리
라. 복합영농의 운영·지도
마. 농업 외 소득사업의 육성·지도
바. 농가 부업의 장려
사. 공유림 관리
아. 소규모 축산 개발사업 및 낙농 진흥사업
자. 가축전염병 예방
차. 지역산업의 육성·지원
카. 소비자 보호 및 저축 장려
타. 중소기업의 육성
파. 지역특화산업의 개발과 육성·지원
하. 우수지역특산품 개발과 관광민예품 개발

4. 지역개발과 자연환경보전 및 생활환경시설의 설치·관리
가. 지역개발사업
나. 지방 토목·건설사업의 시행
다. 도시·군계획사업의 시행
라. 지방도(地方道), 시도(市道)·군도(郡道)·구도(區道)의 신설·개선·보수 및 유지
마. 주거생활환경 개선의 장려 및 지원
바. 농어촌주택 개량 및 취락구조 개선
사. 자연보호활동
아. 지방하천 및 소하천의 관리
자. 상수도·하수도의 설치 및 관리
차. 소규모급수시설의 설치 및 관리
카. 도립공원, 광역시립공원, 군립공원, 시립공원 및 구립공원 등의 지정 및 관리
타. 도시공원 및 공원시설, 녹지, 유원지 등과 그 휴양시설의 설치 및 관리
파. 관광지, 관광단지 및 관광시설의 설치 및 관리
하. 지방 궤도사업의 경영
거. 주차장·교통표지 등 교통편의시설의 설치 및 관리
너. 재해대책의 수립 및 집행
더. 지역경제의 육성 및 지원

5. 교육·체육·문화·예술의 진흥
  가. 어린이집·유치원·초등학교·중학교·고등학교 및 이에 준하는 각종 학교의 설치·운영·지도
  나. 도서관·운동장·광장·체육관·박물관·공연장·미술관·음악당 등 공공교육·체육·문화시설의 설치 및 관리
  다. 시·도유산의 지정·등록·보존 및 관리
  라. 지방문화·예술의 진흥
  마. 지방문화·예술단체의 육성

6. 지역민방위 및 지방소방
  가. 지역 및 직장 민방위조직(의용소방대를 포함한다)의 편성과 운영 및 지도·감독
  나. 지역의 화재예방·경계·진압·조사 및 구조·구급

7. 국제교류 및 협력
  가. 국제기구·행사·대회의 유치·지원
  나. 외국 지방자치단체와의 교류·협력

04 지방자치단체의 종류별 사무배분기준(지방자치법 제14조)

1. 시·도의 사무

(1) 행정처리 결과가 2개 이상의 시·군 및 자치구에 미치는 광역적 사무
(2) 시·도 단위로 동일한 기준에 따라 처리되어야 할 성질의 사무
(3) 지역적 특성을 살리면서 시·도 단위로 통일성을 유지할 필요가 있는 사무
(4) 국가와 시·군 및 자치구 사이의 연락·조정 등의 사무
(5) 시·군 및 자치구가 독자적으로 처리하기 어려운 사무
(6) 2개 이상의 시·군 및 자치구가 공동으로 설치하는 것이 적당하다고 인정되는 규모의 시설을 설치하고 관리하는 사무

2. 시·군 및 자치구의 사무

(1) 시·도가 처리하는 것으로 되어 있는 사무를 제외한 사무를 처리하고, 인구 50만 이상의 시에 대해서는 도가 처리하는 사무의 일부를 직접 처리하게 할 수 있다.
(2) 지방자치단체의 종류별 사무는 대통령령으로 정한다.
(3) 시·도와 시·군 및 자치구는 사무를 처리할 때 서로 겹치지 아니하도록 하여야 하며, 사무가 서로 겹치면 시·군 및 자치구에서 먼저 처리한다.

05 국가사무의 처리 제한(지방자치법 제15조)

지방자치단체는 다음 각 호의 국가사무를 처리할 수 없다. 다만, 법률에 이와 다른 규정이 있는 경우에는 국가사무를 처리할 수 있다.

1. 외교, 국방, 사법, 국세 등 국가의 존립에 필요한 사무
2. 물가정책, 금융정책, 수출입정책 등 전국적으로 통일적 처리를 요하는 사무
3. 농산물·임산물·축산물·수산물 및 양곡의 수급조절과 수출입 등 전국적 규모의 사무
4. 국가종합경제개발계획, 국가하천, 국유림, 국토종합개발계획, 지정항만, 고속국도·일반국도, 국립공원 등 전국적 규모나 이와 비슷한 규모의 사무
5. 근로기준, 측량단위 등 전국적으로 기준을 통일하고 조정하여야 할 필요가 있는 사무
6. 우편, 철도 등 전국적 규모나 이와 비슷한 규모의 사무
7. 고도의 기술을 요하는 검사·시험·연구, 항공관리, 기상행정, 원자력개발 등 지방자치단체의 기술과 재정능력으로 감당하기 어려운 사무

06 위임사무(기관위임, 단체위임)와 자치사무

1. 기관위임사무

(1) **의미**
 ① 법령 등에 의하여 국가 또는 상급 지방자치단체로부터 **지방자치단체의 장에게** 위임된 사무를 말한다.
 ② 병역자원의 관리업무 등 주로 국가적 이해관계가 크게 걸려있는 사무로, 소요되는 비용은 원칙적으로 위임기관이 전액부담한다.

(2) **결정**
 위임기관이 결정하므로, 수임기관인 지방자치단체는 조례제정이 불가하다.

(3) **문제점**
 위임기관과 수임기관 사이의 책임소재의 불분명, 지방자치단체를 국가의 하급기관으로 전락시키는 요인으로 작용할 가능성, 전국적으로 획일적인 행정을 강조함으로써 지방적 특수성이 희생되기도 한다.

2. 단체위임사무

(1) 의미

① 법령 등에 의하여 국가 또는 상급 지방자치단체로부터 지방자치단체로 위임된 사무를 말한다.

② 단체위임사무는 국가가 사업비 일부를 보조하여, 지방의회의 통제를 받고 지방자치단체와 국가 공동책임 및 비용을 공동부담(국가와 지자체 공동의 이해관계)한다. 예컨대 예방접종, 보건소의 운영 등이 단체위임사무에 해당한다.

(2) 결정

자치단체 자체에 위임된 사무이므로 지방의회가 조례제정권을 가진다.

(3) 관리감독

중앙정부의 예방적 감독은 원칙적으로 배제되고, 합법성·합목적성에 대한 사후 감독으로 이루어진다.

3. 자치사무

(1) 의미

지방자치단체가 자기의 책임과 부담으로 처리하는 사무를 말한다.

(2) 결정

지방자치단체가 스스로 결정한다.

(3) 관리감독

중앙정부의 적극적 감독, 즉 예방적 감독과 합목적성의 감독은 배제되는 것이 원칙으로 합법성에 대한 사후 감독만 가능하다.

07 중앙사무의 이양

1. 위임된 사무는 원칙적으로 폐지하고, 자치사무와 국가사무로 이분화한다.

2. 국가는 지방자치단체에 이양한 사무가 원활히 처리될 수 있도록 행정적·재정적 지원을 병행해야 하고, 적절한 재원조치 없는 사무의 지방이양은 자치권을 오히려 제약하는 문제를 야기한다.

기출문제 학습

01 지방자치법 시행령에 규정된 지방자치단체의 종류별 사무 중 주민의 복지증진에 관한 사무에 해당하는 것은 (㉠ 가축전염병 예방 및 진료 / ㉡ 지방소비자보호위원회 설치 / ㉢ 지방공기업 관련 지방채의 발행 / ㉣ 재단법인이 설치하는 묘지·화장장(火葬場) 및 봉안당의 허가)이다. 21. 지방자치

02 위임사무에 대한 설명으로 옳은 것을 고르면? 20. 지방자치
① (㉠ 기관위임사무 / ㉡ 단체위임사무)에는 보건소 운영, 시·군의 도세징수 등 지방적 이해와 국가적 이해가 같이 걸린 사무들이 많다.
② 기관위임사무는 자치사무와의 구별이 (㉠ 명확하고 / ㉡ 쉽지 않고) 지방자치단체가 수행하는 사무 중에서 30~40% 정도를 차지한다.
③ 기관위임사무는 단체위임사무에 비하여 자치적 처리의 영역이 (㉠ 좁다 / ㉡ 넓다).

03 (㉠ 기관위임 / ㉡ 단체위임)사무를 처리할 때 지방자치단체장은 국가의 일선 지방행정기관의 지위를 갖는다. 19. 지방자치

04 우리나라는 지방분권화의 세계적 흐름에 따라 지방사무의 배분방식을 (㉠ 제한적 열거방식 / ㉡ 포괄적 예시방식)을 채택하고 있다. 16. 국가 9

05 자치단체에 속하는 사무(단체위임사무)에 대하여 조례로 규정할 수 (㉠ 있다. / ㉡ 없다.) 16. 국가 7

06 (㉠ 단체위임사무 / ㉡ 기관위임사무)는 지방의회가 관여하는 것이 불가능하고, (㉠ 단체위임사무 / ㉡ 기관위임사무)는 지방의회가 관여할 수 있다. 20. 서울 9

07 단체위임사무는 (㉠ 법령에 의하여 / ㉡ 법령에 근거하지 않고) 국가보조로 지원되는 사무이다. 14. 지방자치

08 지방자치법상 지방자치단체의 사무범위에서 '주민의 복지증진에 관한 사무'에 해당하는 것은 (㉠ 주거생활환경 개선의 장려 및 지원 / ㉡ 감염병과 그 밖의 질병의 예방과 방역)이다. 19. 지방자치

09 보건소 운영업무는 대표적인 (㉠ 기관위임 / ㉡ 단체위임)사무이다. 20. 국가 9

10 기관위임사무는 (㉠ 지방자치단체 그 자체에 / ㉡ 지방자치단체의 장에게) 위임한 사무이다. 24. 국가 7

11 「지방자치법」상 농산물·임산물·축산물·수산물 및 양곡의 수급조절 사무는 (㉠ 시·군·구 / ㉡ 시·도 / ㉢ 국가)의 사무에 해당한다. 19. 서울 지방자치, 23. 지방자치

12 자치사무와 단체위임사무의 처리를 위해 자치단체는 조례를 제정하는 것이 가능한데, 기관위임사무 (㉠ 는 원칙적으로 조례제정대상이 아니다. / ㉡ 도 자치단체가 처리하므로 조례제정대상이다.) 14. 국가 9

13 기관위임사무는 국가와 지방자치단체 사이의 행정적 책임의 소재를 (㉠ 명확하게 해준다. / ㉡ 어렵게 한다.) 15. 국가 9

14 「지방자치분권 및 지역균형발전에 관한 특별법」상 국가는 위임한 사무는 원칙적으로 폐지하고 자치사무와 국가사무는 (㉠ 통합해야 / ㉡ 이분화하여야) 한다. 18. 지방 7

15 보충성의 원칙은 과거 우리나라의 정부혁신지방분권위원회에서 제시한 지방분권추진 3대 원칙(㉠ 에는 포함되지 못했다. / ㉡ 에 포함되었다.) 20. 서울 지방자치

16 기능 배분에 있어 가까운 정부에게 우선적으로 관할권을 부여하고, 민간이 처리할 수 있다면 정부가 관여해서는 안되고, 가까운 지방정부가 처리할 수 있는 업무에 상급 지방정부나 중앙정부가 관여해서는 안된다는 것과 관련된 것은 (㉠ 보충성의 원칙 / ㉡ 포괄성의 원칙)이다. 20. 지방 9

17 시·도와 시·군 및 자치구는 사무를 처리할 때 서로 겹치지 아니하도록 하여야 하며, 사무가 서로 겹치면 (㉠ 시·도 / ㉡ 시·군 및 자치구)에서 먼저 처리한다. 22. 지방자치

18 (㉠ 효율성의 원칙 / ㉡ 포괄성의 원칙)은 사무배분에 있어 동종의 업무나 상호 밀접히 연관된 업무는 같이 배분해 주어야 한다는 원칙이다. 18. 서울 지방자치

19 (㉠ 보충성의 원칙 / ㉡ 비경합성의 원칙)은 광역자치단체와 기초자치단체가 사무를 처리할 때 서로 다투지 아니하여야 한다는 원칙이다. (㉠ 기초자치단체가 광역자치단체나 중앙정부보다 / ㉡ 광역자치단체나 중앙정부가 기초자치단체보다) 더 경쟁력이 있다는 것을 경제성의 원칙 또는 효율성의 원칙이라고 한다. 20. 지방자치

Theme 08 주민의 참여

01 주민참여 확대의 효과

1. 정책집행의 순응성 제고, 정책의 민주성과 정당성 증대, 시민의 역량과 자질 증대효과가 있다.

2. 행정적 비용의 증가, 비효율성, 참여자의 비전문성 등이 문제될 수 있다.

3. 사회적 소외계층에 대한 참여기회가 확대된다.

   ⊕ 우리나라의 경우 과거에는 자문위원회, 도시계획위원회, 환경연합회, 협의회 등을 통한 간접적인 참여제도가 주류를 이루었다.

02 주민의 자격 등

1. 주민의 자격(지방자치법 제16조)

지방자치단체의 구역에 주소를 가진 자는 그 지방자치단체의 주민이 된다.

2. 주민의 권리(지방자치법 제17조)

(1) 주민은 법령으로 정하는 바에 따라 주민생활에 영향을 미치는 지방자치단체의 정책의 결정 및 집행 과정에 참여할 권리를 가진다.

(2) 주민은 법령으로 정하는 바에 따라 소속 지방자치단체의 재산과 공공시설을 이용할 권리와 그 지방자치단체로부터 균등하게 행정의 혜택을 받을 권리를 가진다.

(3) 주민은 법령으로 정하는 바에 따라 그 지방자치단체에서 실시하는 지방의회의원과 지방자치단체의 장의 선거(이하 "지방선거"라 한다)에 참여할 권리를 가진다.

3. 주민에 대한 정보공개(지방자치법 제26조)

지방자치단체는 사무처리의 투명성을 높이기 위하여 지방의회의 의정활동, 집행기관의 조직, 재무 등을 주민에게 공개하여야 한다.

4. 주민의 의무(지방자치법 제27조)

주민은 법령으로 정하는 바에 따라 소속 지방자치단체의 비용을 분담하여야 하는 의무를 진다.

03 아른슈타인이 분류한 주민참여

1. 비참여

(1) **조작**(계도, Manipulation)

주민이 지방정부의 활동에 관심을 두지 않는 상태에서 공공부문이 주도적으로 접촉하는 단계이다. 예컨대 존슨 행정부의 주민자문위원회는 주민대표들을 '가르치고', '설득'하는 기구이다.

(2) **임시치료**(교정, Therapy)

주민들의 태도나 행태 등을 교정하는 단계이다.

2. 형식적 참여

(1) **정보제공**(Informing)

지방정부가 일방적으로 정보를 제공하는 단계이다.

(2) **상담**(의견수렴, Consultation)

공청회나 집회 등의 방법으로 행정에의 참여를 유도하고 있으나 형식적인 단계이다.

(3) **회유**(유화, Placation)

제대로 된 참여가 이루어진 것 같지만 실질적으로는 의사결정에 영향을 못미치는 단계이다. 예컨대 위원회를 만들어 결정하게 하나, 이를 받아들이는 궁극적인 권한은 지방정부가 가지고 있는 형태 등을 말한다.

3. 주민권력적(실질적) 참여

(1) **대등협력**(동반자관계, Partnership)

행정기관이 최종적으로 결정권을 가지고 있지만, 주민들이 필요한 경우 그들의 주장을 협상으로 유도(결정권을 공유)하는 단계이다. 예컨대 A 지방자치단체는 지역의 중요 현안 문제 해결을 위해 지방자치단체와 지역주민들 사이에 결정권의 소재에 대한 새로운 합의를 만들고 이를 기반으로 정책결정을 공동으로 할 수 있는 공동위원회를 구성한다.

(2) **권한위임**(Delegated power)

동반자 관계를 넘어 주민이 오히려 결정권을 주도하는 단계이다.

(3) **자주관리**(주민통제, Citizen control)

주민이 모든 결정을 주도하는 단계이다.

> ◈ 주민참여의 정도
>
> 조작(계도, Manipulation) < 임시치료(교정, Therapy) < 정보제공(Informing) < 상담(Consultation) < 회유(유화, Placation) < 대등협력(Partnership) < 권한위임(Delegated power) < 자주관리(Citizen control)

04 우리나라의 주민자치회와 주민자치위원회

1. 주민자치회

(1) 지방자치분권 및 지역균형발전에 관한 특별법 제20조에 근거를 두고 조례로 설치하는 자치기구이자 민·관협치기구이다.

(2) 법령, 조례 또는 규칙으로 정하는 바에 따라 지방자치단체 사무의 일부를 위임 또는 위탁받아 처리할 수 있다.

(3) 주민자치회의 위원은 지방자치단체의 장이 위촉하고, 행정안전부장관은 주민자치회의 설치 및 운영에 참고하기 위하여 주민자치회를 시범적으로 설치·운영할 수 있으며, 이를 위한 행정적·재정적 지원을 할 수 있다.

2. 주민자치위원회

(1) 주민자치위원회는 조례로 설치하고, 시·군 및 자치구가 읍·면·동 단위로 운영하는 주민회의체로 읍·면·동 자문기구의 역할을 한다.
(2) 주민자치회위원은 읍·면·동장이 위촉하며, 지역유지 중심이며 대표성이 부족하다.

• 기출문제 학습 •

01 아른스타인(Arnstein)의 주민참여 8단계에서 실질적 참여에 해당하는 것은 [㉠ 권한위임(delegated power) / ㉡ 정보제공(informing) / ㉢ 조작(manipulation) / ㉣ 상담(consultation)]이다. 18. 지방자치

02 아른슈타인이 분류한 주민참여수준에 따르면, 정보제공(informing)은 (㉠ 형식적 참여의 범주에 해당한다. / ㉡ 협상과 타협으로 연결되는 수준이다.) 11. 국가 7

정답 1. ㉠ 2. ㉠

Theme 08-1 조례의 제정과 개정·폐지 청구

01 의미

1. 주민이 조례의 제정과 개정·폐지를 청구하는 것으로, 1999년 지방자치법 개정을 통해 주민감사청구제와 함께 도입되어 2000년부터 시행되어오고 있다. '주민발의'라고도 한다.

2. 조례의 제정과 개정·폐지청구는 「지방자치법」 제19조에 규정되어 있으나, 세부사항은 「주민조례발안에 관한 법률」(2022. 1. 13. 시행)에서 따로 정하고 있다.

> **지방자치법 제19조(조례의 제정과 개정·폐지 청구)** ① 주민은 지방자치단체의 조례를 제정하거나 개정하거나 폐지할 것을 청구할 수 있다.
> ② 조례의 제정·개정 또는 폐지 청구의 청구권자·청구대상·청구요건 및 절차 등에 관한 사항은 따로 법률로 정한다.

02 주민조례청구권자

18세 이상의 주민으로서 다음 각 호의 어느 하나에 해당하는 사람(공직선거법에 따른 선거권이 없는 사람은 제외)은 지방의회에 청구할 수 있다.

1. 해당 지방자치단체의 관할 구역에 주민등록이 되어 있는 사람

2. 「출입국관리법」에 따른 영주(永住)할 수 있는 체류자격 취득일 후 3년이 지난 외국인으로서 해당 지방자치단체의 외국인등록대장에 올라 있는 사람

03 주민조례청구 요건

다음 각 호의 기준 이내에서 해당 지방자치단체의 조례로 정하는 청구권자 수 이상의 연대 서명이 필요하다.

1. **특별시 및 인구 800만 이상의 광역시·도**: 청구권자 총수의 200분의 1

2. **인구 800만 미만의 광역시·도, 특별자치시, 특별자치도 및 인구 100만 이상의 시**: 청구권자 총수의 150분의 1

3. **인구 50만 이상 100만 미만의 시·군 및 자치구**: 청구권자 총수의 100분의 1

4. **인구 10만 이상 50만 미만의 시·군 및 자치구**: 청구권자 총수의 70분의 1

5. **인구 5만 이상 10만 미만의 시·군 및 자치구**: 청구권자 총수의 50분의 1

6. **인구 5만 미만의 시·군 및 자치구**: 청구권자 총수의 20분의 1

04 주민조례청구 제외 대상

1. 법령을 위반하는 사항

2. 지방세·사용료·수수료·부담금을 부과·징수 또는 감면하는 사항

3. 행정기구를 설치하거나 변경하는 사항

4. 공공시설의 설치를 반대하는 사항

05 주민청구조례안의 심사 절차

지방의회는 주민청구조례안이 수리된 날부터 1년 이내에 주민청구조례안을 의결하여야 한다. 다만, 필요한 경우에는 본회의 의결로 1년 이내의 범위에서 한 차례만 그 기간을 연장할 수 있다.

• 기출문제 학습 •

01 주민조례발안에 관한 법률에 따라 인구 50만 이상 100만 미만의 시·군 및 자치구는 청구권자 총수의 (㉠ 100분의 1 / ㉡ 70분의 1) 이내에서 지방자치단체의 조례로 정하는 (㉠ 18세 / ㉡ 19세) 이상의 주민 수 이상의 연서로 조례의 제정·개정 및 폐지를 청구할 수 있다. 19. 서울 지방자치

02 「주민조례발안에 관한 법률」상 주민에 의한 조례의 제정 및 개폐청구대상에 포함되지 않는 것을 모두 고르면 (㉠ 지방세의 부과·징수에 관한 사항 / ㉡ 행정기구를 설치하거나 변경하는 것에 관한 사항 / ㉢ 공공시설의 설치를 반대하는 사항 / ㉣ 원자력발전소 설치 반대에 대한 사항)이다.
22. 지방자치, 19. 국가 9, 16. 국가 7

03 주민조례발안에 관한 법률상 주민은 (㉠ 지방의회에 / ㉡ 지방자치단체장에게) 조례의 제정 및 개폐를 청구할 수 있다. 14. 지방 7

정답 1. ㉠, ㉠ 2. ㉠, ㉡, ㉢, ㉣ 3. ㉠

Theme 08-2 주민의 감사청구

01 의미

1. 주민이 지방자치단체와 그 장의 권한에 속하는 사무의 처리가 법령에 위반되거나 공익을 현저히 해친다고 인정되면 연대서명하여 시·도의 경우에는 주무부장관에게, 시·군 및 자치구의 경우에는 시·도지사에게 감사를 청구할 수 있다.

2. 주민의 감사청구는 지방자치법 제21조에 규정되어 있고, 1999년 지방자치법 개정으로 조례의 제정과 개정·폐지 청구제와 함께 도입되어 2000년부터 시행되어 오고 있다.

02 청구권자

지방자치단체의 18세 이상의 주민으로서 다음 각 호의 어느 하나에 해당하는 사람(공직선거법에 따른 선거권이 없는 사람은 제외한다)

1. 해당 지방자치단체의 관할 구역에 주민등록이 되어 있는 사람

2. 「출입국관리법」에 따른 영주(永住)할 수 있는 체류자격 취득일 후 3년이 지난 외국인으로서 해당 지방자치단체의 외국인등록대장에 올라 있는 사람

03 주민의 감사청구요건(해당 범위 이내에서 조례로 정한다)

1. **시·도**: 300명

2. **인구 50만 이상 대도시**: 200명

3. **그 밖의 시·군 자치구**: 150명

04 주민의 감사청구 제외 대상

1. 수사나 재판에 관여하게 되는 사항

2. 개인의 사생활을 침해할 우려가 있는 사항

3. 다른 기관에서 감사하였거나 감사 중인 사항. 다만, 다른 기관에서 감사한 사항이라도 새로운 사항이 발견되거나 중요 사항이 감사에서 누락된 경우와 주민소송의 대상이 되는 경우에는 그러하지 아니하다.

4. 동일한 사항에 대하여 소송이 진행 중이거나 그 판결이 확정된 사항

05 청구기한

사무처리가 있었던 날이나 끝난 날부터 3년이 지나면 제기할 수 없다.

06 감사기간

주무부장관이나 시·도지사는 감사청구를 수리한 날부터 60일 이내에 감사청구된 사항에 대하여 감사를 끝내야 하며, 감사 결과를 청구인의 대표자와 해당 지방자치단체의 장에게 서면으로 알리고, 공표하여야 한다. 다만, 그 기간에 감사를 끝내기가 어려운 정당한 사유가 있으면 그 기간을 연장할 수 있으며, 기간을 연장할 때에는 미리 청구인의 대표자와 해당 지방자치단체의 장에게 알리고, 공표하여야 한다.

• 기출문제 학습 •

01 주민감사청구는 인구 50만 이상의 대도시는 (㉠ 200명 / ㉡ 300명)을 넘지 않는 범위에서 그 지방자치단체의 조례로 정하는 (㉠ 18세 / ㉡ 19세) 이상의 주민 수 이상의 연서로 감사를 청구할 수 있다.
20. 서울 지방자치

02 (㉠ 개인의 사생활을 침해할 우려가 있는 사항이라도 / ㉡ 개인의 사생활을 침해할 우려가 있는 경우 등은 제외하고), 사무의 처리가 법령에 위반되거나 공익을 현저히 해친다고 인정되면 주민 감사청구를 할 수 있다. 17. 국가추가 9

03 주민감사청구 요건으로 시·도는 (㉠ 1000명 / ㉡ 500명 / ㉢ 300명), 인구 50만 이상 대도시는 (㉠ 500명 / ㉡ 300명 / ㉢ 200명), 시·군 및 자치구는 (㉠ 300명 / ㉡ 200명 / ㉢ 150명)을 넘지 아니한 범위에서 조례로 정한다. 18. 지방 9, 16. 지방 7, 14. 지방 7

정답 1. ㉠, ㉠ 2. ㉡ 3. ㉢, ㉢, ㉢

Theme 08-3 · 주민투표제

01 의미

1. 주민에게 과도한 부담을 주거나 중대한 영향을 미치는 지방자치단체의 주요 결정사항 등에 대하여 주민투표를 통해 결정하는 제도이다.

2. 주민투표제는 지방자치법 제18조 및 세부사항은 「주민투표법」에서 따로 정하고 있다. 2004년 「주민투표법」이 제정되고, 2004년부터 시행되어 오고 있다.

> **지방자치법 제18조(주민투표)** ① 지방자치단체의 장은 주민에게 과도한 부담을 주거나 중대한 영향을 미치는 지방자치단체의 주요 결정사항 등에 대하여 주민투표에 부칠 수 있다.
> ② 주민투표의 대상·발의자·발의요건, 그 밖에 투표절차 등에 관한 사항은 따로 법률로 정한다.

02 주민투표사무의 관리

특별시·광역시 또는 도에 있어서는 특별시·광역시·도 선거관리위원회가, 자치구·시 또는 군에 있어서는 구·시·군 선거관리위원회가 관리한다.

03 주민투표권

1. 18세 이상의 주민 중 투표인명부 작성기준일 현재 다음 각 호의 어느 하나에 해당하는 사람에게는 주민투표권이 있다. 다만, 공직선거법에 따른 선거권이 없는 사람에게는 주민투표권이 없다.

(1) 그 지방자치단체의 관할 구역에 주민등록이 되어 있는 사람

(2) 출입국관리 관계 법령에 따라 대한민국에 계속 거주할 수 있는 자격을 갖춘 외국인으로서 지방자치단체의 조례로 정한 사람

2. 주민투표권자의 연령은 투표일 현재를 기준으로 산정한다.

04 주민투표의 대상

1. 주민에게 과도한 부담을 주거나 중대한 영향을 미치는 지방자치단체의 주요 결정사항

2. **주민투표에 부칠 수 없는 사항**

(1) 법령에 위반되거나 재판중인 사항

(2) 국가 또는 다른 지방자치단체의 권한 또는 사무에 속하는 사항

(3) 지방자치단체가 수행하는 다음 각 목의 어느 하나에 해당하는 사무의 처리에 관한 사항
  가. 예산 편성·의결 및 집행
  나. 회계·계약 및 재산관리

(3)-2. 지방세·사용료·수수료·분담금 등 각종 공과금의 부과 또는 감면에 관한 사항

(4) 행정기구의 설치·변경에 관한 사항과 공무원의 인사·정원 등 신분과 보수에 관한 사항

(5) 다른 법률에 의하여 주민대표가 직접 의사결정주체로서 참여할 수 있는 공공시설의 설치에 관한 사항. 다만, 지방의회가 주민투표의 실시를 청구하는 경우에는 그러하지 아니하다.

(6) 동일한 사항(그 사항과 취지가 동일한 경우를 포함한다)에 대하여 주민투표가 실시된 후 2년이 경과되지 아니한 사항

05 주민투표의 실시요건

지방자치단체의 장은 다음 각 호의 어느 하나에 해당하는 경우에는 주민투표를 실시할 수 있다. 이 경우 제1호 또는 제2호에 해당하는 경우에는 주민투표를 실시하여야 한다.

1. <u>주민이 주민투표의 실시를 청구하는 경우</u>*
   주민투표청구권자 총수의 20분의 1 이상 5분의 1 이하의 범위에서 지방자치단체의 조례로 정하는 수 이상의 서명으로 그 지방자치단체의 장에게 주민투표의 실시를 청구할 수 있다.

2. 지방의회가 재적의원 과반수의 출석과 출석의원 3분의 2 이상의 찬성으로 그 지방자치단체의 장에게 청구하는 경우

3. 지방자치단체의 장이 주민의 의견을 듣기 위하여 필요하다고 판단하는 경우

06 주민투표의 형식

특정한 사항에 대하여 찬성 또는 반대의 의사표시를 하거나 두 가지 사항 중 하나를 선택하는 형식으로 실시하여야 한다.

07 주민투표결과의 확정

1. 주민투표권자 총수의 4분의 1 이상의 투표와 유효투표수 과반수의 득표로 확정된다.

2. 전체 투표수가 주민투표권자 총수의 4분의 1에 미달되거나 주민투표에 부쳐진 사항에 관한 유효득표수가 동수인 경우에는, 찬성과 반대 양자를 모두 수용하지 아니하거나 양자택일의 대상이 되는 사항 모두를 선택하지 아니하기로 확정된 것으로 본다.

08 사례

2011년 서울특별시의 무상급식정책에 대한 주민투표가 실시되었으나, 충분한 투표가 이루어지지 않아 개표하지 않고 부결 처리되었다.

기출문제 학습

01 지방의회는 재적의원 과반수의 출석과 (㉠ 출석위원 과반수의 / ㉡ 출석의원 3분의 2 이상의) 찬성으로 지방자치단체장에게 주민투표의 실시를 청구할 수 있다. 19. 지방자치

02 「주민투표법」상 사항과 취지가 동일한 주민투표가 실시된 후 (㉠ 2년 / ㉡ 3년)이 경과되지 아니한 사항은 주민투표에 부칠 수 없다. 16. 지방자치

03 지방자치단체의 사무 중 예산 편성·의결 및 집행에 관한 사항을 주민투표에 부칠 수 (㉠ 있다. / ㉡ 없다.) 25. 국가 9

04 (㉠ 주민투표 / ㉡ 주민감사청구)는 특정한 사항에 대하여 찬성 또는 반대의 의사표시를 하거나 두 가지 사항 중 하나를 선택하는 형식으로 실시하여야 한다. 17. 지방 7

05 주민투표는 주민투표권자 총수의 (㉠ 4분의 1 / ㉡ 3분의 1) 이상의 투표와 유효투표수 과반수의 득표로 확정되는데, 이에 (㉠ 미달되는 때에는 개표하지 않는다. / ㉡ 미달되더라도 개표할 수 있다.) 16. 지방자치

06 (㉠ 지방자치법 / ㉡ 주민투표법)은 주민투표의 대상, 청구요건, 효력 등에 관한 상세규정을 두고 있다. 20. 지방자치

07 주민투표와 주민감사청구 가능 연령은 (㉠ 2020년 / ㉡ 2022년)에 18세 이상으로 하향되었다. 21. 지방자치

정답 1.㉡ 2.㉠ 3.㉡ 4.㉠ 5.㉠,㉡ 6.㉡ 7.㉡

Theme 08-4 주민소송제

01 제도의 도입

주민소송제는 2005년 도입되어 2006년부터 지방자치단체를 대상으로 시행되었고, 지방자치법 제22조에 규정되어 있다.

🔍 중앙정부를 대상으로 하는 국민소송제도는 입법화되지 않았다.

02 주민소송의 대상(감사청구 → 주민소송)

주민은 공금의 지출에 관한 사항, 재산의 취득·관리·처분에 관한 사항, 해당 지방자치단체를 당사자로 하는 매매·임차·도급 계약이나 그 밖의 계약의 체결·이행에 관한 사항 또는 지방세·사용료·수수료·과태료 등 공금의 부과·징수를 게을리한 사실에 대하여 각 호의 어느 하나에 해당하는 경우 해당 지방자치단체의 장을 상대방으로 하여 소송을 제기할 수 있다.

1. 주무부장관이나 시·도지사가 감사 청구를 수리한 날부터 60일이 지나도 감사를 끝내지 아니한 경우
2. 감사 결과 또는 조치 요구에 불복하는 경우
3. 주무부장관이나 시·도지사의 조치 요구를 지방자치단체의 장이 이행하지 아니한 경우
4. 지방자치단체의 장의 이행 조치에 불복하는 경우

03 기타 조항

1. 소송은 감사 결과나 조치 요구 내용에 대한 통지를 받은 날 등으로 부터 90일 이내에 제기하여야 한다.
2. 다른 주민은 같은 사항에 대하여 별도의 소송을 제기할 수 없다.
3. 당사자는 법원의 허가를 받지 아니하고는 소의 취하, 소송의 화해 또는 청구의 포기를 할 수 없다.

• 기출문제 학습 •

01 주민소송은 (㉠ 위법한 재무행위분야에 한정하지 않고 포괄적인 일반사무행위도 포함한다. / ㉡ 위법한 재무행위분야에 한정된다.) 18. 서울 지방자치

02 (㉠ 중앙정부 / ㉡ 지방정부 / ㉢ 중앙정부와 지방정부)를 대상으로 주민소송제를 입법화했다. 12. 서울 9

03 주민소송과 관련하여 17. 서울 지방자치
① 다른 주민은 같은 사항에 대하여 별도의 소송을 제기할 수 (㉠ 있다. / ㉡ 없다.)
② 당사자는 법원의 허가를 받지 아니하고는 소의 취하, 소송의 화해 또는 청구의 포기를 할 수 (㉠ 있다. / ㉡ 없다.)
③ 소송제기의 기한은 결과통지를 받은 날로부터 (㉠ 60일 / ㉡ 90일) 이내이다.

04 주민은 주무부장관이나 시·도지사에게 감사를 청구한 날부터 60일이 지나도 감사 청구된 사항에 대하여 감사를 끝내지 아니한 경우에 (㉠ 주무부장관 / ㉡ 해당 지방자치단체의 장)을 상대로 소송을 제기할 수 있다. 23. 지방자치

정답 1. ㉡ 2. ㉡ 3. ①-㉡ ②-㉡ ③-㉡ 4. ㉡

Theme 08-5 주민소환제

01 의미

1. 주민소환제는 임기만료 전에 그 직을 상실시키는 제도로, 가장 유력한 직접민주주의 제도로서 심리적 통제 효과가 크다.

2. 지방자치법 제25조에 규정되어 있고, 세부사항은 「주민소환에 관한 법률」에서 따로 정하고 있다. 2006년 「주민소환에 관한 법률」이 제정되어, 2007년부터 시행되어 오고 있다.

> **지방자치법 제25조(주민소환)** ① 주민은 그 지방자치단체의 장 및 지방의회의원(비례대표 지방의회의원은 제외한다)을 소환할 권리를 가진다.
> ② 주민소환의 투표 청구권자·청구요건·절차 및 효력 등에 관한 사항은 따로 법률로 정한다.

02 주민소환투표의 사무관리

해당 지방자치단체의 장선거 및 지방의회의원선거의 선거구선거사무를 행하는 선거관리위원회가 관리한다.

03 주민소환투표권

지방자치단체의 19세 이상의 주민으로서 다음 각 호의 어느 하나에 해당하는 사람(공직선거법에 따른 선거권이 없는 사람은 제외)이 가진다.

1. 해당 지방자치단체의 관할 구역에 주민등록이 되어 있는 사람

2. 「출입국관리법」 따른 영주(永住)할 수 있는 체류자격 취득일 후 3년이 지난 외국인으로서 해당 지방자치단체의 외국인등록대장에 올라 있는 사람

04 주민소환투표의 청구

주민소환투표청구권자는 해당 지방자치단체의 장 및 지방의회의원에 대하여 다음 각 호에 해당하는 주민의 서명으로 그 소환사유를 서면에 구체적으로 명시하여 관할선거관리위원회에 주민소환투표의 실시를 청구할 수 있다.

1. **특별시장·광역시장·도지사**: 당해 지방자치단체의 주민소환투표청구권자 총수의 100분의 10 이상

2. **시장·군수·자치구의 구청장**: 당해 지방자치단체의 주민소환투표청구권자 총수의 100분의 15 이상

3. **시·도의회의원 및 자치구·시·군의회의원**: 당해 지방의회의원의 선거구 안의 주민소환투표청구권자 총수의 100분의 20 이상

05 주민소환투표의 청구제외 및 제한기간

1. **청구제외**: 비례대표의원

2. **청구제한기간**
   (1) 선출직 지방공직자의 임기 개시일부터 1년이 경과하지 아니한 때
   (2) 선출직 지방공직자의 임기만료일부터 1년 미만일 때
   (3) 해당 선출직 지방공직자에 대한 주민소환투표를 실시한 날부터 1년 이내인 때

06 주민소환투표의 발의

관할선거관리위원회는 주민소환투표대상자의 소명요지 또는 소명서 제출기간이 경과한 날부터 7일 이내에 주민소환투표일과 주민소환투표안(소환청구서 요지를 포함한다)을 공고하여 주민소환투표를 발의하여야 한다.

07 주민소환투표결과의 확정

1. 주민소환은 주민소환투표권자 총수의 3분의 1 이상의 투표와 유효투표 총수 과반수의 찬성으로 확정된다.

2. 전체 주민소환투표자의 수가 주민소환투표권자 총수의 3분의 1에 미달하는 때에는 개표를 하지 아니한다.

08 주민소환투표의 효력

주민소환이 확정된 때에는 주민소환투표대상자는 그 결과가 공표된 시점부터 그 직을 상실한다.

09 사례

2007년 경기도 하남시에서 최초로 실시되어, 시의원 2명이 직을 상실하였다.

기출문제 학습

01 주민소환투표의 경우 외국인의 투표권은 (㉠ 일정한 요건을 갖추면 인정된다. / ㉡ 인정되지 않는다.) ^{21. 지방자치}

02 주민소환의 청구요건으로 시·도지사 및 교육감 (㉠ 10/100 / ㉡ 15/100 / ㉢ 20/100) 이상, 시, 군, 자치구 단체장 (㉠ 10/100 / ㉡ 15/100 / ㉢ 20/100) 이상, 시·도 및 시, 군, 자치구 의원 (㉠ 10/100 / ㉡ 15/100 / ㉢ 20/100) 이상의 주민 서명으로 관할 선거관리위원회에 청구한다. ^{21. 국가 9}

03 주민은 지방자치단체의 장과 (㉠ 비례대표 지방의회의원을 포함한 / ㉡ 비례대표 지방의회의원을 제외한) 지방의회의원을 소환할 권리를 가진다. ^{20. 서울 지방자치}

04 선출직 공직자의 주민소환투표의 실시를 청구할 수 없는 경우는 ^{14. 서울 7}
① 선출직 지방공직자의 임기개시일부터 (㉠ 1년 / ㉡ 2년)이 경과하지 아니한 때, ② 선출직 지방공직자의 임기만료일부터 (㉠ 1년 / ㉡ 2년) 미만일 때이다.

05 주민소환은 주민소환투표권자 총수의 (㉠ 1/3 이상 / ㉡ 과반수 / ㉢ 2/3 이상) 투표와 유효투표 총수의 (㉠ 1/3 이상 / ㉡ 과반수 / ㉢ 2/3 이상) 찬성으로 확정된다. ^{10. 지방 7}

06 지방자치단체의 장은 주민소환투표에 의해 소환이 확정된 경우 그 직을 (㉠ 상실하나, 그 보궐선거에는 후보자로 등록할 수 있다. / ㉡ 상실한 자는 해당보궐선거에 후보자로 등록할 수 없다.) ^{16. 서울 지방자치}

07 주민참여제도가 도입된 순서대로 나열하면 (㉠ 주민소환제 / ㉡ 조례제정개폐청구제 / ㉢ 주민투표제 / ㉣ 주민소송제) 순서이다. ^{18. 서울추가 7}

08 「지방자치법」에서 정한 주민참여에 해당하지 않는 것을 모두 고르면 (㉠ 주민의 조례제정 청구 / ㉡ 주민의 감사 청구 / ㉢ 주민총회 / ㉣ 주민소송 / ㉤ 주민정보공개청구)이다. ^{15. 국가 7, 13. 지방 7}

> **주민총회**
> 일정 수 이상의 주민이 직접 참여하여 주요 안건의 결정과 집행을 수행하는 직접민주주의의 원리가 작동하는 제도이다. 미국, 스위스 등에서 운영하고 있다.

09 현행 법률상 허용되지 않는 것을 모두 고르면? ^{19. 지방 7, 16. 지방 7, 15. 서울 9}

> ㉠ 비례대표 지방의회의원에 대한 주민소환
> ㉡ 수사에 관여하게 되는 사항에 대한 주민감사청구
> ㉢ 수수료 감면을 위한 주민의 조례 개정 청구
> ㉣ 지방공무원의 정원에 관한 주민투표

정답 1. ㉠ 2. ㉠, ㉡, ㉢ 3. ㉡ 4. ①-㉠ ②-㉠ 5. ㉠, ㉡ 6. ㉡ 7. ㉡-㉢-㉣-㉠ 8. ㉢, ㉤ 9. ㉠, ㉡, ㉢, ㉣

Theme 08-6 주민참여예산제도

01 의미

1. 지방예산편성 등 예산과정에 주민이 참여할 수 있는 제도로 브라질의 포르투 알레그레 시에서 1989년 세계 최초로 실시되었다.

2. 우리나라는 2004년 광주광역시 북구에서 처음 도입 후 2011년 지방재정법에 반영되었다. 중앙정부 차원에서 국민참여예산제도는 2018년 국가재정법 개정으로 도입하여 2019년 예산편성부터 시행되었다.

02 재정민주주의

1. 재정민주주의는 '대표 없이 과세 없다(No Tax Without Representation)'라는 표현에서 나타나듯이 재정 주권이 납세자인 국민에게 있다는 의미를 내포한다.

2. 납세자인 시민이 국가 또는 지방자치단체의 재정지출과 관련된 부정과 낭비를 감시하는 납세자소송제도*는 재정 민주주의의 본질을 잘 반영하고 있다.
   우리나라는 지방자치단체에 대해서는 주민소송제를 도입하였으나, 중앙정부를 대상으로 하는 납세자소송제는 도입하고 있지 않다.

3. 주민참여 예산제도는 예산편성과정에 주민참여를 확대함으로써 지방재정 운영의 투명성 및 공정성을 제고하여 재정민주주의에 기여한다.

03 특징

1. 예산과정에 시민참여를 통해 결과보다는 과정적 측면의 이념을 강조하고, 중앙정부와 지방정부 모두 가능하지만, 주로 지방정부를 대상으로 시행하고 있다.

2. 결과보다는 과정적 측면의 이념을 강조하며, 지방의회의 예산심의권 침해 논란이 있다.

3. 우리나라는 법령이 정하는 절차에 따라 수렴된 주민의 의견을 검토하여야 하지만, 그 결과를 반드시 예산편성에 반영하지 않아도 되는 재량사항이다.

04 지방예산 편성 등 예산과정의 주민 참여(지방재정법 제39조)

1. 지방자치단체의 장은 대통령령으로 정하는 바에 따라 지방예산 편성 등 예산과정(지방의회의 의결사항은 제외한다.)에 주민이 참여할 수 있는 제도를 마련하여 시행하여야 한다.

2. 지방예산 편성 등 예산과정의 주민 참여와 관련되는 다음 각 호의 사항을 심의하기 위하여 지방자치단체의 장 소속으로 주민참여예산기구를 둘 수 있다.
   (1) 주민참여예산제도의 운영에 관한 사항
   (2) 지방의회에 제출하는 예산안에 첨부하여야 하는 의견서의 내용에 관한 사항
   (3) 지방자치단체의 장이 주민참여예산제도의 운영에 필요하다고 인정하는 사항
3. 지방자치단체의 장은 주민참여예산제도를 통하여 수렴한 주민의 의견서를 지방의회에 제출하는 예산안에 첨부하여야 한다.
4. 행정안전부장관은 지방자치단체의 재정적·지역적 여건 등을 고려하여 대통령령으로 정하는 바에 따라 지방자치단체별 주민참여예산제도의 운영에 대하여 평가를 실시할 수 있다.
5. 주민참여예산기구의 구성·운영과 그 밖에 필요한 사항은 해당 지방자치단체의 조례로 정한다.

· 기출문제 학습 ·

01 주민참여예산제도는 (㉠ 임의규정으로 강제력은 없으나, 지방의회의 예산심의기능을 강화시킬 수 있다. / ㉡ 지방재정법에 따라 실시해야 하는 강행규정이고, 지방의회의 예산심의권 침해 논란이 있다.)
20. 지방자치

02 지방자치단체의 장은 (㉠ 조례로 / ㉡ 대통령령으로) 정하는 바에 따라 지방예산편성 등 예산과정에 주민참여예산제도를 마련하여 시행하여야 한다. 20. 서울 지방자치

정답 1. ㉡ 2. ㉡

Theme 08-7 규칙의 제정과 개정·폐지 의견 제출

01 제도의 도입

규칙의 제정과 개정·폐지 의견 제출은 지방자치법이 전부개정(2021. 1. 12.)·시행(2022. 1. 13.)됨에 따라 도입되어, 지방자치법 제20조에 규정되었다.

02 절차

1. 주민은 규칙(권리·의무와 직접 관련되는 사항으로 한정한다)의 제정, 개정 또는 폐지와 관련된 의견을 해당 지방자치단체의 장에게 제출할 수 있다.

2. 지방자치단체장은 제출한 의견에 대해 제출한 날부터 30일 이내에 검토 결과를 제출한 주민에게 통보해야 한다.

• 기출문제 학습 •

01 2021년 1월 전부개정된 「지방자치법」에서 처음으로 도입된 주민참여 제도는 (㉠ 주민소환 / ㉡ 주민의 감사청구 / ㉢ 조례의 제정과 개정·폐지 청구 / ㉣ 규칙의 제정과 개정·폐지 관련 의견 제출)이다.
23. 국가 9

정답 1. ㉣

Theme 09 자치입법권

01 조례와 규칙의 제정

1. 조례(지방자치법 제28조)

(1) 지방자치단체는 법령의 범위에서 그 사무에 관하여 조례를 제정할 수 있다. 다만, 주민의 권리 제한 또는 의무 부과에 관한 사항이나 벌칙을 정할 때에는 법률의 위임이 있어야 한다.

(2) 법령에서 조례로 정하도록 위임한 사항은 그 법령의 하위 법령에서 그 위임의 내용과 범위를 제한하거나 직접 규정할 수 없다.

2. 규칙(지방자치법 제29조)

지방자치단체의 장은 법령 또는 조례의 범위에서 그 권한에 속하는 사무에 관하여 규칙을 제정할 수 있다.

3. 조례와 규칙의 입법한계(지방자치법 제30조)

시·군 및 자치구의 조례나 규칙은 시·도의 조례나 규칙을 위반해서는 아니 된다.

4. 지방자치단체를 신설하거나 격을 변경할 때의 조례·규칙 시행(지방자치법 제31조)

지방자치단체를 나누거나 합하여 새로운 지방자치단체가 설치되거나 지방자치단체의 격이 변경되면 그 지방자치단체의 장은 필요한 사항에 관하여 새로운 조례나 규칙이 제정·시행될 때까지 종래 그 지역에 시행되던 조례나 규칙을 계속 시행할 수 있다.

02 조례와 규칙의 제정 절차 등(지방자치법 제32조)

1. 지방자치단체의 장이 조례안에 대해 재의요구를 하지 않을 경우

① 지방의회 (조례안 의결)	② → (5일 이내 조례안 이송)	③ 지방자치단체의 장 (공포)

2. 지방자치단체의 장이 조례안에 대해 재의요구를 하는 경우

① 지방의회 (조례안 의결)	② → (5일 이내 조례안 이송)	③ 지방자치단체의 장
④ → (20일 이내 재의요구) 조례안의 일부에 대하여 또는 조례안을 수정하여 재의를 요구할 수 없음	⑤ 지방의회 (재의결: 과반출석 & 2/3 이상의 찬성으로 전과 같으면 조례안은 확정)	⑥ 확정된 조례안은 지방자치단체의 장이 즉시 공포하거나 지방자치단체의 장이 5일 이내에 공포 안할 시 의장이 공포

🔍 지방자치단체의 장은 재의결된 사항이 법령에 위반된다고 판단되면 20일 이내에 대법원에 소를 제기할 수 있다.

3. 조례와 규칙은 특별한 규정*이 없으면 공포한 날부터 20일이 지나면 효력이 발생한다.

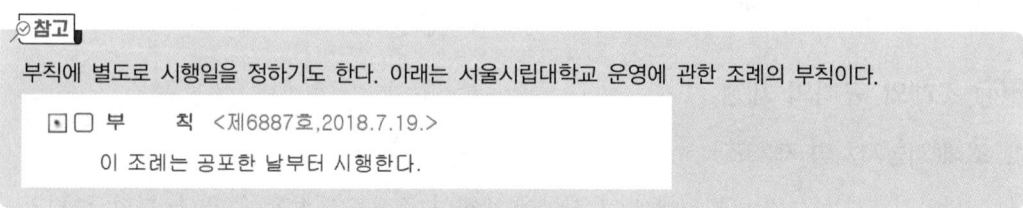

> 참고
> 부칙에 별도로 시행일을 정하기도 한다. 아래는 서울시립대학교 운영에 관한 조례의 부칙이다.
>
> 부　　칙　<제6887호, 2018.7.19.>
> 이 조례는 공포한 날부터 시행한다.

03 조례와 규칙의 공포 방법(지방자치법 제33조)

1. 조례와 규칙의 공포는 해당 지방자치단체의 공보에 게재하는 방법으로 한다. 다만, 지방의회의 의장이 조례를 공포하는 경우에는 공보나 일간신문에 게재하거나 게시판에 게시한다.

2. 공보는 종이공보 또는 전자공보로 운영한다. 공보의 내용 해석 및 적용 시기 등에 대하여 종이공보와 전자공보는 동일한 효력을 가진다.

3. 조례와 규칙의 공포에 관하여 그 밖에 필요한 사항은 대통령령으로 정한다.

◈ 예시: 공보에 게재된 울산광역시 지속가능발전 기본 조례

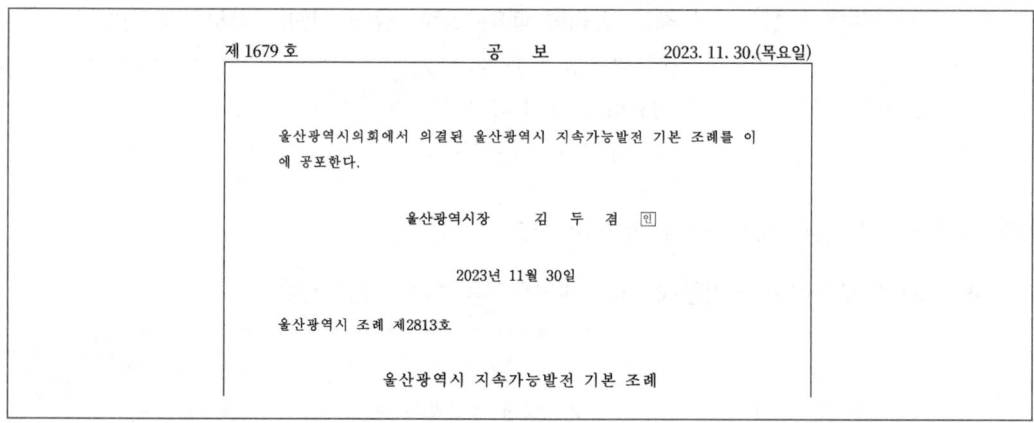

04 조례 위반에 대한 과태료(지방자치법 제34조)

지방자치단체는 조례를 위반한 행위에 대하여 조례로써 1천만원 이하의 과태료를 정할 수 있고, 과태료는 해당 지방자치단체의 장이나 그 관할 구역의 지방자치단체의 장이 부과·징수한다.

05 보고(지방자치법 제35조)

조례나 규칙을 제정하거나 개정하거나 폐지할 경우 조례는 지방의회에서 이송된 날부터 5일 이내에, 규칙은 공포 예정일 15일 전에 시·도지사는 행정안전부장관에게, 시장·군수 및 자치구의 구청장은 시·도지사에게 그 전문(全文)을 첨부하여 각각 보고하여야 하며, 보고를 받은 행정안전부장관은 그 내용을 관계 중앙행정기관의 장에게 통보하여야 한다.

• 기출문제 학습 •

01 지방자치단체는 (㉠ 법령의 범위에서 / ㉡ 법률에 위반되지 않는 범위에서) 그 사무에 관하여 조례를 제정할 수 있다. 19. 서울 지방자치

02 지방자치단체의 장은 법령의 범위에서 그 권한에 속하는 사무에 관하여 (㉠ 조례 / ㉡ 규칙 / ㉢ 조례와 규칙)를(을) 제정할 수 있다. 23. 지방자치

03 자치단체의 장은 이송받은 조례안에 대하여 이의가 있으면 20일 이내에 (㉠ 이를 수정하여 재의를 요구할 수 있다. / ㉡ 재의를 요구할 수 있지만 조례안의 일부에 대하여 또는 조례안을 수정하여 재의를 요구할 수 없다.) 16. 지방자치

04 ① 지방의회에서 의결된 조례안은 (㉠ 10일 / ㉡ 5일) 이내에 지방자치단체의 장에게 이송되어야 한다.
② 재의요구를 받은 조례안은 재적의원 과반수의 출석과 출석의원 (㉠ 과반수 / ㉡ 3분의 2 이상)의 찬성으로 재의요구를 받기 전과 같이 의결되면, 조례로 확정된다. 14. 지방 9

05 조례를 폐지할 경우 지방의회에서 조례가 이송된 날부터 (㉠ 5일 / ㉡ 15일) 이내에 시·도지사는 행정안전부장관에게 보고해야 한다. 20. 서울 지방자치

06 「지방자치법」상 지방자치단체는 조례를 위반한 행위에 대하여 (㉠ 조례로써 / ㉡ 규칙으로) (㉠ 1,500만원 / ㉡ 1,000만원) 이하의 과태료를 정할 수 있다. 21. 국가 9

07 조례와 규칙의 공포에 관하여 필요한 사항은 (㉠ 법률로 / ㉡ 대통령령으로) 정한다. 14. 지방자치

정답 1. ㉠ 2. ㉡ 3. ㉡ 4. ①-㉡ ②-㉡ 5. ㉠ 6. ㉠, ㉡ 7. ㉡

Theme 10-1 우리나라의 지방의회 1

01 조직(지방자치법 제37조 및 제38조)

1. 지방자치단체에 주민의 대의기관인 의회를 둔다.
2. 지방의회의원은 주민이 보통·평등·직접·비밀선거로 선출한다.

02 지방의회의원

1. **의원의 임기**(지방자치법 제39조) : 4년

2. **의원의 의정활동비 등**(지방자치법 제40조)
   지방의원에게 의정활동비, 월정수당, 여비를 지급한다.

3. **의원의 정책지원 전문인력**(지방자치법 제41조)
   지방의회의원의 의정활동을 지원하기 위하여 지방의회의원 정수의 2분의 1 범위에서 해당 지방자치단체의 조례로 정하는 바에 따라 지방의회에 정책지원 전문인력을 둘 수 있다. 정책지원 전문인력은 지방공무원으로 보하며, 직급·직무 및 임용절차 등 운영에 필요한 사항은 대통령령으로 정한다.

4. **상해·사망 등의 보상**(지방자치법 제42조)
   지방의회의원이 직무로 인하여 신체에 상해를 입거나 사망한 경우와 그 상해나 직무로 인한 질병으로 사망한 경우에는 보상금을 지급할 수 있다. 보상금의 지급기준은 대통령령으로 정하는 범위에서 해당 지방자치단체의 조례로 정한다.

5. **겸직 등 금지**(지방자치법 제43조)
   지방의회의원은 국회의원, 다른 지방의회의원, 헌법재판소 재판관, 각급 선거관리위원회 위원, 공공기관의 임직원, 지방공사와 지방공단의 임직원, 농업협동조합 등의 임직원, 정당의 당원이 될 수 없는 교원, 다른 법령에 따라 공무원의 신분을 가지는 직은 겸할 수 없다.

6. **의원의 의무**(지방자치법 제44조)
   지방의회의원은 직무를 성실히 수행하고, 청렴의 의무를 지며, 품위를 유지하며, 지위를 남용하여 재산상의 권리·이익 또는 직위를 취득하거나 다른 사람을 위하여 그 취득을 알선해서는 아니 된다. 소관 상임위원회의 직무와 관련된 영리행위를 할 수 없으며, 그 범위는 해당 지방자치단체의 조례로 정한다.

7. 의원체포 및 확정판결의 통지(지방자치법 제45조)

수사기관의 장은 체포되거나 구금된 지방의회의원이 있으면 지체 없이 해당 지방의회의 의장에게 영장의 사본을 첨부하여 그 사실을 알려야 한다. 각급 법원장은 지방의회의원이 형사사건으로 공소(公訴)가 제기되어 판결이 확정되면 지체 없이 해당 지방의회의 의장에게 그 사실을 알려야 한다.

8. 지방의회의 의무 등(지방자치법 제46조)

지방의회는 지방의회의원이 준수하여야 할 지방의회의원의 윤리강령과 윤리실천규범을 조례로 정하여야 하고, 소속 의원들이 의정활동에 필요한 전문성을 확보하도록 노력하여야 한다.

03 지방의회의 권한

1. 지방의회의 의결사항(지방자치법 제47조)

(1) 조례의 제정·개정 및 폐지
(2) 예산의 심의·확정
(3) 결산의 승인
(4) 법령에 규정된 것을 제외한 사용료·수수료·분담금·지방세 또는 가입금의 부과와 징수
(5) 기금의 설치·운용
(6) 대통령령으로 정하는 중요 재산의 취득·처분
(7) 대통령령으로 정하는 공공시설의 설치·처분
(8) 법령과 조례에 규정된 것을 제외한 예산 외의 의무부담이나 권리의 포기
(9) 청원의 수리와 처리
(10) 외국 지방자치단체와의 교류협력에 관한 사항 등

> 지방자치단체는 각 호의 사항 외에 조례로 정하는 바에 따라 지방의회에서 의결되어야 할 사항을 따로 정할 수 있다.

2. 인사청문회(지방자치법 제47조의2)

(1) 지방자치단체의 장은 정무직 국가공무원으로 보하는 부시장·부지사, 제주특별법에 따른 행정시장, 지방공사의 사장 및 지방공단의 이사장, 출자·출연 기관의 기관장 중 조례로 정하는 직위의 후보자에 대하여 지방의회에 인사청문을 요청할 수 있다.
(2) 지방의회의 의장은 인사청문 요청이 있는 경우 인사청문회를 실시한 후 그 경과를 지방자치단체의 장에게 송부하여야 한다.
(3) 그 밖에 인사청문회의 절차 및 운영 등에 필요한 사항은 조례로 정한다.

3. 서류제출 요구(지방자치법 제48조)

본회의나 위원회는 그 의결로 안건의 심의와 직접 관련된 서류의 제출을 해당 지방자치단체의 장에게 요구할 수 있고, 위원회가 요구를 할 때에는 지방의회의 의장에게 그 사실을 보고하여야 한다. 폐회 중에는 지방의회의 의장이 서류의 제출을 해당 지방자치단체의 장에게 요구할 수 있다.

4. 행정사무 감사권 및 조사권(지방자치법 제49조)

(1) 지방의회는 매년 1회 그 지방자치단체의 사무에 대하여 시·도에서는 14일의 범위에서, 시·군 및 자치구에서는 9일의 범위에서 감사를 실시하고, 지방자치단체의 사무 중 특정 사안에 관하여 본회의 의결로 본회의나 위원회에서 조사하게 할 수 있다.

> **지방자치법 시행령 제46조**
> 1. 행정사무감사의 현지확인의 통보 등은 늦어도 그 현지확인일·서류제출일·출석일 등의 3일 전까지 의장을 통하여 하여야 한다.
> 2. 감사 또는 조사는 개인의 사생활을 침해하거나 계속 중인 재판이나 수사 중인 사건의 소추에 관여할 목적으로 행사되어서는 아니 된다.
> 3. 감사나 조사 대상은 해당 지방자치단체, 하부행정기관, 교육·과학 및 체육에 관한 기관, 지방공기업 등이다.

(2) 조사를 발의할 때에는 이유를 밝힌 서면으로 하여야 하며, 재적의원 3분의 1 이상의 찬성이 있어야 한다.

(3) 지방자치단체 및 그 장이 위임받아 처리하는 국가사무와 시·도의 사무에 대하여 국회와 시·의회가 직접 감사하기로 한 사무 외에는 그 감사를 각각 해당 시·도의회와 시·군 및 자치구의회가 할 수 있다. 이 경우 국회와 시·도의회는 그 감사 결과에 대하여 그 지방의회에 필요한 자료를 요구할 수 있다.

5. 행정사무 감사 또는 조사 보고의 처리(지방자치법 제50조)

(1) 지방의회는 본회의의 의결로 감사 또는 조사 결과를 처리한다.

(2) 지방의회는 감사 또는 조사 결과 해당 지방자치단체나 기관의 시정이 필요한 사유가 있을 때에는 시정을 요구하고, 지방자치단체나 기관에서 처리함이 타당하다고 인정되는 사항은 그 지방자치단체나 기관으로 이송한다.

(3) 지방자치단체나 기관은 제2항에 따라 시정 요구를 받거나 이송받은 사항을 지체 없이 처리하고 그 결과를 지방의회에 보고하여야 한다.

6. 행정사무처리상황의 보고와 질의응답(지방자치법 제51조)

(1) 지방자치단체의 장이나 관계 공무원은 지방의회나 그 위원회에 출석하여 행정사무의 처리상황을 보고하거나 의견을 진술하고 질문에 답변할 수 있다.

(2) 지방자치단체의 장이나 관계 공무원은 지방의회나 그 위원회가 요구하면 출석·답변하여야 한다. 다만, 특별한 이유가 있으면 지방자치단체의 장은 관계 공무원에게 출석·답변하게 할 수 있다.

(3) 출석하여 답변할 수 있는 관계 공무원은 조례로 정한다.

7. **의회규칙**(지방자치법 제52조)

지방의회는 내부운영에 관하여 이 법에서 정한 것 외에 필요한 사항을 규칙으로 정할 수 있다.

04 소집과 회기

1. **정례회**(지방자치법 제53조) : 매년 2회 개최하고, 필요한 사항은 조례로 정한다.

2. **임시회**(지방자치법 제54조)

(1) 지방의회의원 총선거 후 최초로 집회되는 임시회는 지방의회 사무처장·사무국장·사무과장이 지방의회의원 임기 개시일부터 25일 이내에 소집한다.

(2) 지방자치단체를 폐지하거나 설치하거나 나누거나 합쳐 새로운 지방자치단체가 설치된 경우에 최초의 임시회는 지방의회 사무처장·사무국장·사무과장이 해당 지방자치단체가 설치되는 날에 소집한다.

(3) 지방의회의 의장은 지방자치단체의 장이나 조례로 정하는 수 이상의 지방의회의원이 요구하면 15일 이내에 임시회를 소집하여야 한다.

(4) 임시회 소집은 집회일 3일 전에 공고하여야 한다. 다만, 긴급할 때에는 그러하지 아니하다.

3. **제출안건의 공고**(지방자치법 제55조)

지방자치단체의 장이 지방의회에 제출할 안건은 지방자치단체의 장이 미리 공고하여야 한다. 다만, 회의 중 긴급한 안건을 제출할 때에는 그러하지 아니하다.

4. **개회·휴회·폐회와 회의일수**(지방자치법 제56조)

(1) 지방의회의 개회·휴회·폐회와 회기는 지방의회가 의결로 정한다.

(2) 연간 회의 총일수와 정례회 및 임시회의 회기는 해당 지방자치단체의 조례로 정한다.

05 의장과 부의장

1. **의장·부의장의 선거와 임기**(지방자치법 제57조)

(1) 시·도의 경우 의장 1명과 부의장 2명을, 시·군 및 자치구의 경우 의장과 부의장 각 1명을 무기명투표로 선출한다.

(2) 지방의회의원 총선거 후 처음으로 선출하는 의장·부의장 선거는 최초집회일에 실시한다.

(3) 의장과 부의장의 임기는 2년으로 한다.

2. **의장의 직무**(지방자치법 제58조)

지방의회의 의장은 의회를 대표하고 의사(議事)를 정리하며, 회의장 내의 질서를 유지하고 의회의 사무를 감독한다.

3. 의장 직무대리(지방자치법 제59조)

지방의회의 의장이 부득이한 사유로 직무를 수행할 수 없을 때에는 부의장이 그 직무를 대리한다.

4. 임시의장(지방자치법 제60조)

지방의회의 의장과 부의장이 모두 부득이한 사유로 직무를 수행할 수 없을 때에는 임시의장을 선출하여 의장의 직무를 대행하게 한다.

5. 보궐선거(지방자치법 제61조)

지방의회의 의장이나 부의장이 궐위(闕位)된 경우에는 보궐선거를 실시하고, 보궐선거로 당선된 의장이나 부의장의 임기는 전임자 임기의 남은 기간으로 한다.

6. 의장·부의장 불신임의 의결(지방자치법 제62조)

(1) 지방의회의 의장이나 부의장이 법령을 위반하거나 정당한 사유 없이 직무를 수행하지 아니하면 지방의회는 불신임을 의결할 수 있다.

(2) 불신임 의결은 재적의원 4분의 1 이상의 발의와 재적의원 과반수의 찬성으로 한다.

(3) 불신임 의결이 있으면 지방의회의 의장이나 부의장은 그 직에서 해임된다.

7. 의장 등을 선거할 때의 의장 직무 대행(지방자치법 제63조)

의장등의 선거(의장·부의장 선거, 임시의장선출, 보궐선고)를 실시할 때 의장의 직무를 수행할 사람이 없으면 출석의원 중 최다선의원이, 최다선의원이 2명 이상이면 그 중 연장자가 그 직무를 대행한다. 이 경우 직무를 대행하는 지방의회의원이 정당한 사유 없이 의장등의 선거를 실시할 직무를 이행하지 아니할 때에는 다음 순위의 지방의회의원이 그 직무를 대행한다.

06 교섭단체 및 위원회

1. 교섭단체(지방자치법 제63조의2)

(1) 지방의회에 교섭단체를 둘 수 있다. 이 경우 조례로 정하는 수 이상의 소속의원을 가진 정당은 하나의 교섭단체가 된다.

(2) 제1항 후단에도 불구하고 다른 교섭단체에 속하지 아니하는 의원 중 조례로 정하는 수 이상의 의원은 따로 교섭단체를 구성할 수 있다.

(3) 그 밖에 교섭단체의 구성 및 운영 등에 필요한 사항은 조례로 정한다.

◈ 예시: 제11대 경기도의회 교섭단체 구성현황

교섭단체/선거구	계	지역구	비례대표	비고(%)
더불어민주당	74	67	7	50
국민의힘	76	68	8	50
계	150	135	15	100

2. 위원회의 설치(지방자치법 제64조)

(1) 지방의회는 조례로 정하는 바에 따라 위원회를 둘 수 있다.
(2) 위원회의 종류는 다음 각 호와 같다.
   1. 소관 의안(議案)과 청원 등을 심사·처리하는 상임위원회
   2. 특정한 안건을 심사·처리하는 특별위원회

◈ 예시 : 서울특별시의회 구성

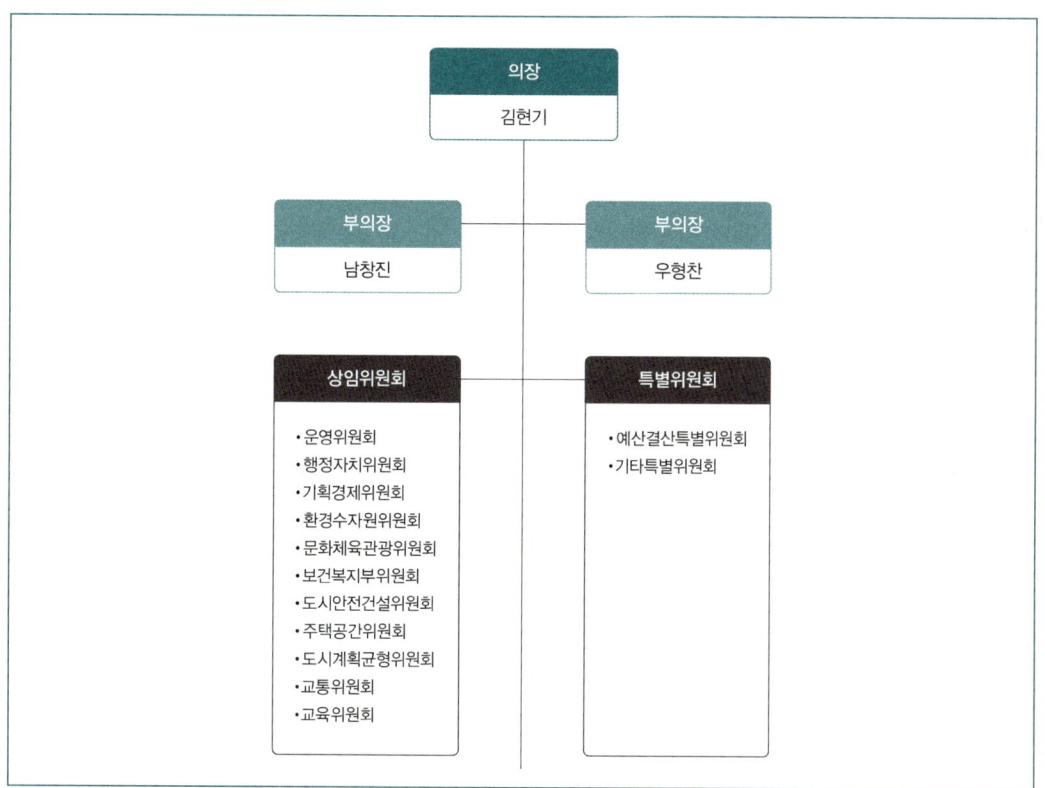

3. 윤리특별위원회(지방자치법 제65조)

(1) 지방의회의원의 윤리강령과 윤리실천규범 준수 여부 및 징계에 관한 사항을 심사하기 위하여 윤리특별위원회를 둔다.
(2) 윤리특별위원회는 지방의회의원의 윤리강령과 윤리실천규범 준수 여부 및 지방의회의원의 징계에 관한 사항을 심사하기 전에 제66조에 따른 윤리심사자문위원회의 의견을 들어야 하며 그 의견을 존중하여야 한다.

4. 윤리심사자문위원회(지방자치법 제66조)

(1) 지방의회의원의 겸직 및 영리행위 등에 관한 지방의회의 의장의 자문과 지방의회의원의 윤리강령과 윤리실천규범 준수 여부 및 징계에 관한 윤리특별위원회의 자문에 응하기 위하여 윤리특별위원회에 윤리심사자문위원회를 둔다.

(2) 윤리심사자문위원회의 위원은 민간전문가 중에서 지방의회의 의장이 위촉한다.

(3) 윤리심사자문위원회의 구성 및 운영에 필요한 사항은 회의규칙으로 정한다.

5. 위원회의 권한(지방자치법 제67조)

위원회는 그 소관에 속하는 의안과 청원 등 또는 지방의회가 위임한 특정한 안건을 심사한다.

6. 전문위원(지방자치법 제68조)

(1) 위원회에는 위원장과 위원의 자치입법활동을 지원하기 위하여 전문위원을 둔다.

(2) 전문위원은 위원회에서 의안과 청원 등의 심사, 행정사무감사 및 조사, 그 밖의 소관 사항과 관련하여 검토보고 및 관련 자료의 수집·조사·연구를 한다.

(3) 위원회에 두는 전문위원의 직급과 수 등에 관하여 필요한 사항은 대통령령으로 정한다.

7. 위원회에서의 방청 등(지방자치법 제69조)

위원회에서 해당 지방의회의원이 아닌 사람은 위원회의 위원장의 허가를 받아 방청할 수 있다. 위원장은 질서를 유지하기 위하여 필요할 때에는 방청인의 퇴장을 명할 수 있다.

8. 위원회의 개회(지방자치법 제70조)

(1) 위원회는 본회의의 의결이 있거나 지방의회의 의장 또는 위원장이 필요하다고 인정할 때, 재적위원 3분의 1 이상이 요구할 때에 개회한다.

(2) 폐회 중에는 지방자치단체의 장도 지방의회의 의장 또는 위원장에게 이유서를 붙여 위원회 개회를 요구할 수 있다.

9. 위원회에 관한 조례(지방자치법 제71조)

위원회에 관하여 이 법에서 정한 것 외에 필요한 사항은 조례로 정한다.

기출문제 학습

01 (㉠ 지방자치단체장은 / ㉡ 지방의회는) 대통령령으로 정하는 공공시설의 설치·처분에 대한 의결권을 갖는다. 20. 지방자치

02 외국 지방자치단체와의 교류·협력에 대한 사항은 지방의회 의결사항에 (㉠ 포함된다. / ㉡ 포함되지 않는다.) 23. 지방자치

03 광역자치단체의 지방의회는 매년 (㉠ 1회 / ㉡ 2회) 지방자치단체 사무에 대하여 (㉠ 14일 / ㉡ 21일)의 범위에서 행정사무 감사를 실시한다. 22, 19. 지방자치

04 지방자치단체 및 그 장이 위임받아 처리하는 국가사무와 시·도의 사무에 대한 감사를 각각 해당 시·도의회와 시·군 및 자치구의회가 할 수 (㉠ 있다. / ㉡ 없다.) 13. 지방자치

05 지방의회는 (㉠ 상임위원회의 / ㉡ 본회의) 의결로 감사 또는 조사 결과를 처리한다. 22. 지방자치

06 조사를 발의할 때에는 이유를 밝힌 서면으로 하여야 하며, 재적의원 (㉠ 4분의 1 / ㉡ 3분의 1 / ㉢ 3분의 2) 이상의 연서가 있어야 한다. 22, 16. 지방자치

07 지방의회의 정례회는 매년 (㉠ 1회 / ㉡ 2회) 개최한다. 16. 서울 지방자치

08 총선거 후 최초로 집회되는 임시회는 지방의회 사무처장·사무국장·사무과장이 지방의회의원 임기 개시일부터 (㉠ 25일 / ㉡ 30일) 이내에 소집한다. 15. 지방자치

09 지방의회의 의장과 부의장이 모두 사고가 있을 때에는 (㉠ 연장자가 / ㉡ 임시의장을 선출하여) 의장의 직무를 대행하게 한다. 15. 서울 지방자치

10 지방의회 의장에 대한 불신임 의결은 (㉠ 재적의원 4분의 1 이상의 발의와 재적의원 과반수의 찬성으로 한다. / ㉡ 재적의원 과반수의 출석과 출석의원 3분의 2 이상의 찬성으로 행한다.) 20. 서울 지방자치

11 시·군·자치구의 의회는 (㉠ 조례가 / ㉡ 대통령령이) 정하는 기준에 따라 상임위원회를 설치하여 운영할 수 있다. 17. 지방자치

정답 1. ㉡ 2. ㉠ 3. ㉠, ㉠ 4. ㉠ 5. ㉡ 6. ㉡ 7. ㉡ 8. ㉡ 9. ㉡ 10. ㉠ 11. ㉠

Theme 10-2 우리나라의 지방의회 2

01 회의

1. 의사정족수(지방자치법 제72조)

(1) 지방의회는 재적의원 3분의 1 이상의 출석으로 개의(開議)한다.

(2) 회의 참석 인원이 제1항의 정족수에 미치지 못할 때에는 지방의회의 의장은 회의를 중지하거나 산회(散會)를 선포한다.

2. 의결정족수(지방자치법 제73조)

(1) 회의는 이 법에 특별히 규정된 경우 외에는 재적의원 과반수의 출석과 출석의원 과반수의 찬성으로 의결한다.

(2) 지방의회의 의장은 의결에서 표결권을 가지며, 찬성과 반대가 같으면 부결된 것으로 본다.

3. 표결방법(지방자치법 제74조)

본회의에서 표결할 때에는 조례 또는 회의규칙으로 정하는 표결방식에 의한 기록표결로 가부(可否)를 결정한다. 다만, 의장·부의장 선거, 임시의장 선출, 의장·부의장 불신임 의결, 자격상실 의결, 징계 의결 및 조례안의 재의 요구에 관한 의결 등은 무기명투표로 표결한다.

4. 회의의 공개 등(지방자치법 제75조)

지방의회의 회의는 공개한다. 다만, 지방의회의원 3명 이상이 발의하고 출석의원 3분의 2 이상이 찬성한 경우 또는 지방의회의 의장이 사회의 안녕질서 유지를 위하여 필요하다고 인정하는 경우에는 공개하지 아니할 수 있다.

5. 의안의 발의(지방자치법 제76조)

(1) 지방의회에서 의결할 의안은 지방자치단체의 장이나 조례로 정하는 수 이상의 지방의회의원의 찬성으로 발의한다.

(2) 위원회는 그 직무에 속하는 사항에 관하여 의안을 제출할 수 있다.

(3) 의안은 그 안을 갖추어 지방의회의 의장에게 제출하여야 한다.

6. 조례안 예고(지방자치법 제77조)

지방의회는 심사대상인 조례안에 대하여 5일 이상의 기간을 정하여 그 취지, 주요 내용, 전문을 공보나 인터넷 홈페이지 등에 게재하는 방법으로 예고할 수 있다. 조례안 예고의 방법, 절차, 그 밖에 필요한 사항은 회의규칙으로 정한다.

◈ 예시 : 울산광역시 조례안 입법예고

```
제 1692 호              공  보           2024. 2. 8.(목요일)

           울산광역시 입법예고 제2024 - 8호

           울산광역시 건설공사 부실 방지에 관한 조례
                일부개정조례안 입법예고

        「울산광역시 건설공사 부실 방지에 관한 조례」를 일부 개정함에 있어
        그 개정취지와 주요내용을 시민에게 미리 알려 이에 대한 의견을 듣고자
        「행정절차법」제41조의 규정에 따라 다음과 같이 입법예고 합니다.

                      2024년  2월  8일

                    울 산 광 역 시 장
```

7. 의안에 대한 비용추계 자료 등의 제출(지방자치법 제78조)

지방자치단체의 장이 예산상 또는 기금상의 조치가 필요한 의안을 제출할 경우에는 비용에 대한 추계서와 그에 따른 재원조달방안에 관한 자료를 의안에 첨부하여야 한다. 필요한 사항은 해당 지방자치단체의 조례로 정한다.

8. 회기계속의 원칙(지방자치법 제79조)

지방의회에 제출된 의안은 회기 중에 의결되지 못한 것 때문에 폐기되지 아니한다. 다만, 지방의회의원의 임기가 끝나는 경우에는 그러하지 아니하다.

9. 일사부재의의 원칙(지방자치법 제80조)

부결된 의안은 같은 회기 중에 다시 발의하거나 제출할 수 없다.

10. 위원회에서 폐기된 의안(지방자치법 제81조)

위원회에서 본회의에 부칠 필요가 없다고 결정된 의안은 본회의에 부칠 수 없다. 다만, 위원회의 결정이 본회의에 보고된 날부터 폐회나 휴회 중의 기간을 제외한 7일 이내에 지방의회의 의장이나 재적의원 3분의 1 이상이 요구하면 그 의안을 본회의에 부쳐야 하고, 요구가 없으면 그 의안은 폐기된다.

11. 의장이나 의원의 제척(지방자치법 제82조)

지방의회의 의장이나 지방의회의원은 본인·배우자·직계존비속 또는 형제자매와 직접 이해관계가 있는 안건에 관하여는 그 의사에 참여할 수 없다. 다만, 의회의 동의가 있으면 의회에 출석하여 발언할 수 있다.

12. 회의규칙(지방자치법 제83조)

지방의회는 회의 운영에 관하여 이 법에서 정한 것 외에 필요한 사항을 회의규칙으로 정한다.

13. 회의록(지방자치법 제84조)

(1) 지방의회는 회의록을 작성하고 회의의 진행내용 및 결과와 출석의원의 성명을 적어야 한다.

(2) 회의록에는 지방의회의 의장과 지방의회에서 선출한 지방의회의원 2명 이상이 서명하여야 한다.

(3) 지방의회의 의장은 회의록 사본을 첨부하여 회의 결과를 그 지방자치단체의 장에게 알려야 한다.

(4) 지방의회의 의장은 회의록을 지방의회의원에게 배부하고, 주민에게 공개한다. 다만, 비밀로 할 필요가 있다고 지방의회의 의장이 인정하거나 지방의회에서 의결한 사항은 공개하지 아니한다.

02 청원

1. 청원서의 제출(지방자치법 제85조)

(1) 지방의회에 청원을 하려는 자는 지방의회의원의 소개를 받아 청원서를 제출하여야 한다.

(2) 청원서에는 청원자의 성명 및 주소를 적고 서명·날인하여야 한다.

2. 청원의 불수리(지방자치법 제86조)

재판에 간섭하거나 법령에 위배되는 내용의 청원은 수리하지 아니한다.

3. 청원의 심사·처리(지방자치법 제87조)

(1) 지방의회의 의장은 청원서를 접수하면 소관 위원회나 본회의에 회부하여 심사를 하게 하고, 청원을 소개한 지방의회의원은 소관 위원회나 본회의가 요구하면 청원의 취지를 설명하여야 한다.

(2) 위원회가 청원을 심사하여 본회의에 부칠 필요가 없다고 결정하면 그 처리 결과를 지방의회의 의장에게 보고하고, 지방의회의 의장은 청원한 자에게 알려야 한다.

4. 청원의 이송과 처리보고(지방자치법 제88조)

지방의회가 채택한 청원으로서 그 지방자치단체의 장이 처리하는 것이 타당하다고 인정되는 청원은 의견서를 첨부하여 지방자치단체의 장에게 이송하고, 지방자치단체의 장은 청원을 처리하고 그 처리결과를 지체 없이 지방의회에 보고하여야 한다.

03 의원의 사직과 자격심사

1. 의원의 사직(지방자치법 제89조)

지방의회는 그 의결로 소속 지방의회의원의 사직을 허가할 수 있다. 다만, 폐회 중에는 지방의회의 의장이 허가할 수 있다.

2. 의원의 퇴직(지방자치법 제90조)

지방의회의원이 다음 각 호의 어느 하나에 해당될 때에는 지방의회의원의 직에서 퇴직한다.

(1) 제43조 제1항 각 호의 어느 하나에 해당하는 직에 취임할 때
(2) 피선거권이 없게 될 때(지방자치단체의 구역변경이나 없어지거나 합한 것 외의 다른 사유로 그 지방자치단체의 구역 밖으로 주민등록을 이전하였을 때를 포함한다)
(3) 징계에 따라 제명될 때

3. 의원의 자격심사(지방자치법 제91조)

(1) 지방의회의원은 다른 의원의 자격에 대하여 이의가 있으면 재적의원 4분의 1 이상의 찬성으로 지방의회의 의장에게 자격심사를 청구할 수 있다.
(2) 심사 대상인 지방의회의원은 자기의 자격심사에 관한 회의에 출석하여 의견을 진술할 수 있으나, 의결에는 참가할 수 없다.

4. 자격상실 의결(지방자치법 제92조)

(1) 제91조 제1항의 심사 대상인 지방의회의원에 대한 자격상실 의결은 재적의원 3분의 2 이상의 찬성이 있어야 한다.
(2) 심사 대상인 지방의회의원은 제1항에 따라 자격상실이 확정될 때까지는 그 직을 상실하지 아니한다.

5. 결원의 통지(지방자치법 제93조)

지방의회의 의장은 지방의회의원의 결원이 생겼을 때에는 15일 이내에 그 지방자치단체의 장과 관할 선거관리위원회에 알려야 한다.

04 질서

1. 회의의 질서유지(지방자치법 제94조)

(1) 지방의회의 의장이나 위원장은 회의장의 질서를 어지럽히면 경고 또는 제지를 하거나 발언의 취소를 명할 수 있고, 명에 따르지 아니한 지방의회의원에 대하여 당일의 회의에서 발언하는 것을 금지하거나 퇴장시킬 수 있다.
(2) 지방의회의 의장이나 위원장은 회의장이 소란하여 질서를 유지하기 어려우면 회의를 중지하거나 산회를 선포할 수 있다.

2. 모욕 등 발언의 금지(지방자치법 제95조)

지방의회의원은 본회의나 위원회에서 다른 사람을 모욕하거나 다른 사람의 사생활에 대하여 발언해서는 아니 되고, 모욕을 당한 지방의회의원은 모욕을 한 지방의회의원에 대하여 지방의회에 징계를 요구할 수 있다.

3. 발언 방해 등의 금지(지방자치법 제96조)

지방의회의원은 회의 중에 폭력을 행사하거나 소란한 행위를 하여 다른 사람의 발언을 방해할 수 없으며, 지방의회의 의장이나 위원장의 허가 없이 연단(演壇)이나 단상(壇上)에 올라가서는 아니 된다.

4. 방청인의 단속(지방자치법 제97조)

(1) 방청인은 의안에 대하여 찬성·반대를 표명하거나 소란한 행위를 하여서는 아니 된다.
(2) 지방의회의 의장은 회의장의 질서를 방해하는 방청인의 퇴장을 명할 수 있으며, 필요하면 경찰관서에 인도할 수 있다.
(3) 지방의회의 의장은 방청석이 소란하면 모든 방청인을 퇴장시킬 수 있다.
(4) 그 밖에 방청인 단속에 필요한 사항은 회의규칙으로 정한다.

05 징계

1. 징계의 사유(지방자치법 제98조)

지방의회는 지방의회의원이 이 법이나 자치법규에 위배되는 행위를 하면 윤리특별위원회의 심사를 거쳐 의결로써 징계할 수 있다.

2. 징계의 요구(지방자치법 제99조)

지방의회의 의장은 징계 요구를 받으면 윤리특별위원회에 회부한다.

3. 징계의 종류와 의결(지방자치법 제100조)

(1) 공개회의에서의 경고
(2) 공개회의에서의 사과
(3) 30일 이내의 출석정지
(4) 제명(제명에 대한 의결에는 재적의원 3분의 2 이상의 찬성이 있어야 한다)

4. 징계에 관한 회의규칙(지방자치법 제101조)

징계에 관하여 이 법에서 정한 사항 외에 필요한 사항은 회의규칙으로 정한다.

06 사무기구와 사무직원

1. 사무처 등의 설치(지방자치법 제102조)

(1) 시·도의회에는 사무를 처리하기 위하여 조례로 정하는 바에 따라 사무처를 둘 수 있으며, 사무처에는 사무처장과 직원을 둔다.

(2) 시·군 및 자치구의회에는 사무를 처리하기 위하여 조례로 정하는 바에 따라 사무국이나 사무과를 둘 수 있으며, 사무국·사무과에는 사무국장 또는 사무과장과 직원을 둘 수 있다.

(3) 사무처장·사무국장·사무과장 및 직원은 지방공무원으로 보한다.

2. 사무직원의 정원과 임면 등(지방자치법 제103조)

(1) 지방의회에 두는 사무직원의 수는 인건비 등 대통령령으로 정하는 기준에 따라 조례로 정한다.

(2) 지방의회의 의장은 지방의회 사무직원을 지휘·감독하고 법령과 조례·의회규칙으로 정하는 바에 따라 그 임면·교육·훈련·복무·징계 등에 관한 사항을 처리한다.

3. 사무직원의 직무와 신분보장 등(지방자치법 제104조)

(1) 사무처장·사무국장 또는 사무과장은 지방의회의 의장의 명을 받아 의회의 사무를 처리한다.

(2) 사무직원의 임용·보수·복무·신분보장·징계 등에 관하여는 이 법에서 정한 것 외에는 「지방공무원법」을 적용한다.

기출문제 학습

01 지방의회에서 의결할 의안은 지방자치단체의 장이나 (㉠ 조례로 / ㉡ 대통령령으로) 정하는 수 이상의 지방의회 의원의 찬성으로 발의한다. 22. 지방자치

02 지방의회는 재적의원 (㉠ 3분의 1 / ㉡ 과반수) 이상의 출석으로 개의한다. 18. 지방자치

03 지방자치법에 특별히 규정된 경우 외에는 (㉠ 재적의원 과반수의 찬성 / ㉡ 과반수의 출석과 출석의원 과반수의 찬성)으로 의결한다. 21. 지방자치

04 「지방자치법」상 의장은 의결에서 표결권을 (㉠ 가진다. / ㉡ 가지지 못한다.) 18. 국가 9

05 피심의원은 자기의 자격심사에 관한 회의에 출석하여 (㉠ 의견을 진술할 수 있다. / ㉡ 변명을 할 수 없다.) 지방의회가 폐회 중에는 소속 의원 (㉠ 은 사직할 수 없다. / ㉡ 의 사직은 의장이 허가할 수 있다.) 16. 지방자치

06 지방의회의원은 (㉠ 지방자치단체 구역변경의 사유로 그 지방자치단체의 구역 밖으로 주민등록이 변경된 때 / ㉡ 농업협동조합, 새마을금고의 임직원에 취임할 때) 퇴직한다. 23. 지방자치

07 지방의회 의원의 제명에 대한 의결에는 재적의원 (㉠ 2분의 1 / ㉡ 3분의 2) 이상의 찬성이 있어야 한다. 17. 지방자치

08 「지방자치법」상 지방의회는 지방의회 의원에 대해 (㉠ 30일 이내 / ㉡ 45일 이내)의 출석정지 징계의결이 가능하다. 20. 국가 7

09 (㉠ 지방자치단체의 장 / ㉡ 지방의회 의장)은 별정직 공무원에 해당하는 의회 사무직원의 임용권을 가진다. 20. 지방자치

10 지방의회에 두는 사무직원의 수는 (㉠ 대통령령으로 정하는 기준에 따라 조례로 / ㉡ 법률로) 정한다. 18. 서울 지방자치

11 지방의회의 사무직원은 지방의회 의장이 그 지방자치단체의 장과 (㉠ 협의하여 임명한다. / ㉡ 협의절차 없이 임명한다.) 18. 서울 지방자치

정답 1. ㉠ 2. ㉠ 3. ㉡ 4. ㉠ 5. ㉠, ㉡ 6. ㉠ 7. ㉡ 8. ㉠ 9. ㉡ 10. ㉠ 11. ㉡

Theme 11 지방자치단체의 장

01 지방자치단체의 장의 직 인수위원회(지방자치법 제105조)

1. 지방자치단체의 장의 당선인은 지방자치단체의 장의 직 인수를 위하여 필요한 권한을 갖는다.

2. 당선인을 보좌하여 지방자치단체의 장의 직 인수와 관련된 업무를 담당하기 위하여 당선이 결정된 때부터 해당 지방자치단체에 인수위원회를 설치할 수 있다.

3. 인수위원회는 당선인으로 결정된 때부터 지방자치단체의 장의 임기 시작일 이후 20일의 범위에서 존속한다.

4. 인수위원회는 다음 각 호의 업무를 수행한다.
   (1) 해당 지방자치단체의 조직·기능 및 예산현황의 파악
   (2) 해당 지방자치단체의 정책기조를 설정하기 위한 준비
   (3) 그 밖에 지방자치단체의 장의 직 인수에 필요한 사항

5. 인수위원회는 위원장 1명 및 부위원장 1명을 포함하여 다음 각 호의 구분에 따른 위원으로 구성한다.
   (1) **시·도**: 20명 이내
   (2) **시·군 및 자치구**: 15명 이내

6. 위원장·부위원장 및 위원은 명예직으로 하고, 당선인이 임명하거나 위촉한다.

7. 피성년후견인, 파산선고를 받고 복권되지 아니한 사람 등은 인수위원회의 위원장·부위원장 및 위원이 될 수 없다.

8. 인수위원회의 위원장·부위원장 및 위원과 그 직에 있었던 사람은 그 직무와 관련하여 알게 된 비밀을 다른 사람에게 누설하거나 지방자치단체의 장의 직 인수 업무 외의 다른 목적으로 이용할 수 없으며, 직권을 남용해서는 아니 된다.

9. 인수위원회의 위원장·부위원장 및 위원과 그 직에 있었던 사람 중 공무원이 아닌 사람은 인수위원회의 업무와 관련하여 「형법」이나 그 밖의 법률에 따른 벌칙을 적용할 때에는 공무원으로 본다.

10. 제1항부터 제9항까지에서 규정한 사항 외에 인수위원회의 구성·운영 및 인력·예산 지원 등에 필요한 사항은 해당 지방자치단체의 조례로 정한다.

02 지위

1. **지방자치단체의 장**(지방자치법 제106조)

    특별시에 특별시장, 광역시에 광역시장, 특별자치시에 특별자치시장, 도와 특별자치도에 도지사를 두고, 시에 시장, 군에 군수, 자치구에 구청장을 둔다.

2. **지방자치단체의 장의 선거**(지방자치법 제107조)

    지방자치단체의 장은 주민이 보통·평등·직접·비밀선거로 선출한다.

3. **지방자치단체의 장의 임기**(지방자치법 제108조)

    지방자치단체의 장의 임기는 4년으로 하며, 3기 내에서만 계속 재임(在任)할 수 있다.

4. **겸임 등의 제한**(지방자치법 제109조)

    지방자치단체의 장은 대통령, 국회의원, 헌법재판소 재판관, 각급 선거관리위원회 위원, 지방의회 의원, 다른 법령에 따른 공무원의 신분을 가지는 직, 공공기관의 임직원, 농업협동조합 등의 임직원, 교원, 지방공사와 지방공단의 임직원, 그 밖에 다른 법률에서 겸임할 수 없도록 정하는 직을 겸할 수 없다.

5. **지방자치단체의 폐지·설치·분리·합병과 지방자치단체의 장**(지방자치법 제110조)

    지방자치단체를 폐지하거나 설치하거나 나누거나 합쳐 새로 지방자치단체의 장을 선출하여야 하는 경우에는 그 지방자치단체의 장이 선출될 때까지 시·도지사는 행정안전부장관이, 시장·군수 및 자치구의 구청장은 시·도지사가 각각 그 직무를 대행할 사람을 지정하여야 한다. 다만, 둘 이상의 동격의 지방자치단체를 통폐합하여 새로운 지방자치단체를 설치하는 경우에는 종전의 지방자치단체의 장 중에서 해당 지방자치단체의 장의 직무를 대행할 사람을 지정한다.

6. **지방자치단체의 장의 사임**(지방자치법 제111조)

    (1) 지방자치단체의 장은 그 직을 사임하려면 지방의회의 의장에게 미리 사임일을 적은 서면(이하 "사임통지서"라 한다)으로 알려야 한다.

    (2) 지방자치단체의 장은 사임통지서에 적힌 사임일에 사임된다. 다만, 사임통지서에 적힌 사임일까지 지방의회의 의장에게 사임통지가 되지 아니하면 지방의회의 의장에게 사임통지가 된 날에 사임된다.

7. **지방자치단체의 장의 퇴직**(지방자치법 제112조)

    지방자치단체의 장은 지방자치단체의 장이 겸임할 수 없는 직에 취임할 때, 피선거권이 없게 될 때(이 경우 지방자치단체의 구역이 변경되거나 없어지거나 합한 것 외의 다른 사유로 그 지방자치단체의 구역 밖으로 주민등록을 이전하였을 때를 포함한다.), 제110조에 따라 지방자치단체의 장의 직을 상실할 때 그 직에서 퇴직한다.

8. 지방자치단체의 장의 체포 및 확정판결의 통지(지방자치법 제113조)

(1) 수사기관의 장은 체포되거나 구금된 지방자치단체의 장이 있으면 지체 없이 영장의 사본을 첨부하여 해당 지방자치단체에 알려야 한다. 이 경우 통지를 받은 지방자치단체는 그 사실을 즉시 행정안전부장관에게 보고하여야 하며, 시·군 및 자치구가 행정안전부장관에게 보고할 때에는 시·도지사를 거쳐야 한다.

(2) 각급 법원장은 지방자치단체의 장이 형사사건으로 공소가 제기되어 판결이 확정되면 지체 없이 해당 지방자치단체에 알려야 한다. 이 경우 통지를 받은 지방자치단체는 그 사실을 즉시 행정안전부장관에게 보고하여야 하며, 시·군 및 자치구가 행정안전부장관에게 보고할 때에는 시·도지사를 거쳐야 한다.

03 권한

1. 지방자치단체의 통할대표권(지방자치법 제114조)
지방자치단체의 장은 지방자치단체를 대표하고, 그 사무를 총괄한다.

2. 국가사무의 위임(지방자치법 제115조)
시·도와 시·군 및 자치구에서 시행하는 국가사무는 법령에 다른 규정이 없으면 시·도지사와 시장·군수 및 자치구의 구청장에게 위임하여 수행하는 것을 원칙으로 한다.

3. 사무의 관리 및 집행권(지방자치법 제116조)
지방자치단체의 장은 그 지방자치단체의 사무와 법령에 따라 그 지방자치단체의 장에게 위임된 사무를 관리하고 집행한다.

4. 사무의 위임 등(지방자치법 제117조)

(1) 지방자치단체의 장은 조례나 규칙으로 정하는 바에 따라 그 권한에 속하는 사무의 일부를 [보조기관, 소속 행정기관 또는 하부행정기관, 관할 지방자치단체나 공공단체 또는 그 기관(사업소·출장소를 포함한다), 조사·검사·검정·관리업무 등 주민의 권리·의무와 직접 관련되지 아니하는 사무를 법인·단체 또는 그 기관이나 개인에게] 위임하거나 위탁할 수 있다.

(2) 지방자치단체의 장이 위임받거나 위탁받은 사무의 일부를 다시 위임하거나 위탁하려면 미리 그 사무를 위임하거나 위탁한 기관의 장의 승인을 받아야 한다.

5. 직원에 대한 임면권 등(지방자치법 제118조)
지방자치단체의 장은 소속 직원(지방의회의 사무직원은 제외한다.)을 지휘·감독하고 법령과 조례·규칙으로 정하는 바에 따라 그 임면·교육훈련·복무·징계 등에 관한 사항을 처리한다.

6. 사무인계(지방자치법 제119조)
지방자치단체의 장이 퇴직할 때에는 소관 사무 일체를 후임자에게 인계하여야 한다.

04 지방의회와의 관계

1. 지방의회의 의결에 대한 재의요구와 제소(지방자치법 제120조)

(1) 지방자치단체의 장은 지방의회의 의결이 월권이거나 법령에 위반되거나 공익을 현저히 해친다고 인정되면 그 의결사항을 이송받은 날부터 20일 이내에 이유를 붙여 재의를 요구할 수 있다.

(2) 재의한 결과 재적의원 과반수의 출석과 출석의원 3분의 2 이상의 찬성으로 전과 같은 의결을 하면 그 의결사항은 확정된다.

(3) 지방자치단체의 장은 재의결된 사항이 법령에 위반된다고 인정되면 대법원에 소(訴)를 제기할 수 있다.

2. 예산상 집행 불가능한 의결의 재의요구(지방자치법 제121조)

지방자치단체의 장은 지방의회의 의결이 예산상 집행할 수 없는 경비를 포함하고 있다고 인정되거나, 법령에 따라 지방자치단체에서 의무적으로 부담하여야 할 경비, 비상재해로 인한 시설의 응급 복구를 위하여 필요한 경비를 줄이는 의결을 할때도 그 의결사항을 이송받은 날부터 20일 이내에 이유를 붙여 재의를 요구할 수 있다.

3. 지방자치단체의 장의 선결처분(지방자치법 제122조)

(1) 지방자치단체의 장은 지방의회가 성립되지 아니한 때(의원이 구속되는 등의 사유로 제64조에 따른 의결정족수에 미달하게 될 때를 말한다)와 지방의회의 의결사항 중 주민의 생명과 재산보호를 위하여 긴급하게 필요한 사항으로서 지방의회를 소집할 시간적 여유가 없거나 지방의회에서 의결이 지체되어 의결되지 아니할 때에는 선결처분(先決處分)을 할 수 있다.

(2) 선결처분은 지체 없이 지방의회에 보고하여 승인을 받아야 하고, 지방의회에서 승인을 받지 못하면 그 선결처분은 그때부터 효력을 상실한다.

(3) 지방자치단체의 장은 선결처분의 승인에 관한 사항을 지체 없이 공고하여야 한다.

• 기출문제 학습 •

01 지방자치단체의 장의 임기는 4년으로 하며, 지방자치단체의 장의 계속 재임(在任)은 (㉠ 2기 / ㉡ 3기)에 한한다. 16. 서울 지방자치

02 둘 이상의 기초지방자치단체를 통폐합하여 새로운 지방자치단체를 설치하는 경우 (㉠ 행정안전부장관이 / ㉡ 시·도지사가) 종전의 지방자치단체의 장 중에서 해당 지방자치단체의 장의 직무를 대행할 사람을 지정한다. 23. 지방자치

03 B군의 군수는 그 직을 사임하려면 (㉠ 지방의회의 의장 / ㉡ 도지사와 행정안전부장관)에게 사임일이 적힌 사임통지서를 보내야 한다. 16. 지방자치

04 지방의회가 재의한 결과 재적의원 과반수의 출석과 출석의원 (㉠ 3분의 1 / ㉡ 3분의 2) 이상의 찬성으로 전과 같은 의결을 하면 그 의결사항은 확정된다. 19. 서울 지방자치

05 지방자치단체장은 지방의회에 재의를 요구한 사항이 재의결된 경우, 재의결된 사항이 (㉠ 공익을 현저히 해친다고 인정되면 / ㉡ 법령에 위반된다고 판단되면) (㉠ 대법원에 / ㉡ 헌법재판소에) 소를 제기할 수 있다. 22, 21, 19. 지방자치

06 체포 또는 구금된 지방자치단체의 장이 있으면 관계 수사기관의 장은 지체 없이 영장의 사본을 첨부하여 (㉠ 해당 지방자치단체에 / ㉡ 행정안전부장관에게) 알려야 한다. 19. 서울 지방자치

07 지방자치단체장의 권한에 해당하는 것을 모두 고르면 (㉠ 주민투표실시권 / ㉡ 규칙제정권 / ㉢ 재의요구권 / ㉣ 청원의 수리와 처리 / ㉤ 조례제정권 / ㉥ 선결처분권)이다. 21, 18. 지방자치

08 지방자치단체의 장이 지방의회에 보고하여 승인을 얻지 못한 선결처분은 (㉠ 선결처분을 한 시점으로부터 / ㉡ 그때부터) 효력을 상실한다. 23. 지방자치

정답 1. ㉡ 2. ㉡ 3. ㉠ 4. ㉡ 5. ㉡, ㉠ 6. ㉠ 7. ㉠, ㉡, ㉢, ㉥ 8. ㉡

Theme 12 보조기관 등

01 보조기관

1. 부지사·부시장·부군수·부구청장(지방자치법 제123조)

(1) 특별시·광역시 및 특별자치시에 부시장, 도와 특별자치도에 부지사, 시에 부시장, 군에 부군수, 자치구에 부구청장을 두며, 그 수는 다음 각 호의 구분과 같다.

① 특별시의 부시장의 수: 3명을 넘지 아니하는 범위에서 대통령령으로 정한다.
② 광역시와 특별자치시의 부시장 및 도와 특별자치도의 부지사의 수: 2명(인구 800만 이상의 광역시나 도는 3명)을 넘지 아니하는 범위에서 대통령령으로 정한다.
③ 시의 부시장, 군의 부군수 및 자치구의 부구청장의 수: 1명으로 한다.

(2) 특별시·광역시 및 특별자치시의 부시장, 도와 특별자치도의 부지사는 대통령령으로 정하는 바에 따라 정무직 또는 일반직 국가공무원으로 보한다.

🔍 서울특별시의 경우 시장은 장관급, 부시장들은 차관급 공무원이다. 나머지 시·도의 경우 시·도지사는 차관급, 부단체장들은 고위공무원단(가급) 또는 지방별정직 1급상당에 해당한다.

(3) 정무직 또는 일반직 국가공무원으로 보하는 부시장·부지사는 시·도지사의 제청으로 행정안전부장관을 거쳐 대통령이 임명한다. 이 경우 제청된 사람에게 법적 결격사유가 없으면 시·도지사가 제청한 날부터 30일 이내에 임명절차를 마쳐야 한다.

2. 단체장에 대한 부단체장의 권한대행 등(지방자치법 제124조)

(1) **권한대행**
① 궐위된 경우
② 공소 제기된 후 구금상태에 있는 경우
③ 「의료법」에 따른 의료기관에 60일 이상 계속하여 입원한 경우
④ 지방자치단체의 장이 그 직을 가지고 그 지방자치단체의 장 선거에 입후보하면 예비후보자 또는 후보자로 등록한 날부터 선거일까지

(2) **직무대리**
지방자치단체의 장이 출장·휴가 등 일시적 사유로 직무를 수행할 수 없으면 부단체장이 그 직무를 대리한다.

(3) 부지사나 부시장이 2명 이상인 시·도에서는 대통령령으로 정하는 순서에 따라 그 권한을 대행하거나 직무를 대리한다.

3. 행정기구와 공무원(지방자치법 제125조)

(1) 지방자치단체는 그 사무를 분장하기 위하여 필요한 행정기구와 지방공무원을 둔다.
(2) 행정기구의 설치와 지방공무원의 정원은 인건비 등 대통령령으로 정하는 기준에 따라 그 지방자치단체의 조례로 정한다.

(3) 행정안전부장관은 지방자치단체의 행정기구와 지방공무원의 정원이 적절하게 운영되고 다른 지방자치단체와의 균형이 유지되도록 하기 위하여 필요한 사항을 권고할 수 있다.

(4) 지방공무원의 임용과 시험·자격·보수·복무·신분보장·징계·교육·훈련 등에 관한 사항은 따로 법률로 정한다.

(5) 지방자치단체에는 제1항에도 불구하고 법률로 정하는 바에 따라 국가공무원을 둘 수 있다.

(6) 5급 이상의 국가공무원이나 고위공무원단에 속하는 공무원은 해당 지방자치단체의 장의 제청으로 소속 장관을 거쳐 대통령이 임명하고, 6급 이하의 국가공무원은 그 지방자치단체의 장의 제청으로 소속 장관이 임명한다.

02 소속 행정기관

1. 직속기관(지방자치법 제126조)

지방자치단체는 소관 사무의 범위에서 필요하면 대통령령이나 대통령령으로 정하는 범위에서 그 지방자치단체의 조례로 자치경찰기관(제주특별자치도만 해당한다), 소방기관, 교육훈련기관, 보건진료기관, 시험연구기관 및 중소기업지도기관 등을 직속기관으로 설치할 수 있다.

2. 사업소(지방자치법 제127조)

지방자치단체는 특정 업무를 효율적으로 수행하기 위하여 필요하면 대통령령으로 정하는 범위에서 그 지방자치단체의 조례로 사업소를 설치할 수 있다.

3. 출장소(지방자치법 제128조)

지방자치단체는 외진 곳의 주민의 편의와 특정지역의 개발 촉진을 위하여 필요하면 대통령령으로 정하는 범위에서 그 지방자치단체의 조례로 출장소를 설치할 수 있다.

4. 합의제행정기관(지방자치법 제129조)

지방자치단체는 소관 사무의 일부를 독립하여 수행할 필요가 있으면 법령이나 그 지방자치단체의 조례로 정하는 바에 따라 합의제행정기관을 설치할 수 있다.

5. 자문기관의 설치 등(지방자치법 제130조)

지방자치단체는 소관 사무의 범위에서 법령이나 그 지방자치단체의 조례로 정하는 바에 따라 자문기관(소관 사무에 대한 자문에 응하거나 협의, 심의 등을 목적으로 하는 심의회, 위원회 등을 말한다. 이하 같다)을 설치·운영할 수 있다.

03 하부행정기관

1. 하부행정기관의 장(지방자치법 제131조)

자치구가 아닌 구에 구청장, 읍에 읍장, 면에 면장, 동에 동장을 둔다. 이 경우 면·동은 행정면·행정동을 말한다.

2. 하부행정기관의 장의 임명(지방자치법 제132조)

(1) 자치구가 아닌 구의 구청장은 일반직 지방공무원으로 보하되, 시장이 임명한다.

(2) 읍장·면장·동장은 일반직 지방공무원으로 보하되, 시장·군수 또는 자치구의 구청장이 임명한다.

3. 하부행정기관의 장의 직무권한(지방자치법 제133조)

자치구가 아닌 구의 구청장은 시장, 읍장·면장은 시장이나 군수, 동장은 시장(구가 없는 시의 시장을 말한다)이나 구청장(자치구의 구청장을 포함한다)의 지휘·감독을 받아 소관 국가사무와 지방자치단체의 사무를 맡아 처리하고 소속 직원을 지휘·감독한다.

4. 하부행정기구(지방자치법 제134조)

지방자치단체는 조례로 정하는 바에 따라 자치구가 아닌 구와 읍·면·동에 소관 행정사무를 분장하기 위하여 필요한 행정기구를 둘 수 있다. 이 경우 면·동은 행정면·행정동을 말한다.

04 교육·과학 및 체육에 관한 기관(지방자치법 제135조)

지방자치단체의 교육·과학 및 체육에 관한 사무를 분장하기 위하여 별도의 기관을 두고, 기관의 조직과 운영에 필요한 사항은 따로 법률로 정한다.

• 기출문제 학습 •

01 인구 (㉠ 500만 / ㉡ 800만) 이상의 시·도는 부시장이나 부지사의 수를 3명으로 할 수 있는 특례를 두고 있다. 21. 지방자치

02 광역자치단체의 부단체장 중 지방공무원은 (㉠ 정무직 또는 일반직 / ㉡ 정무직·일반직 또는 별정직) 지방공무원으로 보한다. 18. 지방자치

03 정무부지사는 (㉠ 정무직 / ㉡ 별정직) 지방공무원에 해당한다. 17. 서울 지방자치

04 특별시의 부시장의 정수는 3명을 넘지 아니하는 범위에서 (㉠ 특별시의회에서 / ㉡ 대통령령으로) 정한다. 시의 부시장, 군의 부군수, 자치구의 부구청장은 일반직 지방공무원으로 보하되, 그 직급은 (㉠ 행정안전부령 / ㉡ 대통령령)으로 정하며 시장·군수·구청장이 임명한다. 17. 지방자치

05 지방공무원의 정원과 인건비는 (㉠ 대통령령으로 정하는 기준에 따라 그 지방자치단체의 조례로 정한다. / ㉡ 행정안전부령의 기준에 따라 지방자치단체장이 정한다.) 또한, 지방자치단체에 두는 (㉠ 4급 이하의 국가공무원은 행정안전부장관이 임명한다. / ㉡ 5급 이상의 국가공무원이나 고위공무원단에 속하는 공무원은 해당 지방자치단체의 장의 제청으로 소속 장관을 거쳐 대통령이 임명하고, 6급 이하의 국가공무원은 그 지방자치단체의 장의 제청으로 소속 장관이 임명한다.) 19. 지방자치

06 부지사나 부시장이 2명 이상인 시·도에서는 (㉠ 조례 / ㉡ 대통령령으)로 정한 순서에 따라 그 권한을 대행하거나 직무를 대리한다. 18. 서울 지방자치

07 인구 800만 이상의 시·도의 부단체장 정수는 (㉠ 2명 / ㉡ 3명)이다. 18. 서울 지방자치

08 지방자치단체의 장은 (㉠ 공소가 제기된 시점으로부터 / ㉡ 공소 제기된 후 구금상태에 있는 경우) 부지사·부시장·부군수·부구청장이 그 권한을 대행한다. 지방자치단체의 장이 의료법에 따른 의료기관에 (㉠ 30일 / ㉡ 60일) 이상 계속하여 입원한 경우 부단체장이 그 권한을 대행한다. 17. 지방자치

09 지방자치단체는 그 사무를 분장하기 위하여 필요한 행정기구를 설치할 경우 대통령에 따라 (㉠ 조례로 / ㉡ 규칙으로) 정한다. 15. 지방자치

10 지방자치법상 부지사는 (㉠ 보조기관 / ㉡ 하부기관)에 해당한다. 15. 지방자치

11 지방자치단체는 그 소관 사무의 일부를 독립하여 수행할 필요가 있을 때 (㉠ 보조기관 / ㉡ 소속 행정기관)으로 합의제행정기관을 설치할 수 있다. 22. 지방자치

정답 1.㉡ 2.㉡ 3.㉠ 4.㉡,㉡ 5.㉠,㉡ 6.㉠ 7.㉡ 8.㉡,㉡ 9.㉠ 10.㉠ 11.㉡

Theme 13 · 인사위원회와 소청심사위원회

01 인사위원회

1. **인사위원회의 설치**(지방공무원법 제7조 제1항)

    지방자치단체에 임용권자(임용권을 위임받은 자는 제외하되, 그 중 시의 구청장과 지방자치단체의 장이 필요하다고 인정하는 소속 기관의 장을 포함한다)별로 인사위원회를 두되, 특별시·광역시·도 또는 특별자치도(이하 "시·도"라 한다)에는 필요하면 제1인사위원회와 제2인사위원회를 둘 수 있다.

2. **인사위원회의 구성**(지방공무원법 제7조 제2항~제7조 제7항)

    (1) 인사위원회는 16명 이상 20명 이하의 위원으로 구성한다. 다만, 임용권을 위임받은 기관에 두는 인사위원회와 해당 지방자치단체의 인구 수, 위원 선정의 어려움 등을 고려하여 대통령령으로 정하는 지방자치단체에 두는 인사위원회는 7명 이상 9명 이하의 위원으로 구성할 수 있다.

    (2) 인사위원회를 구성할 경우에는 각 호에 따라 위촉되는 위원이 전체 위원의 2분의 1 이상이어야 한다.
    ① 법관·검사 또는 변호사 자격이 있는 사람
    ② 대학에서 조교수 이상으로 재직하거나 초등학교·중학교·고등학교 교장 또는 교감으로 재직하는 사람
    ③ 공무원(국가공무원을 포함한다)으로서 20년 이상 근속하고 퇴직한 사람
    ④ 「비영리민간단체 지원법」에 따른 비영리민간단체에서 10년 이상 활동하고 있는 지역단위 조직의 장
    ⑤ 상장법인의 임원 또는 「공공기관의 운영에 관한 법률」 제5조에 따라 지정된 공기업의 지역단위 조직의 장으로 근무하고 있는 사람

    (3) **위촉 제외**

    「정당법」에 따른 정당의 당원, 지방의회의원 등

    (4) 위촉되는 위원의 임기는 3년으로 하되, 한 번만 연임할 수 있다.

3. **인사위원회의 기능**(지방공무원법 제8조)

    공무원 충원계획의 사전심의 및 각종 임용시험의 실시, 임용권자의 요구에 따른 보직관리 기준 및 승진·전보임용 기준의 사전의결, 승진임용의 사전심의, 임용권자의 요구에 따른 공무원의 징계 의결 또는 징계부가금 부과 의결 등을 수행한다.

4. **인사위원회의 기관**(지방공무원법 제9조)

    인사위원회에 위원장·부위원장 각 1명을 두며, 위원장은 시·도의 국가공무원으로 임명하는 부시장·부지사·부교육감, 시·군·구의 부시장·부군수·부구청장이 되고, 부위원장은 해당 인사위원회에서 호선(互選)한다. 다만, 임용권을 위임받은 기관에 두는 인사위원회의 위원장과 부위원장은 해당 인사위원회에서 호선한다.

5. 회의(지방공무원법 제10조)

(1) 인사위원회의 회의는 위원장과 위원장이 회의마다 지정(임용권을 위임받은 기관에 두는 인사위원회의 경우에는 그 기관의 장이 지정한다)하는 8명의 위원으로 구성하되, 위촉된 위원이 전체 구성원의 2분의 1 이상이어야 한다. 인사위원회를 7명 이상 9명 이하의 위원으로 구성한 경우 그 인사위원회의 회의는 위원 전원으로 구성한다.

(2) 인사위원회의 회의는 구성원 3분의 2 이상의 출석과 출석위원 과반수의 찬성으로 의결한다. 다만, 대통령령으로 정하는 경미한 사항에 대하여는 서면으로 심의·의결할 수 있다.

02 지방소청심사위원회

1. 소청심사위원회의 설치(지방공무원법 제13조)

지방자치단체의 장 소속 공무원의 징계, 그 밖에 그 의사에 반하는 불리한 처분이나 부작위(不作爲)에 대한 소청을 심사·결정하기 위하여 시·도에 임용권자별로 지방소청심사위원회 및 교육소청심사위원회를 둔다. 지방의회의 의장 소속 공무원의 징계, 그 밖에 그 의사에 반하는 불리한 처분이나 부작위에 대한 소청 또한 지방소청심사위원회에서 심사·결정한다.

2. 심사위원회의 위원(지방공무원법 제14조)

(1) 심사위원회는 16명 이상 20명 이하의 위원으로 구성한다. 위촉되는 위원이 전체 위원의 2분의 1 이상이어야 한다.

(2) 위촉되는 위원의 임기는 2년으로 하되, 연임할 수 있다.

(3) 심사위원회의 회의는 위원장과 시·도지사 또는 교육감이 회의마다 지정하는 6명의 위원으로 구성한다. 이 경우 위촉된 위원이 5명 이상이어야 한다.

3. 심사위원회의 위원장(지방공무원법 제15조)

심사위원회에 위원장 1명을 두며, 위원장은 심사위원회 위촉위원 중에서 호선한다.

4. 소청인의 진술권(지방공무원법 제18조)

심사위원회가 소청사건을 심사할 때에는 대통령령으로 정하는 바에 따라 소청인 또는 그 대리인에게 진술 기회를 주어야 한다. 진술 기회를 주지 아니한 결정은 무효로 한다.

5. 심사위원회의 결정(지방공무원법 제19조)

(1) 심사위원회의 결정은 구성원 3분의 2 이상의 출석과 출석위원 과반수의 합의에 따르되, 의견이 나뉘어 출석위원 과반수의 합의에 이르지 못하였을 때에는 과반수에 이를 때까지 소청인에게 가장 불리한 의견에 차례로 유리한 의견을 더하여 그 중에서 가장 유리한 의견을 합의된 의견으로 본다.

(2) 제1항에도 불구하고 파면·해임·강등 또는 정직에 해당하는 징계처분을 취소 또는 변경하려는 경우와 효력 유무 또는 존재 여부에 대한 확인을 하려는 경우에는 구성원 3분의 2 이상의 출석과 출석위원 3분의 2 이상의 합의가 있어야 한다.

6. 결정의 효력(지방공무원법 제20조)

심사위원회의 결정은 처분행정청을 기속(羈束)한다.

7. 행정소송과의 관계(지방공무원법 제20조의2)

행정소송은 심사위원회의 심사·결정을 거치지 아니하면 제기할 수 없다.

• 기출문제 학습 •

01 지방자치단체 인사위원회의 회의는 구성원의 (㉠ 과반수 / ㉡ 3분의 2 이상의) 출석과 출석위원 과반수의 찬성으로 의결한다. 지방소청심사위원회는 (㉠ 광역자치단체와 기초자치단체 / ㉡ 광역자치단체 / ㉢ 기초자치단체)에 설치한다. 19. 지방자치

02 지방자치단체의 인사위원회의 위촉된 위원의 임기는 (㉠ 2년 / ㉡ 3년)으로 하되, 한 번 연임할 수 있다. 19. 서울 지방자치

03 현직 법관은 지방자치단체의 인사위원회의 인사위원이 될 수 (㉠ 있다. / ㉡ 없다.) 18. 서울 지방자치

04 인사위원회는 (㉠ 광역지방자치단체의 장의 지휘·감독을 받는 / ㉡ 일정한 사무에 대해서 임용권자로부터 독립된) 의결·집행기관이다. 16. 서울 지방자치

정답 1. ㉡, ㉡ 2. ㉡ 3. ㉠ 4. ㉡

Theme 14 분쟁조정과 권한쟁의심판

01 분쟁조정

1. 지방자치단체 상호 간의 분쟁조정(지방자치법 제165조)

(1) 지방자치단체 상호 간 또는 지방자치단체의 장 상호 간에 사무를 처리할 때 의견이 달라 다툼이 생기면 다른 법률에 특별한 규정이 없으면 행정안전부장관이나 시·도지사가 당사자의 신청을 받아 조정할 수 있다. 다만, 그 분쟁이 공익을 현저히 해쳐 조속한 조정이 필요하다고 인정되면 당사자의 신청이 없어도 직권으로 조정할 수 있다.

(2) 지방자치단체의 장은 그 조정 결정 사항을 이행하여야 하고, 행정안전부장관이나 시·도지사는 미이행 시 직무이행명령이나 대집행 등이 가능하다.

2. 분쟁조정위원회의 종류(지방자치법 제166조 제1항~제3항)

(1) **중앙분쟁조정위원회**

① 절차

중앙분쟁조정위원회 의결에 따라 행정안전부장관이 조정한다.

② 대상

시·도 간 또는 그 장 간의 분쟁, 시·도를 달리하는 시·군 및 자치구 간 또는 그 장 간의 분쟁, 시·도와 시·군 및 자치구 간 또는 그 장 간의 분쟁, 시·도와 지방자치단체조합 간 또는 그 장 간의 분쟁, 시·도를 달리하는 시·군 및 자치구와 지방자치단체조합 간 또는 그 장 간의 분쟁, 시·도를 달리하는 지방자치단체조합 간 또는 그 장 간의 분쟁

(2) **지방분쟁조정위원회**

① 절차

지방분쟁조정위원회 의결에 따라 시·도지사가 조정한다.

② 대상

중앙분쟁조정위원회 의결대상 외에 지방자치단체·지방자치단체조합 간 또는 그 장 간의 분쟁을 심의·의결한다.

3. 분쟁조정위원회의 구성(지방자치법 제166조 제4항~제7항)

(1) 위원장 1명을 포함하여 11명 이내의 위원으로 구성한다.

(2) 중앙분쟁조정위원회의 위원장과 위원 중 5명은 다음 각 호의 사람 중에서 행정안전부장관의 제청으로 대통령이 임명하거나 위촉하고, 대통령령으로 정하는 중앙행정기관 소속 공무원은 당연직위원(기획재정부, 행정안전부 차관 등)이 된다.

① 대학에서 부교수 이상으로 3년 이상 재직 중이거나 재직한 사람

② 판사·검사 또는 변호사의 직에 6년 이상 재직 중이거나 재직한 사람

③ 그 밖에 지방자치사무에 관한 학식과 경험이 풍부한 사람

⑶ 지방분쟁조정위원회의 위원장과 위원 중 5명은 각 호의 사람 중에서 시·도지사가 임명하거나 위촉하고, 조례로 정하는 해당 지방자치단체 소속 공무원은 당연직위원이 된다.
  ① 대학에서 부교수 이상으로 3년 이상 재직 중이거나 재직한 사람
  ② 판사·검사 또는 변호사의 직에 6년 이상 재직 중이거나 재직한 사람
  ③ 그 밖에 지방자치사무에 관한 학식과 경험이 풍부한 사람
⑷ 공무원이 아닌 위원장 및 위원의 임기는 3년으로 하며, 연임할 수 있다. 다만, 보궐위원의 임기는 전임자 임기의 남은 기간으로 한다.

4. 분쟁조정위원회의 운영
⑴ 위원장을 포함한 위원 7명 이상의 출석으로 개의하고, 출석위원 3분의 2 이상의 찬성으로 의결한다.
⑵ 분쟁조정위원회의 위원장은 분쟁의 조정과 관련하여 필요하다고 인정하면 관계 공무원, 지방자치단체조합의 직원 또는 관계 전문가를 출석시켜 의견을 듣거나 관계 기관이나 단체에 대하여 자료 및 의견 제출 등을 요구할 수 있다. 이 경우 분쟁의 당사자에게는 의견을 진술할 기회를 주어야 한다.
⑶ 이 법에서 정한 사항 외에 분쟁조정위원회의 구성과 운영 등에 필요한 사항은 대통령령으로 정한다.

02 권한쟁의심판(대한민국헌법 제111조)

헌법재판소는 중앙정부와 지방자치단체 간 및 지방자치단체 상호 간의 권한쟁의에 관한 심판을 관장한다.

• 기출문제 학습 •

01 지방자치단체 상호 간이나 지방자치단체의 장 상호 간 사무를 처리할 때 의견이 달라 분쟁이 생기면 (㉠ 당사자의 신청에 의해서만 조정할 수 있다. / ㉡ 당사자의 신청이 없어도 직권으로 조정할 수 있다.)
_{19. 지방자치}

02 서울특별시와 경기도 기초지방자치단체 간의 분쟁은 (㉠ 중앙분쟁조정위원회 / ㉡ 지방분쟁조정위원회)에서 심의·의결한다. _{19. 서울 지방자치}

03 지방자치법상 분쟁조정위원회와 관련하여 공무원이 아닌 위원장 및 위원의 임기는 (㉠ 2년 / ㉡ 3년)으로 하되 연임할 수 있고, 위원 (㉠ 7명 / ㉡ 11명) 이상의 출석으로 개의하고 출석위원 (㉠ 과반 / ㉡ 3분의 2) 이상의 찬성으로 의결하며, 중앙분쟁조정위원회와 지방분쟁조정위원회는 각각 위원장을 (㉠ 포함한 / ㉡ 제외한) (㉠ 11명 / ㉡ 15명) 이내의 위원으로 구성한다. _{22, 20. 지방자치}

04 지방자치단체 중앙분쟁조정위원회의 의결에 따른 행정안전부장관의 분쟁조정 결정사항에 대해 분쟁 관련 지방자치단체는 (㉠ 그 이행여부를 선택할 수 있다. / ㉡ 그 조정결정사항을 이행하여야 하고, 미이행 시 직무이행명령이나 대집행 등이 가능하다.) _{18. 서울 지방자치}

정답 1. ㉡ 2. ㉠ 3. ㉡, ㉠, ㉡, ㉠, ㉠ 4. ㉡

Theme 15 광역행정

01 광역행정이란?

둘 이상의 지방자치단체 관할구역에 걸쳐서 공동적 또는 통일적으로 수행되는 행정을 말한다.
⊕ 예컨대 부산·울산·경남은 관광분야 협력을 위하여 행정협의회인 동남권관광협의회를 구성하였다.

02 광역행정의 일반적 촉진요인

사회·경제권의 확대, 산업·경제의 고도성장, 규모의 경제, 중앙집권과 지방분권의 합리적 조화, 행정권과 주민의 생활권을 일치시켜 행정 효율성 증진, 지방자치단체 간의 재정 및 행정서비스의 형평성을 도모 등이 촉진요인으로 작용한다.

03 사무처리 방식

1. 공동처리

둘 이상의 지방자치단체가 상호 협력관계를 형성하여 광역적 행정사무를 공동으로 처리하는 형태이다.

2. 연합방식

둘 이상의 지방자치단체가 독립적인 법인격을 그대로 유지하면서, 연합단체를 새로 창설하여 광역행정에 관한 사무를 그 연합단체가 처리하는 형태이다. 새로 창설된 연합단체가 기존 자치단체의 독립성을 존중하면서 스스로 사업의 주체가 된다는 점에서 공동처리방식과 구별된다.

3. 통합방식

일정한 광역권 안에 여러 자치단체를 포괄하는 단일의 정부를 설립하여 그 정부의 주도로 광역사무를 처리하는 형태이다. 합병, 흡수통합 등이 해당하고 우리나라의 경우 2010년 마산시, 진해시, 창원시가 현재의 창원시로 통합되었다.

04 우리나라의 광역행정

1. 사무의 위탁(지방자치법 제168조)

(1) 지방자치단체나 그 장은 소관 사무의 일부를 다른 지방자치단체나 그 장에게 위탁하여 처리하게 할 수 있다.

(2) 지방자치단체나 그 장은 사무를 위탁하려면 관계 지방자치단체와의 협의에 따라 규약을 정하여 고시하여야 한다.

규약에 포함되어야 할 사항

1. 사무를 위탁하는 지방자치단체와 사무를 위탁받는 지방자치단체
2. 위탁사무의 내용과 범위
3. 위탁사무의 관리와 처리방법
4. 위탁사무의 관리와 처리에 드는 경비의 부담과 지출방법
5. 그 밖에 사무위탁에 필요한 사항

🔍 사무처리비용의 절감, 공동사무처리에 따른 규모의 경제 등의 장점이 있으나, 위탁처리비용이 산정문제 등으로 인해 광범위하게 이용되지 못하고 있다.

2. 행정협의회(법인격 ×)

(1) 협의회의 구성(지방자치법 제169조)

㉠ 지방자치단체는 2개 이상의 지방자치단체에 관련된 사무의 일부를 공동으로 처리하기 위하여 관계 지방자치단체 간에 구성할 수 있고, 시·도가 구성원이면 행정안전부장관과 관계 중앙행정기관의 장에게, 시·군 또는 자치구가 구성원이면 시·도지사에게 이를 보고하여야 한다.

㉡ 지방자치단체는 협의회를 구성하려면 관계 지방자치단체 간의 협의에 따라 규약을 정하여 관계 지방의회에 각각 보고한 다음 고시하여야 한다.

🔍 협의회의 규약을 변경하거나 협의회를 없애려는 경우에는 ㉠, ㉡을 준용한다.

㉢ 행정안전부장관이나 시·도지사는 공익상 필요하면 관계 지방자치단체에 대하여 협의회를 구성하도록 권고할 수 있다.

(2) 협의회의 조직(지방자치법 제170조)

협의회는 회장과 위원으로 구성하고, 회장과 위원은 규약으로 정하는 바에 따라 관계 지방자치단체의 직원 중에서 선임한다.

(3) 협의회의 규약(지방자치법 제171조)

규약에 포함되어야 할 사항

1. 협의회의 명칭
2. 협의회를 구성하는 지방자치단체
3. 협의회가 처리하는 사무
4. 협의회의 조직과 회장 및 위원의 선임방법
5. 협의회의 운영과 사무처리에 필요한 경비의 부담이나 지출방법
6. 그 밖에 협의회의 구성과 운영에 필요한 사항

(4) 협의회의 자료제출 요구 등(지방자치법 제172조)

협의회는 사무를 처리하기 위하여 필요하다고 인정하면 관계 지방자치단체의 장에게 자료 제출, 의견 제시, 그 밖에 필요한 협조를 요구할 수 있다.

(5) **협의회의 자료제출 요구 등**(지방자치법 제173조)
  ㉠ 협의회에서 합의가 이루어지지 아니한 사항에 대하여 관계 지방자치단체의 장이 조정을 요청하면 시·도 간의 협의사항에 대해서는 행정안전부장관이, 시·군 및 자치구 간의 협의사항에 대해서는 시·도지사가 조정할 수 있다. 다만, 관계되는 시·군 및 자치구가 2개 이상의 시·도에 걸쳐 있는 경우에는 행정안전부장관이 조정할 수 있다.
  ㉡ 행정안전부장관이나 시·도지사가 조정을 하려면 관계 중앙행정기관의 장과의 협의를 거쳐 분쟁조정위원회의 의결에 따라 조정하여야 한다.

(6) **협의회의 자료제출 요구 등**(지방자치법 제173조)
  ㉠ 협의회를 구성한 관계 지방자치단체는 협의회가 결정한 사항이 있으면 그 결정에 따라 사무를 처리하여야 한다.
    🔍 행정협의회 결정에 따라 사무처리를 해야 하나, 강제력이 없다.
  ㉡ 협의회가 관계 지방자치단체나 그 장의 명의로 한 사무의 처리는 관계 지방자치단체나 그 장이 한 것으로 본다.

3. **지방자치단체조합***(법인격 ○)
  우리나라의 경우 부산진해경제자유구역청, 1991년 서울시·경기도·인천시가 결성한 수도권매립지운영관리조합(현재는 수도권매립지관리공사로 변경)이 이에 해당한다.

(1) **지방자치단체조합의 설립**(지방자치법 제176조)
  2개 이상의 지방자치단체가 그 사무 중 일부를 공동 처리할 필요가 있을 때에는 규약을 정하여 그 지방의회의 의결을 거쳐 시·도는 행정안전부장관, 시·군 및 자치구는 시·도지사의 승인을 받아 설립한다. 다만, 지방자치단체조합의 구성원인 시·군 및 자치구가 2개 이상의 시·도에 걸치는 지방자치단체조합은 행정안전부장관의 승인을 받아야 한다.
    🔍 지방자치단체조합의 규약을 변경하거나 지방자치단체조합을 해산하려는 경우에는 (1)을 준용한다.

(2) **지방자치단체조합의 조직**(지방자치법 제177조)
  ㉠ 지방자치단체조합회의와 지방자치단체조합장 및 사무직원을 둔다.
  ㉡ 지방자치단체조합회의의 위원과 지방자치단체조합장 및 사무직원은 지방자치단체조합규약으로 정하는 바에 따라 선임한다.
  ㉢ 관계 지방의회의원과 관계 지방자치단체의 장은 지방자치단체조합회의의 위원이나 지방자치단체조합장을 겸할 수 있다.

(3) **지방자치단체조합의회와 지방자치단체조합장의 권한**(지방자치법 제178조)
  ㉠ 지방자치단체조합회의는 지방자치단체조합의 규약으로 정하는 바에 따라 지방자치단체조합의 중요 사무를 심의·의결한다.
  ㉡ 지방자치단체조합회의는 지방자치단체조합이 제공하는 서비스에 대한 사용료·수수료 또는 분담금을 조례로 정한 범위에서 정할 수 있다.
  ㉢ 지방자치단체조합장은 지방자치단체조합을 대표하며 지방자치단체조합의 사무를 총괄한다.

(4) **지방자치단체조합의 규약**(지방자치법 제179조)

> **규약에 포함되어야 할 사항**
>
> 1. 지방자치단체조합의 명칭
> 2. 지방자치단체조합을 구성하는 지방자치단체
> 3. 사무소의 위치
> 4. 지방자치단체조합의 사무
> 5. 지방자치단체조합회의의 조직과 위원의 선임방법
> 6. 집행기관의 조직과 선임방법
> 7. 지방자치단체조합의 운영 및 사무처리에 필요한 경비의 부담과 지출방법
> 8. 그 밖에 지방자치단체조합의 구성과 운영에 관한 사항

(5) **지방자치단체조합의 지도·감독**(지방자치법 제180조)
  ㉠ 시·도가 구성원인 지방자치단체조합은 행정안전부장관, 시·군 및 자치구가 구성원인 지방자치단체조합은 1차로 시·도지사, 2차로 행정안전부장관의 지도·감독을 받는다. 다만, 지방자치단체조합의 구성원인 시·군 및 자치구가 2개 이상의 시·도에 걸쳐 있는 지방자치단체조합은 행정안전부장관의 지도·감독을 받는다.
  ㉡ 행정안전부장관은 공익상 필요하면 지방자치단체조합의 설립이나 해산 또는 규약 변경을 명할 수 있다.

(6) **지방자치단체조합의 규약 변경 및 해산**(지방자치법 제181조)
  지방자치단체조합을 해산한 경우에 그 재산의 처분은 관계 지방자치단체의 협의에 따른다.

4. 특별지방자치단체(법인격 ○)

> • **국내사례**
>   충청남도·세종특별자치시·대전광역시·충청북도가 설립한 충청광역연합이 추진 중이다.
> • **해외사례**
>   1. 영국의 경우 과거에 설립되었던 특별자치체(ad hoc authority)와 공동협의회를 예로 들 수 있고, 단체(Authority)형과 위원회(Board)형으로 구분된다.
>   2. 미국은 학교구뿐만 아니라 상·하수도, 교통, 보건위생 등 특정사무의 처리를 위한 각종 특별구가 3만 8천여 개에 이를 정도로 무수히 난립되어 있다.
>   3. 독일은 광역적 사무를 처리하기 위한 특별자치단체로서, 게마인데(Gemeinde)연합, 자치단체조합, 지역조합, 목적조합 등이 있다.
>   4. 프랑스는 조합, 특별구, 도시공동체 등이 있다.
>   5. 일본의 사무조합이나 광역연합 등이 있다.

(1) **설치**(지방자치법 제199조)
  ㉠ 2개 이상의 지방자치단체가 공동으로 특정한 목적을 위하여 광역적으로 사무를 처리할 필요가 있을 때에는 특별지방자치단체를 설치할 수 있고, 협의에 따른 규약을 정하여 구성 지방자치단체의 지방의회 의결을 거쳐 행정안전부장관의 승인을 받아야 한다.

ⓛ 행정안전부장관은 승인하는 경우 관계 중앙행정기관의 장 또는 시·도지사에게 그 사실을 알려야 한다.
   ⓒ 특별지방자치단체를 설치하기 위하여 국가 또는 시·도 사무의 위임이 필요할 때에는 구성 지방자치단체의 장이 관계 중앙행정기관의 장 또는 시·도지사에게 그 사무의 위임을 요청할 수 있다.
   ② 행정안전부장관이 국가 또는 시·도 사무의 위임이 포함된 규약에 대하여 승인할 때에는 사전에 관계 중앙행정기관의 장 또는 시·도지사와 협의하여야 한다.
   ⓜ 구성 지방자치단체의 장이 행정안전부장관의 승인을 받았을 때에는 규약의 내용을 지체 없이 고시하여야 한다. 이 경우 구성 지방자치단체의 장이 시장·군수 및 자치구의 구청장일 때에는 그 승인사항을 시·도지사에게 알려야 한다.

   🔍 가입 및 탈퇴도 제199조를 준용한다.

(2) **설치 권고 등**(지방자치법 제200조)

행정안전부장관은 공익상 필요하다고 인정할 때에는 관계 지방자치단체에 대하여 특별지방자치단체의 설치, 해산 또는 규약 변경을 권고할 수 있다. 이 경우 행정안전부장관의 권고가 국가 또는 시·도 사무의 위임을 포함하고 있을 때에는 사전에 관계 중앙행정기관의 장 또는 시·도지사와 협의하여야 한다.

(3) **구역**(지방자치법 제201조)

특별지방자치단체의 구역은 구성 지방자치단체의 구역을 합한 것으로 한다. 다만, 특별지방자치단체의 사무가 구성 지방자치단체 구역의 일부에만 관계되는 등 특별한 사정이 있을 때에는 해당 지방자치단체 구역의 일부만을 구역으로 할 수 있다.

(4) **규약 등**(지방자치법 제202조)

> ◈ 규약에 포함되어야 할 사항
>
> 1. 특별지방자치단체의 목적
> 2. 특별지방자치단체의 명칭
> 3. 구성 지방자치단체
> 4. 특별지방자치단체의 관할 구역
> 5. 특별지방자치단체의 사무소의 위치
> 6. 특별지방자치단체의 사무
> 7. 특별지방자치단체의 사무처리를 위한 기본계획에 포함되어야 할 사항
> 8. 특별지방자치단체의 지방의회의 조직, 운영 및 의원의 선임방법
> 9. 특별지방자치단체의 집행기관의 조직, 운영 및 장의 선임방법
> 10. 특별지방자치단체의 운영 및 사무처리에 필요한 경비의 부담 및 지출방법
> 11. 특별지방자치단체의 사무처리 개시일
> 12. 그 밖에 특별지방자치단체의 구성 및 운영에 필요한 사항

구성 지방자치단체의 장은 제1항의 규약을 변경하려는 경우에는 구성 지방자치단체의 지방의회 의결을 거쳐 행정안전부장관의 승인을 받아야 한다. 구성 지방자치단체의 장은 행정안전부장관의 승인을 받았을 때에는 지체 없이 그 사실을 고시하여야 한다. 이 경우 구성 지방자치단체의 장이 시장·군수 및 자치구의 구청장일 때에는 그 승인사항을 시·도지사에게 알려야 한다.

(5) **기본계획 등**(지방자치법 제203조)
㉠ 특별지방자치단체의 장은 소관 사무를 처리하기 위한 기본계획을 수립하여 특별지방자치단체 의회의 의결을 받아야 한다. 기본계획을 변경하는 경우에도 또한 같다.
㉡ 특별지방자치단체는 기본계획에 따라 사무를 처리하여야 하고, 특별지방자치단체의 장은 구성 지방자치단체의 사무처리가 기본계획의 시행에 지장을 주거나 지장을 줄 우려가 있을 때에는 특별지방자치단체의 의회 의결을 거쳐 구성 지방자치단체의 장에게 필요한 조치를 요청할 수 있다.

(6) **의회의 조직 등**(지방자치법 제204조)
㉠ 특별지방자치단체의 의회는 규약으로 정하는 바에 따라 구성 지방자치단체의 의회 의원으로 구성한다.
㉡ 지방의회의원은 특별지방자치단체의 의회 의원을 겸할 수 있다.
㉢ 특별지방자치단체의 의회가 의결하여야 할 안건 중 대통령령으로 정하는 중요한 사항에 대해서는 특별지방자치단체의 장에게 미리 통지하고, 특별지방자치단체의 장은 그 내용을 구성 지방자치단체의 장에게 통지하여야 한다. 그 의결의 결과에 대해서도 또한 같다.

(7) **집행기관의 조직 등**(지방자치법 제205조)
㉠ 특별지방자치단체의 장은 규약으로 정하는 바에 따라 특별지방자치단체의 의회에서 선출한다.
㉡ 구성 지방자치단체의 장은 특별지방자치단체의 장을 겸할 수 있다.
㉢ 특별지방자치단체의 의회 및 집행기관의 직원은 규약으로 정하는 바에 따라 특별지방자치단체 소속인 지방공무원과 구성 지방자치단체의 지방공무원 중에서 파견된 사람으로 구성한다.

(8) **경비의 부담**(지방자치법 제206조)
㉠ 특별지방자치단체의 운영 및 사무처리에 필요한 경비는 구성 지방자치단체의 인구, 사무처리의 수혜범위 등을 고려하여 규약으로 정하는 바에 따라 구성 지방자치단체가 분담한다.
㉡ 구성 지방자치단체는 경비에 대하여 특별회계를 설치하여 운영하여야 하고, 국가 또는 시·도가 사무를 위임하는 경우에는 사무를 위임한 국가 또는 시·도가 그 사무를 수행하는 데 필요한 경비를 부담하여야 한다.

(9) **사무처리상황 등의 통지**(지방자치법 제207조)
특별지방자치단체의 장은 대통령령으로 정하는 바에 따라 사무처리 상황 등을 구성 지방자치단체의 장 및 행정안전부장관(시·군 및 자치구만으로 구성하는 경우에는 시·도지사를 포함한다)에게 통지하여야 한다.

(10) **가입 및 탈퇴**(지방자치법 제208조)
    ㉠ 특별지방자치단체에 가입하거나 특별지방자치단체에서 탈퇴하려는 지방자치단체의 장은 해당 지방의회의 의결을 거쳐 특별지방자치단체의 장에게 가입 또는 탈퇴를 신청하여야 한다.
    ㉡ 가입 또는 탈퇴의 신청을 받은 특별지방자치단체의 장은 특별지방자치단체 의회의 동의를 받아 신청의 수용 여부를 결정하되, 특별한 사유가 없으면 가입하거나 탈퇴하려는 지방자치단체의 의견을 존중하여야 한다.

(11) **해산**(지방자치법 제209조)
    ㉠ 구성 지방자치단체는 특별지방자치단체가 그 설치 목적을 달성하는 등 해산의 사유가 있을 때에는 해당 지방의회의 의결을 거쳐 행정안전부장관의 승인을 받아 특별지방자치단체를 해산하여야 한다.
    ㉡ 구성 지방자치단체는 제1항에 따라 특별지방자치단체를 해산할 경우에는 상호 협의에 따라 그 재산을 처분하고 사무와 직원의 재배치를 하여야 하며, 국가 또는 시·도 사무를 위임받았을 때에는 관계 중앙행정기관의 장 또는 시·도지사와 협의하여야 한다. 다만, 협의가 성립하지 아니할 때에는 당사자의 신청을 받아 행정안전부장관이 조정할 수 있다.

(12) **지방자치단체에 관한 규정의 준용**(지방자치법 제210조)
    예외 상황을 제외하고 시·도, 시·도와 시·군 및 자치구 또는 2개 이상의 시·도에 걸쳐 있는 시·군 및 자치구로 구성되는 특별지방자치단체는 시·도에 관한 규정을, 시·군 및 자치구로 구성하는 특별지방자치단체는 시·군 및 자치구에 관한 규정을 준용한다.

(13) **다른 법률과의 관계**(지방자치법 제211조)
    다른 법률에서 지방자치단체 또는 지방자치단체의 장을 인용하고 있는 경우에는 규약으로 정하는 사무를 처리하기 위한 범위에서는 특별지방자치단체 또는 특별지방자치단체의 장을 인용한 것으로 본다.

5. 지방자치단체의 장 등의 협의체(지방자치법 제182조)

(1) 지방자치단체의 장이나 지방의회의 의장은 상호 간의 교류와 협력을 증진하고, 공동의 문제를 협의하기 위하여 다음 각 호의 구분에 따라 각각 전국적 협의체를 설립할 수 있다.

    🔍 협의체의 종류에는 ① 시·도지사, ② 시·도의회의 의장, ③ 시장·군수·자치구의 구청장, ④ 시·군·자치구 의회의 의장 협의체가 있다.

(2) 전국적 협의체가 모두 참가하는 지방자치단체 연합체를 설립할 수 있다.

(3) 협의체나 연합체를 설립한 때에는 그 협의체의 대표자는 지체 없이 행정안전부장관에게 신고하여야 한다.

(4) 협의체나 연합체는 지방자치에 직접적인 영향을 미치는 법령 등에 관한 의견을 행정안전부장관에게 제출할 수 있으며, 행정안전부장관은 제출된 의견을 관계 중앙행정기관의 장에게 통보하여야 한다.

• 기출문제 학습 •

01 광역행정의 방식으로서 일정한 광역권 안에 여러 자치단체를 포괄하는 단일의 정부를 설립하여 그 정부의 주도로 광역 사무를 처리하는 방식은 (㉠ 연합방식 / ㉡ 통합방식 / ㉢ 참여방식)이다. 11. 서울 9

02 행정협의회는 관계 지방자치단체 간의 협의에 따라 규약을 정하여 관계 지방의회 (㉠ 의 의결을 거친 / ㉡ 에 각각 보고한) 다음 고시하여 설립한다. 22. 지방자치

03 행정협의회의 (㉠ 회장과 위원은 규약으로 정하는 바에 따라 관계 지방자치단체의 직원 중에서 선임한다. / ㉡ 회장은 관계 지방자치단체의 장 중에서 선출하며, 위원은 회장이 선임한다.) 20. 지방자치

04 지방자치법상 지방자치단체조합이 해산한 경우에 그 재산의 처분은 (㉠ 행정안전부장관의 승인을 받아야 한다. / ㉡ 관계 지방자치단체의 협의에 따른다.) 20. 지방 7

05 ① (㉠ 행정협의회는 / ㉡ 지방자치단체조합은) 2개 이상의 지방자치단체가 하나 또는 둘 이상의 사무를 공동으로 처리할 필요가 있을 때 … 시·도는 행정안전부 장관의, 시·군 및 자치구는 시·도지사의 승인을 받아 설립할 수 있다.
② 지방자치단체의 장이나 지방의회의 의장은 상호 간의 교류와 협력을 증진하고, 공동의 문제를 협의하기 위하여 전국적 (㉠ 행정협의회 / ㉡ 협의체)를 설립할 수 있다.
③ 지방자치단체 상호 간이나 지방자치단체의 장 상호 간 사무를 처리할 때 의견이 달라 생긴 분쟁의 조정과 행정협의회에서 합의가 이루어지지 아니한 사항의 조정에 필요한 사항을 심의·의결하기 위하여 행정안전부에 지방자치단체 (㉠ 지방분쟁조정위원회 / ㉡ 중앙분쟁조정위원회)를 둔다.
④ 지방자치단체는 2개 이상의 지방자치단체에 관련된 사무의 일부를 공동으로 처리하기 위하여 관계 지방자치단체 간에 (㉠ 행정협의회 / ㉡ 협의체)를 구성할 수 있다. 13. 국가 7

06 지방자치단체조합을 설립할 때 행정안전부장관의 승인을 받아야 하는 상황을 모두 고르면 (㉠ A 도와 B 도 간의 조합 설립 / ㉡ A 도 내의 C 시와 D 군 간의 조합 설립 / ㉢ E 광역시 내의 F 군과 G 자치구 간의 조합 설립 / ㉣ A 도 C 시와 E 광역시 G 자치구 간의 조합 설립)이다. 21. 지방자치

07 ① 행정협의회는 법인격이 (㉠ 있다. / ㉡ 없다.)
② 지방자치단체조합은 법인격이 (㉠ 있다. / ㉡ 없다.)
③ 특별지방자치단체는 법인격이 (㉠ 있다. / ㉡ 없다.) 17. 지방자치

08 2개 이상의 지방자치단체는 (㉠ 주민을 / ㉡ 지방자치단체를) 구성원으로 하는 지방자치단체조합을 설립할 수 있다. 18. 지방자치

09 지방자치단체조합의 설립에 참여한 지방자치단체의 장과 의회 의원은 지방자치단체조합회의의 위원이나 조합장을 겸할 수 (㉠ 있다. / ㉡ 없다.) 16. 지방자치

10 특별지방자치단체를 구성하는 지방자치단체의 장은 「지방자치법」의 (㉠ 겸임 제한 규정에 따라 특별지방자치단체의 장을 겸할 수 없다. / ㉡ 특별지방자치단체의 장을 겸할 수 있다.) 22. 국가 9

11 특별지방자치단체를 구성하는 지방자치단체는 특별지방자치단체가 그 설치 목적을 달성하는 등 해산의 사유가 있을 때에는 해당 지방의회의 의결을 거쳐 (㉠ 시·도지사 / ㉡ 행정안전부장관)의 승인을 받아 특별지방자치단체를 해산하여야 한다. 23. 지방자치

12 시·도지사 전국협의체를 설립한 때에는 그 협의체의 대표자는 (㉠ 행정안전부장관 / ㉡ 국무총리)에게 신고하여야 한다. 19. 지방자치

13 (㉠ 독일은 / ㉡ 프랑스는) 지역행정의 수요에 대처하기 위하여 목적조합(Zweckverband) 등의 특별자치단체를 도입하였다. 17. 서울 지방자치

정답 1.㉡ 2.㉡ 3.㉠ 4.㉡ 5.①-㉡ ②-㉡ ③-㉡ ④-㉠ 6.㉠, ㉡ 7.①-㉡ ②-㉠ ③-㉠ 8.㉡ 9.㉠ 10.㉡ 11.㉡ 12.㉠ 13.㉠

Theme 16 국가와 지방자치단체 간의 관계

01 국가와 지방자치단체

1. 국가와 지방자치단체의 협력 의무(지방자치법 제183조)

국가와 지방자치단체는 주민에 대한 균형적인 공공서비스 제공과 지역 간 균형발전을 위하여 협력하여야 한다.

2. 지방자치단체의 사무에 대한 지도와 지원(지방자치법 제184조)

(1) 중앙행정기관이나 시·도지사는 지방자치단체의 사무에 관하여 조언, 권고, 지도를 할 수 있으며 이를 위하여 자료제출을 요구할 수 있다.

(2) 국가나 시·도는 지방자치단체가 그 지방자치단체의 사무를 처리하는 데 필요하다고 인정하면 재정지원이나 기술지원을 할 수 있다.

(3) 지방자치단체의 장은 조언·권고 또는 지도와 관련하여 중앙행정기관의 장이나 시·도지사에게 의견을 제출할 수 있다.

02 국가사무나 시·도사무 처리의 지도·감독(지방자치법 제185조)

1. 국가사무 처리의 지도·감독

(1) **대상**: 지방자치단체나 그 장이 위임받아 처리하는 국가 사무

(2) **지도·감독 기관**
   ① 시·군·구: 1차로 시·도지사, 2차로 주무부장관
   ② 시·도: 주무부장관

2. 시·도사무 처리의 지도·감독

(1) **대상**: 시·군 및 자치구나 그 장이 위임받아 처리하는 시·도의 사무

(2) **지도·감독 기관**: 시·도지사

03 중앙지방협력회의

1. 중앙지방협력회의의 설치(지방자치법 제186조)

국가와 지방자치단체 간의 협력을 도모하고 지방자치 발전과 지역 간 균형발전에 관련되는 중요 정책을 심의하기 위하여 중앙지방협력회의를 둔다.

2. 중앙지방협력회의의 구성 및 운영에 관한 법률

(1) **중앙지방협력회의의 기능**(중앙지방협력회의법 제2조)

> ◈ 심의 사항
>
> 1. 국가와 지방자치단체 간 협력에 관한 사항
> 2. 국가와 지방자치단체의 권한, 사무 및 재원의 배분에 관한 사항
> 3. 지역 간 균형발전에 관한 사항
> 4. 지방자치단체의 재정 및 세제에 영향을 미치는 국가 정책에 관한 사항
> 5. 그 밖에 지방자치 발전에 관한 사항

(2) **구성 및 운영**(중앙지방협력회의법 제3조)
　㉠ 대통령, 국무총리, 기획재정부장관, 교육부장관, 행정안전부장관, 국무조정실장, 법제처장, 시·도지사, 전국적 협의체의 대표자 등으로 구성한다.
　㉡ 협력회의의 의장은 대통령이 되고, 부의장은 국무총리와 시·도지사협의회장이 공동으로 된다.

3. **의사정족수 및 의결정족수**(동법 시행령 제4조)
구성원 3분의 2 이상의 출석으로 개의하고 출석구성원 과반수의 찬성으로 의결한다.

4. **심의 결과의 활용**(중앙지방협력회의법 제4조)
국가 및 지방자치단체는 심의 결과에 따른 조치 계획 및 이행 결과를 협력회의에 보고하여야 한다.

04 행정협의조정위원회(지방자치법 제187조)

1. 중앙행정기관의 장과 지방자치단체의 장이 사무를 처리할 때 의견을 달리하는 경우 이를 협의·조정하기 위하여 국무총리 소속으로 행정협의조정위원회를 둔다.
2. 행정협의조정위원회는 위원장 1명을 포함하여 13명 이내의 위원으로 구성하고, 불이행에 따른 이행 명령이나 대집행 등과 같은 협의·조정 사항에 대해서 실질적 강제력이 없다.
3. 행정협의조정위원회의 위원은 다음 각 호의 사람이 되고, 위원장은 제3호의 위촉위원 중에서 국무총리가 위촉한다.
(1) 기획재정부장관, 행정안전부장관, 국무조정실장 및 법제처장
(2) 안건과 관련된 중앙행정기관의 장과 시·도지사 중 위원장이 지명하는 사람
(3) 그 밖에 지방자치에 관한 학식과 경험이 풍부한 사람 중에서 국무총리가 위촉하는 사람 4명
4. 행정협의조정위원회의 구성과 운영 등에 필요한 사항은 대통령령으로 정한다.
5. **동법 시행령 제107조**(회의): 행정협의조정위원회는 재적위원 과반수의 출석으로 개의(開議)하고, 출석위원 3분의 2 이상의 찬성으로 의결한다.

05 지방자치단체의 장의 위법·부당한 명령이나 처분의 시정 (지방자치법 제188조)

1. 대상
지방자치단체의 사무에 관한 지방자치단체의 장의 명령이나 처분
① 자치사무: 법령위반에 한함
② 그 외: 법령에 위반되거나 현저히 부당하여 공익을 해친다고 인정되는 경우

2. 시정명령 기관
(1) **시·군 및 자치구**: 시·도지사
(2) **시·도**: 주무부장관

3. 시정방법
서면으로 시정명령 후 이행하지 않을 시 직접 취소 또는 정지

4. 시·도지사가 부작위한 경우
(1) **시·도지사가 시정명령을 하지 아니한 경우**
주무부장관이 시·도지사에게 시정명령을 하도록 명할 수 있고, 그럼에도 시·도지사가 부작위한 경우에는 주무부장관이 직접 시장·군수 및 자치구의 구청장에게 기간을 정하여 서면으로 시정할 것을 명하고, 그 기간에 이행하지 아니하면 명령이나 처분을 취소하거나 정지할 수 있다.

(2) **시·도지사가 시정명령은 하였으나 이를 이행하지 아니한 데 따른 취소·정지를 하지 아니하는 경우**
시·도지사에게 기간을 정하여 시장·군수 및 자치구의 구청장의 명령이나 처분을 취소하거나 정지할 것을 명하고, 그 기간에 이행하지 아니하면 주무부장관이 이를 직접 취소하거나 정지할 수 있다.

5. 지방자치단체의 장의 이의
지방자치단체의 장은 취소처분 또는 정지처분을 통보받은 날부터 15일 이내에 대법원에 소를 제기할 수 있다.

06 지방자치단체의 장에 대한 직무이행명령 (지방자치법 제189조)

1. 대상
지방자치단체의 장이 법령에 따라 그 의무에 속하는 국가위임사무나 시·도위임사무의 관리와 집행을 명백히 게을리하는 경우

2. 이행명령 기관
(1) **시·군 및 자치구**: 시·도지사
(2) **시·도**: 주무부장관

3. 이행방법

서면으로 이행할 사항을 명하고, 이행하지 아니하면 그 지방자치단체의 비용부담으로 대집행하거나 행정상·재정상 필요한 조치를 할 수 있다.

4. 시·도지사가 부작위한 경우

(1) 국가위임사무에 대해 시·도지사가 이행명령을 하지 아니한 경우

주무부장관이 시·도지사에게 이행명령을 하도록 명할 수 있고, 그럼에도 시·도지사가 부작위한 경우에는 주무부장관이 직접 시장·군수 및 자치구의 구청장에게 기간을 정하여 이행명령을 하고, 그 기간에 이행하지 아니하면 주무부장관이 직접 대집행 등을 할 수 있다.

(2) 시·도지사가 이행명령은 하였으나 이를 이행하지 아니한 데 따른 대집행 등을 하지 아니하는 경우

시·도지사에게 기간을 정하여 대집행 등을 하도록 명하고, 그 기간에 대집행등을 하지 아니하면 주무부장관이 직접 대집행 등을 할 수 있다.

5. 지방자치단체의 장의 이의

이행명령서를 접수한 날부터 15일 이내에 대법원에 소를 제기할 수 있다.

07 지방자치단체의 자치사무에 대한 감사(지방자치법 제190조)

행정안전부장관이나 시·도지사는 자치사무에 관해 보고를 받거나, 서류, 장부, 회계를 감사할 수 있으나, 감사는 법령위반에 대해서만 가능하다. 행정안전부장관 또는 시·도지사는 감사를 하기 전에 해당 사무의 처리가 법령에 위반되는지 등을 확인하여야 한다.

08 지방자치단체에 대한 감사 절차 등(지방자치법 제191조)

1. 주무부장관, 행정안전부장관 또는 시·도지사는 이미 감사원 감사 등이 실시된 사안에 대해서는 새로운 사실이 발견되거나 중요한 사항이 누락된 경우 등 대통령령으로 정하는 경우를 제외하고는 감사 대상에서 제외하고 종전의 감사 결과를 활용하여야 한다.

2. 주무부장관과 행정안전부장관은 주무부장관의 위임사무 감사, 행정안전부장관의 자치사무 감사를 하려고 할 때에는 같은 기간 동안 함께 감사를 할 수 있다. 감사의 절차·방법 등에 관하여 필요한 사항은 대통령령으로 정한다.

09 지방의회 의결의 재의와 제소(지방자치법 제192조)

1. 대상

지방의회 의결이 법령위반이나 공익을 현저하게 해치는 경우

2. 재의를 요구하게 하는 기관

(1) **시·군 및 자치구**: 시·도지사

(2) **시·도**: 주무부장관

3. 재의 요구

(1) 재의 요구 지시를 받은 지방자치단체의 장은 의결사항을 이송받은 날부터 20일 이내에 지방의회에 이유를 붙여 재의를 요구하여야 한다.

(2) 지방의회의 의결이 법령에 위반된다고 판단됨에도 불구하고, 주무부장관이나 시·도지사로부터 재의 요구 지시를 받은 해당 지방자치단체의 장이 재의를 요구하지 아니하는 경우에는 주무부장관이나 시·도지사는 7일 이내에 대법원에 직접 제소 및 집행정지 결정을 신청할 수 있다.

4. 시·군 및 자치구의회의 의결이 법령에 위반된다고 판단됨에도 불구하고 시·도지사가 재의를 요구하게 하지 않은 경우

주무부장관이 직접 시장·군수 및 자치구의 구청장에게 재의를 요구하게 할 수 있다.

5. 의결사항의 확정

재의요구에 따라 지방의회가 재의한 결과 재적의원 과반수의 출석과 출석의원 3분의 2 이상의 찬성으로 전과 같은 의결을 하면 그 의결사항은 확정된다.

6. 재의결 사항이 법령에 위반된 경우

지방자치단체의 장은 재의결된 사항이 법령에 위반된다고 판단되면 재의결된 날부터 20일 이내에 대법원에 소를 제기할 수 있고, 필요하다고 인정되면 그 의결의 집행을 정지하게 하는 집행정지결정을 신청할 수 있다.

7. 지방자치단체의 장이 소를 제기하지 않은 경우

시·도에 대해서는 주무부장관이, 시·군 및 자치구에 대해서는 시·도지사(주무부장관이 직접 재의 요구 지시를 한 경우에는 주무부장관을 말한다)가 그 지방자치단체의 장에게 제소를 지시하거나 직접 제소 및 집행정지결정을 신청할 수 있다.

8. 둘 이상의 부처와 관련되거나 주무부장관이 불분명한 경우

지방의회의 의결이나 재의결된 사항이 둘 이상의 부처와 관련되거나 주무부장관이 불분명하면 행정안전부장관이 재의 요구 또는 제소를 지시하거나 직접 제소 및 집행정지 결정을 신청할 수 있다.

기출문제 학습

01 시·군 및 자치구나 그 장이 위임받아 처리하는 시·도의 사무에 관하여는 (㉠ 주무부장관 / ㉡ 시·도지사)의 지도·감독을 받는다. 22. 지방자치

02 행정협의조정위원회의 구성과 운영 등에 필요한 사항은 (㉠ 국무총리령 / ㉡ 대통령령)으로 정한다. 20. 서울 지방자치

03 행정협의조정위원회는 (㉠ 국무총리가 위촉한 사람 / ㉡ 기획재정부장관)을 위원장으로 하고, 13명 이내의 위원으로 구성한다. 23. 지방자치

04 자치사무에 대한 지방자치단체장의 명령과 처분이 (㉠ 법령에 위반되거나 부당하여 공익을 해한다고 인정되는 경우 / ㉡ 법령을 위반한 것에 한정하여) 주무부장관이 시정을 명령하고 이를 취소하거나 정지할 수 있다. 20. 서울 지방자치

05 지방자치단체의 장이 직무이행명령을 기간 내 이행하지 않을 경우(㉠ 라도 대집행을 할 수 없다. / ㉡ 대집행을 할 수 있다.) 16. 지방자치

06 시·도지사는 기초자치단체의 자치사무에 관하여는 지도할 수 (㉠ 있으며 / ㉡ 없으며), 기초자치단체장이 이행명령에 따르지 않으면 (㉠ 그 지방자치단체의 / ㉡ 시·도의) 비용으로 대집행할 수 있다. 자치사무에 대한 기초자치단체장의 처분을 시·도지사가 취소·정지하거나 시정명령을 하는 것에 대하여 이의가 있으면 기초자치단체장은 (㉠ 행정법원 / ㉡ 대법원)에 소를 제기할 수 있다. 19. 서울 지방자치

07 서울특별시 자치구에서 처리하는 환경부로부터 위임받은 국가사무에 대하여는 (㉠ 1차 / ㉡ 2차)로 환경부장관의, (㉠ 1차 / ㉡ 2차)로 서울특별시장의 지도·감독을 받는다. 18. 서울 지방자치

08 (㉠ 지방자치단체의 / ㉡ 지방자치단체의 장의) 재의요구에 대하여, 재적의원 과반수의 출석과 출석의원 3분의 2 이상의 찬성으로 전과 같은 의결을 하면 그 의결사항은 확정된다. 지방자치단체의 장은 재의결된 사항이 법령에 위반된다고 판단되면 재의결된 날부터 (㉠ 15일 / ㉡ 20일) 이내에 대법원에 소를 제기할 수 있다. 재의결된 사항이 법령에 위반된다고 판단됨에도 불구하고 해당 지방자치단체의 장이 소(訴)를 제기하지 아니하면 주무부장관이나 시·도지사는 직접 제소할 수 (㉠ 있다. / ㉡ 없다.) 18. 서울 지방자치

09 중앙지방협력회의는 구성원 (㉠ 2분의 1 / ㉡ 3분의 2) 이상의 출석으로 개의하고 출석구성원 과반수의 찬성으로 의결한다. 22. 지방자치

정답 1.㉡ 2.㉡ 3.㉠ 4.㉡ 5.㉡ 6.㉠,㉠,㉡ 7.㉡,㉠ 8.㉠,㉡,㉠ 9.㉡

Theme 17-1 재무(지방자치법 재무)

01 재정 운영의 기본원칙

1. 지방재정의 조정(지방자치법 제136조)

국가와 지방자치단체는 지역 간 재정불균형을 해소하기 위하여 국가와 지방자치단체 간, 지방자치단체 상호 간에 적절한 재정 조정을 하도록 노력하여야 한다.

2. 건전재정의 운영(지방자치법 제137조)

(1) 지방자치단체는 그 재정을 수지균형의 원칙에 따라 건전하게 운영하여야 한다.
(2) 국가는 지방재정의 자주성과 건전한 운영을 장려하여야 하며, 국가의 부담을 지방자치단체에 넘겨서는 아니 된다.
(3) 국가는 국가행정기관 등의 신설·확장·이전·운영과 관련된 비용을 지방자치단체에 부담시켜서는 아니 된다.
(4) 국가는 국가행정기관 등을 신설하거나 확장하거나 이전하는 위치를 선정할 경우 지방자치단체의 재정적 부담을 입지 선정의 조건으로 하거나 입지 적합성의 선정항목으로 이용해서는 아니 된다.

3. 국가시책의 구현(지방자치법 제138조)

(1) 지방자치단체는 국가시책을 달성하기 위하여 노력하여야 한다.
(2) 국가시책을 달성하기 위하여 필요한 경비의 국고보조율과 지방비부담률은 법령으로 정한다.

4. 지방채무 및 지방채권의 관리(지방자치법 제139조)

(1) 지방자치단체의 장이나 지방자치단체조합은 따로 법률(지방재정법)로 정하는 바에 따라 지방채를 발행할 수 있다.
(2) 지방자치단체의 장은 따로 법률(지방재정법)로 정하는 바에 따라 지방자치단체의 채무부담의 원인이 될 계약의 체결이나 그 밖의 행위를 할 수 있다.
(3) 지방자치단체의 장은 공익을 위하여 필요하다고 인정하면 미리 지방의회의 의결을 받아 보증채무부담행위를 할 수 있다.
(4) 지방자치단체는 조례나 계약에 의하지 아니하고는 채무의 이행을 지체할 수 없다.
(5) 지방자치단체는 법령이나 조례의 규정에 따르거나 지방의회의 의결을 받지 아니하고는 채권에 관하여 채무를 면제하거나 그 효력을 변경할 수 없다.

02 예산과 결산

1. 회계연도(지방자치법 제140조)

지방자치단체의 회계연도는 매년 1월 1일에 시작하여 그 해 12월 31일에 끝난다.

2. 회계의 구분(지방자치법 제141조)

지방자치단체의 회계는 일반회계와 특별회계로 구분하고, 특별회계는 법률이나 지방자치단체의 조례로 설치할 수 있다.

3. 예산의 편성 및 의결(지방자치법 제142조)

(1) 지방자치단체의 장은 회계연도마다 예산안을 편성하여 시·도는 회계연도 시작 50일 전까지, 시·군 및 자치구는 회계연도 시작 40일 전까지 지방의회에 제출해야 한다.

(2) 시·도의회는 예산안을 회계연도 시작 15일 전까지, 시·군 및 자치구의회는 회계연도 시작 10일 전까지 의결하여야 한다.

(3) 지방의회는 지방자치단체의 장의 동의 없이 지출예산 각 항의 금액을 증가시키거나 새로운 비용 항목을 설치할 수 없다.

(4) 지방자치단체의 장은 예산안을 제출한 후 부득이한 사유로 그 내용의 일부를 수정하려면 수정예산안을 작성하여 지방의회에 다시 제출할 수 있다.

4. 계속비(지방자치법 제143조)

지방자치단체의 장은 한 회계연도를 넘어 계속하여 경비를 지출할 필요가 있으면 그 총액과 연도별 금액을 정하여 계속비로서 지방의회의 의결을 받아야 한다.

5. 예비비(지방자치법 제144조)

(1) 지방자치단체는 예측할 수 없는 예산 외의 지출 또는 예산 초과 지출에 충당하기 위하여 일반회계와 교육비특별회계의 경우에는 각 예산 총액의 100분의 1 이내의 금액을 예비비로 예산에 계상하여야 하고, 그 밖의 특별회계의 경우에는 각 예산 총액의 100분의 1 이내의 금액을 예비비로 예산에 계상할 수 있다.

(2) 재해·재난 관련 목적 예비비는 별도로 예산에 계상할 수 있고, 지방자치단체의 장은 지방의회의 예산안 심의 결과 폐지되거나 감액된 지출항목에 대해서는 예비비를 사용할 수 없다.

6. 추가경정예산(지방자치법 제145조)

지방자치단체의 장은 예산을 변경할 필요가 있으면 추가경정예산안을 편성하여 지방의회의 의결을 받아야 한다.

7. 예산이 성립하지 아니할 때의 예산 집행(지방자치법 제146조)

지방의회에서 새로운 회계연도가 시작될 때까지 예산안이 의결되지 못하면 지방자치단체의 장은 지방의회에서 예산안이 의결될 때까지 다음 각 호의 목적을 위한 경비를 전년도 예산에 준하여 집행할 수 있다.

(1) 법령이나 조례에 따라 설치된 기관이나 시설의 유지·운영

(2) 법령상 또는 조례상 지출의무의 이행

(3) 이미 예산으로 승인된 사업의 계속

8. 지방자치단체를 신설할 때의 예산(지방자치법 제147조)

지방자치단체를 폐지하거나 설치하거나 나누거나 합쳐 새로운 지방자치단체가 설치된 경우에는 지체 없이 그 지방자치단체의 예산을 편성하여야 한다.

9. 재정부담이 따르는 조례 제정 등(지방자치법 제148조)

지방의회는 새로운 재정부담이 따르는 조례나 안건을 의결하려면 미리 지방자치단체의 장의 의견을 들어야 한다.

10. 예산의 이송·고시 등(지방자치법 제149조)

(1) 지방의회의 의장은 예산안이 의결되면 그날부터 3일 이내에 지방자치단체의 장에게 이송하여야 한다.

(2) 지방자치단체의 장은 예산을 이송받으면 지체 없이 시·도에서는 행정안전부장관에게, 시·군 및 자치구에서는 시·도지사에게 각각 보고하고, 그 내용을 고시하여야 한다.

11. 결산(지방자치법 제150조)

(1) 지방자치단체의 장은 출납 폐쇄 후 80일 이내에 결산서와 증명서류를 작성하고 지방의회가 선임한 검사위원의 검사의견서를 첨부하여 다음 해 지방의회의 승인을 받아야 한다. 결산의 심사 결과 위법하거나 부당한 사항이 있는 경우에 지방의회는 본회의 의결 후 지방자치단체 또는 해당 기관에 변상 및 징계 조치 등 그 시정을 요구하고, 지방자치단체 또는 해당 기관은 시정 요구를 받은 사항을 지체 없이 처리하여 그 결과를 지방의회에 보고하여야 한다.

(2) 지방자치단체의 장은 승인을 받으면 그날부터 5일 이내에 시·도에서는 행정안전부장관에게, 시·군 및 자치구에서는 시·도지사에게 각각 보고하고, 그 내용을 고시하여야 한다.

(3) 검사위원의 선임과 운영에 필요한 사항은 대통령령으로 정한다.

12. 지방자치단체가 없어졌을 때의 결산(지방자치법 제151조)

(1) 지방자치단체를 폐지하거나 설치하거나 나누거나 합쳐 없어진 지방자치단체의 수입과 지출은 없어진 날로 마감하되, 그 지방자치단체의 장이었던 사람이 결산하여야 한다.

(2) 결산은 사무를 인수한 지방자치단체의 의회의 승인을 받아야 한다.

03 재산과 기금의 설치

1. 재산과 기금의 설치(지방자치법 제159조)

(1) 지방자치단체는 행정목적을 달성하기 위한 경우나 공익상 필요한 경우에는 재산(현금 외의 모든 재산적 가치가 있는 물건과 권리를 말한다)을 보유하거나 특정한 자금을 운용하기 위한 기금을 설치할 수 있다.

(2) 재산의 보유, 기금의 설치·운용에 필요한 사항은 조례로 정한다.

2. 재산의 관리와 처분(지방자치법 제160조)

지방자치단체의 재산은 법령이나 조례에 따르지 아니하고는 교환·양여·대여하거나 출자 수단 또는 지급 수단으로 사용할 수 없다.

3. 공공시설(지방자치법 제160조)

(1) 지방자치단체는 주민의 복지를 증진하기 위하여 공공시설을 설치할 수 있다.

(2) 공공시설의 설치와 관리에 관하여 다른 법령에 규정이 없으면 조례로 정한다.

(3) 공공시설은 관계 지방자치단체의 동의를 받아 그 지방자치단체의 구역 밖에 설치할 수 있다.

• 기출문제 학습 •

01 지방자치단체의 특별회계는 (㉠ 법률로만 / ㉡ 법률이나 지방자치단체의 조례로) 설치할 수 있다.
18. 서울 지방자치

02 (㉠ 예산안 편성권 / ㉡ 자치입법권)은 지방자치단체장의 전속적 권한이다. 20. 국가 9

03 시·도의회에서는 회계연도 시작 (㉠ 15일 / ㉡ 1개월) 전까지, 시·군 및 자치구의회에서는 회계연도 시작 (㉠ 10일 / ㉡ 15일) 전까지 의결하여야 한다. 17. 서울 지방자치

04 지방의회는 지방자치단체의 장의 동의가 없이 지출예산 각 항의 금액을 증가시키거나 새로운 비용 항목을 설치할 수 (㉠ 있다. / ㉡ 없다.) 23. 지방자치

05 지방의회의 의결을 통과하기 전에 일부 변경하여 제출하는 예산은 (㉠ 가예산 / ㉡ 수정예산)이다.
19. 서울 지방자치

06 지방의회는 예산을 (㉠ 편성 / ㉡ 심의·확정)하는 권한을 가진다. 20. 서울 지방자치

07 지방재정법에 따라 지방의회의 예산안 심의 결과 감액된 지출항목에 대해 예비비를 사용할 수 (㉠ 있다. / ㉡ 없다.) 21. 지방 9

08 (㉠ 지방의회는 / ㉡ 지방자치단체의 장은) 예산불성립 시 예산집행을 행사할 수 있다. 16. 서울 7

09 지방자치단체의 장은 출납 폐쇄 후 80일 이내에 결산서와 증빙서류를 작성하고 (㉠ 행정안전부장관이 / ㉡ 지방의회가) 선임한 검사위원의 검사의견서를 첨부하여 다음 연도 지방의회의 승인을 받아야 한다.
16. 지방자치

정답 1. ㉡ 2. ㉠ 3. ㉠, ㉠ 4. ㉡ 5. ㉡ 6. ㉡ 7. ㉡ 8. ㉡ 9. ㉡

Theme 17-2 재무(지방재정법 총칙)

1. 목적(지방재정법 제1조)
이 법은 지방자치단체의 재정에 관한 기본원칙을 정함으로써 지방재정의 건전하고 투명한 운용과 자율성을 보장함을 목적으로 한다.

2. 지방재정 운용의 기본원칙(지방재정법 제3조)
(1) 지방자치단체는 주민의 복리 증진을 위하여 그 재정을 건전하고 효율적으로 운용하여야 하며, 국가의 정책에 반하거나 국가 또는 다른 지방자치단체의 재정에 부당한 영향을 미치게 하여서는 아니 된다.
(2) 지방자치단체는 예산이 여성과 남성에게 미치는 효과를 평가하고, 그 결과를 지방자치단체의 예산에 반영하기 위하여 노력하여야 한다.

3. 지방재정제도의 연구 · 개발 등(지방재정법 제4조)
행정안전부장관은 이 법의 목적을 달성하기 위하여 지방재정 조정제도와 지방세제도 간의 조화로운 발전방안 등을 연구 · 개발하여 시행하여야 한다.

4. 성과 중심의 지방재정 운용(지방재정법 제5조)
(1) 지방자치단체의 장은 재정활동의 성과관리체계를 구축하여야 한다.
(2) 지방자치단체의 장은 행정안전부령으로 정하는 바에 따라 예산의 성과계획서 및 성과보고서를 작성하여야 한다.
(3) 지방자치단체의 장은 대통령령으로 정하는 바에 따라 주요 재정사업을 평가하고 그 결과를 재정운용에 반영할 수 있다.
(4) 성과 중심의 지방재정 운용을 위하여 필요한 그 밖의 사항은 행정안전부령으로 정한다.

5. 회계연도(지방재정법 제6조)
지방자치단체의 회계연도는 매년 1월 1일에 시작하여 12월 31일에 끝난다.

6. 회계연도 독립의 원칙(지방재정법 제7조)
각 회계연도의 경비는 해당 연도의 세입으로 충당하여야 한다.

7. 회계의 구분(지방재정법 제9조)
(1) 지방자치단체의 회계는 일반회계와 특별회계로 구분한다.
(2) 특별회계는 「지방공기업법」에 따른 지방직영기업이나 그 밖의 특정사업을 운영할 때 또는 특정자금이나 특정세입 · 세출로서 일반세입 · 세출과 구분하여 회계처리할 필요가 있을 때에만 법률이나 조례로 설치할 수 있다. 다만, 목적세에 따른 세입 · 세출은 다른 법률에 특별한 규정이 있는 경우를 제외하고는 특별회계를 설치 · 운용하여야 한다.

(3) 지방자치단체가 특별회계를 설치하려면 5년 이내의 범위에서 특별회계의 존속기한을 해당 조례에 명시하여야 한다. 다만, 법률에 따라 의무적으로 설치·운용되는 특별회계는 그러하지 아니하다.

(4) 지방자치단체의 장은 특별회계를 신설하거나 그 존속기한을 연장하려면 해당 조례안을 입법예고하기 전에 지방재정계획심의위원회의 심의를 거쳐야 한다. 다만, 법률에 따라 의무적으로 설치·운용되는 특별회계는 그러하지 아니하다.

8. 회계·기금 간 여유재원의 예수·예탁(지방재정법 제9조의2)

(1) 지방자치단체의 장은 재정의 효율적 운용을 위하여 필요한 경우에는 다른 법률 또는 조례에도 불구하고 회계 및 기금의 목적 수행에 지장을 초래하지 아니하는 범위에서 회계와 기금 간, 회계 상호 간 그리고 기금 상호 간에 여유재원 또는 기금 예치금을 예탁하거나 예수하여 통합적으로 활용할 수 있다. 이 경우 그 내용을 예산 또는 기금운용계획에 반영하여야 한다.

(2) 제1항에 따른 여유재원의 예탁 및 예수와 기금 예치금의 예탁 및 예수는 「지방자치단체 기금관리기본법」 제16조에 따른 통합재정안정화기금의 통합 계정으로 운용하여야 한다.

9. 보증채무부담행위(지방재정법 제13조)

(1) 채무의 이행에 대한 지방자치단체의 보증을 받으려는 자는 대통령령으로 정하는 바에 따라 사업의 내용과 보증을 받으려는 채무의 범위 등을 명시하여 지방자치단체의 장에게 미리 채무보증 신청을 하여야 한다.

(2) 채무보증 신청을 받은 지방자치단체의 장은 지방자치단체가 그 주채무를 보증할 필요가 있다고 인정하면 지방의회의 의결을 얻어 대통령령으로 정하는 바에 따라 그 주채무의 이행을 지방자치단체가 보증한다는 뜻을 신청인에게 서면으로 알려야 한다.

(3) 채권자나 채무자는 사업의 내용 또는 보증받은 내용을 변경하려면 지방자치단체의 장의 승인을 받아야 한다. 이 경우 지방자치단체의 장은 그 변경사항이 주채무의 범위 등 그 계약의 중요 부분에 관한 것일 때에는 미리 지방의회의 의결을 얻어야 한다.

(4) 지방자치단체의 장은 보증채무의 관리에 관한 사항과 예산 외의 의무부담에 관한 사항을 매년 세입·세출결산과 함께 지방의회에 보고하여야 한다.

10. 기부 또는 보조의 제한(지방재정법 제17조)

(1) 지방자치단체는 그 소관에 속하는 사무와 관련하여 다음 각 호의 어느 하나에 해당하는 경우와 공공기관에 지출하는 경우에만 개인 또는 법인·단체에 기부·보조, 그 밖의 공금 지출을 할 수 있다. 다만, 제4호에 따른 지출은 해 당 사업에의 지출근거가 조례에 직접 규정되어 있는 경우로 한정한다.
   ① 법률에 규정이 있는 경우
   ② 국고 보조 재원(財源)에 의한 것으로서 국가가 지정한 경우
   ③ 용도가 지정된 기부금의 경우
   ④ 보조금을 지출하지 아니하면 사업을 수행할 수 없는 경우로서 지방자치단체가 권장하는 사업을 위하여 필요하다고 인정되는 경우

(2) 제1항 각 호 외의 부분 본문에서 "공공기관"이란 해당 지방자치단체의 소관에 속하는 사무와 관련하여 지방자치단체가 권장하는 사업을 하는 다음 각 호의 어느 하나에 해당하는 기관을 말한다.
① 그 목적과 설립이 법령 또는 법령의 근거에 따라 그 지방자치단체의 조례에 정하여진 기관
② 지방자치단체를 회원으로 하는 공익법인

11. 출자 또는 출연의 제한(지방재정법 제18조)

(1) 지방자치단체는 법령에 근거가 있는 경우에만 출자를 할 수 있다.

(2) 지방자치단체는 법령에 근거가 있는 경우와 공공기관에 대하여 조례에 근거가 있는 경우에만 출연을 할 수 있다.

(3) 지방자치단체가 출자 또는 출연을 하려면 미리 해당 지방의회의 의결을 얻어야 한다.

12. 지방재정 운영에 대한 자문(지방재정법 제19조)

행정안전부장관은 지방재정 운용 업무를 효과적으로 수행하기 위하여 자문기구를 둘 수 있고, 자문기구에 필요한 사항은 대통령령으로 정한다.

• 기출문제 학습 •

01 목적세에 따른 세입·세출은 다른 법률에 규정이 있는 경우를 (㉠ 제외하고는 / ㉡ 포함하여) 특별회계를 설치·운용하여야 한다. 19. 서울 지방자치

02 지방자치단체장은 (㉠ 직권으로 / ㉡ 지방의회의 의결을 받아) 보증채무부담행위를 할 수 있다. 13. 지방자치

03 지방자치단체의 장은 (㉠ 기금운영계획에 반영하여 / ㉡ 기금운용계획과는 별개로) 회계·기금 간의 여유 재원을 예탁하여 통합적으로 활용할 수 있다. 23. 지방자치

정답 1. ㉠ 2. ㉡ 3. ㉠

Theme 17-3 재무(지방재정법 경비의 부담)

1. **자치사무에 대한 경비**(지방재정법 제20조)

    지방자치단체의 관할구역 자치사무에 필요한 경비는 그 지방자치단체가 전액을 부담한다.

2. **부담금과 교부금**(지방재정법 제21조)

    (1) 지방자치단체나 그 기관이 법령에 따라 처리하여야 할 사무로서 국가와 지방자치단체 간에 이해관계가 있는 경우에는 원활한 사무처리를 위하여 국가에서 부담하지 아니하면 아니 되는 경비는 국가가 그 전부 또는 일부를 부담한다.

    (2) 국가가 스스로 하여야 할 사무를 지방자치단체나 그 기관에 위임하여 수행하는 경우 그 경비는 국가가 전부를 그 지방자치단체에 교부하여야 한다.

3. **경비 부담의 비율 등**(지방재정법 제22조)

    (1) 국가와 지방자치단체가 부담할 경비 중 지방자치단체가 부담할 경비의 종목 및 부담 비율에 관하여는 대통령령으로 정한다.

    (2) 지방자치단체의 장은 지방비 부담액을 다른 사업보다 우선하여 그 회계연도의 예산에 계상하여야 한다.

4. **보조금의 교부**(지방재정법 제23조)

    (1) 국가는 정책상 필요하다고 인정할 때 또는 지방자치단체의 재정 사정상 특히 필요하다고 인정할 때에는 예산의 범위에서 지방자치단체에 보조금을 교부할 수 있다.

    (2) 시·도는 정책상 필요하다고 인정할 때 또는 시·군 및 자치구의 재정 사정상 특히 필요하다고 인정할 때에는 예산의 범위에서 시·군 및 자치구에 보조금을 교부할 수 있다.

    (3) 지방자치단체에 보조금을 교부할 때에는 법령이나 조례에서 정하는 경우와 국가 정책상 부득이한 경우 외에는 재원 부담 지시를 할 수 없다.

5. **국고보조금의 신청 등**(지방재정법 제24조)

    지방자치단체의 장이 중앙관서의 장에게 보조금의 예산 계상을 신청하였을 때에는 그 내용을 해당 회계연도의 전년도 4월 30일까지 행정안전부장관에게 보고하여야 한다. 이 경우 시장·군수 및 자치구의 구청장은 시·도지사를 거쳐 행정안전부장관에게 보고하여야 한다.

6. **지방자치단체의 부담을 수반하는 법령안**(지방재정법 제25조)

    중앙관서의 장은 그 소관 사무로서 지방자치단체의 경비부담을 수반하는 사무에 관한 법령을 제정하거나 개정하려면 미리 행정안전부장관의 의견을 들어야 한다.

7. 지방자치단체의 부담을 수반하는 경비(지방재정법 제26조)

중앙관서의 장은 그 소관에 속하는 세입·세출 및 국고채무 부담행위의 요구안 중 지방자치단체의 부담을 수반하는 사항에 대하여는 기획재정부장관에게 제출하기 전에 행정안전부장관과 협의하여야 한다.

8. 지방자치단체의 부담을 수반하는 국고 보조(지방재정법 제27조)

중앙관서의 장은 그 소관에 속하는 세출예산 중에서 지방자치단체의 재정적 부담을 수반하는 보조금 등을 지방자치단체에 교부하기로 결정·통지하였을 때에는 즉시 기획재정부장관과 행정안전부장관에게 통지하여야 한다. 다만, 보조금 등의 교부결정에 있어서 제26조에 따라 행정안전부장관과 협의를 거치지 아니한 부분에 대하여는 그 교부결정을 통지하기 전에 미리 행정안전부장관과 협의하여야 한다.

9. 지방재정관리위원회(지방재정법 제27조의2)

(1) 지방자치단체의 재정부담 및 재정위기관리에 사항을 심의하기 위하여 행정안전부장관 소속으로 지방재정관리위원회를 둔다.

(2) 위원회는 위원장·부위원장을 포함하여 15명 이내의 위원으로 구성하되, 위원장은 행정안전부장관이 된다. 부위원장은 행정안전부차관과 민간위원으로 하되, 민간위원인 부위원장은 위원회에서 호선하여 선정한다.

> 국무총리 소속의 지방재정부담심의위원회와 행정안전부장관 소속의 지방재정위기관리위원회는 지방재정법이 개정 사항이 시행(2024. 2. 17.) 되면서 행정안전부장관 소속의 지방재정관리위원회로 일원화 되었다. 지방재정관리위원회가 지방자치단체의 재정부담에 관한 사항 및 재정위기에 관한 사항을 모두 심의한다.

10. 국고보조사업에 대한 예산편성(지방재정법 제27조의3)

(1) 국고보조금에 의한 사업 중 지방자치단체의 재정적 부담을 수반하는 경우 지방자치단체의 예산편성은 중앙관서의 장과 행정안전부장관이 협의한 보조사업계획에 의한다.

(2) 행정안전부장관은 보조사업계획을 해당 회계연도의 전년도 10월 15일까지 각 부처 및 지방자치단체의 장에게 통보한다.

11. 국고보조금의 관리(지방재정법 제27조의4)

(1) 중앙관서의 장은 지방자치단체에 지원한 국고보조금의 교부실적과 해당 지방자치단체의 보조금 집행실적을 대통령령으로 정하는 기한까지 행정안전부장관에게 통보하여야 한다.

(2) 행정안전부장관은 제1항에 따라 통보된 결과를 공표하여야 하고, 공표의 방법 및 내용 등에 필요한 사항은 대통령령으로 정한다.

(3) 중앙관서의 장은 지방자치단체에서 수행한 보조사업의 점검 결과를 다음 연도 3월말까지 행정안전부장관에게 제출하여야 하고, 행정안전부장관은 제출된 결과를 통합하여 공개하여야 한다.

12. **국고보조사업의 이력관리**(지방재정법 제27조의5)

    행정안전부장관은 지방자치단체 국고보조사업의 신청 및 수행 상황을 점검하고 사업별로 이력을 관리하여야 한다.

13. **지방재정영향평가**(지방재정법 제27조의6)

    지방자치단체의 장은 대규모의 재정적 부담을 수반하는 국내·국제경기대회, 축제·행사, 공모사업 등의 유치를 신청하거나 응모를 하려면 미리 해당 지방자치단체의 재정에 미칠 영향을 평가하고 그 평가결과를 토대로 지방재정투자심사위원회의 심사를 거쳐야 한다.

14. **국고보조사무의 지방이양에 따른 사무 수행**(지방재정법 제27조의7)

    국고보조사무가 지방자치단체에 이양된 경우 중앙관서의 장은 해당 사무 수행에 대하여 지방자치단체 재정운용의 자율성을 해치거나 지방재정에 부당한 영향을 미치는 조치를 하여서는 아니 된다.

15. **국고보조사업 집행 관리 등**(지방재정법 제27조의8)

    (1) 행정안전부장관은 지방자치단체에서 수행하는 국고보조사업에 대하여 지방자치단체 및 관계 중앙관서의 장에게 자료의 제출을 요구할 수 있다. 이 경우 요청을 받은 기관은 이에 따라야 한다.

    (2) 행정안전부장관과 관계 중앙관서의 장은 국고보조사업의 효율적인 관리를 위하여 필요하다고 인정하는 경우 지방자치단체에서 수행하는 국고보조사업의 수행 상황을 조사하고 점검할 수 있다.

16. **시·도의 사무위임에 수반하는 경비 부담**(지방재정법 제28조)

    시·도나 시·도지사가 시·군 및 자치구 또는 시장·군수·자치구의 구청장에게 그 사무를 집행하게 할 때에는 시·도는 그 사무 집행에 드는 경비를 부담하여야 한다.

17. **지방세 감면의 제한 등**(지방재정법 제28조의2)

    (1) 행정안전부장관은 대통령령으로 정하는 해당 연도의 지방세 징수결산액과 지방세 비과세·감면액을 합한 금액에서 지방세 비과세·감면액이 차지하는 비율이 대통령령으로 정하는 비율 이하가 되도록 노력하여야 한다.

    (2) 중앙관서의 장은 그 소관 사무로서 새로운 지방세 감면을 요청할 때에는 그 감면액을 보충하기 위한 대책을 행정안전부장관에게 제출하여야 한다.

• **기출문제 학습** •

01 지방재정 부담에 관한 사항 중 주요 안건을 심의하기 위하여 (㉠ 국무총리 / ㉡ 행정안전부장관) 소속으로 지방재정관리위원회를 둔다. 18. 지방자치 수정

정답 1. ㉡

Theme 17-4 재무(지방재정법 예산)

1. 중기지방재정계획의 수립 등(지방재정법 제33조)
지방자치단체의 장은 지방재정을 계획성 있게 운용하기 위하여 매년 다음 회계연도부터 5회계연도 이상의 기간에 대한 중기지방재정계획을 수립하여 예산안과 함께 지방의회에 제출하고, 회계연도 개시 30일 전까지 행정안전부장관에게 제출하여야 한다.

2. 예산총계주의의 원칙(지방재정법 제34조)
(1) 한 회계연도의 모든 수입을 세입으로 하고 모든 지출을 세출로 하고, 세입과 세출은 모두 예산에 편입하여야 한다.
(2) 현물로 출자하는 경우와 기금을 운용하는 경우 또는 그 밖에 대통령으로 정하는 사유가 있는 경우 이를 세입·세출예산 외로 처리할 수 있다.

3. 세출의 재원(지방재정법 제35조)
지방자치단체의 세출은 지방채 외의 세입을 그 재원으로 하여야 한다. 다만, 부득이한 경우에는 지방채로 충당할 수 있다.

4. 예산의 편성(지방재정법 제36조)
(1) 지방자치단체는 법령 및 조례로 정하는 범위에서 합리적인 기준에 따라 그 경비를 산정하여 예산에 계상하여야 한다.
(2) 지방자치단체는 모든 자료에 의하여 엄정하게 그 재원을 포착하고 경제 현실에 맞도록 그 수입을 산정하여 예산에 계상하여야 한다.
(3) 지방자치단체는 세입·세출의 항목이 구체적으로 명시되도록 예산을 계상하여야 한다.
(4) 지방자치단체의 장이 예산을 편성할 때에는 중기지방재정계획과 투자심사 결과를 기초로 하여야 한다.

5. 성인지 예산서의 작성·제출(지방재정법 제36조의2)
(1) 지방자치단체의 장은 예산이 여성과 남성에게 미칠 영향을 미리 분석한 보고서[이하 "성인지 예산서"라 한다]를 작성하여야 한다.
(2) 예산안에는 성인지 예산서가 첨부되어야 한다.
(3) 그 밖에 성인지 예산서의 작성에 관한 구체적인 사항은 대통령령으로 정한다.

6. 투자심사(지방재정법 제37조)
(1) 지방자치단체의 장은 다음 각 호의 사항에 대해서는 미리 그 필요성과 타당성에 대한 심사(이하 "투자심사"라 한다)를 직접 하거나 행정안전부장관 또는 시·도지사에게 의뢰하여 투자심사를 받아야 한다.

① 재정투자사업에 관한 예산안 편성
② 다음 각 목의 사항에 대한 지방의회 의결의 요청
  ㉠ 채무부담행위
  ㉡ 보증채무부담행위
  ㉢ 「지방자치법」 제47조 제1항 제8호에 따른 예산 외의 의무부담
⑵ 투자심사 실시 주체별 투자심사 대상 사업의 범위는 지방자치단체의 종류, 총사업비, 사업의 유형 및 성격 등을 고려하여 대통령령으로 정한다.
⑶ **투자심사 대상 제외**
① 재해복구 등 원상복구를 목적으로 하는 사업
② 「국가유산수리 등에 관한 법률」 제2조 제1호의 국가유산수리 사업
③ 「지방공기업법」 제49조에 따른 지방공사 및 같은 법 제76조에 따른 지방공단 설립 사업
④ 「지역보건법」 제10조에 따른 보건소 및 「소방기본법」 제3조 제1항에 따른 소방기관의 건축 사업
⑤ 그 밖에 재난예방·안전 사업, 다른 법률에 따라 투자심사와 유사한 심사를 거친 사업 등 대통령령으로 정하는 사업
⑷ 투자심사 결과는 적정, 조건부 추진, 재검토 및 부적정으로 구분한다.
⑸ 지방자치단체의 장은 투자심사 결과가 재검토 또는 부적정인 경우에는 예산을 편성하여서는 아니 된다.
⑹ 투자심사의 기준 및 절차, 투자심사의 사후평가 등 투자심사에 관하여 그 밖에 필요한 사항은 행정안전부령으로 정한다.

7. 타당성조사(지방재정법 제37조의2)

⑴ 지방자치단체의 장은 투자심사 대상 중에서 총사업비 500억원 이상인 신규사업에 대해서는 투자심사를 하거나 받기 전에 행정안전부장관이 정하여 고시하는 전문기관에 의뢰하여 그 사업의 타당성을 객관적 기준에 따라 검증하는 조사(이하 "타당성조사"라 한다)를 실시하여야 한다. 다만, 다음 각 호의 어느 하나에 해당하는 경우에는 타당성조사를 받은 것으로 본다.
① 「국가재정법」 제38조 제1항에 따른 예비타당성조사를 실시한 경우
② 「국가재정법」 제38조 제5항에 따른 사업계획 적정성 검토를 받은 경우
③ 「공공기관의 운영에 관한 법률」 제40조 제3항 각 호 외의 부분 본문에 따른 예비타당성조사를 실시한 경우
④ 「사회기반시설에 대한 민간투자법」 제9조 제1항에 따라 제안된 사업으로서 해당 사업에 대한 제안내용을 다음 각 목의 어느 하나에 해당하는 기관에서 대통령령으로 정하는 바에 따라 검토 및 적격성 조사를 실시한 경우
  가. 「사회기반시설에 대한 민간투자법」 제23조 제1항에 따른 공공투자관리센터
  나. 「국가재정법」 제38조 제1항의 예비타당성조사를 수행하기 위하여 같은 법 제8조의2 제1항에 따라 지정된 전문기관
⑤ 그 밖에 제1호부터 제4호까지에 따른 조사 또는 검토와 유사한 절차를 이미 거친 경우로서 대통령령으로 정하는 경우

(2) 지방자치단체의 장은 타당성조사를 위한 계약을 행정안전부장관에게 위탁하여 체결할 수 있다.

(3) 타당성조사의 절차·방법과 비용의 납부절차 등에 필요한 사항은 행정안전부령으로 정한다.

8. 지방재정투자심사위원회(지방재정법 제37조의3)

(1) 투자심사에 관한 지방자치단체의 장의 자문에 응하기 위하여 지방자치단체의 장 소속으로 지방재정투자심사위원회를 둔다. 다만, 지방재정투자심사위원회의 기능을 담당하기에 적합한 다른 위원회가 있고 그 위원회의 위원이 지방재정 또는 투자심사에 관한 학식이나 전문성을 갖춘 경우에는 조례로 정하는 바에 따라 그 위원회가 지방재정투자심사위원회의 기능을 대신할 수 있다.

(2) 지방재정투자심사위원회는 위원장 1명을 포함한 15명 이내의 위원으로 구성하되, 성별을 고려하여야 한다.

(3) 위원은 민간위원(「고등교육법」에 따른 국공립학교의 교원을 포함한다)과 공무원으로 임명 또는 위촉하되, 공무원인 위원이 전체의 4분의 1을 초과하여서는 아니 된다.

(4) 위원장은 민간위원 중에서 호선한다.

(5) 민간위원의 임기는 3년 이내에서 조례로 정하며, 한 차례만 연임할 수 있다.

9. 주요 사업의 공개(지방재정법 제37조의4)

지방자치단체의 장은 투자심사를 하거나 받는 사업 또는 지방채를 발행하여 시행하는 사업에 대해서는 대통령령으로 정하는 바에 따라 투자심사 결과, 추진상황 및 그 밖에 대통령령으로 정하는 사항을 공개하여야 한다.

10. 지방자치단체 재정운용 업무편람 등(지방재정법 제38조)

(1) 행정안전부장관은 국가 및 지방 재정의 운용 여건, 지방재정제도의 개요 등 지방자치단체의 재정운용에 필요한 정보로 구성된 회계연도별 지방자치단체 재정운용 업무편람을 작성하여 지방자치단체에 보급할 수 있다.

(2) 지방재정의 건전한 운용과 지방자치단체 간 재정운용의 균형을 확보하기 위하여 필요한 회계연도별 지방자치단체 예산편성기준은 행정안전부령으로 정한다.

(3) 행정안전부장관은 지방자치단체의 건전한 재정지출에 필요한 기준을 정하여 지방자치단체에 통보할 수 있다.

11. 예산의 내용(지방재정법 제40조)

(1) 예산은 예산총칙, 세입·세출예산, 계속비, 채무부담행위 및 명시이월비를 총칭한다.

(2) 예산총칙에는 세입·세출예산, 계속비, 채무부담행위 및 명시이월비에 관한 총괄적 규정과 지방채 및 일시차입금의 한도액, 그 밖에 예산 집행에 필요한 사항을 정하여야 한다.

12. 예산의 과목 구분(지방재정법 제41조)

(1) 지방자치단체의 세입예산은 그 내용의 성질과 기능을 고려하여 장·관·항으로 구분한다.

(2) 지방자치단체의 세출예산은 그 내용의 기능별·사업별 또는 성질별로 주요항목 및 세부항목으로 구분한다. 이 경우 주요항목은 분야·부문·정책사업으로 구분하고, 세부항목은 단위사업·세부사업·목으로 구분한다.

(3) 각 과목의 구분과 설정 등 지방자치단체의 예산 과목 운용에 필요한 사항은 대통령령으로 정한다.

13. 계속비 등(지방재정법 제42조)

(1) 지방자치단체의 장은 공사나 제조, 그 밖의 사업으로서 그 완성에 수년을 요하는 것은 필요한 경비의 총액과 연도별 금액에 대하여 지방의회의 의결을 얻어 계속비로서 여러 해에 걸쳐 지출할 수 있다.

(2) 계속비로 지출할 수 있는 연한(年限)은 그 회계연도부터 5년 이내로 한다. 다만, 필요하다고 인정될 때에는 지방의회의 의결을 거쳐 다시 그 연한을 연장할 수 있다.

14. 예비비(지방재정법 제43조)

(1) 지방자치단체는 예측할 수 없는 예산 외의 지출 또는 예산 초과 지출에 충당하기 위하여 일반회계와 교육비특별회계의 경우에는 각 예산 총액의 100분의 1 이내의 금액을 예비비로 예산에 계상하여야 하고, 그 밖의 특별회계의 경우에는 각 예산 총액의 100분의 1 이내의 금액을 예비비로 예산에 계상할 수 있다.

(2) 제1항에도 불구하고 재해·재난 관련 목적 예비비는 별도로 예산에 계상할 수 있다.

(3) 지방자치단체의 장은 지방의회의 예산안 심의 결과 폐지되거나 감액된 지출항목에 대해서는 예비비를 사용할 수 없다.

(4) 지방자치단체의 장은 예비비로 사용한 금액의 명세서를 지방의회의 승인을 받아야 한다.

15. 채무부담행위(지방재정법 제44조)

(1) 지방자치단체의 장은 다음 각 호의 어느 하나에 해당하는 것을 제외하고는 지방자치단체에 채무부담의 원인이 될 계약의 체결이나 그 밖의 행위를 할 때에는 미리 예산으로 지방의회의 의결을 얻어야 한다. 이 경우 지방채 발행 한도액 산정 시에는 채무부담행위에 의한 채무가 포함되어야 한다.
① 법령이나 조례에 따른 것
② 세출예산·명시이월비 또는 계속비 총액 범위의 것

(2) 지방자치단체의 장은 지방의회를 소집할 시간적 여유가 없을 때에는 재난 복구를 위하여 시급히 추진할 필요가 있는 사업으로서 지방자치단체의 채무부담의 원인이 될 계약 중 총사업비가 10억원 이하의 범위에서 조례로 정하는 금액 이하인 계약을 지방의회의 의결을 거치지 아니하고 체결할 수 있다.

(3) 지방자치단체의 장은 지방의회의 의결을 거치지 아니하고 계약을 체결하였을 때에는 즉시 지방의회에 보고하여야 한다.

16. 예산안의 첨부서류(지방재정법 제44조의2)

예산안에는 재정운용상황개요서 등의 서류가 첨부되어야 한다. 다만, 수정예산안 또는 추가경정예산안을 제출하는 경우에는 그 일부 또는 전부를 생략할 수 있다.

17. 추가경정예산의 편성 등(지방재정법 제45조)

지방자치단체의 장은 이미 성립된 예산을 변경할 필요가 있을 때에는 추가경정예산을 편성할 수 있다.

18. 예산 불성립 시의 예산 집행(지방재정법 제46조)

(1) 지방의회에서 부득이한 사유로 회계연도가 시작될 때까지 예산안이 의결되지 못하였을 때에는 지방자치단체의 장은 「지방자치법」 제146조에 따라 예산을 집행하여야 한다.

(2) 제1항에 따라 집행된 예산은 해당 회계연도의 예산이 성립되면 그 성립된 예산에 의하여 집행된 것으로 본다.

19. 예산의 목적 외 사용금지(지방재정법 제47조)

지방자치단체의 장은 세출예산에서 정한 목적 외의 용도로 경비를 사용할 수 없다.

20. 예산의 이용·이체(지방재정법 제47조의2)

(1) 지방자치단체의 장은 세출예산에서 정한 각 정책사업 간에 서로 이용할 수 없다. 다만, 예산 집행에 필요하여 미리 예산으로서 지방의회의 의결을 거쳤을 때에는 이용할 수 있다.

(2) 지방자치단체의 장은 지방자치단체의 기구·직제 또는 정원에 관한 법령이나 조례의 제정·개정 또는 폐지로 인하여 관계 기관 사이에 직무권한이나 그 밖의 사항이 변동되었을 때에는 그 예산을 상호 이체(移替)할 수 있다.

21. 예산 절약에 따른 성과금의 지급 등(지방재정법 제48조)

(1) 지방자치단체의 장은 예산의 집행 방법이나 제도의 개선 등으로 예산이 절약되거나 수입이 늘어난 경우에는 절약한 예산 또는 늘어난 수입의 일부를 이에 기여한 자에게 성과금으로 지급하거나 다른 사업에 사용할 수 있다.

(2) 지방자치단체의 장은 성과금을 지급하거나 다른 사업에 사용하려면 예산성과금 심사위원회의 심사를 거쳐야 한다.

(3) 성과금의 지급과 다른 사업에의 사용, 예산성과금 심사위원회의 구성 및 운영 등에 필요한 사항은 대통령령으로 정한다.

22. 예산·기금의 불법지출·낭비에 대한 주민감시(지방재정법 제48조의2)

지방자치단체의 예산 또는 기금을 집행하는 자, 재정지원을 받는 자, 지방자치단체의 장 또는 기금관리주체와 계약 또는 그 밖의 거래를 하는 자가 법령을 위반함으로써 지방자치단체에 손해를 가하였음이 명백한 때에는 누구든지 집행에 책임이 있는 지방자치단체의 장 또는 기금관리주체에게 불법지출에 대한 증거를 제출하고 시정을 요구할 수 있다.

23. 예산의 전용(지방재정법 제49조)

지방자치단체의 장은 대통령령으로 정하는 바에 따라 각 정책사업 내의 예산액 범위에서 각 단위사업 또는 목의 금액을 전용할 수 있다.

24. 세출예산의 이월(지방재정법 제50조)

세출예산 중 경비의 성질상 그 회계연도에 그 지출을 마치지 못할 것으로 예상되어 명시이월비로서 세입·세출예산에 그 취지를 분명하게 밝혀 미리 지방의회의 의결을 얻은 금액은 다음 회계연도에 이월하여 사용할 수 있다.

기출문제 학습

01 지방자치단체의 장은 지방자치단체의 기구·직제 또는 정원에 관한 법령이나 조례의 제정·개정 또는 폐지로 인하여 관계기관 사이의 직무권한이 변동되었을 때는 (㉠ 그 예산을 상호 이체할 수 있다. / ㉡ 지방의회의 의결을 거쳐 그 예산을 상호 이체하여야 한다.) 21. 지방자치

02 지방자치단체의 장 소속으로 설치하여야 하는 지방재정투자심사위원회는 다른 위원회가 그 기능을 대신할 수 (㉠ 있다. / ㉡ 없다.) 15. 지방자치

정답 1. ㉠ 2. ㉠

Theme 17-5 재무(지방재정법 재정분석 및 공개)

재정보고서 제출	• 시·군·구 → 시·도 → 행정안전부장관 • 시·도 → 행정안전부장관
재정분석	행정안전부장관
재정진단	행정안전부장관
재정위기단체와 재정주의단체 지정 등	지방재정관리위원회 심의 → 행정안전부장관
재정위기단체의 의무	• 재정건전화계획 　재정위기단체의 장 → 행정안전부장관 승인 • 재정건전화계획 이행상황 보고 　재정위기단체의 장 → 지방의회 및 행정안전부장관
긴급재정관리단체의 지정 등	지방자치단체의 장 및 지방의회 의견 → 지방재정관리위원회 심의 → 행정안전부장관
긴급재정관리계획의 수립	긴급재정관리단체의 장 → 긴급재정관리인의 검토 → 지방의회 의결 → 행정안전부장관 승인

1. 재정 운용에 관한 보고 등(지방재정법 제54조)

지방자치단체의 장은 대통령령으로 정하는 바에 따라 예산, 결산, 출자, 통합부채, 우발부채, 그 밖의 재정 상황에 관한 재정보고서를 행정안전부장관에게 제출하여야 한다. 이 경우 시·군 및 자치구는 시·도지사를 거쳐 행정안전부장관에게 제출하여야 한다.

2. 재정분석 및 재정진단 등(지방재정법 제55조)

(1) 행정안전부장관은 대통령령으로 정하는 바에 따라 재정보고서의 내용을 분석하여야 한다.

(2) 행정안전부장관은 지방자치단체의 재정 상황 중 채무 등 대통령령으로 정하는 사항에 대하여 대통령령으로 정하는 바에 따라 재정위험 수준을 점검하여야 한다.

(3) 행정안전부장관은 다음 각 호의 어느 하나에 해당하는 지방자치단체에 대하여 지방재정관리위원회의 심의를 거쳐 대통령령으로 정하는 바에 따라 재정진단을 실시할 수 있다.
  ① 재정분석 결과 재정의 건전성과 효율성 등이 현저히 떨어지는 지방자치단체
  ② 점검 결과 재정위험 수준이 대통령령으로 정하는 기준을 초과하는 지방자치단체

(4) 행정안전부장관은 재정분석 결과와 재정진단 결과를 공개할 수 있다.

(5) 행정안전부장관은 재정분석 결과와 재정진단 결과의 중요 사항에 대해서는 매년 재정분석과 재정진단을 실시한 후 3개월 이내에 국회 소관 상임위원회 및 국무회의에 보고하여야 한다.

(6) 행정안전부장관은 재정분석과 재정진단의 객관성과 전문성을 확보하기 위하여 대통령령으로 정하는 전문기관에 그 분석과 진단을 위탁할 수 있다.

3. 재정위기단체와 재정주의단체의 지정 및 해제(지방재정법 제55조의2)

(1) 행정안전부장관은 재정분석 결과와 재정진단 결과 등을 토대로 지방재정관리위원회 심의를 거쳐 다음 각 호의 구분에 따라 해당 지방자치단체를 재정위기단체 또는 재정주의단체(財政注意團體)로 지정할 수 있다.
  ① 재정위기단체: 재정위험 수준이 심각하다고 판단되는 지방자치단체
  ② 재정주의단체: 재정위험 수준이 심각한 수준에 해당되지 아니하나 지방자치단체 재정의 건전성 또는 효율성 등이 현저하게 떨어졌다고 판단되는 지방자치단체

  🔍 통합재정수지 적자비율, 예산대비 채무비율, 채무상환비 비율, 지방세 징수율, 금고잔액비율, 공기업 부채비율 등이 재정위기단체 또는 재정주의단체지정시 고려 대상이 된다.

(2) 행정안전부장관은 지정된 재정위기단체 또는 재정주의단체의 지정사유가 해소된 경우에는 지방재정위기관리위원회의 심의를 거쳐 그 지정을 해제할 수 있다.
(3) 재정위기단체 또는 재정주의단체의 지정 및 지정 해제의 기준·절차, 그 밖에 재정위기단체 또는 재정주의단체의 지정 및 지정 해제에 필요한 사항은 대통령령으로 정한다.

4. 재정위기단체 등의 의무 등(지방재정법 제55조의3)

(1) 재정위기단체로 지정된 지방자치단체의 장은 대통령령으로 정하는 바에 따라 재정건전화계획을 수립하여 행정안전부장관의 승인을 받아야 한다. 이 경우 시장·군수 및 자치구의 구청장은 시·도지사를 경유하여야 한다.
(2) 재정위기단체의 장은 재정건전화계획에 대하여 지방의회의 의결을 얻어야 한다.
(3) 재정위기단체의 장이 예산을 편성할 때에는 재정건전화계획을 기초로 하여야 한다.
(4) 재정위기단체의 장은 재정건전화계획의 이행상황을 지방의회 및 행정안전부장관에게 보고하여야 한다. 이 경우 시장·군수 및 자치구의 구청장은 시·도지사를 경유하여야 한다.
(5) 행정안전부장관은 재정위기단체의 재정건전화계획 수립 및 이행상황에 대하여 필요한 사항을 권고하거나 지도할 수 있고, 재정위기단체의 장은 특별한 사유가 없는 한 권고 또는 지도에 따라야 한다.
(6) 재정위기단체의 장은 재정건전화계획 및 이행상황을 매년 2회 이상 주민에게 공개하여야 한다.
(7) 행정안전부장관은 재정주의단체로 지정된 지방자치단체에 대하여 지방재정관리위원회의 심의를 거쳐 재정건전화계획의 수립 및 이행을 권고하거나 재정건전화에 필요한 사항을 지도할 수 있다.

5. 재정위기단체의 지방채 발행 제한 등(지방재정법 제55조의4)

(1) 재정위기단체의 장은 행정안전부장관의 승인과 지방의회의 의결을 얻은 재정건전화계획에 의하지 아니하고는 지방채의 발행, 채무의 보증, 일시차입, 채무부담행위를 할 수 없다.
(2) 재정위기단체의 장은 행정안전부장관의 승인과 지방의회의 의결을 얻은 재정건전화계획에 의하지 아니하고는 대통령령으로 정하는 규모 이상의 재정투자사업에 관한 예산을 편성할 수 없다.

6. 재정건전화 이행 부진 지방자치단체에 대한 불이익 부여(지방재정법 제55조의5)

행정안전부장관은 재정위기단체의 재정건전화계획 수립 및 이행 결과가 현저히 부진하다고 판단하는 경우에는 교부세를 감액하거나 그 밖의 재정상의 불이익을 부여할 수 있다.

7. 지방재정분석 결과에 따른 조치 등(지방재정법 제57조)

행정안전부장관은 재정분석 결과 재정의 건전성과 효율성 등이 우수한 지방자치단체에 대하여 특별교부세를 별도로 교부할 수 있다.

8. 지방재정에 대한 특별지원 등(지방재정법 제58조)

행정안전부장관은 현저하게 낙후된 지역의 개발이나 각종 재난으로 인하여 특별한 재정수요가 있다고 판단되는 지방자치단체 또는 전국에 걸쳐 시행하는 국가시책사업과 밀접한 이해관계가 있는 지방자치단체에 대하여 따로 재정지원계획을 수립하여 시행할 수 있다.

9. 지역통합재정통계의 작성(지방재정법 제59조)

지방자치단체의 장은 회계연도마다 예산서와 결산서를 기준으로 지역통합재정통계를 작성하여야 한다.

10. 지방재정 운용상황의 공시 등(지방재정법 제60조)

지방자치단체의 장은 예산 또는 결산의 확정 또는 승인 후 2개월 이내에 예산서와 결산서를 기준으로 세입·세출예산의 운용상황 등을 주민에게 공시하여야 한다.

11. 통합공시(지방재정법 제60조의2)

행정안전부장관은 지방재정 운영상황을 보고받아 그 내용을 분석·평가하고, 그 결과를 토대로 필요한 항목에 대해서는 지방자치단체별로 구분하여 공시하되, 지방자치단체 간 비교공시를 할 수 있다.

12. 긴급재정관리단체의 지정 및 해제(지방재정법 제60조의3)

(1) 행정안전부장관은 지방자치단체가 다음 각 호의 어느 하나에 해당하여 자력으로 그 재정위기상황을 극복하기 어렵다고 판단되는 경우에는 해당 지방자치단체를 긴급재정관리단체로 지정할 수 있다. 이 경우 행정안전부장관은 긴급재정관리단체로 지정하려는 지방자치단체의 장과 지방의회의 의견을 미리 들어야 한다.

① 재정위기단체로 지정된 지방자치단체가 재정건전화계획을 3년간 이행하였음에도 불구하고 재정위기단체로 지정된 때부터 3년이 지난 날 또는 그 이후의 지방자치단체의 재정위험 수준이 재정위기단체로 지정된 때보다 대통령령으로 정하는 수준 이하로 악화된 경우
② 소속 공무원의 인건비를 30일 이상 지급하지 못한 경우
③ 상환일이 도래한 채무의 원금 또는 이자에 대한 상환을 60일 이상 이행하지 못한 경우

(2) 지방자치단체의 장은 해당 지방자치단체가 제1항 각 호의 어느 하나에 해당되거나 그에 준하는 재정위기에 직면하여 긴급재정관리가 필요하다고 판단하는 경우에는 지방의회의 의견을 들은 후 행정안전부장관에게 긴급재정관리단체의 지정을 신청할 수 있다.

⑶ 행정안전부장관은 긴급재정관리단체를 지정하거나 지방자치단체의 장의 신청으로 긴급재정관리단체를 지정하려면 지방재정관리위원회의 심의를 거쳐야 한다.

13. 긴급재정관리인의 선임 및 파견(지방재정법 제60조의4)
⑴ 행정안전부장관은 국가기관 소속 공무원 또는 재정관리에 관한 업무 지식과 경험이 풍부한 사람을 긴급재정관리인으로 선임하여 긴급재정관리단체에 파견하여야 한다.
⑵ 행정안전부장관은 긴급재정관리인을 선임하려면 미리 지방재정관리위원회의 심의·의결을 거쳐야 한다.

14. 긴급재정관리계획의 수립(지방재정법 제60조의5)
⑴ 긴급재정관리단체의 장은 다음 각 호의 사항이 포함된 긴급재정관리계획안을 작성하여 긴급재정관리인의 검토를 받아 지방의회의 의결을 거친 후 행정안전부장관의 승인을 받아야 한다. 다만, 긴급재정관리단체의 장은 직접 긴급재정관리계획안을 작성하는 것이 적절하지 아니한 경우로서 대통령령으로 정하는 경우에는 긴급재정관리인으로 하여금 긴급재정관리계획안을 작성하게 하여야 한다.
　① 긴급재정관리단체의 채무 상환 및 감축 계획
　② 경상비 및 사업비 등의 세출구조조정 계획
　③ 긴급재정관리단체의 수입 증대 계획
　④ 그 밖에 긴급재정관리단체의 재정위기 극복을 위하여 대통령령으로 정하는 사항
⑵ 긴급재정관리단체의 장은 제1항에 따라 행정안전부장관의 승인을 받은 긴급재정관리계획(이하 "긴급재정관리계획"이라 한다)을 지체 없이 지방의회에 보고하여야 한다.
⑶ 긴급재정관리계획을 변경하는 경우에는 제1항 및 제2항을 준용한다.

15. 긴급재정관리계획의 이행 등(지방재정법 제60조의6)
⑴ 긴급재정관리단체의 장은 긴급재정관리계획을 성실히 이행하여야 한다.
⑵ 행정안전부장관 또는 긴급재정관리인은 긴급재정관리단체의 긴급재정관리계획의 이행상황을 점검하거나 보고 또는 자료제출을 요구할 수 있다. 이 경우 긴급재정관리단체의 장은 이에 성실히 따라야 한다.
⑶ 긴급재정관리단체의 장은 긴급재정관리인의 직무활동에 필요한 사항을 지원하여야 한다.
⑷ 행정안전부장관은 이행 등에 대하여 평가를 실시할 수 있으며, 평가 결과에 따라 필요한 사항을 권고할 수 있다.
⑸ 긴급재정관리단체의 장은 권고를 받은 경우에는 신속하게 조치하고 그 결과를 행정안전부장관에게 통보하여야 한다.
⑹ 긴급재정관리단체의 장은 긴급재정관리계획 및 그 이행상황과 행정안전부장관의 이행평가 결과를 매년 2회 이상 주민에게 공개하여야 한다.

(7) 긴급재정관리계획의 이행이 부진한 긴급재정관리단체에 대한 불이익 부여에 대해서는 제55조의5를 준용한다. 이 경우 "재정위기단체"는 "긴급재정관리단체"로, "재정건전화계획"은 "긴급재정관리계획"으로 본다.

16. 긴급재정관리단체의 예산안 편성 등(지방재정법 제60조의7)

(1) 긴급재정관리단체의 장은 예산안을 편성하는 경우에는 긴급재정관리계획에 따라야 한다.

(2) 긴급재정관리단체의 장은 이미 성립된 예산을 긴급재정관리계획에 따라 변경하여야 하는 경우에는 행정안전부장관이 긴급재정관리계획을 승인하여 통보한 날부터 60일 이내에 긴급재정관리계획에 따라 추가경정예산안을 편성하여 지방의회에 제출하여야 한다.

(3) 긴급재정관리단체의 장은 제1항 또는 제2항에 따라 예산안을 편성하여 지방의회에 제출하기 전에 예산안이 긴급재정관리계획에 적합한지 여부에 대하여 긴급재정관리인의 검토를 받아야 한다.

(4) 긴급재정관리단체의 장은 제1항부터 제3항까지의 규정에 따라 작성된 예산안을 행정안전부장관에게 제출하여야 한다.

(5) 지방의회는 제2항에 따라 긴급재정관리단체의 장이 제출한 추가경정예산안에 대하여 제출한 날부터 15일 이내에 의결하여야 한다.

17. 긴급재정관리단체의 지방채 발행 등의 제한 등(지방재정법 제60조의8)

(1) 긴급재정관리단체의 장은 긴급재정관리계획에 따르지 아니하고는 지방채의 발행, 채무의 보증, 일시차입, 채무부담행위를 할 수 없다.

(2) 긴급재정관리단체의 장은 긴급재정관리계획에 따르지 아니하고는 대통령령으로 정하는 규모 이상의 재정투자사업에 관한 예산을 편성할 수 없다.

18. 국가 등의 지원(지방재정법 제60조의9)

(1) 국가는 긴급재정관리단체가 긴급재정관리계획을 추진하는 데 필요한 행정적·재정적 사항을 지원할 수 있다.

(2) 긴급재정관리단체가 아닌 지방자치단체는 공무원 파견 등 긴급재정관리단체가 긴급재정관리계획을 추진하는 데 필요한 사항을 지원할 수 있다.

• 기출문제 학습 •

01 (㉠ 재정진단 / ㉡ 긴급재정관리단체의 지정)은 재정위험 수준 점검결과 재정위험 수준이 대통령령으로 정하는 기준을 초과하는 지방자치단체에 대하여 실시할 수 있다. 25. 국가 9

02 행정안전부장관은 재정위기단체의 재정건전화계획 수립 및 이행 결과가 현저히 부진하다고 판단하는 경우에도 교부세를 감액하거나 그 밖의 재정상의 불이익을 부여할 수 (㉠ 있다. / ㉡ 없다.) 16. 지방자치

03 「지방재정법」상 상환일이 도래한 채무의 원금 또는 이자에 대한 상환을 지방자치단체가 (㉠ 30일 / ㉡ 60일 / ㉢ 90일) 이상 이행하지 못한 경우 행정안전부장관은 해당 지방자치단체를 긴급재정관리단체로 지정할 수 있다. 19. 서울 지방자치

04 행정안전부장관은 자력으로 재정위기 상황을 극복하는 것이 어렵다고 판단되는 지방자치단체에 대하여 (㉠ 해당 지방자치단체의 장과 지방의회의 의견을 듣지 않고 / ㉡ 해당 지방자치단체의 장과 지방의회의 의견을 들어) 긴급재정관리단체로 지정할 수 있다. 17. 서울 지방자치

정답 1. ㉠ 2. ㉡ 3. ㉡ 4. ㉡

Theme 18. 지방재정 수입

지방재정 부분은 재무행정(국가재정) 파트에서 세출에 초점이 맞추어진 것과 달리 부족한 지방세입, 지방 간 재정격차, 중앙정부의 지원 등 '세입'에 초점이 맞추어져 있다.

01 지방재정 수입

1. 수입원에 따라 분류

(1) **자주재원**: 지방자치단체가 스스로 조달하는 재원으로 지방세와 세외수입으로 구분된다.

(2) **의존재원**: 지방자치단체에서 필요로 하거나 부족한 재원을 외부에서 조달하는 재원으로 지방교부세, 국고보조금, 조정교부금으로 구분된다.

> **참고**
>
> 자체수입, 자주재원, 의존재원의 의미를 학자들마다 상이하게 사용하고 있으나, 대체적으로 'B'견해로 출제되고 있다. 출제기관인 인사혁신처에 질의하였으나 명확한 답변은 얻지 못했다.
>
> | A: 행정안전부, 임승빈 교수 등 | B: 김병준 교수 등 |
> |---|---|
> | • 자체수입: 지방세, 세외수입
• 자주재원: 지방교부세, 조정교부금 | • 자주재원: 지방세, 세외수입
• 의존재원: 지방교부세, 조정교부금 |

2. 용도의 제한성에 따라 분류

(1) **일반재원**: 용도제한이 없는 재원을 말한다.

(2) **특정재원**: 사용용도가 제한된 재원을 말한다.

02 우리나라 지방재정 수입구조의 특징

1. 자주재원에 비해 의존재원의 비중이 높아, 지방자치단체의 국가재정에 대한 의존도가 상당히 크다고 할 수 있다.

2. 지방재정조정제도는 중앙－지방 간 수직적 재정조정(지방교부세 등), 지방 간 수평적 재정조정(지역상생발전기금 등) 기능이 있다.

3. 우리나라 지방세는 재산과세의 비중이 높으며 중앙정부의 부동산 정책과 지역경제 상황에 따라 영향을 받는다.

• **기출문제 학습** •

01 우리나라 지방세원은 (㉠ 소득과 소비과세 / ㉡ 재산에 관련된 과세) 중심으로 성장이나 소득증가에 따른 지방세의 증가는 미약하다. 12. 국가 9

정답 1. ㉡

Theme 18-1 ▶ 지방재정 수입(자주재원)

01 지방세(자주재원)

1. 지방세(지방자치법 제152조)

지방자치단체는 법률로 정하는 바에 따라 지방세를 부과·징수할 수 있다.

2. 지방세의 원칙

(1) **보편성의 원칙**

지방세의 세원이 특정지역에 편재되어 있지 않고 골고루 분포되어 있어야 한다.

(2) **정착성의 원칙**

과세대상은 과세가 용이하도록 이동이 적어야 한다.

(3) **안정성의 원칙**

지방세의 세원으로부터 안정적인 수입이 창출되어야 한다.

(4) **충분성의 원칙**

지방세는 행정수요를 감당할 수 있도록 충분하여야 한다.

(5) **신장성의 원칙**

행정수요 증가에 맞추어 지방세 수입도 신장되어야 한다.

(6) **응익성의 원칙**

지방세는 납세자의 지불능력보다는 공공서비스의 수혜정도를 기준으로 지방세를 부과한다는 원칙으로, 이와 대조적으로 국세는 응능주의 원칙이 지배한다.

(7) **부담부임성의 원칙**

지방세는 광범위하게 부과·징수되어야 한다.

(8) **자율성의 원칙**

지방정부와 주민은 스스로 재정적 부담을 결정할 수 있어야 한다.

3. 지방세 확보와 관련하여 우리나라의 문제점

(1) **보편성**

수도권과 비수도권의 세원이 심각하게 불균형을 이룬다.

(2) **안정성**

지방세는 재산과세 위주로, 소득증가에 따른 지방세 증가 효과가 미미하다.

(3) **충분성**

지방세 수입이 지방사무의 양과 비교하여 충분하지 못하다.

(4) **자율성**

지방세의 세목설정 권한이 인정되지 않기 때문에 자율성이 상대적으로 떨어진다.

4. 지방세 구분(지방세 기본법 제7조 및 제8조)

구분	특별시·광역시세	자치구세	도세	시·군세
보통세 (9개)	취득세, 주민세, 자동차세, 레저세, 담배소비세, 지방소비세, 지방소득세	등록면허세, 재산세	취득세, 레저세, 등록면허세, 지방소비세	주민세, 재산세, 자동차세, 담배소비세, 지방소득세
목적세 (2개)	지방교육세, 지역자원시설세		지방교육세, 지역자원시설세	

(1) 기초지자체가 없는 제주·세종은 광역단위에서 11개 세목을 전부 징수한다.
(2) 광역시 군지역은 도세와 시·군세의 세목 구분을 적용받는다.
(3) **보통세의 종류**
　① 취득세
　　부동산, 차량, 항공기, 선박, 골프회원권 등을 취득했을 때 부과한다.
　② 등록면허세
　　재산권과 그 밖의 권리의 설정·변경 또는 소멸에 관한 사항을 공부에 등기 또는 등록을 하는 자, 면허 등을 받은 자 등에게 부과한다.
　③ 레저세
　　경륜, 경마 등의 사업을 목적으로 하는 자 또는 사업장에 부과한 것으로 종전의 경마·마권세를 2002년부터 개칭한 세목이다.
　④ 담배소비세
　　국내에서 제조되는 담배와 외국에서 수입되는 담배에 부과한다.
　⑤ 지방소비세
　　㉠ 국세인 부가가치세의 일부를 일정한 기준에 따라 광역지방자치단체에 이전하는 일종의 세원공유 방식의 지방세이다.
　　㉡ 지방자치단체의 부족한 세원을 지원하기 위해 2010년에 도입하였고, 도입당시 국세인 부가가치세 세수(감면, 공제 및 가산세 반영)의 5%에서 2021년에 21%, 2022년 23.7%, 2023년부터 25.3%로 증가하였다.
　　㉢ 시·도별 배분에 있어 권역별로 민간 최종 소비 지출 지표에 가중치를 적용된다.
　⑥ 주민세
　　㉠ **개인분**: 주소를 둔 개인에 부과하는 것으로 세율은 1만원을 초과하지 아니하는 범위에서 지방자치단체의 장이 조례로 정한다.
　　㉡ **사업소분**: 사업소 및 연면적에 따라 부과하고, 지방자치단체의 장은 조례로 정하는 바에 따라 세율을 100분의 50 범위에서 가감할 수 있다.

ⓒ **종업원분**: 종업원에게 지급한 그 달의 급여 총액을 과세표준으로 하고, 표준세율은 종업원 급여총액의 1천분의 5로 한다. 지방자치단체의 장은 조례로 정하는 바에 따라 종업원분의 세율을 표준세율의 100분의 50의 범위에서 가감할 수 있다.

  🔍 **주민세 특례(지방세기본법 제11조)**: 주민세 사업소분 및 종업원분은 광역시세가 아니라 구세로 한다.

  🔍 **지방세 탄력세율**: 주민세는 세율에 대해 일정 범위 내에서 지방자치단체가 자율적으로 결정할 수 있다.

⑦ **지방소득세**
소득세와 법인세를 납부할 개인과 법인이 납부할 의무가 있고, 소득세 또는 법인세가 비과세되는 소득에 대하여는 지방소득세를 과세하지 아니한다.

⑧ **재산세**
재산세는 토지, 건축물, 주택, 항공기 및 선박을 과세대상으로 한다.

⑨ **자동차세**
 ⊙ **자동차 소유에 대한 자동차세**: 지방자치단체 관할구역에 등록되어 있거나 신고되어 있는 자동차를 소유하는 자에게 부과한다.
 ⓒ **자동차 주행에 대한 자동차세**: 비영업용 승용자동차에 대한 휘발유, 경유 및 이와 유사한 대체유류(이하 이 절에서 "과세물품"이라 한다)에 대한 교통·에너지·환경세의 납세의무가 있는 자에게 부과한다.

(4) **목적세의 종류**
① **지방교육세**
지방교육의 질적 향상에 필요한 지방교육재정의 확충에 소요되는 재원을 확보하기 위하여 부과하며, 매 회계연도 일반회계예산에 계상하여 교육비특별회계로 전출해야 한다.

② **지역자원시설세**
지하·해저자원, 관광자원, 수자원, 특수지형 등 안전관리사업 및 환경보호·개선사업, 그 밖에 지역 균형개발사업에 필요한 재원을 확보하거나 소방시설, 오물처리시설, 수리시설 및 그 밖의 공공시설에 필요한 비용을 충당하기 위하여 부과한다.

5. 서울시 공동세(지방세기본법 제9조 및 제10조)

(1) **의미**
자치구 간 재정격차 완화를 위한 재정조정 장치로 사용된다.

(2) **재원**
자치구별 '재산세' 중에서 50%를 서울시세로 하여 25개 자치구에 균등 배분한다.

02 세외수입(자주재원)

1. 세외수입이란?
지방세 외의 모든 수입을 포함하는 개념으로, 자주재원이지만 그 용도가 제한되는 경우가 있다.

2. 세외수입의 종류

(1) **사용료**(지방자치법 제153조)

지방자치단체는 공공시설의 이용 또는 재산의 사용에 대하여 사용료를 징수할 수 있다.

(2) **수수료**(지방자치법 제154조)

㉠ 지방자치단체는 그 지방자치단체의 사무가 특정인을 위한 것이면 그 사무에 대하여 수수료를 징수할 수 있다.

㉡ 지방자치단체는 국가나 다른 지방자치단체의 위임사무가 특정인을 위한 것이면 그 사무에 대하여 수수료를 징수할 수 있다.

(3) **분담금**(지방자치법 제155조)

지방자치단체는 그 재산 또는 공공시설의 설치로 주민의 일부가 특히 이익을 받으면 이익을 받는 자로부터 그 이익의 범위에서 분담금을 징수할 수 있다.

(4) **기타**

재산임대수입(경상적 수입), 재산매각수입(임시적 수입) 등이 해당된다.

• **기출문제 학습** •

01 지방 세목을 설치하기 위해서는 (㉠ 조례의 제정을 통하여 법령의 위임이 없더라도 가능하다. / ㉡ 법률의 제·개정이 필요하다.) 17. 지방 9

02 재정수입의 측면에서 '지방세의 세원이 특정지역에 편재되어 있지 않고 고루 분포되어 있어야 한다'라는 내용과 관련된 지방세의 원칙은 (㉠ 세수안정의 원칙 / ㉡ 책임부담의 원칙 / ㉢ 응익성의 원칙 / ㉣ 보편성의 원칙)이다. 15. 서울 7

03 지방세는 (㉠ 재산보유에 대한 과세보다 재산거래에 대한 과세의 비중이 / ㉡ 재산거래에 대한 과세보다 재산보유에 대한 과세의 비중이) 상대적으로 높다. 14. 국가 7

04 지방세기본법상 지방자치단체의 세목에 해당하지 않는 것은 (㉠ 농어촌특별세 / ㉡ 담배소비세 / ㉢ 지방소득세 / ㉣ 자동차세)이다. 23. 지방자치

05 지방자치단체의 목적세를 모두 고르면 (㉠ 지방교육세 / ㉡ 농어촌특별세 / ㉢ 지역자원시설세 / ㉣ 교통·에너지·환경세)가 있고, (㉠ 광역자치단체 / ㉡ 기초자치단체)만 부과할 수 있다. 11. 지방 7

06 지방자치단체의 목적세에 대한 설명으로, [13. 국가 7]
① (㉠ 지방교육세 / ㉡ 지역자원시설세)는 지하·해저자원, 관광자원, 수자원, 특수지형 등 안전관리사업 … 소방시설, 오물처리시설 등에 필요한 비용을 부과하기 위하여 부과한다.
② (㉠ 지방교육세 / ㉡ 지역자원시설세)는 지방교육의 질적 향상에 필요한 지방교육재정의 확충에 소요되는 재원을 확보하기 위하여 부과한다.

07 특별시·광역시 세원을 모두 고르면 (㉠ 취득세 / ㉡ 자동차세 / ㉢ 등록면허세 / ㉣ 레저세 / ㉤ 담배소비세 / ㉥ 주민세 / ㉦ 지방소비세 / ㉧ 재산세 / ㉨ 지방소득세)이다. [16. 지방 9, 16. 서울 7]

08 시·군의 지방세 세목이 아닌 것은 (㉠ 담배소비세 / ㉡ 주민세 / ㉢ 지방소비세 / ㉣ 등록면허세 / ㉤ 재산세 / ㉥ 자동차세)이다. [17. 지방 7]

09 2024년 지방소비세는 국세인 부가가치세 세수의 (㉠ 21% / ㉡ 23.7% / ㉢ 25.3%)를 세원으로 한다. [19. 지방자치]

10 사용료·수수료 또는 분담금의 징수에 관한 사항은 (㉠ 조례 / ㉡ 지방재정법으)로 정한다. 다만, 국가가 지방자치단체나 그 기관에 위임한 사무와 자치사무의 수수료 중 전국적으로 통일할 필요가 있는 수수료에 관한 사항은 다른 법령의 규정에도 불구하고 (㉠ 대통령령 / ㉡ 행정안전부령)으로 정하는 표준금액으로 징수하되, 지방자치단체가 다른 금액으로 징수하고자 하는 경우에는 표준금액의 (㉠ 100분의 10 / ㉡ 100분의 50)의 범위에서 조례로 가감 조정하여 징수할 수 있다. [18. 서울 지방자치]

11 ① (㉠ 사용료 / ㉡ 수수료)는 공공시설을 특정소비자가 사용할 때 그 반대급부로 강제적으로 부과·징수하는 공과금이다.
② (㉠ 분담금 / ㉡ 부담금)은 공공시설의 설치를 통해 주민의 일부가 특별한 이익을 받을 때 그 비용의 일부를 부담시키기 위해 징수하는 공과금이다.
③ (㉠ 수수료 / ㉡ 사용료 / 과년도 수입)은 특정인에게 제공한 서비스에 의해 이익을 받는 자로부터 그 비용의 전부 또는 일부를 반대급부로 징수하는 수입이다. [10. 지방 7]

12 지방자치단체는 공공시설의 이용 또는 재산의 사용에 대하여는 사용료를 징수할 수 (㉠ 있다. / ㉡ 없다.) [23. 지방자치]

13 부담금은 (㉠ 「지방세법」상 지방세 수입의 재원 중 하나이다. / ㉡ 「부담금관리기본법」상 조세 외의 수입원 중 하나이다.) [20. 국가 7]

14 세외수입 중 재산수입에는 재산매각수입과 재산임대수입이 있는데, 전자는 (㉠ 경상적 / ㉡ 임시적) 수입이고 후자는 (㉠ 경상적 / ㉡ 임시적) 수입이다. [20. 지방자치]

15 서울시의 공동세 제도는, 자치구의 (㉠ 취득세 / ㉡ 재산세) 중 50%를 서울시가 형평화의 논리에 따라 배분하는 것이다. [13. 서울 7]

정답 1.㉡ 2.㉣ 3.㉠ 4.㉠ 5.(㉠,㉢) 6.①-㉡ ②-㉠ 7.㉠,㉡,㉣,㉤,㉥,㉧,㉨ 8.㉢,㉣ 9.㉢ 10.㉠,㉠,㉡
11.①-㉠ ②-㉡ ③-㉠ 12.㉠ 13.㉡ 14.㉡,㉠ 15.㉡

Theme 18-2 지방재정 수입(의존재원)

01 지방교부세(의존재원)

1. 의미

기본 목적은 지방자치단체 간 재정격차를 줄임으로써 기초적인 행정서비스가 제공될 수 있도록 하는데 있고, 국고보조금과 함께 지방재정조정제도 중 하나로 지방교부금이라고 불리기도 한다. '세'로 끝나지만 지방세의 세목은 아니다.

2. 지방교부세의 종류(지방교부세법 제3조)

보통교부세 · 특별교부세 · 부동산교부세 및 소방안전교부세로 구분한다.

3. 교부세의 재원(지방교부세법 제4조)

(1) 해당 연도의 내국세(목적세 및 종합부동산세, 담배에 부과하는 개별소비세 총액의 100분의 45 및 다른 법률에 따라 특별회계의 재원으로 사용되는 세목의 해당 금액은 제외한다.) 총액의 1만분의 1,924에 해당하는 금액

(2) 「종합부동산세법」에 따른 종합부동산세 총액

(3) 「개별소비세법」에 따라 담배에 부과하는 개별소비세 총액의 100분의 45에 해당하는 금액

(4) 내국세 예산액과 그 결산액의 차액으로 인한 교부세의 차액을 정산한 금액

(5) 종합부동산세 예산액과 그 결산액의 차액으로 인한 교부세의 차액을 정산한 금액

(6) 담배에 부과되는 개별소비세 총액의 100분의 45에 해당하는 예산액과 그 결산액의 차액으로 인한 교부세의 차액을 정산한 금액

국가의 재원	내국세 총액의 19.24%		종합부동산세 전액	담배에 부과하는 개별소비세의 45%
↓	↓(97%)	↓(3%)	↓	↓
지방교부세의 종류	보통교부세	특별교부세	부동산교부세	소방안전교부세

⊕ 교부세의 재원 중 차액을 정산한 금액[(4), (5), (6)]도 포함되지만, 기출문제에서는 별도로 언급하지 않는 경우도 있다.

4. 예산 계상(지방교부세법 제5조)

(1) 국가는 해마다 이 법에 따른 교부세를 국가예산에 계상하여야 한다.

(2) 추가경정예산에 의하여 교부세의 재원인 국세(國稅)가 늘거나 줄면 교부세도 함께 조절하여야 한다. 다만, 국세가 줄어드는 경우에는 지방재정 여건 등을 고려하여 다음 다음 연도까지 교부세를 조절할 수 있다.

(3) 교부세 차액은 늦어도 다음 다음 연도의 국가예산에 계상하여 정산하여야 한다.

5. 보통교부세

(1) **보통교부세의 교부**(지방교부세법 제6조)

보통교부세는 해마다 기준재정수입액이 기준재정수요액에 못 미치는 지방자치단체에 그 미달액을 기초로 교부한다. 다만, 자치구의 경우에는 기준재정수요액과 기준재정수입액을 각각 해당 특별시 또는 광역시의 기준재정수요액 및 기준재정수입액과 합산하여 산정한 후, 그 특별시 또는 광역시에 교부한다.

(2) **기준재정수요액**(지방교부세법 제7조)

기준재정수요액은 각 측정항목별로 측정단위의 수치를 해당 단위비용에 곱하여 얻은 금액*을 합산한 금액으로 한다. 예컨대 공무원 수(측정항목)×명(측정단위)×단위비용

(3) **기준재정수입액**(지방교부세법 제8조)

기준재정수입액은 기준세율로 산정한 해당 지방자치단체의 보통세 수입액으로 하고, 기준세율은 지방세법에 규정된 표준세율의 100분의 80에 해당하는 세율로 한다.

6. 특별교부세(지방교부세법 제9조)

(1) **특별교부세의 교부**

　㉠ 기준재정수요액의 산정방법으로는 파악할 수 없는 지역 현안에 대한 특별한 재정수요가 있는 경우: 특별교부세 재원의 100분의 40에 해당하는 금액

　㉡ 보통교부세의 산정기일 후에 발생한 재난을 복구하거나 재난 및 안전관리를 위한 특별한 재정수요가 생기거나 재정수입이 감소한 경우: 특별교부세 재원의 100분의 50에 해당하는 금액

　㉢ 국가적 장려사업, 국가와 지방자치단체 간에 시급한 협력이 필요한 사업, 지역 역점시책 또는 지방행정 및 재정운용 실적이 우수한 지방자치단체에 재정 지원 등 특별한 재정수요가 있을 경우: 특별교부세 재원의 100분의 10에 해당하는 금액

(2) 행정안전부장관은 지방자치단체의 장이 특별교부세의 교부를 신청하는 경우에는 이를 심사하여 특별교부세를 교부한다. 다만, 행정안전부장관이 필요하다고 인정하는 경우에는 신청이 없는 경우에도 일정한 기준을 정하여 특별교부세를 교부할 수 있다.

　🔍 특별교부세는 중앙정부가 지방정부를 통제하기 위한 수단으로 사용된다는 비판이 있다.

(3) 행정안전부장관은 특별교부세의 사용에 관하여 조건을 붙이거나 용도를 제한할 수 있다.

(4) 지방자치단체의 장은 교부조건의 변경이 필요하거나 용도를 변경하여 특별교부세를 사용하고자 하는 때에는 미리 행정안전부장관의 승인을 받아야 한다.

(5) 행정안전부장관은 특별교부세를 교부하는 경우 민간에 지원하는 보조사업에 대하여는 교부할 수 없다.

(6) 우수한 지방자치단체의 선정기준 등 특별교부세의 운영에 필요한 사항은 대통령령으로 정한다.

7. 부동산교부세

(1) 부동산교부세의 교부(지방교부세법 제9조의3)

지방자치단체에 전액교부하여야 하고, 교부기준은 지방자치단체의 재정여건이나 지방세 운영상황 등을 고려하여 대통령령으로 정한다.

(2) 교부기준(지방교부세법 시행령 제10조의3)

㉠ 특별자치시·시·군 및 자치구: 다음 각 목의 기준 및 비중에 따라 산정한 금액
  가. 재정여건: 100분의 50
  나. 사회복지: 100분의 35
  다. 지역교육: 100분의 10
  라. 부동산 보유세 규모: 100분의 5
㉡ 제주특별자치도: 부동산교부세 총액의 1천분의 18에 해당하는 금액

8. 소방안전교부세(지방교부세법 제9조의4)

(1) 행정안전부장관은 지방자치단체의 소방 인력 운용, 소방 및 안전시설 확충, 안전관리 강화 등을 위하여 소방안전교부세를 지방자치단체에 전액 교부하여야 한다. 이 경우 소방 분야에 대해서는 소방청장의 의견을 들어 교부하여야 한다.

(2) 소방안전교부세의 교부기준은 지방자치단체의 소방 인력, 소방 및 안전시설 현황, 소방 및 안전시설 투자 소요, 재난예방 및 안전강화 노력, 재정여건 등을 고려하여 대통령령으로 정한다. 다만, 소방안전교부세 중 「개별소비세법」에 따라 담배에 부과하는 개별소비세 총액의 100분의 20을 초과하는 부분은 소방 인력의 인건비로 우선 충당하여야 한다.

9. 교부 시기(지방교부세법 제10조)

교부세는 1년을 4기로 나누어 교부한다. 다만, 특별교부세는 예외로 할 수 있다.

10. 부당 교부세의 시정 등(지방교부세법 제11조)

행정안전부장관은 지방자치단체가 교부세 산정에 필요한 자료를 부풀리거나 거짓으로 기재하여 부당하게 교부세를 교부받거나 받으려 하는 경우에는 그 지방자치단체가 정당하게 받을 수 있는 금액을 초과하는 부분을 반환하도록 명하거나 부당하게 받으려 하는 금액을 감액(減額)할 수 있다.

11. 구역 변경 등으로 인한 교부세 조정(지방교부세법 제12조)

행정안전부장관은 지방자치단체의 구역을 변경하거나 지방자치단체를 폐지·설치·분리·병합하는 경우에는 해당 지방자치단체에 교부할 교부세를 대통령령으로 정하는 바에 따라 조정한다.

12. 교부세액 등에 대한 이의신청(지방교부세법 제13조)

(1) 지방자치단체의 장은 보통교부세의 결정 통지를 받은 경우에 그 지방자치단체의 교부세액의 산정 기초자료 등에 이의가 있으면 통지를 받은 날부터 30일 이내에 행정안전부장관에게 이의를 신청할 수 있다. 이 경우 지방자치단체의 장이 시장 또는 군수인 경우에는 광역시장 또는 도지사를 거쳐야 한다.

(2) 행정안전부장관은 이의신청을 받으면 그 신청을 받은 날부터 30일 이내에 심사하여 그 결과를 해당 지방자치단체의 장에게 통지하여야 한다.

13. 보통교부세의 보고(지방교부세법 제15조)

행정안전부장관은 매 회계연도 종료 후 3개월 이내에 보통교부세의 배분기준, 배분내용, 집행실적, 그 밖에 보통교부세의 운영에 필요한 주요 사항을 국회 소관 상임위원회에 보고하여야 한다.

02 국고보조금(의존재원)

1. 의미

(1) 중앙정부가 국가사무를 지방정부에 위임하거나 지방정부가 추진하는 사업 경비의 전부 또는 일부를 보조하거나 지원하기 위한 제도이다.

(2) 지방자치단체의 행정이 중앙정부의 관리감독하에 놓이게 됨으로써 지방자치단체의 자유로운 활동이 저해된다.

2. 재원

중앙정부의 일반회계와 특별회계, 일반적으로 매년 수입되는 경상수입으로 분류(논란 있음)되고, 국고 보조율은 사업에 따라 달라질 수 있다.

> **보조금 관리에 관한 법률**(주무부처: 기획재정부)
>
> - **제4조(보조사업을 수행하려는 자의 예산 계상 신청 등)**
>   보조사업을 수행하려는 자는 매년 중앙관서의 장에게 보조금의 예산 계상(計上)을 신청하여야 한다.
> - **제6조(중앙관서의 장의 보조금 예산 요구)**
>   중앙관서의 장은 보조사업을 수행하려는 자로부터 신청받은 보조금의 명세 및 금액을 조정하여 기획재정부장관에게 보조금 예산을 요구하여야 한다.
> - **제7조(지방비 부담 경비의 협의 등)**
>   중앙관서의 장은 지방자치단체의 부담을 수반하는 보조금 예산을 요구하려는 경우에는 행정안전부장관과 보조사업계획에 대하여 협의하여야 한다.
> - **제9조(보조금의 대상 사업 및 기준보조율 등)**
>   보조금이 지급되는 대상 사업, 경비의 종목, 국고 보조율 및 금액은 매년 예산으로 정한다.
> - **제10조(차등보조율의 적용)**
>   기획재정부장관은 매년 지방자치단체에 대한 보조금 예산을 편성할 때에 필요하다고 인정되는 보조사업에 대하여는 해당 지방자치단체의 재정 사정을 고려하여 기준보조율에서 일정 비율을 더하거나 빼는 차등보조율을 적용할 수 있다. 이 경우 기준보조율에서 일정 비율을 빼는 차등보조율은 「지방교부세법」에 따른 보통교부세를 교부받지 아니하는 지방자치단체에 대하여만 적용할 수 있다.

03 조정교부금(의존재원) : 일반조정교부금 + 특별조정교부금

1. 의미 : 광역지자체 → 기초지자체

특별시·광역시 내 자치구 사이(자치구 조정교부금) 또는 도 내 시·군 사이(시·군 조정교부금)의 재정격차를 해소하여 균형적인 행정서비스를 제공하기 위해 도입되었다.

2. 재원

(1) **자치구 조정교부금**

보통세 수입의 일정액을 확보하여 조례로 정하는 바에 따라 결정된다.

(2) **시·군 조정교부금**

시·군에서 징수하는 광역시세·도세 수입 등이 있다.

3. 일반 vs 특별

(1) **일반조정교부금**

행정운영에 필요한 재원을 보전하는 등 일반적 재정수요에 충당하기 위한 교부금이다.

(2) **특별조정교부금**

지역개발사업 등 시책을 추진하는 등 특정한 재정수요에 충당하기 위한 교부금으로, 민간에 지원하는 보조사업의 재원으로 사용할 수 없다.

4. 시·군 조정교부금(지방재정법 제29조)

(1) 시·도지사(특별시장은 제외한다. 이하 이 조에서 같다)는 시·군에서 징수하는 광역시세·도세의 총액 등 금액의 27퍼센트(인구 50만 이상의 시와 자치구가 아닌 구가 설치되어 있는 시의 경우에는 47퍼센트)에 해당하는 금액을 관할 시·군 간의 재정력 격차를 조정하기 위한 조정교부금의 재원으로 확보하여야 한다.

(2) 시·도지사는 조정교부금의 재원을 인구, 징수실적(지방소비세는 제외한다), 해당 시·군의 재정 사정, 그 밖에 대통령령으로 정하는 기준에 따라 해당 시·도의 관할구역의 시·군에 배분한다.

5. 자치구 조정교부금(지방재정법 제29조의2)

특별시장 및 광역시장은 대통령령으로 정하는 보통세 수입의 일정액을 조정교부금으로 확보하여 조례로 정하는 바에 따라 해당 지방자치단체 관할구역의 자치구 간 재정력 격차를 조정하여야 한다.

6. 조정교부금의 종류와 용도(지방재정법 제29조의3)

조정교부금은 일반적 재정수요에 충당하기 위한 일반조정교부금과 특정한 재정수요에 충당하기 위한 특별조정교부금으로 구분하여 운영하되, 특별조정교부금은 민간에 지원하는 보조사업의 재원으로 사용할 수 없다.

7. **조정교부금 세부명세 등의 공개**(지방재정법 제29조의4)

시·도지사(특별자치시장 및 제주특별자치도지사는 제외한다)는 일반조정교부금의 세부명세와 특별조정교부금 교부사업에 관한 정보를 매년 해당 시·도(특별자치시 및 제주특별자치도는 제외한다) 홈페이지 등에 공개하여야 한다.

04 지역균형발전특별회계(지방자치분권 및 지역균형발전에 관한 특별법)

1. 도입
노무현 정부(참여정부) 시기인 2004년 균형발전특별회계가 신설되었고, 2024년 현재 지역균형발전특별회계로 명칭이 바뀌었다.

2. 설치(지방분권균형발전법 제74조)
지방시대 종합계획 및 지역균형발전시책 지원 관련 사업을 효율적으로 추진하기 위하여 지역균형발전특별회계를 설치한다.

3. 회계의 관리·운용(지방분권균형발전법 제75조)
(1) 회계는 기획재정부장관이 관리·운용한다.
(2) 회계의 예산은 중앙행정기관의 조직별로 구분할 수 있다.
(3) 세출예산의 배정·자금운영·결산, 그 밖에 회계의 관리·운용에 필요한 사항은 대통령령으로 정한다.

4. 계정의 구분(지방분권균형발전법 제76조)
회계는 지역자율계정, 지역지원계정, 제주특별자치도계정 및 세종특별자치시계정으로 구분한다.

5. 포괄보조금(Block grant)의 도입
(1) 균형발전특별회계는 포괄보조금을 도입하였는데, 포괄보조금이란 중앙정부가 대략적인 사업영역에 대해 시·도 단위로 패키지 예산을 배정 후, 지방자치단체가 해당 범위 내에서 자율적으로 선택하게 한다. 보통교부세가 사용목적이 정해지지 않은 일반재원이고 국고보조금은 사용목적이 정해진 특정재원(예컨대 지방자치단체가 공영주차장에 대해서 국고보조금을 받았다면, 공영주차장 신설·확장 등에만 사용할 수 있다.)이라면, 포괄보조금은 그 사이 정도에 해당한다.

(2) 비유를 하자면 2만원을 보통교부세로 받았다면 영화를 관람하든, 식사를 하든, 물건을 구매하든 자유롭게 사용이 가능하고, 2만원을 A치킨을 구매하기 위한 국고보조금을 받았다면 'A치킨 구매에만 2만원을 보태는 용도'로만 사용해야 한다. 2만원을 식품구매하기 위한 포괄보조금으로 받았다면, 식품이라는 목록 안에서 치킨, 스시, 한식 등에 사용이 가능하다.

• 기출문제 학습 •

01 (㉠ 지방교부세 / ㉡ 재산임대수입 / ㉢ 조정교부금)은 지방재정의 세입항목 중 자주재원에 해당한다. 20. 지방 9

02 지방교부세는 대표적인 (㉠ 지방세 / ㉡ 의존재원)이다. 15. 지방 7

03 지방재정 중 의존재원은 (㉠ 지방재정의 지역 간 불균형을 시정한다. / ㉡ 지방자치단체의 다양성과 지방분권화를 촉진한다.) 18. 국가 7

04 지방자치단체의 의존재원을 모두 고르면 (㉠ 지방교부세 / ㉡ 국고보조금 / ㉢ 조정교부금 / ㉣ 지방채)이다. 19. 서울추가 7

05 보통교부세는 (㉠ 사용 목적과 용도가 정해져 있는 특정 재원이다. / ㉡ 용도제한이 없는 일반재원이다.) 19. 지방자치

06 보통교부세의 기준재정수입액을 산정할 때 기초 수입액은 지방세 중 보통세 수입 총액의 (㉠ 95 % / ㉡ 80%)를 반영한다. 20. 지방자치

07 행정안전부장관이 특별교부세를 교부하는 경우 민간에 지원하는 보조사업에 교부할 수 (㉠ 있다. / ㉡ 없다.) 16. 지방자치

08 지방재정조정제도 중 「지방교부세법」에 규정하고 있지 않는 것을 모두 고르면 (㉠ 소방안전교부세 / ㉡ 보통교부세 / ㉢ 조정교부금 / ㉣ 부동산교부세 / ㉤ 특별교부세 / ㉥ 교통안전교부세)이다. 18. 지방 9, 17. 지방 9

09 (㉠ 지방교부세 / ㉡ 국고보조금)의 기본 목적은 지방자치단체 간 재정격차를 줄임으로써 기초적인 행정서비스가 제공될 수 있도록 하는 데 있다. 16. 지방 7

10 (㉠ 국고보조금은 / ㉡ 지방교부세는) 신청주의를 원칙으로 하며 각 중앙관서의 예산에 반영되어야 한다. 22. 국가 9

11 국고보조사업의 수행에서 (㉠ 중앙정부의 감독을 받으므로 지방자치단체의 자율성이 약화될 우려가 있다. / ㉡ 중앙정부로부터 간섭을 받지 않고 지역실정에 맞게 사업을 수행할 수 있다.) 21. 지방 9, 17. 국가 7

12 자치구 조정교부금뿐 아니라 시·군 조정교부금도 (㉠ 이전재원 / ㉡ 자주재원)의 예이다. 20. 지방자치

13 특정한 재정수요에 충당하기 위한 특별조정교부금은 민간에 지원하는 보조사업의 재원으로 사용할 수 (㉠ 있다. / ㉡ 없다.) 24. 지방 7

14 자치구 조정교부금과 관련하여
① 자치구 조정교부금의 재원은 보통세 수입의 일정률에 해당하는 금액으로서 그 비율은 (㉠ 획일적으로 정해져 있다. / ㉡ 조례로 정한다.)
② 특별조정교부금은 (㉠ 용도를 제한하지 않는다. / ㉡ 용도가 제한된다.) 19. 서울 지방자치

15 지방재정조정제도는 지방자치단체에게 (㉠ 최소한의 / ㉡ 최대한의) 행정수준을 제공하도록 보장하고 있다. 16. 지방자치

16 지역균형발전특별회계는 (㉠ 노무현 / ㉡ 김대중) 정부의 국가균형발전특별회계의 신설에서 비롯되었다.
23. 국가 7

정답 1.㉡ 2.㉠ 3.㉠ 4.㉠,㉡,㉢ 5.㉠ 6.㉡ 7.㉠ 8.㉢,㉣ 9.㉠ 10.㉠ 11.㉠ 12.㉠ 13.㉡ 14.㉡,㉡ 15.㉠ 16.㉠

Theme 19 지방채

01 지방채

1. 의미

재정수입 부족액을 보전하기 위해 과세권을 담보로 하여, 증권발행 또는 증서차입 형식에 의하여 조달하는 차입자금이다.

🔍 **채권**: 원금과 일정률의 이자를 지불하겠다는 금융거래상 합의서

2. 특징

(1) 스스로 조달(자주재원), 또는 중앙 및 상급기관의 지원(의존재원)만으로 재원이 충분하지 않으면 지방채 등을 통해 재원을 마련해야 한다.

🔍 지방채를 자주재원으로 분류하는 학자들도 있으나, 일반적으로 자주재원 또는 의존재원 어느 하나에도 해당하지 않는 제3의 재원으로 본다.

(2) 지방채를 발행하여 내용연수가 긴 공공시설 건설에 소요되는 재원을 조달할 때 세대 간 공평한 부담을 실현할 수 있다.

3. 지방채의 종류(지방재정법 시행령 제7조)

(1) **지방채증권**: 지방자치단체가 증권발행의 방법에 의하여 차입하는 지방채를 말하며, 외국에서 발행하는 경우를 포함한다.

(2) **차입금**: 지방자치단체가 증서에 의하여 차입하는 지방채를 말하며, 외국정부·국제기구 등으로부터 차관(현물차관을 포함한다)을 도입하는 경우를 포함한다.

4. 지방채의 발행(지방재정법 제11조)

(1) **발행 사유**

지방자치단체의 장	교육감
1. 공유재산의 조성 등 소관 재정투자사업과 그에 직접적으로 수반되는 경비의 충당 2. 재해예방 및 복구사업 3. 천재지변으로 발생한 예측할 수 없었던 세입결함의 보전 4. 지방채의 차환	5. 「지방교육재정교부금법」 제9조 제3항에 따른 교부금 차액의 보전 6. 「교육공무원법」 제36조 및 「사립학교법」 제60조의3에 따른 명예퇴직

(2) 재정 상황 및 채무 규모 등을 고려하여 대통령령으로 정하는 지방채 발행 한도액의 범위에서 지방의회의 의결을 얻어야 한다. 다만, 지방채 발행 한도액 범위더라도 외채를 발행하는 경우에는 지방의회의 의결을 거치기 전에 행정안전부장관의 승인을 받아야 한다.

(3) 지방자치단체의 장은 대통령령으로 정하는 바에 따라 행정안전부장관과 협의한 경우에는 그 협의한 범위에서 지방의회의 의결을 얻어 지방채 발행 한도액의 범위를 초과하여 지방채를 발행할 수 있다.

> **「제주도 특별법」상 지방채 등의 발행 특례**
>
> 제주특별자치도 발전과 관계가 있는 사업을 위하여 필요하면, 도의회 의결을 마친 후 한도액 범위를 초과한 지방채 및 외채 발행이 가능하다.

(4) **지방자치단체조합장의 지방채 발행**

지방자치단체조합의 장은 그 조합의 투자사업과 긴급한 재난복구 등을 위한 경비를 조달할 필요가 있을 때 또는 투자사업이나 재난복구사업을 지원할 목적으로 지방자치단체에 대부할 필요가 있을 때에는 지방채를 발행할 수 있다. 이 경우 행정안전부장관의 승인을 받은 범위에서 조합의 구성원인 각 지방자치단체 지방의회의 의결을 얻어야 한다. 발행한 지방채에 대하여는 조합과 그 구성원인 지방자치단체가 그 상환과 이자의 지급에 관하여 연대책임을 진다.

5. **지방채 발행의 제한**(지방재정법 제11조의2)

지방채는 이 법과 별도의 법률에 의하지 아니하고는 발행할 수 없다.

6. **지방채 발행의 절차**(지방재정법 제12조)

지방채의 발행, 원금의 상환, 이자의 지급, 증권에 관한 사무절차 및 사무 취급기관은 대통령령으로 정한다.

• 기출문제 학습 •

01 지방채 발행 한도액 범위더라도 외채를 발행하는 경우에는 지방의회의 의결을 거치기 전에 (㉠ 행정안전부장관 / ㉡ 기획재정부장관)의 승인을 받아야 한다. 지방채의 발행, 원금의 상환, 이자의 지급, 증권에 관한 사무절차 및 사무 취급기관은 (㉠ 조례 / ㉡ 대통령령으)로 정한다. 20. 지방자치

02 지방자치단체의 장은 (㉠ 국회의 승인을 받은 / ㉡ 행정안전부장관과 협의한) 경우에는 그 승인받은 범위에서 지방의회의 의결을 얻어 지방채발행 한도액의 범위를 초과하여 지방채를 발행할 수 있다. 19. 서울 지방자치

03 지방재정법상 지방자치단체의 장은 (㉠ 재해예방 및 복구사업 / ㉡ 지방공기업의 손실 보전)을 위하여 지방채를 발행할 수 있다. 18. 지방자치

04 지방재정법상 지방자치단체의 장은 지방채의 차환을 위해서는 지방채를 발행할 수 (㉠ 있다. / ㉡ 없다.) 14. 지방자치

05 지방자치단체의 장이 외채를 발행하는 경우에는 지방채 발행한도액 범위더라도 (㉠ 지방의회의 의결을 거쳐 / ㉡ 지방의회의 의결을 거치기 전에) 행정안전부장관의 승인을 받아야 한다. 24. 지방 7, 21. 지방자치

06 제주특별자치도지사는 지방재정법 제11조에도 불구하고, 도의회 의결을 마친 후 외채 발행과 지방채 발행 한도액의 범위를 초과한 지방채 발행을 (㉠ 할 수 있다. / ㉡ 할 수 없다.) 18. 국가 7

정답 1. ㉠, ㉡ 2. ㉡ 3. ㉠ 4. ㉠ 5. ㉡ 6. ㉠

Theme 20 지방재정력 평가

1. **재정자립도** : (지방세 + 세외수입) / 일반회계 총세입
   지방교부세를 받을수록 지방자치단체의 재정력이 커짐에도 불구하고, 재정자립도는 오히려 낮아진다.

2. **재정자주도** : (지방세 + 세외수입 + 지방교부세 + 조정교부금) / 일반회계 총세입
   지방교부세를 받을수록 지방자치단체의 재정자주도는 높아진다.

3. **재정자립도와 재정자주도의 문제점**
   (1) 특별회계와 기금 등을 종합적으로 고려하지 못하므로 실제 재정력을 과소평가한다.
   (2) 지방자치단체 간 상대적 재정규모를 평가하지 못한다.
   (3) 세입 중심으로 산정되기 때문에 지방자치단체의 세출구조 파악이 어렵다.

4. **재정력지수**(보통교부세 교부 기준) : 기준재정수입액 / 기준재정수요액

5. **주민 1인당 지방세 부담액**(세입구조 안정성 판단) : 지방세액 / 주민 수

기출문제 학습

01 다른 조건이 변화하지 않는다면, 지방교부세 지원을 확대하면 재정자립도는 (㉠ 높아진다. / ㉡ 낮아진다.)
_{18. 서울 지방자치}

02 지방자치단체의 재정자립도는 (㉠ 세입 / ㉡ 세출) 중심으로 산정되기 때문에 지방자치단체의 재력력을 효과적으로 파악하기 곤란하다. _{12. 국가 7}

03 지방교부세제도에 규정되어 있는 '기준재정수요액' 대비 '기준재정수입액' 비율은 (㉠ 재정자립도 / ㉡ 재정자주도 / ㉢ 재정력지수)이다. _{11. 서울 7}

04 재정자주도란 (㉠ 지방정부의 전체 재원에 대한 자주재원의 비율 / ㉡ 지방정부의 일반회계 세입에 대한 자주재원과 지방교부세 및 조정교부금을 합한 재원의 비율)이다. _{13. 서울 9}

05 재정자주도의 분자에는 국고보조금이 (㉠ 포함된다. / ㉡ 포함되지 않는다.) _{18. 서울 지방자치}

정답 1. ㉡ 2. ㉠ 3. ㉢ 4. ㉡ 5. ㉡

Theme 21 지방공기업(지방공기업법)

01 지방공기업의 필요성
지방자치단체는 주민의 복지증진과 사업의 효율적 수행을 위하여 지방공기업을 설치·운영할 수 있다.

02 지방공기업 대상사업
수도사업(마을상수도사업은 제외), 공업용수도사업, 궤도사업(도시철도사업 포함), 자동차운송사업, 지방도로사업(유료도로만 해당), 하수도사업, 주택사업, 토지개발사업 등이 포함된다.

03 지방공기업의 종류

1. 지방직영기업(법인격 ×)
(1) 지방자치단체가 직접 사업을 수행하기 위해 소속행정기관 형태로 설립하여 운영하는 형태로 구성원 대부분이 공무원 신분이다.
(2) 지방자치단체가 일반회계와 구분되는 공기업 특별회계를 통해 운영하고, 그 설치·운영의 기본사항을 조례로 정하여야 한다.
(3) 지방직영기업은 별도의 법인격을 가지지 않으며 시·도 소속기관인 상수도사업본부 등이 해당한다.

2. 지방공사(법인격 ○)
(1) 지방자치단체가 지방공기업 대상사업을 효율적으로 추진하기 위하여 설립하는 것으로, 지방자치단체의 위탁과 관계없이 업무영역 확장이 가능하다.
(2) 지방공사는 법인격을 가지며 서울주택도시공사 등이 해당한다.
(3) 지방자치단체는 공사를 설립하기 전에 시·도지사는 행정안전부장관과, 시장·군수·구청장은 관할 시·도지사와 협의하여야 한다.
(4) 사장, 이사 및 감사의 임기는 3년으로 한다. 이 경우 지방자치단체의 장은 대통령령으로 정하는 바에 따라 임기가 만료된 임원으로 하여금 그 후임자가 임명될 때까지 직무를 수행하게 할 수 있다.
(5) 공사의 사장, 이사 및 감사는 1년 단위로 연임될 수 있다.
(6) 공사의 사장, 이사 및 감사의 직무는 정관으로 정한다.
(7) 도시공사 등이 지방공사에 해당한다.

3. 지방공단(법인격 ○)

(1) 지방자치단체가 지방공기업 대상사업을 효율적으로 추진하기 위하여 설립하는 것으로, 원칙적으로 지방자치단체가 위탁한 기능만을 처리한다.
(2) 지방공단은 법인격을 가진다.
(3) 시설관리공단 등이 지방공단에 해당한다.

04 출자(지방공사만 허용)

지방공사의 자본금은 지방자치단체가 전액 출자하되, 필요한 경우에는 자본금의 1/2을 넘지 아니하는 범위에서 지방자치단체 외의 자(외국인 및 외국법인을 포함한다)로 하여금 출자하게 할 수 있다.

05 경영평가 및 경영진단

1. 지방공기업에 대한 경영평가는 원칙적으로 행정안전부장관이 실시하며, 지방자치단체장으로 하여금 경영평가를 하게 할 수 있다.
2. 행정안전부장관은 경영평가 결과 또는 특별한 대책이 필요한 경우 경영진단을 실시한다.

06 지방공기업평가원

지방공기업에 대한 경영평가, 관련정책의 연구, 임직원에 대한 교육 등을 전문적으로 지원하기 위하여 지방공기업평가원을 설립한다.

07 지방공기업법 기타 조항

1. **지방공기업법 제7조 제1항**: 지방자치단체는 지방직영기업의 업무를 관리·집행하게 하기 위하여 사업마다 관리자를 둔다. 다만, 조례로 정하는 바에 따라 성질이 같거나 유사한 둘 이상의 사업에 대하여는 관리자를 1명만 둘 수 있다.
2. **지방공기업법 제9조**: 예산 내의 지출을 하는 경우 현금이 부족할 때에 일시 차입을 하는 사항은 관리자의 업무이다.
3. **지방공기업법 제16조 제1항**: 지방직영기업의 특별회계는 경영 성과 및 재무 상태를 명확히 하기 위하여 재산의 증감 및 변동을 발생 사실에 따라 회계처리한다.
4. **지방공기업법 제50조 제1항**: 지방자치단체는 상호 규약을 정하여 다른 지방자치단체와 공동으로 공사를 설립할 수 있다.

• 기출문제 학습 •

01 지방직영기업의 직원은 대부분 (㉠ 민간인 / ㉡ 공무원) 신분이다. 17. 서울 7

02 「지방공기업법」에 규정된 지방공기업 대상사업(당연적용사업)이 아닌 것을 모두 고르면 (㉠ 수도사업(마을상수도사업은 제외) / ㉡ 주민복지 사업 / ㉢ 공업용수도사업 / ㉣ 공원묘지사업 / ㉤ 주택사업 / ㉥ 토지개발사업)이다. 13. 국가 9

03 상·하수도사업을 담당하는 지방공기업은 (㉠ 지방직영기업 / ㉡ 자치단체 전액출자형 지방공사)에 해당한다. 19. 지방자치

04 시·도가 지방공사 설립하려면 (㉠ 행정안전부장관의 승인이 필요하고 / ㉡ 행정안전부장관과 협의하여야 하고), 시장·군수·구청장은 (㉠ 시·도지사와 / 행정안전부장관과) 협의하여야 한다.
24. 지방 9, 20. 지방자치

05 「지방공기업법」에 따라, 공사의 운영을 위하여 필요한 경우에는 자본금의 2분의 1을 넘지 아니하는 범위에서 지방자치단체 외의 자로 하여금 공사에 출자하게 할 수 있다. 외국인 및 외국법인도(은) (㉠ 포함한다. / ㉡ 제외한다.) 19. 서울추가 7

06 (㉠ 지방공사는 / ㉡ 지방공단은) 원칙적으로 지방정부가 위탁한 기능만을 처리할 수 있다. 18. 서울 지방자치

07 「지방공기업법」에 따라, 지방공기업평가는 원칙적으로 (㉠ 지방자치단체장 / ㉡ 행정안전부장관)이 실시한다. 18. 지방 9

08 지방공사의 사장, 이사 및 감사의 임기는 (㉠ 2년 / ㉡ 3년)으로 한다. 15. 지방자치

정답 1.㉡ 2.㉡,㉣ 3.㉠ 4.㉡,㉠ 5.㉠ 6.㉡ 7.㉡ 8.㉡

Theme 22 특별지방행정기관

01 의미

1. 국가의 사무를 집행하기 위해 중앙정부에서 설치한 일선행정기관으로, 법인격은 물론 자치권을 가지고 있지 않다.

2. 유역환경청, 국립검역소, 지방국토관리청, 시·도경찰청, 세무서, 출입국관리사무소, 교도소, 세관, 우체국 등이 해당한다.

02 특징

1. 출입국관리, 공정거래, 근로조건 등 국가적 통일성(광역적 추진)이 요구되는 업무를 수행한다.

2. 전문분야의 행정을 보다 효율적으로 수행하기 위해 설치하나 행정기관 간의 중복을 야기하기도 한다.

3. 현장의 정보를 중앙정부에 전달하거나 중앙정부와 지방자치단체 사이의 매개 역할을 한다.

4. 지방자치단체와 관할구역이 동일하지 않을 수 있다. 예컨대 특별지방행정기관 중 하나인 낙동강 유역환경청의 관할범위는 부산, 울산 및 경상남도 일부분이다.

03 단점

1. 주민들의 직접참여와 통제가 어려워 책임행정을 저해한다.

2. 지방자치단체와 유사중복기능의 수행 인력과 조직으로 행정의 중복성으로 인한 비효율, 혼란, 지역종합행정 저해 등이 발생한다.

3. 관할범위가 넓을 경우 현지성 확보가 어려운 경우가 발생한다.

4. 지방분권과 지방자치 측면에서 책임행정을 저해한다.

5. 중앙부처의 감독을 용이하게 하는 반면, 부처이기주의 초래의 요인이다.

• 기출문제 학습 •

01 특별지방행정기관은 전문분야의 행정을 보다 효율적으로 수행하기 위해 설치하나 (㉠ 행정기관 간 중복을 야기하기도 한다. / ㉡ 지방분권 강화에도 긍정적인 영향을 미친다.) 19. 국가 7

02 특별지방행정기관에 해당하지 않는 것은 (㉠ 농촌진흥청 / ㉡ 유역환경청 / ㉢ 국립검역소 / ㉣ 지방국토관리청)이다. 13. 지방 9

03 특별지방행정기관은 관할지역 주민들의 직접적인 통제와 참여가 (㉠ 용이하기 때문에 책임행정을 실현할 수 있다. / ㉡ 용이하지 않다.) 15. 국가 9

04 특별지방행정기관은 (㉠ 지방의 종합행정을 저해한다. / ㉡ 중앙부처의 할거성이 특별지방행정기관을 통해 지방의 종합행정으로 전환되는 장점이 있다.) 18. 지방자치

05 특별지방행정기관은 (㉠ 광역적 사무의 원활한 처리를 / ㉡ 지방분권의 촉진을) 위하여 필요하다.
20. 지방자치

정답 1.㉠ 2.㉠ 3.㉡ 4.㉠ 5.㉠

Theme 23 자치경찰

01 도입취지

1. 지역실정에 맞는 치안 행정을 펼치기 위하여 2021년부터 시·도별 시·도자치경찰위원회(지방자치단체의 소속기관 중 합의제행정기관)를 설치하였다.
2. 제주특별자치도의 경우 제주특별법에 의해 2006년 제주자치경찰이 출범되고, 현재 제주자치경찰단은(지방자치단체의 소속기관 중 직속기관) 주민의 생활안전 활동에 관한 사무를 수행하고 있다.

02 자치경찰사무(경찰법 제4조 제1항 제2호)

관할 지역의 생활안전·교통·경비·수사 등에 관한 다음 각 목의 사무
가. 지역 내 주민의 생활안전 활동에 관한 사무
  1) 생활안전을 위한 순찰 및 시설의 운영
  2) 주민참여 방범활동의 지원 및 지도
  3) 안전사고 및 재해·재난 시 긴급구조지원
  4) 아동·청소년·노인·여성·장애인 등 사회적 보호가 필요한 사람에 대한 보호 업무 및 가정폭력·학교폭력·성폭력 등의 예방
  5) 주민의 일상생활과 관련된 사회질서의 유지 및 그 위반행위의 지도·단속. 다만, 지방자치단체 등 다른 행정청의 사무는 제외한다.
  6) 그 밖에 지역주민의 생활안전에 관한 사무
나. 지역 내 교통활동에 관한 사무
  1) 교통법규 위반에 대한 지도·단속
  2) 교통안전시설 및 무인 교통단속용 장비의 심의·설치·관리
  3) 교통안전에 대한 교육 및 홍보
  4) 주민참여 지역 교통활동의 지원 및 지도
  5) 통행 허가, 어린이 통학버스의 신고, 긴급자동차의 지정 신청 등 각종 허가 및 신고에 관한 사무
  6) 그 밖에 지역 내의 교통안전 및 소통에 관한 사무
다. 지역 내 다중운집 행사 관련 혼잡 교통 및 안전 관리
라. 다음의 어느 하나에 해당하는 수사사무
  1) 학교폭력 등 소년범죄
  2) 가정폭력, 아동학대 범죄
  3) 교통사고 및 교통 관련 범죄
  4) 「형법」제245조에 따른 공연음란 및 「성폭력범죄의 처벌 등에 관한 특례법」제12조에 따른 성적 목적을 위한 다중이용장소 침입행위에 관한 범죄

5) 경범죄 및 기초질서 관련 범죄
6) 가출인 및 「실종아동등의 보호 및 지원에 관한 법률」 제2조 제2호에 따른 실종아동등 관련 수색 및 범죄

03 시·도 자치경찰위원회(경찰법 제4장)

1. 자치경찰사무를 관장하기 위하여 광역자치단체에 시·도자치경찰위원회를 둔다.

2. 시·도자치경찰위원회는 위원장 1명을 포함한 7명의 위원으로 구성하되, 위원장과 1명의 위원은 상임으로 하고 5명의 위원은 비상임으로 한다.

3. 시·도자치경찰위원회 위원은 다음 각 호의 사람을 시·도지사가 임명한다.

(1) 시·도의회가 추천하는 2명

(2) 국가경찰위원회가 추천하는 1명

(3) 해당 시·도 교육감이 추천하는 1명

(4) 시·도자치경찰위원회 위원추천위원회가 추천하는 2명

(5) 시·도지사가 지명하는 1명

4. 시·도자치경찰위원회 위원장과 위원의 임기는 3년으로 하며, 연임할 수 없다.

5. **시·도자치경찰위원회의 사무**

(1) 자치경찰사무에 관한 목표의 수립 및 평가

(2) 자치경찰사무에 관한 인사, 예산, 장비, 통신 등에 관한 주요정책 및 그 운영지원

(3) 자치경찰사무 담당 공무원의 임용, 평가 및 인사위원회 운영

6. **시·도자치경찰위원회의심의·의결사항 등**

(1) 시·도자치경찰위원회의 회의는 재적위원 과반수의 출석과 출석위원 과반수의 찬성으로 의결한다.

(2) 시·도지사는 제1항에 관한 시·도자치경찰위원회의 의결이 적정하지 아니하다고 판단할 때에는 재의를 요구할 수 있다.

(3) 위원회의 의결이 법령에 위반되거나 공익을 현저히 해친다고 판단되면 행정안전부장관은 미리 경찰청장의 의견을 들어 국가경찰위원회를 거쳐 시·도지사에게 제3항의 재의를 요구하게 할 수 있고, 경찰청장은 국가경찰위원회와 행정안전부장관을 거쳐 시·도지사에게 재의를 요구하게 할 수 있다.

(4) 시·도자치경찰위원회의 위원장은 재의요구를 받은 날부터 7일 이내에 회의를 소집하여 재의결하여야 한다. 이 경우 재적위원 과반수의 출석과 출석위원 3분의 2 이상의 찬성으로 전과 같은 의결을 하면 그 의결사항은 확정된다.

```
┌─────────────────────────────────────────────────────────────────────┐
│   경찰청장              국가수사본부장           시·도자치경찰위원회    │
│  (국가경찰사무)        (수사에 관한 사무)        (자치경찰사무)         │
│      ↓ 지휘감독           ↓ 지휘감독              ↓ 지휘감독          │
│                        시·도경찰청장                                  │
└─────────────────────────────────────────────────────────────────────┘
```

기출문제 학습

01 시·도자치경찰위원회 위원은 (㉠ 시·도의회, 국가경찰위원회, 해당 시·도 교육감의 의견을 들어 시·도자치경찰위원회 위원추천위원회가 추천한다. / ㉡ 시·도의회, 국가경찰위원회, 시·도 교육감, 시·도자치경찰위원회 위원추천위원회의 추천과 시·도지사가 지명하는 사람을 시·도지사가 임명한다.) 21. 지방자치

02 (㉠ 자치경찰 / ㉡ 국가경찰) 제도는 경찰 업무의 통일성과 효율성을 높일 수 있다. 21. 지방 9

03 시·도자치경찰위원회 위원장과 위원의 임기는 3년으로 하며, 연임할 수 (㉠ 있다. / ㉡ 없다.) 23. 지방자치

정답 1. ㉡ 2. ㉡ 3. ㉡

Theme 24 지방교육자치

01 도입취지
교육의 자주성 및 전문성과 지방교육의 특수성을 살리기 위하여 도입되었다.

02 지방교육자치 사무

1. **교육·학예사무의 관장**(교육자치법 제2조)

   지방자치단체의 교육·학예에 관한 사무는 시·도의 사무로 한다.

2. **교육감**

   (1) 시·도의 교육·학예에 관한 사무의 집행기관으로 시·도에 교육감을 둔다.

   🔍 교육위원회는 시·도 의회 내에 상임위 형태로 존재한다.

   (2) 교육감을 선출하는 주민직선제는 2007년부터 실시되었고, 교육감은 광역단위로 선출하며 정당공천은 배제한다.

   (3) 공무원 등이 교육감선거 후보자가 되려는 사람은 선거일 전 90일까지 그 직을 그만두어야 한다. 다만, 교육감선거에서 해당 지방자치단체의 교육감이 그 직을 가지고 입후보하는 경우에는 그러하지 아니한다.

3. **국가행정사무의 위임**(교육자치법 제19조)

   국가행정사무 중 시·도에 위임하여 시행하는 사무로서 교육·학예에 관한 사무는 교육감에게 위임한다.

4. **지방교육행정협의회의 설치**(교육자치법 제41조)

   (1) 지방자치단체의 교육·학예에 관한 사무를 효율적으로 처리하기 위하여 지방교육행정협의회를 둔다.

   (2) 제1항의 규정에 따른 지방교육행정협의회의 구성·운영에 관하여 필요한 사항은 교육감과 시·도지사가 협의하여 조례로 정한다.

5. **하급교육행정기관의 설치 등**(교육자치법 제34조)

   시·도의 교육·학예에 관한 사무를 분장하기 위하여 1개 또는 2개 이상의 시·군 및 자치구를 관할구역으로 하는 하급교육행정기관으로서 교육지원청을 둔다.

03 지방교육자치에 관한 세 가지 관점

1. **지방교육자치의 일환**(교육분야의 지방분권)
   본질적 요소인 교육사무의 지방분권, 주민참여 및 정부의 중립성이 균형되게 강조되어야 한다고 본다.

2. **교육행정기관의 자치**[일반행정기관(시·도)으로 부터의 독립]
   지방교육자치의 목적이 교육의 자주성, 전문성, 중립성의 보장에 있으며, 목적달성을 위해서는 분리형이 유리한 제도임을 주장한다.

3. **교육주체의 자치**(교육현장의 자율성)
   교육행정기관의 획일적인 규제와 간섭으로부터 독립하여 법규의 범위 내에서 자기책임하에 교육을 하도록 보장함으로써 교육의 목적을 달성하고자 한다.

• 기출문제 학습 •

01 교육감을 선출하는 주민직선제는 (㉠ 2002 / ㉡ 2007)년부터 실시되었다. 20. 지방자치

02 정당은 교육감선거에 후보자를 추천할 수 (㉠ 있다. / ㉡ 없다.) 15. 지방자치

03 해당 지방자치단체의 교육감이 그 직을 가지고 입후보하는 경우 (㉠ 선거일 전 90일까지 그 직을 그만두어야 한다. / ㉡ 그 직을 그만둘 필요는 없다.) 17. 지방자치

정답 1. ㉡ 2. ㉡ 3. ㉡

Theme 25 행정특례

01 자치구의 재원(지방자치법 제196조)

특별시장이나 광역시장은 「지방재정법」에서 정하는 바에 따라 해당 지방자치단체의 관할 구역의 자치구 상호 간의 재원을 조정하여야 한다.

02 특례의 인정(지방자치법 제197조)

서울특별시(서울특별시 행정특례에 관한 법률), 세종특별자치시(세종특별자치시 설치 등에 관한 특별법), 강원특별자치도(강원특별자치도 설치 등에 관한 특별법), 제주특별자치도(제주특별자치도 설치 및 국제자유도시 조성을 위한 특별법)는 법률이 정하는 바에 따라 특례를 둘 수 있다.

03 대도시 등에 대한 특례 인정(지방자치법 제198조)

1. 서울특별시·광역시 및 특별자치시를 제외한 인구 50만 이상 대도시의 행정, 재정 운영 및 국가의 지도·감독에 대해서는 그 특성을 고려하여 관계 법률로 정하는 바에 따라 특례를 둘 수 있다.

2. 제1항에도 불구하고 서울특별시·광역시 및 특별자치시를 제외한 다음 각 호의 어느 하나에 해당하는 대도시 및 시·군·구의 행정, 재정 운영 및 국가의 지도·감독에 대해서는 그 특성을 고려하여 관계 법률로 정하는 바에 따라 추가로 특례를 둘 수 있다.

   (1) 인구 100만 이상 대도시(이하 "특례시*"라 한다)
   수원, 고양, 용인, 창원

   (2) 실질적인 행정수요, 지역균형발전 및 지방소멸위기 등을 고려하여 대통령령으로 정하는 기준과 절차에 따라 행정안전부장관이 지정하는 시·군·구

3. 인구 50만 이상 대도시와 특례시의 인구 인정기준은 대통령령으로 정한다.

04 강원·전북특별자치도 출범

1. 강원특별법(2023. 7. 10. 시행), 전북특별법(2024. 1. 18. 시행)이 제정되어서, 강원·전북특별자치도가 출범되었다.

2. **특별법 주요내용**

   (1) **국무총리 소속으로 지원위원회 설치**

   ㉠ 지원위원회는 위원장 1명을 포함하여 25명 이상 30명 이하의 위원으로 구성한다.

   ㉡ 지원위원회 위원장은 국무총리가 되고, 위원은 관계 중앙행정기관의 장, 관계 지방자치단체의 장 및 도시개발과 지방자치에 관한 학식과 경험이 풍부한 사람 중에서 국무총리가 임명하거나 위촉한다.

(2) 주민투표

「주민투표법」 제9조 제2항에도 불구하고 주민투표청구권자 총수의 30분의 1 이상 5분의 1 이하의 범위에서 도조례로 정하는 수 이상의 서명으로 주민투표의 실시를 청구할 수 있다.

Theme 26 기타 주제

01 지방자치법 기타 조항

1. 지방자치단체의 역할(지방자치법 제193조)

지방자치단체는 국가의 외교·통상 정책과 배치되지 아니하는 범위에서 국제교류·협력, 통상·투자유치를 위하여 외국의 지방자치단체, 민간기관, 국제기구와 협력을 추진할 수 있다.

2. 지방자치단체의 국제기구 지원(지방자치법 제194조)

지방자치단체는 국제기구 설립·유치 또는 활동 지원을 위하여 국제기구에 공무원을 파견하거나 운영비용 등 필요한 비용을 보조할 수 있다.

3. 해외사무소 설치·운영(지방자치법 제195조)

지방자치단체는 국제교류협력 등의 업무를 원활히 수행하기 위하여 필요한 곳에 단독 또는 지방자치단체 간 협력을 통해 공동으로 해외사무소를 설치할 수 있다.

02 지역상생발전기금

수도권과 비수도권 간 세수입 배분의 불균형을 해소하기 위하여 수도권 자치단체에 귀속되는 지방소비세 수입의 35%를 재원으로 한 지방자치단체 상호 간 수평적 재정조정제도이다.

03 고향사랑 기부금(고향사랑 기부금에 관한 법률)

1. 고향사랑 기부금이란?

주민복리 증진 등의 용도로 사용하기 위한 재원을 마련하기 위하여 해당 **지방자치단체의 주민이 아닌 사람으로부터** 자발적으로 제공받거나 모금을 통하여 취득하는 금전을 말한다.

2. 기부의 제한

누구든지 타인의 명의나 가명으로 고향사랑 기부금을 기부하여서는 아니 된다.

PART 06 지방자치 연습문제

01 지방자치단체 구조와 관련하여 단층제와 중층제의 특징에 대한 설명으로 옳지 않은 것은?

① 단층제는 중층제보다 중복행정으로 인한 행정지연의 낭비를 줄일 수 있다.
② 단층제는 중층제보다 행정책임을 명확하게 할 수 있다.
③ 중층제는 국토가 넓거나 인구가 많은 국가에서 채택하기 곤란한다.
④ 중층제는 기능배분의 불명확성과 행정책임의 모호성이 단점이다.

02 지방자치단체의 사무에 대한 설명으로 옳지 않은 것은?

① 기관위임사무는 법령 등에 의하여 국가 또는 상급 지방자치단체로부터 지방자치단체의 장에게 위임된 사무이다.
② 단체위임사무는 법령 등에 의하여 국가 또는 상급 지방자치단체로부터 지방자치단체로 위임된 사무이다.
③ 자치사무에 대해서는 예방적 감독과 합목적성에 대한 감독뿐만 아니라 합법성에 대한 사후감독도 원칙적으로 배제된다.
④ 기관위임사무에 소요되는 비용은 원칙적으로 위임기관이 전액부담한다.

03 지방자치분권 및 지역균형발전에 관한 특별법에 대한 설명으로 옳지 않은 것은?

① 2023. 6월 제정되어 2023. 7월부터 시행되고 있다.
② 지방시대위원회는 지방자치분권 및 지역균형발전을 효과적으로 추진하기 위하여 관계 중앙행정기관의 장과 협의하고 지방자치단체의 의견을 수렴한 후 5년을 단위로 하는 지방시대 종합계획을 수립한다.
③ 지방시대위원회는 대통령소속 위원회이다.
④ 지방시대위원회의 회의는 재적위원 3분의 1 이상의 출석으로 개의하고, 출석위원 과반수의 찬성으로 의결한다.

04 다음 보기에 들어갈 내용으로 적절한 것은?

─〈보기〉─
2022. 1. 13. 주민조례안발안에 관한 법률이 시행됨에 따라, 조례를 제정하거나 개정 또는 폐지할 것을 청구할 수 있는 주민의 나이는 (㉠)로 변경되고 (㉡)에(게) 청구하도록 변경되었다.

	㉠	㉡
①	18세 → 19세	지방자치단체의 장 → 지방의회
②	18세 → 19세	지방의회 → 지방자치단체의 장
③	19세 → 18세	지방자치단체의 장 → 지방의회
④	19세 → 18세	지방의회 → 지방자치단체의 장

05 다음 보기에 들어갈 내용으로 적절한 것은?

─〈보기〉─
2022. 1. 13. 지방자치법이 시행되어 주민감사를 청구할 수 있는 주민의 나이는 19세에서 (㉠)로 변경되었다. 또한 조례로 정할 수 있는 청구권자의 상한선은 시·도에 대해서는 500명에서 (㉡)으로, 인구 50만 이상 대도시는 300명에서 (㉢)으로, 그 밖의 시·군·구는 200명에서 (㉣)으로 변경되었다.

	㉠	㉡	㉢	㉣
①	18세	300명	200명	100명
②	18세	300명	200명	150명
③	18세	300명	200명	50명
④	20세	300명	200명	150명

06 우리나라의 지방자치단체에 대한 설명으로 옳은 것은?

① 광역시가 아닌 시라도 인구 100만 이상인 경우에 한하여 자치구가 아닌 구를 둘 수 있다.
② 도농복합형태의 시에서 도시의 형태를 갖춘 지역에는 동을, 그 밖의 지역에는 읍·면을 둔다.
③ 세종특별자치시는 2006년에 출범하였다.
④ 자치계층 측면에서 중층제를 기본으로 하고 있기 때문에 행정책임을 명확하게 할 수 있다.

07 「국가경찰과 자치경찰의 조직 및 운영에 관한 법률」(2021. 7. 1. 시행)상 자치경찰사무에 해당하는 않는 것은?

① 지역 내 주민의 생활안전 활동에 관한 사무
② 지역 내 교통활동에 관한 사무
③ 지역 내 다중운집행사 관련 혼잡 교통 및 안전 관리
④ 지역 내 발생하는 모든 수사사무

08 주민소환제에 대한 설명으로 옳지 않은 것은?

① 지방자치단체의 장 및 지방의회의원, 교육감이 소환대상이다.
② 주민소환투표권자의 1/3 이상의 투표와 유효투표 총수의 과반수의 찬성으로 확정된다.
③ 해당 선출직 지방공직자에 대한 주민소환투표를 실시한 날부터 2년 이내인 때는 제외된다.
④ 임기만료 전에 그 직을 상실시키는 것으로, 가장 유력한 직접민주주의제도로서 심리적 통제 효과가 크다.

09 지역사회의 권력구조에 관련된 이론의 설명으로 옳지 않은 것은?

① 성장기구론은 성장연합과 반성장연합의 대결구도에서 대체로 성장연합이 승리하여 권력을 쟁취한다고 본다.
② 성장기구론에서 성장연합은 부동산의 교환가치를 강조한다.
③ 레짐이론은 지방정부와 지방의 민간부문 주요 주체가 연합하여 권력기반을 형성한다고 본다.
④ 헌터(Hunter)와 몰로치(Molotch)는 엘리트론적 관점에서 지역사회의 권력이 지역의 정치엘리트를 중심으로 형성된다고 주장하였다.

10 우리나라 광역행정에 대한 설명으로 옳지 않은 것은?

① 지방자치단체나 그 장은 소관 사무의 일부를 다른 지방자치단체나 그 장에게 위탁하여 처리하게 할 수 있다.
② 행정협의회의 회장과 위원은 규약으로 정하는 바에 따라 관계 지방자치단체의 직원 중에서 선임한다.
③ 행정협의회, 지방자치단체조합, 특별지방자치단체는 법인격을 갖는다.
④ 특별지방자치단체의 구역은 구성 지방자치단체의 구역을 합한 것으로 한다.

정답 및 해설

01 ▶ ③
단층제는 국토가 넓거나 인구가 많은 국가에서 채택하기 곤란하다.

02 ▶ ③
자치사무에 대해서는 예방적 감독과 합목적성에 대한 감독은 배제되나, 합법성에 대한 사후 감독은 허용된다.

03 ▶ ④
지방시대위원회의 회의는 재적위원 과반수의 출석으로 개의하고, 출석위원 과반수의 찬성으로 의결한다.

04 ▶ ③

05 ▶ ②

06 ▶ ②
① 광역시가 아닌 시라도 인구 50만 이상인 경우에 자치구가 아닌 구를 둘 수 있다.
③ 세종특별자치시는 2012년에 출범하였다.
④ 자치계층 측면에서 중층제를 기본으로 하고 있기 때문에 행정책임을 명확하게 하기 어렵다.

07 ▶ ④
자치경찰사무 중 수사사무는 학교폭력 등 소년범죄, 가정폭력, 아동학대 범죄 등으로 한정된다.

08 ▶ ③
해당 선출직 지방공직자에 대한 주민소환투표를 실시한 날부터 1년 이내인 때는 제외된다.

09 ▶ ④
헌터(Hunter)와 몰로치(Molotch)는 엘리트론적 관점에서 지역사회의 권력이 지역의 경제엘리트를 중심으로 형성된다고 주장하였다.

10 ▶ ③
행정협의회는 법인격을 가지지 않고, 지방자치단체조합과 특별지방자치단체는 법인격을 갖는다.

김재준

주요 약력

행정고시 55회 합격
행정안전부 수습사무관
대통령소속 지방자치발전위원회 근무
(현 지방시대위원회)
울산광역시 기획조정실 등 근무
University of Missouri(美) 행정학 석사
한국개발연구원(KDI) 국제정책대학원 석사
중앙대학교 학사

주요 저서

김재준 단권화 행정학
김재준 행정학 기출문제집
김재준 행정학 키워드 요약집

행정학 관련 강의 및 Q&A

네이버 카페: 김재준 행정학(https://cafe.naver.com/gonggampublicadmin)
YouTube: 김재준 행정학TV

김재준 단권화 행정학 기본서

초판 인쇄 2025. 7. 7. | **초판 발행** 2025. 7. 10. | **편저자** 김재준
발행인 박 용 | **발행처** (주)박문각출판 | **등록** 2015년 4월 29일 제2019-000137호
주소 06654 서울시 서초구 효령로 283 서경 B/D 4층 | **팩스** (02)584-2927
전화 교재 문의 (02)6466-7202

저자와의 협의하에 인지생략

이 책의 무단 전재 또는 복제 행위를 금합니다.

정가 44,000원
ISBN 979-11-7262-967-0